Hediaty Utari-Witt, Ilany Kogan (Hg.)
Unterwegs in der Fremde

Das Anliegen der Buchreihe BIBLIOTHEK DER PSYCHOANALYSE besteht darin, ein Forum der Auseinandersetzung zu schaffen, das der Psychoanalyse als Grundlagenwissenschaft, als Human- und Kulturwissenschaft sowie als klinische Theorie und Praxis neue Impulse verleiht. Die verschiedenen Strömungen innerhalb der Psychoanalyse sollen zu Wort kommen, und der kritische Dialog mit den Nachbarwissenschaften soll intensiviert werden. Bislang haben sich folgende Themenschwerpunkte herauskristallisiert:

Die Wiederentdeckung lange vergriffener Klassiker der Psychoanalyse – wie beispielsweise der Werke von Otto Fenichel, Karl Abraham, Siegfried Bernfeld, W.R.D. Fairbairn, Sándor Ferenczi und Otto Rank – soll die gemeinsamen Wurzeln der von Zersplitterung bedrohten psychoanalytischen Bewegung stärken. Einen weiteren Baustein psychoanalytischer Identität bildet die Beschäftigung mit dem Werk und der Person Sigmund Freuds und den Diskussionen und Konflikten in der Frühgeschichte der psychoanalytischen Bewegung.

Im Zuge ihrer Etablierung als medizinisch-psychologisches Heilverfahren hat die Psychoanalyse ihre geisteswissenschaftlichen, kulturanalytischen und politischen Bezüge vernachlässigt. Indem der Dialog mit den Nachbarwissenschaften wiederaufgenommen wird, soll das kultur- und gesellschaftskritische Erbe der Psychoanalyse wiederbelebt und weiterentwickelt werden.

Die Psychoanalyse steht in Konkurrenz zu benachbarten Psychotherapieverfahren und der biologisch-naturwissenschaftlichen Psychiatrie. Als das ambitionierteste unter den psychotherapeutischen Verfahren sollte sich die Psychoanalyse der Überprüfung ihrer Verfahrensweisen und ihrer Therapie-Erfolge durch die empirischen Wissenschaften stellen, aber auch eigene Kriterien und Verfahren zur Erfolgskontrolle entwickeln. In diesen Zusammenhang gehört auch die Wiederaufnahme der Diskussion über den besonderen wissenschaftstheoretischen Status der Psychoanalyse.

Hundert Jahre nach ihrer Schöpfung durch Sigmund Freud sieht sich die Psychoanalyse vor neue Herausforderungen gestellt, die sie nur bewältigen kann, wenn sie sich auf ihr kritisches Potenzial besinnt.

BIBLIOTHEK DER PSYCHOANALYSE
HERAUSGEGEBEN VON HANS-JÜRGEN WIRTH

Hediaty Utari-Witt, Ilany Kogan (Hg.)

Unterwegs in der Fremde

Psychoanalytische Erkundungen zur Migration

Mit einem Vorwort von Marco Conci
und einem Geleitwort von Ilany Kogan

Mit Beiträgen von Gabriele Ast, Christiane Bakhit, Peter Bründl,
Jana Burgerová, Marco Conci, Nina Hahm, Ilany Kogan,
Sebastian Kudritzki, Birgit Mau-Endres, Aydan Özdaglar,
Viktoria Schmid-Arnold und Hediaty Utari-Witt

Psychosozial-Verlag

Bibliografische Information der Deutschen Nationalbibliothek
Die Deutsche Nationalbibliothek verzeichnet diese Publikation in der Deutschen Nationalbibliografie;
detaillierte bibliografische Daten sind im Internet über http://dnb.d-nb.de abrufbar.

Originalausgabe
© 2015 Psychosozial-Verlag
Walltorstr. 10, D-35390 Gießen
Fon: 0641-969978-18; Fax: 0641-969978-19
E-Mail: info@psychosozial-verlag.de
www.psychosozial-verlag.de
Alle Rechte vorbehalten. Kein Teil des Werkes darf in irgendeiner Form
(durch Fotografie, Mikrofilm oder andere Verfahren) ohne schriftliche Genehmigung
des Verlages reproduziert oder unter Verwendung elektronischer Systeme verarbeitet,
vervielfältigt oder verbreitet werden.
Abbildung auf S. 343: © Romy Blümel
Umschlagabbildung: Max Slevogt: »Die blaue See (an der Schiffsbrüstung)«, 1914 [vorne]
und »Möwen«, 1914 [hinten]
Umschlag- & Innenlayout nach Entwürfen von Hanspeter Ludwig, Wetzlar
www.imaginary-world.de
Umschlaggestaltung: Julian Witt, München
www.julianwitt.de
Druck: CPI books GmbH, Leck
Printed in Germany

ISBN 978-3-8379-2517-3

Inhalt

Vorwort   9

Geleitwort   25

I. »Flucht« in eine fremde Welt

Die Auseinandersetzung mit psychischem Schmerz in der analytischen Arbeit mit Migranten   33
Von der Unfähigkeit zu fühlen zur Hoffnung auf ein neues Leben in der Behandlung eines Inzestopfers
Marco Conci

Tsunami soll Deutschland verwüsten ...   61
Destruktive Phantasien, Ambivalenzkonflikt und Spaltungsmechanismen im Migrationsprozess
Hediaty Utari-Witt

»Freiheit, die ich meine ...«   87
Ein psychoanalytischer Versuch über das Ankommen
Aydan Özdaglar

II. Psychotherapie mit Flüchtlingen

Supervisor, Therapeut und Patient 101
Eine psychoanalytische Annäherung
an therapeutisches Arbeiten mit Flüchtlingen
Ilany Kogan

Home sweet home? 113
Therapeutisches Arbeiten
mit minderjährigen unbegleiteten Flüchtlingen
Sebastian Kudritzki

»Es freut uns, dass jemand an uns glaubt« 135
Gruppenanalytische Gespräche mit traumatisierten Flüchtlingen
Christiane Bakhit

III. Säugling-Kleinkind-Eltern-Psychotherapie mit Migranteneltern

**Einige Erfahrungen in der Säugling-Kleinkind-Eltern-Psychotherapie
mit Müttern und Eltern im Migrationsprozess** 153
Hediaty Utari-Witt

Baby Kasim im interkulturellen Cocktail 169
Darf Kasim er selbst werden?
Viktoria Schmid-Arnold

IV. Auswirkungen der Migration auf die Persönlichkeitsentwicklung

Fremd in der Fremde, »seelenlose Landschaften« 189
Die Suche nach dem Vater
Viktoria Schmid-Arnold

Dämon, Totenkopf und Staubsauger 217
Tomasz und Thomas: Migration in der Adoleszenz
und deren Komplikationen durch transgenerationelle Transmission
von Traumata
Gabriele Ast

»Die ollen Teller an der Wand« 255
Über das Rätsel entfremdeter Identifizierungen
(alienated identifications) und inwieweit »Migrationsdeutungen«
helfen können, sie zu lösen
Bettina Hahm

V. Migration und Sprache – Konflikte auf der Sprachbühne

Die verbotene Muttersprache 287
Eine zweifache Sprachverwirrung als Ausdruck
eines transgenerationellen Konflikts vor dem Hintergrund
einer bis heute spannungsreichen Beziehung
zwischen Tschechien und Deutschland
Jana Burgerová

Schimpfworte hinter dem Beichtstuhl 299
Lockerungen der Abwehr und Bildung von Abwehrstrukturen
durch Verwendung einer Zweitsprache
in der psychoanalytischen Psychotherapie
Hediaty Utari-Witt

Die verloren gegangene und wiedergefundene Sprache 323
Die Sprachverirrungen einer tschechisch-deutschen Analytikerin
in der psychoanalytischen Arbeit mit einer tschechischen Patientin
Jana Burgerová

VI. Außen- und Innenwelten

Zwischen Außen- und Innenwelten – Übergänge   345
Hediaty Utari-Witt

***Gegen die Wand* – Migration im Film**   347
Jana Burgerová

Kulturwissenschaftliche Überlegungen zu interkulturellen Aspekten in der Begegnung mit der Fremde   357
Beobachtungen in einem Ausbildungsprojekt
Birgit Mau-Endres

»Kann ich in deutscher Erde meine letzte Ruhe finden?«   367
Angstvolle Phantasien über die Beendigung des Lebens in der Migration
Hediaty Utari-Witt

Nachwort   377
Peter Bründl

Die Herausgeberinnen   385

Autorinnen und Autoren   387

Vorwort

Die blaue See. (An der Schiffsbrüstung) ist der Titel jenes Aquarells des deutschen Malers Max Slevogt (1868–1932), das die Autoren dieses Sammelbandes für die Vorderseite des Buches gewählt haben. Waren sie davon betroffen, wie die blaue See die abenteuerliche Reise metaphorisch andeutet, welche sie selbst mit ihren Migranten-Patienten gemacht haben, von denen sie hier berichten, so kann ich diese Wahl folgendermaßen weiter begründen: Das Bild geht auf die von dem Künstler im Jahr 1914 unternommene Reise nach Ägypten zurück, die mit dessen Motivation zusammenhing, jene Brücken der gegenseitigen Verständigung mit der außereuropäischen Welt aufzubauen, ohne welche unsere Arbeit mit Migranten nicht zu denken wäre. In der Tat waren seine Faszination für und Neugierde auf den Orient nicht so weit von dem entfernt, was uns bei der Arbeit mit Migranten motiviert.

Stellte Max Slevogts Reise nach Ägypten im Jahr 1914 hinsichtlich der Beziehungen zwischen Europa und Afrika eine Pionierleistung dar, so war die Migration großer Bevölkerungsgruppen von Europa nach Nord- und Südamerika seit Jahrzehnten ein ständig wachsendes Phänomen. Haben Migrationsbewegungen von ganzen Völkern die Menschheitsgeschichte immer schon begleitet, so stellt das Jahr 1892 einen wichtigen Wendepunkt in der Geschichte der Migration des modernen Zeitalters dar: Am 1. Januar 1892 nahm die vor New York City gelegene »Ellis Island Immigration Station« den Betrieb auf, die bis 1924 mehr als 18 Millionen Einwanderer einem strengen und formalisierten Kontrollverfahren unterzog.

Ich möchte aus der *Süddeutschen Zeitung* vom 18.12.2014 (Hanimann, 2014) zitieren: »Bedroht für die einen die Einwanderung den Zusammenhalt der Nation, ist sie für die anderen ein Segen. Zwei Grundsätze hatten aber bei allem Streit sich bis heute gehalten: zum einen die Einreisekontrolle mit klaren Vorgaben, zum anderen das Prinzip einer staatsbürgerlichen Integration mit allen Rechten und Pflichten.« Wie wir alle wissen, ist neulich ein solches Dilemma auch in Deutschland zu einem zentralen Thema geworden. Unter dem Stichwort »Einwanderungsland« konnte ich am 04.02.2015 in Wikipedia (daraus stammen auch die oben angeführten Informationen) die folgende Feststellung finden: »Deutschland ist mit Stand 2012 nach den Vereinigten Staaten das zweitbeliebteste Einwanderungsland der Welt. In Deutschland leben Einwanderer aus 194 Ländern.«

Die Erforschung der Geschichte der italienischen Migration nach München ist z.B. so weit gediehen, dass ein langer Artikel darüber am 08.01.2015 in der *Süddeutschen Zeitung* (Stankiewitz, 2015) erschien: »Münchens erste Gastarbeiter (um einen späteren Ausdruck vorwegzunehmen) kamen aus Italien, das es freilich als Staat noch nicht gab. [...] Es war die Kurfürstin Henriette Adelaide von Savoyen, die ab 1662 zum Bau der Theatinerkirche ganze Brigaden von Landsleuten engagierte, weil ihr die Bayern zu ›idioti‹ erschienen«, schrieb Karl Stankiewitz dazu. Und weiter: »Das führte allmählich zu Neid und Mißtrauen bei den heimischen Handwerkern. [...] Trotzdem strömten weiter Menschen aus dem Süden über die Alpen.«

Misstrauen und Unsicherheit darüber, welchen Einfluss das Fremde auf die Alteingesessenen ausübt, gerade angesichts von Flüchtlingsströmen, machen die Lage noch viel schwieriger. Das war die Situation der ungefähr 30 Flüchtlinge, als sie Ende November 2014 an dem zentral gelegenen Münchner Sendlinger-Tor-Platz in Hungerstreik traten: friedlich-humanistische Einstellung versus entstandene Unsicherheit. »Ich habe immer gesagt, dass Deutschland in der Lage sein muss, Flüchtlinge vernünftig unterzubringen. Ich kann nur sagen, die jungen Menschen, die ich bislang kennengelernt habe, die fast alle Englisch sprechen, die sich ausdrücken können, halte ich für voll integrationsfähig, sowohl gesellschaftlich, als auch in den Arbeitsmarkt der Landeshauptstadt München« – so die Antwort des Oberbürgermeisters. Mit anderen Worten: Trotz der schwierigen und akuten Krisensituation konnte auch hier die Dialogbereitschaft die Oberhand gewinnen, welche auch unsere psychoanalytische Arbeit motiviert und animiert und für die wir mit diesem Sammelband plädieren.

Hatte Freud die psychoanalytische Behandlung darauf aufgebaut, dass es zu einem bedeutenden Austausch von Worten bzw. zu einem bereichernden therapeutischen Dialog zwischen Patienten und Analytikern kommt – siehe z.B. wie er die Psychoanalyse in seiner *Einführung in die Psychoanalyse* (Freud, 1916–17a [1915–17]) darstellte –, so definierte er diese andererseits, auf der theoretischen Ebene, im Sinne des Primats der sogenannten »inneren Welt« – im Gegensatz zu der sogenannten »äußeren Realität«, in der alle Patienten, und wir eingeschlossen, leben. War sein ungarischer Schüler und Mitarbeiter Sándor Ferenczi (1873–1933) ein Pionier auf dem Gebiet der analytischen Arbeit mit traumatisierten und schwer gestörten Patienten gewesen, so konnte die Rolle der äußeren Realität allmählich Anerkennung finden, eine Anerkennung, die erst im Laufe der letzten Jahrzehnte einen wachsenden Konsens in der analytischen Gemeinschaft gefunden hat. Ein Musterbeispiel für eine solche Perspektive ist die Arbeit der nordamerikanischen Kollegin Marion Oliner, einer in Deutschland geborenen Holocaustüberlebenden, die in ihrem 2012 auf English erschienenen Sammelband *Psychic reality in context. Perspectives on psychoanalysis, personal history and trauma* einerseits die eigene traumatische persönliche Geschichte erzählt und andererseits dafür plädiert, der äußeren Realität in der analytischen Arbeit und in unseren analytischen Theorien viel mehr Gewicht zu verleihen. Darum war es mir wichtig, der Darstellung der einzelnen Beiträge dieses Sammelbandes eine Beschreibung des äußeren – historischen, sozialen und kulturellen – Rahmens vorauszuschicken, in dem unsere analytische Arbeit stattgefunden hat.

In der Tat – und hier geht es mir auch darum, das zu ergänzen, was er im Nachwort geschrieben hat – stimme ich mit Peter Bründl darin überein, dass es sehr wichtig ist, dass es uns endlich gelingt, die Psychoanalyse selbst »in der Welt globaler Migrationsbewegungen« als »ein Migrant mit einem komplexen Migrationsschicksal« zu betrachten. Über die Widerstände dagegen bzw. über die Spärlichkeit der Literatur zu diesem Thema hatte Salman Ahktar 1999 Folgendes geschrieben: »Sie ist umso bemerkenswerter, als viele der frühen Analytiker sowohl in England als auch in den Vereinigten Staaten Einwanderer waren. […] Da sie ihren traumatischen Aufbruch vergessen, die kulturellen Unterschiede zu ihren Eltern verleugnen und sich rasch assimilieren wollten, hatten diese Analytiker keinerlei Interesse daran, die Aufmerksamkeit anderer (und ihre eigene) auf ihre ethnischen und nationalen Ursprünge zu lenken. Daher schrieben sie wenig über die Frage, als ›Fremde‹ Analyse und Psychotherapie zu praktizieren« (Ahktar, 2007, S. 165f.).

Im Nachstehenden werde ich auf die einzelnen Beiträge eingehen, wobei ich bereits vorab eine Aussage treffen kann: Setzt die dargestellte analytische Arbeit die Untersuchung der subjektiven Erlebniswelt der einzelnen Patienten voraus, so fällt ihr therapeutischer Erfolg regelmäßig mit der Rekonstruktion der »historischen Wahrheit« zusammen, die hinter der Psychodynamik der einzelnen Fälle liegt. Fühlt sich der Patient verstanden und gesehen, so steht der Weg zum therapeutischen Erfolg offen.

Die einzelnen Beiträge

Derselben Meinung ist auch ein teilnehmender Beobachter der deutschen psychoanalytischen Landschaft wie Ross Lazar (ein Nordamerikaner, der nach seiner Ausbildung an der Londoner Tavistock Clinic 1978 nach München kam), der viele Erfahrungen auf dem Gebiet der Behandlung der Patienten gesammelt hat, die sich »in eine fremde Welt flüchten« – um auf den Titel des ersten Kapitels dieses Sammelbandes hinzuweisen. Dabei beziehe ich mich auf seinen Aufsatz »›Fremde in einem fremden Land‹ oder ›Es führt kein Weg zurück‹. Psychoanalytisch-psychotherapeutische Behandlung von Immigranten«, dessen abschließende Bemerkungen sich sehr gut dazu eignen, den Leser auf die drei Beiträge des ersten Kapitels dieses Buches einzustimmen:

»Ihre migratorischen Seelenreisen, wie ich sie genannt habe, haben dazu gedient, diese Konflikte sowohl zu erleichtern als auch zu verschärfen. Aus mancher Sicht, scheinen sie akuter denn je, dann wiederum auf einmal leichter lösbar. Die Kombination von Emigration und psychoanalytischer Psychotherapie, obwohl sicher kein Rezept für die Lösung solcher Probleme an sich, scheint doch ein Weg, den viele wählen und der sehr fruchtbar sein kann, sogar lebensrettend, wenn man Glück hat. Wie Sie sich wahrscheinlich vorstellen können, spreche ich aus eigener Erfahrung« (Lazar, 2002, S. 123).

Resümiere ich meine Arbeit in München mit italienischen Patienten, so komme ich zu folgendem Schluss: Es ist nicht einfach nur die finanzielle Not, sondern das Bedürfnis und die Motivation, in eine neue »symbolische Ordnung« zu kommen, die sie nach Deutschland bringt – eine Ordnung, in der die Arbeit einen Weg des sozialen Aufstieges, und nicht der »feudalen Unterwerfung«, darstellen könnte.

Mutatis mutandis gilt das auch für die Inzestpatientin Ida und für deren Suche nach einer höheren symbolischen Ordnung, einer Ordnung, in welcher sie endlich sie selbst sein kann und nicht das »feudale Opfer« von Bruder und Mutter ist! Mit anderen Worten: Was durch eine Inzesterfahrung verloren geht, ist an erster Stelle die symbolische Ordnung, die unser Recht begründet, über unser eigenes Leben verfügen zu können. Und gerade aus dem Grund, dass sie davon nur intellektuell, nicht aber emotional überzeugt war, kommt es in der Behandlung zu jener Reihe von Enactments – seitens des Analytikers wie der Patientin –, die es dem analytischen Paar erlauben wird, endgültig in der symbolischen Ordnung des erwachsenen Lebens zu landen. Ohne auf die komplexen Aspekte der Debatte über das Konzept des Enactments einzugehen (dessen Wichtigkeit auch Ilany Kogan in ihrem Geleitwort unterstreicht), sind sich heutzutage alle Analytiker darin einig, dass es überall dort, wo ein Defizit der Symbolisierung (seitens der Patienten und der Analytiker) besteht, zu einem Enactment kommen wird, durch welches (wenn adäquat gehandgehabt) die Möglichkeit entsteht, die Symbolisierungslücke zu füllen. Durch eine solche Bearbeitung gelang es Ida plötzlich, den Film von Claudia Cardinale zu verstehen und zu schätzen, in dem es der berühmten Schauspielerin (»Sandra« im Film) gelingt, sich von dem Bruder zu distanzieren, zu dem in der Kindheit eine inzestuöse Beziehung bestanden hatte. Nur dadurch konnte sich die Patientin als Herrin des eigenen Körpers, der eigenen Seele und des eigenen Lebens erleben – eine Intuition, deren Annahme natürlich noch viel mehr Arbeit in Anspruch nahm als diejenige, die in meinem Aufsatz beschrieben wird. Genau darin bestand die Trauerarbeit, die eine so wichtige Rolle bei den in diesem Buch beschriebenen Behandlungen spielt.

Was die sehr berührende Geschichte und äußerst differenzierte Behandlung angeht, die Hediaty Utari-Witt in ihrem Beitrag »Tsunami soll Deutschland verwüsten ... – Destruktive Phantasien, Ambivalenzkonflikt und Spaltungsmechanismen im Migrationsprozess« beschreibt, so möchte ich den Leser darauf aufmerksam machen, dass es bei der brasilianischen Patientin Isabella um einen ähnlichen psychologischen Hintergrund (und eine ähnliche Psychodynamik) geht wie bei der von mir vorgestellten italienischen Patientin Ida. Die ohne Vater aufgewachsene Tochter einer armen Mutter, die sie immer wieder veranachlässigen musste, fühlte sich bereits als Kind so wenig geliebt, dass sie selbst (wie alle Kinder der Welt in einer solchen Situation) zu der inneren Überzeugung kam, es nicht verdient zu haben, genug geliebt zu werden! Wie wir durch die Psychoanalyse wissen, sind Kinder nicht in der Lage, zu einer objektiven Sicht und Einschätzung ihrer Eltern zu gelangen; sie erleben den Liebesmangel als ihre eigene Schuld bzw. sie fühlen sich »nicht liebenswert«. Das Resultat daraus lässt sich in folgende technische Worte fassen: Identifikation mit dem Aggressor (womit die Eltern gemeint sind) und Identitätsspaltung mit Entstehung eines »inneren Feindes«. Was diesen letzten Aspekt betrifft, so muss uns klar sein, dass sich dadurch die Kinder (die von ihren Eltern materiell abhängig sind) erleichtert fühlen: Der Feind sind nicht die Eltern, mit denen sie leben müssen, sondern er ist eine Art Teufel, der in ihrem Inneren sitzt – und von dem zum Beispiel die Patientin Ida (schon in der allererersten Sitzung) befreit zu werden wünschte! Genau das ist der psychodynamische Hintergrund, der die Patientin Isabella dazu brachte, in der Behandlung immer wieder die Worte »Deutschland ist das Land, das mein Leben kaputt macht!« zu sagen bzw. eine negative Einstellung zum Ausdruck zu bringen, deren analytische Handhabung und Übersetzung durch ihre Analytikerin Isabella erlaubte, endlich in Kontakt mit ihrem inneren Feind zu kommen. So gut eignete sich »das fremde Land Deutschland« dazu, ihn, den inneren Feind, für sie konkret wie noch nie werden zu lassen!

Kann man darum sagen, dass uns die Emigration in ein fremdes Land in besonderer Weise helfen kann, uns selbst besser kennenzulernen, so verdanken wir dem (aus Südafrika nach London emigrierten und von Hediaty Utari-Witt zitierten) Kollegen Fakhry Davids (malaiisch-indischer Abstammung) die Ausarbeitung des damit verwandten Konzeptes des *internal racism*. Da tiefe Ängste das Leben von uns allen begleiten, eignet sich seiner Meinung nach der Schwarze (und der Andere im Allgemeinen) besonders gut dazu, als Projektionsfläche derselben zu wirken bzw. unseren »inneren Rassismus« zum Vorschein kommen zu lassen. War dieser Aspekt der Projektion des »inneren Teufels« auf das fremde Land Deutschland von zentraler Bedeutung auch bei der Behandlung meiner eigenen Patientin Ida, so konnten beide, durch deren langsame Überwindung, die paranoid-schizoide Position langsam aufgeben und auf die (von Melanie Klein genannte) depressive Position kommen. Hier setzte die Trauerarbeit an bzw. die Darlegung, Aufarbeitung und Auflösung des oben genannten »inneren Feindes« bzw. der ganzen sehr schmerzhaften Gefühle, die dahinter steckten. Auch darum ist die »Dialektik zwischen Innen- und Außenwelt«, auf die sich Hediaty Utari-Witt bezieht, so wichtig, genauso wie deren Darstellung im Sinne der von ihr vorgeschlagenen Komplementarität zwischen den von Klein und Bion vertretenen Modellen einerseits und jenen von Winnicott verfochtenen andererseits.

Nebenbei gesagt ist genau über dieses Thema letzten Herbst in London das Buch der New Yorker Kollegin Susan Kavaler-Adler erschienen, das den Titel *The Klein-Winnicott dialectic* trägt. In der Tat kann das von Hediaty Utari-Witt vorgeschlagene Konzept der Neutralität ebenfalls durch den Beitrag eines anderen wichtigen nordamerikanischen Autors ergänzt und beleuchtet werden: Jay Greenberg konnte schon 1986 die sehr bedeutende These formulieren, dass die therapeutische Aktion der Psychoanalyse dadurch zustande kommt, dass es uns Analytikern gelingt, für den Patienten zwei Objekte gleichzeitig darzustellen, und zwar das »alte Objekt« seiner Vergangenheit und das »neue Objekt« seiner Gegenwart und Zukunft. So gelingt es der Therapeutin von Isabella einerseits, mit ihr mitzuschwingen, und andererseits, die Distanz zu ihr zu wahren und sie dadurch in eine »neue Welt« einzuführen.

Eine solche analytische Funktion auszuüben gelingt auch der türkisch-deutschen Kollegin Aydan Özdaglar sehr gut, was wir ihrem Beitrag »›Freiheit, die ich meine ...‹ – Ein psychoanalytischer Versuch über das Ankommen« entnehmen können. Ein weiteres Verdienst der Autorin besteht meiner Meinung nach darin, dem Leser eindringlich zu demonstrieren, was wir als Analytiker mit den Konzepten der Übertragung und der Gegenübertragung meinen und wie man bei der daraus resultierenden Begegnung mit dem Patienten (in diesem Fall: mit der türkisch-deutschen Patientin Canan Müller) die interkulturelle Ebene miteinebezieht. Konnte die Migration nach Deutschland der türkischen Patientin erlauben, dort zu einem eigenen, neuen Leben zu kommen, so sollte die Rolle der analytischen Therapie umso entscheidender werden, um die psychologischen Voraussetzungen dazu in ihrer inneren Welt aufzubauen – was sich in den folgenden Worten der Autorin widerspiegelt: »die Spaltungen aufzuheben und die Depression durchzuarbeiten«.

Während Harry Stack Sullivan (1892–1949) und Erich Fromm (1900–1980) das Verdienst zukommt, erstmalig auf die bedeutende Rolle hingewiesen zu haben, welche die Kultur und die Gesellschaft bei der Identitätsbildung spielen (siehe Conci, 2005), spricht man heutzutage von einem *cultural self,* wenn es darum geht, die Einbettung des Individuums in eine Gesellschaft und deren Folgen für dessen psychologisches Gleichgewicht besser zu verstehen (siehe Roland, 1996). Darum bzw. um die kulturellen Einflüsse auf die psychosexuelle Entwicklung, welchen die türkisch-deutsche Jugend ausgesetzt ist, und deren Implikationen für die psychoanalytische Behandlung drehte sich auch der von Aydan Özdaglar im Jahre 2007 veröffentlichten Artikel »Über Schwierigkeiten in deutsch-türkischen Psychoanalysen«.

Wenn eines der Ziele des vorliegenden Sammelbandes darin besteht, dem Leser klarzumachen, was die Psychoanalyse zur Behandlung von Migranten beitragen kann bzw. wie sich die Psychoanalyse am besten dazu eignet, der großen Komplexität dieses Behandlungsfeldes gerecht zu werden, so verwirklicht Ilany Kogans Beitrag

»Supervisor, Therapeut und Patient – Eine psychoanalytische Annäherung an therapeutisches Arbeiten mit Flüchtlingen« dieses Ziel in besonderer Weise. Es ist fast unglaublich, wie es der Supervisorin gelingt, den durch ein Familiengeheimnis verursachten »verschlossenen Raum« in der Seele der Supervisandin zu öffnen, der diese daran hinderte, sich ihrer aus dem Kosowo geflohenen Patientin Fatma anzunähern bzw. mit ihr allein und offen zu reden. Erst als dies gelingt, entdeckt die Supervisandin, dass Fatma unter der zur tiefen Verzweiflung führenden Wirkung eines vergleichbaren Geheimnisses leidet: von serbischen Soldaten vergewaltigt worden zu sein – ähnlich wie das der Großmutter der Supervisandin durch russische Soldaten widerfahren war. Mit anderen Worten: Hatte die Supervisandin durch die Hilfe und die Intuition der Supervisorin mit einem stummen Teil von sich selbst in Kontakt kommen können, so wurde es ihr danach möglich, Fatma zu einem ähnlichen Erlebnis bzw. einer ähnlichen Erweiterung ihres psychischen Raumes zu verhelfen. Und gerade darin besteht das Wesen der Psychoanalyse: verschlossene psychische Räume aufzumachen, neue Integrationsmöglichkeiten zu öffnen und uns zu erlauben, uns wieder lebendig zu fühlen. Ein weiterer Beweis dafür, wie die Psychoanalyse versteckte und komplexe psychodynamische Zusammenhänge aufdecken kann, liefert uns der zweite von Ilany Kogan beschriebene Fall, in welchem es darum ging, ein 16-jähriges afrikanisches Mädchen davon zu befreien, sich selbst – aufgrund des Rachegefühls den Eltern gegenüber – körperlich zu schädigen bzw. umzubringen.

Ist in beiden Fällen »die Fähigkeit zum Containment von zentraler Wichtigkeit« (wie Ilany Kogan am Ende ihres Beitrages schreibt), so spielt diese eine zentrale Rolle in den von Christiane Bakhit beschriebenen »Gruppenanalytische[n] Gespräche[n] mit traumatisierten Flüchtlingen«, deren Ergebnis die Autorin mit den folgenden Worten zusammenfasst: »Es freut uns, dass jemand an uns glaubt.« In der Tat habe ich die Fähigkeit der Kollegin sehr bewundert, eine solche Herausforderung auf sich zu nehmen, dadurch ihre gruppenanalytische Erfahrung zur Geltung zu bringen und es einigen Kosowo-Flüchtlingen ermöglicht zu haben, »nach einer langen Zeit der Spaltung, Verleugnung und beginnender Trauerarbeit das Leben zum Teil wieder neu zu gewinnen und zu besetzen« – wie sie am Ende ihres Beitrages schreibt.

Sehr aufschlussreich sind die vielen Daten zur heutigen Lage der Flüchtlinge in Deutschland, um welche sich der Beitrag von Sebastian Kudritzki dreht, dessen klinische Erfahrung ihn davon überzeugt hat, wie wichtig es ist, die Behandlungstechnik an deren unsichere Situation anzupassen, was er im Lichte von drei kurzen klinischen Vignetten darstellt – vermutlich die ersten, die über unbegleitete minderjährige Flüchtlinge auf Deutsch erscheinen. Dabei zeigt sich erneut, wie wichtig es ist, im Umgang mit schwer traumatisierten Patienten die eigene Gegenübertragung gut auswerten und benutzen zu können.

Seit Franziska Hennigsens Pionierarbeit »Traumatisierte Flüchtlinge und der Prozess der Begutachtung« (2003) ist das Problem der Flüchtlinge und ihrer Behandlung in Deutschland immer größer geworden – was auch durch den oben berichteten Münchner Hungerstreik vom Herbst 2014 zum Ausdruck kommt.

Ein weiterer neuer Anwendungsbereich der Psychoanalyse liegt in dem Verfahren der Säugling-Kleinkind-Eltern-Psychotherapie bzw. in deren Verwendung in der Arbeit mit Migranteneltern, womit sich das dritte Kapitel dieses Sammelbandes beschäftigt. Als Ausgangspunkt ihres Beitrages zu diesem Thema nimmt Hediaty Utari-Witt den Winnicott'schen Unterschied zwischen »Umwelt-« und »Objekt-Mutter«, die wichtige Arbeit von Daniel Stern und seiner Frau Nadia Bruschweiler-Stern zur *Geburt einer Mutter* und das oben erwähnte, von Alan Roland artikulierte Konzept des »kulturellen Selbst«. Gleichzeitig bezieht sie sich auf die auf diesem Gebiet von unterschiedlichen Forschungsgruppen gesammelten Erfahrungen (siehe die langjährige Arbeit von Cramer und Palacio-Espasa in Genf, diejenige von Tessa Baradon in London und jene von dem Ehepaar Novick in den USA). Besonders schwierig gestaltet sich die psychische Geburt einer Mutter in der Fremde, vor allem was ihre tief verankerte Sehnsucht nach einer mütterlich-haltenden Umwelt angeht, ein Aspekt, den die Autorin sehr eindrücklich anhand einiger klinischer Vignetten verdeutlicht. Dasselbe gilt für die Entwicklung einer gesunden elterlichen Funktion in der Migration, was oft am mangelnden Konsens über das Wesen der Ehebeziehung und die dazugehörigen unterschiedlichen Rollen von Mann und Frau scheitert. Durch ihre eigene Arbeit zeigt uns die Autorin, wie die Psychoanalyse es uns heutzutage erlaubt, auch bei diesen komplexen Problemen zu einem wirksamen therapeutischen Projekt und zu einem guten Ergebnis zu kommen.

Sehr einleuchtend in diesem Sinn ist die bewundernswerte und faszinierende Arbeit, die Viktoria Schmid-Arnold mit dem Baby Kasim und dessen Eltern (einer türkischen Mutter und einem kurdischen Vater) leistete, eine Arbeit, durch die es ihm endlich gelang, mehr Raum für die eigene psychische Entwicklung zu gewinnen. Im Vordergrund stand eine sehr schwierige Paarbeziehung, zu der auch ein ethnischer Konflikt beitrug, der auf den kleinen Sohn projiziert wurde, den die Eltern (als sogenanntes Selbstobjekt) ausnutzten, um ihr eigenes psychologisches Gleichgewicht aufrechtzuerhalten. Während es der Analytikerin zunehmend gelang, zu einem guten Container für Mutter und Baby zu werden, brachte es die Mutter fertig, zu einer wachsenden Einstimmung auf das Baby zu kommen; das brachte letzendlich auch den Vater dazu, sich auf die therapeutische Arbeit einzulassen, mit dem Ergebnis, dass eine neue, veränderte familiäre Identität entwickelt werden konnte. Eine zentrale Rolle bei dieser erfolgreichen Arbeit schreibt die Autorin ihrer Fähigkeit zu, »eine kultursensitive und kulturwertschätzende therapeutische Haltung der Mutter und später dem Vater gegenüber« gepflegt zu haben.

Das gilt auch für den folgenden, »Fremd in der Fremde, ›seelenlose Landschaften‹ – Die Suche nach dem Vater« betitelten Beitrag, den ersten des vierten Kapitels »Auswirkungen der Migration auf die Persönlichkeitsentwicklung«. Darin stellt

Viktoria Schmid-Arnold die sehr berührende, aufschlussreiche und exemplarisch geführte analytische Arbeit mit einem jungen Universitätsstudenten (von ihr Anton genannt) vor, der nach einem adoleszenten Zusammenbruch zu ihr in die Praxis gekommen war, ein Zusammenbruch, hinter dem sie eine traumatische und noch nicht aufgearbeitete transgenerationelle Emigrationsgeschichte entdeckte. Sehr klar, und zwar auch für ein Laienpublikum, kommen dabei folgende Aspekte zum Ausdruck: die Arbeit an der eigenen Gegenübertragung als Hauptmotor der Therapie; die Klärung der ganzen transgenerationellen Dimension des psychischen Leidens des Patienten und die damit zusammenhängende Trauerarbeit; und schließlich die Natur und Dynamik der Übertragungsarbeit bzw. der verstehenden und deutenden Arbeit der Analytikerin daran, wie sich der Patient ihr gegenüber in den unterschiedlichen Phasen der Therapie verhielt. Dadurch konnte der Patient (der als vierjähriges Kind nach Deutschland kam, nachdem er die ersten Lebensjahre bei der Großmutter in Rumänien verbracht hatte) nicht nur seine inneren »seelenlosen Landschaften« beleben und bewohnen, sondern auch den abgerissenen Faden zum Vater wiederfinden, und damit zu einer normalen männlichen Nachreifung kommen. Bemerkenswert an diesem Fall ist auch, wie es der Analytikerin gelang, dem Patienten dazu zu verhelfen, dessen alte rumänische Identität wieder aufzunehmen und diese in seine neue deutsche Identität zu integrieren. War Anton am Anfang der Behandlung verwirrt, depressiv und suizidgefährdet, so wurde er durch die viereinhalb Jahre andauernde, von Viktoria Schmid-Arnold geführte dreistündige analytische Therapie zu einem gut intergrierten, erfolgreichen und hoffnunsvollen jungen Mann.

Noch differenzierter und facettenreicher, besonders was die historische bzw. transgenerationelle Dimension der Arbeit angeht, ist die von Gabriele Ast dargestellte Behandlung des als Tomasz in Polen aufgewachsenen und in Deuschland seit seinem 13. Lebensjahr als Thomas lebenden Patienten, dessen »psychotischer Kern« ihn dazu gebracht hatte, das sehr chaotische Leben eines alkohol- und drogenabhängigen Mannes zu führen. Bevor wir allerdings etwas von seiner Biografie erfahren, setzt sich die Autorin mit folgenden Themen auseinander: mit Oberschlesien im 20. Jahrhundert und mit der polnischen wie auch der deutschen Familiengeschichte des Patienten. In der Nähe von Auschwitz Ende der 1960er Jahre geboren, wuchs Tomasz bei den Großeltern auf, wobei die Oma in ihm immer das »Böse« sah und er von ihr, von der Mutter und später vom Vater (den er mit drei Jahren kennenlernte, welcher aber erst vier Jahre später seine Mutter heiratete und mit ihnen beiden zu leben anfing) geschlagen wurde. Nicht nur war die Wut sein ständiger Begleiter, sondern unter anderem auch der Schock, den er erlebte, als er mit zwölf Jahren seine inzwischen in Deutschland lebende Großmutter besuchte, und dabei erfuhr, dass sie keine Polin, sondern eine Deutsche war. Mit 13 zusammen mit seinen Eltern als Spätaussiedler nach Deutschland gekommen, war Thomas zuerst ein sehr guter Schüler, bevor die Art innerer Spaltung, die wir schon bei den Patientinnen Ida und Isabella analysiert haben, ihn dazu brachte, ein Doppelleben zu führen – einerseits der brave Schüler und andererseits das Mitglied einer polnischen Jugendgang. Nachdem er sich in die Freundin des Gangleaders verliebte und sie heiratete, bzw. sie für seine sexuellen Spielereien ausnutzte, konnte es Thomas nach der Geburt einer Tochter bei ihr nicht mehr aushalten und er verließ sie und nahm sein Doppelleben (als »Polizist« und als Drogenabhängiger) wieder auf. Erst durch die Jahre später geschlossene Ehe mit einer polnischen Frau sah sich Thomas dazu gezwungen, sein Leben endlich in Ordnung zu bringen, und suchte die Analytikerin auf, die diesen Beitrag schrieb. Erst an diesem Punkt der Berichterstattung erfahren wir, wie sich der erste Kontakt mit dem Patienten gestaltete und wie es der Analytikerin gelang, ihm zu ermöglichen, seine innere gespaltene Welt in die Behandlung zu bringen und diese langsam zu entgiften, zu verdauen und zu trasformieren. Es ging grundsätzlich darum, das »Böse« in Thomas' Selbstrepräsentanz – was er selbst den »Dämon« nannte – zu bearbeiten. Dies kostete einige Mühe, erlaubte ihm aber schließlich, eine neue Identität zu entwickeln, ein Prozess, dessen weitere Kenntnisnahme ich gerne dem Leser überlasse, nachdem ich ihn in diese komplexe Behandlung eingeführt habe.

Einer ähnlichen Vorbemerkung bedarf auch der folgende Beitrag von Nina Hahm mit dem Titel »›Die ollen Teller an der Wand‹ – Über das Rätsel entfremdeter Identifizierungen *(alienated identifications)* und inwieweit ›Migrationsdeutungen‹ helfen können, sie zu lösen«, in dem sich die Autorin mit einer jener PatientInnen auseinandersetzt, deren Orientierugslosigkeit sie auf deren Migrationshintergrund zurückführen konnte. Wie sich herausstellte, war die 23-jährige Patientin die Tochter von ungarischen Einwanderern, deren Ehe in die Brüche ging, als sie zwölf Jahre alt war. Dadurch, dass der Patientin auffiel, dass zu Hause nie über Gefühle gesprochen wurde, erhielt die Analytikerin den Anstoß, dasjenige zu formulieren, was sie »Migrationsdeutungen« nennt. Es ging darum, »auf die Lücken aufmerksam zu machen und durch Erfragen der Familiengeschichte nach den fehlenden Puzzleteilchen zu suchen«, wodurch es der Patientin gelang, mit verdrängten Dimensionen ihres Gefühlslebens in Kontakt zu kommen – an erster Stelle ist die Sehnsucht nach Geborgenheit zu nennen, welche zu einer Annäherung an die Mutter und zur Entdeckung der eigenen Weiblichkeit führte. Das war der Anfang des Weges, der die Patientin dazu führte, sich »wirklich in ihrem Leben angekommen zu fühlen«, wobei er ihr ebenfalls erlaubte, sich von den Eltern zu distanzieren und nach ihren eigenen ungarischen Wurzeln zu suchen.

Während ich es an diesem Punkt dem Leser überlasse, die Geschichte der Patientin weiterzuverfolgen, beschränke ich mich darauf, eine bekannte Analytikerin zu erwähnen, die eine spezifische Methode ausgearbeitet hat, um der transgenerationellen Seite der Arbeit mit Migranten gerecht zu werden – was auch Nina Hahm am Ende ihres Beitrages tut. Es geht um Haidée Faimberg (eine nach Paris emigrierte Argentinierin) und um ihre Methode des *listening to listening*, deren Ziel es ist, die hinter den Worten der Patienten verborgenen unbewussten Identifikationen mit den Eltern und Großeltern zu entdecken und diese mit ihnen zu bearbeiten.

Im »Migration und Sprache – Konflikte auf der Sprachbühne« betitelten fünften Kapitel geht es um ein Thema, das der Leser in dem Buch *Das Babel des Unbewussten. Muttersprache und Fremdsprachen in der Psychoanalyse* von Jacqueline Amati Mehler, Simona Argentieri und Jorge Canestri ausführlich behandelt findet – ein Buch, dessen deutsche Ausgabe auf Initiative von Hediaty Utari-Witt und mit einem langen Geleitwort von mir im Jahre 2010 erschienen ist. Darin zeigen die Autoren, inwiefern der Prozess, eine zweite, eben neue Sprache anzunehmen, für deren PatientInnen eigentlich eine evolutive Reise zu einer besser entwickelten und weniger verkümmerten Identität darstellte – womit ich einverstanden bin. Sehr wichtig in dieser Hinsicht sind die Beweise zum Konzept des »multilingualen Selbst«, die Rosemarie Pérez Foster in ihrem Buch *The power of language in the clinical process* erbracht hat: Jede Sprache, die wir sprechen, bringt einen neuen Selbstkern mit sich, der unsere Identität sehr bereichern kann – was auch die Tatsache erklärt, dass der Ausdruck mancher Gefühle in einer Sprache leichter als in einer anderen sein kann. Diese kreative Dimension tritt oft in meiner Arbeit mit italienischen Migranten in Erscheinung, wie ich anhand einiger klinischer Fälle 2010 zeigen konnte.

Genau in diesem theoretischen Rahmen – selbstverständlich aber auch in ihrer Erfahrungswelt – ist ebenfalls der Beitrag »Die verbotene Muttersprache« von Jana Burgerová angesiedelt, welcher es erst nach der Wende von 1989 und nach vollendeter analytischer Ausbildung gelang, sich »häufig und gerne sprachlich und kulturell zwischen Prag und München« zu bewegen. Nichtsdestoweniger ist »in beiden Sprachen, die ich mündlich und schriftlich perfekt beherrsche, das Fremde und Nichtzugehörige herauszuhören« – und genau darin besteht das Thema ihres durch eine große Offenheit und eine feinsinnge Schreibkunst gekennzeichneten Beitrages, der den folgenden Untertitel trägt: »Eine zweifache Sprachverwirrung als Ausdruck eines transgenerationellen Konflikts vor dem Hintergrund einer bis heute spannungsreichen Beziehung zwischen Tschechien und Deutschland«.

Nach dem Zweiten Weltkrieg hatten berühmte Analytiker wie Edith Buxbaum (1949) und Ralph Greenson (1950) dafür plädiert, mit den aus Europa in die USA emigrierten PatientInnen in ihrer (deutschen) Muttersprache analytisch zu arbeiten, wobei sie die (englische) Zweitsprache als Sprache der Abwehr und des Widerstandes erlebten und sie daher als Behandlungssprache ablehnten. Erst in den folgenden Jahrzehnten, zusammen mit der Verbreitung der Ojektbeziehungstheorien, wurde eine entgegegesetzte Sichtweise entwickelt, die von den oben erwähnten Autoren des Buches *Das Babel des Unbewussten* weiter propagiert wurde. Mit ihnen stimmt Hediaty Utari-Witt überein, was sie in dem Beitrag »Schimpfworte hinter dem Beichtstuhl – Lockerungen der Abwehr und Bildung von Abwehrstrukturen durch Verwendung einer Zweitsprache in der psychoanalytischen Psychotherapie« im

Lichte von zwei analytischen Behandlungen (mit einer nordamerikanischen und einer vietnamesischen Frau) zum Ausdruck bringt. Mit anderen Worten: Wenn die therapeutische Beziehung gut funktioniert, können die PatientInnen auch über die Zweitsprache einen guten Kontakt zu ihren verdrängten Affekten finden, d.h., sie können auch gewissen Ausdrucksformen der Muttersprache Raum geben und diese mit ihren TherapeutInnen teilen und besprechen.

Gerade diese Art von Permeabilität der Sprachgrenze findet in jener analytischen Arbeit statt, die Jana Burgerová in ihrem zweiten Beitrag zu diesem Band beschreibt, der den folgenden Titel trägt: »Die verloren gegangene und wiedergefundene Sprache – Die Sprachirrungen einer tschechisch-deutschen Analytikerin in der psychoanalytischen Arbeit mit einer tschechischen Patientin«. Natürlich stellt eine solche Permeabilität für die Analytikerin (und für die Patientin) eine große Herausforderung dar, die sie (die Analytikerin und/oder die Patientin) fast zur Verwirrung bringt:

> »Ich befinde mich stets in einer Welt ›in between‹, in der ich ihrem Tschechisch zuhöre und Deutsch in mein Heft schreibe. Während ich das niederschreibe, oszillieren in mir diese zwei Welten. Auch Frau T. beschreibt ihr subjektives Erleben so: ›*Ich bin schon nicht mehr dort und aber auch noch nicht hier.*‹ Ob sie allerdings je in Deutschland landet, ist die Frage.«

Wird dadurch auch die Abstinenzregel beidseitig ständig attackiert, so führt die Fähigkeit der Analytikerin, die analytische Arbeit aufrechtzuerhalten, dazu, es der Patientin zu ermöglichen, den »neuen Kontinent« ihrer Gefühle und Gedanken zu entdecken, die in ihrem Leben bisher keinen Platz gehabt hatten – was ihr auch endlich erlaubte, »eine neue, freundlichere Haltung zu sich selbst« zu finden.

Unter dem Titel »Außen- und Innenwelten« stehen im sechsten und letzten Kapitel dieses Sammelbandes drei Beiträge, die ich nur kurz zusammenfassen werde. In der Filmbesprechung »*Gegen die Wand* –Migration im Film« zeigt Jana Burgerová, wie gut es dem deutsch-türkischen Regisseur Fatih Akin in seinem mehrfach ausgezeichneten Film gelang, die psychische Brüchigkeit von Migranten darzustellen. So sind dessen Protagonisten (Cahit und Sibel) wegen der durch die Migration verursachten Probleme nicht dazu in der Lage, eine dauerhafte Bindung einzugehen. Im zweiten Beitrag dieses Kapitels stellt Birgit Mau-Enders die interkulturellen Aspekte dar, mit denen wir bei der analytischen Arbeit mit Migranten vertraut sein müssen – und das tut sie im Lichte eines von ihr betreuten interkulturellen Ausbildungsprojektes. Mit der heiklen, diffizilen Frage, was es bedeutet, in der Migration alt zu werden und über Begräbnismöglichkeiten nachzudenken, setzt sich Hediaty Utari-Witt im letzten Beitrag dieses Bandes auseinander.

Ausblick

Aufgrund der Anzahl und Vielfalt der in ihm enthaltenen Beiträge stellt jeder Sammelband für den Leser eine besondere Herausforderung dar. Aber das ist nicht der einzige Grund, warum ich mir in diesem Vorwort so viel Mühe bei der Darstellung aller dazugehörigen Beiträge wie auch bei der Formulierung des zu Anfang ausgearbeiteten allgemeinen Rahmens gegeben habe. Tatsächlich ging es mir nämlich nicht nur darum, dem Leser dabei zu helfen, einen leichteren Zugang zu den einzelnen Beiträgen zu finden. Denn ich wollte auch und vor allem zeigen, worin die »psychische Arbeit« besteht, die einerseits die Psychoanalyse als Disziplin auszeichnet, und die andererseits im Rahmen der von Ilany Kogan geleiteten und von Hediaty Utari-Witt koordinierten Gruppenarbeit gemacht wurde, aus der die Beiträge dieses Bandes stammen – und die Ilany Kogan in ihrem Geleitwort so gut beschreibt. An dritter Stelle ging es mir natürlich ebenfalls darum, darzustellen, wie gerade ein so differenzierter Ansatz wie die Psychoanalyse den sehr komplizierten und facettenreichen Problemen der Migranten gerecht werden kann. Zu dieser Dimension meiner Arbeit an diesem langen Vorwort gehörte natürlich auch der Versuch, dem Leser mit einfachen Worten zu zeigen, wie die Psychoanalyse als Disziplin beschaffen ist, etwa was ihre Grundkonzepte der Übertragung und der Gegenübertragung und deren Handhabung angeht. Dem Laienpublikum beizubringen, worin die Psychoanalyse überhaupt besteht, muss für uns Analytiker eine dauernde Herausforderung bleiben, die wir nicht an Freuds brilliante (aber schon vor 100 Jahren veröffentlichte) *Einführung in die Psychoanalyse* delegieren können. Außerdem ist die Psychoanalyse in der Zwischenzeit wirklich eine dialogische Disziplin geworden, was ich ebenfalls durch dieses Vorwort zeigen wollte. Als Mitherausgeber der Zeitschrift *International Forum of Psychoanalysis* bin ich seit 2007 daran gewöhnt, jedes Heft in einer Weise zusammenzustellen, dass ein Dialog zwischen den in ihm publizierten Beiträgen entstehen kann, deren Hauptfäden ich in meinen Einführungen für den Leser regelmäßig ausarbeite. Und so habe ich es auch in diesem Vorwort gemacht.

In der Tat ähnelt die Psychoanalyse sehr der Musik, und zwar dahingehend, dass sie jeden Tag nicht nur praktiziert, sondern »neu entdeckt« werden muss. Und damit beziehe ich mich nicht unbedingt auf den berühmten Analytiker Wilfred Bion (1897–1978), welcher der Pionier eines solchen Konzeptes war. Vielmehr passierte und passiert dies in jeder Sitzung der oben genannten Arbeitsgruppe – die sich übrigens seit mehr als zehn Jahren mit dem Thema Migration und Trauma beschäftigt. Mit anderen Worten: Wenn ein Gruppenteilnehmer einen Fall vorstellt, kommt die Art »Triangulierung« zustande, welche ihn in einen tieferen und bedeutungsvolleren Kontakt mit sich selbst und mit seinem Patienten bringt, und dadurch kommt es nicht nur zu einer gegenseitigen Bereicherung innerhalb der Gruppe, sondern auch dazu, dass die eben dargestellte analytische Arbeit gut voranschreiten kann. Und darin besteht »das Wunder« der Psychoanalyse bzw. damit hängt ihr transformatives Potenzial zusammen.

Eine solche Dialogbereitschaft in dem Leser zu stimulieren gehörte natürlich auch zu den Zielen, die ich durch dieses Vorwort erreichen wollte. Sehr lehrreich ist in dieser Hinsicht das Heft eines Magazins, auf das mich neulich meine österreichische Lebensgefährtin aufmerksam machte: Es geht um das vierte Heft des Jahres 2014 von *upgrade*, dem *Magazin für Wissen und Weiterbildung der Donau-Universität Krems*, das das Thema »Interkulurelles Zusammenleben. Das Fremde und das Eigene« durch eine ganze Reihe von Beiträgen thematisiert. Hier nur einige Schlagzeilen: »Ohne Migration ist Geschichte nicht denkbar« und »Migration und gesellschaftliche Pluralität sind die bestimmenden Themen der Gegenwart und Zukunft«, sagt der Innsbrucker Historiker Dirk Rupnow. Ferner sei der aus dem Senegal stammende Sozialwissenschaftler Tirmiziou Diallo zitiert: »Die Phänomene der Globalisierung bringen eine Vielzahl von Konflikten mit sich, die sich nicht durch Gewalt lösen lassen. Echtes Weltbürgertum zeichnet sich durch den Dialog zwischen den Kulturen und freie mündige Bürger aus.« Doch gilt es ebenfalls das anzuführen, was wir von Katharina Schmidt über »Die Konstruktion des Fremden« erfahren: »Österreich ist seit jeher von kulureller Vielfalt geprägt. Dennoch tut sich das Land schwer, eingewanderte Mitbürger als einen Teil der Gesellschaft anzuerkennen, und schafft damit immer weiter Fremde.« Zu guter Letzt sei die Sichtweise der Wiener Schulexpertin Heidi Schrodt wiedergegeben: »Die Jugend von heute ist durch Vielfalt geprägt. Das kann eine große Bereicherung sein, vorausgesetzt sie wird als Ressource eingesetzt. Doch dafür müssen sich die Schulen neu organisieren.«

Als sozialengagierte Analytiker hegen wir – die Autoren dieses Sammelbandes – den Wunsch, durch unsere Arbeit und die dazugehörigen spezifischen Aspekte dazu beitragen zu können, den besten Weg zu finden, um sich in geeigneter Weise mit all diesen Herausforderungen auseinanderzusetzen bzw. diese graduell aufzuspüren und zu lösen. So geht es uns am Ende darum, zu einem konstruktiveren und friedlicheren gesellschaftlichen Zusammenleben für uns alle zu kommen.

Marco Conci
München, im Februar 2015

Literatur

Ahktar, S. (2007). *Immigration und Identität. Psychosoziale Aspekte und kulturübergreifende Therapie.* Gießen: Psychosozial-Verlag.

Buxbaum, E. (1949). The role of the second language in the formation of ego and superego. *Psychoanalytic Quarterly, 18,* 279–289.

Conci, M. (2005). *Sullivan neu entdecken. Leben und Werk Harry Stack Sullivans und seine Bedeutung für Psychiatrie, Psychotherapie und Psychoanalyse.* Gießen: Psychosozial-Verlag.
Conci, M. (2010a). Geleitwort. In J. Amati Mehler, S. Argentieri & J. Canestri, *Das Babel des Unbewussten. Muttersprachen und Fremdsprachen in der Psychoanalyse* (S. 13–26). Gießen: Psychosozial-Verlag.
Conci, M. (2010b). An advantage of globalization: Working with Italian patients abroad in their mother tongue. *International Forum of Psychoanalysis, 19,* 98–109.
Davids, F.M. (2012). *Internal racism. A psychoanalytic approach to race and difference.* New York: Palgrave Macmillan.
Faimberg, H. (2009). *Teleskoping: Die intergenerationelle Weitergabe narzisstischer Bindungen.* Frankfurt am Main: Brandes & Apsel.
Freud, S. (1916–17a [1915–17]). Vorlesungen zur Einführung in die Psychoanalyse. *GW 11.*
Greenberg, J.R. (1986). Theoretical models and the analyst's neutrality. *Contemporary Psychoanalysis, 22,* 87–196.
Greenson, R.R. (1950). The mother tongue and the mother. *International Journal of Psychoanalysis, 31,* 18–23.
Henningsen, F. (2003). Traumatisierte Flüchtlinge und der Prozess der Begutachtung. *Psyche – Z psychoanal, 57,* 97–120.
Kavaler-Adler, S. (2014). *The Klein-Winnicott dialectic. Transformative new metapsychology and interactive clinical theory.* London: Karnac.
Lazar, R.A. (2002). »Fremde in einem fremden Land« oder »Es führt kein Weg zurück«. Psychoanalytisch-psychotherapeutische Behandlung von Immigranten. In K. Bell, A. Holder, P. Janssen & J. van de Sande (Hrsg.), *Migration und Verfolgung. Psychoanalytische Perspektiven* (S. 103–123). Gießen: Psychosozial-Verlag.
Oliner, M.M. (2012). *Psychic reality in context. Perspectives on psychoanalysis, personal history and trauma.* London: Karnac.
Özdaglar, A. (2007). Über Schwierigkeiten in deutsch-türkischen Psychoanalysen. *Psyche – Z psychoanal, 61,* 1093–1115.
Pérez Foster, R. (1998). *The power of language in the clinical process. Asessing and treating the bilingual person.* Northvale, NY: Aronson.
Roland, A. (1996). *Cultural pluralism and psychoanalysis: The Asian and North American experience.* London und New York: Routledge.
Fahrenholz, P. (2014). Das muss die Politik zum Nachdenken bringen. *Süddeutsche Zeitung, 274*(28.11.2014), R1.
Hanimann, J. (2014). Die Republik lernt sehen. *Süddeutsche Zeitung, 291*(18.12.2014), 13.
Stankiewitz, K. (2015). Des Kaisers erstes Fruchteis. *Süddeutsche Zeitung, 5*(08.01.2015), R4.
Stern, D.N. & Bruschweiler-Stern, N. (2002). *Geburt einer Mutter.* München: Piper.
upgrade. Das Magazin für Wissen und Weiterbildung der Donau-Universität Krems, Nr.4/2014: »Interkulturelles Zusammenleben. Das Fremde und das Eigene«. Unterschiedliche Autoren.

Geleitwort

Migration ist ein sehr wichtiger Bestandteil der menschlichen Erfahrung, die in Zeiten einer sich immer schneller verändernden Welt ebenfalls in der psychoanalytischen Literatur zunehmend Aufmerksamkeit findet.

Zunächst setze ich mich mit dem Thema der Migration in einem Zeitraum von ungefähr acht Jahren auseinander, wobei es um eine von Dr. phil. Peter Bründl geleitete Gruppe von Therapeuten in München geht. Als Ergebnis der Gruppenarbeit habe ich zusammen mit ihm im Jahr 2005 den Sammelband *Kindheit jenseits von Trauma und Fremdheit* herausgegeben (Brandes & Apsel).

Nach Beendigung der Arbeitsgruppe gab mir Dr. med. Hediaty Utari-Witt die Anregung, unsere Studien über »Migration« und »Trauma« fortzusetzen. Angesichts der wachsenden Anzahl an Interessierten haben wir beide genannten Themenbereiche in den vergangenen zehn Jahren in vier Arbeitsgruppen vertieft.

Die Phänomene »Trauma« und »Migration« sind oft miteinander verbunden, da viele Patienten, die nach Deutschland kommen, während des Migrationsprozesses traumatisierende Erfahrungen machen (z.B. türkische »Gastarbeiter« in den 1950er Jahren, Flüchtlinge aus Afghanistan, Afrika und Osteuropa).

Das psychoanalytische Erklärungsmodell des Traumas hat bekanntlich zwei Phasen: Ein späteres Ereignis, das ein früheres Erlebnis reaktiviert, lässt Letzteres erst traumatisch wirksam werden (Laplance & Pontalis, 1972). Oft hat die Immigration, die selbst traumatisierende Elemente enthält, diese Traumata überlagert, sodass sich die neurotischen Bewältigungsmuster noch verstärken (Kogan, 1995, 2002; Bründl & Kogan, 2005). Zur Unterstützung bei der Auseinandersetzung mit dem Migrationsgeschehen mussten wir unseren Patienten zunächst einmal das nötige »Holding« zukommen lassen, um sie nicht nur zur Be- und Durcharbeitung ihrer aktuellen Erfahrungen als Einwanderer, sondern ihrer früheren Traumata emotional zugänglich zu machen und dann zu bearbeiten.

In den vier Arbeitsgruppen vertiefen wir uns sowohl in die theoretischen Konzepte als auch in klinisches Material, wobei der Verstehensprozess auch im Lichte der relevanten, in der Gruppe diskutierten Theorien betrachtet wird. Die Mitglieder der Gruppen sind recht gemischt, angefangen von fortgeschrittenen Kandidaten und jungen, frisch fertig gewordenen Kollegen (einige von ihnen sind Kinder- und Jugendlichenpsychotherapeuten) bis hin zu erfahrenen, älteren niedergelassenen Psychoanalytikern verschiedener Münchner DGPT-Institute. Manche von ihnen erleben selbst Migrationserfahrungen und den langen Prozess des Abschieds und Verlusts, den steinigen Weg, sich hier zurechtzu finden, aber auch Potenziale der Entwicklung in dem neuen kulturellen Umfeld Deutschlands. Viele interessieren sich für die Thematik aufgrund ihrer intensiven Arbeit mit Patienten aus anderen Kulturen, und zwar sowohl aus der ersten als auch aus der zweiten Generation, die vermehrt psychotherapeutische Unterstützung brauchen. Trotz der Altersunterschiede und der differenten Arbeitserfahrungen ist die Gruppenatmosphäre stets konstruktiv. Die Kollegen fühlen sich in der Gruppe trotz gelegentlicher Meinungsunterschiede gehalten und unterstützt, ein wichtiger Faktor, der ihnen das notwendige »Holding« und das Durcharbeiten schmerzlicher Erfahrungen mit ihren Patienten ermöglicht.

Der Beitrag dieses Sammelbandes zu der bereits vorhandenen Fachliteratur besteht darin, eine genaue Beschreibung dynamischer Psychotherapien von Einwanderern der ersten und zweiten Generation mit ihren wiederkehrenden Themen und Konflikten zu liefern. Das Buch soll zum einen unser Verständnis und unsere Konzeption des Migrationsphänomens vermitteln; zum anderen zeichnet es die therapeutische Bearbeitung intrapsychischer Vorgänge von Menschen nach, die sich urplötzlich und leidvoll mit einer anderen Kultur und Mentalität konfrontiert sehen. Man begegnet in diesem Buch Einwanderern aus verschiedenen Herkunftsländern und Altersgruppen mit vielen unterschiedlichen Auswanderungsmotiven und individuellen psychodynamischen Konstellationen. Dabei lässt sich erkennen, dass bei aller Ungleichartigkeit des kulturellen Hintergrunds ihre Erfahrungen doch vergleichbar sind.

In der Arbeit mit Migranten und deren Nachfahren wird der Therapieraum zum Übergangsraum zwischen den beiden Ländern und den beiden Selbstrepräsentanzen. Der Wunsch, den inneren Spalt zwischen den beiden Kulturen zu überbrücken, und das Bedürfnis von Migranten, den Verlust ihrer historischen Kontinuität wiederherzustellen, werden in der klinischen Situation durch die unvoreingenommene Akzeptanz der Therapeuten wie auch durch deren empathische Resonanz erfüllt.

Auch wenn er nie vollständig zum Abschluss gebracht werden kann, so wird der in diesem Buch beschriebene Trauerprozess doch zumindest eingeleitet, damit nicht nur eine Reintegration dissoziierter Selbstanteile, sondern auch eine Stärkung und Verdichtung der Sinnhaftigkeit der Identität erfolgen kann. Die mit beiden Ländern, beiden Religionen und beiden Kulturen verbundenen Identitätsanteile werden akzeptiert und als wertvoll und bereichernd für das Selbst empfunden. Der Konflikt wird nicht mehr als eine auseinanderreißende Kraft des Selbst erlebt, sondern als eine Möglichkeit der Reifung und des Wachstums.

Wie oben angedeutet, gehört die psychoanalytische Fachliteratur zu beiden Themenbereichen – Trauma und Migration – in unserer langjährigen Gruppenkultur zum festen Bestandteil unserer fachlichen Diskussion.

Was den ersten Themenbereich betrifft, so konzentrieren wir uns nicht nur auf die klassischen Traumatheorien von Freud und seinen Nachfolgern, sondern auch auf zeitgenössische Theorien, allen voran auf die Arbeiten von W. Bohleber, I. Brenner, F. Bush und H. Adler. Die transgenerationale Weitergabe des Traumas und deren narzisstische Verwundung studieren wir gemeinsam in einem Kapitel aus Haydes Faimbergs *Teleskoping*. Eine ähnliche Bandbreite an Literatur nehmen wir ebenfalls in Bezug auf das Thema der Migration durch. Hierzu zählt die Pionierarbeit von Leon und Rebecca Grinberg (1989), aber auch Werke in die USA immigrierter deutscher Psychoanalytiker wie Edith Buxbaum (1949) und Ralph Greenson (1950) werden in der Gruppe diskutiert. In seiner im Jahre 1999 erschienenen Monografie *Immigration und Identität* beschrieb Salman Akhtar seine Forschungen zu lebenslang anhaltenden Identitätstransformationen in der Migration, ein Aspekt, der für unsere Arbeit sehr hilfreich ist. Das bedeutungsvolle Buch von Amati Mehler und Kollegen mit dem Titel *The Babel of the Unconcious* (dt. *Das Babel des Unbewussten*), das für ein offeneres Denken und die Einbeziehung mehrerer Sprachen in die Therapie mit anderssprachigen Menschen plädiert, findet ein großes Echo in den Gruppen, deren Mitglieder aus verschiedenen Ländern stammen (Tschechien, Polen, Brasilien, Indonesien, Indien, Griechenland, Türkei, Albanien). Es stellt eine neue sprachliche Herausforderung für mich dar, dass, wie von den Gruppenmitgliedern gewünscht, aktuelle deutschsprachige Veröffentlichungen ebenfalls in unsere Literaturliste aufgenommen werden. So erfahre ich mehr darüber, welche Thematiken diskutiert und in welcher Weise islamische oder alevitische Kulturelemente (in Bezug auf türkische oder kurdische Patienten) in Deutschland gelebt werden (siehe u.a. Beka-Focke, 2012).

Mit dem inzwischen verbreiteten Begriff »Enactment«, dessen deutsche Übersetzung meist »Reinszenierung« lautet, wird sich gründlich auseinandergesetzt, denn in der Tat eröffnet das Verstehen des Enactments Aspekte der Traumaverarbeitung, die wiederum von Patienten aus anderen Kulturen unbewusst als eine Bühne einer kulturell-geprägten Wiederholung von Bedeutung sein kann; zum Beispiel die Reinszenierung einer brasilianischen Patientin bei der Begrüßung durch eine kulturimmanente Umarmung als ihr unbewusster Ausdruck der Sehnsucht, was der allgemeinen Abstinenzregel in der Psychoanalyse nicht entspricht und mit der Analytikerin ausgelebt und verhandelt werden musste. Die Heterogenität der Gruppen trägt zur Lebendigkeit der Diskussionen und zur Vielschichtigkeit der aufgeworfenen Fragen bei. Während Kollegen, die nur mit Erwachsenen arbeiten, für gewöhnlich differenziert über den Begriff »Enactment« nachdenken, werfen Kinder- und Jugendlichentherapeuten eher die Frage auf, ob und wie ein »Enactment« in einer Spieltherapie aussehen könnte. Und tatsächlich wird der Begriff »Enactment« bis jetzt nur im Erwachsenenbereich benutzt, auch in der IPA-Studie zum Thema (Bohleber et al., 2013).

Während unserer langen Zusammenarbeit initiierte Dr. Utari-Witt wichtige Übersetzungsarbeiten, nämlich Salman Akhtars Studie *Immigration und Identität* (2007) und zusammen mit Dr. Marco Conci zwei Jahre später das Buch von Amati Mehler und Kollegen mit dem Titel *Das Babel des Unbewussten* (2009). Beide Arbeiten sind nun auf Deutsch zugänglich und erhalten auch ein gutes Echo. Ich denke, dass die Initiative, durch diese Studien in einem, so wird man heutzutage sagen dürfen, Einwanderungsland wie Deutschland das Nachdenken über Migration anzuregen, überaus verdienstvoll war.

Ich möchte Dr. Utari-Witt für ihre Ausdauer und Mühe danken, dieses gemeinsame Buchprojekt entwickelt und schließlich verwirklicht zu haben. Denn es eröffnet auch jenen, die noch keine Schreiberfahrungen sammeln konnten, die Möglichkeit, über ihr spezielles, aktuelles Gebiet (Psychotherapie mit Flüchtlingen, Ausbildungsprojekt mit jugendlichen Migranten) zu berichten und damit ihre Erfahrungen und ihr Wissen darüber allgemein zugänglich zu machen.

Schließlich bedanke ich mich bei allen Kollegen der Arbeitsgruppen, die mir die Gelegenheit geben, ihre schwierigen psychoanalytischen Arbeiten mit Migranten zu begleiten, mit ihnen ihre bereichernden Erfahrungen zu teilen. Dieses Langzeitprojekt zwischen deutschen Kollegen und einer israelischen Analytikerin demonstriert uns ein gemeinsames Interesse an der Erforschung von Problemen der Migration in dieser modernen, unruhigen Welt, in der ein Neubeginn im täglichen Leben eine große Herausforderung darstellt.

Ilany Kogan

Literatur

Akhtar, S. (1999). *Immigration and Identity. Turmoil, Treatment and Transformation*. New Jersey and London: Jason Aronson.

Amati Mehler, J., Argentieri, S. & Canestri, J. (1993). *The Babel of the Unconscious: Mother Tongue and Foreign Languages in the Psychoanalytic Dimension*. Trans. by J. Whitelaw-Cucco. Madison, CT: International University Press.

Beka-Focke, L. (2012). Aus einer Analyse zwischen zwei Kulturen. *Forum der Psychoanalyse, 28*(2), 135–149.

Bohleber, W., Fonagy, P., Jiménez, J.P., Scarfone, D., Varvin, S. & Zysman, S. (2013). Für einen besseren Umgang mit psychoanalytischen Konzepten, modellhaft illustriert am Konzept »Enactment«. *Psyche, 67*(12), 1212–1250.

Bründl, P. & Kogan, I. (2005). *Kindheit jenseits von Trauma und Fremdheit*. Frankfurt am Main: Brandes & Apsel.

Garza-Guerrero, A.C. (1974). Culture shock: its mourning and the vicissitudes of identity. *JAPA, 22,* 408–429.
Grinberg, L. & Grinberg, R. (1989). *Psychoanalytic Perspectives on Migration and Exile.* Trans. by N. Festinger. New Haven, CT: Yale University Press.
Kogan, I. (1995). *The Cry of Mute Children – A Psychoanalytic Perspective on the Second Generation of the Holocaust.* London & New York: Free Association Books.
Kogan, I. (2002). Enactment in the lives and treatment of Holocaust survivors' offspring. *Psa. Q., 2,* 251–273.
Laplanche, J. & Pontalis, J.P. (1972). *The Language of Psychoanalysis.* New York: Norton.

I.
»Flucht« in eine fremde Welt

Die Auseinandersetzung mit psychischem Schmerz in der analytischen Arbeit mit Migranten[1]

Von der Unfähigkeit zu fühlen zur Hoffnung auf ein neues Leben in der Behandlung eines Inzestopfers

Marco Conci

Einleitung

Seit 1999 arbeite ich als niedergelassener Psychoanalytiker vor allem mit italienischen Patienten bei einer Bevölkerungszahl von immerhin 25.000 Italienern in München. Die Nachfrage, in der Muttersprache zu arbeiten, ist sehr groß. Obwohl auch deutsche und anderssprachige Menschen zu meinen Patienten gehören, habe ich meinen Fokus auf die Arbeit mit italienischen Migranten gelegt. So war es mir wichtig, mit diesem speziellen Arbeitsgebiet, eben der psychoanalytischen Arbeit mit italienischen Migranten in der gemeinsamen Muttersprache, ebenfalls international aufzutreten.

Dies geschah vor allem auf den Kongressen der Internationalen Psychoanalytischen Vereinigung: 2009 hielt ich in Chicago den Vortrag »Working with Italian patients in Munich. The case of Penelope«, diskutiert von Aisha Abbashi unter dem Vorsitz von Ilany Kogan in einem Panel, in welchem ebenfalls Hediaty Utari-Witt einen Fall vorstellte. Dasselbe gelang uns zwei Jahre später in Mexiko-Stadt unter dem Vorsitz von Andrea Sabbadini – der Titel meines Diskussionsbeitrags lautete: »›I started becoming myself here in Munich ...‹ – Migration, psychoanalysis and identity«.

In der nun vorliegenden Arbeit berichte ich über die Probleme bei der Behandlung einer 40-jährigen italienischen Patientin, die über zwei Jahre dreimal wöchentlich zu mir kam, eine Patientin, die von ihrem siebten bis zwölften Lebensjahr missbraucht wurde. Mein erstes Behandlungsziel war es, eine Verbindung zwischen ihrem Schmerz und dieser leidvollen Erfahrung herzustellen – weswegen mir dieser Fall für den IPV-Kongress 2013 in Prag mit dem in diesem Zusammenhang aussagekräftigen Thema »Facing pain« sehr passend erschien. Wie wir sehen werden, stellte den Wendepunkt der Behandlung eine Reihe von Enactments dar, deren fruchtbringende Verarbeitung mit der endgültigen Konsolidierung einer guten Arbeitsbeziehung zusammenfiel.

---

1 Dieser Beitrag basiert auf dem gleichnamigen Vortrag auf dem IPA-Kongress in Prag, 2013.

Bevor ich auf diese aufwendige, komplexe und anregende Behandlung im Detail zu sprechen komme, gehe ich auf die klinische Erfahrung ein, die ich bisher in der Arbeit mit Migranten gemacht habe – bzw. auf deren spezifische Probleme, unter besonderer Berücksichtigung des traumatischen Anteiles. An zweiter Stelle werde ich den Lesern dieser überarbeiteten Fassung meines Prager Vortrages einige allgemeine Überlegungen zu den Begriffen »seelischer Schmerz« und »psychisches Leid« vorstellen, wobei ich mich insbesondere auf deren Handhabung in der psychoanalytischen Arbeit konzentriere.

Die Arbeit mit Migranten und ihren Traumata

In ihrer Pionierarbeit *Psychoanalyse der Migration und des Exils* behaupten Leon und Rebecca Grinberg, dass es jenseits von »Konstitution und Geschichte jedes Individuums« eine »mehr oder weniger starke Prädisposition zur Migration« gibt (1990, S. 26), die sie aber nicht weiter definieren. Bei meiner Arbeit mit italienischen Migranten konnte ich diese »Prädisposition zur Migration« bestätigen, deren traumatischen Hintergrund entdecken und klären, womit sich auch Salman Akhtar (1999) und Ilany Kogan (2005) auseinandergesetzt haben. Daraus entsteht eine Reihe von Abwehrmechanismen, die bereits von Sándor Ferenczi in den 1930er Jahren beschrieben worden waren. All die Migranten, mit denen ich gearbeitet habe und arbeite, haben durch ein Trauma eine psychologische Entwicklungshemmung erleben müssen; diese Hemmung ist einerseits verinnerlicht und andererseits auf ihre heimatliche Umgebung projiziert worden – und vor allem dadurch ist es zur Emigration gekommen. Angekommen im Gastland bemerken sie oft sehr schnell, dass die Auswanderung alleine nicht der Weisheit letzter Schluss ist: Die Emigration alleine vermag ihre Wunden nicht zu heilen und sie suchen dann psychotherapeutische und/oder psychoanalytische Hilfe – die ich ihnen in der gemeinsamen Muttersprache geben kann. Wie ich auch in der überarbeiteten deutschen Fassung meines oben erwähnten Chicagoer Vortrages (Conci, 2010) gezeigt habe, erlaubt die Arbeit in der Muttersprache einen besseren Zugang zum ursprünglichen Trauma.

Ilany Kogan, die Mitherausgeberin der Anthologie *Kindheit jenseits von Trauma und Fremdheit. Psychoanalytische Erkundungen von Migrationsschicksalen im Kindes- und Jugendalter*, hat die darin enthaltene psychotherapeutische Arbeit mit Migranten folgendermaßen beschrieben:

> »In den verschiedenen hier dargestellten Therapien war es vor allem die Haltefunktion des Analytikers, die es dem Patienten ermöglichte, die der Migration inhärenten traumatogenen Umstände durchzuarbeiten, auch wenn sie mit einer früheren Traumatisierung vermischt waren. Oft wurde die Therapie als Übergangsraum zwischen den beiden Ländern und den beiden Selbstrepräsentanzen verstanden und genutzt. Wo es gelang ›Entwicklungsbedürfnisse‹ (Casement, 1991, S. 274) zu befriedigen und die

Libido über die Aggression siegen zu lassen, wurden die beiden Selbstrepräsentanzen zusammengeführt und der durch die Migration entstandene Riss in der Psyche war ›geheilt‹« (Kogan, 2005, S. 300).

Salman Akhtar begriff seine Beschäftigung mit Migranten in seinem Buch *Immigration und Identität* im Sinne der »Annahme einer entwicklungsbezogenen Haltung und der Durchführung entwicklungsbezogener Arbeit« (Akhtar, 2007, S. 135), deren Verwirklichung in Bezug auf die von diesen Patienten erlebten Traumata und auf die entsprechenden Entwicklungshemmungen sehr wichtig ist:

> »Der Analytiker eines immigrierten Patienten darf nicht vergessen, dass er als neues Objekt eine relativ größere Rolle spielt. Die Ähnlichkeiten zwischen dem Entwicklungsprozess und dem analytischen Prozess [...] sind in solchen Analysen zuweilen ausgeprägt [...]. Mit anderen Worten versucht der Analytiker über die Hilfestellung bei der Überwindung der Psychopathologie des Patienten hinaus dessen Entwicklungspotenzial freizulegen« (ebd.).

Die Funktion des »Analytikers als neues Objekt« wurde einst von Sándor Ferenczi in seinem Vortrag »Sprachverwirrung zwischen dem Erwachsenen und dem Kind. Die Sprache der Zärtlichkeit und der Leidenschaft« auf dem IPV-Kongress 1932 in Wiesbaden erläutert:

> »Die Freimachung der Kritik, die Fähigkeit, eigene einzusehen und zu unterlassen, bringt uns aber das Vertrauen der Patienten. Dieses Vertrauen ist jenes gewisse Etwas, das den Kontrast zwischen der Gegenwart und der unendlichen, traumatogenen Vergangenheit statuiert, den Konstrast also, der unerlässlich ist, damit man die Vergangenheit nicht mehr als halluzinatorische Reproduktion, sondern als objektive Erinnerung aufleben lassen kann« (Ferenczi, 1984c, S. 515–516; Nachdruck des Originals).

Wie noch nicht genügend bekannt ist, beinhaltet diese wichtige Arbeit von Ferenczi aus dem Jahre 1932 auch die Kerngedanken seiner Traumatherapie, die Arnold Rachmann (1997, S. 232–234) in 13 Punkten artikuliert hat, was ich nun so verdichten würde:

➤ Ein Patient, von dem traumatisiert, was Ferenczi »die Sprachverwirrung zwischen den Erwachsenen und dem Kind« nennt, kann nicht zwischen Sexualität und Liebe unterscheiden, aber das ist ihm nicht bewusst.
➤ Ein solcher Patient neigt dazu, sich unbewusst mit dem Aggressor zu identifizieren bzw. einen Abwehrmechanismus zu benutzen, den Ferenczi als Erster beschrieb.
➤ Noch wichtiger aber sind zwei Punkte, nämlich die Spaltung der Persönlichkeit und der durch das Trauma ausgelöste narzisstische Rückzug.

➤ Die Identifikation mit dem Aggressor hat als wichtige Konsequenz, was Ferenczi »Introjektion des Schuldgefühls der Erwachsenen« nennt (Ferenczi, 1984c, S. 519; Nachdruck des Originals).
➤ Nach dem Trauma lebt der Patient in einem Zustand der Verwirrtheit bzw. »mit gebrochenem Vertrauen zur Aussage der eigenen Sinne« (ebd.).

Am 18. Juni 1932 und damit sechs Wochen vor seinem Vortrag in Wiesbaden formulierte Ferenczi sein Traumakonzept und seinen therapeutischen Zugang dazu in seinem *Klinischen Tagebuch*, und zwar mit den folgenden Worten:

> »Das Trauma ist ein Auflösungsprozess in der Richtung der vollen Auflösung, d.h. des Todes. Der Körper, der derbere Teil der Persönlichkeit, widersteht dem Zerstörungsprozess länger, doch Bewusstlosigkeit und Geisteszersplitterung sind auch schon Todesmerkmale des verfeinerten Teiles der Persönlichkeit. Neurotiker und Psychotiker, auch wenn sie teilweise ihre Funktionen als Körper zum Teil auch als Geist noch halbwegs erfüllen können, sind eigentlich als unbewussterweise chronisch agonisierend zu betrachten. Die Analyse hat nun zwei Aufgaben: (1) diese Agonie voll aufzudecken; (2) den Patienten fühlen zu lassen, dass es immerhin der Mühe wert ist, zu leben, wenn es Menschen, wie jenen hilfreichen Arzt gibt, der bereit ist, sogar einen Teil seiner Selbst zu opfern [...]. Zur Erreichung solchen Erfolges ist aber noch eines erforderlich: die Selbstsicherheit des Analytikers« (Ferenczi, 1988, S. 185).

Vom Seelenschmerz zum psychischen Leid

Die spärliche psychoanalytische Literatur zum Thema Seelenschmerz durchforstend, fand ich glücklicherweise beim italienischen Psychoanalytiker Edoardo Weiss (1889–1970) zumindest eine Annäherung an die Definition eines derartigen psychoanalytischen Konzeptes. Es sei im Vorfeld gesagt, dass ich mit »Seelenschmerz« das englische Konzept »mental pain« und mit »psychischen Leiden« das englische Konzept »psychic suffering« meine. Ich beziehe mich hier auf dessen Arbeit »Bodily pain and mental pain« aus dem Jahre 1934: »Psychoanalytische Erfahrung lehrt uns, dass körperlicher Schmerz unbewusst in seelischen Schmerz verwandelt werden kann und umgekehrt« (Weiss, 1934, S. 1; Übers. M.C.) – schrieb er darin. Und am Ende heißt es: »Es würde beispielsweise von Interesse sein, den genetischen Unterschied zwischen ›Seelenschmerz‹ und ›Seelenleid‹ zu erforschen. Es gibt einen Unterschied zwischen beiden« (ebd., S. 13; Übers. M.C.).[2]

---

[2] In Zusammenhang mit der Wahl von Stefano Bolognini zum Präsidenten der Internationalen Psychoanalytischen Vereinigung und dem Anfang seiner Amtszeit hier in Prag erlauben Sie mir,

Eine wichtige Pionierarbeit der psychoanalytischen Annäherung an das Konzept des seelischen Schmerzes stammt von Ilany Kogan und ist aus dem Jahre 1990. Ich beziehe mich dabei auf ihren Aufsatz »A journey to pain«, in dessen Zentrum die Behandlung ihrer Patientin Josepha, einer 37-jährigen Wissenschaftlerin steht:

> »Diese Arbeit untersucht die Wiederherstellung der Fähigkeit der Empfindung von Schmerz und Schuld, welche einen Prozess der Reintegration begleitet, der aus der therapeutischen Arbeit mit einer Frau stammt, deren vier Monate altes Baby bei einem von ihr leichtsinnig verschuldeten Autounfall ums Leben kam. Die Analyse legte das Bedürfnis frei, die unbewussten Phantasien und die Konflikte zu inszenieren, die mit der Überlebensschuld der Eltern verbunden waren. In der Übertragung kam dies durch den Versuch zum Ausdruck, die Analytikerin durch eine Reihe von Angriffen auf die therapeutische Beziehung zu zerstören. Das Überleben dieser Attacken ohne Vergeltung ermöglichte es der Patientin, zwischen Selbst und Objekt zu differenzieren und allgegenwärtige Phantasien über deren Destruktivität fallen zu lassen. Die analytische Erfahrung erleichterte das Auftauchen von Gefühlen der Trauer und der Schuld, welche die Patientin stark abgewehrt hatte, was zur Wiederbelebung ihres psychischen Lebens führte« (Kogan, 1990, S. 629; Übers. M.C.).

Zehn Jahre später veröffentlichte Salman Akhtar den Aufsatz »Mental pain and the cultural ointment of poetry« (2000), in welchem er zwei klinische Vignetten vorstellte, die um die Frage kreisten, welche Rolle der Dichtkunst bei der Reduktion des seelischen Schmerzes und der Anregung eines Trauerprozesses zukommt. In seinen abschließenden Bemerkungen unterstrich Akhtar die Wichtigkeit dieser Perspektive, indem er drei bedeutende Autoren nannte:

> »Wertvoll in diesem Kontext ist Bions Betonung der Notwendigkeit, dass die analytische Erfahrung die Fähigkeit des Patienten zum Leiden erhöht, ›obwohl Patient und Analytiker hoffen dürfen, ihren Schmerz selbst zu verringern‹ (1963, S. 62). Joseph (1981) unterstreicht ebenfalls die Notwendigkeit, sich nicht vom Schmerz zurück zu ziehen, sondern ihn zu erleiden [...]. Und lange vor diesen Autoren hatte schon Ferenczi empathisch erklärt: ›Es ist nicht Inhalt der Psychoanalyse, dem Patienten anfangs Leid zu ersparen; in der Tat ist eines der Hauptziele, den Patienten zu befähigen, Schmerz zu ertragen‹ (1928, S. 90)« (Akhtar, 2000, S. 243; Übers. M.C.).

Was nun Ferenczis Beitrag zu diesem spezifischen Arbeitsgebiet angeht, so möchte ich Franco Borgognos Aufsatz »Why Ferenczi today? The contribution of Sándor

---

die folgenden zwei Ereignisse in Erinnerung zu rufen: Die Italienische Psychoanalytische Vereinigung wurde von Edoardo Weiss in Rom im Jahre 1932 gegründet, um vier Jahre später in Marienbad im Rahmen des allerersten in der Tschechei stattfindenden Kongresses von der IPV anerkannt zu werden.

Ferenczi to the understanding and healing of psychic sufference« aus dem Jahr 2004 zitieren bzw. die Meinung des Autors anführen, dass Ferenczis positive Einstellung psychischem Schmerz gegenüber (die in den oben erwähnten Worten von Bion und Joseph erneut zum Ausdruck kam) »den fruchtbarsten Ertrag seiner analytischen Kreativität« (Borgogno, 2004, S. 12; Übers. M.C.) darstellt.

Im Jahre 2005 bereicherte die portugiesische Analytikerin Manuela Fleming die spärliche Literatur zum Thema »seelischer Schmerz« durch die Unterscheidung von »mental pain« (MP) und »psychic suffering« (PS),[3] eine Unterscheidung, die sowohl in Freuds als auch in Bions Fachwerken verwurzelt ist. Sie erlaubte es der Autorin, nochmals die entscheidende Fähigkeit des Analytikers hervorzuheben, den seelischen Schmerz zuzulassen und den Patienten dabei zu helfen, ihn in psychisches Leid zu verwandeln.

Mit ihren Worten:

> »Seelischer Schmerz und psychisches Leid werden oft als Synonyme gesehen. Ich schlage aber vor, dass die Unterscheidung hilfreich ist und ordne sie so den unterschiedlichen Erfahrungen der Patienten zu. Den Unterschied findet man laut folgender Aussagen: 1) Psychisches Leiden bezieht sich auf das Selbst (ich ertrage, ich leide), wogegen sich seelischer Schmerz weder auf das Selbst noch auf das Andere bezieht […]. 2) Psychisches Leiden findet Worte, sich auszudrücken, im Gegensatz zu Seelenschmerz, welcher jeglichem Sinn entbehrt und folglich auch den Anderen nicht mitgeteilt werden kann. 3) Beim psychischen Leiden ist die Mitteilung an Andere hilfreich, beim seelischen Schmerz aber keinesfalls […]. 4) Psychisches Leid kann durch Trauerarbeit bearbeitet werden, während seelischer Schmerz als solcher nicht bearbeitet werden kann. Ich schlage darum vor, dass seelischer Schmerz ein Phänomen des Lebens an der Grenze zwischen Körper und Seele darstellt, eine Konstellation von Sehnsucht, Hilflosigkeit und negativem Stress, für die der Patient eigentlich keinen Ausdruck hat« (Fleming, 2005b, S. 261; Übers. M.C.).

Die grundlegende technische Bedeutung einer solchen Unterscheidung liegt laut der Autorin in der Vorstellung, der Analytiker fungiere für seine Patienten als eine Art Auffangbecken seines seelischen Schmerzes, und schließt den folgenden Vorschlag mit ein: »Der Analytiker sollte eigentlich versuchen den Geist, die Seele der Patienten zu stimulieren, obwohl er weiß, dass dies Schmerzen für den Patienten miteinschließt« (ebd., S. 269; Übers. M.C.).

Wie man sehen wird, war dies auch die therapeutische Annäherung, die ich intuitiv

---

[3] Ich beziehe mich auf die Aufsätze »The mental pain of the psychoanalyst: A personal view« und »Towards a model of mental pain and psychic suffering«. Im Jahre 2008 veröffentlichte die Autorin auch den Aufsatz »On mental pain: From Freud to Bion«.

(bevor ich mit der oben zitierten Literatur in Kontakt kam) bei meiner Patientin Ida benutzte, indem ich ihr half, aus dem unspezifischen seelischen Schmerz herauszukommen und den wohl subjektiven Zustand des seelischen Leidens zuzulassen, was sie dann als das Ihre betrachten, beobachten und schließlich mittels Trauerprozess auch sorgfältig bearbeiten konnte.[4]

Bevor ich nun zu meiner klinischen Arbeit komme, möchte ich eine sehr wertvolle Botschaft meiner italienischen Kollegin Tonia Cancrini aus ihrem Buch *Un tempo per il dolore. Eros, dolore e colpa* (2002) anführen. Ich beziehe mich auf die Botschaft der berühmten Szene von Vergils *Äneis*, in welcher Königin Dido dem trojanischen Helden Äneas erlaubt, »seinen Kummer wieder aufzunehmen« bzw. den mit der Zerstörung von dessen Heimat verbundenen seelischen Schmerz zu spüren und dadurch den entscheidenden Schritt zu wagen, ihn als psychisches Leiden zu erleben (Cancrini, 2002, S. 55–56).[5]

Meine Patientin Ida

Ich sah Ida zum ersten Mal Anfang Juni 2011, eine verheiratete, kinderlose 38-jährige Italienerin, die mich wegen ihrer langen körperlichen und seelischen Leidensgeschichte beeindruckte. Als sie endlich wahrnahm, dass ich ihr zuhören konnte, sagte sie: »Bitte befreien Sie mich von dem bösen Blick [auf Italienisch: *malocchio*], der mich seit Jahren verfolgt, der mir ein normales Leben unmöglich macht und mein tägliches Leben in einen Kreuzweg [auf Italienisch: *via crucis*] verwandelt hat.«

Wie sich in unseren weiteren Sitzungen herausstellte, wurde sie von ihrem siebten bis zwölften Lebensjahr von ihrem um fünf Jahre älteren Bruder sexuell missbraucht.

---

4 Eine weitere Bestätigung des therapeutischen Ansatzes, den ich intuitiv mit meiner Patientin Ida benutzte, kann auch in dem Aufsatz von Luisa Hoefel, »Vicissitudes of psychic pain as a structuring matrix for mental growth« (2013), gefunden werden. Hier ist dessen Hauptbotschaft: »Ich bin der Meinung, dass eine der tiefsten und wichtigsten Intuitionen, die Bion unter dem Einfluss von Melanie Klein formulierte, diejenige ist, die uns erlaubt, Schmerz als die Matrix der Psyche und Wahrheit als deren Stoff anzuschauen. Psychoanalyse hat mit der Suche nach Wahrheit zu tun, eine Erfahrung, die viel Mut und Schmerz voraussetzt und mit sich bringt« (Hoefel, 2013, S. 116; Übers. M.C.).

5 Tonia Cancrini unterstreicht in spezifischer Art und Weise, wie Vergil in dem berühmten Vers »*Infandum, regina, iubes, renovare dolorem*« von einem Schmerz spricht, der schwer zum Ausdruck zu bringen ist. Dadurch wird eine Situation veranschaulicht, in der Didos liebende Einstellung zu Aeneas es ihm erlaubt, ihn zu artikulieren (Cancrini, 2002, S. 129). Mit Cancrinis Worten: »Die Erfahrung von Schmerz und der Trauerprozess – wie wir mit unserer schlechten Übersetzung der Worte »*renovare dolorem*« sagen können – nehmen ihren Ursprung in der Erfahrung von Liebe, welche uns erlaubt, in unserem Inneren – in unserem Gedächtnis und durch unsere Emotionen – das alles wieder ins Leben zu rufen, was tot war und/oder zerstört worden war« (ebd., S. 130; Übers. M.C.).

Anders ausgedrückt: Ihr Bruder hatte eine Vielfalt von Zärtlichkeiten und sexuellen Aktivitäten aufgenommen, welche sie selbst zuerst akzeptiert und auch genossen hatte bis zu dem Zeitpunkt des Eintretens der Pubertät (ihrer Menarche). Dann weigerte sie sich weiter mitzumachen.

Über dieses Thema hatte sie bislang mit niemandem – nicht einmal ansatzweise – sprechen können, schon gar nicht mit ihren Eltern und auch nicht mit ihrem Ehemann. Sie hatte ja auch zu niemandem Vertrauen und konnte sich nicht öffnen, mal abgesehen von einem pharmakologisch ausgerichteten Psychiater, an den sie sich vor einigen Jahren wandte. Er gab sie schnell auf, nachdem er ihr Antidepressiva und Beruhigungsmittel verschrieben hatte, wodurch ihr durch chronische Schmerzen begleiteter depressiver Zustand nicht besser wurde. Folglich wollte sich auch der Psychiater nicht mit ihrer Traumatisierung auseinandersetzen, von der sie ja kein emotionales Wissen hatte – sie kannte nur die harten Fakten.

Vor diesem Hintergrund war sie natürlich begierig zu begreifen, ob auch ich sie aufgeben bzw. auf Distanz halten und sie für einen hoffnungslosen Fall halten würde. Als eine sehr intelligente Frau mit einem geisteswissenschaftlichen Universitätsabschluss hatte Ida seit der Emigration nach Deutschland mit ihrem Mann vor acht Jahren jede Form der Arbeit – die sie in Italien, wenn auch unregelmäßig, ausgeübt hatte – aufgegeben.

Hatte sie in ihrem 15. Lebensjahr sechs Monate lang unter einer Episode von Magersucht gelitten, so begannen ihre psychischen Probleme sich auf eine klarere Art und Weise erst drei Jahre später mit einer Reihe von depressiven Episoden bemerkbar zu machen, welche mit ihren ersten Liebschaften zusammenfielen; hinter ihnen lag auch die Sorge, dass der Bruder auf sie eifersüchtig sein könnte – was die Inzestgeschichte in ihr reaktivierte. In der Tat erlebte damals der Bruder seinen ersten großen Nervenzusammenbruch, der ihn dazu zwang, das Universitätsstudium aufzugeben, wobei sie geglaubt habe, selbst dafür verantwortlich gewesen zu sein: Wäre sie nicht auf ihr eigenes Liebesleben konzentriert gewesen, so hätte er sich nicht von ihr verlassen gefühlt.

Erst im Jahre 2003 tauchte die Zwangsneurose auf, unter welcher Ida 2011 immer noch sehr litt. Als sie einmal Mutter und Bruder in Italien besuchte – die beiden leben immer noch zusammen –, fand sie Sperma im Waschbecken, worauf sie eine ganze Reihe von Waschritualen entwickelte. Wie wir durch unsere Arbeit verstehen konnten, muss sie das Sperma als ein Zeichen des unbewussten Wunsches des Bruders aufgefasst haben, in ihrem Leben weiter eine zentrale Rolle zu spielen.

Die Emigration – nach welcher sich die Zwangsrituale entwickelt hatten – hatte also nichts geändert, im Gegenteil: Das klinische Bild der Patientin (die jetzt ganz auf die eigenen Phantasien und Schuldgefühle konzentriert war) verschlimmerte sich. Konkret kam es dazu, dass sie mit der Zeit überall, beispielsweise auf Kleidern und Büchern, weiße Flecken zu sehen begann, welche sie in Zusammenhang mit ihrem Bruder brachte; also Spermaflecken, die sie in einen Waschzwang trieben – sie wusch sich, die Kleider, die Bücher usw. Die letzten Jahre waren geradezu ausgefüllt von diesen Waschritualen, sie hatte kein eigenes Leben mehr und die Sorge um Mutter und Bruder vereinnahmte sie gänzlich. Die durch die sexuellen Traumata ausgelöste Spaltung ihrer Persönlichkeit verursachte das, was Ferenczi (in seinem Wiesbadener Vortrag) »Fragmentation« und »Atomisierung/Auflösung« genannt hatte, ja eigentlich eine Art psychischer Lähmung bis hin zum Nahtod.

Wie man sich vorstellen kann, kostete es mich eine Reihe von wöchentlichen vorbereitenden Sitzungen, um einen guten Kontakt zu Ida herzustellen und ihr schließlich eine Psychoanalyse, dreistündig auf der Couch, vorzuschlagen. Aus dieser Sicht kann ich die Erfahrung von Franziska Henningsen bestätigen, die in ihrem Buch *Psychoanalyse mit traumatisierten Patienten* ebenfalls die wöchentlichen vorbereitenden Sitzungen (im Sitzen) zum weiteren Beziehungsaufbau empfiehlt (Henningsen, 2012, S. 258). Ich stimme mit ihr auch darin überein, dass es bei der Therapie traumatisierter Patienten nicht nur möglich, sondern sogar notwendig ist, diese dazu zu bringen, eine Übertragungsneurose zu entwickeln – bzw. ihre Traumata in der Übertragungsbeziehung zum Analytiker wiederzuerleben (ebd., S. 256). Das brachte ich auch in meinem klinischen Bericht an die Krankenkasse zur Begründung der analytischen Therapie zum Ausdruck. Im Herbst 2011, nach 14 vorbereitenden Sitzungen, fingen wir an, mit drei Sitzungen pro Woche auf der Couch zu arbeiten.

Aber erst nach 200 Sitzungen – also erst zwei Jahre nach Behandlungsbeginn – kamen wir so weit, dass man von einer »therapeutischen Allianz« sprechen konnte, was mir endlich erlaubte, nicht nur in Kontakt damit zu kommen, sondern auch das in Worten zu formulieren, wie mich Ida eigentlich erlebte bzw. was für Beziehungserlebnisse unsere Arbeit in ihr reaktiviert hatte. Dieser Wendepunkt wurde Ende Juni 2013 erreicht und fiel mit der Bearbeitung einer Reihe von Enactments zusammen, die von mir kamen, nachdem die Patientin acht Sitzungen im Anschluss an einen zweiwöchigen Urlaub von mir versäumt hatte. Bevor ich zu dieser Phase unserer Arbeit komme, füge ich noch eine Rekonstruktion der früheren Phasen hinzu, ohne welche es nicht möglich gewesen wäre, zu dem gemeinsamen Verständnis der Enactments zu kommen, die die letzte Phase kennzeichneten.

Die Komplexität meiner Arbeit mit Ida macht natürlich eine Zusammenfassung sehr schwierig. Von Beginn unserer Arbeit an wurde mir zum Glück klar, wie stark ihre Traumatisierung durch den Bruder mit der völlig unbefriedigenden Beziehung Idas zu ihrer Mutter zusammenhing, die unter einer schweren postpartalen Depression gelitten hatte. Erst die durch die therapeutische Arbeit möglich gewordene Einsicht in die Komplexität der Beziehung zu ihrer Mutter erlaubte es der Patientin, ihre Sehnsucht nach einer »guten Mutter« zu bearbeiten und aufzugeben, sich von der gemeinsamen Abhängigkeit zu befreien und dadurch anzufangen, ihren seelischen Schmerz in psychisches Leiden zu verwandeln. Mit anderen Worten: Um in Kontakt mit sich selbst zu kommen, musste Ida die Art Unempfindlichkeit und Gefühllosigkeit überwinden, die sie als Folge der grenzenlosen Beziehung zu ihrer Mutter entwickelt hatte. Wie wir wissen, macht eine unbefriedigende Beziehung zur Mutter eine normale Trennung von ihr unmöglich. In der Tat erlebt ein Kind eine solche unglückliche Beziehung sehr oft so, als ob es selbst aufgrund der eigenen Unliebenswürdigkeit daran schuld wäre. Im Falle Idas stellte eine solche psychodynamische Konstellation auch die Voraussetzung für die inzestuöse Beziehung zum Bruder dar.

Aber bevor wir mit unserer Arbeit so weit kamen, dass Ida ihre chronische Opferrolle der Mutter gegenüber aufgeben konnte, konnten wir uns darüber freuen (dies alles erst im Herbst 2012), wie es ihr langsam gelang, ihr eigenes Selbst wahrzunehmen und zu einer immer besseren Selbstbeobachtungsfähigkeit zu kommen. Die unten dargestellte Sitzung im November 2012 war diesbezüglich ein Wendepunkt.

Was die erste von mir unten dargestellte Sitzung angeht, die Anfang Mai 2012 stattfand, so geht es darum, wie Ida mit ihrem seelischen Schmerz umging – und wie sie sich dessen wehrte.

In der Tat stellte diese erste Phase der Arbeit auch für mich die schwierigste Phase dar, die ich auch dadurch psychisch überleben konnte, dass ich mir stetig aufzeichnete, was in jeder Sitzung passierte. Idas Sprechweise war am Anfang so unartikuliert und ihre Beziehungsangst so groß, dass ich oft dadurch total überschwemmt wurde, sodass meine analytische Kompetenz bzw. mein Vertrauen in die analytische Methode sehr darunter litt. In der Tat hatte ich selbst sehr viel Angst vor ihr bzw. vor ihren tödlichen Anteilen, und das forderte mich sehr heraus.[6]

Von Unempfindlichkeit und Gefühllosigkeit zur Selbstbeobachtung

Zu Beginn einer Sitzung, die Anfang Mai 2012 stattfand, erzählte mir Ida folgenden Traum:

P: Um 18:30 Uhr musste ich wegen der Adoption eines Babys vor dem Gericht erscheinen ... Ich sagte mir, das Gericht wird wohl meine Forderung abweisen, weil ich krank und ohne Arbeit bin! Da war auch ein alter Freund dort, der mir und meinem Mann bei der Adoption helfen sollte ... Keiner von ihnen konnte meine Empfindung von Unzulänglichkeit verstehen ... Von diesem Punkt aus wurde der Traum zu einem Doppeltraum: einerseits mein angstvolles Warten

---

6 In dem oben erwähnten Buch spricht Franziska Henningsen von einem ähnlichen Verhalten des Aufschreibens ihrem Patienten »Herrn G.« gegenüber, das sie im Sinne einer »Gegenübertragungsreaktion auf dem Niveau einer *konkretistischen Fusion*« (Henningsen, 2013, S. 120) konzeptualisierte. Durch das Aufschreiben versuchte sie auch, »etwas festzuhalten, was er nicht festhalten konnte« (ebd., S. 119).

auf den Gerichtstermin und andererseits begann der zweite Traum: Mein Bruder lud mich ein, mit seinen Freunden auszugehen ... In beiden Träumen ist es dunkel und das Licht scheint surreal, in beiden fühlte ich mich nicht wohl.

Ich fragte sie nach ihren Assoziationen und erst nach einer Weile fing Ida wieder an zu sprechen:

P: Die beiden Träume wechseln sich ab ... Ich war dabei ins Gericht zu gehen und dabei mit meinem Bruder auszugehen ... Im zweiten Traum war ich viel jünger als im ersten.

Das erlaubte mir, ihr zu sagen:

A: Ich finde Ihren Traum recht interessant. Das lässt mich an ein Röntgenbild Ihres psychischen Zustandes denken – ein Fuß im wirklichen Leben und ein Fuß im früheren Leben mit ihrem Bruder.

Als sie sich verstanden fühlte, reflektierte sie ihren Traum folgendermaßen weiter:

P: Ich würde gerne ein besseres Gedächtnis für meine erlebten Emotionen haben, aber sie entschlüpfen mir, sogar im Traum ... Ich weiß nicht, ob mein Bruder auf mich eifersüchtig war oder nicht ... Ich habe meine Forderung nach der Adoption und die Ablehnung durch den Richter klar im Kopf, aber ich kann keine Verbindung zu den Emotionen herstellen, die mit der Einladung meines Bruders in Zusammenhang stehen.

Dann fragte ich sie:

A: Und wie erfuhren Sie die Tatsache, dass zwei Träume parallel weitergehen?
P: Ich fühlte mich dabei nicht schlecht, es war nur irgendwie natürlich.

Das Gefühl von Resignation in ihrer Antwort überraschte mich, aber ich behielt dies für mich und sagte:

A: Ja, ich verstehe. Wir wissen, wie selbstverständlich und natürlich es für Sie ist, ein gespaltenes Leben zu führen, einmal Ihr eigenes Leben und dann das Leben Ihres Bruders.

Wie wir sehen können, wir haben es mit einer Patientin zu tun, die ihre eigene psychische Verfassung träumen, ihre gespaltenen Gefühle in die Träume integrieren kann, aber sie kann diese überhaupt nicht persönlich erfahren bzw. wahrnehmen. Durch den Traum sehen wir, dass sie nur mit einem Teil von sich selbst ihr eigenes Leben leben kann, der andere gehört ihrem Bruder. Sie weiß aber nicht, welcher Art die Gefühle für ihren Bruder sind und weshalb diese sie so an ihn binden. Dasselbe gilt für ihre Schuldgefühle: Im Traum existieren keinerlei Schuldgefühle, abgesehen von der Angst vor der Abweisung ihrer Adoptionsforderung – belegt durch die Aussage »Ich bin krank und arbeitslos.«

Im letzten Teil derselben Sitzung kommt ihre gespaltene Identität und wachsende Hoffnungslosigkeit so zum Ausdruck:

P: Ich habe oft das Gefühl, dass die Frauen in meiner Nachbarschaft mich verdammen ... In ihrer Nähe fühle ich mich wie eine Hexe und sie fürchten sich vor mir ... Wird es je für mich möglich sein, das Gefühl meines Rechtes auf Leben zu haben? Hätte ich mehr Mut, hätte ich schon Selbstmord verübt ...
A: Mein erstes Arbeitsziel war ja, Ihnen zu helfen, eine Wiederverbindung mit dem Baum des Lebens herzustellen.
P: Ein Teil von mir will hoffnungslos weiterleben ... Jeder Tag ist so hart und so ein Kampf! Und ich bin oft so müde. In dem Fall kann ich mich dann manchmal entspannen und lesen ... Hierher mit der U-Bahn kommend, las ich – nachdem ich das Buch gut gereinigt hatte. Und ich bin sogar glücklich darüber ...
A: Wie ist der Titel des Buches?
P: *Stupore e tremore* – eine belgische Autorin, Amelie Nothomb ... Ich kaufte es letzte Weihnachten im Buchladen, wo mein Bruder arbeitet, angeregt durch ein Werbeposter, welches eine Frau zeigte, die eine schlechte Beziehung zu ihrem Körper hat.
A: Mein Gefühl ist, dass das Buch sehr gut widerspiegelt, was wir hier gemeinsam erfahren haben.
P: Ich bin auf jeden Fall neugierig weiterzulesen.
A: Ich bin neugieriger auf unsere weitere Arbeit.

Wie man sich vorstellen kann, schloß ich die Sitzung mit dem Versuch, die Neugierde der Patientin wieder anzukurbeln, weil ich all dies als prognostisch positives Zeichen erlebte. Dasselbe gilt auch für die Fähigkeit der Patientin, durch ihr Buch eine Schmerzlinderung zu erfahren. Dies erinnert mich an die eingangs erwähnte Arbeit von Salman Akhtar und die Rolle der Poesie hinsichtlich der Milderung seelischen Schmerzes. Ich fand es auch positiv, dass die Patientin sich mit der Protagonistin des Buches identifizieren konnte – »eine Frau in einer schlechten Beziehung zu ihrem Körper«.[7] Auf der anderen Seite kamen ihre Schuldgefühle immer mehr an

---

7 In dem Buch von Amélie Nothomb, *Stupeur et tremblements*, geht es eigentlich um das harte Arbeitsleben einer bilingualen jungen Frau in Japan, die mit einem sehr hierarchischen System

die Oberfläche bis hin zu ihrer Behauptung, »sich als Hexe zu fühlen, die keinerlei Recht auf eine Existenz hat«. Zur selben Zeit war es aber wichtig, den Fokus auf Idas Hoffnungslosigkeit zu lenken und ihre beginnende Motivation, gegen all dies zu kämpfen, in die Wege zu leiten.

An diesem Punkt verzichte ich auf die Darstellung, was in den darauffolgenden Sitzungen passierte, und beschränke mich nun auf eine entscheidende Sitzung (Nr. 143) an einem Freitag Ende November 2012:

P: Wie ich Ihnen erzählt habe, ist in dem Buch von Murakami eine sehr schlechte Bruderfigur, was ja bei meinem Bruder nicht der Fall ist ... Durch seine Krankheit übt er eine Art Macht auf mich aus ... Zur selben Zeit finde ich ihn aber ekelhaft und abstoßend ... Was mich aber am meisten aufregt, ist das Dreieck, von welchem ich ein Teil bin und die beiden anderen meine Mutter und mein Bruder ... Mein Wunsch, meinem Bruder ein klares Wort zu sagen, und mein Wunsch, die Liebe und Zuwendung meiner Mutter zu bekommen, sind im Konflikt zueinander ... Mit anderen Worten: Es ist noch ein kleiner Teil von mir, der ihre Liebe und Annäherung sucht ... Aber sie ist auf der anderen Seite auch jene, die meinen Bruder beschützt, und fürchtet, dass ich ihn mit Dingen konfrontiere, die er nicht hören will ... Also, was soll ich tun?

Die präzise Weise, in welcher Ida ihre Position in diesem Dreiecksverhältnis darstellte, erlaubte mir zu sagen:

A: Es ist das erste Mal, dass Sie mir in so klarer Weise ihre Position in diesem Dreiecksverhältnis kommunizieren.

So wurde es mir nach mehreren ähnlichen Dialogen möglich, ihr den Vorschlag zu machen, einen neuen Blick auf ihre Symptome zu werfen, und zwar unter Berücksichtigung der Beziehung zu mir – eben meines Blickes auf ihre Situation:

A: Ja, Ängstlichkeit und Furcht dominieren Ihre Beziehung zu Ihrem Bruder. Zu Ihrem Bruder und zu mir – ich überlege mir, wie hart es für Sie sein muss, hier bei mir in der Sitzung mit all Ihren Emotionen zu bleiben.

P: Ja, Ängstlichkeit und Furcht dominieren all meine Beziehungen ... Als mein Bruder von seiner Freundin 2003 verlassen wurde, fürchtete ich, er werde sich wieder mir nähern ... Ich fühlte, wie schlimm dieses Gefühl war und bekam

---

konfrontiert ist, in welchem es keinen Raum für ihre eigene Individualität gibt. Aber das ist nicht die einzige Ähnlichkeit zwischen Ida und der jungen (1967 geborenen) belgischen Schriftstellerin. Wie Ida litt sie zwischen ihrem 15. und 17. Lebensjahr unter Magersucht.

einen Zorn auf ihn ... Und das war der Punkt, an dem meine Rituale begannen, die Rituale in Verbindung mit dem Sperma, das mich kontaminieren könnte, und das konsequente dauernde Bedürfnis, meine Hände und Genitalien zu reinigen.

A: Das Gefühl, das ich nun habe, mehr jetzt als in der Vergangenheit, ist, wie der Gedanke an Sperma Ihnen erlaubt, einerseits sich ihm nahe zu fühlen und andererseits sich von ihm zu distanzieren. Von diesem Gesichtspunkt aus, als ob Sie vorwärts und rückwärts gingen, hin zu ihm und weg von ihm.

P: Ja, ich muss beide schützen, ihn und mich selbst!

A: Und wahrscheinlich auch mich ...

Wie man also sehen kann, hat Ida einen langen Weg hinter sich, vor allem in Bezug auf das Verständnis ihrer speziellen Position in diesem Dreiecksverhältnis und die Wahrnehmung der daraus resultierenden ambivalenten Gefühle. Sie hält ihr Kleben an Mutter und Bruder nicht mehr aus, aber sie findet noch keinen Weg zu ihrem eigenen Leben. Nur die an ihren Bruder gebundenen Rituale ermöglichen es ihr, die nötige Distanz aufrechtzuerhalten. Nun komme ich dazu, ihre ambivalente Haltung Bruder und Mutter gegenüber näher zu beschreiben bzw. zu zeigen, wie ihre Ambivalenz in der Übertragung zum Ausdruck kam – was sie selbst ahnen konnte.

Ida öffnet ihre Augen, lernt zu leiden und gewinnt langsam an Autonomie

Die darauf vorbereitende Phase dauerte den gesamten Winter: Ida sah die Gesamtsituation und im Speziellen die Beziehung zu ihrer Mutter langsam mit ihren eigenen Augen. Als Folge des Ablösungsprozesses von der Mutter erlaubte sie sich die Umwandlung der körperlichen und seelischen Schmerzen in einen Trauerschmerz. Sie konnte endlich die Tatsache annehmen, dass sie nicht die Mutter haben konnte, die sie sich gewünscht hätte – eine Mutter, die sie liebt, wahrnimmt, fördert und vor dem Bruder beschützt. Im Gegenteil: Diese verlangte stets von der Tochter die Erfüllung ihrer narzisstischen Forderungen. Die Arbeit mit mir machte Idas Blick auf ihre Gesamtsituation klarer und ermöglichte es ihr, gegen ihre Symptome zu kämpfen und sich schließlich mir gegenüber zu öffnen.

Ein Beispiel dafür ist eine Sitzung Anfang Januar 2012, in der sie erstmals bekundete, ihre Waschrituale in den Griff zu bekommen, und den Wunsch ausdrückte, »ein normales Leben zu haben«. Sie sagte mir aber auch, dass wenn es ihr endlich besser ginge, sie fürchte, dass etwas Schlimmes passieren könnte, für das sie bestraft würde. Darauf erzählte mir Ida von einem Traum, in dem ihre Mutter, ihr Bruder und sie in einer Gondelbahn auf eine Bergspitze unterwegs sind. Ihre Aufmerksamkeit bestätigte die Tatsache, dass ihr im Gegensatz zu ihrer Mutter und ihrem Bruder bange war. Als wir dies besprachen, einigten wir uns darauf, dass dies mit dem Gesundungsprozess zu tun hätte: Im Unterschied zu Mutter und Bruder war es ihr gelungen, die Augen aufzumachen und diese offen zu halten. Das erlaubte uns, gegen Ende der Sitzung zu folgendem Austausch zu kommen, in dessen Zentrum das Konzept der »psychischen Arbeit« stand: Unbekannt in ihrer Familie, waren ihre Mutter und ihr Bruder immer noch unfähig dazu. Dadurch hatte sie endlich verstanden, worum es in unseren Sitzungen ging und weshalb sie jetzt an eine neue Zukunft denken konnte.

P: Ich dachte nicht, dass unsere Arbeit so erschöpfend sein würde, es ist wirklich harte Arbeit ... Manchmal werfe ich mir selbst sogar vor, zu wenig an mich zu denken, wenn ich nicht bei Ihnen bin.
A: Aus meiner Sicht ist dies aber genau eines der Ziele unserer Arbeit: an Ihren Problemen dann zu arbeiten, wenn wir zusammen sind. Oder ... sie parken ihre Probleme bei mir bis zur nächsten Sitzung.
P: Das erinnert mich daran, tanzen zu lernen.
A: Ja, das ist es, was Ihr Leben möglicherweise verändern wird. Ich meine damit die psychische Arbeit, die wir gemeinsam leisten.
P: Werde ich je so weit kommen, mein Leben selbst im Griff zu haben?
A: In Abweichung zu Ihrem Bruder und Ihrer Mutter sind Sie deshalb hier, diese psychische Arbeit zu erlernen, wozu diese niemals in der Lage waren. Dieser Mangel verurteilt die beiden zu einem nicht selbstbestimmten Leben. Das ist eine sehr herausfordernde Arbeit, die wir hier tun, ähnlich der Gondelfahrt in Ihrem Traum.
P: Tatsächlich, ich verstehe nicht, wie mein Bruder die Angst aushält, die ich bei meinem Ehemann erlebe, die Angst vor der finanziellen Abhängigkeit von meiner Mutter!

Am besten war es – so betrachtet –, Ida vorerst dabei zu helfen, sich von ihrer Mutter zu distanzieren. Dies ermöglichte ihr, sich der Beziehungstragödie zu ihrem Bruder zuzuwenden – und fand Bestätigung in den weiteren nachfolgenden Sitzungen des Winters. Ein gutes Bild davon, wie Idas Sicht auf die Gesamtsituation immer klarer wird bzw. wurde, bekommen wir durch die folgende Sitzung (Nr. 166), die Mitte März 2013 stattfand:

A: Es scheint mir, dass Sie sich in den letzten Wochen mehr auf Ihr Leben konzentrieren konnten und weniger mit Ihrer Mutter sprachen und Ihre Mutter wurde diesbezüglich etwas einsichtiger.
P: Ich könnte dies eventuell so sehen, dass sie mich doch ein bisschen liebt ... Und das erlaubt mir, mehr auf Distanz zu ihr zu gehen ...

A: Sie können nun also besser mit ihr und Ihrer Beziehung zu ihr umgehen.
P: Es ist niemals leicht ... Ich fühlte mich so verwundet, so verletzt von ihr ... Mein Bruder war über Jahre so eine Gefahr, so eine Bedrohung für mich und sie versuchte niemals, mir zu helfen, sie beschränkte sich darauf, mir zu vermitteln: »Du armes Ding!« ... Ich meine hier Wunden, die mich noch schmerzen, die es mir schwer machen, meinen Körper zu tragen, meine gesamte Lage ... Die Notwendigkeit, mich permanent verteidigen zu müssen, das wirklich war vernichtend!
A: Ja, das war sicherlich eine schlimme Beschädigung.
P: Mein Bruder übte stets so eine große Macht auf mich und mein Leben aus ... Seit wir Kinder waren, suchte er dauernd meine Nähe ... Ja, er versuchte mich mit ihm zu verwechseln ... als ob er mich in einen Sack eingeschlossen hätte, einen Sack, aus dem ich mich nicht mehr befreien konnte ... Es ist so schwer! Ich habe das Gefühl, ich kann eine so starke Bindung nie durchbrechen ... Ich glaube, nicht stark genug zu sein ... Wir haben es mit einem Reißverschluss zu tun, den nur er öffnen kann, nicht ich! Ich würde so gerne verstehen können, warum ich immer denke, dass ich nicht fähig bin, dem zu entkommen.
A: Ich bin die erste und einzige Person, mit der Sie all dies teilen können. Und das ist die erste Zutat oder Komponente des Schlüssels, den Sie suchen. Der zweite Aspekt des Schlüssels kommt dadurch zustande, dass Sie mit mir an diesem Problem arbeiten, und das gibt Ihnen den Rückhalt für Ihr Recht, diese Probleme zu lösen.

Anfang Mai 2013 war Ida schließlich fähig dazu, ihre »tote Mutter« – also die Mutter ihrer Kindheit – zu beweinen, sich von ihr zu trennen und sich mit der Beziehung zu ihrem Mann zu beschäftigen, ohne sich auf ihn zu stützen.

(P. kommt herein, legt sich auf die Couch und spricht nicht gerade heraus, so wie sonst.)

A: Ich sah Sie lesen im Wartezimmer, heute zum ersten Mal.
P: Ja, heute bin ich ruhiger ... Ich erinnere mich nicht, woran wir zuletzt gearbeitet haben ... Was ich weiß, ist, dass ich meine Mutter nicht länger auf mich zugreifen lasse ... Ich konnte mich etwa auf meine Hausarbeit, auf meinen Kurs konzentrieren ... Es kommt mir in den Sinn, dass ich sogar einen Konflikt hatte, was eine Art Distanz zwischen mir und meinem Mann auslöste, eine Situation, in der ich früher meine Mutter anrief und jetzt tat ich dies nicht ... Ich sagte mir »Meine Mutter ist tot« ... Mit dieser Wahrnehmung begann ich zu weinen, ich weinte sogar sehr angesichts dieser Gedanken ... Ich fühlte mich dabei sehr einsam ... Ich war alleine zu Hause und ich begann zu weinen ... Danach dachte ich: »Mama wird dir ohnehin nicht helfen«, und ich beruhigte mich ... Das

erlaubte mir schließlich, mit meinem Mann über den Streit zu reden, ohne meine Mutter zu involvieren. Und danach fühlte ich mich besser als je zuvor ...

A: Sie waren also fähig, das Problem mit Ihrem Gatten ohne Ihre Mutter zu lösen. Sie wurden autonomer und fühlten sich stärker.

Der Wendepunkt: Von meinen Enactments zu unserer guten »therapeutischen Allianz«

Wie ich schon geschrieben habe, dauerte es bis Ende Juni 2013, um zu einer guten »therapeutischen Allianz« zu kommen.[8] Die Dinge entwickelten sich so: Nach meinem zweiwöchigen Urlaub in der zweiten Maihälfte tauchte Ida zu keiner Sitzung bis zum 21. Juni mehr auf. Ich wusste zwar, dass aktuelle größere Probleme ihrer Mutter für sie eine Italienreise notwendig machten und wie dringend sie einen Urlaub mit ihrem Mann in ihrer Heimat nötig hatte, aber war trotzdem enttäuscht – ich nahm dies als Abwehr der Wiederaufnahme unserer Arbeit wahr. Natürlich teilte sie mir via Mail mit, was sie beschäftigte und wann sie wieder nach München zurückkehren würde, sodass wir unsere Arbeit wieder aufnehmen könnten. Was mich aber am meisten verletzte war die trockene Art ihrer Worte und das Gefühl, sie würde unsere Arbeit eh nicht vermissen.[9]

---

[8] Es ist mir bewusst, dass das von Ralph Greenson und anderen in den 1960er Jahren eingeführte Konzept der »therapeutischen Allianz« nicht von unserer ganzen beruflichen Gemeinschaft akzeptiert wird (siehe z.B. die grundlegende kritische Bilanz von Heinrich Deserno, 1990), aber ich finde es trotzdem nützlich. Dieselbe Meinung wurde neulich von Juan Tubert-Oklander (2013) im Detail artikuliert (siehe Kapitel 5). Erst nach dem Wendepunkt, den ich im Folgenden beschreiben werde, gelang es Ida, sich ganz auf unsere Arbeit einzulassen; des Weiteren war unsere Arbeitsbeziehung endlich stabil genug, dass es uns möglich wurde, auf der Ebene der Übertragung systematisch zu arbeiten. Das war davor nicht möglich gewesen. Mit anderen Worten: Ohne die ganze Arbeit, die wir vor dem zu beschreibenden Wendepunkt gemacht hatten und die ich in den vorherigen Ausführungen darzustellen versuchte, wäre ein solcher Einschnitt nicht möglich gewesen. Auch aus diesem Grund war es mir wichtig, mich nicht auf den Wendepunkt zu begrenzen, sondern vor allem zu zeigen, wodurch sich der graduelle Aufbau einer guten »therapeutischen Allianz« entwickelt hatte. Freilich wurde mir erst nach dem Wendepunkt selbst endlich bewusst, wie schwer es mir bisher gefallen war, Idas Einstellung mir gegenüber im Sinne ihrer Übertragung zu verstehen – bzw. der Übertragung auf mich der unmenschlichen und ganz unempathischen Art und Weise, in der Mutter und Bruder sie behandelt hatten. Das war in der Tat der Sinn der Angst, die bisher unsere Arbeit begleitet hatte – und die sich etwa darin niederschlug, dass ich während der Sitzungen alles aufschreiben musste, was zwischen uns passierte.

[9] Meine Frustration hatte auch mit dem »therapeutischen Vertrag« zu tun, der unsere Arbeit (im Rahmen der Richtlinien Psychotherapie) regelte. Wie alle meine Patienten durfte auch Ida unsere Stunden innerhalb der Grenze von 48 Stunden absagen, ohne dafür zu zahlen. Natürlich hatten wir keinen Vertrag, der so eine lange Abwesenheit (fast 3 Wochen) regelte. Das einzige,

Als ich sie fünf Wochen später am 21. Juni sah, war ich so begierig darauf zu erfahren, wie diese lange Unterbrechung auf sie gewirkt hatte, dass ich meine Neugierde (und meine Frustration) dadurch inszenierte bzw. agierte, dass ich ihr vorschlug, im Sitzen zu arbeiten – ohne meinen Vorschlag klarer zu artikulieren. Es würde so für sie leichter sein – dies mein Gedanke –, mich über ihre gegenwärtige Situation zu informieren. Wie man sich vorstellen kann, brachte dies uns allerdings überhaupt nicht näher. Darum arbeiteten wir weiter im Liegen – die erste und zweite Sitzung der darauffolgenden Woche.

Erst am Freitag, dem 28. Juni (in der dritten Sitzung der Woche) kam meine Enttäuschung durch ziemlich unangebrachte Worte zum Ausdruck, Worte, die in meinen unten dargestellten Aufzeichnungen zu finden sind. Aber das erlaubte mir endlich, sie direkt zu fragen, wie sie selbst die Tatsache der langen Unterbrechung erlebt hatte. Auf diese Weise kam ich endlich in besseren Kontakt mit Idas persönlicher Erfahrung bezüglich unserer Arbeit und Beziehung. Ich meine damit all die Widerstände, die ihre Haltung unserer Arbeit gegenüber charakterisierten und die jetzt dadurch klarer zum Ausdruck kommen konnten.

Als Folge einer solchen Konfliktualisierung unserer Beziehung bat mich diesmal Ida selbst darum, unsere Arbeit im Sitzen fortzusetzen – als ob sie selbst sich überlegen wollte, ob wir die Arbeit überhaupt fortsetzen könnten, bzw. um die durch unsere Auseinandersetzung erreichte größere Nähe zu vermindern. In der Tat beanspruchte sie zwei Sitzungen, um mir zu erklären, wie enttäuscht sie von mir war, und bestritt meine Fähigkeit, all ihre negativen Gefühle im Zaum zu halten. Nachdem es mir gelungen war, die Überflutung ihrer Gefühle zu containen und ihr zu zeigen, wie wertvoll mir unsere Arbeit noch war (dazu siehe auch unten), konnten wir am Freitag, dem 5. Juli unsere übliche Arbeit im Liegen wieder aufnehmen.

Nicht nur konnte sich jetzt Ida mehr denn je in die Sitzungen einbringen und von unseren Arbeit profitieren, sondern wir konnten beide die neue Qualität der Arbeit erfahren und genießen, die ich oben mit dem Konzept der guten »therapeutischen Allianz« in Verbindung gebracht habe. Das zeigte sich sehr klar in der Sitzung vom 19. Juli (auch diesmal der dritten Wochensitzung!), in welcher wir ihre Beziehung zu Mutter und Bruder weiter klären und rekonstruieren konnten, aber diesmal in einem neueren und konstruktiveren Licht.

---

was ich erwarten konnte, war die Möglichkeit und die Notwendigkeit, eine solche Abwesenheit zu verstehen und mit ihr zu analysieren. Ich fühlte mich in dieser Hoffnung durch Sándor Ferenczis Konzept unterstützt, dass wir solchen verwahrlosten Patienten wie Ida die Möglichkeit geben sollten, sich als Kinder uns Analytikern gegenüber zu verhalten. »Durch dieses Gewährenlassen« – schrieb Ferenczi im Jahre 1929 – »lässt man diese Patienten erstmalig die Unverantwortlichkeit des Kindesalters genießen, was gleichbedeutend ist mit der Einführung *positiver* Lebensimpulse und Motive für die spätere Existenz« (1984b, S. 451–452; Nachdruck des Originals).

Aber jetzt komme ich endlich zu unserer Sitzung (Nr.190) vom Freitag, dem 28. Juni. Ida begann die Sitzung mit einem Bericht über ihre Hausarbeit für ihren Internetkurs in Kunstgeschichte und gab ihre Bedenken zum Ausdruck, dass sie nie in ihrem Leben einen richtigen Arbeitsvertrag gehabt hatte, wozu mir nichts Besseres einfiel, als ihr zu sagen, und dies kurbelte meine Frustration weiter an, was ich von ihrem ungenügenden Verantwortungsgefühl gegenüber unserer Arbeitsverpflichtung hielt. Anders ausgedrückt: Ich gab ihr zu verstehen, dass die von ihr versäumten Sitzungen auch in Zusammenhang damit stünden, dass sie nie ein verbindliches Arbeitsverhältnis erlebt hatte – ein Defizit nicht nur der Vertrautheit mit Verträgen, sondern auch ihrer persönlichen Verbindlichkeit. Mit anderen Worten: Dadurch hatte ich auch meine Frustration zum Ausdruck gebracht und sie dafür implizit verantwortlich gemacht. Darin bestand mein erstes Enactment!

Im Folgenden ist Idas Reaktion nachzulesen wie auch der Austausch, der zwischen uns stattfand:

P: Wenn Sie so einen kritischen Ton anlegen (sie selbst veränderte ihre Stimme), werde ich aufhören, Ihnen zu gehorchen ... Das Leben mit meinem Mann ist so chaotisch und ich bin finanziell von ihm abhängig ... Zur selben Zeit ... ich teile nicht Ihr Konzept der Therapie als eine Religion!
A: Das habe ich nie gesagt!
P: Mein Gefühl ist nun ... Ich mag nun nicht das Gefühl, dass Sie über mein Leben so verfügen wollen ... Wenn Sie so mit mir reden, gehe ich weg, wie von meinem Bruder.
A: Was ich Ihnen vermitteln will, ist nur die Haltung, die Sie unserer Arbeit entgegenbringen, die ... sehr viel anders ist als ... bei meinen anderen Patienten.

Dabei war ich ein weiteres, zweites Enactment eingegangen, worauf Ida noch stärker reagierte:

P: Als ich mit 18 in Italien in psychotherapeutischer Behandlung war, erklärte mir der Psychotherapeut unter anderen Dingen, bereits in der ersten Sitzung, dass er im August nicht in Urlaub fahre und dasselbe von mir erwarte.
A: Es ist wohl wichtig, dass Sie mir das sagen, aber es ist trotzdem nicht die Art, in der ich mich benehme.
P: Nein ist es nicht, aber Sie haben auch gesagt, dass nur ich von all ihren Patienten mich so benehme. Also: Sie kritisieren mich und sagen mir, wie ich mich zu benehmen habe! Für mich bedeutet Therapie nicht, »Du darfst keinen anderen Gott haben außer mir!« Ich mag die vertragliche Dimension keineswegs, von der Sie sprachen. Ich mag das nicht ... Ich konnte schon meinen Bruder nicht loswerden ... Wenn Sie auf dieser Richtung bestehen, kann ich nicht mehr kommen ... Ich brauche ...

A: Mein Gefühl ist, dass Sie auch diese Dimension unserer Arbeit brauchen, aber dass Sie davor Angst haben.
P: Ich will nicht wie Ihre anderen Patienten sein! Sie sind alle besser als ich! Immer finden Sie einen Weg, mir zu sagen, dass ich eine nicht so gute Patientin wie all ihre anderen Patienten bin ... Wenn die Therapie nicht greift, ist es, weil ich nicht da war! Wenn das der Fall ist, brauche ich Ihre Therapie nicht!
A: Alles was ich gesagt habe ist, dass die Therapie nur wirkt, wenn Sie sich voll einbringen und bereit sind, mit mir zu arbeiten ... Ich stelle Ihnen dazu eine Frage: Wie fühlten Sie sich mit der Tatsache, dass Sie acht Sitzungen versäumt haben, nachdem ohnehin sechs Sitzungen wegen meines Urlaubs ausgefallen waren? Fühlten Sie sich erleichtert oder traurig?
P: Ich muss zugeben, mehr erleichtert als traurig.
A: Das ist alles, was ich wissen wollte.
P: So hätten Sie mich schon vorhin fragen können.
A: Ich bin bereit, zuzugeben, dass ich mir nicht vorstellen konnte, Sie fühlten sich mehr erleichtert als traurig. Das erlaubt mir auch besser zu verstehen, wie schwer es Ihnen nach wie vor fällt, mit mir näher in Kontakt zu kommen. Und aus der Art und Weise, wie Sie auf meine Enttäuschung reagierten, wie Sie sich kritisiert fühlten, schließe ich, dass Sie noch immer Angst haben, das zu hören.
P: Ja, ich bin nicht dazu hier, Ihre Stimme zu hören, aber ... aber ich muss versuchen die Herrschaft über meine inneren Stimmen, meine inneren Kämpfe zu bekommen!
A: Ja, natürlich ... ich sehe ja, wie Sie meine Stimme noch nicht hören können ... Tatsächlich kann ich mir nun vorstellen, dass Sie meine Stimme als so kritisch wahrnehmen, zusammen damit, dass Sie sich innerlich immer noch arm und klein fühlen. Vielleicht meinen Sie deshalb, Sie sind meine schlechteste bzw. schwierigste Patientin.
P: Ihre kritischen Worte sind noch so laut in mir, dass ich nicht weiß, ob ich zur nächsten Sitzung überhaupt noch kommen will ...
A: Ja, das kann ich gut einsehen, aber leider ... ist unsere Zeit für heute um ... Bis nächsten Mittwoch.

Natürlich zieht ein derartiger Austausch viele differenzierte Überlegungen nach sich, vor allem was meine unbewussten Enactments angeht bzw. meine zwei übertrieben kritischen (und total unangemessenen) Interventionen in Bezug auf Idas Abwesenheit, und ihre Reaktion darauf, und das im Sinne ihrer Übertragung auf mich einerseits und ihres pathologischen Über-Ichs andererseits.

Beginnen wir mit meinen Enactments: Durch die sehr interessante und wichtige Arbeit von Werner Bohleber und seinen Kollegen des »IPV-Projektkommittees für konzeptuelle Integration« zu dieser komplizierten und zugleich faszinierenden

Thematik (Bohleber et al., 2013; deren englische Fassung erschien im *International Journal of Psychoanalysis* vor dem Prager Kongress) kam ich zu dem Schluss, dass meine Enactments dazu da waren, meine subjektive Stimme zu erheben. »Dass ein Enactment einen Prozess darstellt, in dem die Subjektivität des Analytikers ins Spiel kommt, ist unumstritten« (ebd., S. 1237), schreiben Bohleber und seine Kollegen. Wie ich bereits erwähnt habe, bestand die größte Herausforderung bei der Arbeit an meiner Gegenübertragung darin, meine Subjektivität zu erhalten und gleichzeitig zu beschränken – oder diese sogar auszuklammern. In der Tat brauchte mich Ida als Person, als Zeuge, und gleichzeitig hatte sie viel Angst vor mir. Darum vermied sie es (un- und vorbewusst) die ganze Zeit, sich in den Behandlungsprozess einzubringen, wodurch mich ihr undifferenzierter Umgang mit den versäumten Sitzungen am meisten verletzte. »Countertransference enactments« nannte Theodor Jacobs im Jahre 1986 die Art Intervention, die ich zum Ausdruck brachte – und die aus einer solchen Beziehungsdynamik bzw. aus einem solchen inneren Konflikt im Analytiker entsteht.

»Wie konnte Ida meinen persönlichen Ansatz nicht spüren und ihn, im Gegenteil, so ausklammern?«, fragte ich mich immer wieder. Natürlich konnte sie all das nicht wissen, sie konnte nicht wahrnehmen, wieviel Angst sie vor einer persönlichen Beziehung hatte, aber diese Spannung zu ertragen fiel mir sehr schwer. In der Tat: Wie ich selbst erst nach dem oben beschriebenen Wendepunkt unserer Arbeit entdecken konnte (siehe auch Fußnote 7), war es mir selbst die ganze Zeit so schwer gefallen, ihre und meine Angst vor der Beziehung wahrzunehmen. In dieser Hinsicht könnte man sogar sagen, dass mein ständiges Aufschreiben während der Sitzungen an sich eine Art Enactment war – das die ganze Behandlung begleitet hatte. Dadurch hatte ich mich tatsächlich am Leben erhalten können! Durch die von ihr verpassten Sitzungen und durch die trockene Art, in der sie mir ihre Abwesenheit mitteilte, behandelte mich Ida in derselben Weise, wie sie sich von Mutter und Bruder (die sie während dieser Abwesenheit besucht hatte) behandelt fühlte. Aber zurück zur Sitzung: Da es so schwierig war, den Übertragungsaspekt im Zentrum der Arbeit zu behalten, hielt ich eine solche Spannung (als Person bzw. als Analytiker, der sich in Bezug auf seine Patientin besonders große Mühe gab) nicht mehr aus! Aber genau das ist eine der vielen Definitionen des Enactment-Konzepts, die man in dem oben erwähnten Artikel finden kann: »Steiner (2006, S. 136) versteht das Enactment als Versuch des Analytikers, Spannung abzuführen«, schreiben Bohleber und seine Kollegen (2013, S. 1225) diesbezüglich.

Aber in diesem Zusammenhang fügen sie noch ein weiteres Zitat hinzu, das ich noch einleuchtender im Hinblick auf die Darstellung dieser wichtigen Phase meiner Arbeit finde. Ich beziehe mich dabei auf folgende Worte, die von Dale Boesky stammen: »Wenn der Analytiker nicht früher oder später auf eine Weise emotional berührt wird, die er nicht beabsichtigt hat, wird die Analyse zu keinem erfolgreichen Abschluss gelangen« (Boesky, 1990, S. 573, zit. nach ebd., S. 1237). Tatsächlich hat meine emotionale Beteiligung – vor allem in den zwei Sitzungen, in denen sie all ihre negativen Gefühle mir gegenüber kundtat – den entscheidenden Faktor dargestellt, der sie dazu brachte, ihre Drohung, sich von unserer Arbeit zurückzuziehen, aufzugeben. In der Tat brachte mich meine emotionale Beteiligung dazu, gegen Ende der zweiten dieser zwei Sitzungen fast in Tränen auszubrechen! Obwohl ich diesen letzten Aspekt noch nicht erwähnt hatte, glaube ich schon, dass er, bzw. meine spontane Reaktionbereitschaft, gepaart mit meiner überaus großen Geduld und Toleranz, für die Kehrtwendung in ihrem Denken ausschlaggebend war und schließlich die Fortsetzung unserer Arbeit möglich machte.[10]

Kommen wir nun noch zu Idas Reaktion auf meine Enactments in der oben erwähnten Sitzung (Nr. 190). Auf diese reagierte sie mit einer ganzen Fülle von Übertragungsthemen: »Ich denke, Sie wollen mein Leben übernehmen.« Und dann: »Wenn Sie so mit mir sprechen, gehe ich, wie ich von meinem Bruder gegangen bin.« Wenn dieses Übertragungsthema auf den Bruder zurückgeführt werden kann, kann die Mutter-Übertragung mit folgenden Worten in Verbindung gebracht werden: »Mit anderen Worten: Sie haben mich soeben kritisiert und gesagt, wie ich mich benehmen sollte.« Natürlich war die volle Entwicklung der Übertragung von Anfang an ein erklärtes Ziel der Behandlung – und ist auch so gekommen! Das heißt: Nachdem ich es versäumt hatte, den Übertragungsaspekt hinter der Einstellung zu entziffern und zu deuten, die zu ihrer Abwesenheit beigetragen hatte (siehe auch Fußnote 7), war ich erst durch meine Enactments (und den darauffolgenden Austausch mit der Patientin) endlich dazu gekommen! Natürlich können wir mit einem Patienten nur dann an der Übertragung arbeiten, wenn er dazu fähig ist, die zwischen uns bestehende Beziehung zu erleben. Genau das ist die Ebene, die durch meine Enactments von uns beiden wieder erlebt werden konnte![11]

---

10 Bezogen auf Franco De Masis klinischen und therapeutischen Ansatz bezüglich Borderline-Patienten (z.B. De Masia, 2012, Kapitel 15) könnte ich sagen, dass ich durch meine Tränen und meine gefühlsmäßige Resonanz Ida dabei helfen konnte, ihre Fähigkeit zur psychischen Resonanz, zur Empathie und zu reflexivem Denken wiederzugewinnen, die aufgrund der langen Unterbrechung (fast fünf Wochen) von Neuem verloren gegangen waren, nachdem sie sie durch unsere Arbeit bereits wiedergefunden hatte. Das muss auch der Grund dafür sein, dass ich sie nicht mehr als »meine Patientin« erleben konnte, als ich sie am 21. Juni wiedersah, was mich dazu brachte, ihr vorzuschlagen, im Sitzen zu arbeiten.

11 Es gibt aber auch einen anderen Aspekt bezüglich Idas Reaktion auf meine Enactments, den ich gerne unterstreichen würde und der sie fast dazu gebracht hätte, die Behandlung zu unterbrechen. Dabei beziehe ich mich auf die so große Resonanz, die meine »kritischen Worte« auf Idas destruktives Über-Ich hatten, und zwar auf den Punkt, dass sie sagte, dass diese immer noch so laut in ihr waren, dass sie nicht mehr wusste, ob sie zur nächsten Sitzung kommen würde. Um dieses Thema kreisen einige der Aufsätze, die in Eric Brenmans Buch *Recovery of the lost good object* veröffentlicht wurden, aus dessen Einleitung, die von Gigliola Fornari Spoto stammt, ich jetzt den folgenden bedeutungsvollen und sehr hilfreichen Absatz zitieren werde: »Inwieweit das gute Objekt die Destruktivität des Überichs modifizieren kann und wie effektiv

Ich komme nun zu unserer Sitzung vom 5. Juli (Nr. 193), in der Idas Einstellungsänderung hinsichtlich unserer Arbeit und meine wiedergewonnene Fähigkeit zur Arbeit an der Übertragung die gute »therapeutische Allianz« ausmachten, von der ich oben geredet habe:

P: Was ich Ihnen sagen kann, ist, dass es für mich sehr schwer ist, zu sagen, wodurch ich mich genährt fühle ... Ich finde es sehr schwer, positive Beziehungen zu haben ... Einmal erzählte ich Ihnen von einer Supermarktverkäuferin, die gewöhnlich so nett zu mir war, dass ich den Supermarkt wechseln musste ... Ich konnte mit einer so netten Person nicht umgehen!

A: Unsere Arbeit kann nur ihre Funktion erfüllen, wenn Sie bereit sind, mit mir über sich selbst zu reden.

P: Ja ich verstehe ... Hier ist zum Beispiel etwas, was ich erzählen kann und hoffentlich dann nicht bereuen werde: Es geht um meinen neulichen kurzen Ausflug nach Florenz ... Ich war so bewegt, dass ich kaum darüber reden kann! Ich fühlte mich überwältigt und es war mir wie zum Weinen ... In meiner Phantasie denke ich mir, Sie können das nicht verstehen.

A: Es ist offensichtlich, dass Sie kein Vertrauen in mein Verständnis bringen konnten.

P: Ich sehe erst jetzt, wie ich mich fürchtete, dass Sie mich nicht verstehen würden ... dass ich die positive Wirkung der Dinge meines Ausflugs verlieren würde, wenn ich Ihnen davon erzähle!

A: Es war auch mein Eindruck, dass Sie mir wichtige Sie betreffende Dinge verschweigen und dachte mir, Sie würden am liebsten mir und der gemeinsamen Arbeit fernbleiben.

P: Meine Angst war, Sie wären die Art Italiener, der die Heimat vergessen hat und nur die positiven Aspekte der Emigration bedenkt ... Für mich waren diese Ausflüge immer eine sehr wertvolle Bereicherung, ich kreierte in meiner Phantasie eine eigene Welt von Kultur, und durch die Bücher, die ich las ... Das war immer meine beste Medizin! Aus irgendeinem Grund dachte ich, Sie würden es nicht verstehen.

A: Was ich verstehe, ist, dass Sie diese ganze kulturelle Bereicherung gerne für sich behielten, damit Sie nicht Gefahr laufen würden, diese durch das Gespräch

---

das Über-Ich dabei ist, dem guten Objekt entegegenzutreten: darin besteht der größte Kampf in der analytischen Arbeit. Brenman geht davon aus, dass nur ein Patient mit einem gewissen Zugang zu einer guten Objektbeziehung eine Deutung über seine Destruktivität auf eine solche Art und Weise benutzen kann, dass diese ihm bei seinem Kampf mit Liebe und Hass wirklich helfen kann. Brenman geht davon aus, dass eine Deutung über die Destruktivität des Patienten, ohne eine genug gute Bindung zu einem guten Objekt – bei schwer depressiven und/oder narzisstischen PatientInnen oder solchen, die in einem sadomasochistischen Teufelskreis blockiert sind – [...] nur als eine Kritik von einem anderen unbeugsamen Über-Ich erlebt werden kann, welches vom Patienten verlangen würde, das Ideal der Hasslosigkeit zu erleben« (Fornari Spoto, 2006, S. XVIII; Übers. M.C.).

mit mir zu zerstören. Oder anders: Ihre Angst vor Kontakt macht es Ihnen so schwer, sich einzubringen! Und hier stelle ich auch den Zusammenhang her zur Angst vor Kontakt zu Mutter und Bruder. Nun, da Sie dies überwunden haben, erzählen Sie mir eine ganze Reihe positiver Dinge von sich, was mir erlaubt, Sie in einem ganz neuen und positiven Licht zu sehen.

Entwicklung der Hoffnung auf ein neues Leben

Ich glaube, es war kein Zufall, dass Ida in einer der Sitzungen Mitte Juli (Nr. 197) mir von einem sehr guten alten Film erzählte, einer Inzestgeschichte! Es ging um *Vaghe stelle dell'Orsa* (dt. Titel: *Sandra*), den der berühmte italienische Regisseur Luchino Visconti (1906–1976) im Jahre 1965 produziert hatte. Claudia Cardinale und Jean Sorel sind Geschwister, die als Kinder reicher Eltern zusammen in einer abgelegenen Villa aufwuchsen und eine inzestuöse Beziehung eingingen. Als Erwachsene konnte der Bruder diese nicht aufgeben, die Schwester schon – vor allem durch die Heirat mit einem fremden Mann. Der Bruder liebte sie weiterhin, während die Schwester auf seine weiteren Annäherungsversuche wie folgt reagierte: »Für mich bist Du tot, Du existierst nicht mehr für mich!« Am Ende des Films verübt der Bruder Selbstmord, während die Schwester, ihrem Gatten folgend, die Heimatstadt verlässt – wo sie sich wegen einer Familienangelegenheit getroffen hatten.

Ida erzählte mir nicht den ganzen Film, aber sie machte die folgende Bemerkung: Bis zum letzten Wochenende, als sie mit ihrem Mann *Vaghe stelle dell'Orsa* sah, hätte sie einen Film mit einem solchen Thema nicht ansehen können; nun war sie bereit dazu! Auf jeden Fall konnte sie nun ihre Angst, dass ihr Bruder wegen ihr suizidgefährdet wäre, besser verstehen – aber auch, dass sie zu ihrem Bruder auf Distanz gehen musste, wie Claudia Cardinale in dem Film das tat – als sie ihn gefühlsmäßig für tot erklärt, wie Ida selbst dies schon in Bezug auf die Mutter tun konnte.

In den folgenden zwei Sitzungen legten wir den Fokus weiter auf das aktuelle Geschehen in ihrem Fall und kamen zu folgendem Schluss: Ihr Bruder war sicher schon psychisch krank, als er die inzestuöse Beziehung mit ihr begann. Des Weiteren tat ihre Mutter all das, was eine Mutter nicht tun sollte – den Sohn zu schützen, Idas Versuche der Klärung abzulehnen und ihr die Schuld zu geben. Mit anderen Worten: Auch in dieser Phase ihres Lebens (und nicht nur in den vorigen, als sie ein Baby und Kind war) hatte Ida keine gute Begegnung mit und Widerspiegelung zwischen der eigenen Welt und der Welt der Mutter erleben können, und dadurch war für sie keine normale Entwicklung möglich gewesen.[12]

---

[12] Im Zusammenhang mit Franco De Masis Konzept der Perversion im Sinne »einer Flucht und eines Rückzuges, die in der Kindheit durch die Erzeugung von sexualisierten psychischen

Ein paar Sitzungen später kam mir spontan assoziativ der Film *La vita è bella* von Roberto Benigni in den Sinn, dessen Einfühlungsvermögen in seinen Sohn während des Holocaust ihm das Leben rettete – und ich leitete daraus für mich die Empfehlung ab, diese Filmgeschichte metaphorisch für unsere weitere Arbeit zu verwenden.

Abschließende Überlegungen

Als ich mit Ida den Wendepunkt erlebte, den ich beschrieben habe, fühlte ich mich wirklich erleichtert. Wir waren nicht nur so weit gekommen, wie ich gehofft hatte, sondern auch die stetige störende Spannung zwischen uns hatte endlich beiseite gelegt werden können. Ich hatte niemals zuvor mit einer derart kranken Inzestpatientin gearbeitet. Aus diesem Grund war ich auch sehr neugierig auf diese neue Berufserfahrung gewesen bzw. gespannt darauf, wie ich die mir vertraute analytische Methode bei einem solchen Fall verwenden würde. Damit verbinde ich natürlich die Möglichkeit, den Patienten zu helfen, die richtigen Worte für ihre Ängste und Probleme zu finden. Das war alles, was ich wusste, denn mir fehlte jegliche Erfahrung mit so schwer kranken Patienten wie Ida; jede Sitzung war wirklich eine wahre Herausforderung für mich. Wie ich schon gesagt habe: Das andauernde Aufzeichnen dessen, was in allen Sitzungen passierte, erlaubte mir, Idas Worten eine Struktur zu geben bzw. die Hoffnung in ihr zu beleben, endlich den Faden ihres Lebens zu finden. In dieser Hinsicht kann eigentlich ein solches Verhalten nicht nur als eine Art andauerndes Enactment (siehe oben) aufgefasst werden, sondern es kann durch das von Dori Laub eingeführte Konzept des *witnessing* in ein völlig neues Licht gerückt werden. Auerhan, Laub und Peskin definierten besagtes Konzept im Jahre 1993 auf Englisch wie folgt: »It is only when survivors remember with someone, when a narrative is created *in the presence of a passionate listener*, that the connection between an ›I‹ and ›you‹ is remade« (Auerhan et al., 1993, S. 436). Und hier ist die im Jahre 2011 ins Deutsche übertragene Definition der Zeugenschaft von Samuel Gerson: »Wir alle haben anzuerkennen gelernt, dass die Grundvoraussetzung für psychische Lebendigkeit [...] die aktive, Zeugnis ablegende Anwesenheit eines Anderen ist« (Gerson, 2011, S. 210).

Zuständen anfangen« (De Masi, 2003, S. 86; Übers. M.C.), können wir die Hypothese aufstellen, dass Idas früher Mangel an mütterlicher Liebe und Widerspiegelung sie dazu prädisponiert hatte, den Inzest mit dem zu Bruder begehen. Das ist auch der Anfang des Prozesses der Dissoziation und der Selbstidolatrie, welche De Masi dazu brachten, einen technischen Ansatz zu entwickeln, in dessen Rahmen die Deutung einer solchen Dynamik so wichtig wie die Deutung der Übertragung ist (De Masi, 2012). Durch die Idealisierung seines Rückzuges kann es dem Patienten nur schlechter gehen und nicht besser (wie er denkt)! Das ist auch die Art und Weise, in der die Perversion – Idas Perversion eingeschlossen – eine Form von Sucht darstellt.

Eine solche gelungene Arbeit erlaubt mir jetzt, den Beitrag jener Autoren zu bestätigen, die ich in den ersten Absätzen dieses Aufsatzes erwähnt habe (Ferenczi, Kogan, Akhtar, Fleming, Hennigsen). Das zentrale Thema in der Psychoanalyse ist wohl die Gegenübertragung und die Notwendigkeit, die Patienten zu unterstützen bzw. ihnen zu erlauben, sich voll und ganz auf die leidvolle Wahrheit ihrer Lebenserfahrungen einzulassen. In dieser Hinsicht können wir auch das Konzept des Enactments neu definieren: Wo das Trauma eine so große Rolle hinsichtlich der Krankheit des Patienten spielt, dass die vom analytischen Paar erfundenen Worte nicht dazu ausreichen, das Trauma völlig auf die symbolische Ebene zu bringen, kommt den Enactments eine unentberliche Funktion zu. In diese Richtung weist in der Tat auch die zweite Definition von Enactment, die Werner Bohleber und seine Kollegen am Ende ihres weiter oben erwähnten Berichtes formulieren. Sie verstehen »Enactment als Stimulation und Aktualisierung eines unbewussten Konfliktes, der für den Patienten und für den Analytiker eine Bedeutung besitzt und auf keinerlei andere Weise repräsentiert werden kann« (Bohleber et al., 2013, S. 1244). Eine solche Definition des Enactments liegt im Grunde ebenfalls der therapeutischen Arbeit zugrunde, die Ilany Kogan in dem weiter oben erwähnten Aufsatz von 1990 beschrieben hat.[13] Nur durch das Enactment – von beiden, Patienten und Analytikern – kann das Trauma symbolisiert werden!

Und hier ist die Art und Weise wiedergegeben, in der es dem Schweizer Kollegen Hans Holderegger 2012 in dem Aufsatz »Trauma und Übertragung« gelang, Witnessing und Enactment miteinander zu verbinden, nachdem er den »Handlungsdialog als kreative Neuinszenierung traumatischer Erfahrung« dargestellt hatte: *»Also ist hinter den Inszenierungen, die hier Thema sind, ein ganz archaischer Vorgang verborgen, nämlich die Suche nach dem Objekt, nach dem Anderen, nach einer die Entwicklung fördernden Beziehung. Und diese Suche ist eng verbunden mit der Suche nach dem verloren gegangenen oder noch ungeborenen Selbst und mit dem elementaren Drang nach Entwicklung«* (Holderegger, 2012, S. 1114).[14]

Zu guter Letzt möchte ich noch den Schluss anführen, zu dem Manuela Fleming

---

13 Aus einem Aufsatz von 2012 entnehme ich die folgende Definition von Enactment, auf die Ilany Kogan neulich gekommen ist: »›Enactment‹, putting into action, is a non-verbal behavior, which reflects what occurs between patient and therapist in the analytic situation, with the emphasis on the way the analyst participates in the process. This might be compared to ›acting out‹ and ›acting in‹. ›Acting out‹ is the attempt to avoid painful knowledge in treatment by means of acting instead of remembering and communicating. ›Acting in‹ is defined as acting in the transference; it might be the only way available to the patient to relive an experience and to convey it to the therapist« (Kogan, 2012, S. 6).

14 Die Art und Weise, in der Witnessing und Enactment zentrale Bestandteile jedes therapeutischen Prozesses sind, in dem es stets darum geht, ein großes Trauma zu symbolisieren und zu bearbeiten, stellt eines der Hauptthemen des faszinierenden Buches *The power of witnessing* dar, wobei in diesem Zusammenhang das von Nancy Goodman verfasste erste Kapitel mit dem Titel »The power of witnessing« von besonderem Interesse ist.

2005 in Bezug auf das Thema »Handhabung des psychischen Schmerzes« gekommen ist, ein Schluss, dem ich mich nur anschließen kann: »Zusammenfassend, basiert auf meiner klinischen Erfahrung und auf dem theoretischen Rahmen der Psychoanalyse, schlage ich vor, den seelischen Schmerz als einen intrinsischen Teil der klinischen Praxis des Analytikers zu betrachten. Der Analytiker wird ihn willkommen heißen, wenn er sich wirklich für den Fortschritt des therapeutischen Prozesses einsetzt. Die Bewusstseinsschwelle des seelischen Schmerzes, die der Analytiker als Teil seines Berufes zu akzeptieren hat [...], bleibt, so glaube ich, ein zentrales Problem in der Psychoanalyse und dafür sind die Forschung und die stete Debatte gefordert« (Fleming, 2005a, S. 74; Übers. M.C.).

Literatur

Akhtar, S. (2007). *Immigration und Identität. Psychosoziale Aspekte und kulturübergreifende Therapie.* Gießen: Psychosozial-Verlag.
Akhtar, S. (2000). Mental pain and the cultural ointment of poetry. *International Journal of Psychoanalysis, 81,* 229–243.
Auerhan, N.C., Laub, D. & Peskin, H. (1993). Psychotherapy with Holocaust survivors. *Psychotherapy: Theory, research, practice, training, 30,* 434–442.
Bohleber, W., Fonagy, P., Jiménez, J.P., Scarfone, D., Varvin, S. & Zysman, S. (2013). Umgang mit psychoanalytischen Konzepten, exemplifiziert am Begriff »Enactment«. *Psyche Z psychoanal, 67,* 1212–1250.
Borgogno, F. (2004). Why Ferenczi today? The contribution of Sándor Ferenczi to the understanding and healing of psychic suffering. *International Forum of Psychoanalysis, 13,* 5–13.
Cancrini, T. (2002). *Un tempo per il dolore. Eros, dolore e colpa.* Turin: Bollati Boringhieri.
Conci, M. (2010). Der Fall Penelope. Migration und Identität am Beispiel meiner Arbeit mit italienischen Patienten in München. *Forum der Psychoanalyse, 26,* 151–173.
Conci, M. (2011). »I started becoming myself here in Munich ...« – Migration, psychoanalysis and identity. Unveröffentlichter Vortrag, gehalten am IPV-Kongress in Mexiko-Stadt am 4. August 2011.
De Masi, F. (2003). *The sadomasochistic perversion. The entity and the theories.* London: Karnac.
De Masi, F. (2012). *Lavorare con i pazienti difficili.* Torino: Bollati Boringhieri.
Deserno, H. (1990). *Die Analyse und das Arbeitsbündnis.* München und Wien: Verlag Internationale Psychoanalyse.
Ferenczi, S. (1984a). Die Elastizität der psychoanalytischen Technik. In S. Ferenczi, *Bausteine zur Psychoanalyse. Band III: Arbeiten aus den Jahren 1908–1933* (S. 380–398). Frankfurt am Main: Ullstein Materialien.
Ferenczi, S. (1984b). Das unwillkommene Kind und sein Todestrieb. In S. Ferenczi, *Bausteine zur Psychoanalyse. Band III: Arbeiten aus den Jahren 1908–1933* (S. 446–452). Frankfurt am Main: Ullstein Materialien.
Ferenczi, S. (1984c). Sprachverwirrung zwischen den Erwachsenen und dem Kind. Die Sprache der Zärtlichkeit und der Leidenschaft. In S. Ferenczi, *Bausteine zur Psychoanalyse. Band III: Arbeiten aus den Jahren 1908–1933* (S. 511–525) Frankfurt am Main: Ullstein Materialien.

Ferenczi, S. (1988). *Ohne Sympathie keine Heilung. Das klinische Tagebuch von 1932*. Frankfurt am Main: Fischer.
Fleming, M. (2005a). The mental pain of the psychoanalyst: A personal view. *International Forum of Psychoanalysis, 14,* 69–75.
Fleming, M. (2005b). Towards a model of mental pain and psychic suffering. *Canadian Journal of Psychoanalysis, 13,* 255–272.
Fleming, M. (2008). On mental pain: From Freud to Bion. *International Forum of Psychoanalysis, 17,* 27–36.
Fornari Spoto, G. (2006). Introduction. In: *Recovery of the lost good object,* by E. Brenman. London: Routledge, XIII–XIX.
Gerson, S. (2011). Wenn der Dritte tot ist: Erinnerung, Trauer, und Zeugenschaft nach dem Holocaust. *Psyche Z psychoanal, 65,* 193–217.
Goodman, N.R. (2012). The power of witnessing. In N.R. Goodman & M.B. Meyers (Hrsg.), *The power of witnessing. Trauma, psychoanalysis, and the living mind* (S. 3–26). London: Routledge.
Grinberg, L. & Grinberg, R. (1990). *Psychoanalyse der Migration und des Exils*. München und Wien: Verlag Internationale Psychoanalyse.
Henningsen, F. (2012). *Psychoanalysen mit traumatisierten Patienten. Trennung, Krankheit, Gewalt.* Stuttgart: Klett-Cotta.
Holderegger, H. (2012). Trauma und Übertragung. *Psyche Z psychoanal, 66,* 1102–1117.
Jacobs, T. (1986). On countertransfrence enactments. *Journal of the American Psychoanalytic Association, 34,* 289–307.
Kogan, I. (1990). A journey to pain. *International Journal of Psychoanalysis, 71,* 629–640.
Kogan, I. (2005). Nachwort. In P. Bründl & I. Kogan (Hrsg.), *Kindheit jenseits von Trauma und Fremdheit. Psychoanalytische Erkundungen von Migrationsschicksalen im Kindes- und Jugendalter* (S. 288–300). Frankfurt am Main: Brandes & Apsel.
Kogan, I. (2012). The second generation in the shadow of terror. In M.G. Fromm (Hrsg.), *Lost in transmission. Studies of trauma across generations* (S. 5–19). London: Karnac.
Hoefel, L.O. (2012). Vicissitudes of psychic pain as a structuring matrix for mental growth. *International Forum of Psychoanalysis, 22,* 108–118.
Nothomb, A. (1999). *Stupeur et tremblements*. Paris: Albin Michel.
Rachman, A.W. (1997). *Sándor Ferenczi. The psychotherapist of tenderness and passion*. Northvale, N.J.: Aronson.
Tubert-Oklander, J. (2013). *Theory of psychoanalytical practice. A relational process approach*. London: Karnac.
Weiss, E. (1934). Bodily pain and mental pain. *International Journal of Psychoanalysis, 5,* 1–13.

Tsunami soll Deutschland verwüsten ...

Destruktive Phantasien, Ambivalenzkonflikt und Spaltungsmechanismen im Migrationsprozess

Hediaty Utari-Witt

In diesem Artikel möchte ich die Bedeutung der Ambivalenzfähigkeit im Migrationsprozess betonen, deren Wurzeln bereits in der frühen Reifung jeder individuellen Entwicklung liegt.

Die Mobilisierung des Ambivalenzkonflikts in der neuen, fremden Umwelt stellt für die mitgebrachte, prämigrative Persönlichkeitsstruktur eine erneute Herausforderung zu einem integrativen Prozess dar: Erlebnisse des Willkommen- oder Nichtwillkommen-Seins im aufnehmenden »Mutterland«, die sowohl in persönlichen Beziehungen als auch im sozialen Rahmen erfahren werden, bestimmen das Gelingen und Misslingen notwendiger integrativer Transformationen. Dabei kann der Schweregrad der Unterschiedlichkeit zu der ursprünglichen Umwelt (Natur, sozio-politische Atmosphäre, Kultur, Religion, Sprache) die Integrationsfähigkeit eines migrierenden Menschen überfordern: Die neue Umwelt, das neue aufnehmende »Mutterland« kann als feindlich erlebt werden, frühe Enttäuschung und Wut können aggressiv externalisiert werden und über Stereotypisierungen auf Menschen, Land und Kultur des aufnehmenden Landes projiziert werden.

Die Fallstudie, in deren Zentrum die psychoanalytische Psychotherapie mit einer Brasilianerin mit massiven destruktiven Phantasien gegenüber dem aufnehmenden Land steht, versucht Prozesse des Ambivalenzkonflikts und das Auftauchen der Spaltungstendenzen nachzuzeichnen. Die Entwicklung über Trauerarbeit hin zu einer Milderung der Spaltungsmechanismen und einem Mehr-aushalten-Können widersprüchlicher vielschichtiger Strebungen wird hier dargestellt.

Garza-Guererro beschrieb bereits im Jahre 1974 in seinem Artikel »Culture Shock« zwei grundsätzlich verschiedene Tendenzen, auf die neue Umwelt zu reagieren: entweder sich so rasch wie möglich anzupassen, manchmal auch auf Kosten der ursprünglichen Identität, oder sich zu isolieren und in der alten vertrauten Kultur zu verharren. Diese Beschreibung lässt die Bedeutung des Ambivalenzkonflikts im Migrationsprozess erahnen.

Waldvogel (2000, S. 55) betont die Wichtigkeit einer Ambivalenzfähigkeit:

»Toleranz gegenüber Ambivalenz im Sinne einer Fähigkeit, Spannungen und Widersprüche wahrzunehmen, auszuhalten und sich von ihnen zu Weiterentwicklungen anstoßen zu lassen, galt in der Psychoanalyse stets als Zeichen reifen, angemessenen Umgangs mit der Vielgestaltigkeit und Vieldeutigkeit sowohl der äußeren wie der inneren Welt.«

Fallstudie

Es handelt sich um eine Patientin mit transgenerationalen Traumatisierungserfahrungen. Am Anfang der Therapie war es so gut wie unmöglich, einen kontinuierlichen emotionalen Kontakt zu ihr zu halten; sie sprang ganz schnell immer von einem Thema zum anderen. Ich hatte immer wieder das Gefühl, als ob es sich hier um Emotionen und frühe Affekte in ihrem Leben gehandelt haben könnte, die irgendwie verloren gegangen sein mussten, wohl durch die ganzen Abbrüche in ihrem ständigen Überlebenskampf. Daher wählte ich eine psychoanalytisch orientierte Psychotherapie im Sitzen mit zwei Sitzungen in der Woche. Eine intensivere Arbeit mit drei Stunden in der Woche lehnte die Patientin zu einem späteren Zeitpunkt auch aus zeitlichen Gründen ab (als Mutter von drei Jungen, mit Haushalt und ihren sozialen Aktivitäten hatte sie es sich nicht leisten können, dreimal in der Woche zu kommen, zumal sie außerhalb der Stadt wohnte).

Verleugnungen, Stereotypisierungen und Projektionen auf die Außenwelt spielten zunächst eine sehr große Rolle bis es ihr möglich war, im Laufe des Therapieprozesses einen inneren Reflexionsraum zu etablieren. Das Arbeiten im Hier und Jetzt war dann möglich in bestimmten Punkten.

Isabella, 41 Jahre alt – eine sehr attraktive Frau mit leicht bräunlichem Teint und ganz langen welligen Haaren – kam mit 21 Jahren nach Deutschland. Sie war seinerzeit auf Bitten ihrer ersten großen Liebe, ihres damaligen Freundes, hierher ausgewandert. Er hatte aufgrund seiner griechisch-deutschen Abstammung das Recht, in Deutschland zu leben. Es war keinerlei politischer oder wirtschaftlicher Druck dahinter. Ihr Freund Stefanos eröffnete ein Restaurant, anstatt – wie er angeblich vorhatte – in Deutschland sein Studium der Sozialwissenschaften zu beenden. Isabella fing ebenfalls an, dort mitzuarbeiten. Als sie noch in Brasilien lebten, hatten sie eine sehr intensive Liebesbeziehung; miteinander verbunden waren sie auch durch ihre gemeinsamen politischen Aktivitäten an der Universität: Beide hatten seinerzeit gegen die Militärdiktatur in Brasilien gekämpft. Isabella war eine sehr begabte und sehr vielsprechende junge Journalistin (sie hatte einen Studienabschluss in Kommunikationswissenschaften) und in Deutschland musste sie nun als Bedienung in dem Restaurant arbeiten oder auch als Putzfrau, manchmal auch als Babysitter bei »reichen Leuten«.

Isabella schilderte ihre anfängliche Situation in Deutschland wie folgt: »Während meiner ersten Lebensjahre in Deutschland war ich eigentlich immer in so einer Art brasilianischen Umgebung – das Essen war brasilianisch und das Arbeiten im Restaurant mit auch sehr vielen brasilianischen Landsleuten ...«.

Die Beziehung zu Stefanos wurde aber bald sehr belastend und war schnell mit vielen Konflikten behaftet: Stefanos entwickelte sich in eine negative Richtung; er rutschte in die Drogenszene ab und machte illegale Geschäfte. Mittendrin in diesem Überlebenskampf einerseits und den ganzen Konflikten andererseits wurde sie schwanger. Ohne Stefanos zu benachrichtigen kehrte sie nach Brasilien zurück. Stefanos bat sie aber inniglich, nach Deutschland zurückzukehren. Sie kam daraufhin zurück zusammen mit ihrer Mutter, die in Deutschland für mehrere Monate bleiben konnte, um sie nach der Geburt zu unterstützen.

In einer Therapiestunde berichtete sie über eine genaue Erinnerung: Anfänglich konnte sie Xavier stillen, aber seit sie und Stefanos einen schlimmen Streit hatten, im Zuge dessen er sie schlug und sie ihn dann zurückschlug und biss, habe die Milch aufgehört zu fließen.

Sie beendete die Beziehung zu Stefanos, arbeitete jedoch weiter in dessen Restaurant, in der Hoffnung, dass er sich wieder zum Positiven verändern würde. Tatsächlich kehrte er wenig später nach Brasilien zurück – eine Begebenheit, die sie sich so nie hätte denken können – und hinterließ ihr eine unglaublich hohe finanzielle Belastung und Schulden. Sie war maßlos enttäuscht von ihm. »Ich glaube immer so an das Gute im Menschen!«, sagte sie. Bald darauf lernte sie einen deutschen Mann namens Günther kennen, ein Kunde im Restaurant, ein sehr lustiger, sympathischer Deutscher, der ganz anders sei als die anderen Deutschen. Drei Monate nachdem sie sich kennengelernt hatten und nähergekommen waren, wurde sie schwanger. Wieder dachte sie darüber nach, nach Brasilien zurückzukehren. Aber Günther hatte ihr versichert, dass er sein Kind annehmen würde. Er wollte sie dann heiraten, er versprach ihr, die Verantwortung zu übernehmen. Äußerlich war sie erleichtert, doch innerlich fühlte sie so: »Dann wusste ich ... dass ich von da an wie gefangen bleiben werde – gefangen bleiben in Deutschland ... wie in einem Gefängnis.« Günther erwies sich als ein sehr verantwortungsvoller Ehemann und Vater, er zahlte sogar die von Stefanos hinterlassenen Schulden. Auch um Xavier kümmerte er sich immer mit und versuchte, ihn in ihr neues gemeinsames Leben zu integrieren. Als Xavier elf Jahre alt war, wünschte er sich, den Familiennamen von Günther zu tragen – ein sehr schwieriger Prozess: Beide Elternteile mussten viele formale Hürden überbrücken, um diesen Wunsch zu erfüllen. Aus dieser zweiten Ehe stammen zwei Söhne: Julian, neun Jahre alt, und Zodar, vier Jahre alt – »meine geplanten Kinder«. Die aktuelle Konstellation der Familie: Isabella lebt mit dem zweiten deutschen Mann Günther und den drei Söhnen zusammen.

»Meine Welt ist von da an ganz anders organisiert ... irgendwie ist meine Welt so deutsch organisiert, mein Innenleben fühlt sich so fremd an und ich fühle mich so leer ... das ist so, als ob das nicht mehr mein Leben wäre ... ich fühle mich hier wie in einem goldenen Käfig ... ich habe mir nie gewünscht eine Hausfrau und Mutter zu sein ... ich war immer eine sehr aktive junge Frau – politisch sehr aktiv – ich habe mich immer getraut, auch aggressiv zu sein, auch gegen die Polizei und so ...«

»Die Menschen hier sind so kalt und so distanziert, ich vermisse so sehr die Spontaneität – auch die körperliche Nähe z.B. Umarmungen – ... ich komme mit den deutschen Müttern hier überhaupt nicht zurecht, sie sind so kontrollierend und so rivalisierend – die fragen immer dann gegenseitig was ihre Kinder schon leisten können, was sie schon können, ob sie schon krabbeln können oder auch gehen können und auch die schulischen Leistungen – und dieses Schulsystem hier, ich fühle mich total fremd und ... in Brasilien ist alles einfacher und offener – dort ist viel mehr Wärme und menschliche Solidarität.«

Isabella hatte Probleme, ihr Alltagsleben zu organisieren, sie war morgens oft müde und lustlos, sah sich mit den Jungen überfordert – ja sie fühlte sich regelrecht von depressiven Gedanken verfolgt. Der älteste Sohn Xavier zeigte auch delinquente, antisoziale Tendenzen (kleine Diebstähle, sozial isoliert, kaum Freunde, schlechte Noten in der Schule usw.). Sie befürchtete, dass Xavier so werden könnte wie sein Vater, nämlich letztlich ein drogenabhängiger Krimineller. Sie stellte sich bereits vor, dass Xavier ebenfalls im Gefängnis landen könnte. Wegen der delinquenten Tendenzen befand sich Xavier in einer Therapie; der kinderpsychoanalytische Kollege empfahl ihr dringend, sich selbst einer Psychotherapie zu unterziehen – und schickte Isabella zu mir.

»Deutschland ist das Land, das mein Leben kaputtmacht. Ich zähle die Jahre, bis alle meine Kinder groß sind – dann kann ich nach Brasilien zurückkehren.« Sie versucht ihren im höheren Management eines großen Konzerns tätigen Mann davon zu überzeugen, eine Stelle außerhalb Deutschlands anzunehmen (was durchaus möglich wäre); aber für ihn kommt das nicht infrage. Sie wäre schon zufrieden, wenn sie in Spanien oder Portugal leben würden, wo die Menschen nicht so kalt wären – sie möchte weg von hier, weg aus dem Land, das »so kalt wie die Menschen« ist, »wo Eis aus dem Himmel fällt«. Sie wünscht sich sogar, dass »ein Tsunami über Deutschland hinwegfegt – oder aber ein Vulkan oder der Dritte Weltkrieg hier in Deutschland ausbricht ... dann sieht mein Mann endlich mal, dass wir von hier weggehen müssen«.

Solche destruktiven Phantasien vertraut sie aber nur mir an, ihrem Mann möchte sie es so nicht sagen. Er bekomme reichlich mit, wie unglücklich sie hier sei.

Von Stereotypisierungen zu destruktiven Phantasien – welche Bedeutung hat das Übertragungs- und Gegenübertragungsgeschehen?

Isabella erwartete von mir, dass ich sie, wie es in Brasilien angeblich üblich ist, mit einer Umarmung vor den Sitzungen begrüße. Ich konnte diesem Wunsch innerlich nicht folgen; sei es aus psychoanalytischen Abstinenzgründen, sei es, dass es sich für mich, als Person und Psychoanalytikerin, vielleicht auch aus meinem kulturellen Hintergrund heraus, sich nicht stimmig angefühlt hatte. »Wie lange und warum leben Sie in Deutschland? Sind Sie schon so kalt geworden wie die Deutschen?«

Trotz solcher Attacken empfand ich ihre Art nicht unangenehm aggressiv. Isabella war immer offen in ihren Emotionen, aggressive Affekte erlebte ich trotzdem nicht, sondern ihre Kommentare kamen mir eher wie trotzige Fragen eines altklugen Kindes vor. Wie auch mit Blick auf ihre zerstörerischen Deutschland-Phantasien sind die Inhalte der Phantasien und ihrer drängenden Fragen verbal zwar aggressiv, dennoch affektiv für mich nicht unerträglich. Was kann dies bedeuten? Sie präsentierte ihre abgespaltene innere Welt, wie ein kleines Kind, das sich einerseits allein, verlassen, bedroht fühlt, andererseits aber zumindest die Fähigkeit besitzt, die Spuren der wärmenden Mutter irgendwie zu halten. In mir steigen Bilder hoch – etwa kleine Kinder armer Leute, die irgendwie gerade noch ihr Essen bekommen, doch dann allein gelassen werden müssen. Sie müssen mit den aufsteigenden und vernichtungsnahen Ängsten allein fertigwerden. Sie schreien so laut wie möglich. Genau so kommt es mir vor, wenn mich Isabella mit unendlichen Erzählungen, Geschichten, plötzlich gestellten Fragen überflutet. Doch bleibt trotz des Angestrengtseins in mir eine ruhige Haltung des Abwartens.

Was beinhaltet ihre Reaktion auf meine Verweigerung der Umarmung? Wie geht sie mit der offensichtlichen Enttäuschung um?

Sicherlich möchte sie eine – wie sie gewöhnt war – wärmende Umarmung, eine Wiederherstellung der vertrauten, verlassenen Umwelt. Dabei hätte sie mich, als »Migrant-Therapist« (Begriff von Salman Akhtar), zu einer Verbündeten gegen »die kalten Deutschen« gemacht: Ich wäre dann klassifiziert als »ihre Leute«, wie im Familienkreis, wie von Fakhry Davids in seiner Theorie des Inneren Rassismus beschrieben.[1] Isabella fühlte sich von mir irgendwie verraten – und grenzte mich von

---

1 In Fakhry Davids theoretischen Überlegungen über den Inneren Rassismus führt er den Begriff »The Racial Other« ein, der besagt, dass der Andere als Fremder, aufgeladen mit bösen Anteilen, in den Außenkreis verbannt wird. Hierbei werden soziale wie auch kulturelle Stereotypisierungen verwendet, die angstbesetzt – als Fremdenangst – sind (vgl. Davids, 2011, S. 102). In den kleinianischen theoretischen Überlegungen wird angenommen, dass ein Säugling auf die Spaltung angewiesen sei, um seine intensive Liebe und seine destruktiven Gefühle auseinanderzuhalten. In der normalen Situation wird die Erstere in Beziehung zur Mutter erlebt,

ihrem phantasierten »Familienkreis« ab und ordnete mich »den kalten Deutschen« zu. Sie bediente sich dabei rassistisch-sozialer Stereotypisierungen, projizierte ein böses Introjekt auf mich, das sie ablehnte bzw. ablehnen sollte. Zu Beginn einiger Sitzungen am Anfang der Therapie schaute sie sich in meinem hellen, gelblich gehaltenen Sprechzimmer um und begann zu weinen. Sie kam mir wie ein verlorenes Kind vor und so äußerte ich mich vorsichtig: »Sie fühlen sich in meiner Atmosphäre vertraut, gewärmt, aber nach der Stunde müssen Sie wieder in die kalte, deutsche Welt, in der Sie sich derzeit so verloren fühlen.« Der Schmerz der Spaltung ist spürbar, gleichzeitig konnte der Schmerz in meiner Anwesenheit ausgehalten werden.

Ich führe diese Thematik an dieser Stelle ein, da ich spaltende und projektiv-identifizierende Aspekte in der klinischen Arbeit mit Isabella erlebte. Die Existenz des »Rassisch-Anderen«, gemeint sind hiermit die sozialen Stereotypisierungen, die zu den Objekten des inneren Rassismus gehören, als etwas, was in jedem Menschen vorhanden ist und ohne Bedrohlichkeit von außen auch friedlich in jedem von uns schlummert, schwingt in der Arbeit mit ihr. Geweckt und explosiv organisiert werden die Spaltungsmechanismen mit projektiver Identifikation, wenn eine bedrohliche Situation auftaucht. Dann werden »soziale Außengruppen« mit negativen Stereotypisierungen aufgeladen, und zwar hartnäckig; die Fähigkeit zur Distanzierung und Reflexion scheint verloren zu gehen (siehe Fußnote 1).

Es scheint so gewesen zu sein, dass Isabella in ihrem stereotypisierenden Denken auf mich, ebenfalls eine »Ausländerin«, den Wunsch projiziert hatte, ich solle jemand sein, der ihrem vertrauten Innenkreis angehört. Sicherlich dienen Stereotypisierungen zunächst als eine Orientierung. Die Schritte zu weiteren Differenzierungen können jedoch aufgrund bedrohlicher Ängste, gerade im Migrationsprozess, nicht mehr so einfach geleistet werden. Zu Beginn der Therapie, verunsichert durch antisoziale Tendenzen ihres ältesten Sohnes und dadurch erzeugte Versagensängste in der Fremde,

---

während die Letzteren in der Beziehung zum Vater erfahren werden, der dadurch zu einem bösen Objekt wird. Dies bewirkt ein großes Maß an Stabilität, weil der Säugling sozusagen weiß, wo sein böses Objekt ist. Mit seiner Reifung erfährt er jedoch die Liebe des Vaters und kann daher seine Einschätzung nicht aufrechterhalten, dass dieser nur böse ist. Eine realistischere Beziehung zu beiden Eltern wird möglich.»Aber die lösungsbasierte Spaltung taucht mit etwa acht Monaten wieder auf, wenn der gute Kreis nicht mehr um die Mutter und das Kind mit dem Vater als Außenseiter gezeichnet wird, sondern um die Familieneinheit, resultierend in Fremdenangst. Wir können uns das als einen Versuch vorstellen, die Situation zu stabilisieren – Spaltung zu institutionalisieren als Abwehr gegen einsetzende psychotische Ängstlichkeit. Aber auch es hält nicht an, wenn das Kind lernt, dass seine größere Gemeinschaft *seine Leute* sind, die nicht ohne Kosten ausgeschlossen und dämonisiert werden können. Ich denke deshalb, dass das Problem, wie mit psychotischer Ängstlichkeit umzugehen ist, wiederkehrt, sobald das Kind eine Vorstellung davon hat, dass eine gesellschaftliche Außengruppe existiert – wenn eine innere rassistische Organisation gebildet wird, um Spaltung als Reaktion auf psychotische Angst zu institutionalisieren, immer einsatzbereit im Notfall« (ebd.).

erlebte sie die Umwelt wohl als sehr bedrohlich; stereotypisierende, undifferenzierte Beschreibungen ihrer Erlebnisse (die Deutschen seien alle kalt, die Brasilianer seien dagegen sehr warmherzig, alle deutschen Mütter rivalisierend etc.) sollten haltgebende Orientierung bieten. Trotz des uneingeschränkten Erlebens, von ihrem verantwortungsbewussten Ehemann aufgefangen zu werden, litt sie unter depressiven Einbrüchen und der destruktive Antrieb gewann die Oberhand. Ein gleichgewichtiges Oszillieren zwischen depressiven und paranoid-schizoiden Positionen (im Sinne von Klein und Bion) war kaum mehr möglich, sodass Spaltungsmechanismen offensichtlich eine Dynamik entfalteten.

Ich möchte nun versuchen, die Spuren des Ambivalenzkonflikts und auftretende Spaltungsmechanismen in Isabellas Biografie zu untersuchen.

Sklaverei, soziale Ungerechtigkeit, transgenerationale Weitergabe? Schwer belastende Umstände um ihre Geburt

Die Mutter von Isabella musste als junges Mädchen zusammen mit ihren Geschwistern als Sklaven bzw. Leibeigene einer Großgrundbesitzerfamilie im Herrschaftshaus und auf den Ländereien hart arbeiten. Die Brüder (Isabellas Onkel) mussten draußen schwere körperliche Arbeiten verrichten, sie waren darin gefangen, während die Mutter als die Jüngste in der Geschwisterreihe die leichteren Arbeiten innerhalb des Hauses erledigen durfte. Als in der nächsten Großstadt eine VW-Fabrik gebaut wurde, flüchtete der Lieblingsbruder ihrer Mutter dorthin, um eine freiere Existenz zu gründen. Danach folgte ihm ihre Mutter in diese Stadt, um ebenfalls ihrer Situation zu entfliehen (ihre Mutter war zu diesem Zeitpunkt ungefähr 20 Jahre alt).

Isabellas Mutter wurde bald schwanger, hatte aber ihre erste Tochter zur Adoption freigegeben. Zu dieser Halbschwester hatte sie gar keinen Kontakt. Tatsächlich erfuhr sie von ihr erst durch Erzählungen im Erwachsenenalter. Sie ist die zweite Tochter ihrer Mutter aus einer unverbindlichen Beziehung mit einem Polizisten – die Mutter hatte geschworen, diesmal das Kind allein großzuziehen und es auf keinen Fall abzugeben, obwohl der Geburtshelfer versucht haben soll, dieses Kind – Isabella – zu adoptieren.

»Ich komme von ganz unten ...« (ihre Aussage durch nach unten zeigende Handbewegungen bekräftigend) – dies waren die ersten Worte von Isabella, als sie mir über ihre Lebensgeschichte berichtete. »Ich kenne meinen Vater nicht, ich will ihn auch nicht kennenlernen – er war ein Polizist ... wissen Sie ..., aber ein Polizist in Brasilien ...«, dabei lachte sie unvermittelt und deutete auf diese Weise an, ein Polizist könne in Brasilien auch ein Halbkrimineller sein.

Es ist vorstellbar, dass sich ihre Mutter trotz und mit ihrer Entschlossenheit, sie allein großzuziehen, in eine für sie sehr anstrengende Situation begeben hatte, denn es war für sie sicher nicht einfach, eine Arbeitsstelle zu finden, zu der sie ihr Baby mitnehmen konnte, um es zu versorgen. Nach Erzählung der Mutter sei sie von einer Tante und einer Nachbarin irgendwie wechselweise betreut worden, bis ihre Mutter von der Arbeit zurückgekommen sei.

Im konkreten Übertragungs- und Gegenübertragungsgeschehen attackierte mich Isabella, jedoch erlebe ich keine feindselige, tendenziell vernichtende Atmosphäre (wie bei Patienten mit Borderline-, oder einer paranoiden Persönlichkeitsstörung), sondern eher ein lautstarkes Protestieren, wenn auch die Inhalte des Angriffs durchaus destruktiv waren. Was ist das für ein Phänomen? Was geschieht dabei in mir? Ich blieb ruhig, ihr zugewandt und zugeneigt. Funktioniere ich sogleich als eine Betaelemente verdauende Mutter und halte ihre Verzweiflung, wie von Bion beschrieben?

»Sie sind so verzweifelt, hier in Deutschland zu leben und sehnen sich so sehr nach wärmenden brasilianischen Menschen – fast wie ein kleines Kind, das sich so sehr nach der liebenden Mutter sehnt ...«

Fonagy schreibt: »Damit die Affektspiegelung als Grundlage der Entwicklung eines repräsentationalen Bezugsrahmens dienen kann, muss die Mutter zu erkennen geben, dass ihr Ausdruck nicht ihren eigentlichen Affekt zeigt, also nicht anzeigt, wie *sie sich selbst* fühlt« (2011, S. 366). Er bezeichnet diese Eigenschaft der mütterlichen Spiegelung als »Markiertheit«: »Ein Affektausdruck, der dem Zustand des Babys entspricht, aber nicht markiert ist, kann das Kind potentiell überwältigen. Er wird als reales Gefühl der Mutter empfunden, sodass im Kind der Eindruck entstehen muss, dass sein eigenes Erleben ansteckend oder universal und infolgedessen umso gefährlicher ist« (ebd., S. 366). Das Benennen ihrer Affekte, die Markiertheit, wirkt wohl beruhigend und lässt das Kind dadurch die Angst und Bedrohlichkeit der Spaltung tolerieren. An dieser Stelle muss ich an Isabellas Mann denken, der angesichts ihrer Einbrüche auch langsam verzweifle (weil ihm ihre Verzweiflung so nahe kam?) und froh sei, wenn sie regelmäßig in die Therapie komme, weil sie dadurch für ihn erträglicher werde.

Dennoch hat die Nicht-Befriedigung ihres Bedürfnisses (sei es die Frustration darüber, von mir nicht umarmt zu werden, sei es, dass ihr lieber Ehemann ihren grundsätzlichen Wunsch, nach Brasilien umzuziehen oder Deutschland zu verlassen, nicht verstand) etwas Verfolgendes. Es erinnert an den Gedanken von Klein und Bion, dass »die abwesende Befriedigung als Verfolgung« erlebt werden kann: »Anstelle der abwesenden Brust empfindet er (der Säugling) ein nagendes Gefühl (Hunger), das in der Phantasie zu dem Gedanken wird, von einer bösen Brust angegriffen zu werden, die sich in seinem eigenen Inneren befindet« (Klein & Bion, zit. nach Fonagy, 2011, S. 169).[2]

---

2 Eine Anmerkung von Fonagy bezüglich des Klein-Bion-Modells lautet wie folgt: »Es ist schwierig, die Behauptung zu vertreten, dass Babys, selbst wenn sie die Urszene erlebt haben, eine realistische Vorstellung vom Geschlechtsverkehr besitzen können. Gleichwohl räumt das Modell der menschlichen Psyche, das nach und nach aus der empirischen Forschung hervor geht, ein,

»Ich bin erwünscht, aber meine Mutter kann nicht immer da sein. Mich erfassen bedrohliche Ängste, doch irgendwie und irgendwann ist jemand da, der mich versorgt und tröstet.« So könnte sich die kleine Isabella bis zu ihrem dritten Lebensjahr immer wieder gefühlt haben. Das ständige Ambivalenzerleben und -verarbeiten strapaziert ihre kindliche Verarbeitungsmöglichkeit und das verfolgende Erleben der Spaltungsmechanismen wird wahrscheinlich aktiviert. In mir steigt das Bild einer Bambustange auf, die links und rechts immer mehr belastet wird und deren Elastizität die Belastungen kaum mehr aushält, sodass sie beginnt, Risse zu bilden (Spaltungstendenzen); die Gefahr, dass sie durchbricht (also in psychoseähnliche Zustände hineingerät) wäre theoretisch gegeben, bei Isabella hatte ich aber nie den Eindruck, dass es so weit hätte kommen können.

Im Zusammenhang mit dem Migrationsprozess erscheint mir Winnicotts Konzept der haltenden Umwelt als prägnant und hilfreich. Wir können mithilfe von Winnicotts Gedankenlinien das junge Leben von Isabella mit den Brüchen der Mutter-Kind-Einheit betrachten (wodurch wahrscheinlich eine Selbst-Objekt-Differenzierung nicht optimal verlief) oder das in ihr nach wie vor vorhandene Bedrohungsgefühl der inneren Vernichtung als Ausdruck der Diskontinuität der Verfügbarkeit der Mutter in der frühesten Kindheit verstehen. Die frühe haltende Umwelt hilft dem Kind, Aggression und Liebe zu integrieren, die Ambivalenz zu ertragen.

Die haltende Umwelt-Mutter, die sich in jeder Migrationserfahrung wiederholt, hilft mir zu verstehen, warum Isabella trotz des durchaus aktuellen persönlichen Getragenseins durch ihren Mann die Umwelt als feindlich erlebt. Mir scheint die Fähigkeit zur Erweiterung und zur Integration des Empfindens von Getragensein letztlich durch die erlittenen Brüche in der frühen Kindheit unzureichend zu sein, sodass in ihr die persönliche Erfahrung (mit ihrem Mann) erst im Laufe der Therapie wieder neu entwickelt werden konnte. Isabellas Kreativität aber, die die Einmaligkeit ihrer Persönlichkeit ausmacht, bleibt insgesamt ziemlich ungestört. Den Begriff »Umwelt-Mutter« verwende ich als eine Zusammenfassung einiger Stellen von Winnicotts Beschreibungen der sogenannten »Umwelt-Fürsorge« (siehe Fußnote 3). Im Zusammenhang mit Migrationsprozessen finde ich den Begriff »Umwelt-Mutter« hilfreich, denn in der neuen Umwelt gilt die Kontinuität des vertrauten Reaktionsmusters nicht mehr: Die Umwelt kann ganz anders als im ursprünglichen Heimatland reagieren, z.B. kann Fröhlichkeit als Oberflächlichkeit oder auch als Frechheit bewertet werden.

Isabella berichtete, dass es ihrer Mutter als sie drei oder vier Jahre alt war gelungen sei, eine Arbeitsstelle bei einer reichen, liebevollen deutsch-jüdischen Familie zu be-

---

wie wichtig angeborene, von der Evolution ausgewählte und ›vorverdrahtete‹ Ideen sind. In diesem Kontext ist festzuhalten, dass Melanis Kleins Spekulationen und Vermutungen mittlerweile weniger weit hergeholt wirken als vor Jahrzehnten« (Fonagy, 2011, S. 188).

kommen, sodass ihre Mutter in ihrer Reichweite bleiben konnte und ihre Außenwelt stabil und recht geordnet war. Die Brüche in der Kontinuität der ersten Affektregulierung sowie die Diskontinuitäten im Mentalisierungsprozess können ihre von depressiven Einbrüchen begleiteten, wutvollen Affektausbrüche erklären. Trotz allem hat Isabella genügend neurotische Strukturen (mit ausgestanzten posttraumatischen Affektregulationsstörungen).

Stabile Latenzzeit – Wenn Neid und Dankbarkeit untrennbar erlebt werden müssen: Konfusion des Zugehörigkeitsgefühls und der Identität

Ihre Mutter arbeitete lange Jahre bei einer reichen deutsch-jüdischen Familie, deren Kinder bereits erwachsen waren. Sie behält die Zeit bei dieser Familie als sehr positiv in Erinnerung: Sie wurde zunächst fast wie deren eigenes Enkelkind behandelt und in den Kindergarten der privilegierten Schicht geschickt. Eines Tages jedoch, als sie von dem Fahrer der Hausherren mit dem Auto in den Kindergarten gebracht wurde, wollte ihre Mutter sie gerne begleiten und saß daher hinten neben ihr. Ihre Kindergartenfreunde fragten sie, wer sie begleite, worauf sie antwortete, dass diese Frau ihre Hausangestellte sei. Ihre Mutter hörte dies, wurde sehr traurig und erzählte die Begebenheit den Hausherren. Isabella erachtet im Nachhinein die Entscheidung der Hausherren als absolut richtig und weise, mit ihr zu sprechen und sie von nun an in den öffentlichen Kindergarten bzw. später in die entsprechende Schule zu schicken. Sie bewohnte gemeinsam mit ihrer Mutter ein kleines Zimmerchen, wo zwei Betten, ein Schrank und ihr Schreibtisch standen. Dieses Zimmerchen war integriert in eine luxuriöse Wohnung mit prunkvollen Möbeln. Dieser krasse Gegensatz wurde von ihr nie thematisiert oder auch nur kommentiert. Sie war immer gut in ihren schulischen Leistungen, sozial integriert, sehr aktiv in der Klasse, zur Freude ihrer Mutter; sie wurde von der Arbeitgeberfamilie, besonders von der Dame des Hauses, vollkommen akzeptiert und unterstützt. Für sie war die deutsch-jüdische Dame des Hauses wie ihre zweite Mutter. Sie war oft bei den Familien ihrer Klassenkameraden, lernte und aß mit Freundinnen zusammen. Sie durfte aber als die Tochter der Haushälterin nie Freundinnen nach Hause einladen. (In der späteren Therapiephase wagte ich es, sie danach zu fragen – in der Annahme, dass die Patientin doch sicherlich diese Zurücksetzung in ihrer richtigen sozialen Zugehörigkeit auch als eine Kränkung, eine Verletzung empfunden haben müsse – eine Tatsache, die sie immer verleugnete.)

Wie könnte sich ein vierjähriges Kind in Isabellas Situation gefühlt und was könnte es gedacht haben? Sie war nun mit der Fremdheit der Situation konfrontiert; Empfindungen von Neid sind fast untrennbar mit Dankbarkeit verbunden, der Arbeitgeberfamilie gegenüber. In ihrer kindlichen Omnipotenzphantasie erlebte sie sich bereits als die kleine Prinzessin der reichen Familie und verriet ihre Mutter. Möglicherweise empfand sie die Zurücknahme ihrer Privilegien seitens der Arbeitgeberfamilie als eine gerechte Strafe für ihren Verrat. Selbst wenn sie es als kränkend und verletzend erlebt hätte, wäre es von ihr verleugnet worden. Die hohen Anforderungen der Ambivalenz konnten scheinbar gut genug gemeistert werden, sodass es nicht zu offensichtlichen Spaltungsphänomenen gekommen ist, oder falls doch allenfalls in Form der emotional-kognitiven Abkehr von ihrer leiblichen »Analphabetin-Mutter« und der emotionalen Nähe zu ihrer »zweiten deutschen gebildeten« Mutter, die sie idealisierte.

Die Erschütterung der Illusion hatte sie nicht anhaltend gestört, sie konnte durch eigenes Wirken (Aktivitäten in der Schule und gute Leistungen) eine stabile Identität entwickeln.

Autonomiebewegung in der Adoleszenz – Die Distanzierung von der früheren Identifikation mit der leiblichen Mutter und die Entwicklung zu einer Kämpferin gegen Ungerechtigkeit in der Postadoleszenz: Idealbildung als Ergebnis unverarbeiteter Spaltung?

> »Als ich ein Kind war, hing ich sehr an meiner Mutter – als ich eine Jugendliche war, hing meine Mutter so an mir, was mich total genervt hat. Sie neigte dazu, hysterisch zu werden. Mit meiner Mutter konnte ich als Jugendliche gar nicht mehr reden, sie verstand mich nicht mehr, sie war ja eine Analphabetin. Wenn, dann redete ich mit meiner Hausherrin, meiner zweiten Mutter.«

Adoleszenz wird als die zweite Chance in der persönlichen Entwicklung gesehen (Blos, 1963; Erdheim, 1984). So schienen die Zuwendung und Akzeptanz ihrer zweiten Mutter ein ausreichend guter Halt für Erneuerungsprozesse in der Adoleszenz zu sein. Isabella beschrieb ihre verstärkten Aktivitäten außerhalb des Hauses (u.a. Pfadfinderin, Ausgehen mit ihren Freundinnen und Interesse für Jungen), die ihrer Mutter wiederum große Ängste bereiteten. In dieser Zeit brach allerdings die alte Vertrautheit mit der Arbeitgeberfamilie zusammen: Aufgrund der Spielsucht des Hausherrn war die reiche Familie bankrott, sie musste in eine kleinere Stadt ziehen und ihre Mutter entlassen. Aber so tüchtig und kämpferisch wie ihre Mutter war, konnte sie bald eine neue Arbeitsstelle finden. Dieser Umstand hat Isabellas persönliche Entwicklung kaum beeinflusst – nach wie vor war sie stabil in ihrer sozialen Umgebung, schaffte das Abitur und begann, Kommunikationswissenschaften zu studieren, wohnte dann in einem Studentenheim, jobbte und finanzierte ihr Leben und ihr Studium selbst.

Ihren späteren ersten griechisch-brasilianischen Mann (Stefanos) lernte sie durch ihre politischen Aktivitäten kennen. Viele vertraute Freunde mahnten sie angesichts der Beziehung zu ihrem Freund bereits damals zur Vorsicht, sie war aber sehr fasziniert von seiner Fähigkeit, Menschen zu überzeugen, zusätzlich sah er gut aus. Im Rahmen der politischen Aktivitäten lernte Stefanos einen Deutschen kennen, der ihn in seine Heimat einlud. Isabella selbst hatte nach ihrem guten Abschluss eine journalistische Tätigkeit aufgenommen; sie galt seinerzeit in ihrer damaligen Clique als sehr vielversprechend und talentiert.

Isabella entwickelte enorme Kräfte im Kampf gegen Ungerechtigkeit, gegen das damalige Militärregime. Sie berichtete mir mit kämpferisch-erregter Stimme und voller Überzeugung von ihren »Angriffen« gegen die Polizei bei politischen Kundgebungen und Demos. Auch in Deutschland »musste« sie einfach bei Demos mitmachen, wenn es um Gerechtigkeit, gegen Ausländerfeindlichkeit oder Umweltschutz ging.

Woher kommen ein solches Engagement und eine derartige Energie gegen Ungerechtigkeit? Bewirken nun langfristig die zusammengehaltenen Ambivalenzen gegenüber der Arbeitgeberfamilie in der Latenzzeit und eventuell auch in der Adoleszenz die Bildung der Ideale der sozialen Gerechtigkeit? Werden die frühen Spaltungstendenzen dadurch in sublimierter Form verfestigt?

Ich möchte nun Isabellas Leben im Migrationsprozess in Deutschland ebenfalls unter den Aspekten des Ambivalenzkonflikts und der Spaltung untersuchen.

Schwarz-Weiß-Denken – Stereotypisierungen – Spaltung: Sind sie Phänomene der Desintegration entlang der Entwicklung zu Ambivalenzfähigkeit?

Einige Äußerungen Isabellas während der Therapie erinnern an ein dichotomisierendes Denken und innere Spaltungsphänomene, wie zum Beispiel ihre wiederholten Äußerungen über ihren Mann Günther (»Ein lustiger, sehr verantwortungsvoller, liebevoller Deutscher« – »Mein Engel und Retter«) auf der einen Seite und über Stefanos, der in der Zwischenzeit sogar ein aggressiver, destruktiver, unberechenbarer »Krimineller« sei, auf der anderen. Dasselbe gilt in Bezug auf den ältesten Sohn Xavier, der ein Schulversager ohne Freunde und soziale Einbindung sei, und Julian, den von allen sehr geliebten und bewunderten »Star« mit guten schulischen Leistungen. Solche gegensätzlichen Empfindungen kamen bereits in ihrer Pubertät vor: die arme analphabetische (im Laufe der Therapie auch als »hysterisch« empfundene) Mutter auf der einen Seite und die reiche, gebildete deutsch-jüdische Mutter auf der anderen. So erlebte sie eine solche Gespaltenheit zu Beginn der Therapie zwischen den distanzierten, kaltherzigen Deutschen einerseits und den idealisierten warmherzigen brasilianischen Menschen andererseits. Sie betonte, wie schlimm ihre Erfahrungen mit individualistisch-rivalisierenden deutschen Müttern für sie waren und unterstrich ihre Einschätzung, dass die Mütter in Brasilien sicher viel offener und solidarischer wären.

Hoch ambivalent erlebte sie die Großzügigkeit ihres Mannes: Einerseits ist sie sehr dankbar, denn er zahlt zusätzlich zu allem Übrigen auch noch die Prozesskosten gegen Xaviers leiblichen Vater, der sich über die Namensänderung geärgert hatte und darüber hinaus verstärkt um ein Besuchsrecht kämpft, was ihm bislang von ihr verweigert wurde. Neben der Dankbarkeit ihrem Ehemann gegenüber erlebte sie sich als abhängig von ihm und in ihrer momentanen Situation hilflos, denn sie konnte selbst nur wenig Geld verdienen (sie nahm einen Job samstags als Verkäuferin an, um ihrer Hilflosigkeit und Abhängigkeit entgegenzuwirken und wenigstens etwas zu den insbesondere durch Xavier verursachten Ausgaben (Anwalts- und Therapiekosten) beitragen zu können. *Dankbarkeit und Demütigung* werden genauso nah erlebt wie bereits in der Kindheit Dankbarkeit und Neid (der Arbeitgeberfamilie gegenüber). Sie konnten kaum voneinander getrennt erlebt werden. In der Kindheit war es möglich, diese Widersprüchlichkeit zu verleugnen. Nun wird für sie der Schmerz der Abhängigkeit in der aktuellen Situation sehr quälend, die demütigenden Elemente können nicht mehr verleugnet werden. Die bis dahin vorhandene manische Abwehr wird geschwächt und die Omnipotenz verringert sich deutlich.

Befremdlich, weil vollkommen unempathisch, erlebte ich sie zu Beginn der Therapie, als sie von ihrem ältesten Sohn Xavier sprach: Emotional unbeteiligt, von jeglichem Schuldgefühl oder Mitgefühl abgeschnitten, beschimpfte sie ihn, er könne wie sein krimineller Vater werden und im Gefängnis landen. Meine Verwunderung darüber war nicht zu übersehen; doch sie konnte nicht anders, denn sie war wiederum verzweifelt und hilflos angesichts der negativen Entwicklung ihres Sohnes.

Was geschah innerlich in solchen Momenten? Wo blieb ihre liebevolle Seite (die sie sehr wohl hatte bzw. hat, uns zwar allen ihren Kindern gegenüber)? Projizierte sie in dem Moment das böse Introjekt nicht nur auf ihren Sohn, sondern auch auf die Vorstellung seiner Zukunft? Dies würde eine große Herausforderung ihrer Ambivalenzfähigkeit bedeuten: Einerseits identifizierte sie sich mit Xaviers Schicksal (in seiner schwächeren Position), andererseits wertete sie ihn ab (»Du bist und wirst ein Versager wie dein Vater – du wirst wahrscheinlich wie dein Vater im Gefängnis landen«). Dahinter können ihre Rachegefühle ihrem Ex-Mann Stefanos gegenüber stehen, die wiederum auf den ältesten Sohn projiziert wurden.

Für sie nachträglich spürbar und somit begreifbar waren ihre großen Ängste und die Verzweiflung in Bezug auf ihren ältesten Sohn, der ein antisoziales Verhalten entwickelte. Den unterschwelligen, Druck ausübenden Vorwurf, den sie als eine ausländische Mutter spürte, nämlich ihre Kinder nicht gut genug zu erziehen, konnte sie benennen. Anzunehmen ist, dass die genannten sozialen Befürchtungen tiefere Ängste mobilisierten: Sie musste ordentliche Leistungen erbringen, um akzeptiert zu werden (wie in der Latenzzeit von der Arbeitgeberfamilie), zugleich war es möglicherweise ihr eigenes Aufbäumen gegen Ungerechtigkeit (denn Xavier erlebte die Familiensituation als ungerecht, auch wenn sich beide Eltern um eine gute Familienatmosphäre bemühten). Die überstrapazierende Ambivalenz verursachte in ihr das Gefühl der Hilflosigkeit. Waren nun die anstrengenden integrativen Strebungen ausgeschöpft? »Ohne Xavier wäre unser Familienleben einfach schöner ... es ist so!«

Ich verstehe *den Ausbruch solcher destruktiver Phantasien gegenüber dem neuen aufnehmenden »Mutterland«* als Ausdruck ihrer Verzweiflung und Versagensängste, in der neuen Umgebung ihre Aufgabe als Mutter nicht gut genug zu erfüllen. Dabei wurden die Enttäuschungswut aus der frühen Kindheit und deren Brüchigkeit in der aktuellen Situation auf die unzuverlässige Mutter (in der Übertragung auf mich) und auf der Symbolebene auf die überfordernde Umwelt-Mutter bzw. auf das »Mutterland« Deutschland, das solche Anpassungsleistungen verlangt, projiziert. Die Enttäuschungswut wurde zu einer destruktiven Wut mit destruktiven Phantasien. Selbst ihrem geliebten Sohn gegenüber wünschte sie sich irgendwie, dass er verschwinden sollte, damit ihr Leben mit ihrem Mann und den beiden Jüngeren leichter werde. Folgte ich ihrem Wunsch und ihrem Rhythmus sich zu öffnen nicht richtig, konnte auch mich solche Wut treffen.

Den Schmerz und die Enttäuschung der Patientin konnte ich zu Beginn der Therapie spüren. Für mich fühlte es sich wie der Zusammenbruch einer illusionären Omnipotenz an.

In der späteren Phase der Therapie war es Isabella möglich, *widersprüchliche Empfindungen* allen drei Söhnen gegenüber zuzulassen. Denn selbst ihrem »Star«-Sohn Julian, den sie mit seinem sonnig-brasilianischen Gemüt sehr liebte, fühlte sie sich nicht so inniglich verbunden (wie ihrem Ältesten). Der hübsche Junge machte ihr meistens Freude, doch erlebte sie ihn als »ein Kind der Wohlstandsgesellschaft«. Er zeigte keinerlei Interesse an Politik, nur an Fußball. Auch hier schwingt eine Abwertung mit, möglicherweise als Ausdruck einer gewissen Enttäuschung, dass das, was sie lebendig machte, nämlich das Kämpfen für die Gerechtigkeit, bei ihm kaum zu spüren war.

Der dritte, »wirklich geplante« Sohn war der »echte« Sohn des Vaters, ausgestattet mit Talenten ähnlich wie ihr Mann.

Erst zu einem späteren Zeitpunkt der Therapie war es ihr möglich, zu gestehen, wie nah sie sich ihrem ältesten Sohn eigentlich fühlte. Aus Isabellas Sicht war Xavier ein Opfer von wiederholtem Mobbing und konstanter Diskriminierung in der Schule, wogegen sie in Deutschland machtlos war, ein Aspekt, den sie in ihrem Leben in Brasilien nicht kannte. Er war ihr »brasilianisches Kind« und sie meinte damit ihr gemeinsames Interesse für Politik und die von beiden geteilte Idee, gegen Ungerechtigkeit zu kämpfen. Es hatte ihr zwar sehr viel Ärger, Kummer und Angst verursacht, als sich Xavier einer linken politischen Gruppierung anschloss und teilweise an Demonstrationen teilnahm, doch im Grunde ihres Herzens war sie stolz auf ihn. Hier wird deutlich, dass Isabella um die verloren gegangene Seite ihrer Persönlichkeit trauerte, nämlich um ihre kämpferisch-lebendige »brasilianische« Seite. Sie weinte vor Schmerz um den Verlust der erfahrenen Verlebendigung durch den politischen

Kampfgeist, den Verlust der Zeit ihres jungen Erwachsenenalters, den Verlust ihrer omnipotenten Phantasien. Trauer wurde spürbar.

Inneres Universum des Überlebenskampfes und die manische Abwehr in der Migration

Isabella erlebte massive Verluste ihrer Identität im jungen Erwachsenenalter durch Migration (von der talentierten Journalistin und sozialen Akteurin zur total abhängigen Hausfrau). Die Art und Weise, *wie* sie ihr Leben in Deutschland schilderte, auch nach der Geburt des zweiten Sohnes und der Heirat mit ihrem verantwortungsvollen Ehemann, war von der intensiven Qualität eines Existenzkampfes geprägt: An vielen Stellen wurde mir die *Überlebensatmosphäre* der Vergangenheit im Therapieraum durch ihre ausdrucksvollen Berichte gegenwärtig und spürbar. Es war durchaus nachvollziehbar, wie anstrengend die sozialen Herausforderungen der neuen Umwelt und die »deutsche« Sozialisation für sie waren (mit rivalisierenden deutschen Müttern, Disziplin im Kindergarten und Schule). Für ihren beruflich erfolgreichen Mann erwartete sie von sich, dass sie ihn gut versorgte und mit Aufmerksamkeit behandelte. Es gab kaum Pausen, es gab kaum Zeit, vertieft nachzudenken. Verlusterlebnisse hatten erst einmal keinen Raum, Verlustschmerz musste zunächst verdrängt werden. War Isabella nicht fähig zu trauern?

Migration hat immer mit Abschied zu tun, mit Hinter-sich-Lassen und Trauer. Eine Trauerarbeit lässt sich jedoch im Laufe eines Migrationsprozesses nicht so selbstverständlich leisten. Mir glaube, dass Isabella anfänglich gar nicht wahrnehmen konnte, wie sehr sie sich in Deutschland verloren gefühlt hatte. Sie konnte den Verlust ihrer brasilianischen Umgebung nicht verarbeiten, kreierte unbewusst zunächst auch eine brasilianische Umgebung. Möglicherweise bestand in ihr das Gefühl, dass sie sich eine Trauerarbeit (im Sinne von Freud auch die Hingabe zu trauern) nicht leisten könne.

In jenem Leben, das Isabella in Deutschland zu gestalten versuchte, hatte Trauer beinahe keinen Platz; offenbar verzichtete sie »auf regressive Elemente […], die sich dem realitätsangemessenen Funktionieren der erwachsenen Persönlichkeitsaspekte in den Weg stellen« (Kogan, 2011, S. 25). Isabella wählte den Weg der manischen Abwehr, deren Komponente aus Omnipotenz, Verleugnung und Idealisierung besteht (Hinshelwood, 2004, S. 494).

Trauerarbeit in der Migration.
Verarbeitung und Milderung der Spaltungstendenzen

Auch wenn Freud in »Trauer und Melancholie« (1916–17g [1915], S. 445) in erster Linie über den Verlust eines Liebesobjekts schrieb, finde ich eine Erweiterung seiner

Gedanken über den Verlust im folgenden Zitat: »Trauer ist regelmäßig die Reaktion auf den Verlust einer geliebten Person *oder einer an ihre Stelle gerückten Abstraktion wie Vaterland, Freiheit, ein Ideal usw.*« (ebd., S. 429; Kursiv. H.U.-W.).

Ich möchte nun einige ähnliche Aspekte der Trauer und Trauerarbeit im Migrationsprozess in Bezug auf den Verlust eines Liebesobjekts verfolgen. »Mit jedem Objektverlust gehen gleichzeitig Anteile des Selbst verloren. Dadurch kommt ein Trauerprozess um das Selbst in Gang, der die Trauer um die verlorenen Objekte begleitet [...]. Die Trauerarbeit ist ein langer Prozess, der im Augenblick des Verlusts beginnt, und in dem dem Ich eine fundamentale Rolle zukommt« (L. Grinberg & R. Grinberg, 1990, S. 105, 109). Wellendorf formulierte, Sigmund Freud und Melanie Klein erweiternd: »Erst durch immer neu einsetzende Trauer wird Schritt für Schritt deutlicher, was man *am Verlorenen* eigentlich verloren hat« (2009, S. 25).

Isabellas *Verlust* beinhaltete noch etwas anderes, nämlich den Verlust der warmen Umwelt der Natur Brasiliens. Versuche ich nun, die Art ihres Verlustes mithilfe von *Winnicots Begriff der Umwelt-Mutter* zu erklären, so treten frühe Aspekte des Erlebens mehr in den Vordergrund: »In den frühen Phasen der emotionalen Kindheitsentwicklung spielt die Umwelt, die zu dieser Zeit vom Kind *noch nicht als von ihm getrennt erlebt wird*, eine entscheidende Rolle. Erst allmählich findet die Abtrennung des ›Nicht-Ich‹ vom Ich statt; dieser Schritt variiert im Einzelfall und hängt vom Kind und von der Umwelt ab« (Winnicott, 1997, S. 128; Kursiv. H.U.-W.). Es ist eine Trauer um den Verlust der Umwelt, wie ein Verlust eines Teils von sich selbst, und nicht so sehr um den Verlust einer objektalen Mutter. Die Umwelt-Mutter ist nach Winnicott eine viel frühere »Mutter« als die objektale Mutter, die erst nach der Erfahrung der Getrenntheit als Außen (nach deren phantasierter Zerstörung) wieder vom Subjekt emotional besetzt wird, negative Inhalte eingeschlossen.[3] Was meine Erfahrungen bei der Arbeit mit Menschen betrifft, die ihre frühe Umwelt

---

3 Umwelt-Mutter und Objekt-Mutter nach Winnicott: Eine griffige Zusammenfassung der beiden Begriffe fand ich im Vorwort von Jochen Storck 1976 in dem Buch *Von der Kinderheilkunde zur Psychoanalyse* (S. 23–24): »In der ersten Zeit kann der Säugling die Tatsache nicht erkennen, dass die Mutter, die er in den Phasen der Ruhe so sehr schätzt, die gleiche Person ist, die er in den Erregungsphasen erbarmungslos angreift. Daher beschreibt Winnicott bei dem unreifen Kind – in Anlehnung an die ›gute‹ und ›böse‹ Mutter von M. Klein – zwei Mütter und dementsprechend zwei Aspekte der Säuglingspflege: die Objekt-Mutter und die Umwelt-Mutter. Die Objekt-Mutter ist die Besitzerin des Teilobjekts, das die dringenden Bedürfnisse des Säuglings befriedigen kann und somit die Zielscheibe der erregten und bedenkenlosen Angriffe ist. Sie muss den oralen Sadismus des Säuglings ertragen und überleben. Die Umwelt-Mutter hingegen übt aktiv Pflege, gibt Zärtlichkeit und eine ruhige Beziehung. Sie muss die Möglichkeit zur Wiedergutmachung bieten, wenn in der Vorstellung des Kindes die Verschmelzung von Umwelt- und -Objekt-Mutter geschehen und Besorgnis erlebt werden soll.« Weiter heißt es: »Auf der Grundlage der Geste des Gebens kann das Kleinkind die ruhige und die erregte Mutter, die Umwelt- und die Objekt-Mutter zusammenbringen, da es die Ängste der Koexistenz von Liebe und Haß gegenüber einer ganzen Person aushalten kann.«

verlassen müssen, so spielt dieser Umwelt-Verlust zwar oft eine Rolle, er ist jedoch keineswegs durchgehend in seiner Intensität vergleichbar. Isabella vermisste mehr die Umwelt-Mutter, mehr als ihre Mutter als Liebesobjekt. Eine andere Analysandin aus dem gleichen Land vermisst wiederum die alte Umwelt gar nicht, erfreut sich an der Umwelt des Gastlandes, aber vermisst ihre persönliche Mutter. Es ist auch interessant zu beobachten, welche Migranten sich mit der fremden Natur des Gastlandes (zum Beispiel mit den Bergen, Schnee, wenn sie in Bayern leben erlernen sie gar das Skifahren) wirklich auseinandersetzen. Sie neigen dazu, in der nicht ganz fremden Umgebung zu bleiben, bzw. gestalten sie so vertraulich wie möglich, um den tiefen Schmerz des Verlustes ihrer ungetrennten, frühen, in der Umwelt befindlichen Anteile nicht zu spüren. Ein älterer türkischer Mann fühlt sich beispielsweise nur in dem Hafenteil von Hamburg beheimatet, der ihn an Istanbul erinnert. Er lebt nicht in und nicht mit den anderen Teilen der Stadt und sieht sie auch nicht.

Dem Schmerz des Heimatverlustes und der Umwelt-Mutter versuchte Isabella zunächst durch das Kreieren einer »brasilianischen« Umgebung etwas entgegenzusetzen. Erst in der Therapie, während sie darüber sprach, konnte sie den Verlustschmerz zulassen. Ein leises schmerzvolles Weinen. »Die Wiederherstellung der Fähigkeit, Schmerz und Schuld zu empfinden«, kann auch hier »als Resultat der emotionalen Erfahrung in der Analyse« (Kogan, 1990, S. 369) betrachtet werden. Isabella wehrte sich in ihrer Vorstellung massiv gegen das Sesshaftwerden in Deutschland, konfrontierte mich wiederholt mit der Frage, warum ich hier lebe, ob es wegen meines beruflichen Erfolgs sei. Meine Aussage »Mein Leben ist hier« war für Isabella sehr irritierend, verstörend, zum Teil erlebte sie solche Worte wie eine Provokation. Ich war selbst über meine spontane Antwort überrascht: Mir wurde das durch das Aussprechen meiner gewachsenen inneren Haltung erst bewusst. Meine manifeste Aussage verdankte sich der im Übertragungs- und Gegenübertragungsprozess entstandenen Dynamik.

Wird durch manche Aspekte der Übertragung und Gegenübertragung auch Trauerarbeit geleistet? Die sich wiederholende Frustration der Begrüßung (nicht umarmt zu werden) und das Anerkennen-Müssen meiner Getrenntheit als Person, trotz der gemeinsamen Migrationserfahrung, konnten nach und nach ausgehalten werden, sicherlich weil die Erfahrung der emotionalen Zugewandtheit meinerseits kontinuierlich für sie spürbar blieb.

Sie schien erst in dem Moment den großen Schmerz des »Heimatverlusts« zulassen zu können, als sie sich stark genug fühlte, den Schmerz zu ertragen, gehalten durch die Therapie. Auch wenn Isabella immer wieder versuchte, eine »brasilianische« Umgebung zu gestalten (zum Beispiel dadurch, dass sie ihre Kinder teilweise beinahe zwang, ihre Muttersprache zu erlernen und zu sprechen und bitter enttäuscht war, wenn sie es nicht freiwillig taten), konnte sie den Verlustschmerz nicht mehr verdrängen. Sie beschimpfte ihre Kinder als böse, wenn sie zu Hause kein Brasilianisch sprachen und sie sich daher fremd fühlte. Sie machte ihre Kinder für ihre innere Einsamkeit und für ihren Verlustschmerz verantwortlich. Erst nach und nach berichtete sie voller Schuldgefühle über solche Vorfälle in ihrem Alltag.

Dem nicht geleisteten Trauerprozess in der Migration und Aspekten der Melancholie bzw. dem pathologischen Trauerprozess folgte nun bei Isabella die manische Abwehr, wie oben beschrieben. Dabei waren möglicherweise Wiedergutmachungsbestrebungen im Sinne von Melanie Klein erfolgt: »[D]ie inneren Objekte werden mit Hilfe der manischen Abwehr getötet, während das Subjekt in seiner Omnipotenz gleichzeitig davon ausgeht, sie augenblicklich wieder zum Leben erwecken zu können«; sie werden, wie Melanie Klein es beschrieb, »in einem scheintoten Zustand« gehalten. »Die Omnipotenzgefühle des Kindes können, nachdem es seiner Aggression freien Lauf gelassen hat, auch eine marginale Wiedergutmachung ermöglichen« (Hinshelwood, 2004, S. 705).

Trauern ist ein aktiver Prozess, ein aktives Zulassen des Schmerzes: ».[D]er Trauernde mag zwar wissen, wen er verloren hat, aber wohl niemals wird er bewusst ganz erfassen können, was er am Verlorenen verloren hat« (Wellendorf, 2009, S. 27). »Schroff« formulierte Freud: »Wie die Trauer das Ich dazu bewegt, auf das Objekt zu verzichten, indem es das Objekt für tot erklärt und dem Ich die Prämie des am Leben Bleibens bietet, so lockert auch jeder einzelne Ambivalenzkampf die Fixierung der Libido an das Objekt, indem es dieses entwertet, herabsetzt, gleichsam auch erschlägt« (1916–17g [1915], S. 445). Weniger schroff und mehr auf den Migrationsprozess bezogen, schreibt Salman Akhtar: »Echte Traurigkeit kann nur durch die Anerkennung und Assimilation der eigenen Aggression gegenüber guten internen Objekten (Klein 1948) geschehen, zu denen auch das Herkunftsland gehört. Feindselige Wünsche und Phantasien, die das Herkunftsland einbeziehen, müssen daher offen gelegt werden« (Akhtar, 2007, S. 142).

Im Verlauf der insgesamt fast fünfjährigen Therapie musste Isabella sehr viele Herausforderungen in ihrem Leben bewältigen. Das Schwierigste war, dass der mehrmalige Versuch, Xavier in einer Schule zu integrieren, gescheitert war und er Deutschland verlassen und den Rest seiner Schulzeit in Brasilien absolvieren wollte. Wie immer zeigte Isabella zupackende, kreative Lösungsversuche: Zunächst wohnte Xavier bei ihrer bereits in die Jahre gekommenen Mutter (sie hatte für ihre Mutter bereits ein kleines Haus am Stadtrand gebaut), was jedoch scheiterte. Sie musste alles allein bewältigen, für mehrere Monate vor Ort sein, während ihr standhafter Mann mit den beiden jüngeren Brüdern den Alltag in Deutschland bewältigte. Sie bereitete die Zeit ihrer Abwesenheit vor, organisierte den Alltag mit anderen Müttern. Ihre Mutter verstarb während dieser Zeit, doch konnte sie eine Cousine dazu bewegen, sich um Xavier zu kümmern.

In den Jahren ohne Xavier fühlte sich das Alltagsleben in Deutschland zwar leichter an, doch konnte sie besser wahrnehmen, wie sehr sie ihren Ältesten, ihren »echten

Brasilianer« vermisste. Sie konnte Verlässlichkeit, Pünktlichkeit und Sauberkeit in ihrem »deutschen Leben« mehr schätzen und umgekehrt die Unzuverlässigkeit der brasilianischen Behörden, die Unsicherheit und ihre Ängste in Bezug auf Drogen und Kriminalität (wegen Xavier, aber auch allgemein in Brasilien) deutlicher wahrnehmen. Sie erinnerte an ihren politischen Kampf im jungen Erwachsenenalter gegen die Militärdiktatur in Brasilien, erlebte die deutsche Polizei immer als gefährlich und sah, dass auch hier sehr oft Ungerechtigkeiten geschahen, auch mit Xavier.

»Ich muss jetzt nicht mehr wie am Anfang der Therapie sagen, dass ich die Jahre zähle und dass ich auf jeden Fall nach Brasilien zurückkehren möchte, wenn die Kinder groß sind. So fühle ich nicht. Aber ich sage auch nicht wie Sie, dass mein Leben hier ist. Das kann ich nicht. Obwohl ich weiß, dass ich meine Liebe hier gefunden habe. Ich weiß noch nicht, wo mein Leben hingeht ... Ich werde immer wieder versuchen, meinen Mann dazu zu bewegen, auch mal außerhalb Deutschlands zu arbeiten, vielleicht doch nach Brasilien für einige Jahre.«

Isabella begann sozial-politisch aktiv zu werden, sie wurde eine aktive Mitarbeiterin einer Gruppierung an ihrem Wohnort, die sich für die Flüchtlinge einsetzte. Dabei musste sie erfahren, wie schnell hilfsbedürftige Menschen anspruchlich und gierig werden können, was sie zunächst entsetzte. Ihr großes Organisationstalent konnte sie wieder ausleben, sie gab Deutschunterricht und half den Flüchtlingskindern bei den Hausaufgaben. Dabei nahm sie öfter ganz bewusst ihre beiden Jungen mit, damit sie die andere Welt kennenlernten. Gegen Ende der Therapie begann sie ein Studium der Sozialpädagogik.

Rückschau und Sorgfalt:
Das Übertragungs- und Gegenübertragungsgeschehen im Licht der Bewahrung kultureller Neutralität und des Zwei-Personen-Unbewussten

Über meine Weigerung, sie zur Begrüßung wie in Brasilien zu umarmen, habe ich oben bereits berichtet, auch über den Aspekt der Trauerarbeit angesichts des Verzichts der direkten Wunscherfüllung im gesamten Therapieablauf. Ich wurde wegen meiner psychoanalytischen Abstinenz öffentlich heftig kritisiert. Warum und wozu musste ich als Psychoanalytikerin immer noch so abstinent sein, so die schroffe Anklage. »Psychoanalytiker sollten sich nach den Wünschen der ›Migranten-Patienten‹ richten und sich an die neuen Situationen mit ihnen anpassen!«, so die Forderung einer Diskutantin. Trotz meiner eigenen kritischen Reflexion hatte ich das Gefühl: Ich kann einfach nicht anders. Was bedeutet das?

Salman Akhtar fordert in den methodischen Leitlinien bezüglich der kulturübergreifenden Behandlung die Bewahrung kultureller Neutralität und Vermeidung von Gegenübertragungsverstrickungen. »Kulturelle Neutralität meint die Fähigkeit des Analytikers, den gleichen Abstand zu den Werten, Idealen und Traditionen der Kultur des Patienten wie zu denen seiner eigenen Kultur zu wahren [...]. Als Mensch und in seiner Zugehörigkeit zu einer bestimmten rassischen, kulturellen und politischen Gruppe besitzt die Identität des Analytikers unleugbar eine bestimmte ethnische Dimension, und dies ist in der Tat normal« (Akhtar, 2007, S. 129). Sicherlich war meine Weigerung auch in meiner psychoanalytischen Haltung der Abstinenz begründet. Darüber hinaus ließ sie sich aber ebenfalls auf meinen kulturellen Hintergrund zurückführen. So ist in meinem Heimatland doch eher eine Zurückhaltung im Tun gefordert. Isabella versuchte mich mit ihren provokativen Äußerungen zu ärgern: »Sie sind so deutsch geworden – so kalt!« Ja, sie wollte mich diskriminieren, oder nur sticheln? Ich konnte aber ganz ruhig bleiben. Asiatische Ruhe? So wäre die sofortige stereotypisierende Antwort. »Kulturelle Neutralität kann mit Ethnizität koexistieren, nicht aber mit Diskriminierung« (ebd.). Nein, es ist keine Diskriminierung meinerseits – so war meine innere Antwort auf Salman Akhtars Auffassung.

Die Heftigkeit ihrer Wünsche fühlte sich für mich wahrscheinlich wie ein Wunsch nach Gleichsein oder Einssein, sicherlich auch eine Milderung des Verlustschmerzes der wärmenden Umwelt an. Es scheinen Aspekte der persönlichen frühen Trauer, wie auch des Verlustes durch Migration, zu sein, die externalisiert und in der Übertragung erfahrbar wurden. Das Nicht-Umarmen ist für mich kein Dogma der Abstinenz. An einer Stelle der Therapie, als Isabella voller Angst vor einer Gerichtsverhandlung in der Sitzung war (sie hatte solche Angst, Stefanos bei Gericht zu begegnen, Angst vor sich selbst, welche Emotionen in ihr hochkommen würden und davor, von ihnen regelrecht überflutet zu werden), bat sie mich, sie zu umarmen, was für mich stimmig anfühlte. Vor ihrem Abflug nach Brasilien, um Xavier in die neue Schule, in seine neue Welt zu begleiten, bewegte mich die Vorstellung der großen Distanz und all das, was sie zu bewältigen hatte, sehr und ich verspürte das Bedürfnis, sie zu umarmen. Darüber erfreut, lachte sie mich halb aus und wir umarmten uns. »Als Erstes sind wir Menschen, dann sind wir Psychoanalytiker«, hörte ich an dieser Stelle Ilany Kogan sagen.

Aber was bedeutet an dieser Stelle unsere »menschliche« Regung? In den Anfängen der Analyse sprach Isabella ohne Punkt und Komma, meist in einer aufgeregten, ärgerlichen Stimmung. Das Leben in Deutschland quälte und enttäuschte sie. Den Inhalten ihrer Berichte zu folgen war für mich sehr anstrengend, nicht nur aus sprachlichen Gründen (ihr Deutsch war fortgeschritten genug, um sich zu verständigen), sondern auch weil sie von einem zum anderen Thema oft übergangslos wechselte. So als ob sie am Anfang erst einmal alles hinausspucken musste. Ihre Emotionalität (eine Mischung aus Zweifel, Aufregung, unterdrückter Trauer und Wut) konnte ich aber sofort annehmen. Im Nachhinein kann ich nur so formulieren, dass ich innerlich ruhig bleiben konnte. Vielleicht ruhig bleiben wie in meiner Kindheit, wenn ich meine kleine schreiende Schwester im Batik-Tuch trug und sie hin- und herwiegte. Mir ist dieses Gefühl von Tragen, Halten, Ruhig-Bleiben, andere beruhigen sehr vertraut. Auf Java nennen wir diesen Zustand »Momong«. Aber Momong beinhaltet auch, mit den Jüngeren herumzutoben und zu lachen. Momong bedeutet ferner: auf Kleinere aufpassen, sich kümmern. Isabella war zwar zuerst sehr enttäuscht über das Nichtumarmt-Werden. Nachdem sie mich für einige Zeit »geschimpft« hatte, beruhigte sie sich und konnte vielleicht meinen »Momong« spüren. Ist es das, was Mertens mit dem »Zwei-Personen-Unbewussten« meint? »Inwieweit kommt in den verbalen Äußerungen das Zwei-Personen-Unbewusste sowohl aus den kodierten biographischen Erfahrungen als auch aus den Abgleichungen im Hier und Jetzt beider Beteiligter zum Ausdruck?« (Mertens, 2013, S. 839), lautet seine Frage. Mir kommen unsere Reaktionen (die von Isabella und mir) bei beiden Umarmungen so vor, dass es Momente komplexer Erfahrungen waren, die sich sowohl auf die kodierten Erfahrungen als auch auf unsere intersubjektive Abgestimmtheit zu diesem Zeitpunkt der Therapie zurückführen ließen. Es waren bewegte emotionale Momente mit unmittelbarem gestischen Ausdruck, zumal angesichts unseres verschiedenen kulturellen Kontextes der Spontaneität (in Brasilien) und der Zurückhaltung im Handeln (auf Java).

Desto wichtiger war es, Teile ihrer Wahrnehmung, dass die Menschen in Brasilien durchschnittlich offener sind als in Deutschland, anzuerkennen, ohne zu verallgemeinern und zu diskriminieren. Bei den anfänglichen wiederholten Provokationen ihrerseits war es zunächst durchaus notwendig. »Intensivere und hartnäckigere kulturelle Rationalisierungen erfordern eine Bestätigung ihres Realitätskerns, bevor sie analytischer Untersuchung unterworfen werden können« (Akhtar, 2007, S. 141). Akhtar vertritt die Meinung, dass in psychoanalytischen Therapien mit immigrierten Patienten der Analytiker eine »entwicklungsbezogene Haltung und entwicklungsbezogene Arbeit« leistet. »Der Analytiker eines immigrierten Patienten darf nicht vergessen, dass er als ein neues Objekt eine relativ große Rolle spielt. Die Ähnlichkeiten zwischen dem Entwicklungsprozess und dem analytischen Prozess sind in solchen Analysen zuweilen ausgeprägter« (ebd., S. 135). In dem Kontext gesehen, dass sie mich, eine »Migrant-Therapist«, als ihre Psychoanalytikerin auswählte, kann Isabellas Auswahl bedeuten, dass sie mich als ein »Entwicklungsobjekt« (im Sinne Akhtars) gebrauchte (im Sinne Winnicotts). Sie erfuhr mit mit Verständnis für und Gemeinsamkeiten migrativer Erfahrungen, aber auch Differenz, d.h. auch Getrenntheit. Die Kontinuität unserer Arbeit ermöglicht ihr widersprüchliche Affekte, Emotionen und Gedanken zu einer integrativen Entwicklung.[4]

---

4 Was den Begriff »Entwicklungsobjekt« betrifft, so meint Salman Akhtar mit einer »entwicklungsbezogenen« Haltung eine grundsätzliche generative Haltung. »Sie wird in folgender Erweiterung Loewalds (1960) der Freudschen Metapher des Analytikers als Bildhauer versinnbildlicht: Wir bilden die wahre Form heraus, indem wir die neurotischen Verzerrungen entfernen. Wie in

»Ja, Sie sind zwar nicht ganz so warm wie die brasilianischen Menschen, aber Sie sind natürlich auch nicht so kalt wie die Deutschen – Sie sind, sagen wir mal – warm genug ... so ... lau warm ...« Es war Isabellas Abschiedsgeschenk an mich, liebevoll und stichelnd zugleich. Humor (manchmal Galgenhumor) und das Lachen waren jedoch an manchen Stellen der Therapie irritierend.

Isabellas Lachen als kulturimmanente Abwehr

Als eine wichtige Aufgabe beschreibt Salman Akhtar die Trennung kultureller Unterschiede von intrapsychischen Konflikten in den als kulturell formulierten Rationalisierungen.

> »Tatsächlich überschneiden sich beide häufig. Intrapsychische Elemente können kulturelle Differenzen schwieriger erscheinen lassen [...], dass Patienten oft versuchen, sich durch die Beschwörung kultureller Probleme von den psychischen Tiefen der Übertragung und den dabei entstehenden Wünschen zu distanzieren [...]. Während jegliche Enthüllung in diesem Kontext von Taktgefühl (Poland 1975) und von der Achtung optimaler Distanz gesteuert werden muss, sollte ein solcher Gebrauch der ›Realität‹ als Abwehr aufmerksam ausfindig gemacht und letztendlich interpretierend gehandhabt werden« (ebd., S. 138).

Isabellas Lachen an manchen Stellen der Therapie irritierte mich wiederholt. Als Beispiel wähle ich nun eine Szene, die um Xavier kreiste. Sie ereignete sich in der fortgeschrittenen Therapiephase, Xavier war ungefähr 13 Jahre alt, kurz zuvor hatte eine Gerichtsverhandlung mit Xaviers Vater Stefanos stattgefunden. Das Gericht gab zwar dem leiblichen Vater das Recht, den Sohn zu sehen, aber nur unter Aufsicht. An diesem Nachmittag fuhr Isabella Xavier zu der Institution, wo das zweistündige Treffen stattfand. Ihre und Xaviers Stimmung waren eher bedrückt, denn Xavier konnte mit seinem Vater nicht viel anfangen. In den zwei Stunden versuchte sie Einkäufe zu erledigen, sich von ihren Befürchtungen abzulenken und sich zu beruhigen. Sie holte

---

der Bildhauerei jedoch müssen auch wir eine – wenn auch rudimentäre – Vorstellung dessen haben, was wir herauszubilden im Begriff sind« (Settlage, 1992, S. 135). Mir ist der Begriff »Entwicklungsobjekt« eher aus der Arbeit mit Kindern und Jugendlichen, u.a. durch Ann Hurry vertraut: »Eine Entwicklungstherapie bietet eine solche Chance auf eine Veränderung durch eine Beziehung, die sensibel auf die Entwicklungsbedürfnisse des Patienten abgestimmt ist« (Hurry, 2001, S. 45). Sie zitiert Bollas, der die Suche nach »einer bestimmten Objektbeziehung« beschrieben hat, die das Subjekt »mit Ich-Verwandlung und ein Beheben der ›Grundstörung‹ assoziiert« (ebd.). Gerade im Migrationsprozess kann die Suche nach dem »Entwicklungsobjekt« von großer Bedeutung sein.

Xavier an der abgemachten Stelle ab, sodass sie ihren Exmann nicht sehen musste. Im Auto, unterwegs nach Hause, schwieg Xavier, er hatte keine große Lust, seiner Mutter in Einzelheiten zu erzählen, wie es mit seinem Vater gewesen war..

Ich: Es war eine bedrückte Stimmung?

Isabella: Ja irgendwie schon ... ich habe auch nicht weiter nachgefragt – ich möchte auch nicht so genau wissen. Stefanos sah bei Gericht wie eine Witzfigur aus, total dick, verquollen. Mal schauen, wie oft er diese lästige Gerichtsvorlage durchhält. Xavier wurde vor einigen Tagen von der Richterin allein befragt; es tat ihm anscheinend gut. ... Dann fragte mich Xavier im Auto, ob ich bei der Richterin für ihn sprechen würde, wenn mich die Richterin über ihn befragt. (Bricht in Lachen aus.) Stellen Sie sich vor Frau Utari-Witt, ich soll etwas Gutes bei der Richterin über Xavier erzählen?! So ein Quatsch! Er ist doch ein Lügner wie sein Vater!!

Ich (sehr irritiert): Warum lachen Sie so?

Isabella: Ja! Der ist doch ein Lügner wie sein Vater!

Ich: Das verstehe ich nicht, warum Sie so lachen – haben Sie im Auto Xavier auch ausgelacht wegen seines Wunsches, dass er vor der Richterin gut dastehen möchte?

Isabella: Ja klar! – ich sagte und schimpfte ihn – ich musste ihn auslachen – er ist ein Lügner wie sein Vater – er möchte, dass ich der Richterin sage, dass er zu Hause zu seinen Brüdern nett ist und so – und das stimmt überhaupt nicht! Er provoziert zu Hause ständig, manchmal quält er fast den Julian. Er macht doch unser Leben zur Hölle! Er ist so was von egoistisch, wissen Sie – er verbraucht in der Früh beim Duschen das ganze warme Wasser, ohne Rücksicht auf die anderen – er trinkt Fruchtsäfte, die auch für die Brüder gedacht sind, usw. usw. Ja doch – manchmal hilft er auch, manchmal ist er auch nett zu den beiden, aber meistens nicht – und wir haben alles, alles für ihn getan. Er ist trotzdem so geraten wie sein Vater! Kaum beruhigt sich die Situation zu Hause, schon fängt er wieder an zu lügen!

Ich: Und deshalb haben Sie ihn ausgelacht? Ihr Lachen irritiert mich sehr.

Isabella: Warum? Lachen ist doch gesund, Frau Utari-Witt, außerdem lachen wir immer in Brasilien. Egal in welcher Situation. Mit Lachen kommt man doch besser durch das Leben.

Ich: Das mag sein. Aber an der Stelle, wo Xavier um seinen Selbstwert, um einen besseren Stand in seinem jungen Leben kämpft, war mir nicht zum Lachen zumute. Es war auch eine eher bedrückte Stimmung im Auto, oder? Konnten Sie das vielleicht nicht aushalten? Wenn es traurig oder ernsthaft wird? Das ist oft mein Gefühl an manchen Stellen. Sie bagatellisieren ernsthafte Dinge.

In dieser Sitzung war kein richtiger Austausch mehr möglich und ich gab innerlich auf, sie damit zu konfrontieren. Zu meiner Überraschung sprach sie mich nach einigen Sitzungen noch einmal darauf an: Auch Xaviers Analytiker hatte sie auf eine ähnliche Weise darauf angesprochen und sie fing an, darüber nachzudenken. Ich sagte ihr, dass auch sie mich gerne provoziert, auch stichelnd abwertet – dass ich so »kalt« wäre wie eine Deutsche.)

Es war dann möglich, empfindliche, ernsthafte Situationen mit entsprechendem emotionalen Gehalt zuzulassen und wahrzunehmen, anstatt sie mit Lachen abzuwehren. Es fiel Isabella nicht so leicht, zwischen humorvoll-gesundem Belustigtsein und destruktivem Lachen zu differenzieren, was wohl teilweise mit der kulturellen Sozialisation zu tun hat.

Schlussfolgerungen bezüglich der klinischen Arbeit

1. Für die Bewältigung des notwendigen Ambivalenzkonflikts im Migrationsprozess hat die prämigrative Persönlichkeit eine große Bedeutung.
2. Erlittene Brüche in der Kindheit und Adoleszenz können dabei integrative Prozesse und Identitätstransformationen erschweren.
3. In der psychoanalytischen Psychotherapie wird nun eine aktive Trauerarbeit wichtig, in deren Rahmen der meistens abgewehrte Schmerz des »Heimatverlustes« erkannt, anerkannt und durchgearbeitet wird.
4. Sorgfältige Reflexion des Übertragungs- und Gegenübertragungsgeschehens mit Berücksichtigung der kulturellen Neutralität. Dabei sollte, wenn notwendig, eine taktvolle Aufdeckung kulturell überlagerter Abwehr geleistet werden.

Schlussfolgerungen hinsichtlich des theoretischen Rahmens

Am Anfang meiner theoretischen Überlegungen stehen zunächst Aspekte des Klein-Bion-Denkmodells (erweitert durch Davids Theorie des Inneren Rassismus) und die Hypothese über ein Oszilieren zwischen paranoid-schizoiden und depressiven Positionen. Ich denke, dass Isabella durch Überforderung ihrer Ambivalenzfähigkeit eher in schizoid-paranoide, durch vermehrte Spaltungstendenzen gekennzeichnete Zustände geriet. Meines Erachtens wurde durch die intensive Trauerarbeit wie auch durch die kontinuierliche Erfahrung von Gemeinsamkeit und Getrenntheit im Übertragungs- und Gegenübertragungsgeschehen eine neue Verortung der Affekte in Zeit und Raum möglich. Heinz Weiß schreibt:

> »Nur wenn durch wiederholte Übergänge von der schizoid-paranoiden zur depressiven Position Erfahrungen von Getrenntheit auftauchen, wird es möglich sein, Kontinuität in

der Veränderung zu bewahren und damit einen Zugang zur subjektiven Zeit zu finden. In einem paranoid-schizoidem Universum ist dagegen die Vergangenheit allgegenwärtig, und die Zukunft wird als Ende aller Zeiten erlebt« (Weiß, 2009, S. 118).

Durch äußere Umstände (Umzug ihres Sohnes nach Brasilien), aber auch durch eine innere Transformation gezwungen, war am Ende der Therapie eine Entwicklung dahingehend möglich, dass sich Isabella nun ihre persönliche Zukunft gestaltet, durchaus mit offenem Ende.

Um die subjektive Zeit im unweigerlich durch Brüche gekennzeichneten Migrationsprozess bewahren zu können, bedarf es einer erhöhten Fähigkeit zur persönlichen Kontinuität, Nur so kann der Wechsel des Raumes, der Umwelt und der Zeit angemessen bewältigt werden. Der bislang aktive Omnipotenzmodus und die manische Abwehr wurden erst durch die Trauerarbeit und integrative Prozesse in ihrer Dynamik weniger virulent, sodass widersprüchliche Empfindungen und Gedanken besser ertragen werden konnten. Das Oszilieren zwischen beiden Positionen verlor an destruktivem Potenzial.

Beim Nachdenken der theoretischen Bezüge für diese Fallstudie waren mir das Klein-Bion-Modell und Winnicotts Grundgedanke der fördernden mütterlichen Umwelt hilfreich. Das Klein-Bion-Modell erfasste mehr die innere Welt des Subjekts (auch des migrierenden), während Winnicotts grundsätzliche Denklinie der Einbeziehung der neuen Umwelt zum Verständnis des Entwicklungsprozesses und der allmählichen Transformation in der Migration (Akhtar) wichtig ist. Auch wenn beide Denkrichtungen oft polarisiert dargestellt werden (Klein und Bion versus Winnicott, Fokus auf die Innenwelt der Introjekte versus Einbeziehung der mütterlichen Umwelt), so erlebe ich in der klinischen Arbeit, wie wichtig es ist, diese Polarisierung aufzuheben und im täglichen Umgang mit Patienten integrierend zu nutzen. Denn es besteht nun einmal ein Austausch, eine Dialektik zwischen Innen- und Außenwelt.

Literatur

Akhtar, S. (2007). *Immigration und Identität*. Gießen: Psychosozial-Verlag.
Blos, P. (2011). *Adoleszenz*. Stuttgart: Klett-Cotta.
Davids, F.M (2010). Psychoanalyse und Rassismus. In M. Leuzinger-Bolleber & P.-G. Klumbies (Hrsg.), *Religion und Fanatismus* (S. 86–114). Göttingen: Vandenhoeck & Ruprecht.
Davids, F.M. (2011). *Internal Racism*. London, New York: Palgrave Macmillan.
Erdheim, M. (1987). *Die gesellschaftliche Produktion von Unbewußtheit*. Frankfurt am Main: Suhrkamp.
Erdheim, M. (2014). Adoleszenz und Migration. *Swiss Archive of Neurology and Psychiatry, 165*(1), 14–6.
Fonagy, P. & Target, M. (2011). *Psychoanalyse und Psychopthologie der Entwicklung*. Stuttgart: Klett-Cotta.

Freud, S. (1916–17g [1915]). Trauer und Melancholie. *GW 10*.
Garza-Guerrero, A.C. (1974). Culture shock: its mourning and the vicissitudes of identity. *JAPA, 22*, 408–429.
Grinberg, L. & Grinberg, R. (1990). *Psychoanalyse der Migration und des Exils.* Verlag Internationale Psychoanalyse.
Hinshelwood, R.D. (2004). *Wörterbuch der kleinianischen Psychoanalyse.* Stuttgart: Klett-Cotta.
Hurry, A. (2001). Psychoanalyse und Entwicklungstherapie. In A. Hurry (Hrsg), *Psychoanalyse und Entwicklungsförderung von Kindern.* Frankfurt am Main: Brandes & Apsel.
Kogan, I. (1990). Journey to pain. *International Journal of Psychoanalysis, 71.*
Kogan, I. (2011). *Mit der Trauer kämpfen.* Stuttgart: Klett–Cotta.
Mertens, W. (2013). Das Zwei-Personen-Unbewusste – Unbewusste Wahrnehmungsprozesse in der analytischen Situation. *Psyche – Z psychoanal, 67*, 817–843.
Mertens, W. & Waldvogel, B. (Hrsg.). (2002). *Handbuch psychoanalytischer Grundbegriffe.* Stuttgart: Kohlhammer.
Weiß, H. (2009). *Das Labyrith der Borderline-Kommunikation.* Stuttgart: Klett-Cotta.
Wellendorf, F. (2009). Verletzbar durch Verlust und Endlichkeit – Trauern und Überleben. In F. Wellendorf & Th. Wesle (Hrsg.), *Über die (Un)Möglichkeit zu trauern.* Stuttgart: Klett-Cotta.
Winnicott, D.W. (1988). *Von der Kinderheilkunde zur Psychoanalyse.* Frankfurt am Main: Fischer.
Winnicott, D.W. (1990). *Der Anfang ist unsere Heimat.* Stuttgart: Klett-Cotta.
Winnicott, D.W. (1997). *Vom Spiel zur Kreativität.* Stuttgart: Klett-Cotta.
Winnicott, D.W. (1998). *Die menschliche Natur.* Stuttgart: Klett-Cotta.

»Freiheit, die ich meine ...«

Ein psychoanalytischer Versuch über das Ankommen[1]

Aydan Özdaglar

»Wenn ich mich entschließe, in ein fremdes Land zu ziehen, dann weiß ich doch, was mich erwartet und muss mich darauf einstellen«, sagte mein deutscher Gesprächspartner, mit dem ich über das Thema Integration in Deutschland diskutierte. Ich überlegte, ob ich auch nur einen einzigen Patienten kannte, auf den diese Vorstellung zutraf. In den 20 Jahren meiner Praxistätigkeit war mir kein türkischer Migrant begegnet, der sich, bevor er nach Deutschland aufbrach, realistische Vorstellungen davon gemacht hatte, was ihn dort erwartete.

Warum das so war, hatte sehr unterschiedliche Gründe: Manche hatten nicht die Freiheit gehabt zu überlegen wohin, weil sie aufgrund politischer Verfolgung möglichst schnell die Heimat verlassen mussten. Andere hatten eine geringe bis gar keine Schulbildung und waren es nicht gewohnt, sich Gedanken über eine kommende Situation zu machen. Wieder andere waren gegen ihren Willen verheiratet worden und die traumatische Erfahrung hatte ihre Phantasietätigkeit versiegen lassen. Und schließlich gab es einige, die ihre Probleme im Heimatland zurücklassen und in Deutschland, das sie als das Land, in dem Milch und Honig fließt, idealisierten, ein neues Leben beginnen wollten. Daneben gab es unter meinen Patienten auch junge Erwachsene, die zur zweiten oder dritten Generation der einstigen »Gastarbeiter« gehörten. Sie waren als Kinder mitgenommen worden. »Die Eltern können freiwillige oder erzwungene Emigranten sein, die Kinder werden immer zu ›Exilanten‹: Sie wählen das Fortgehen nicht und können über das Zurückgehen auch nicht entscheiden«, schreiben León und Rebeca Grinberg (1990, S. 142).

Die Arbeitsmigration aus der Türkei hat aufgrund verschiedener politischer Entwicklungen genauso abgenommen wie die Zahl der türkischen Asylsuchenden.

---

[1] Überarbeitete Fassung eines Vortrags auf der Herbsttagung der deutschen Psychoanalytischen Vereinigung 2010. Der Titel geht zurück auf ein Gedicht von Max von Schenkendorf aus dem Jahr 1815, in dem es um die Befreiungskriege gegen Napoleon geht.

Im Rahmen der Globalisierung kommen neue Patientengruppen aus der Türkei, die mit ihrem westlichen Selbstverständnis und Auftreten dem deutschen Gegenüber weniger »fremd« erscheinen. Für unser psychodynamisches Verständnis stellen sie eine Herausforderung dar, weil sich hinter der westlichen Fassade häufig unerwartete Lebensgeschichten mit unterschiedlichen Auswirkungen auf die jeweilige Persönlichkeitsentwicklung verbergen. Ich beziehe mich auf türkische Akademikerinnen, überzeugte Republikanerinnen, die in westlichen Verhältnissen einer türkischen Großstadt aufgewachsen sind und das religiöse Zeichen des Kopftuchs vehement ablehnen. Sie kommen nach Deutschland, etwa um eine universitäre Weiterbildung abzuschließen oder weil sie einen deutschen Mann geheiratet haben. In der Türkei meist erfolgreich, gehen sie davon aus, in Deutschland in ihrem Beruf arbeiten zu können, ohne den deutschen Arbeitsmarkt zu kennen. In solchen Therapien können sich in Übertragung und Gegenübertragung besondere Schwierigkeiten ergeben, weil zum Beispiel die Konfrontation mit den realen äußeren Gegebenheiten als degradierend erlebt werden kann, wenn die Patientin meint, ihr persönlich werde eine bestimmte Tätigkeit nicht zugetraut. Daher ist in der psychotherapeutischen Arbeit die Rekonstruktion der Lebensgeschichte unabdinglich, um die Adaptationsschwierigkeiten an die aktuelle äußere Realität bearbeiten zu können. Dabei sollten meines Erachtens die im weiteren Sinne »kulturellen« Lebensumstände, in denen jemand aufgewachsen ist, besonders beachtet und in der Familiengeschichte mehr als nur eine Generation zurückgeblickt werden. Im Folgenden möchte ich diese Überlegungen anhand einer Falldarstellung ausführen.

Eine Frauenstimme, die sich am Telefon mit »Canan Müller« vorstellte, bat in türkischer Sprache um einen Termin, weil es ihr »nicht gut« ginge. Da ich keinen baldigen Termin anbieten konnte, fragte ich, ob eine Behandlung bei einer deutschen Kollegin möglich sei. Mit entnervter Stimme antwortete die Patientin, dass sie nicht zu jemand Deutschem gehen könne, weil sie kein Deutsch spreche. Ich erklärte, dass es deutsche Kollegen gäbe, die mit Dolmetschern arbeiteten. Frau Müller wollte wissen, wann sie mit einem Erstgespräch bei mir rechnen könne und war bereit, ein halbes Jahr zu warten. Sie kündigte an, dass sie sich wieder melden würde.

Es ist immer unangenehm, jemandem, der auf eine türkischsprachige Therapie angewiesen ist, absagen zu müssen. Nach diesem Telefonat blieb ich aber mit einem ungewöhnlichen Gefühl von Ärger zurück. Ich empfand mich unter Druck gesetzt, verspürte eine Antipathie gegen die Patientin, mit der ich nur diesen kurzen Dialog geführt hatte, wofür ich keinen fassbaren Grund erkennen konnte. Ich erinnere mich, dass es mich ärgerte, dass sie trotz ihres deutschen Namens angab, kein Deutsch zu sprechen. War sie eine Scheinehe eingegangen, um das Aufenthaltsrecht zu bekommen? Ich phantasierte eine »bildungsferne« Frau aus dem ländlichen Mittelanatolien, von der ich annahm, dass sie keine Ahnung hätte, was Psychotherapie war. Wahrscheinlich wollte sie zu mir kommen, weil sie bei mir Türkisch sprechen konnte. Schon häufig hatten sich solche Behandlungen als zeitintensiv herausgestellt, weil Anfragen von Krankenkassen und Ämtern beantwortet und irgendwelche Bescheinigungen ausgestellt werden mussten. Eine solche Behandlung konnte ich in meiner aktuellen Situation nicht leisten. Ich verspürte keine Lust, Frau Müller in Therapie zu nehmen, selbst wenn ein Platz frei würde, und überlegte, an wen ich sie weitervermitteln könnte.

Fakhry Davids hat in seiner Theorie des »Internal Racism« beschrieben, dass wir alle einen »inneren Rassismus« in uns tragen, der je nach eigener Persönlichkeitsstruktur und äußerer Belastung mehr oder weniger gut integriert ist. Rassismus tritt nicht nur gegenüber Fremden zutage, sondern kann sich auf alle möglichen Inhalte beziehen. Dass besonders Fremde davon betroffen sind, erklärt Davids mit unterschiedlich gut integrierten frühen Erfahrungen, die zurückgehen bis auf die als »Fremdeln« bekannte Acht-Monats-Angst (Davids, 2011; siehe auch Parens, 2012). Davids geht davon aus, dass sich Anteile dieser frühen Ängste gegen Fremde richten, wenn die Kinder in einer fremdenfeindlichen sozialen Atmosphäre aufwachsen und die Eltern entsprechender Gesinnung sind.

Auch wenn Frau Müller ihre türkische Herkunft angab, die mir gut vertraut ist, entwickelte ich negative Erwartungen, weil es mich erstaunte, dass sie trotz ihres deutschen Familiennamens der deutschen Sprache nicht mächtig war. Ich phantasierte sie als fordernd, ungebildet und illegal. Was sich darin widerspiegelte, hatte in meiner damaligen Arbeitsüberlastung durchaus rassistische Züge, entsprang aber, wie ich später verstehen konnte, meiner unbewussten Wahrnehmung von Frau Müllers Not, die psychisch regrediert und sehr bedürftig war. Ich hatte mich nicht nur von ihr bedrängt gefühlt, wie sich später herausstellte, sondern es hatte sich bereits im telefonischen Erstkontakt eine projektive Identifizierung hergestellt und ich hatte die negativen Gefühle der Patientin übernommen. Frau Müller wollte nicht mit »einfachen Arbeitern« gleichgesetzt werden und stellte sich für gewöhnlich nicht als »Türkin«, sondern als »Istanbulerin« vor, um sich von den ländlichen Türkinnen, die sie in Deutschland kennengelernt hatte, abzugrenzen (siehe dazu Schiffauer, 2002). Angestachelt von ihrer Mutter hatte sie immer darum gekämpft, nicht mit der ländlich-ärmlichen Sozialisation, in der die Mutter aufgewachsen war, identifiziert zu werden. Mit dieser Haltung, die leicht als »arrogant« missverstanden werden konnte (Bion, 1958), versuchte sie ihrer Mutter zu beweisen, dass es dieser gelungen war, sich aus den verhassten Verhältnissen hochzuarbeiten, in der Hoffnung, die Mutter damit glücklich zu machen.

In den folgenden Monaten rief Frau Müller regelmäßig an, immer vorwurfsvoller klingend, ob nicht wenigstens eine Stunde möglich sei. Inzwischen war ich schon gereizt, wenn ich ihre Stimme am Telefon vernahm. Sie ließ jedoch nicht locker, sodass ich mich eines Tages geschlagen gab. Während ich zufällig aus dem Fenster sah, beobachtete ich ein großes Auto beim Einparken. Die Fahrerin war eine schlanke, geschmackvoll gekleidete Frau mit dunkelblonden, im Nacken zusammengebundenen

Haaren. Auf der anderen Seite stieg eine schwarzhaarige Jugendliche aus, mit türkischem Aussehen. An die Türe kamen sie zu zweit, sodass ich unsicher war, wer die Patientin sei. Die dunkelblonde Dame, die etwa 40 Jahre alt war, erklärte verschämt, dass die Tochter einer Bekannten sie begleitet hätte, weil sie unsicher war, ob sie die Adresse finden würde. Beim nächsten Mal käme sie alleine, sagte sie entschuldigend. Mir fiel auf, dass sie auf den Boden schaute und den Blickkontakt vermied.

Ich war innerlich damit beschäftigt, welchen Vorannahmen ich aufgesessen war und neugierig, ob sich im persönlichen Kontakt zwischen uns etwas herstellen würde, wodurch ich mir diese erklären konnte.

Im Zimmer angekommen setzte sich Frau Müller auf die Sesselkante, rieb sich verkrampft lächelnd die Hände und seufzte verlegen: »Ja, was soll ich sagen?« Nachdem ich geantwortet hatte, sie müsse sich mir wohl vorstellen, damit ich mir einen Eindruck machen könne, wie ich ihr helfen könnte, setzte sie an: »Also gut: Ich heiße Canan Müller, ich bin Modedesignerin mit Diplom der Istanbuler Universität, ich bin Mutter von zwei Söhnen von vier und sechs Jahren, ich bin verheiratet mit einem deutschen Mann. Ich lebe seit sechs Jahren in Deutschland und habe es leider nicht geschafft, in dieser Zeit Deutsch zu lernen.« Sie wirkte wie ein kleines Mädchen, das gezwungen wurde, ein Gedicht aufzusagen.

Ich weiß nicht, ob ich so schnell bemerkt hätte, wie gekränkt Frau Müller war, wenn ich mich nicht schon mit migrationstypischen Inhalten, die sich häufig wiederholen, beschäftigt hätte. Trotz ihres akademischen Berufsabschlusses musste sie sich von einer türkischstämmigen Jugendlichen in die Praxis begleiten lassen, um sicher zu gehen, dass sie die Adresse finden und nicht zu spät kommen würde. Natürlich war auch anzunehmen, dass es sie gekränkt hatte, so lange um einen Termin betteln zu müssen, weil sie auf die türkische Sprache angewiesen war. Als ob sie meine Gedanken, die unserem ersten persönlichen Zusammentreffen vorausgegangen waren, erraten hätte, entschuldigte sie sich dafür, dass sie noch nicht ausreichend Deutsch sprach. Gleichzeitig dachte ich, dass diese Inszenierung auch Distanz schaffen sollte. Sie sollte deutlich machen, dass sie nur wegen der Sprache gezwungen war, zu mir zu kommen. Viel später konnte ich verstehen, dass auf einer weiteren Ebene bereits in dieser ersten Begegnung eine negative Mutterübertragung eingesetzt hatte und Frau Müller ihre Hassgefühle im Zaum halten musste, die ebenfalls in meiner Gegenübertragung von Anfang an vorhanden waren.

Um sie in ihrer Kränkung zu entlasten, ging ich auf Ihr Diplom an der Istanbuler Universität ein. Sie hatte ihr Studium mit Auszeichnung abgeschlossen und bis zu ihrem Umzug nach Deutschland für eine sehr renommierte türkische Modefirma gearbeitet. Sie war erfreut, als sie bemerkte, dass ich die Firma kannte. Es ist davon auszugehen, dass die Patientin mich an dieser Stelle als zu einer höheren sozialen Schicht gehörig einstufte, was ihr – den Vorgaben ihrer Mutter entsprechend – die Möglichkeit gab, sich mir anzunähern.

Frau Müller klagte über Schlafstörungen, die man ihr an den dunklen Augenringen ansah. Manchmal konnte sie die ganze Nacht nicht schlafen und litt dann unter Konzentrationsstörungen. Sie hatte Angst, beim Autofahren einen Unfall zu verursachen und wusste nicht, wie sie die Kinder versorgen sollte. Die Schlafstörungen und die sich darin abbildende Depression waren so fortgeschritten und quälend, dass eine medikamentöse Mitbehandlung durch einen Psychiater notwendig war. Ich fühlte mich schuldig, dass ich sie so lange hatte auf einen Termin warten lassen.

Um mir zu erklären, wie sie nach Deutschland gekommen und immer depressiver geworden war, holte Frau Müller weit aus: Sie war die ältere von zwei Töchtern eines Polizisten und einer Lehrerin, die aus einem anatolischen Dorf stammten und nach der Hochzeit nach Istanbul gezogen waren. Als die Mädchen noch klein waren, hatte die Mutter dafür gekämpft, in einen besseren Stadtteil versetzt zu werden, damit ihre Töchter mit Kindern aus »besseren« Familien aufwuchsen. Die Eltern stritten viel und trennten sich, als die Patientin 15 Jahre alt war. Sie sei erleichtert gewesen, dass der Streit aufgehört habe, erzählte Frau Müller, habe sich aber immer schuldig gefühlt, weil man als Kind doch traurig sein müsse, wenn die Eltern sich trennten. In der Folge hatte der Vater kein Unterhaltsgeld bezahlt und sie als Ältere hatte immer neben der Schule arbeiten müssen. Sie habe zwar eine bessere Schule besuchen können, sagte sie, aber keine Freundinnen gehabt, weil sie »einfach nicht dazugehörte«. Sie sei immer viel zu ruhig und zurückhaltend gewesen und habe sich nicht gut verkaufen können. Ich musste an meine Phantasien nach dem ersten Telefonat denken: Auch mir gegenüber hatte sie sich nicht gut verkaufen können, hatte aber gerade dadurch erreicht, dass ich sie jetzt sah. Hätte sie erzählt, dass sie fließend Englisch sprach, hätte ich sie an einen deutschen Kollegen verweisen können.

Dass sie erzählte, dass sie froh war und sich dafür schuldig fühlte, als der Vater die Familie verließ, ließ mich annehmen, dass die Patientin stark an die Mutter gebunden war und diese für sich haben wollte. Von einer Rebellion gegen die Mutter, die offensichtlich »daran schuld« war, dass die Patientin so viel arbeiten musste und unter den Mädchen »aus besseren Familien« keine Freundinnen gefunden hatte, war nichts zu hören. Frau Müller fuhr fort zu erklären, warum es ihr bisher nicht gelungen war, Deutsch zu lernen. Wenn sie etwas in der Schule nicht verstanden hatte, erzählte sie, habe die Mutter versucht, es ihr nachmittags zu Hause beizubringen und sie dabei immer als dumm beschimpft. »Irgendwann habe ich es geglaubt«, sagte sie, »und noch heute empfinde ich mich als dumm, wenn ich etwas nicht gleich kann.« Ich musste daran denken, dass ich sie wie ein kleines Mädchen beim Gedicht-Aufsagen erlebt hatte. Seit Beginn ihrer Depression hatte sie zwar Deutschkurse besucht, sich aber immer weniger konzentrieren können, sodass sie in einen Teufelskreis geraten war. Je weniger sie folgen konnte, desto stärker wurden die Erinnerungen an die Mutter, desto hilfloser fühlte sie sich ausgeliefert.

Bei meinem ersten Zusammentreffen mit Istanbuler Psychoanalytiker-Kollegen war mir in deren Falldarstellungen aufgefallen, dass sie meist reiche gebildete Patienten behandelten. Als ich einer dortigen Kollegin sagte, dass meine türkischstämmigen Patienten in Deutschland aus einfachen, dörflichen Verhältnissen stammten, antwortete diese: »Da brauchst Du bei unseren Patienten nur in die nächste Generation zurückzugehen, dann erzählen die nichts anderes.«

In den öffentlichen Diskussionen in Deutschland wird kaum erwähnt, wie jung die türkische Republik noch ist. Bei einer Patientin wie Frau Müller hat die Großelterngeneration noch im osmanischen Reich gelebt. Der größte Teil des Volkes war damals nicht in der Lage, eine Schule zu besuchen. Die Familien lebten in großen Clans zusammen, die Männer konnten mehrere Frauen haben. Mit der Gründung der türkischen Republik 1923 wurde die allgemeine Schulpflicht eingeführt. Die arabische Schrift wurde abgeschafft und durch die lateinische Schrift ersetzt. Anstelle der bisherigen poetischen und religiösen Fremdsprachen Persisch und Arabisch mussten die Schüler Englisch und Französisch lernen, weswegen sie den Zugang zu ihrer eigenen Kultur zusehends verloren. Natürlich konnte der westliche Bildungskanon nicht plötzlich aufgeholt werden. So begnügte sich die Republik unter anderem damit, die traditionelle Kleidung zu verändern, arabeske Musik zu verbieten und religiöse Regeln zu lockern. Ein Bildungsbürgertum im westlichen Sinne aber musste erst wachsen. Der Großteil der angesehenen Bürger waren Händler, die ihren bereits bestehenden Reichtum dazu nutzen konnten, Kontakte mit dem Westen aufzubauen, ihre Kinder auf Privatschulen nach westlichem Muster zu schicken und sie an Universitäten im europäischen Ausland studieren zu lassen.

Frau Müllers Großmutter mütterlicherseits war verstorben, als die Mutter noch ein Baby war. Ohne mütterlichen Schutz unter mehreren Brüdern aufgewachsen, hatte die Mutter ihre niedrigere gesellschaftliche Stellung als Mädchen durch fleißiges Lernen ausgeglichen. Nach der Republikgründung geboren, hatte sie die Möglichkeit bekommen, mit einem Stipendium zu studieren, und war Lehrerin geworden. Aus Dankbarkeit für diese Möglichkeiten war sie feurige Republikverfechterin, die ihren gesamten Ehrgeiz auf die Ausbildung ihrer Töchter verlegte. Ihre Töchter sollten emanzipiert sein, ein besseres Leben haben, ein höherwertiges Studium absolvieren, als sie selbst. Dafür mussten sie unablässig lernen, durften nicht ausgehen und sich nicht für Jungs interessieren. Mit 14 Jahren hatte die Patientin einen Liebesbrief von einem Mitschüler bekommen, weswegen die Mutter sie noch am Briefkasten vor den Augen der Hausmeisterin verprügelt hatte. Während sie sich in Grund und Boden geschämt habe, erzählte Frau Müller, habe die Hausmeisterin der Mutter beigepflichtet, man müsse die Mädchen rechtzeitig erziehen, damit sie einem nicht auf der Nase herumtanzten. Ein andermal hatte die Mutter am Fähranleger vor den Augen aller Passagiere mit einem Regenschirm auf die Patientin eingedroschen, weil sie ihre Monatskarte vergessen hatte. Damals ging sie bereits zur Universität, zu der die Mutter sie morgens hinbrachte, weil sie noch im Dunkeln losmusste. Abends holte sie sie wieder ab, weil es schon wieder dunkel war.

Auch wenn die Verbote die gleichen waren wie bei der streng muslimischen Bevölkerung (z.B. keine Liebesbeziehung vor der Heirat), waren sie in Frau Müllers Familie anders konnotiert (»Du musst lernen!« – »Du musst sparen!«). Die Erziehungsmethoden der Mutter waren offensichtlich nicht an den Inhalten ihres Pädagogikstudiums orientiert, sondern an eigenen Kindheitserfahrungen. Ihr Verhalten ließ vermuten, dass sie aggressiv ihre eigene Depression aufgrund des frühen Verlustes der eigenen Mutter abwehrte. Frau Müller schien wenig liebevolle Zuwendung erfahren zu haben. Nur ihre Leistung hatte gezählt und ihr Versagen hatte Gefahr bedeutet, weil es der Mutter aufgezeigt hätte, dass diese ihre Ziele verfehlt hatte. Die Mutter durfte nicht an ihre frühen schmerzhaften Erfahrungen erinnert werden. Der Umzug nach Istanbul und der Wunsch, zur besseren Gesellschaft zu gehören, schienen die Abspaltung der depressiven Trauer zu sichern. Wenn sie in den Ferien in das Dorf der Mutter fuhren, erzählte Frau Müller, sei diese von einem Moment auf den anderen wie umgewandelt gewesen, habe sich vertraut gefühlt und war fröhlich, »als ob sie nie weggezogen wäre«. Sie selbst dagegen habe sich dort geekelt, habe sich vor Mäusen und Käfern gefürchtet und nur darauf gewartet, wieder nach Istanbul zurückzukehren.

Als Frau Müller bereits arbeitete, musste sie häufig Überstunden machen, wenn eine Modenschau anstand. In einer solchen Nacht war die Mutter plötzlich aufgetaucht und hatte ihren Vorgesetzten angeschrien, er solle ihre Tochter endlich nach Hause lassen. Der Mann habe in der Folge Respekt vor ihrer Mutter gehabt, erzählte die Patientin lächelnd, und habe gesagt, man müsse sich vor dieser Frau in Acht nehmen. Sie schien erfreut, dass sogar ihr Chef sich nicht gegen ihre Mutter durchsetzen konnte. Ihr selbst war jegliche Abgrenzung unmöglich, sie konnte ihr nicht entkommen. Auch der Vater hatte sich früher nie eingemischt. Seit er ausgezogen war, hatte sie überhaupt keinen Kontakt mehr mit ihm.

Als Frau Müller ihre erste Arbeitsstelle angetreten hatte, hatte sie verwundert festgestellt, wie frei sich die Frauen dort bewegten. Alle hatten einen Freund und erzählten von ihren Unternehmungen am Wochenende, während sie selbst diese mit Mutter und Schwester verbrachte. Sie wurde immer mit den schwierigsten Aufgaben betraut, musste mehrmals in verschiedene europäische Länder reisen, um sich europäische Modelinien anzusehen, die man in Istanbul kopieren wollte. Wie zu Schulzeiten schuftete sie sich ab, ohne sich ein Privatleben zu gönnen. Endlich buchte sie einen Urlaub an der türkischen Riviera und lernte in ihrem Hotel Herrn Müller kennen, der sich ebenfalls dort im Urlaub befand. »Er war so ruhig und sanft«, erzählte sie lächelnd, »nicht wie türkische Machos«. Es entspann sich eine lockere Beziehung, die nach dem Urlaub telefonisch weitergeführt wurde, in englischer Sprache, die beide ausreichend beherrschten. Die Patientin lud den Freund nach Istanbul ein und stellte ihn Mutter und Schwester vor. Wenige Wochen später stellte sie fest, dass sie schwanger war. Sie schämte sich so sehr vor ihren Kollegen, dass sie ihre Stelle Hals über Kopf kündigte, bevor man den Grund sehen konnte. Sie einigte sich mit ihrem zukünftigen Mann, dass sie zu ihm nach Deutschland ziehen würde, wo sie heirateten. Die Mutter war mit allem einverstanden, sie sollte sich aus dem Staub machen, bevor irgendjemand die Schande bemerkte. Sie habe die Schwangerschaft nicht geplant, sagte die Patientin, aber sie hätte sich gefreut, weit weg zu kommen: Von der alles beherrschenden Mutter wie von der Arbeitsstelle, an der sie sich ausgebeutet fühlte. Da eine altersentsprechende Ablösung von der Mutter nicht denkbar war, hatte sie sich aus allem herauskatapultiert. In Deutschland landete sie in einer kleinen Souterrain-Wohnung in einem Dorf, mit Ausblick auf eine Mauer.

Erst nach und nach lernte sie ihren Ehemann kennen: Herr Müller war das ältere Kind eines Handwerkers und einer Hausfrau, die die Familie verlassen hatte, als er noch klein war. Die jüngere Tochter hatte sie mitgenommen, den Sohn beim Vater zurückgelassen. Sein Vater sei grob und gewalttätig gewesen und ihr Mann habe Angst vor ihm gehabt, erzählte Frau Müller. Später habe der Schwiegervater wieder geheiratet, doch die Stiefmutter sei auch böse gewesen. Sie könne nicht begreifen, was ihr Mann erzähle. Die Eltern hätten ihn über ganze Wochenenden ohne Essen und ohne Geld alleine zu Hause gelassen und er habe nicht gewusst, wovon er sich ernähren sollte.

Als die Patientin ihren aktuellen Tagesablauf geschildert hatte, war mir aufgefallen, dass sie ungewöhnlich viel Zeit auf das Kochen verwandte und jeden Tag ein Menü mit mehreren Gängen zubereitete. Ich hatte gedacht, dass sie ihren beruflichen Ehrgeiz auf die Küche verlagert hätte. Als ich diese Geschichte hörte, verstand ich, dass sie versuchte, den Mangel, den ihr Mann erlitten hatte, wiedergutzumachen. Er sollte nie wieder Hunger leiden müssen. Im Jugendalter war er weggelaufen und hatte Unterschlupf bei einer kinderlosen Tante gefunden. Diese beaufsichtige aktuell die Söhne, wenn Frau Müller im Deutschkurs war. Herr Müller hatte keine Freunde und noch nie eine feste Beziehung gehabt. Auf die erste Schwangerschaft seiner Frau angesprochen, sagte er in einem gemeinsamen Gespräch, dass er diese billigend in Kauf genommen habe, weil er sonst nicht gewusst hätte, wie er sich für eine Frau entscheiden sollte.

Nachdem Frau Müller ihre Beziehung zu ihrer Mutter geschildert hatte, konfrontierte ich sie damit, dass sich etwas davon in unserer Beziehung widergespiegelt hätte. Weil ich sie am Telefon nach ihren Deutschkenntnissen gefragt hatte, war ich wohl in die Rolle der Mutter gekommen, sagte ich, weswegen sie sich im Erstgespräch wie ein Schulmädchen vorgestellt habe, das ein Gedicht aufsagen würde, und sie habe sich für die fehlenden Deutschkenntnisse entschuldigt. Zu meinem Erstaunen fand Frau Müller diesen Gedanken nicht nur interessant, sie berichtete bald von psychischen Zusammenhängen, die sie selbst erkannte, und zeigte eine hohe Bereitschaft für ein psychodynamisches Verständnis. Eines Tages murmelte sie nachdenklich, dass ihr Leiden wohl daher komme, dass sie immer gesagt bekommen hätte, was sie tun und lassen sollte. Sie habe sich gefreut, endlich ohne die Mutter zu sein, aber sie komme mit der Freiheit, alles alleine entscheiden zu können, nicht zurecht. Das habe sie nie gelernt. »Freiheit, die ich meine ...« Auch bei türkischen Studenten, die zu einer Weiterbildung nach Deutschland kommen, habe ich häufig erlebt, dass sie sich innerhalb kurzer Zeit überfordert fühlten, weil sie das eigenständige Arbeiten, wie es im deutschen Bildungssystem von Anfang an trainiert wird, nicht kannten. Die hier erwartete Ich-Stärke, sich eine eigene Meinung zu bilden, diese gegen andere zu verteidigen, sich abzugrenzen, eigene Wünsche zu äußern, auf eigenes Recht zu beharren, auf eigenen Füßen zu stehen, wie man im Türkischen sagt, weil es kein Wort für »selbständig« gibt, dies alles musste neu eingeübt werden. In diesem Zusammenhang muss die äußere Realität, in der solche Patienten aufgewachsen sind, besonders beachtet werden. In ihrer Arbeit über »Äußere Realität« zitiert Marion Oliner J.A. Arlow, der den Kontext betone, in dem eine Phantasie geäußert werde, sodass seine Analysen immer bei den Umständen begännen, die eine psychische Aktivität anregten. In der Analogie zwischen dem bewussten Erleben und einer durchscheinenden Leinwand, auf die Bilder von beiden Seiten, von innen und außen, projiziert würden, spreche er von »Endeffekten, die je nach der wechselnden Intensität des Beitrags aus den beiden Quellen erreicht werden könnten«. Trotz dieser fundamentalen Berücksichtigung der materiellen Realität und tatsächlicher Ereignisse in der psychoanalytischen Theorie werde, so betont Oliner, in der heutigen Literatur vielfach das Gegenteil behauptet und unterstellt; die klassische Psychoanalyse, mit ihrer Konzentration auf die psychische Realität, habe kein Auge für äußere Realbedingungen wie Missbrauch, Armut, Unterdrückung oder den Beitrag des Analytikers zur Übertragung (vgl. Oliner, 1996, S. 15). Ich möchte hier besonders den Beitrag des Analytikers zur Übertragung hervorheben, der nicht nur besonders beachtet werden muss, wenn Analytiker und Patient aus unterschiedlichen Kulturen kommen, sondern insbesondere auch dann, wenn sie sich, aus der gleichen Kultur stammend, in einem anderen Land begegnen. In einem anderen Land in der Muttersprache kommunizieren zu können, ruft häufig eine viel stärkere Übertragungsbereitschaft hervor, die nur richtig verstanden werden kann, wenn diese äußere Realität mit bedacht wird. Bei unterschiedlicher kultureller Herkunft gemahnt die Anerkennung der Fremdheit des Patienten in der äußeren Realität zur Vorsicht, um nicht vorschnell nach bekanntem kulturellem Muster zu interpretieren, was zu Missverständnissen führen kann, die die Patienten selbst nicht auflösen können. Sie bleiben zurück im Gefühl, nicht richtig verstanden zu werden, und brechen oft die Therapie vorzeitig ab.

Frau Müller litt in ihrer spezifischen Situation an vielen unterschiedlichen Schwierigkeiten. Im fremden Land, dessen Sprache sie nicht sprach, musste sie in die durch die Qualität der Beziehung mit der eigenen Mutter stark vorbelastete Mutterrolle hineinfinden und ganz alleine ihr erstes Kind versorgen. Wenn sie die Tanten ihres Ehemannes fragte, sagten diese, sie dürfe das Kind nicht verwöhnlichen. Fragte sie ihre Mutter am Telefon, traute ihr diese nicht zu, mit der Aufgabe fertigzuwerden. So endete sie vor dem Fernseher und sah türkisches Frühstücksfernsehen, das sie mithilfe einer Zusatzantenne empfangen konnte. Ihr psychodynamisches Verständnis hatte sie von türkischen Kinder- und Jugendpsychiatern, die in Ratgebersendungen erzählten, worauf es in der Kindererziehung ankam.

Die Depression, die Frau Müller in die Psychotherapie geführt hatte, rührte vor allem daher, dass es ihr nicht gelang, die Spaltungen, in denen sie schon als Kind aufgewachsen war und die sie, nach dem Modell ihrer Mutter, auch selbst aufgebaut hatte, aufrechtzuerhalten. Mit dem Umzug nach Deutschland hatte sie sogar ihren Vornamen gewechselt: Von einem weich klingenden Mädchennamen, mit dem ihre Mutter sie rief, in einen hart klingenden Zweitnamen, mit dem sie in der Schule gerufen wurde. Eine Lehrerin hatte sich bei der Einschulung zwischen ihrem Erst- und Zweitnamen vertan, erzählte sie, und sie habe sich nicht getraut zu sagen, dass sie anders hieße. In diesem Namenswechsel zeigte sich nochmals deutlich, wie sie sich von der Mutter lossagen wollte, anstatt sich von ihr abzulösen; wie sie ein neues Leben beginnen wollte, in dem sie »härter« war, in der Phantasie, dadurch den Belastungen des Alltags besser gewachsen zu sein; wie sie sich in eine fremde Umgebung katapultiert hatte, wo sie keiner bei ihrem früheren Namen kannte, sodass sie »real fremd« war, anstatt sich nur »fremd zu fühlen«. In der Therapie spielte die Lebensgeschichte der Mutter mit ihrer abgespaltenen Depression eine wichtige Rolle, da dieses Verständnis Frau Müller dazu verhalf, ihre eigene Trauer von der Trauer ihrer Mutter unterscheiden zu können (siehe dazu Faimberg, 2009). Mit Amati Mehler und Kollegen gesprochen:

> »Bei diesen Patienten haben wir den Eindruck, dass sie mit der Ersetzung der Sprache ihrer Kindheit durch eine neue Sprache, die ihnen als Vehikel eines neuen Denkens und neuer Affekte diente und durch die sie einen von archaischen Konflikten unbelasteten kulturellen und emotionalen Kontext übernahmen, nicht ihrem Widerstand und ihrer Abwehr einen Dienst erwiesen, sondern sich auch neue Wege eröffneten, die ihnen – wenn auch um den Preis tiefer und schmerzhafter Spaltungen – gültige und strukturierende Introjektionen zur Herausbildung einer neuen Identität als erwachsene Frau gestatteten« (Amati Mehler et al., 2010, S. 140).

Einen unbelasteten kulturellen und emotionalen Kontext hatte Frau Müller bei der deutschen Familie, in die sie eingeheiratet hatte, nicht vorgefunden, auch wenn es sich um andere kulturelle Konflikte handelte als die, in denen sie aufgewachsen war. Dennoch kann man annehmen, dass sie vom Umzug nach Deutschland profitierte und es in Istanbul nicht geschafft hätte, einen Psychotherapeuten aufzusuchen. Die analytische Psychotherapie, die niederfrequent sieben Jahre andauerte, verhalf ihr dazu, viele »Entwicklungsdefizite« (gemessen an westlichen Erwartungen) anzuerkennen und aufzuholen. Im Therapieverlauf geriet sie während eines Besuchs bei ihrer Mutter in einen dissoziativen Zustand, in dem sie alles hörte, aber nicht sprechen konnte. Die Mutter war beunruhigt, umsorgte sie und ließ sie in Ruhe. Als sie davon berichtete, meinte Frau Müller, dass der Zustand daher rührte, dass sie sich noch nicht anders gegen ihre Mutter abgrenzen konnte. Inzwischen hat sie gelernt, im Deutschen draufloszureden, ohne ständig zu fürchten, Fehler zu machen. Sie wendet sich weder beleidigt ab, noch schlägt sie ihre Söhne (wie sie es anfänglich zu tun pflegte), wenn diese sie entwerten, sie könne noch nicht mal richtig Deutsch sprechen. Im gesamten Therapieverlauf hat sie es nie bereut, nach Deutschland gekommen zu sein. Dennoch hat es ungefähr fünf Jahre psychotherapeutischer Arbeit benötigt, bis sie bereit war, in ihre Überlegungen aufzunehmen, dass sie plante, ein für allemal in diesem Land zu verbleiben.

Literatur

Amati Mehler, J., Argentieri, S. & Canestri, J. (2010). *Das Babel des Unbewussten: Muttersprache und Fremdsprache in der Psychoanalyse.* Gießen: Psychosozial-Verlag.
Bion, W.R. (1958). On Arrogance. *International Journal of Psychoanalysis, 39,* 144–146.
Davids, M.F. (2011). *Internal Racism: A Psychoanalytical Approach to Race and Difference.* Basingstoke: Palgrave Macmillan.
Faimberg, H. (2009). *Teleskoping: Die intergenerationelle Weitergabe von narzisstischen Bindungen.* Frankfurt am Main: Brandes & Apsel.
Grinberg, L. & Grinberg, R. (1990). *Psychoanalyse der Migration und des Exils.* München: Verlag Internationale Psychoanalyse.
Oliner, M.M. (1996). Äußere Realität: Die schwer fassbare Dimension der Psychoanalyse. *Jahrbuch der Psychoanalyse, 37,* 9–43.
Parens, H. (2012). Attachment, Aggression, and the Prevention of Malignant Prejudice. *Psychoanalytic Inquiry, 32,* 171–185.
Schiffauer, W. (2002). Kulturelle Identitäten. Vortrag bei den 52. Lindauer Psychotherapiewochen 2002. http://www.lpt.de/vortraege2002 (16.6.2015).

II.
Psychotherapie mit Flüchtlingen

Supervisor, Therapeut und Patient

Eine psychoanalytische Annäherung
an therapeutisches Arbeiten mit Flüchtlingen

Ilany Kogan

Migrationsbewegungen und Flüchtlingsströme nach Deutschland sind in den letzten Jahren ein fester Bestandteil meiner supervisorischen Tätigkeit in vielen deutschen Städten geworden. Angefangen mit Hamburg (Klinik Eppendorf), dann in den Arbeitsgruppen zum Thema »Migration und Trauma« (besonders in München), aber auch in Aachen wächst die Herausforderung für die Kollegen, die mit Exilanten, Migranten und Flüchtlingen arbeiten.

Unsere Forschungsarbeit zu diesem Thema wurde durch verschiedene Werke der letzten Jahrzehnte untermauert, darunter die bahnbrechende Monografie von León und Rebeca Grinberg (1989), der anspruchsvolle Aufsatz zum Kulturschock von Garza-Guerrero (1974), der bedeutende Beitrag zum Polylingualismus und Polyglottismus von Amati Mehler und Kollegen (1983) und schließlich die herausragende Studie zur Identitätsverwandlung im Zusammenhang mit Immigration von Akhtar (1999). Dr. Utari-Witt hat die Übersetzung der Werke von Akhtar und Amati Mehler ins Deutsche initiiert und sie so einem breiteren Publikum zugänglich gemacht.

In diesem Artikel möchte ich den Beitrag der Psychoanalyse zur psychischen Behandlung von Flüchtlingen untersuchen, einer besonderen Gruppe innerhalb der Einwanderungsbevölkerung. Zusätzlich zu dem Umstand, dass sie, wie auch andere Migranten, eine radikale Veränderung in ihrem kulturellen und psychischen Umfeld erleiden, sind Flüchtlinge oftmals Opfer eines überwältigenden Angriffs auf die individuelle menschliche Psyche und massiver Traumatisierung in der Vormigrationsphase.

Es gibt viele Behandlungsformen für Flüchtlinge, im rechtlichen und im Bildungsbereich, im Rahmen des Gesundheitswesens, der öffentlichen Politik, des Gemeindewesens usw. Diese Behandlungsformen, wie auch die seelische Behandlung der Flüchtlinge, sind dazu angetan, die Möglichkeiten der Flüchtlinge zu Heilung und dazu zu erweitern, sich mit ihren unfassbaren Verlusten abzufinden und dabei ihrem Leben ein Gefühl für Kohärenz und Bedeutung zurückzugeben (Papadopoulos, 2002).

Studien zu therapeutischer Effektivität haben die bestehende Vielfalt therapeutischer Ansätze bei der seelischen Behandlung von Flüchtlingen untersucht. Ich möchte mich hier auf die Frage konzentrieren, warum bei der Behandlung von Flüchtlingen ein psychoanalytischer Ansatz angewendet werden sollte. Zu diesem Zweck will ich auf die lange Erfahrung im Rahmen meiner Einzel- und Gruppensupervisionstätigkeit in der Ambulanten Klinik für Flüchtlinge an der Universitätsklinik Eppendorf in Hamburg zurückgreifen.

Fallbeispiel (a)

Fatma war eine junge Frau aus dem Kosovo, der es gelungen war, mit ihrem Ehemann und vier Kindern nach Deutschland zu fliehen. Viele andere Mitglieder der Familie waren ermordet worden, und selbst ihnen war nur ganz knapp die Flucht geglückt. Die Patientin war in Behandlung überwiesen worden, weil sie unter schweren Depressionen litt und mehrere Selbstmordversuche unternommen hatte. Sie fühlte sich völlig verwirrt und desorientiert in der neuen Welt und ließ ihre Familie keine Minute aus den Augen. Dies war sehr problematisch für die erste Anzeichen einer Anpassung zeigenden Kinder, die die Schule hätten besuchen und Deutsch lernen können. Fatmas Ehemann war ein gebrochener Mann, der sich dafür schämte, dass seine Frau eine wöchentliche Behandlung in einer psychiatrischen Klinik benötigte. Sie kam zur Therapie in Begleitung ihres Mannes, und weil ihr Deutsch noch sehr dürftig war, war auch immer eine Dolmetscherin anwesend.

Dr. M., die junge deutsche Therapeutin, die Fatmas Fall in der Gruppensupervision vortrug, beklagte sich verärgert über die fehlende Kooperationsbereitschaft ihrer Patientin. Obgleich sie sich der tiefen Depression der Patientin bewusst war, konnte sie ihr gegenüber keine Empathie aufbringen. Dr. M. behauptete, dass die analytisch geprägte Therapie Fatma keine Hilfe bringen könne. Ihr zufolge war Fatma, eine religiöse Muslimin, die einen Schleier trug, sehr weit entfernt von den westlichen Werten des Wachstums und der Individuation. Dr. M. diagnostizierte Fatma als einen Fall posttraumatischer Belastungsstörung und war der Ansicht, ihre Patientin könne eher von einem verhaltensbezogenen Therapieansatz profitieren, der ihr vermitteln würde, wie sie sich in ihrer neuen Umgebung zu verhalten habe. Dr. M. betonte, dass es sehr schwierig für Fatma sei, mit einer Therapeutin zu arbeiten, die einer ganz anderen Religion und Kultur angehörte. Sie glaubte, dass jemand wie die Dolmetscherin, die aus der gleichen Region wie die Patientin stammte, ihr effektiver würde helfen können.

In der Gruppensupervision wurde ich mir meiner eigenen Gefühle der Frustration und meiner Unfähigkeit bewusst, Dr. M. zu helfen, Verbindung zu ihren eigenen Gefühlen der Wut gegenüber ihrer Patientin aufzunehmen und ihr das nötige Verständnis und die Unterstützung zu geben, die sie brauchte. Meines Erachtens war Dr. M.s Wut ein Verteidigungsmechanismus gegen ihre eigene Hilflosigkeit, hervorgerufen durch die Depression und die unbewusste Wut ihrer Patientin.

Ich beschloss, Dr. M. zu einer individuellen Supervisionssitzung einzuladen, ohne Anwesenheit der Gruppenmitglieder. Dort fragte ich sie dann, ob sie glaube, dass die Schwierigkeiten, die Fatma bei der Arbeit mit ihr hatte, auch auf sie in Bezug auf die Arbeit mit mir zuträfen, da ich, wie Fatma, ebenfalls einer anderen Kultur und Religion angehörte.

Ich war überrascht, Dr. M. in Tränen ausbrechen zu sehen. Nachdem sie sich beruhigt hatte, erzählte sie mir von einem großen Familiengeheimnis: Ihre Großmutter war während des Krieges von einem russischen Soldaten vergewaltigt worden, und ihre Mutter war das Ergebnis dieser Vergewaltigung, weshalb sie weggegeben worden und bei einer anderen Familie aufgewachsen war. Die Geschichte, wie sie ihr von ihrer Mutter berichtet worden war, besagte, dass ihr Großvater sich zuerst von der Großmutter hatte scheiden lassen wollen, dann jedoch seine Meinung unter der Bedingung geändert hatte, dass das Kind weggegeben werden würde. Ihre Mutter behauptete, dass sie sich immer dafür geschämt hatte, das Kind aus einer Vergewaltigung zu sein. Die Mutter fühlte auch unbändigen Zorn gegenüber ihrer eigenen Mutter (Dr. M.s Großmutter), die in den letzten Jahren einige vergebliche Versuche unternommen hatte, mit ihrer Tochter und den Enkeln in Kontakt zu treten. Dr. M. betonte, dass sie sich in Identifikation mit ihrer Mutter weigere, die Großmutter zu sehen.

Dr. M.s Bericht über Gewalt und Scham brachten mich dazu zu denken, dass die therapeutischen Begegnungen mit Fatma ungelüftete Geheimnisse in Bezug auf Fatmas Kriegserlebnisse enthalten haben könnten, welche die junge Therapeutin unbewusst in Angst versetzten. Ich wies sie darauf hin, dass ihre Gefühle der Wut und der Frustration Fatma gegenüber aus ihrer eigenen Identifikation mit der Wut und Hilflosigkeit der Patientin unter den traumatischen Umständen des Krieges resultieren könnten. Ich ermunterte Dr. M., mit Fatma allein zu sprechen, ohne die Gegenwart ihres Ehemannes und der Dolmetscherin.

In der Woche darauf traf ich Dr. M. erneut, die mich um eine individuelle Supervisionssitzung bat. Sie berichtete, dass sie Fatma gebeten hatte, allein zu ihrer Sitzung zu kommen, ohne Ehemann und Dolmetscherin. Zu ihrer Überraschung hatte Fatma zugestimmt. Zu Beginn der Sitzung hatte Fatma viel geweint. Dann begann sie zu reden, und obgleich ihr Deutsch sehr unzureichend war, kam eine schreckenerregende Geschichte zutage: Fatma war während des Krieges von serbischen Soldaten brutal vergewaltigt worden. Sie sagte, dass sie dieses Geheimnis niemals ihrem Mann anvertrauen könne, da er sie, ihrer Tradition gemäß, für unrein erklären und aus dem Haus werfen würde. »Ich bin nicht mehr die, die ich einmal war, ich werde nie wieder sein wie vorher«, sagte Fatma. Die einzige Möglichkeit zu entkommen, die sie sah, war der Tod, der sie von ihren Gefühlen der Scham und der Schuld befreien würde.

Dr. M. fuhr in ihrem Bericht fort und sagte, nach Fatmas Erzählung hätten sie und die Patientin schweigend dagesessen. Die Therapeutin fühlte, dass sie keine Worte hatte, welche die verletzte Frau hätten trösten können; eine Welle warmer Gefühle für Fatma überwältigte sie und Tränen füllten ihre Augen. »Ich spürte, wie sehr meine Patientin in diesen Momenten von mir gehalten und gestützt werden wollte«, sagte sie. Ich schaute sie lächelnd an und sagte, dass ihre Feststellung, es sei ihr unmöglich, mit einer Frau zu arbeiten, die einer anderen Religion und Kultur angehöre, mir nun gänzlich ungültig erschien. Dr. M. antwortete: »Ich habe mich immer nach meiner Großmutter gesehnt – nun werde ich mit ihr in Kontakt treten. Ich habe nie jemandem davon erzählt, dass meine Mutter aus einer Vergewaltigung geboren wurde. Ich konnte Ihnen das nur erzählen, weil Sie von weither kommen, aus einer anderen Kultur und Religion. Ich bin Ihnen dankbar für das, was Sie für mich getan haben.«

Die Therapie wurde fortgesetzt, und es folgte ein langer Prozess des Durcharbeitens der sowohl mit der Vergewaltigung als auch mit ihrem Überleben verbundenen Schuld- und Schamgefühle der Patientin. Nicht weniger wichtig als das Durcharbeiten des jüngsten Traumas war jedoch die Aufarbeitung von Fatmas ungelösten Kindheitsschmerzen und -konflikten, die bestimmend für ihre Perzeption des Traumas waren. Fatma war mit einer depressiven Mutter aufgewachsen, welche sich als Frau wertlos gefühlt und ihre Minderwertigkeitsgefühle auf ihre Tochter projiziert hatte. Nur durch eine tiefer gehende Betrachtung ihres Verhältnisses zu ihrer Mutter während der Therapie konnte Fatma verstehen, warum sie glaubte, dass ihr gebrochener Ehemann, der sie an ihre Mutter erinnerte, sie als wertlose Frau betrachten würde, wüsste er, dass sie vergewaltigt worden war. Indem sie ihre schmerzhafte und komplexe Beziehung zu ihrer Mutter durcharbeitete, lernte sie, besser zwischen ihrer Mutter und ihrem Ehemann zu unterscheiden. Hinsichtlich ihres Vaters fühlte Fatma, dass er ein Tyrann gewesen war, der unbedingten Gehorsam von ihr verlangt hatte: Während ihrer Adoleszenz hatte er sie oftmals der Promiskuität bezichtigt, da sie es gewagt hatte, mit Jungen auszugehen. Die Aufarbeitung der Beziehung zu ihrem Vater half ihr zu verstehen, dass sie den islamischen Glauben in die Rolle des bestrafenden Vaters hob, der, so glaubte sie, sie als »unrein« und verachtenswert verurteilen würde. Nach einer Periode in analytisch geprägter Therapie, in der sie ihre Kindheitskonflikte und -ängste durcharbeitete, konnte Fatma besser mit ihrem jüngsten Trauma und seinen Auswirkungen auf ihr Leben umgehen. Ihre Therapeutin wurde für sie zu einem guten Objekt, das ihr Unterstützung und Containment geben konnte, ohne über sie zu urteilen. In der Folge besserte sich Fatmas Selbstbild, und sie passte sich genügend an ihr neues Land an, um arbeiten und für ihre Kinder sorgen zu können.

Fallbeispiel (b)

Wumba war eine 16-jährige junge Frau, der es gelungen war, vor ihrem Ehemann, dem Häuptling eines afrikanischen Stammes, nach Deutschland zu fliehen. Sie hatte eine sehr traumatische Lebensgeschichte: Als sie 14 Jahre alt gewesen war, hatte der Häuptling eines benachbarten Stammes ihrem Stamm den Krieg erklärt und ihre Eltern und viele andere ihrer Familienmitglieder getötet. Nach Ende des Krieges hatte er sie zuerst als Geisel genommen und als Geliebte benutzt und sie dann später geheiratet. Wumba hatte nie das Massaker an ihrer Familie vergessen, und es war ihr nach einem zweijährigen schweren Leidensweg gelungen, nach Deutschland zu fliehen. Da sie mehrfach versucht hatte, sich die Pulsadern aufzuschneiden, war sie in Behandlung eines Psychiaters der Ambulanten Klinik für Flüchtlinge an der Universitätsklinik Eppendorf in Hamburg. Sie lebte in einem Jugendheim für junge Flüchtlinge, lernte in der Schule, war seit Kurzem geselliger geworden und hatte einige Freunde gefunden.

Dr. K., der deutsche Therapeut, der Wumba betreute, mochte sie sehr. Er beschrieb sie als ein schönes und intelligentes Mädchen, das in der Schule erfolgreich war und großes Entwicklungspotenzial in diesem Land aufwies. Das Mädchen sprach sehr gut auf die Therapie an und hing sehr an Dr. K., der in Bezug auf seine Patientin eine Elternrolle erfüllte.

Bei einem meiner zweimal im Jahr stattfindenden Besuche in Hamburg informierte man mich, dass Dr. K. mich dringend wegen einer Krise mit einem seiner Patienten sprechen wollte. Ich traf Dr. K. noch am selben Morgen, und er teilte mit mir seine Sorge um Wumba. Scheinbar hatte sich die Patientin in der letzten Zeit obsessive Rituale angeeignet, die sie störten. Darüber hinaus war sie einige Tage zuvor mit einer speziellen Bitte zu ihm gekommen: Sie fühlte, dass ihre Brüste sie störten, und bat um eine spezielle Brustoperation, da sie ihre Brüste vollständig amputieren lassen wollte. Dr. K. war sehr erstaunt über dieses Anliegen, das er korrekt als einen Wunsch nach Selbstverstümmelung interpretierte. Sein Versuch, Wumba ihr gutes Aussehen zu bestätigen, machte sie sehr wütend. Sie betonte, dass sie in dem Fall, dass er nicht in die Operation einwilligte (sie brauchte hierfür seine Unterschrift), weglaufen und einen Weg finden würde, Selbstmord zu begehen.

Ich kannte Dr. K. seit einigen Jahren und mochte seinen Enthusiasmus und die aufopfernde Haltung seinen Patienten gegenüber. Scheinbar fühlte Dr. K. sich gefangen zwischen dem Wunsch seiner Patientin nach Selbstverstümmelung und der Möglichkeit, dass seine Weigerung ein schwer selbstzerstörerisches Ausagieren aufseiten der Patientin hervorrufen konnte. Dr. K. betonte, dass er sich an mich wandte, da ich die einzige sei, die sein Problem lösen könne.

Dr. K.s hohe Erwartungen an mich führten dazu, dass ich mich wie er gefangen und ohnmächtig in der Situation fühlte. Ich denke in Bezug auf menschliches Leid nicht in Kategorien einfacher Problemlösung und hatte keine Lösung für sein Dilemma.

Darüber hinaus erinnerte ich mich daran, dass ich während unserer früheren Treffen versucht hatte, Dr. K. verstehen zu helfen, dass Wumba unter einer tiefen Depression litt, und dass das Aufschneiden der Pulsadern, ein Symptom, das infolge der Therapie verschwunden war, höchstwahrscheinlich ein Ausdruck hierfür gewesen war. Dennoch war ich mir bewusst, dass etwas Schockierendes in dem Wunsch der Patientin lag: Wumba bat um unsere Einwilligung, ihren Wunsch nach Selbstverstümmelung zu verwirklichen, und wenn nicht, drohte sie mit gewaltsamem und gefährlichem Ausagieren. Ich nahm meine Kräfte zusammen und fragte mich laut, ob Wumbas Wunsch nach einer Brustamputation möglicherweise ein Ausdruck ihres Wunsches nach Inszenierung weiterer traumatischer Erlebnisse sein könnte, über die uns bisher nichts bekannt war.

Meine Kommentare beherzigend lehnte Dr. K. Wumbas Bitte nicht rundheraus ab, sondern erklärte ihr, dass sie beide zu einem besseren Verständnis ihres Anliegens an ihn kommen müssten. Er fragte sie, ob es in ihrer Vergangenheit etwas gebe, das sie verberge. Wumba, die die Sinnesänderung in Dr. K. wahrnahm, wurde versöhnlicher und war bereit, zu kooperieren. Sie begann über einige Aspekte ihrer traumatischen Geschichte zu berichten, was sie nie zuvor getan hatte: Im Alter von zwölf Jahren, als sie noch bei ihren Eltern lebte, kamen einige Frauen aus ihrer Familie und brachten sie an einen abgelegenen Ort. Dort packten sie sie brutal, zogen ein Messer heraus und schnitten ihr die Klitoris ab, obwohl sie sich vehement dagegen wehrte. Sie erinnerte sich an einen scharfen Schmerz, und dass sie danach in Ohnmacht sank. Sie erholte sich, wusste aber, dass sie nie mehr so sein würde wie früher. Erst später war der Krieg ausgebrochen und ihre Familie von Migliedern des anderen Stammes ermordet worden.

In der Supervision waren wir beide entsetzt über Wumbas Geschichte. Es wurde uns klar, wie schwierig es für sie sein musste, als Frau aufzuwachsen. Jetzt, wo sie erwachsen wurde und es Jungen in dem Jugendheim gab, die sie bewunderten und anziehend fanden, fühlte sie wieder die Gefahr, Opfer eines brutalen Mannes zu werden wie der, der ihre Eltern getötet hatte. Mehr noch: Sie fühlte sich als kastriertes Wesen, anders als andere Frauen, und es war ihr daher nicht gestattet, irgendwelche Zeichen der Weiblichkeit zu zeigen.

Ich half Dr. K. zu verstehen, dass Wumbas erste Traumatisierung, ihre Beschneidung durch die weiblichen Verwandten, zu einer Situation geführt hatte, in der ihr Vertrauen in die elementare Güte ihrer Primärobjekte zerstört worden war. Ihre Eltern hatten es nicht nur unterlassen, sie davor zu schützen, sondern hatten es möglicherweise sogar gewollt oder veranlasst. Wumba fühlte warscheinlich eine große Wut ihren Eltern gegenüber und wollte sich an ihnen rächen. Der Mord an ihnen durch den Häuptling eines anderen Stammes bedeutete wahrscheinlich einen großen Verlust für sie, hatte jedoch möglicherweise ihren kindlichen Rachephantasien in die Hände gespielt, die sie zu ihrer Mörderin machten. So verstärkten der Mord an ihren Eltern und die anschließende sexuelle Ausbeutung durch ihren Mörder das erste Trauma (die Verstümmelung ihres Körpers durch ihre weiblichen Verwandten) und intensivierten sein Resultat. Jetzt, nachdem ihr Körper gereift war, rutschte sie tief in primitive, paranoide Überzeugungen hinsichtlich ihres Status in der Welt, und auf der Bewusstseinsebene hatte sie viel größere Angst davor, eine reife Frau zu werden. Der Wunsch nach einer Amputation ihrer Brüste war Ausdruck ihres Bedürfnisses, sich vor der Gefahr zu schützen, eine Frau zu sein. Gleichzeitig war die Wiederholung des Kastrationstraumas an ihrem Körper möglicherweise ein unbewusster Ausdruck ihres Wunsches, für den Mord an ihren Eltern bestraft zu werden.

Eine andere große Schwierigkeit in diesem Fall bestand in dem Schaden, den der traumatische Vorfall der Symbolisierungsfähigkeit der Patientin zugefügt hatte. Symbolisieren wird Segal (1957) zufolge als Grundlage der Fähigkeit flexiblen Denkens, der Umwandlung unassimilierbaren Materials in etwas einfacher Handhabbares und schließlich der Fähigkeit zu trauern und weiterzugehen empfunden. Wumba war unfähig zu trauern – und daher auf den endlosen Wunsch fixiert, ihre selbstzerstörerischen Inszenierungen zu wiederholen (Kogan, 2002, 2007a, 2007b).

In der Supervision wurde ich mir bewusst, dass meine Gefühle des Gefangenseins und der Hilflosigkeit aus meiner Identifikation mit Dr. K. in seiner Situation erwuchsen. Diese Einsicht versetzte mich in die Lage, Dr. K. verstehen zu helfen, dass Wumba mit der Bitte an ihn, einer radikalen Brustamputation zuzustimmen, ihn (und indirekt auch mich) dazu bringen wollte, in der Therapie die traumatische Kastration ihres Körpers zu wiederholen und uns beide auf diese Weise zu ihren Tätern zu machen. Mit der Drohung, Selbstmord zu begehen, sollten wir nicht zustimmen, machte sie uns zu ihren Opfern, denn sie unterschied nicht zwischen Selbstzerstörung und der Zerstörung ihres Therapeuten.

Wumba brauchte in der Therapie lange Zeit, um mit ihrem Wunsch nach Rache an denen, die sie nicht vor der Kastration geschützt hatten, Verbindung aufzunehmen. Wenngleich sie dies auf kognitiver Ebene begriff, war es schwierig für sie, dieses Verständnis mit ihren Gefühlen zu verbinden und so ein »affektives Verständnis« (Freud, 1915e) zu erlangen. Die schmerzhafte Aufarbeitung ihres von Liebe geprägten Verhältnisses zu ihren Eltern vor der Verstümmelung ihres Körpers führte ihrerseits zu dem Verständnis, dass ihre Eltern selbst Opfer der Stammesführer ihres eigenen Stammes und nicht in der Lage gewesen waren, sie zu schützen. Das langjährige, warme Verhältnis mit ihrem Vater während ihrer frühen Kindheit, das auf den Therapeuten übertragen wurde, half Wumba, sich beschützter zu fühlen und allmählich ihren Wunsch nach Selbstverstümmelung aufzugeben. Am Ende einer langen Therapie lebte und arbeitete Wumba unabhängig, sie war jedoch nicht in der Lage, ein enges Liebesverhältnis einzugehen.

Diskussion

Die Aufgabe aller kulturübergreifenden Arbeit besteht im Bau von Brücken menschlicher Verbundenheit zwischen Menschen, die sich fremd sind im Hinblick auf Sprache, Werte, Geschlecht und Art der emotionalen Kommunikation. Die Herausforderungen dieser Art von Arbeit sind erheblich, insbesondere weil die Therapeuten oftmals aufgewühlt sind von den Grausamkeiten, die an ihren Patienten verübt worden sind, und sie wütend oder defensiv werden können, indem sie sich unbewusst mit den Gefühlen der Wut und der Hilflosigkeit ihrer Patienten identifizieren, die auf sie projiziert werden.

In ihrer Arbeit mit Flüchtlingen werden Therapeuten manchmal sowohl mit ihren eigenen historischen Traumata konfrontiert als auch mit zahlreichen Fragen und schwierigen Dilemmata. Die Dilemmata können sich um die Fähigkeit der Therapeuten drehen, das erlittene Leid voll zu erfassen, aber die Patienten dennoch nicht als bloße posttraumatische Belastungsstörung oder als Flüchtlingsstereotypen des hilflosen Opfers, das einer anderen Kultur angehört (wie im ersten Fallbeispiel), einzustufen.

Ich bin der Ansicht, dass die Supervision in diesen Fällen eine wichtige Rolle sowohl für das Containment der Angst des Therapeuten als auch für die Hilfestellung zur Erkennung seiner Gegenübertragungsgefühle und ihrer Durcharbeitung spielt. Dies versetzt den Therapeuten letztendlich in die Lage, besser mit der traumatischen Erfahrung des Patienten umzugehen wie auch mit dessen innerer Welt.

Der psychoanalytische Ansatz argumentiert, dass die Auswirkungen traumatischer Ereignisse auf den menschlichen Geist nur verstanden und behandelt werden können, indem man gemeinsam mit dem Patienten zu einer tief greifenden Einsicht hinsichtlich der speziellen Bedeutung dieser traumatischen Ereignisse für das entsprechende Individuum kommt. In der Anwendung dieses Ansatzes müssen Therapeuten ganz detailliert auf die Kindheits- und Entwicklungsgeschichte ihrer Patienten achtgeben, denn die Art und Weise, wie frühe Beziehungen die innere Welt beeinflussen, ist entscheidend. Wir glauben, dass interne Objektbeziehungen Einfluss haben auf die Perzeption und Aufarbeitung eines schweren psychischen Traumas, das in der externen Welt durchlebt wurde. Die Beziehungen zu Objektrepräsentationen und dem entsprechenden Status der inneren Welt bestimmen die Auslegung traumatischer Ereignisse und den Charakter und das Ausmaß der möglichen Heilung. Der psychoanalytische Ansatz versucht diese internen Objektbeziehungen und den entsprechenden Status der inneren Welt zu verschieben und zu modifizieren, anstatt sich in erster Linie auf Symptome und klassifizierbare geistige Störungen zu konzentrieren (Garland, 1998).

Die Untersuchung der therapeutischen Effektivität einer Vielfalt von Behandlungsmethoden zeigt, dass in der Behandlung traumatisierter Patienten die Konzentration auf ihre Symptome ohne Rücksichtnahme auf die Vergangenheit bestenfalls eine zeitweilige und chronisch instabile Verbesserung der Nachwirkungen des akuten Traumas bewirkt. Klinische Befunde der Forschung auf dem Gebiet des Holocaust zeigen zunehmend, dass Ereignisse erinnert und nicht vergessen oder aus dem Kopf verbannt werden müssen. Auf der Grundlage meiner langjährigen Erfahrung mit der zweiten Generation von Holocaustüberlebenden (Kogan, 1995, 2007a, 2007b) bin ich zu der Überzeugung gelangt, dass in vielen Fällen die verborgene oder verleugnete Traumatisierung der Eltern eine schädliche Wirkung auf deren Kinder und sogar Enkel hat, welche unbewusst die Last des Schmerzes und der Aggression trugen, die jenseits sprachlicher Signale auf sie übertragen worden war.

Der psychoanalytische Ansatz hinsichtlich des Verständnisses und der Behandlung von Trauma wendet sich unmittelbar an das, was am tiefsten in der individuellen Reaktion auf das Trauma verwurzelt ist. Das Trauma zerrüttet den Kern der Identität des Individuums. Ein stark gewaltsamer Vorgang wird empfunden, als habe er intern stattgefunden, und dies spiegelt die Gewalt, welche sich in der externen Welt abgespielt hat. Es tritt eine massive Störung in der Funktionsfähigkeit ein, welche sich zu einer Art Zusammenbruch auswächst. Ein Zusammenbruch der normalen Lebensart, eingefleischter Überzeugungen, der Vorhersagbarkeit der Welt. Er macht das Individuum verwundbar gegenüber intensiven und überwältigenden Ängsten aus internen Quellen wie auch solchen, die sich auf tatsächliche externe Ereignisse zurückführen lassen. (Im zweiten Fallbeispiel rührte der Wunsch Wumbas nach einer Wiederholung des Traumas der Verstümmelung ihres Körpers durch die Amputation ihrer Brüste von ihrer Furcht her, eine erwachsene Frau in einer gewalttätigen, von Männern beherrschten externen Welt zu werden, aber ebenso auch von ihrem unbewussten Wunsch, bestraft zu werden durch etwas, das sie unbewusst als gerecht verdiente Strafe empfand.)

Die Behandlung eines solchen Störungsniveaus kann nicht schnell oder leichtfertig geschehen. Die traumatisierte Person versucht, dem Ereignis unter Einbeziehung der Objektbeziehungen, welche ihre innere Welt bevölkern, einen Sinn zu geben. Der psychoanalytische Ansatz sieht die Verbesserung der Situation traumatisierter Individuen als Ergebnis der Aufarbeitung und Integration des Wissens um und der Erinnerung an die Ereignisse in die bewusste Existenz des Individuums, anstatt der traumatisierten Person zu helfen, das Trauma auszugrenzen und sich an die aktuelle Realität anzupassen.

Die psychoanalytisch geprägte Behandlung folgt eher dem Patienten, als dass sie ihn anleitet. Sie ist nicht fokussiert im Sinne der Konzentration auf traumatische Ereignisse. Stattdessen betrachtet sie die Übertragung, die progressive Entfaltung der Beziehung zwischen Therapeuten und Patienten als wichtiges Element der Therapie, allerdings nicht ausschließlich. Das Durcharbeiten der Übertragungsbeziehung legt die Beziehungen zu Primärobjekten offen, welche die Perzeption und Aufarbeitung des Traumas bestimmten. Die Aufarbeitung der Objektbeziehungen und die Verschiebung, welche aus der Behandlung resultiert, können dem Patienten helfen, auf eine weniger destruktive Weise mit seinem Trauma umzugehen.

Ein traumatischer Vorfall verändert jene, die ihn erleiden, und alle Veränderung bedeutet Verlust. In den oben beschriebenen Fällen trauerten beide Patienten um etwas, das sie selbst verloren hatten (Menzies-Lyth, 1989). Das Trauma ist im Wesen überwältigend, es zerbricht den persönlichen Schutzschild und zerstört die Fähigkeit, klar zu denken und überlegen zu handeln. Der Flüchtling, welcher massive Traumatisierungen erlebt hat, braucht Hilfe, um sein Gleichgewicht wiederzuerlangen. In der Supervision musste ich die Therapeuten unterstützen, sodass sie nicht selbst überwältigt wurden, damit sie ihren Patienten helfen konnten. Zu diesem Zweck musste ich ihnen bei der Aufrechterhaltung eines komplizierten Gleichgewichts helfen: hinreichend offen zu sein gegenüber der Erfahrung des Flüchtlings, um seine oder ihre Situation zu verstehen, jedoch stabil genug zu bleiben, um davon nicht aus dem Gleichgewicht zu geraten. Ich musste so den Therapeuten Containment spenden, sodass sie wiederum ihren Patienten Containment geben konnten.

In einer psychoanalytischen Therapie, und insbesondere bei der Arbeit mit traumatisierten Flüchtlingen, ist die Fähigkeit zum Containment von zentraler Wichtigkeit. Die Therapeuten bieten die Erfahrung des Containment an, ein Prozess, der die Wiederaufarbeitung des traumatischen Erlebnisses und der von diesem ausgelösten Gefühle der Schuld, der Scham und des Hasses involviert. Dies ist keine einfache Aufgabe. Nicht allen traumatisierten Flüchtlingen kann geholfen werden, insbesondere nicht solchen, die während der Kindheit auf brutale Weise missbraucht worden sind. Der Therapeut sollte trotz aller in der Gegenübertragung erfahrenen Schwierigkeiten in der Lage sein, dem Flüchtling das notwendige Containment zu spenden, sodass dieser trauern, das Trauma integrieren und letztendlich sein oder ihr Leben weiterführen kann.

Literatur

Akthar, S. (1999). *Immigration and Identity. Turmoil, Treatment and Transformation*. New Jersey und London: Jason Aronson.
Amati Mehler, J., Argentieri, S. & Canestri, J. (1993). *The Babel of the Unconscious: Mother Tongue and Foreign Languages in the Psychoanalytic Dimension*. Trans. by J. Whitelaw-Cucco. Madison, CT: International University Press.
Bründl, P. & Kogan, I. (2005). *Kindheit jenseits von Trauma und Fremdheit*. Frankfurt am Main: Brandes & Apsel.
Freud, S. (1915e). The unconscious. *SE 15*, 166–204.
Garland, C. (1998). *Understanding Trauma*. London and New York: Karnac Books.
Garza-Guerrero, A.C. (1974). Culture shock: its mourning and the viscissitudes of identity. *JAPA, 22*, 408–429.

Grinberg, L. & Grinberg, R. (1989). *Psychoanalytic Perspectives on Migration and Exile*. Trans. by N. Festinger. New Haven, CT: Yale University Press.
Kogan, I. (1995). *The Cry of Mute Children – A Psychoanalytic Perspective on the Second Generation of the Holocaust*. London und New York: Free Association Books.
Kogan, I. (2002). Enactment in the lives and treatment of Holocaust survivors' offspring. *The Psychoanalytic Quarterly, 2*, 251–273.
Kogan, I. (2007a). *The Struggle Against Mourning*. New York: Jason Aronson. Dt. (2011): *Mit der Trauer kämpfen*. Stuttgart: Klett-Cotta.
Kogan, I. (2007b). *Escape from Selfhood*. London: IPA Publications. Dt. (2009): *Flucht vor dem Selbstsein*. Stuttgart: Klett-Cotta.
Menzies-Lyth, I. (1989).The aftermath of disaster: Survival and loss. In I. Menzies-Lyth, *The Dynamics of the Social*. London: Free Association Books.
Papadopoulos, R.K. (2002). *Therapeutic Care for Refugees*. Ed. by Renos K. Papadopoulos. London and New York: Karnac Books.
Segal, H. (1957). Notes on symbol formation. In H. Segal, *The Work of Hanna Segal: a Kleinian Approach to Clinical Practice*. New York and London: Jason Aronson.

Home sweet home?

Therapeutisches Arbeiten mit minderjährigen unbegleiteten Flüchtlingen

Sebastian Kudritzki

> »Kinder erleben nichts so scharf und bitter wie Ungerechtigkeit.«
>
> *Charles Dickens*

Die äußere Welt

Zur Situation von minderjährigen Flüchtlingen in Deutschland

Laut der Flüchtlingshilfe der UNO befinden sich aktuell circa 45, 2 Millionen Menschen auf der Flucht, geschätzt die Hälfte von ihnen Kinder und Jugendliche unter 18 Jahren. 80 % der Flüchtlinge leben in Entwicklungsländern, da sie lediglich in ein Nachbarland fliehen. Den größten Teil der Menschen auf der Flucht bilden die sogenannten Binnenvertriebenen (cica 28, 8 Millionen Menschen), sie flüchten innerhalb ihres Landes, ohne dabei Staatsgrenzen zu überschreiten. Rund 5 % aller Asylsuchenden in Westeuropa sind unbegleitete minderjährige Flüchtlinge. Ihre Zahl wird auf 50.000 Kinder und Jugendliche geschätzt. Die Anzahl der minderjährigen Asylantragsteller nimmt in Deutschland in den letzten Jahren stetig zu (im Jahre 2012 waren es 2.096). Es ist jedoch wichtig zu beachten, dass nur ein Teil der minderjährigen Flüchtlinge Asyl beantragt und somit nicht genau gesagt werden kann, wie viele in Deutschland leben.[1]

Die meisten Flüchtlinge kommen laut UNHCR aktuell aus Afghanistan (2,6 Millionen Menschen), gefolgt von Somalia, Irak, Syrien, Sudan und der Demokratischen Republik Kongo. Deutschland zählte 2012 mit 589.700 aufgenommenen Menschen zu dem weltweit drittgrößten Aufnahmeland.

Als unbegleitete minderjährige Flüchtlinge werden Menschen bezeichnet, die noch nicht 18 Jahre alt sind und ohne sorgeberechtigte Begleitung aus ihrem Heimatland in ein anderes Land flüchten oder dort zurückgelassen wurden.[2] Die Minderjährigen

---

[1] Quelle: http://www.uno-fluechtlingshilfe.de/fluechtlinge/zahlen-fakten.html.
[2] Richtlinien des Rates der Europäischen Union Nr. 2003/9/EG vom 27.01.2003 (Aufnahmerichtlinie) sowie Nr. 2005/85/EG vom 01.12.2005 (Verfahrensrichtlinie)

werden beispielsweise alleine von ihren Familien nach Europa geschickt, sie haben ihre Angehörigen zuvor im Krieg verloren oder verlieren sie während oder aufgrund der Flucht. Häufige Gründe für Flucht sind Kriege, bewaffnete Konflikte, wirtschaftliche Not, Einsatz von Kindersoldaten, Gewalt in der Familie, Zwangsheirat und Zwangsbeschneidung.

Die Zahl der Inobhutnahmen von unbegleiteten minderjährigen Flüchtlingen (UMF) durch die Jugendämter ist nach einem Rückgang 2011 im vergangenen Jahr wieder deutlich gestiegen (2012: 4.316, 2011: 3.782, 2010: 4.216). Die meisten UMF wurden in den Metropolregionen München (434), Berlin (419), Hamburg (404), Frankfurt am Main (368) und Dortmund (227) in Obhut genommen. Dies geht aus den Anfang August vorgestellten Zahlen des Bundesfachverbandes Unbegleitete Minderjährige Flüchtlinge e.V. hervor, für die die Daten von 50 Schwerpunktjugendämtern sowie die Angaben aller Landesbehörden berücksichtigt wurden.

Schätzungen des Bundesfachverbands zufolge leben in Deutschland aktuell etwa 9.000 UMF; die meisten kommen aus Afghanistan, Syrien, Somalia und dem Irak. Deutschland ist neben Frankreich, dem Vereinigten Königreich und Schweden ein wichtiger Anlaufpunkt für UMF; es wird gemutmaßt, dass in Griechenland die meisten der in Europa untergekommenen UMF leben, auch wenn dort offiziell nur wenige Asylanträge vorliegen.[3]

Dublin II und die Folgen

Die sogenannte Dublin-II-Verordnung aus dem Jahr 2003 legt fest, dass jeder Asylbewerber nur in einem europäischen Land einen Asylantrag stellen kann. Zuständig ist hierfür der Mitgliedsstaat, welcher die Einreise veranlasst oder zumindest nicht verhindert hat – Letzteres ist beispielsweise dann der Fall, wenn ein Asylsuchender illegal über die Grenze eines Mitgliedsstaates eingereist ist. Gemäß dieser Verordnung werden Flüchtlinge somit besonders häufig in Länder wie Griechenland, Italien oder Spanien zurückgeschoben (aufgrund des Mittelmeeres kommen in diesen Ländern besonders viele Flüchtlinge an), was angesichts der schwerwiegenden Defizite im griechischen und italienischen Asylsystem als sehr problematisch angesehen werden muss. Gleichwohl gilt für unbegleitete Minderjährige, dass diese nur dann in Drittländer abgeschoben werden können, wenn sie dort tatsächlich einen Asylantrag gestellt haben,bzw. ihre Einreise dort behördlich registriert wurde.

Im Dezember 2008 hat die Europäische Kommission einen Vorschlag zur Überarbeitung der Dublin-II-Verordnung erarbeitet, welche auch dringend erforderlich

---

3 www.bpb.de/gesellschaft/migration/newsletter/169174/unbegleitete-minderjaehrige-fluechtlinge.

ist. Manche Mitgliedsstatten der EU verfügen nicht über die nötigen Kapazitäten, um die hohe Zahl von Asylanträgen zu bewältigen. Die Lebensbedingungen von Flüchtlingen in Ländern wie Italien und Griechenland sind zum Teil katastrophal. Es fehlt z.B. an staatlichen Unterkünften, sodass viele Menschen auf der Flucht auf der Straße leben müssen. Die Europäische Union muss hier für eine gerechte und vor allem menschenwürdige Verteilung der Flüchtlinge sorgen.

Vormund, Schule und Aufenthaltsstatus

Unbegleitete minderjährige Flüchtlinge sollen besonders geschützt werden – so schreibt es die Aufnahmerichtlinie der Europäischen Union vor. Sie haben in Deutschland einen Anspruch auf Inobhutnahme durch das Jugendamt, einen persönlichen Vormund und werden inzwischen zumeist in Einrichtungen der Jugendhilfe untergebracht. Wie alle anderen Flüchtlinge haben sie sofortigen Zugang zu Schule und Ausbildung, erhalten allerdings zunächst nur Leistungen nach dem Asylbewerbergesetz, d.h. eingeschränkte Leistungen zum Lebensunterhalt und bei der medizinischen Versorgung.

Zwischen Jugend- und Ausländerrecht

Unbegleitete minderjährige Flüchtlinge (UMF) stehen in Deutschland in einem komplexen Spannungsfeld zwischen Kinder- und Jugendhilferecht auf der einen und Aufenthalts- und Asylrecht auf der anderen Seite sowie weiteren internationalen Übereinkommen und Richtlinien. Aufgrund der besonderen Schutzbedürftigkeit von Kindern sowie der hohen Bedeutung des Kindeswohls sind die Jugendämter seit 2005 verpflichtet, UMF umgehend nach der Einreise in eine Jugendhilfeeinrichtung zu nehmen und ihnen einen Vormund an die Seite zu stellen (SGB VIII §§42, 86, 87). Erst wenn dies sichergestellt ist, wird ihr ausländer- und asylrechtlicher Status geklärt. Dafür durchlaufen sie ein sogenanntes »Clearingverfahren«, welches je nach Bundesland und Ort verschieden gestaltet sein kann und unterschiedlich lange dauert. In diesem Verfahren soll geklärt werden, ob eine Rückkehr in das Herkunftsland ohne erhebliche Gefahren möglich ist, eine Familienzusammenführung in einem Drittland infrage kommt, ein Asylantrag gestellt oder ein Bleiberecht aus humanitären Gründen angestrebt werden soll. Ein gesetzlicher Vertreter unterstützt die Minderjährigen dabei. Die während der Inobhutnahme anfallenden Kosten werden von den Bundesländern getragen (SGB §89d). Die Schutzquote für UMF liegt nach Angaben des Bundesamts für Migration und Flüchtlinge (BAMF) aktuell bei 56,2 %, Tendenz steigend (2012: 41,2 %; 2011: 40,0 %; 2010: 35,6 %). Bei 43,8 % der minderjährigen Antragsteller werden die Anträge abgelehnt bzw. die Verfahren eingestellt. Allerdings fällt die Schutzquote für UMF unter 16 Jahren mit 65,8 % deutlich höher aus als für 16- und 17-jährige Flüchtlinge (51,7 %). Die Schutzquote aller Erstantragsteller liegt mit aktuell 32,1 % noch deutlich niedriger.[4]

Da viele UMF ohne Papiere einreisen, kann das Alter der Jugendlichen oftmals nicht eindeutig bestimmt werden. Während einzelne Flüchtlinge aus Angst vor Abschiebung mitunter falsche Altersangaben machen, nehmen die zuständigen Landesbehörden im Umkehrschluss häufig an, dass junge Flüchtlinge älter sind als sie angeben und damit wie erwachsene Asylantragsteller zu behandeln seien. Bei Zweifeln am angegebenen Alter sind die Jugendämter angewiesen, mit »geeigneten Mitteln«, etwa medizinischen Tests oder Gesprächen, zur Ermittlung der geistigen, emotionalen und physischen Reife – auch hier gibt es kein einheitliches Vorgehen – ein »fiktives Alter« festzulegen. Dieses gilt dann als Grundlage für die Prüfung der Rechtsansprüche. Mit medizinischen Gutachten oder Identitätspapieren (was mit entsprechenden Kosten verbunden ist) können betroffene junge Flüchtlinge die behördliche Einschätzung widerlegen.

Besonders schwierig ist nach Auskunft der Flüchtlingshilfsorganisation Pro Asyl die Situation der 16- und 17-jährigen UMF. Ausländerrechtlich werden sie als »handlungsfähig« eingestuft (§12 Abs. 1 AsylVfG, §80 Abs. 1 AufenthG) und somit wie Erwachsene behandelt. Sie werden mitunter in Sammellagern für erwachsene Asylbewerber untergebracht und müssen das Asylverfahren ohne Vormund durchlaufen. Dieses Vorgehen ist zum Teil durch die EU-Aufnahmerichtlinie gedeckt, die die Unterbringung von Minderjährigen ab 16 Jahren in Aufnahmezentren für Erwachsene explizit vorsieht (Art. 19). Zugleich widerspricht die besondere Behandlung der 16- und 17-jährigen UMF internationalen Vereinbarungen wie der EU-Qualifikationsrichtlinie (Art. 30), der EU-Verfahrensrichtlinie (Art. 17), der UN-Kinderrechtskonvention oder den Richtlinien zum Internationalen Schutz des UNHCR zu Asylanträgen von Kindern. Formal besäßen junge Flüchtlinge zwar die gleichen Rechte wie einheimische Kinder, diese werden aber nur unzureichend umgesetzt. Eine bessere Integration in das Bildungssystem und mehr Sprachförderung ist dringend notwendig.[5]

Viele unbegleitete minderjährige Flüchtlinge haben keinen festen Aufenthaltsstatus, sondern leben lediglich mit einer Duldung in Deutschland. Eine Duldung ist die »Aussetzung der Abschiebung«, das heißt, sie sind zwar ausreisepflichtig, werden aber nicht abgeschoben (§60a Abs. 2 AufenthG). Die Duldung kann grundsätzlich jederzeit fristlos widerrufen werden, gilt längstens für die Dauer von sechs Monaten

---

4 Quelle: Bundeszentrale für politische Bildung. http://www.bpb.de/gesellschaft/migration/newsletter/169174/unbegleitete-minderjaehrige-fluechtlinge.
5 www.bpb.de/gesellschaft/migration/newsletter/169174/unbegleitete-minderjaehrige-fluechtlinge.

und kann dann gegebenenfalls verlängert werden.[6] Unbegleitete minderjährige Flüchtlinge, die lediglich geduldet sind, leben daher mit der permanenten Angst, abgeschoben werden zu können, und sind daher einem enormen psychischen Druck ausgeliefert.

Einige der Jugendlichen gehen ins Asylverfahren und erhalten Anerkennung – meist jedoch nur sogenannten subsidiären Schutz (§25 Abs. 3 AufenthG). Das bedeutet, dass ihnen weder Asyl noch Flüchtlingsschutz gewährt wird, sie aber nicht abgeschoben werden dürfen, weil ihnen im Heimatland schwerwiegende Gefahren für Freiheit, Leib oder Leben drohen. Dazu zählen beispielsweise die drohende Rekrutierung als Kindersoldaten, Genitalverstümmelung, Zwangsverheiratung oder fehlende Behandlungsmöglichkeiten einer schweren Krankheit (dazu zählt auch die psychotherapeutische und psychiatrische Behandlung einer Posttraumatischen Belastungsstörung). Sie erhalten daher eine vorübergehende Aufenthaltserlaubnis. Darüber hinaus dürfen unbegleitete minderjährige Flüchtlinge auch dann nicht abgeschoben werden, wenn sie keinem Sorgeberechtigten oder einer geeigneten Aufnahmeeinrichtung im Herkunftsland übergeben werden können. Sie erhalten dann allerdings nur eine Duldung in Deutschland bis zu ihrem 18. Geburtstag.[7]

Die innere Welt

Das Trauma der Flucht

Eltern wissen in der Regel, was ihre Kinder brauchen, und dass sie auch als Jugendliche oder junge Erwachsene noch emotionale und finanzielle Unterstützung benötigen. In der industrialisierten westlichen Welt sprechen wir von einer verlängerten Adoleszenz angesichts der komplexen gesellschaftlichen Anforderungen. Entsprechend kommt es häufig zu einer späteren Ablösung von den Eltern und einer erschwerten Entwicklung der erwachsenen Ich-Identität. In Schwellen- oder sogenannten Drittweltländern wird (oft aus finanziellen Gründen) eine frühere Selbstständigkeit der Kinder und Jugendlichen erwartet, um die Familie zu unterstützen.

In den Krisengebieten der Welt herrschen dramatische Lebensbedingungen, unter denen Kinder und Jugendliche im besonderen Maße zu leiden haben und die eine Kindheit verkürzen oder gar verunmöglichen. Oft sind Kinder und Jugendliche hier auch Gefahren ausgesetzt, die Erwachsene nicht betreffen. Dazu zählen die Zwangsrekrutierung von Kindersoldaten oder die Angst der Mädchen vor einer Zwangsehe oder

---

[6] Bundesamt für Migration und Flüchtlinge (Hrsg.). (2009). *Unbegleitete minderjährige Migranten in Deutschland. Aufnahme, Rückkehr und Integration.*

[7] Bundesamt für Migration und Flüchtlinge (Hrsg.). (2009). *Unbegleitete minderjährige Migranten in Deutschland. Aufnahme, Rückkehr und Integration.*

Beschneidung. Islamistische Terrororganisationen (z.B. die Al-Shabaab in Somalia, die Taliban in Afghanistan oder die Boko Haram in Nigeria) wollen das Spielen (und damit letztlich die Kindheit) verbieten und richten ihre terroristischen Anschläge zum Teil gezielt in diesem Sinne gegen die Bevölkerung. Vor diesem Hintergrund ist es verständlich, wenn viele Eltern ihr gesamtes Erspartes investieren, um das Geld für Schlepperbanden zahlen zu können, die Jugendliche in europäische Länder und damit in ein besseres Leben bringen sollen. Aufgrund der hohen Kosten für die Schlepper wird meist das älteste Kind auf die ungewisse Flucht geschickt, in der Hoffnung, dass dieses aus Europa die Familie finanziell unterstützt und die restlichen Familienmitglieder dadurch nachfolgen können. Diese Jugendlichen erleben das nicht selten als ein Fortgeschicktwerden, mit entsprechenden ambivalenten Gefühlen von Scham, Schuld etc. Die Jugendlichen sind entsprechend kumulativ traumatisiert:

a) durch Erfahrung von Gewalt und Verluste durch Krieg, Bürgerkrieg, Terror oder Folter im Heimatland,
b) durch die Erfahrung des Fortgeschicktwerdens von der Primärfamilie sowie
c) durch die Flucht als solche.

Zu den primären Traumatisierungen im Heimatland kommen meist traumatische Erlebnisse auf dem Fluchtweg nach Europa. Bis die Jugendlichen in Europa ankommen, haben sie in der Regel eine lange Odyssee durch diverse Länder hinter sich, die mehrere Monate dauerte. In vielen Ländern der Durchreise wurden sie nicht freundlich behandelt, mussten zur weiteren Finanzierung schlechtbezahlte Arbeit annehmen oder wurden inhaftiert. Afrikanische Flüchtlinge wagen die Überfahrt über das Mittelmeer nach Europa meist von Libyen aus. Viele meiner Patienten berichteten mir von Gewalterfahrungen und Misshandlungen der libyschen Polizei ihnen gegenüber. Diskriminierungen und Rassismus scheinen alltäglich zu sein. Die Überfahrt auf kleinen und oft völlig überfüllten Booten erleben viele Jugendliche unter Todesangst, zumal die meisten von ihnen nicht schwimmen können. Laut UNHCR ertranken alleine im Jahr 2011 mehr als 1.500 Menschen auf der Flucht im Mittelmeer.[8] Die Zahlen beruhen auf Schätzungen, könnten also tatsächlich noch höher liegen. Die weitaus meisten Menschen, die die Überfahrt überleben, gehen in Italien an Land.

Wenn man aus einer psychologischen Sichtweise an Flüchtlinge denkt, so Papadopoulos (2002), ist die erste Assoziation, die einem in den Sinn kommt, eher Trauma denn Heimat. Heimat sei einfach kein psychologisches Konzept. Dabei haben alle Flüchtlinge eines gemeinsam: den Verlust ihrer Heimat. Das deutsche Wort »Heimat« lässt sich nicht so einfach in andere Sprachen übersetzen. Heimat

---

8 www.unhcr.de/home/artikel/9f8b2c9f0bc33929337f3c22ac5156e6/mittelmeer-ueber-1500-tote-und-vermisste-in-2011.html.

ist, wo man zu Hause ist, sich geborgen fühlt und mit allem vertraut ist. Heim, Haus, Schutz und Sesshaftigkeit schwingen bei dem Begriff mit (vgl. Türcke, 2006). Heimat, bzw. ein Zuhause, ist die fundamentale Grundlage des Menschseins, so fundamental, dass sie uns erst bewusst wird, wenn sie bedroht oder zerstört wird. Heimat ist ein Sehnsuchtsort, mit Phantasien und Bedeutungen überlagert. Heimat kann mit guten wie auch schlechten Erinnerungen und Erlebnissen behaftet sein. Für Flüchtlinge überwiegen sicherlich die schlechten Erinnerungen; diese waren in der Regel auch der Grund für die Flucht. Um innerseelisch die Balance gegenüber der Heimat wiederherstellen zu können, kann eine Form von Nostalgie als eine Art des Korrektivs hilfreich sein. Das Wort »Nostalgie« leitet sich von den griechischen Wörtern *nostos* (Heimkehr) und *algos* (Schmerz) sowie dem lateinischen Ausdruck *nostalgia* (Heimweh) ab. Nostalgische Gefühle drücken also immer auch einen Schmerz über den Verlust aus. Das Wortspiel *Ostalgie* kann uns beispielhaft verdeutlichen, wie nostalgische Gefühle helfen können, den Verlust der (nationalen) Identität (hier der Heimat DDR) zu verarbeiten, Erinnerungen umzuformen und neue Kraft aus der sehnsuchtsvollen Hinwendung an das Vergangene zu schöpfen. Um die Komplexität des Heimatverlustes psychologisch besser fassen zu können, schlägt Papadopoulos den Begriff »nostalgische Desorientiertheit« vor (Papadopoulos, 2002, S. 15), um damit nicht nur den Verlust konkreter Objekte, sondern den Verlust der prospektiven und retrospektiven Funktion der Heimat (sich von ihr physisch und psychisch fortbewegen *und* zu ihr zurückkehren zu können), eine existenzielle Angst, zu fassen. Flüchtlinge können eben nicht gefahrlos heimkehren, was Gefühle der Verwirrung und des tiefen Schmerzes auslöst. Das Fehlen der Heimat lässt in Flüchtlingen eine innerseelische Lücke entstehen, durch die sie sich ungeborgen fühlen. Aus psychologischer Sicht ist es für sie in erster Linie wichtig, zu versuchen diese Lücke zu füllen, einen Ersatz für den Verlust zu finden, um sich wieder eine schützende und haltende Haut der Heimat aufzubauen (Papadopoulos, 2002)[9]. Dafür braucht es wiederum die Sicherheit des Aufenthaltes und die Kontinuität von Beziehungen – das ist das Dilemma der Flüchtlinge. Was zunächst die Lücke überbrücken kann sind die guten Erinnerungen an die Familie und deren Geschichten, ein früheres Gefühl von Zusammenhalt, Schutz und Geborgenheit. Therapeutische Arbeit mit Flüchtlingen sollte dafür Sorge tragen, dass der innerseelische Kontakt (im Sinne einer Kontinuität) zu diesen – vielleicht auch widersprüchlichen – Gefühlen nicht auch abreißt. Vorerst sind es diese vermeintlich kleinen Geschichten, die die verlorene Heimat im Inneren am Leben erhalten – so bedrohlich sie auch gewesen sein mag – und somit helfen, archaische Spaltungen zu minimieren oder zu vermeiden. Im Zusammenhang mit

---

9 Hier sind die theoretischen Überlegungen von John Bowlby zur »sicheren Basis«, von Donald W. Winnicott zum »Übergangsraum« sowie von Daniel Stern zum »Kernselbst« für die praktische Arbeit sicherlich sehr hilfreich.

der Sehnsucht sind die weiterführenden Überlegungen von Salman Akhtar (2007) sehr hilfreich. Er schreibt dazu:

»Wenn ein solches Sehnen jedoch wirklich intensiv ist, hat dies höchstwahrscheinlich keinen kulturellen Hintergrund. Die verzweifelte Suche nach Ethnizität weist meist auf einen Hunger nach elterlicher – besonders mütterlicher – Akzeptanz und Liebe hin. Wobei die Liebe oftmals als Balsam gegen unbewusste Schuld wirkt, bei der feindselige und inzestuöse Fantasien eine Rolle spielen. [...] Anders ausgedrückt bedeutet es, dass mäßiger kultureller Hunger kulturell motiviert ist, während seine intensiveren Formen das Resultat tieferer ungelöster Konflikte sind« (Akhtar, 2007, S. 156).

Neigen Immigranten dazu, an der Phantasie eines verlorenen Paradieses (ihrer Heimat) in Form von nostalgischen Grübeleien festzuhalten, können Flüchtlinge sich diesen »psychischen Luxus« (Akhtar, 2007, S. 110) oft nicht leisten und leiden unter einer »Vergiftung der Nostalgie« (ebd.). Der Ort, den sie verlassen mussten, ist verhasst und kann oft nicht idealisiert werden. Was bleibt ist die Bitterkeit und die (Überlebens-)Schuld, die eine nostalgische Regression verhindern. »Die Unmöglichkeit der Rückkehr konzentriert sämtliche Bemühungen in Richtung Integration in die neue Umgebung« (L. Grinberg & R. Grinberg, 1990, S. 147) und fördert das Nichtempfinden von Nostalgie zusätzlich.

Besonderheiten der Behandlungstechnik und des Settings

Sprachbarrieren

Die Flucht der Jugendlichen bedeutet nicht nur den Verlust von sozialen Beziehungen und der Kultur, sondern auch einen Verlust von Vertrautheit, durch die Muttersprache zu kommunizieren. León und Rebeca Grinberg schreiben: »Die Bedrohung für das Identitätsgefühl in einem Immigranten wächst, wenn er sein vertrautes linguistisches Instrumentarium durch ein anderes, fremdes ersetzen muss, um zu kommunizieren und die neue Realität zu erfassen« (L. Grinberg & R. Grinberg, 1990, S. 114). Bei der Möglichkeit eine neue Sprache zu erlernen kommt den jugendlichen Flüchtlingen sicherlich ihr Alter und ihr Wissensdrang entgegen. Um dem Gefühl des Ausgeschlossenseins (das auch ödipale Gefühle des Ausschlusses reaktivieren kann) zu entkommen und die sprachlich verschlossene neue Welt zu erschließen, ist ein rascher Spracherwerb hilfreich. Stengel (1939) beschreibt zwei Umgangsformen von Menschen beim Erwerb einer neuen Sprache durch Migration:

a)   Schneller Spracherwerb als manische Überkompensation vor den Ängsten der neuen Situation oder als Flucht vor der Muttersprache und den mit ihr verbundenen verfolgenden Objekten.

b) Widerstand gegen das Erlernen einer neuen Sprache, die im Sinne einer dissoziativen Abwehr als arm, unzulänglich und als von der Realität weit entfernt entwertet wird.

Wird die Sprache des Aufnahmelandes innerseelisch abgelehnt, kann sich ein Gefühl der Entfernung, Entfremdung und des Ausschlusses verstärken, was zu einer Verarmung der Gefühlswelt führen kann. Im subjektiven Erleben können Gefühlszustände *nur* in der Muttersprache ausgedrückt werden. Es bleibt bei dem Erleben von zwei innerlich voneinander getrennten Welten – zwei Sprachen, zwei Welten, ohne die Hoffnung auf eine mögliche Integration.

Die jugendlichen Flüchtlinge in meiner Praxis sind in der Regel noch nicht allzu lange in Deutschland, ihr Deutsch ist teilweise sehr holperig, teilweise schon erstaunlich gut. Meine Muttersprache ist für sie neu und teilweise noch unverständlich, was für eine gewisse Asymmetrie in der Beziehung sorgt. Kann eine Therapie in einer für den Patienten relativ neuen Zweitsprache gelingen? Utari-Witt plädiert dafür, in der Verwendung der Zweitsprache auch eine Chance der verbalen Verarbeitung des Traumas zu sehen, da durch sie eine bessere emotionale Distanzierung möglich wird:

>»Allerdings bedarf es einer besonderen Geduld und Toleranz, mit Migrationspatienten zu arbeiten, die sich sprachlich nur begrenzt ausdrücken können. Das Sicheinlassen in ein zunächst unbekanntes, unklar erscheinendes affektives Sprach- und Denksystem erfordert vom Analytiker eine hohe Bereitschaft, sich außerhalb des bekannten und vertrauten Sprach- und Denksystems zu bewegen und dabei eigene Ängste sowie Unsicherheiten sensibel zu erkennen und zu überwinden« (Utari-Witt, 2007, S. 252–253).

Wichtig erscheint mir, die Patienten zu ermutigen, die Wörter, die in der Zweitsprache nicht gefunden oder gewusst werden, in ihrer Heimatsprache auszusprechen. Es ist dabei völlig egal, dass ich dieses Wort dann nicht verstehe, manchmal lässt es sich aus dem Sinnzusammenhang erschließen. Ich habe mir angewöhnt, diese Worte dann auch auszusprechen, zur Belustigung meiner Patienten angesichts meiner merkwürdigen Aussprache. Diese spielerischen Begegnungen mit den Jugendlichen sind dann auch Momente der Symmetrie und der Vertrautheit. Insbesondere bei meinen aus afrikanischen Ländern stammenden Patienten konnte ich an mir selbst ein erstaunliches Phänomen feststellen: Ich spreche mit ihnen in einer anderen Tonmodulation (falle in eine Art Sing-Sang), als ich es üblicherweise tue. Unbewusst schwinge ich mich hier vermutlich, im Sinne einer frühen Mutter, in und auf die Melodie der Heimatsprache meines Gegenübers ein. Vielleicht handelt es sich hierbei auch um ein kulturelles Gegenübertragungsphänomen, da ich es beispielsweise bei afghanischen Patienten weniger tue; in meinem Erleben sind (schwarz)afrikanische Kulturen eher (heimlich) matriarchal, arabische oder süd- bzw. zentralasiatische Kulturen eher (offen) patriarchal geprägt.

Manche Flüchtlinge sprechen Englisch oder Französisch, sodass bei entsprechenden Sprachkenntnissen des Therapeuten die Therapie natürlich auch in einer anderen Sprache als Deutsch durchgeführt werden kann. Auch hier können dann aber Verständigungslücken entstehen; ein Stift und Papier zum Aufmalen des Nichtsagbaren, ein Wörterbuch oder Figuren (so habe ich für die Sandspieltherapie eine große Auswahl an symbolischen Figuren und Gegenständen) können hier sehr hilfreich sein. Im Hinblick auf die therapeutische Arbeit mit Flüchtlingen gibt es auch die Möglichkeit, mit einem Dolmetscher zusammenzuarbeiten. Abdallah-Steinkopf und Soyer (Feldmann & Seidler, 2013) verweisen darauf, dass die triadische Zusammenarbeit mit einem Dolmetscher nicht nur der Sprachvermittlung, sondern auch der Kulturvermittlung dienen kann, wenn der Dolmetscher sein spezifisches kulturelles Wissen zur Verfügung stellt. Diese Form der Arbeit erfordert, soll sie gelingen, einen gegenseitigen Meinungs- und Wissensaustausch zwischen Therapeut und Dolmetscher in Vor- und Nachbesprechungen. Dies stellt für niedergelassene Therapeuten eine nicht zu unterschätzende (nicht nur zeitliche) Mehrbelastung dar. Abdallah-Steintopf und Soyer (Feldmann & Seidler, 2013, S. 148) führen an, dass Dolmetscher gegenüber ihren Landsleuten in einen Loyalitätskonflikt geraten können, wenn Therapeuten kultursensible Aspekte in der Behandlung nicht beachten. In der Folge kann es dann dazu führen, dass die Dolmetscher nicht mehr den genauen Wortlaut des Therapeuten wiedergeben und versuchen, die Äußerungen des Therapeuten für den Patienten kulturell akzeptabler zu machen. Das kann natürlich auch ohne das »kulturelle Fettnäpfchen« passieren, in welches Therapeuten treten können (vielleicht manchmal auch vorsichtig treten müssen), denn die Dolmetscher haben ihre eigene Migrationsgeschichte, die sie (wenn nicht gut bearbeitet) unbewusst in ihre Arbeit mit einbringen – unter anderem in Form von Haltungen, Vorstellungen und eigenen Bedürfnissen, die von den Zielsetzungen des Therapeuten abweichen oder diesen entgegengesetzt sein können. Für den Therapeuten mag es sich dann anfühlen, als ob er zwei Patienten vor sich sitzen hat, was die Arbeit eher erschwert als erleichtert. Auch können Ressentiments bestehen, wenn der Dolmetscher zwar aus demselben Land wie der Flüchtling kommt, aber einem anderen Volksstamm oder einer anderen sozialen Schicht entstammt. Obwohl ich als Kinder- und Jugendlichentherapeut an die Arbeit in und mit der Triade gewöhnt bin, habe ich die Arbeit mit Dolmetschern in Therapien mit Flüchtlingen als eher schwierig erlebt. Das hat sicherlich mit meiner persönlichen Art des therapeutischen Arbeitens zu tun und mag in anderen Settings oder für andere Kolleginnen und Kollegen gänzlich anders sein.

Nach der klassischen Auffassung von Sigmund Freud geht in der analytischen Behandlung »nichts anderes vor, als ein Austausch von Worten zwischen dem Analysierten und dem Arzt« (Freud, 1916–17a [1915–17], S. 9). Lange Zeit galt die Psychoanalyse in Theorie und Praxis ausschließlich auf Sprache bezogen. Das hat sich geändert und mittlerweile wissen wir, dass sich in einer Behandlung weit mehr vollzieht als der von Freud beschriebene Austausch von Worten. Die Bedeutung der non- oder präverbalen Interaktion ist in den Vordergrund gerückt, wovon Begriffe wie *Handlungsdialog* oder *Enactment* Zeugnis ablegen. Mit dem Enactment-Begriff werden in der analytischen Therapie unbewusste, nonverbal ablaufende wechselseitige Handlungen und Verhaltensweisen beschrieben, die sich zwischen Patient und Therapeut ereignen. Mit diesen Konzepten wird Sprache zwar nicht überflüssig, denn das Geschehen sollte dann in seiner Bedeutung verstanden werden und dafür braucht es in den allermeisten Fällen Worte, sie können uns aber den ersten Druck nehmen, der in der sprachlich eingeschränkten Arbeit mit Flüchtlingen entstehen kann. Auch ohne viel Sprache kann in der Therapie zwischen Therapeut und Patient viel geschehen, kann Emotion ausgedrückt und erlebt werden, kann Halt und Akzeptanz erfahren werden. Nonverbale Methoden wie das Malen oder das Sandspiel können hier sicherlich einen wertvollen zusätzlichen Beitrag für den therapeutischen Prozess leisten.

Unsicherheit des Aufenthaltes und begrenzte Stundenzahl

Die Unsicherheit des Aufenthaltes – und damit letztlich der Lebensperspektive – wie auch die begrenzte Stundenzahl (die Kosten der Therapie bei minderjährigen Flüchtlingen müssen vom Jugendamt bewilligt werden; pro Bewilligungsschritt können immer 25 Stunden beantragt werden) machen es schwierig, eine längerfristige Therapie zu planen. Die Therapie wird unter der Gefahr des Abbruches durch die Abschiebung begonnen. Es ist sinnvoll, die Therapieplanung entsprechend aufzubauen, zunächst eher bewältigungsorientiert als traumaorientiert zu arbeiten (vgl. Walter, 1998). Am Beginn einer Behandlung sollte die Aufklärung stehen, was ein Psychotherapeut ist und was er tut, damit mögliche falsche Erwartungen nicht noch weiter gefördert werden. Psychotherapie ist in den meisten Ländern meiner Patienten nicht existent oder bekannt und sie kommen zum Teil mit der Erwartung, konkrete Hilfe im Umgang mit den Behörden etc. zu bekommen. In der Regel leben die minderjährigen Flüchtlinge in Einrichtungen der Jugendhilfe, die bei diesen Belangen mit sozialpädagogischer Kompetenz hilfreich zur Seite stehen können. Bleibt die Frage zu klären, was Psychotherapie für minderjährige Flüchtlinge zu leisten imstande ist. Sie kann zunächst dazu beitragen, dass der Rahmen für die therapeutische Arbeit etwas stabiler wird. Psychotherapeutische Stellungnahmen oder Atteste können beispielsweise helfen, dass ein Abschiebeverbot ausgesprochen wird, falls es im Falle einer Abschiebung in die Heimat zu einer erheblichen Verschlechterung der psychischen Gesundheit kommen könnte. Auch kann eine psychotherapeutische Stellungnahme dabei helfen, dass traumatisierte Asylbewerber in Deutschland arbeiten dürfen, wenn es sinnvoll für die Therapie ist (§7 Beschäftigungsverfahrensverordnung). Für beides braucht es keine therapeutische Kunst, sondern vielmehr die Bereitschaft, Zeit für solche Stellungnahmen zur Verfügung zu stellen, die meist auch nicht bezahlt wird. Diese Stellungnahmen können dann aber letztlich einen wichtigen therapeutischen Effekt für unsere Patienten haben.

Das Problem der Trauer

Es ist anzunehmen, dass Patienten mit Fluchthintergrund Gefühle von Entwurzelung, der Trauer, der Scham und Schuld verspüren, diese jedoch noch nicht ausdrücken können und mit entsprechenden Symptomen reagieren. Hierbei soll ihnen in der Therapie geholfen werden. Eine echte Trauerarbeit kann nur durch die Anerkennung und Assimilation der eigenen Aggressionen gegenüber guten inneren Objekten, zu denen auch das Herkunftsland gehört, stattfinden (Akhtar, 2007, S. 142). Den Patienten soll in dem therapeutischen Prozess geholfen werden, feindselige Wünsche und Phantasien, die auch das Herkunftsland einbeziehen, offenzulegen. Nur so kann ein echter Ersatz für verlorene Objekte gefunden werden. Die eigene Wut und Aggression, die noch nicht zugelassen werden kann, wird in der Regel eher depressiv verarbeitet bzw. durch manische Abwehr verleugnet. Auch muss den Patienten geholfen werden, das enorme Ausmaß der kulturellen Unterschiede besser in die eigene Person integrieren zu können, um sich so besser und selbständiger in Deutschland eingliedern zu können. Flüchtlinge greifen auf Abwehrmechanismen zurück, um die Ängste und Konflikte auszugleichen, die von den neuen Erfahrungen hervorgerufen werden. Immigration ist ein komplexer psychologischer Prozess, der zunächst immer destabilisierend wirkt. Abwehrprozesse dienen unter anderem dazu, die destabilisierte Seele wieder in ein Gleichgewicht zu bringen, sie haben also einen Sinn. Es ist wichtig diese stabilisierende Funktion der Abwehr anzuerkennen und die Abwehr nicht zu schnell zu deuten oder gar auflösen zu wollen.

In meiner Praxis erlebe ich es, dass es fast ausschließlich die ältesten Söhne sind, die von ihrer Familie auf die lange Reise nach Europa geschickt werden. Damit ist vermutlich auch immer die Hoffnung verbunden, sie könnten die zurückgelassene Familie finanziell unterstützen, wenn sie angekommen und eine Arbeit gefunden haben. Dass sie in Deutschland jedoch zunächst die Sprache erlernen und eine Schule besuchen müssen und ohne sicheren Aufenthaltsstatus nicht arbeiten dürfen, ist meistens nicht bekannt. So werden die ältesten Söhne heldengleich zum Aufbruch in ein neues Land geschickt, im Gepäck die schwere Last der Hoffnung auf ein besseres Leben für sie und die Zurückgebliebenen. Hier in Europa angekommen fühlen sich die Jugendlichen aber keineswegs als Helden: Sie fühlen sich überfordert, ohnmächtig und verlassen. Alles schmerzliche Gefühle, die durch entsprechende innerseelische Abwehrmaßnahmen in ein aushaltbares Gleichgewicht gebracht werden müssen. Ilany Kogan beschreibt als häufigste Abwehrmechanismen gegen Schmerz und Trauer die manische Abwehr, die Inszenierung (Enactment), die Verleugnung und die wiedergutmachende Abwehr (Kogan, 2011, S. 28–36). Ohne die langwierige und oft schwierige Trauerarbeit ist das Trauma der Migration nicht zu bearbeiten. Sigmund Freud schreibt über die Funktion der Trauer: »Die Trauer hat eine ganz bestimmte psychische Aufgabe zu erledigen, sie soll die Erinnerungen und Erwartungen der Überlebenden von den Toten ablösen« (Freud, 1912–13a, S. 82).

Trauerprozesse wurden in der klassischen psychoanalytischen Literatur stets mit einem Objektverlust in Verbindung gebracht. Ilany Kogan (2011, S. 25) – wie vor ihr unter anderen schon Pollock und Grinberg – erweitert das Trauerkonzept, indem sie Trauer als »die Überwindung pathologischer Abwehrmechanismen und den Verzicht auf regressive Elemente« beschreibt, »die sich dem realitätsgemessenen Funktionieren der erwachsenen Persönlichkeitsaspekte in den Weg stellen, wenn man mit Verlusten, Alter und Tod, Stress und Trauma konfrontiert ist«.

Anhand von drei kurzen Fallvignetten möchte ich die Schwierigkeiten verdeutlichen, die minderjährige Flüchtlinge bei der Be- und Verarbeitung von Trauer und Schuldgefühlen haben können.[10]

Mustafa

Mustafa, ein Flüchtling aus Afghanistan, wurde um Druck auf seinen Vater auszuüben entführt und misshandelt, als dieser das Heiratsgesuch eines Kommandanten bezüglich seiner Tochter ablehnte. Als der Sohn wieder frei kam, entschloss sich der Vater mit seiner Familie zur Flucht, da er weitere gewaltsame Übergriffe auf seine Familie fürchtete. Mein Patient wurde von den Fluchthelfern in der Türkei von seiner Familie getrennt und weiß seither nicht, wo diese sich aufhält und ob sie noch am Leben ist. Suchanfragen über das Rote Kreuz und über das Internet blieben bislang ergebnislos. Der Jugendliche verfiel in eine maligne, pathologische Trauer, in einen Zustand des Funktionierens im Außen und einer völligen Leere im Inneren. Der psychische Schmerz über den realen Objektverlust und seine innerpsychische Entsprechung kann nicht überwunden werden, da eine wirkliche Trauerarbeit letztlich das Loslassen, den Abzug der libidinösen Besetzung der geliebten Objekte erforderlich macht. Pontalis schreibt dazu: »Da, wo es Schmerz gibt, ist das abwesende, verlorene Objekt gegenwärtig; das gegenwärtige, aktuelle Objekt ist abwesend« (Pontalis, 2003, S. 230). Mustafa bleibt an die inneren Objekte aus der Vergangenheit schuldhaft gebunden, kann diese nicht adäquat betrauern, da dies auch einen Verrat am »Prinzip Hoffnung« (die Eltern lebend wiedersehen zu können) bedeuten würde. Die

---

10 Aufgrund der z.T. weiterhin unsicheren Aufenthaltssituation meiner Patienten verzichte ich zu deren Schutz auf ausführlichere Falldarstellungen. Die Namen wurden geändert.

fortlaufende Therapie war und ist dann immer wieder von quälender Sprachlosigkeit geprägt.[11] Mustafa lässt mich hier vermutlich an seinem inneren Eingefrorensein, im Sinne einer traumatischen Dissoziation, teilhaben. Zeigt er mir in den gemeinsamen Stunden seine innere Gefangenschaft, die wir gemeinsam aushalten, so kann er im Außen beweglicher sein, schafft seinen qualifizierten Hauptschulabschluss und findet rasch eine Lehrstelle (die innere Leerstelle aber bleibt).

Abdi

Abdi wurde von seiner Mutter (sein Vater war vorher verstorben) als ältester Sohn auf die Flucht geschickt. In seiner Heimat Somalia gab es zuvor mehrfache Versuche seitens der militanten islamistischen Al-Shabaab-Miliz, ihn als Kämpfer anzuwerben. Die Mutter konnte die Anwerbung verhindern und setzte ihr gesamtes Erspartes für die Flucht ihres Sohnes ein. In Libyen wurde Abdi inhaftiert und schwer misshandelt. Er kam zu mir aufgrund von traumabedingten Intrusionen und des teilweisen »Vergessens«, ausreichend Nahrung und Flüssigkeit zu sich zu nehmen. In der Therapie begann er über sein Gefühl des Fortgeschicktwordenseins zu sprechen, äußerte vorsichtig seinen Ärger gegenüber seiner Mutter. In der Folge verbesserte sich die Situation seiner Nahrungsaufnahme, die ich als ein gegen sein böses inneres Mutterobjekt gerichtetes Symptom verstand (das Abweisen des Nährenden). In der Phase, in welcher die Trauerarbeit begann, wurde seine Mutter von der Al-Shabaab aus Rache, ihren Sohn fortgeschickt zu haben, erstochen. Abdi reagierte auf diese schreckliche Nachricht mit massiven Schuldgefühlen, es könnten seine ärgerlichen Gefühle gewesen sein, die zum Tod der Mutter geführt hätten. Bei der weiteren therapeutischen Arbeit war es, so glaube ich, wichtig, meine Erschütterung und Anteilnahme offen zu zeigen und Abdi gleichzeitig den Halt geben zu können, den er so dringend benötigte. Das ist behandlungstechnisch natürlich nicht planbar und bedeutete in unserer konkreten gemeinsamen Arbeit, dass mir auch ein paar Tränen hinunterliefen, als er mir vom Tod der Mutter erzählte, und ich ihn, was ich für gewöhnlich nicht tue, zum Abschied kurz in den Arm nahm, da ich meine Anteilnahme und meine Sprachlosigkeit in diesem Moment »nur« so zum Ausdruck bringen konnte. Die Arbeit mit Abdi hat mich gelehrt, dass wir zuallererst Menschen sind, dann erst Psychoanalytiker oder Therapeuten. Abdi konnte sich in dem weiteren Verlauf der Therapie auf und in einen konstruktiven Trauerprozess einlassen. Er konnte der Hilflosigkeit und Ohn-

---

11 Im Verständnis von Lacan ist das Reale (im Gegensatz zum Symbolischen oder Imaginären) das, was außerhalb der Sprache liegt und nicht symbolisiert werden kann. Er verknüpft das Reale mit dem Begriff der Unmöglichkeit, das, was unmöglich imaginiert oder symbolisiert werden kann. Diese Eigenschaft von Unmöglichkeit verleihe dem Realen seine wesentlich traumatische Eigenschaft (vgl. Evans, 2002).

macht entgegentreten, kümmerte sich mit Unterstützung der Sozialpädagogen seiner Wohngemeinschaft und der Schule um seine jüngere Schwester, die in eine Einrichtung der UNO in Eritrea kam und der er monatlich einen festen Geldbetrag überwies. Ich verstand dies auch als Wiedergutmachung für seine Gefühle des Grolls gegenüber der Mutter. Immer wieder hatte er in der Therapie mit dem verfolgenden und strafenden Mutterintrojekt zu kämpfen, konnte sich z.B. zunächst nicht über den erfolgreichen Schulabschluss freuen bzw. hatte das Gefühl, ihn nicht gut genug gemacht zu haben.

Amaru

In der Therapie mit Amaru ist es mir nicht gelungen, die manische Abwehr der Trauer aufzulockern, was letztlich zu einem Therapieabbruch führte. Amaru stammt aus Nigeria, nach eigenen Angaben wuchs er nach dem Tod beider Eltern bei einem Bekannten auf, für den er arbeitete. Im Verlauf der Therapie bekam ich das eindeutige Gefühl, dass Amaru neben seiner offiziellen Biografie noch eine weitere hatte, die auch mir verborgen blieb. Vielleicht vertraute er mir nicht genug, vielleicht war seine »wahre« Geschichte aber auch für ihn selbst zu schmerzhaft. Donald W. Winnicott (2008) beschreibt sein erweitertes Verständnis der manischen Abwehr mit der Unfähigkeit des Individuums, der inneren Realität angemessen Rechnung zu tragen. Diese Form der Abwehr ist für ihn der Versuch, vor depressiver Angst, der inneren Realität und der Trauer zu flüchten. Er beschreibt vier Merkmale der manischen Abwehr: die Flucht vor der inneren Realität in die äußere, die Verleugnung der inneren Realität, den scheintoten Zustand und die Verleugnung depressiver Empfindungen. Amaru wollte oder konnte sich in der Therapie mit mir nicht seiner vermutlich schmerzhaften Realität stellen, wehrte sie durch omnipotente Phantasien ab. Er war voller Scham bezüglich seiner Deutschkenntnisse, traute sich in der Öffentlichkeit nur Englisch zu sprechen, obwohl er für mein Empfinden schon sehr gut Deutsch sprach. Amaru hatte einen Geltungsdrang, mit dem er sein Minderwertigkeitsgefühl zu kompensieren versuchte. So benutzte er in der Öffentlichkeit stets zwei Smartphones (»like a businessman«) und hatte große Probleme, sich den Regeln der betreuten Wohngemeinschaft und der Schule anzupassen. Die Schule brach er schließlich ab, weil er Geld verdienen und unabhängig sein wollte. Doch die Arbeiten, die er als ungelernter Flüchtling angeboten bekam, konnte er nicht mit seinem omnipotenten Selbstbild, welches zuvor auf der Flucht ja so wichtig war, vereinen. Seine Hoffnung war es, eine Frau kennenzulernen, die ihn heiraten und ihm einen sicheren Aufenthaltsstatus geben würde. In der Gegenübertragung war sein unbewusster Neid und auch Hass gegenüber der aufnehmenden deutschen Gesellschaft spürbar. Als ich vorsichtig begann, ihn mehr mit der äußeren Realität zu konfrontieren, kam er nicht mehr zu den vereinbarten Stunden, schützte mit dem Abbruch und der Aufrechterhaltung einer illusionären

Omnipotenz sein Ich, denn vor »dem Hintergrund extrem negativer interpersonaler Erfahrungen [...] wird die Abhängigkeit als außerordentlich schmerzhaft und zudem als gefährlich empfunden. Das Individuum kann eine solche Situation unter Umständen nur ertragen, indem es sich permanent auf die manische Abwehr stützt und seine Abhängigkeit vollständig verleugnet« (Kogan, 2011, S. 32).

Trauerprozesse und Identitätsumformungen

Zuvor habe ich versucht die Schwierigkeit zu beschreiben, die Trauer vor dem Hintergrund des unsicheren Aufenthaltes zuzulassen. Wenn aus Flüchtlingen, Asylanten und Exilanten schließlich Immigranten werden, die Frage des dauerhaften Aufenthaltes positiv beschieden ist und nicht nur die äußere Aufenthaltsgenehmigung, sondern auch eine innere (vgl. Werner, 1998) – also eine persönliche Entscheidung, dauerhaft oder längerfristig im neuen Land bleiben zu wollen – getroffen wurde, gibt es zwar mehr Klarheit und Sicherheit (die ja zuvor so schmerzlich vermisst wurde). Das heißt aber nicht, dass auch der Trauerprozess abgeschlossen ist. Einwanderer durchlaufen letztlich einen lebenslangen Trauerprozess, der auch über mehrere Generationen verteilt sein kann. Es kann immer wieder zu starken Gefühlen der Trennung und des Los- oder Herausgelöstseins in Bezug auf das Herkunftsland, auf die ursprüngliche Kultur oder auf verlorene Objekte kommen. Fragen der eigenen Identität und deren Brüche können in bestimmten Lebenssituationen wiederkehren. Salman Akhtar (2007) beschreibt die verschiedenen Faktoren, die dafür bestimmend sein können, wie ein Migrationsprozess ausgeht (Umstände der Migration, Alter und Geschlecht, die prämigrative Persönlichkeit, das Ausmaß kultureller Unterschiede, Aufnahme des Einwanderungslandes, Rechtsstatus etc.), sowie im Sinne einer Entwicklungs- und Individuationsaufgabe vier Schienen der Identitätsumformung, die helfen können, die Angst und die Trauer angesichts des Kulturschocks zu überwinden.

Die vier Formen der Identitätsumformung infolge der Immigration erläutert er wie folgt (Akhtar, 2007, S. 95ff.):

a) *Von Liebe oder Hass zu Ambivalenz.* Spaltungen in Gut und Schlecht und Idealisierungen müssen zugunsten einer wohlwollenden Ambivalenz aufgegeben werden. Entstehung einer Bindestrich- bzw. Misch-Identität.

b) *Von nah oder fern zu optimaler Distanz.* Die Distanz zwischen zwei Ländern wird ebenso überbrückt durch homoethnische Bindungen im neuen Land, internationale Ferngespräche und das Hören heimischer Musik, typische Speisen der Heimat etc. Sie dienen als Übergangshandlungen und helfen dabei, all das, was sich äußerlich zu weit entfernt hat, wieder etwas näher zu bringen (Assimilation versus Ethnozentrismus).

c) *Von Gestern oder Morgen zu Heute.* Im Sinne Melanie Kleins der Schritt von der paranoiden zur depressiven Position. War zuvor das Schlechte ausschließlich externalisiert, die Welt nur schwarz oder weiß, so sind in der depressiven Position Gefühle von Ambivalenz, Dankbarkeit, Schuld und Trauer möglich. Mehr Realitätsbezug wird möglich.

d) *Von Dein oder Mein zu Unser.* Veränderung der Identität und des Über-Ichs durch die lokale Kultur im Sinne einer kulturellen Gegenseitigkeit. Die Aneignung der neuen Sprache ist hierfür sehr wichtig!

Trauma, Flucht und die eigene Gegenübertragung

Die therapeutische Arbeit mit minderjährigen Flüchtlingen stellt die Behandler vor schwierige Aufgaben und Herausforderungen und benötigt eine entsprechende Modifikation der Behandlungstechnik. Meines Erachtens ist deutlich geworden, dass in der Arbeit mit Flüchtlingen eine »klassische« psychoanalytische Arbeit nicht möglich ist, unser psychoanalytisches Denken mit den jeweiligen Theorien aber überaus hilfreich sein kann. Durch die Unsicherheit des Aufenthaltes, die Sprachbarriere und die Traumatisierungen bekommt in den Behandlungen von Flüchtlingen, neben dem Containment, die eigene Gegenübertragung eine zentrale behandlungstechnische Bedeutung.

Die Unsicherheit des Aufenthaltes und damit die Unsicherheit, eine längerfristige Therapie anbieten zu können, lässt die Therapie »anfangs oberflächlich sein, und aggressive Wut- und Rachegefühle können oft schlecht bearbeitet werden« (Walter, 1998, S. 72). In der Gegenübertragung kann uns das ein Gefühl von therapeutischer Insuffizienz bescheren (wir fühlen uns dann unserer Fähigkeiten beraubt), welches, wenn nicht erkannt und verstanden, manisch ausagiert werden kann. Die traumatische Erfahrung der Flüchtlinge, immer wieder Gewalt und Willkür passiv ausgeliefert gewesen zu sein, kann bei den Patienten eine Opferidentität hervorrufen, die im Therapeuten wiederum omnipotente Helfer-Gefühle auslösen kann (Abwehr der Ohnmacht). Völlige Hilflosigkeit und allmächtige Phantasien liegen in der Arbeit mit traumatisierten Flüchtlingen dicht beieinander. Es ist wichtig, diese Punkte in die therapeutische Arbeit aufzunehmen, »da Macht und Ohnmacht zwei Seiten der traumatischen Erfahrung darstellen« (Walter, 1998, S. 72). Therapeuten und andere Helfer können selbst als verfolgend wahrgenommen werden, wenn sie zu sehr und vor allem zu schnell in den Lebensgeschichten zu bohren beginnen. Die innere Welt der Patienten ist in der Regel voll von Verfolgungserfahrungen und sie reagieren entsprechend sensibel; Rückzug oder ein Abbruch der Therapie können die Folge sein. Nicht alles was wir sehen sollte auch gleich angesprochen werden. In der Gegenübertragung wird schnell spürbar, wenn es neben der erzählten Lebensgeschichte noch eine weitere real erlebte Lebensgeschichte gibt. Hier ist es wichtig, sich nicht persönlich getroffen zu zeigen und die eigenen Gefühle, belogen und betrogen worden zu sein, im Kontext der Geschichte des Patienten zu verstehen. Die Gegenübertragung kann auch konkordante Gefühle des Patienten beinhalten, der sich von der eigenen Familie betrogen fühlt. Häufig beinhaltet die präsentierte Geschichte den unbewussten Versuch, die Hauptkonflikte darzustellen (Walter, 1998). Die Arbeit mit Flüchtlingen kann in der Gegenübertragung manchmal Schuldgefühle auslösen. So hatte ich am Anfang das Gefühl und ein entsprechend schlechtes Gewissen, mein Geld mit dem Elend zu verdienen. Es ist wichtig, sein schlechtes Gewissen oder eigene Schuldgefühle zu erkennen, um sie nicht auszuagieren (dies könnte sich in der Phantasie äußern, den Patienten konkrete Dinge oder Geld geben zu wollen, die Stunde zu überziehen etc.). Schuldgefühle des Therapeuten, nicht ausreichend hilfreich zu sein, können auch Schuldgefühle der Patienten oder der Eltern der Patienten widerspiegeln. Aufseiten der Patienten können das beispielsweise Schuldgefühle sein, Aufträge oder Erwartungen der Eltern nicht erfüllt zu haben, ihnen Geld für die Flucht zu schulden etc. Die Eltern mögen (falls sie denn noch leben) Schuldgefühle haben, ihre Kinder nicht ausreichend geschützt zu haben usw. Nicht alle Flüchtlinge wurden real politisch verfolgt oder haben in ihrer Heimat reale Gewalterfahrungen machen müssen. Manche wurden aus wirtschaftlichen Gründen von ihren Eltern fortgeschickt (mit der entsprechenden Hoffnung, die Familie nach der Ankunft aus Europa finanziell unterstützen zu können). In solchen Fällen geben die Jugendlichen an, ihre Eltern seien getötet worden und sind genötigt, ein entsprechendes Doppelleben zu führen. Wenn sie Kontakt mit der Familie haben, müssen sie es heimlich tun. Aber auch wenn sie Kontakt haben sollten, können sie den Eltern gegenüber nicht offen sein. Häufig wird eine vermeintlich erfolgreiche Geschichte vorgetäuscht, die die Erwartungen erfüllen soll. Sind die Scham- und Schuldgefühle zu groß, bleibt auch hier häufig nur der tragische Ausweg des Kontaktabbruchs. In der großen Mehrzahl der Fälle in meiner Praxis liegt jedoch eine reale Traumatisierung meiner Patienten vor.

In der Arbeit mit Flüchtlingen hat es der Therapeut mit Patienten zu tun, die ihr Herkunftsland (abhängig von den dortigen traumatischen Erlebnissen) nicht vermissen. So »bleibt die Aufgabe des Analytikers für lange Zeit darauf konzentriert, sich in die vom Patienten empfundene Schlechtigkeit, nicht Güte, des verlassenen Landes einzufühlen« (Akhtar, 2007, S. 144). Im weiteren Behandlungsverlauf wird es dazu kommen, dass auch glückliche Erinnerungen, die mit der Heimat verbunden sind, auftauchen. Diese sollten sehr vorsichtig aufgegriffen werden, um ein defensives Zurückweichen zu vermeiden (ebd.). Zunächst ist der Therapeut gefragt, Widersprüchliches, Schreckliches und Unaussprechliches zu containen. Doch natürlich ist es damit nicht getan, denn er:

> »muss ebenso das Abwehrverhalten gegenüber dem Aufkommen nostalgischen Sehnens analysieren. Er muss dem Patienten demonstrieren, dass die Katastrophe, welche ihn zum

Verlassen seines Landes gezwungen hat, ihn auch daran hindert, sich an irgendwas positives in Verbindung mit seinem Land zu erinnern, da das Trauma sich auch rückwirkend auf die gute Vergangenheit ausgewirkt und diese vergiftet hat« (Akhtar, 2007, S. 145).

Ein Trauma ist ansteckend, so Judith Herman (2003), und der Therapeut als Zeuge der Katastrophen und der abscheulichsten Gewalt von seinen eigenen Gefühlen geradezu überwältigt. Auch er erlebt in der traumatischen Gegenübertragung[12] Gefühle von Angst, Wut, Ohnmacht und Verzweiflung und kann selbst Symptome einer posttraumatischen Belastungsstörung entwickeln (ebd., S. 193ff.). Es ist immens wichtig, unter dem Druck der traumatischen Übertragung und Gegenübertragung die Grenzen der therapeutischen Abstinenz und Neutralität nicht zu verletzen. Therapeutische Abstinenz bedeutet jedoch nicht, »eine grundlegende ethische Haltung in Bezug auf die Verurteilung von Menschenrechtsverletzungen«[13] zu zeigen, so Maximiliane Brandmaier (Feldmann & Seidler, 2013, S. 25). Judith Herman vertritt die Auffassung, »dass die Auseinandersetzung mit psychischen Traumata in ihrem Wesen ein politisches Unterfangen ist, weil sie sich mit der Erfahrung unterdrückter Menschen beschäftigt« (2003, S. 385). Und »moralische Neutralität im Konflikt zwischen Opfer und Täter« sei »kein gangbarer Weg« (ebd., S. 398).

Einen weiteren Bereich der Gegenübertragung betrifft die Neugier des Therapeuten gegenüber dem kulturellen Hintergrund der Patienten. Der Therapeut ist versucht die Gelegenheit der Begegnung mit dem Vertreter einer fremden, interessanten Kultur zu nutzen und dabei wird das kulturelle Material vielleicht eher aus Eigeninteresse untersucht und weniger wegen der Relevanz für den Patienten (Akhtar, 2007). Auch ein Gefühl der Leere bzw. das Gefühl Zeit totschlagen zu müssen (wie es in der Therapie mit Mustafa der Fall war) sind schwierige Gegenübertragungskonstellationen in der Therapie mit traumatisierten Flüchtlingen, denn Traumata haben auch eine Auswirkung auf das Zeitgefühl (Leuzinger-Bohleber et al., 2007, S. 52).

Kultursensible Therapie

Für die kultursensible Therapie mit minderjährigen Flüchtlingen ist eine gewisse interkulturelle Kompetenz bzw. ein Wissen über kulturelle Eigenheiten von Vorteil, ohne jedoch in ethnologische Stereotypisierungen abgleiten zu müssen. Eine therapeutische Haltung des Nichtwissens, des Sich-in-anteilnehmender-Neugier-

---

[12] Die traumatische Gegenübertragung kann sowohl eine gefühlsmäßige Identifikation mit den Erfahrungen des Opfers also auch mit den Gefühlen des Täters beinhalten, was im Therapeuten starke Ängste auslöst, da dies seine Identität als fürsorgliche Person infrage stellt.
[13] Hier werden Begriffe wie solidarische, parteiliche oder engagierte Abstinenz zitiert (Fischer & Riedesser, 2009; Birck, 2002).

vom-Patienten-leiten-Lassens sind »hilfreiche Einstellungen für den Umgang mit kulturspezifischen Unsicherheiten«, so Abdallah-Steinkopf und Soyer (Feldmann & Seidler, 2013, S. 158). Das Nichtwissen der Flüchtlinge angesichts dessen, was eine Psychotherapie ist, macht eine möglichst anschauliche, bildhafte Erläuterung zu Setting (ganz wichtig Schweigepflicht!), Methode und der psychotherapeutischen Wirksamkeit und deren Grenzen notwendig. Salman Akhtar (2007) betont die Notwendigkeit der kulturellen Neutralität und meint damit »die Fähigkeit des Analytikers, den gleichen Abstand zu den Werten, Idealen und Traditionen der Kultur des Patienten wie zu denen seiner eigenen Kultur zu wahren« (S. 129). Gefühle der Fremdheit sind in Ordnung, Gefühle, die von Vorurteilen, Diskriminierung oder Rassismus geleitet sind, müssen erkannt und im besten Fall unter Supervision verstanden werden. Die meisten Lehranalysen finden in homoethnischer Umgebung statt und Fragen ethnischer, rassistischer oder religiöser Vorurteile bleiben in der Regel unberührt (Akhtar, 2007, S. 130). Was in unserer Kultur als »normal« gilt, wird in anderen Kulturen ganz anders gesehen und umgekehrt. So ist das Zeigen von Gefühlen im öffentlichen Raum (Psychotherapie kann je nach Stadium der Therapie auch so verstanden werden) in unserem Kulturkreis akzeptabel, im islamischen Kulturkreis aber eher verpönt. Auch gelten Dschinns (Naturgeister in guter und böser Form) im islamischen Volksglauben als normal, würden bei uns hingegen, bei entsprechender Unkenntnis, bereits als wahnhafte Störung diagnostiziert werden. Ein deutsches Nein ist sicherlich auch nicht mit einem Nein aus anderen Kulturkreisen zu vergleichen (die Hintergründe variieren hier z.T. sehr stark). Hierfür gäbe es noch unzählige Beispiele. Eine gewisse Sensibilität für kulturelle Vielfalt ist sicherlich hilfreich, die schlimmsten Fettnäpfchen zu umschiffen (u.a. betrifft das die Familienstruktur, die Geschlechtsrollen, Kommunikations- und Interaktionsregeln, den religiösen Glauben, Erziehungs-, Arbeits- und Spielauffassung, Modelle zu Raum, Zeit und Natur). Die Überwindung einer, nur allzu menschlichen, »Xenophobie kann die innere Welt der Gefühle und des Wissens[14] des Analytikers nur bereichern«, schreibt Salman Akhtar (2007, S. 131), um zur Aufnahme vieler Patienten aus verschiedenen kulturellen Hintergründen zu ermutigen. Therapeutische Arbeit beinhaltet die Hilfestellung bei der Überwindung von Psychopathologien, um die Entwicklungspotenziale von unseren Patienten freizulegen. Fred Pine (1997) skizziert die entwicklungsorientierte Arbeit wie folgt: a) Gefühle benennen; b) Hilfe innere Erfahrungen in Worte zu fassen; c) die Realität des Patienten bestätigen, d.h., mit dem Patienten sachlich weiterarbeiten, selbst wenn dem Patienten etwas verwerflich erscheint; e) die Angriffe des Patienten »überleben«; f) die Hoffnung bewahren, selbst wenn der Patient keine mehr zu haben glaubt; g) die Überzeugung von lebenslanger psychischer Entwicklung; und schließlich h) die Vorstellung vom analytischen Prozess im Sinne einer guten Elternschaft, der

---

14 Und der Empathie.

sowohl ein Umfeld der Sicherheit als auch der Erwartung autonomen Funktionierens beinhaltet. Eine Orientierung an diesen acht Punkten von Pine erscheint mir in der Arbeit mit Flüchtlingen sehr hilfreich. Salman Akhtar (2007, S. 138ff.) beschreibt des Weiteren folgende wichtige Aspekte und Aufgaben der kultursensiblen Therapie:

a) Hilfestellung bei der Unterscheidung von kulturellen Unterschieden und intrapsychischen Konflikten sowie Übertragungsreaktionen.
b) Bestätigung von Dislokationsempfindungen und die Ermöglichung von Trauerarbeit.
c) Interpretation defensiver Funktionen der Nostalgie und der Abwehr der Entstehung von Nostalgie.
d) Die Akzeptanz scheinbar unoptimaler Individuation und die Einbindung von Familienangehörigen in die Behandlung (wenn möglich).
e) Hilfestellung bei der Bewältigung der Herausforderung durch den Polyglottismus und den Polylingualismus des Patienten.

Die zwei wichtigsten Aspekte der kultursensiblen Therapie mögen in der praktischen Umsetzung vielleicht zugleich am schwierigsten sein, von Abdallah-Steintopf und Soyer beschrieben als: »das Erkennen und Nutzen von kulturübergreifenden Gemeinsamkeiten und die Wahrnehmung kultureller Unterschiede« (Feldmann & Seidler, 2013).

Anstatt eine Zusammenfassung zu geben, möchte ich diesen Beitrag mit drei Zitaten der »großen Dritten« beschließen.

León und Rebeca Grinberg (1990) schreiben:

> »Man unterscheide zwischen der Aneignung von Wissen, welche durch das Ergebnis der Modifizierung von Schmerz zustande kommt (dann wird das erworbene Wissen für neue Entdeckungen benutzt), und dem Besitz von Wissen, welches für die Vermeidung schmerzvoller Erfahrungen benutzt wird.«

> »Eines steht fest: Man kehrt nie zurück, man geht immer nur fort.«

Rainer Maria Rilke (1929) schreibt:

> »Ich möchte Sie bitten, Geduld zu haben gegen alles Ungelöste [...] und [zu] versuchen, die Fragen selbst lieb zu haben wie verschlossene Stuben und wie Bücher, die in einer sehr fremden Sprache geschrieben sind [...]. Leben Sie jetzt die Fragen. Vielleicht leben Sie dann allmählich, ohne es zu merken [...], in die Antwort hinein.«

Literatur

Abdallah-Steinkopff, B. & Soyer, J. (2013). Traumatisierte Flüchtlinge. Kultursensible Psychotherapie im politischen Spannungsfeld. In R. Feldmann & G. Seidler (Hrsg.). (2013), *Traum(a) Migration. Aktuelle Konzepte zur Therapie traumatisierter Flüchtlinge und Folteropfer*. Gießen: Psychosozial-Verlag.
Akhtar, S. (2007). *Immigration und Identität*. Gießen: Psychosozial-Verlag.
Birck, A. (2002). Psychotherapie mit traumatisierten Flüchtlingen: Gesellschaftliche Bedingungen und therapeutische Konsequenzen. *Psychotraumatologie, 3*, 42ff.
Brandmaier, M. (2013). Ich hatte hier nie festen Boden unter den Füßen. Traumatisierte Flüchtlinge im Exil. In R. Feldmann & G. Seidler (Hrsg.). (2013), *Traum(a) Migration. Aktuelle Konzepte zur Therapie traumatisierter Flüchtlinge und Folteropfer* (S. 15–33). Gießen: Psychosozial-Verlag.
Endres, M. & Biermann, G. (Hrsg.). (1999). *Traumatisierung in Kindheit und Jugend*. München: Reinhardt Verlag.
Evans, D. (2002). *Wörterbuch der Lacanschen Psychoanalyse*. Wien: Turia & Kant.
Feldmann, R. & Seidler, G. (Hrsg.). (2013). *Traum(a) Migration. Aktuelle Konzepte zur Therapie traumatisierter Flüchtlinge und Folteropfer*. Gießen: Psychosozial-Verlag.
Fischer, G. & Riedesser, P. (2009). *Lehrbuch der Psychotraumatologie*. München: Reinhardt Verlag.
Freud, S. (1912–13a). Totem und Tabu. *GW 9*.
Freud, S. (1916–17a [1915–17]), Vorlesungen zur Einführung in die Psychoanalyse. *GW 11*.
Grinberg, L. & Grinberg, R. (1990). *Psychoanalyse der Migration und des Exils*. München: Verlag Internationale Psychoanalyse.
Herman, J. (2003). *Die Narben der Gewalt. Traumatische Erfahrungen verstehen und überwinden*. Paderborn: Junfermann Verlag.
Kogan, I. (2011). *Mit der Trauer kämpfen. Schmerz und Trauer in der Psychotherapie traumatisierter Menschen*. Stuttgart: Klett Cotta Verlag.
Leuzinger-Bohleber, M., Roth, G. & Buchheim, A. (2007). *Psychoanalyse – Neurobiologie – Trauma*. Stuttgart: Schattauer Verlag.
Papadopoulos, R. (Hrsg.). (2002). *Therapeutic Care for Refugees. No Place like Home*. London: Karnac.
Pontalis, J.B. (2003). *Zwischen Traum und Schmerz*. Gießen: Psychosozial-Verlag.
Pine, F. (1997). *Diversity and Direction in Psychoanalytic Technique*. New Haven: Yale University Press.
Rilke, R.M. (1929). *Briefe an einen jungen Dichter*. Frankfurt am Main und Leipzig: Insel Verlag.
Stengel, E. (1939). On learning a new language. *International Journal of Psychoanalysis, 20,* 471–479.
Türcke, C. (2006). *Heimat. Eine Rehabilitierung*. Springe: zu Klampen Verlag.
Utari-Witt, H. (2007). Schimpfworte hinter dem Beichtstuhl. Lockerung der Abwehr und Bildung von Abwehrstrukturen durch Verwendung einer Zweitsprache in der psychoanalytischen Therapie. *Forum der Psychoanalyse, 23,* 235–253.
Winnicott, D.W. (2008). Die primitive Gefühlsentwicklung. In D.W. Winnicott, *Von der Kinderheilkunde zur Psychoanalyse* (S. 51–65). Gießen: Psychosozial-Verlag.
Walter, J. (1998). Psychotherapeutische Arbeit mit Flüchtlingskindern und ihren Familien. In M. Endres & G. Biermann (Hrsg.), *Traumatisierung in Kindheit und Jugend*. München: Reinhardt Verlag.

»Es freut uns, dass jemand an uns glaubt«[1]

Gruppenanalytische Gespräche mit traumatisierten Flüchtlingen[2]

Christiane Bakhit

Einleitung

In dem folgenden Beitrag geht es um Gespräche mit Flüchtlingen aus dem Kosovo, die schwere Traumatisierungen (Folter, Verlust von Angehörigen und Freunden) und migrationsbedingte Entwurzelung erlebt hatten und begannen, darüber zu erzählen. Dazu besuchte ich die Flüchtlinge in der Gemeinschaftsunterkunft, in der sie wohnten. Mein Gesprächsangebot basierte auf Elementen der psychoanalytischen Haltung – Herstellung eines geschützten Raumes, Etablierung einer vertrauensvollen Beziehung, gleichschwebende Aufmerksamkeit, Abstinenz, Arbeit mit Übertragung und Gegenübertragung –, die ich entsprechend den äußeren Bedingungen variierte. Auch nonverbale Enactments bestimmten neben dem sprachlichen Austausch, der durch den Dolmetscher möglich wurde, die Begegnung. Mein Ziel war es, mit den Flüchtlingen in Kontakt zu kommen und ihnen die Möglichkeit zu geben, ihre Erlebnisse von Gewalt und Verlust innerhalb einer vertrauensvollen Beziehung zu verbalisieren. Damit sollten individuelle Abspaltungsprozesse von unerträglichen Affekten wie Ohnmacht, Wut und Trauer verhindert, die destruktive Verarbeitung des Traumas (Ehlert-Balzer, 1996) wesentlich erschwert und letztlich eine Ich-Stärkung durch die Arbeit an den Ich-Funktionen erreicht werden.

Das ist in einigen Fällen gelungen, vor allem dann, wenn ich regelmäßige Gespräche über einen längeren Zeitraum mit einzelnen Personen oder Familien führen konnte. Durch den wechselseitigen Austausch von Wahrnehmungen und Gefühlen im gemeinsamen Gespräch mit den Flüchtlingen wurde allmählich ein innerpsychischer

---

[1] Dieser Beitrag ist bereits erschienen in: *Gruppenpsychotherapie und Gruppendynamik*, 42(4), 2006, 303–318. Für die vorliegende Veröffentlichung wurden leichte stilistische Anpassungen vorgenommen.
[2] Für George Maharib, ehemaliger Leiter des Sozialdienstes für Flüchtlinge und Asylsuchende der Inneren Mission, München.

Integrations- und Verarbeitungsprozess der Verlusterlebnisse, Folter- und Kränkungserfahrungen angestoßen. Nach einer längeren Phase des Schweigens, der Verzweiflung, der Trauer und Wut setzte dann wieder die Beschäftigung mit der Gegenwart ein: Die Flüchtlinge begannen, sich für Nachrichten aus dem Kosovo zu interessieren. Sie suchten nach ihren Familienangehörigen, bereiteten ihre Rückkehr vor oder planten eine Verbesserung ihrer Zukunftsaussichten hier oder in einem anderen Land. Die emotionslose Starre oder Überaktivität als einzelne Symptome des posttraumatischen Belastungssyndroms gingen zurück und die Menschen konnten sich wieder vermehrt der aktuellen Lebensbewältigung zuwenden.

Krieg, Vertreibung und psychosoziale Hilfsprogramme

Nach der Nato-Bombardierung des damaligen Jugoslawiens im Frühjahr 1999 setzte die Zwangsvertreibung der Kosovo-Albaner durch die Serben ein und mehrere Hunderttausend Flüchtlinge mussten ihre Heimat verlassen. Die Not und das Ausmaß der erlebten Qualen und Leiden ist schwer in Worte zu fassen, so unvorstellbar waren oft die grauenhaften Erlebnisse, die über die Menschen hereinbrachen: Ihre Häuser wurden verbrannt, und sie begaben sich oft ohne Hab und Gut teils alleine, getrennt von ihrer Familie, teils zusammen mit ihren Angehörigen auf lange Fußmärsche zur albanischen oder mazedonischen Grenze. Oft hatten sie die Trennung von Verwandten oder Bekannten, deren Folterung, Vergewaltigung oder Erschießung miterlebt. Auf dem Weg zur Grenze waren sie der Willkür der serbischen Milizen ausgesetzt. So wurde zum Beispiel nur denjenigen die Weiterfahrt in Bussen erlaubt, die einen Fahrschein bezahlen, d.h. noch genügend Geld bei der plötzlich erzwungenen Flucht mitnehmen konnten. Alle anderen, speziell die jungen Männer, wurden aus dem Bus geholt, wo sich herzzerreißende Trennungsszenen abspielten. Wieder andere Flüchtlinge versteckten sich tagelang unter Todesangst in den Wäldern oder liefen mehrere Tage ohne Essen und bei Kälte an den Gleisen entlang bis zur Grenze, dauernd mit der Angst vor einem Überfall durch serbische Milizen, die sich in der Nähe aufhielten, im Nacken. Nach ihrer Ankunft im Grenzgebiet mussten Tausende von Flüchtlingen tagelang bei Dauerregen ohne Essen und ohne ein Dach über dem Kopf im Schlamm ausharren, bis internationale Hilfsorganisationen große Lager mit Zelten aufgebaut hatten und damit der chaotische Aufenthalt im »Niemandsland« mit diskriminierenden Übergriffen der mazedonischen Sicherheitsbehörden beendet war.

Vom Grenzgebiet aus wurden mehrere Hunderttausend Flüchtlinge in europäische Länder ausgeflogen, unter anderen auch nach Deutschland, wo sie auf Gemeinschaftsunterkünfte in den unterschiedlichen Bundesländern verteilt wurden. Die Bundesregierung startete im April 1999 ein Programm zur psychosozialen Betreuung der Flüchtlinge aus dem Kosovo, die zum Teil schwer traumatisiert hier eintrafen. Dazu gehörte neben Unterkunft, Verpflegung etc. auch eine psychotherapeutische Beratung zur Aufarbeitung der traumatischen Erfahrungen. Somit waren diese Flüchtlinge im Vergleich zu anderen Bürgerkriegsflüchtlingen privilegiert.

Im Rahmen dieses Regierungsprogramms übernahm ich im Auftrag der Inneren Mission als Honorarkraft neben anderen Kollegen die psychotherapeutische Beratung der Flüchtlinge. Von Juni bis Dezember 1999 verbrachte ich wöchentlich einen Nachmittag (fünf Stunden) in einer Gemeinschaftsunterkunft und besuchte Einzelpersonen und Familien, die entweder von sich aus Kontakt mit mir suchten oder mir über albanische Bekannte, Verwandte oder den zuständigen Sozialpädagogen genannt worden waren. Dabei interessierte mich neben den politischen und historischen Aspekten der Vertreibung vor allem auch die Frage, ob und wie ich mit meinen psychoanalytischen Standards außerhalb meiner Praxis als Einzel- und Gruppenanalytikerin fruchtbar mit Traumatisierten arbeiten konnte.

Rahmenbedingungen der Gespräche

Arbeit mit Dolmetschern

Ich arbeitete mit einem Dolmetscher zusammen, einem früheren Grundschullehrer aus dem Kosovo, der vor zehn Jahren wegen schlechter Arbeitsbedingungen für Albaner im Kosovo nach Deutschland gekommen war. Im Gegensatz zu meinen anfänglichen Befürchtungen, die Übersetzungen könnten meinen unmittelbaren Gesprächskontakt mit den Flüchtlingen verzerren oder entfremden, erlebte ich die Tätigkeit des Dolmetschers als hilfreich und erleichternd. Er kannte ebenso wie ich keinen der Flüchtlinge und stand ebenso wie ich unter Schweigepflicht, was wir zu Beginn jedes Gesprächs auch noch einmal betonten. Er übernahm zwischen den Flüchtlingen und mir eine wichtige Mittlerfunktion, da er sich sowohl in der deutschen wie auch in der albanischen Kultur auskannte. Im Gespräch mit mir bot er sich für die Flüchtlinge als gutes, identifikatorisches Objekt an, was ihnen half, Vertrauen zu fassen und sich zu öffnen. Somit arbeitete der muttersprachliche Übersetzer ebenso wie ich an der Herstellung eines »geschützten Raumes« (Winnicott, 1960), um durch äußere und atmosphärische Bedingungen den Gesprächsverlauf zu fördern und zu begleiten. Beim Sprechen fungierte das Übersetzen so ähnlich wie ein Puffer, der die intensiven, durch das Gespräch ausgelösten Affekte erst einmal abfing und den Erzählern und mir eine langsame Einstellung auf den Gesprächsinhalt ermöglichte. Während der Zeitverzögerung des Übersetzens wurden alle Beteiligten vor einer möglichen Reizüberflutung und Retraumatisierung geschützt. Ermöglicht durch die jeweiligen Pausen konnte man den anderen beobachten, was nonverbale Identifizierungsprozesse erleichterte. Andere Autoren sprechen in diesem Zusammenhang von einem beginnenden Mentalisierungs- und Integrationsprozess (Fonagy, 1993; Henningsen, 2003; Varvin, 2000).

Kontaktaufnahme – Vom Gruppengespräch zum Familiengespräch

Eine der wichtigsten Fragen war, wie ich mit den Flüchtlingen in Kontakt kommen konnte. Zuerst versuchte ich es mit einem Aushang, wie ich es von meiner Arbeit in der Praxis gewohnt war, und hing einen Zettel neben dem Büro des hauptamtlichen Sozialpädagogen auf, mit dem ich auf meine Sprechzeiten hinwies. Außerdem wurden unter den Heimbewohnern Handzettel mit einem Hinweis zu meinem Gesprächsangebot verteilt. Als möglichen Themenkatalog gab ich an: »Leben in der Unterkunft«, danach »Kinderbetreuung«, »deutsches Schulwesen«, »psychosomatische Beschwerden« und »Trennungs- und Foltererfahrungen« im Kosovo. Zu dem ersten angegebenen Termin kamen circa zehn Männer in einen Nebenraum vom Büro, der als »Sprechzimmer« fungierte. Nachdem sie sich zuerst bei der deutschen Regierung für ihre Aufnahme und Versorgung bedankt hatten, berichteten sie vor allem über ihr Leben in der Unterkunft und kritisierten ihre Unterbringung: Es fehle an intakten Herdplatten und Kühlschränken, die Frauenduschen seien nicht abschließbar, die vorbestellten Essenspakete könne man über Feiertage und das Wochenende nicht lagern etc. Sie erzählten, wie sie gemeinsam in den großen Auffanglagern in Mazedonien die Selbstverwaltung erfolgreich organisiert hätten und wie sie daran von der hiesigen Heimleitung gehindert würden. »Niemand hört uns zu [...]. Wenn man einen Besen will, muss man seinen Pass dalassen.« Wir besprachen die Möglichkeit von Stockwerksvertretungen, um mit der Heimleitung Kontakt aufnehmen zu können.

In der Gruppensituation redeten einige Männer, andere schwiegen beharrlich. Über traumatische Erlebnisse wurde nicht gesprochen. Ich erlebte die Gruppe ähnlich einer im muslimischen Kulturkreis üblichen Ältestenversammlung, wo konkrete Beschwerden zur Verbesserung des äußeren Umfelds vorgetragen und besprochen werden, aber gleichzeitig »das Gesicht gewahrt« wird, d.h., intimere, persönliche Gespräche wegen möglicher aufkommender Scham gemieden werden. Nur war ich keine offizielle Gesprächspartnerin, da nicht von der Heimleitung legitimiert. Zu dem nächsten Gesprächstermin, den wir zusammen vereinbarten, erschien keiner der Gruppenteilnehmer. Dies hatte vermutlich mehrere Ursachen: Die deutsche Umgebung (d.h. weder die Sozialpädagogen noch die Heimleitung) konnte mit dem Selbstverwaltungsangebot der Flüchtlinge, das eine progressive Bewegung weg von der Traumatisierung hin zu mehr Autonomie bedeutete, umgehen. Stattdessen wurden die Menschen mittels Verordnungen und behördlichen Maßnahmen als passive Opfer »verwaltet«, entmündigt und damit einem regressiven Prozess ausgesetzt. Einige Monate später etablierte sich dann unter Führung eines Flüchtlings und mit

Unterstützung der Partei Bündnis 90/Die Grünen eine massive Opposition zur Verwaltung, die dann durch spektakuläre Protestaktionen bessere Unterkunftsbedingungen aushandelte. Für das Anstoßen solidarischer Aktivitäten war das Gespräch in einer Ältestengruppe vielleicht hilfreich – für die Besprechung der erlittenen Trennungserlebnisse, Kränkungen und Misshandlungen eignete sich diese Gruppe nicht. Die öffentliche Situation in der Gruppe wurde von den Einzelnen als Wiederholung der Erfahrung von Schutz- und Hilflosigkeit erlebt und entsprechend gemieden, vor allem wo in der Gemeinschaftsunterkunft jede Möglichkeit zur Privatsphäre fehlte. »Man wird hier verrückt, man kann sich nicht zurückziehen.«

Aus diesem Grund plante ich zunächst Einzelgespräche und spätere Besuche in den einzelnen Familien. In der Gemeinschaftsunterkunft, für die ich zuständig war, lebten circa 400 Flüchtlinge auf einem ehemaligen Kasernengelände, d.h. in circa fünf überalterten Kasernengebäuden, die um einen großen Hof mit asphaltierten Wegen und Rasenflächen lagen. Im Gegensatz zu den grauen Häusern, die eher abweisend und trostlos wirkten, entwickelte sich der Hof in den Sommermonaten zum Treffpunkt der Bewohner. Hier stand man zusammen und unterhielt sich, oft mit einem Becher Tee in der Hand und einem Stück Kuchen, das jemand mitgebracht hatte. Hier konnte ich die »Großgruppe« der Flüchtlinge erleben, ihre kulturellen Umgangsweisen wahrnehmen und spüren, die selbstverständlich als bewusste und unbewusste Elemente der Matrix (Foulkes, 1991) meine späteren Gespräche bestimmen würden. Zunächst sprachen der Dolmetscher und ich einige Flüchtlinge gezielt an, um mit ihnen in Kontakt zu kommen. Durch das Dolmetschen gab es wechselseitig Zeit zum Beobachten und »Beschnuppern«, für mich die entscheidenden Momente der nonverbalen Kontaktaufnahme und Vertrauensbildung.

Später nahmen die Flüchtlinge eigenständig zu mir Kontakt auf, entweder durch Hinweise von anderen Flüchtlingen oder von den städtischen Mitarbeitern. Daraus entwickelte sich manchmal eine kontinuierliche Abfolge von Gesprächen, wenn die Flüchtlinge wiederholt um meinen Besuch baten, sodass ich sie regelmäßig sehen konnte. Manche Gespräche blieben einmalig, da entweder die Flüchtlinge zurück in den Kosovo reisten oder der einmalige Kontakt in sich abgeschlossen war. Insgesamt habe ich während meiner Arbeit in der Unterkunft mit circa 50 bis 60 Personen gesprochen. Die Gespräche dauerten zwischen 45 und 90 Minuten und fanden meist in den eigenen Zimmern der Familien statt, manchmal auch in meinem Sprechzimmer. In der Mehrheit waren es Gruppengespräche.

Ob die informelle Kontaktaufnahme gelang, entschied sich, ähnlich wie im psychoanalytischen Erstinterview, über die individuelle »Passung«, die primär von atmosphärischen und nonverbalen Signalen bestimmt wurde. Meine aktive Kontaktaufnahme zu den Flüchtlingen verstand ich als eine von mehreren notwendigen »vertrauensbildenden« Maßnahmen. Die Menschen waren hier »in der Fremde« in einem so stark regredierten Zustand angekommen, dass meine Erwartung, sie würden aktiv zu mir Kontakt aufnehmen, einer massiven Überforderung gleichkam. Stattdessen ging es in der Begegnung mit ihnen immer wieder darum, für sie Hilfs-Ich-Funktionen zu übernehmen und einen »geschützten Raum« zur Verfügung zu stellen. Gerade Menschen mit traumatischen Erfahrungen (totale Reizüberflutung, Verlust jeglicher Sinnrepräsentanzen) weisen im gredierten Zustand ein reduziertes Funktionsniveau auf, das primär auf präobjektale Signale reagiert.

Indem ich von den Familien eingeladen wurde und mich in ihrem Zimmer mit Tee und Gebäck bewirten ließ, überließ ich ihnen die Gastgeberrolle und nahm an der muslimischen, kulturellen Tradition teil. Ich begab mich sozusagen »in die Fremde«, was ich in der Gegenübertragung als ängstliche Beklommenheit und Schüchternheit verspürte. Mein Besuch und die damit verbundene Anerkennung ihrer Kultur schaffte auf beiden Seiten Vertrauen. Die Flüchtlinge begegneten mir in der für sie vertrauten Rolle der Gastgeber. Damit konnten sie die Bedingungen unserer Gesprächssituation kontrollieren, was wiederum ihre Ich- und Selbststruktur stärkte. Gleichzeitig konnten sie durch einen respektvollen Umgang wieder ein Stück Würde erreichen, die durch die Flucht, Folter, Verfolgung und durch mögliche degradierende Verwaltungsmaßnahmen im Aufnahmeland verloren gegangen war. Man kann davon ausgehen, dass die Gruppe der Familie und der Nachbarn, soweit sie emotional noch intakt war, als Quelle der Anerkennung und des emotionalen Halts fungierte. Sie erforderte den Austausch von sozialen Fertigkeiten und übermittelte identitätsstiftende kulturelle Bilder. Beides begünstigt das Überleben in der Fremde und schützt vor einem individuellen Rückzug in die eigene Innenwelt.

Die Mehrzahl der Gespräche fand in den Zimmern der Flüchtlingsfamilien statt, die meist zusammen nach Deutschland gekommen waren. Es waren Gruppengespräche in der Familie bzw. Familiengespräche. Manchmal waren auch Nachbarn anwesend, die sich als enge Freunde der Familie vorstellten. Dass die Familie somit zum Gesprächsmittelpunkt wurde, hat meinem Verständnis nach einerseits mit dem kulturellen Kontext des Kosovo zu tun. Andererseits waren für die Flüchtlinge durch die erlittenen Traumata und durch das Leben in einem für sie fremden Land die förderlichen Beziehungen zur außerfamiliären Umwelt abgeschnitten. Die Umgebung wurde von ihnen als fremd bis feindlich erlebt, was die regressive Bewegung zu haltgebenden, familiären Primärbeziehungen förderte. Eine Ablösung der Familienmitglieder wurde somit wesentlich verzögert bzw. fand nicht statt. »Eine Pubertät haben wir nie erlebt« (Aussage von zwei Schwestern im Alter von 18 und 20 Jahren). Die »Familiengesprächsgruppe« hatte hier die Funktion einer stabilisierenden, haltenden Umgebung, einer »Umwelt-Mutter« nach Winnicott, übernommen, ähnlich einer homogenen Gesprächsgruppe, um Ablösung und progrediente Entwicklung überhaupt zu ermöglichen.

Intervision/Teambesprechungen

In der Literatur zu Gruppenpsychotherapie und Gruppenanalyse wird immer wieder auf die Bedeutung regelmäßiger Supervision hingewiesen. Um komplexe Interaktionsprozesse in einer Gruppe verstehen und ihre affektive Dynamik – die durch den »Resonanzboden Gruppe«, eine Metapher von S. H. Foulkes (1991), verstärkt wird – aushalten zu können, ist Supervision bzw. Intervision unabdingbar. Dies trifft besonders auf die Gruppenarbeit mit traumatisierten Menschen zu.

Einige der Erlebnisse, die mir die Flüchtlinge erzählten, waren unfassbar und überstiegen das menschliche Vorstellungsvermögen. Speziell am Anfang brauchte ich mehrere Tage, um die Berichte einigermaßen zu »verdauen«, einzuordnen und auch mein eigenes Leben wieder emotional zu besetzen. Deshalb war für mich die regelmäßige Intervision mit Kollegen, als Aufarbeitung meiner psychischen Belastung, dringend notwendig. Zusätzlich traf ich mich zu einstündigen wöchentlichen Intervisionssitzungen mit einer kroatischen Psychologin, die in mehreren Unterkünften arbeitete, und mit Mitarbeitern des Zentrums für Folteropfer, die in der Unterkunft zwei Gruppen anboten.

Gesprächsführung, psychoanalytische/gruppenanalytische Haltung

In meiner offenen Gesprächsführung lehnte ich mich an die psychoanalytische Erstinterviewtechnik an, die ich je nach Bedarf um spezifische Strukturen erweiterte. So hatte ich immer eine Landkarte des Kosovo dabei, damit mir die Flüchtlinge ihren Wohnort und die Route zur Grenze zeigen konnten. In der Gesprächssituation standen aber für mich die relationalen, d.h. die beziehungsmäßigen Aspekte der neueren Psychoanalyse und Gruppenanalyse im Vordergrund. Dies hing sicher einerseits mit den Sprachschwierigkeiten zusammen, andererseits aber auch mit der Traumaerfahrung der Flüchtlinge, die einem massiven regressiven Einbruch bzw. der Zerstörung von Ich-Strukturen gleichkommt, weshalb ein Identitätsaufbau, ähnlich dem Aufbau der Mutter-Kind-Beziehung, notwendig wird. Begreift man die Traumatisierung als Ich-Entleerung und eine damit verbundene Aufspaltung von Selbst- und Objektrepräsentanzen, so geht es im Gesprächskontakt mit Traumatisierten zunächst um den Aufbau von positiv getönter, wohlwollender Beziehungserfahrung im Sinne einer haltenden Übertragungsbeziehung (Reddemann, 2003). Danach oder gleichzeitig können vor diesem Hintergrund dann auch projektiv-verfolgende Übertragungsprozesse wahrgenommen und verstanden werden.

Während der Interviews beobachtete und handelte ich auf der Grundlage meiner reflektierten Gegenübertragungsgefühle, die einerseits den nonverbalen Handlungsdialog zwischen uns bestimmten und andererseits über ein Vorphantasieren in meine Deutungen mit eingingen, welche das Gespräch entlasteten und förderten.

Herstellung eines geschützten Raumes

Dies bedeutete auf symbolischer Ebene, den Gesprächspartnern einen Raum zur Verfügung zu stellen, in dem diese sich verstanden und angenommen fühlen, um sich dann schmerzhaften und destruktiven Erinnerungen annähern bzw. sich mit ihnen auseinandersetzen zu können (»Übergangsraum« im Sinne von Winnicott). Dazu gehörte ein stabiler zeitlicher äußerer Rahmen, emotionale Präsenz (Authentizität) und Interesse an dem Anderen, nach Dori Laub (1994) »respektvolle Neugier«. In der Unterkunft war es oft schwierig, diese selbstverständlichen Elemente eines »geschützten Raumes« herzustellen. Da ich wöchentlich nur einmal anwesend war, gestaltete sich die Terminabsprache für die Flüchtlinge, für die eine so lange Vorausplanung fremd war, als schwierig. Zu Anfang passierte es immer wieder, dass Termine vergessen wurden, wobei ich sehr auf meine kontinuierliche Pünktlichkeit und Präsenz achtete, *allein*, um dadurch einen Halt und meine interessierte Wertschätzung in unserer beginnenden Beziehung zu vermitteln. Ebenso konnten wir uns kaum ohne permanente Störung von außen unterhalten, da in der Unterkunft eine chronische Verletzung der Privatsphäre durch ein dauerndes Türeaufreißen an der Tagesordnung war. Indem ich auf diesen äußeren Rahmen unserer Gespräche (Termineinhaltung, keine Ruhestörung) strikt achtete, übernahm ich auf der symbolischen Ebene für meinen Gesprächspartner wesentliche Hilfs-Ich-Funktionen, nämlich seine Ich-Grenzen, die durch intensive traumatische Erfahrungen überrollt worden waren, wiederherzustellen. Gleichzeitig signalisierte ich ihm damit meine Wertschätzung im Sinne einer narzisstischen Aufwertung.

Wahrung der Abstinenz

Dies bedeutete zuerst einmal die Einhaltung der Schweigepflicht gegenüber der Heimleitung, den Mitarbeitern und gegenüber den anderen Flüchtlingen. Der Schutz ihrer Privatsphäre wurde von den Flüchtlingen deutlich als Grundlage für eine vertrauensvolle Beziehung registriert. Auffällig war, wie oft eine Schweigepflichtverletzung inszeniert bzw. mir angeboten wurde, zum Beispiel indem jemand zu einem Gespräch mit mir überredet wurde, ohne dass er damit einverstanden war. Ich verstand dies als Folge der massiven Ich-Schwächung durch die Traumatisierung und als aktive Wiederholung der erlittenen Erfahrung von Ohnmacht und Bloßstellung. Letztlich ging es in der Gesprächssituation auf der symbolischen Ebene um eine Arbeit an den

Ich-Funktionen bzw. um eine Ich-Stärkung. Einhaltung der Abstinenz bedeutete nicht, dass ich dem Leid der Flüchtlinge neutral gegenüberstand. Im Gegenteil war ich ja gerade dadurch, dass ich keine Vergünstigungen oder Erleichterungen ihres Alltags *gewähren* konnte (außer aktuelle Konfliktlösungen besprechen oder Anfragen an den Sozialpädagogen delegieren), ihrem Leid und ihrer Wut relativ ungeschützt ausgesetzt. Der Schwerpunkt lag auf der Erinnerungs- und Beziehungsarbeit und weniger auf der Gewährung von Sonderregelungen, die ich bei der Heimleitung für sie hätte erreichen können, womit ich sie langfristig durch meine Aktivitäten nur in der Entwicklung ihrer eigenen Autonomie geschwächt, mithin eine Abhängigkeit vom übergriffigen, mächtigen Objekt fortgesetzt hätte.

Gleichschwebende Aufmerksamkeit

Der Begriff der gleichschwebenden Aufmerksamkeit fasst aktives Zuhörerverhalten in der Interviewszene treffend zusammen. Dabei ging es zwar um Nachfragen (zum Beispiel nach Ereignissen, nach Verwandten, nach Namen) im Sinne der Klärung, wenn ich etwas nicht verstanden hatte. Andererseits stellte sich allmählich für mich heraus, dass ich meinen Gesprächspartner besser verstehen konnte, wenn ich ihm intensiv zuhörte, ihn beobachtete und mich damit auf seine Affektmodulation einlassen konnte. Dann gelang es mir eher durch meine begleitenden Gefühle, Einfälle und Phantasien, die ich teilweise verbalisierte, das Gespräch zu öffnen bzw. zu fördern. Die Gefahr, durch bohrendes Nachfragen zum verfolgenden Objekt zu werden, war dadurch relativ gering.

Funktionen der Gespräche

Zeugnis ablegen

Den Flüchtlingen die Möglichkeit zu geben, über ihre Erlebnisse auf der Flucht zu berichten, zum Beispiel über Trennungen oder Misshandlungen, die sie wahrgenommen oder selbst erfahren hatten – darin sah ich eine meiner Hauptaufgaben. Ich hatte erwartet, dass dies nur sehr zögernd oder gar nicht geschehen würde und war überrascht, wie bereitwillig einige Flüchtlinge von ihren Erfahrungen erzählten. Ausschlaggebend für die Berichterstattung war zuerst einmal die Qualität der traumatischen Situation, zum Beispiel ob man sie alleine oder zusammen mit anderen einigermaßen überstehen konnte und die eigene prämorbide Persönlichkeitsstruktur.

So erzählte mir ein Mann in einem langen, ausführlichen Gespräch, wie er auf der Fahrt zum Bäcker von serbischen Polizisten aufgegriffen, auf der Polizeistation krankenhausreif geschlagen und auch im Krankenhaus immer wieder von einem wachhabenden Polizisten geschlagen wurde, wenn er sein Bett verließ. Er wurde nach Hause zu seiner Frau entlassen und trotz seiner schweren Verletzungen gelang es ihm, von den Serben relativ unbemerkt und unbehelligt die Fahrt zur Grenze zu überstehen und die internationalen Auffanglager zu erreichen. In der Unterkunft in München lebte er zusammen mit Frau und Tochter. Im Gespräch erzählte er mir unter Tränen, aber auch mit einer intensiven Vitalität, von den erlittenen Misshandlungen, die er letztlich äußerlich gesund überstanden hatte. Die Gründe für seine Tatkraft und seinen spürbaren Optimismus – er war unter den Ersten, die in den Kosovo zurückkehrten – erklärte ich mir mit seiner intakten, zufriedenen familiären Beziehung und mit seiner relativ gesunden Persönlichkeitsstruktur, mit der er die traumatische Situation aktiv verarbeitete, unter anderem indem er mir davon sehr anschaulich erzählte. Unter einer prämorbiden Persönlichkeitsstruktur verstehe ich primär das Reservoir eigener kindlicher Allmachtsphantasien, das ein Individuum ausstattet mit »innerpsychischer Widerständigkeit und Liebesfähigkeit, die es in sich verwahrt, an andere weiterzugeben vermag und so die traumatische Situation überlebt« (Krystal, 2000). Die Interviewsituation ermöglichte es ihm, vor mir Zeugnis abzulegen über die schlimmen Ereignisse, sie zu benennen und dadurch wieder Herr im »inneren« eigenen Haus zu werden und die ohnmächtige Opferrolle zu überwinden.

Durch Diskussionen mit den Flüchtlingen über Zeitungsberichte und Landkarten, die ich mitbrachte, gelang uns auch eine Einordnung der Ereignisse in historische und politische Zusammenhänge – gerade um einer individualisierten, verzerrten Wahrnehmung vorzubeugen. Die historische Rekonstruktion der traumatischen Ereignisse ist auch eine wichtige Voraussetzung für spätere Integrationsprozesse (Laub & Weine, 1994). Außerdem schrieb ich während des Interviews mit, auch um das Reale zu dokumentieren, als mitteilbar anzuerkennen und es damit den Verwerfungen, Dissoziationen und Erinnerungsbearbeitungen zu entreißen. Kommentar einer Frau dazu: »Wir sind dankbar, dass Sie an uns glauben, und dass wir uns das nicht alles eingebildet haben.«

Es gab auch Flüchtlinge, die mir etwas berichten wollten, aber das Gespräch immer wieder wegen kränkender und lähmender Affekte unterbrachen. Gründe dafür waren unter anderen Scham- und Schuldgefühle und Gefühle der Halt- und Orientierungslosigkeit. Hier fand wohl der innere »Kampf um die Erzählbarkeit des Traumas«, wie Dori Laub (2000) es beschreibt, statt. Die Unterbrechungen im Gespräch verstand ich grundsätzlich als notwendige Abgrenzung meines Gesprächspartners von mir bzw. als dessen wachsende Fähigkeit, sich vor neuerlichen Grenzverletzungen zu schützen. Für mich war erstaunlich, wie viel dann trotzdem zwischen den Gesprächen passierte, zum Beispiel wenn Familienmitglieder aufhörten, bei der Kleiderkammer weiterhin für ihre vermutlich toten, aber noch als vermisst geltenden Brüder Kleider abzuholen und damit den unausweichlichen Tod der Brüder annehmen und akzeptieren konnten.

Verarbeitung von Trauer/Überlebensschuld

Die tiefe Trauer der Menschen um ihre Angehörigen, um ihr Hab und Gut und um ihre Heimat war äußerlich zunächst für mich nicht zu sehen und auch nicht spürbar. Wenn jemand zu mir Kontakt aufnahm, so fragte er/sie mich eher nach Einzelheiten des Alltags im Heim oder nach besseren Orientierungsmöglichkeiten in der Umgebung. Später kamen dann auch Flüchtlinge, meistens Frauen zu mir, die über psychosomatische Beschwerden wie Schlafstörungen, Essstörungen, Depressionen und Ängste klagten und um Hilfe baten. Je nach Anfrage und Wunsch sprach ich mit demjenigen/derjenigen einzeln oder in seiner/ihrer Familie. Hier stellte sich dann bald heraus, dass meine Ansprechpartnerinnen als Symptomträgerinnen für die abgewehrte Angst und Trauer in der Familie fungierten, die sie für die anderen, meistens für ihre Ehemänner, Väter und Brüder übernahmen. Die männlichen Familienmitglieder waren ja in ihrem geschlechtsspezifischen Selbstbild, das Stärke, Schutz und Unverwundbarkeit impliziert, zutiefst getroffen. Viele von ihnen spalteten die erfahrenen Gefühle von Ohnmacht, Hilflosigkeit und Schmerz ab und »erstarrten« buchstäblich in einem unlebendigen, feindseligen Gefühlszustand. Diese partiell katatone Starre, ein »Automatenzustand« (Krystal, 2000), verstand ich als zeitlich begrenzten Überlebensmechanismus, um die psychische Innenwelt vor neuerlichen Reizüberflutungen, wie zum Beispiel aufkommende narzisstische Wut, zu schützen. Es war für mich schwierig, mit einem solchen Menschen emotional in Kontakt zu kommen, da ich selbst im Gespräch als konkordante Gegenübertragung meine eigene Gefühllosigkeit bzw. emotionale Kälte und Starre wahrnahm.

Die Frauen, weniger eingeschränkt in ihrem geschlechtsspezifischen Selbstbild, erzählten, beginnend mit ihrer Symptomatik, ausführlicher über ihre Erlebnisse von Verlust und Misshandlung. Als ich ihren Schilderungen zuhörte – zum Beispiel von den Erschießungen ihrer Männer, deren Leichen ihnen dann vors Haus gelegt wurden, damit sie sie beerdigen konnten, oder von den Verschleppungen der Männer, die sie nie wieder zu Gesicht bekamen – bemerkte ich bei mir selbst Übelkeit oder Fassungslosigkeit angesichts solcher Greueltaten. Ich war oft tief berührt, oft spürte ich auch, dass es mir zu viel wurde, dass ich weder alles glauben, noch ein sinnvoller Container sein konnte. Von den Flüchtlingen erfuhr ich dann, dass sie ja selbst an ihrer eigenen Glaubwürdigkeit (ver)zweifelten, da die erlittenen Misshandlungen jegliches menschliche Fassungsvermögen überstiegen. Und ich bemerkte, dass ich auch während der Erzählung in meiner Gegenübertragung von der Ohnmacht überrollt wurde.

Diese Momente des Entsetzens und der Fassungslosigkeit, die sich manchmal in den Familiegesprächen wiederholten, waren entscheidend für die Möglichkeit eines Trauer- und Integrationsprozesses, der danach erst beginnen konnte. Die Trauer musste nicht mehr wie bisher an einzelne Familienmitglieder delegiert oder »eingefroren« werden (Volkan, 1981). Die Flüchtlinge konnten von dem Entsetzlichen erzählen. Wir konnten gemeinsam über die verspürte Hilflosigkeit und Ohnmacht sprechen und sie annehmen. Indem ich mich nicht zu ermutigenden Appellen hinreißen ließ, sondern die Gefühle aus- bzw. ihnen standhielt, fungierte ich quasi als Container. Erstaunlich war, dass trotz der entsetzlichen Ereignisse nach einiger Zeit wieder lebensbejahende Einfälle einsetzten. Dies hatte einerseits mit dem Halt der Gruppe zu tun und andererseits damit, dass nach der sprachlichen Symbolisierung des Traumas und mit Beginn der Trauerarbeit erneut Energien für das zukünftige Leben freigesetzt wurden.

Als Beispiel für die familiäre Bearbeitung von erlittenen Misshandlungen, Mord und die damit verbundenen Wut- und Schuldgefühlen möchte ich über Familie T. berichten.

Familie T.

Die Familie umfasst den Vater (Arbeiter, cica 36 Jahre), die Mutter (Hausfrau, circa 32 Jahre), die Großmutter väterlicherseits, einen Neffen des Vaters (17 Jahre) und zwei Söhne (8 und 6 Jahre). Sie lebt seit einem Monat in der Unterkunft und wollte wegen ihres »schlimmen Schicksals« mit mir sprechen. Die Mutter litt unter Schlafstörungen, Ängsten und schweren Depressionen. Ich sah die Familie circa fünf Mal bei Familiengesprächen oder Einzelgesprächen mit der Mutter, dem Vater oder mit dem jungen Mann I., dem Neffen des Vaters. Insgesamt betreute ich die Familie über einen Zeitraum von rund vier Monaten.

Bei meinem ersten Besuch der Familie T. fiel mir die überaus ernste, angespannte, depressive Grundstimmung auf. Die Familienmitglieder redeten kaum miteinander, Frau T. hatte völlig verweinte Augen und konnte mich mit ihrem unsicheren, verstörten Blick nur schwer anschauen. Herr T. musterte mich misstrauisch, abweisend bis feindselig. Während des Gesprächs schwieg er größtenteils. Die Kinder kamen kurz hereingestürzt. Die Großmutter hörte zu, und I., der Neffe von Herrn T., ein blasser, ernster, schweigsamer junger Mann erzählte die Bedingungen seiner Flucht. Frau T. führte ihre Schlafstörungen auf den gewaltsamen Tod ihres 86-jährigen Vaters zurück, der von den Serben zusammen mit anderen männlichen Nachbarn aus ihrem Dorf getrieben und erschossen worden war. Die letzte Nacht habe sie von ihrem Vater geträumt, der in ihrem Traum freundlich mit ihr gesprochen habe. Das sei ein schöner Traum gewesen. Später habe sie geträumt, dass ihr Mann auch tot sei, davon sei sie aufgewacht. Ihr Mann, dem sie den Traum erzählt habe, habe gemeint, sie solle nicht alles so schwarz sehen. Für mich drückte ihr Traum ihre existenzielle Verunsicherung aus, sei es durch weitere mögliche Todesfälle (Verlustängste) oder durch aufkommende Aggression gegenüber ihrem Mann (Todeswünsche?) in der für sie neuen deutschen Umgebung.

Herr und Frau T. berichteten dann von ihrem Zuhause im Kosovo und davon dass serbische Milizen innerhalb von drei Tagen mehrere Male ihre Eigentumswohnung durchsuchten und nach Herrn T. fragten, der nicht da war. Die Familie zog daraufhin zu einer Cousine nach Pristina. Nach einer Woche wurde ihnen von den Serben übermittelt, sie könnten zurückkommen, was sie auch taten. Bei ihrer Rückkehr wurde Herr T. verhaftet, geschlagen und gefoltert, »es war eine Falle«. Er wurde aus dem Gefängnis entlassen und die Familie wurde zwangsvertrieben, sie sollten nie wieder zurückkommen. Am Bahnhof in Pristina trafen sie zufällig ihren Neffen I., den Sohn eines älteren Bruders von Herrn T. I. ging in Pristina zur Schule und war nur am Wochenende zu Hause in Drenica. Er wurde von der serbischen Polizei in Pristina bedroht und geschlagen. Er zerriss seine Papiere, da er in Pristina eigentlich nicht hätte zur Schule gehen dürfen, und entschied sich zur Flucht. Am Bahnhof traf er auf seine Verwandten, denen er sich anschloss. »Anderen ist es noch viel schlimmer ergangen als mir.«

Kurz vor Gesprächsende begann Herr T. unter einem Vorwand seine Mutter, die Kinder und seinen Neffen aus dem Zimmer herauszulocken und schloss die Tür ab. Dann erzählte er mir, dass sein Bruder, der Vater von I., vermutlich zusammen mit drei anderen Vettern in einem Bergwerk erschossen und verbrannt worden sei. Die Familie habe seit Monaten nichts von ihnen gehört und glaubte, dass sie alle tot seien, nur sein Neffe I. und auch seine Mutter wüssten von nichts. Er habe große Angst, seiner Mutter und I. diese Ereignisse zu berichten. Bei der Mutter fürchtete er »Trauerausbrüche«, die sie hier in der fremden Unterkunft nicht bewältigen könne – seinem Neffen würde er damit jegliche Hoffnung auf ein Überleben seines Vaters nehmen. Beide könnten durch diese Nachricht krank werden. Was ich ihm rate? Wie würden sie hier in einer fremden Unterkunft in Deutschland die albanischen und muslimischen Trauerrituale durchführen können? Im Gegensatz zur Vermutung ihres Mannes, dass der Neffe von nichts wisse, meinte Frau T., I. sei oft so traurig, vielleicht rechne er mit dem Tod seines Vaters.

Ich ermutigte Herrn T., mit seinem Neffen und seiner Mutter über den möglichen Tod des Bruders bzw. Vaters zu sprechen, auch mit dem Hinweis, dass sie sich dann alle gemeinsam unterstützen und trösten könnten, schließlich habe er sich ja jetzt auch mir anvertraut. Herr T. reagierte verschlossen und zurückhaltend. Mein Eindruck war, dass die anderen Familienmitglieder um den toten Vater bzw. Sohn nicht trauern konnten, um Herrn T. vor den ihn überwältigenden Gefühlen von Ohnmacht und Hilflosigkeit (als er gefoltert wurde), Wut, Trauer und Schuld zu schützen. Seine Zugehörigkeit zur UCK (ob als Mitkämpfer oder als Sympathisant blieb unklar) stabilisierte wesentlich sein kämpferisches, männliches Selbstbild und implizierte die Verleugnung von Schwäche, Ohnmacht und Abhängigkeit, wie seine Frau in ihrer Symptomatik darstellte. Letztlich ging es also darum, ihm bei der Aufarbeitung seiner traumatischen Erfahrungen behilflich zu sein. Entsprechend versuchte ich in mehreren Gesprächen, das Vertrauen von Herrn T. zu gewinnen, was allmählich gelang.

Nachdem Herr T. mit Mutter und Neffe über den vermutlichen Tod seines Bruders gesprochen hatte, kam Bewegung in die erstarrte Familiendynamik. Die Großmutter reiste mit I. nach Darmstadt, um dort zusammen mit ihrem anderen Sohn, der mit seiner Familie in Deutschland lebte, zu trauern. I., den ich nach seiner Rückkehr noch einige Male sah, machte einen wesentlich gelösteren und entspannteren Eindruck als zuvor. Wochen später bekam die Familie einen Anruf aus Pristina, dass der Vater/ Bruder von Herrn T. lebe und in einem serbischen Gefängnis untergebracht sei. I. flog in den Kosovo, um seinen Vater zu suchen und meldete nach zwei Wochen, dass diese Nachricht ebenfalls eine Falle gewesen sei. Sein Vater war tot. I. blieb im Kosovo bei seiner Mutter und den jüngeren Geschwistern. Familie T. bereitete sich hier in München im September auf ihren Rückflug in den Kosovo vor. Sie kümmerte sich um Geld, kaufte ein, erledigte die behördlichen Angelegenheiten. Bei einem meiner letzten Besuche erzählte mir Frau T. verschämt lächelnd, dass sie schwanger sei. Herr T. verabschiedete sich stolz von mir und lud mich zum Gegenbesuch in den Kosovo ein. Das Leben ging also weiter.

Im Gespräch miteinander fanden alle Beteiligten der Familie T. wie auch andere Flüchtlinge, mit denen ich sprechen konnte, zurück zu ihrer menschlichen Würde und zu Respekt voreinander. Beides entspricht einer notwendigen Stärkung von Ich- und Selbststrukturen vor dem Hintergrund des traumatischen Angriffs. Die Gespräche mit der Familie T. haben einen Trauerprozess in Gang setzen können, der durch die Erfahrung von Folter, Zwangsvertreibung, Trennung, Tod und die damit verbundenen abgewehrten, weil unerträglichen Affekte blockiert war. Auch wenn die Folterungen noch nicht im Detail besprochen wurden, so bot der familiäre Rückhalt genügend Schutz und Vertrauen, um sich über Schmerz, Verlust und Trauer auszutauschen und Gefühle von Abhängigkeit und Hilflosigkeit zuzulassen. Ich fungierte dabei als Container und vermutlich durch meine »vertrauensbildenden« Maßnahmen wie Zuwendung, Wertschätzung, Interesse und Beziehung auch als Katalysator. Nach einer langen Zeit der Spaltung und Verleugnung wie auch nach beginnender Trauerarbeit war es gelungen, das Leben zum Teil wieder neu zu gewinnen und zu besetzen. Die Familien kehrten nach einigen Monaten wieder in den Kosovo zurück, begruben ihre Toten und begannen, ihre Häuser wieder aufzubauen.

Literatur

Ehlert-Balzer, M. (1996). Das Trauma als Objektbeziehung. Veränderungen der inneren Objektwelt durch schwere Traumatisierung im Erwachsenenalter. *Forum der Psychoanalyse, 12*(4), 291–314.
Fonagy, P. et al. (1993). The roles of mental representations and mental processes in therapeutic action. *Psa. Study of the Child, 48*, 9–48.

Foulkes, S. H. (1991). *Introduction to group analytic psychotherapy*. London: Karnac.
Henningsen, F. (2003). Traumatisierte Flüchtlinge und der Prozess der Begutachtung. Psychoanalytische Perspektiven. *Psyche – Z psychoanal, 57*(2), 97–120.
Krystal, H. (2000). Psychische Widerständigkeit: Anpassung und Restitution bei Holocaust-Überlebenden. *Psyche – Z psychoanal, 54*(9/10), 840–858.
Laub, D. & Weine, S. (1994). Psychotherapeutische Arbeit mit bosnischen Flüchtlingen. *Psyche – Z psychoanal, 48*(12), 1101–1122.
Laub, D. (2000). Eros oder Thanatos? Der Kampf um die Erzählbarkeit des Traumas. *Psyche – Z psychoanal, 54*(9/10), 860–894.
Reddemann, L. (2003). *Imagination als heilsame Kraft*. Stuttgart: Klett-Cotta.
Varvin, S. (2000). Die gegenwärtige Vergangenheit. Extreme Traumatisierung und Psychotherapie. *Psyche – Z psychoanal, 54*(9/10), 895–930.
Volkan, V. (1981). *Linking Objects and Linking Phenomena: A Study of the Forms, Symptoms, Metapsychology and Therapy of Complicated Mourning*. New York: International University Press.
Winnicott, D.W. (1960). *The Maturational Processes and the Facilitating Environment*. New York.

III.
Säugling-Kleinkind-Eltern-Psychotherapie mit Migranteneltern

Einige Erfahrungen in der Säugling-Kleinkind-Eltern-Psychotherapie mit Müttern und Eltern im Migrationsprozess

Hediaty Utari-Witt

Im Rahmen der SKEPT-Ausbildung (Säugling-Kleinkind-Eltern-Psychotherapie) in München, veranstaltet vom Psychoanalytischen Forum München (PFM), einem Zusammenschluss von fünf DGPT-Instituten in München, wurde mir die Aufgabe anvertraut, ein Seminar über SKEPT mit Eltern mit Migrationshintergrund zu halten. Die Grundgedanken für dieses Seminar entwickelte ich aus meinen langjährigen klinischen Erfahrungen mit Menschen aus verschiedenen Kulturen und meiner begleitenden SKEPT-Ausbildung. Durch die Diskussionen im Seminar wurden meine Gedanken erweitert und ich versuchte sie theoretisch weiter auszuarbeiten.

Im Folgenden kurzen Beitrag möchte ich meine bisherigen Überlegungen und Erfahrungen darlegen. Damit verbunden ist meine Hoffnung, dass Kolleginnen und Kollegen, die ebenfalls in diesem Bereich ihre Erfahrungen gemacht haben, über ihre Arbeit schreiben und dadurch eine wertvolle Möglichkeit zum Austausch entsteht.

Migration im Kindes- und Jugendalter

Das Alter zum Zeitpunkt der Migration spielt für die weitere Persönlichkeitsentwicklung in der Migration eine große Rolle. Es ist bekannt, dass Kinder eine Migration »wie ein Exil« (Akhtar, 2007, S. 33f.) erleben, denn sie müssen ihren Eltern folgen; oft sind sie nicht darauf vorbereitet, ihre vertraute Umgebung zu verlassen, und können auch nicht mehr zurückkommen. Eine Migration in der Adoleszenz beinhaltet eine doppelte oder vielfache Belastung, weil während dieser erneuernden Lebensphase eine »verdoppelte Migrationsanforderung« (King, 2005, S. 35–51; Erdheim, 2014) bewältigt werden muss. Über die Auswirkungen eines Migrationsprozesses in der Postadoleszenz und im Erwachsenenalter wird in diesem Band vielfach berichtet.

Ich möchte nun die empfindsame Zeit des Mutter-Werdens in der Fremde und die beginnende Zeit der Elternschaft in der Migration genauer untersuchen.

Die psychische Geburt einer Mutter in der Fremde

Zusammen mit seiner Frau Nadia Bruschweiler-Stern schrieb Daniel Stern das Buch *Geburt einer Mutter*, in dem es heißt: »In gewissem Sinne muss eine Mutter psychisch geboren werden, so wie ihr Baby physisch geboren wird« (Stern & Bruschweiler-Stern, 2002, S. 37).

Auf den Prozess des Mutter-Werdens fokussierend, sprechen die Autoren ihre Leserinnen, nämlich die werdenden Mütter, wie folgt an:

> »Während Ihr Körper in der Schwangerschaft die physische Entwicklung eines Fötus übernimmt, entwickelt die Seele eine Vorstellung von der Mutter, die Sie werden könnten. Zugleich beginnen Sie sich ein geistiges Bild davon zu machen, wie Ihr Baby sein könnte. So erleben Sie gewissermaßen drei Schwangerschaften gleichzeitig: In Ihrem Leib wächst der Fötus heran, in Ihrer Psyche entwickelt sich das mütterliche Denken und Fühlen und in Ihrer Vorstellung nimmt Ihr Baby Gestalt an« (ebd., S. 37).

Was aber geschieht dann, wenn dieser komplexe Prozess sich auch noch in einer fremden Umgebung vollzieht?

Meine These lautet wie folgt: Eine werdende Mutter in einem fremden Land entwickelt eine große Sehnsucht nach der vertrauten Umwelt, nach allen vertrauten Qualitäten wie Gerüche, Geräusche, Geschmäcke sowie nach der vertrauten familiären Atmosphäre. Es ist wie ein *Auftauchen des Impliziten*.

Auch ohne eine örtlich entferntere Migration geschieht dieser Prozess wahrscheinlich in jeder werdenden Mutter. *Die tief verankerte Sehnsucht nach einer mütterlich-haltenden Umwelt* – wie Winnicott in seinen zahlreichen Werken über die Pflege und Versorgung des Säuglings durch die junge Mutter formulierte – wird durch die physische Geburt des/der neuen Erdenbewohners/Erdenbewohnerin *mobilisiert*.

Diese These gründet auf meinen klinischen Erfahrungen mit jungen werdenden Müttern in der Migration, die ich anhand zweier Fallvignetten illustrieren möchte. Infolge des Austausches mit Kollegen im Rahmen der SKEPT-Ausbildung in München möchte ich meine These erweitern: Bei einer negativen Erfahrung der frühkindlichen Umwelt-Mutter (d.h. frei nach Winnicott: die Erfahrung einer *not good enough mother* – einer ungenügenden oder gar mangelhaften Umwelt) kann die enttäuschte Sehnsucht in Hass umkippen. Das würde innerlich-phantasmatisch – auch nach Winnicott – beinhalten, dass der Prozess der von dem Säugling phantasierten Eigenmächtigkeit tendenziell eher angekurbelt werden kann, der wiederum eine Steigerung der Omnipotenz und auch eine verstärkte *Abneigung oder gar Hass gegen die Objekt-Mutter* mit sich bringen kann.

An dieser Stelle möchte ich die treffende Zusammenfassung über Umwelt-Mutter und Objekt-Mutter von Jochen Storck im Vorwort der deutschen Ausgabe von Winnicotts Werk *Von der Kinderheilkunde zur Psychoanalyse* zitieren:

> »In der ersten Zeit kann der Säugling die Tatsache nicht erkennen, dass die Mutter, die er in den Phasen der Ruhe so sehr schätzt, die gleiche Person ist, die er in den Erregungsphasen erbarmungslos angreift. Daher beschreibt Winnicott bei dem unreifen Kind – in Anlehnung an die ›gute‹ und ›böse‹ Mutter von Melanie Klein – zwei Mütter und dementsprechend zwei Aspekte der Säuglingspflege: die Objekt-Mutter und die Umwelt-Mutter. Die *Objekt-Mutter* ist Besitzerin des Teilobjekts, das die dringenden Bedürfnisse des Säuglings befriedigen kann und somit die Zielscheibe der erregten und bedenkenlosen Angriffe ist. Sie muss den oralen Sadismus des Säuglings ertragen und überleben. Die *Umwelt-Mutter* hingegen übt aktiv Pflege, gibt Zärtlichkeit und eine ruhige Beziehung. Sie muss die Möglichkeit zur Wiedergutmachung bieten, wenn in der Vorstellung des Kindes die Verschmelzung von Umwelt- und Objekt-Mutter geschehen und Besorgnis erlebt werden soll« (Winnicott, 1988, S. 24; Kursiv. H.U.-W.).

In den Diskussionen im Seminar wurden folgende Phänomene erwähnt bzw. Fragen aufgeworfen:

➤ Es gab Mütter mit verschiedenen Migrationserfahrungen, die froh waren, bei der Geburt und bei der Pflege des Säuglings bzw. Kleinkindes ganz weit weg von ihrer Mutter zu sein. Gerade diese Gruppierung nahm gerne die Hilfestellung einer emotional für sie neutralen Institution an. Sie konnten sich keine hilfreiche *persönliche* Unterstützung von ihrer Mutter vorstellen und versuchten, in der Fremde eine *hilfreiche Umwelt-Mutter* für sich zu gestalten.

➤ Eine australische Kollegin berichtete mir, eine junge Frau aus China behandelt zu haben, die ihre Mutter so sehr hasste, dass sie vor der Geburt ihres Kindes in China nach Australien übersiedeln musste. Sie wurde von ihrer eigenen Phantasie verfolgt, ihre Mutter töten zu müssen. Es schien so gewesen zu sein, dass die Nähe zu ihrer Mutter als so bedrohlich erlebt wurde, dass sie kurz vor der Geburt zu ihr auf physische Distanz gehen musste.

➤ Ich persönlich hatte eine Behandlung mit einer Mutter, Frau W., mit postpartaler Depression und einem schreienden Sohn durchgeführt, der während des Schreiens seinen ganzen Körper deutlich anspannte. Es war mir nach einigen Probesitzungen leider nicht möglich, einen Zugang zu der Mutter zu gewinnen. Frau W. erlebte deutliche Traumatisierungen in ihrer frühen Kindheit wie auch in der Adoleszenz (emotionale Vernachlässigung) während der Migration der Eltern aus einem osteuropäischen Land nach Deutschland. Sie konnte sich auf die Therapie, auf eine Beziehung zu mir nicht einlassen. Sie kam nur zwei Mal mit ihrem Sohn, danach vier Mal alleine, mit der Begründung, dass sie Einzeltherapie brauche. Doch fühlte sie sich von mir überhaupt nicht angenommen.

Die Szenerie des Abbruchs hat mich lange beschäftigt und getroffen: Warum, so fragte sie, seien eigentlich so viele Leute zu mir gekommen, ob ich den anderen wirklich habe helfen können und warum ich sie von ihren schlimmen Schlafstörungen und bedrückenden Gedanken nicht habe befreien können. Mein Bedauern einerseits, gleichzeitig meine Bereitschaft, weiter mit ihr zu arbeiten, verhallten. Die Gespräche hatten für sie keine Bedeutung angenommen, außerdem hatte sie vor umzuziehen und beabsichtigte, bei jemand anderem Hilfe zu suchen. Ich konnte ihre Entscheidung ruhig annehmen, respektierte sie und sagte, dass ich ihre Ambivalenz immer wieder gespürt hätte, unter anderem weil sie vereinbarte Stunden absagte. Sie stand plötzlich auf, verließ den Raum so schnell, dass ich gar nicht reagieren konnte, und ließ mich allein zurück, ohne einen richtigen Abschied. Es war leider nicht möglich, zu klären, welche Aspekte in unserem unregelmäßigen Kontakt ausschlaggebend für diesen seltsamen Abschied waren. Hatte ich mich zu wenig um sie gekümmert, fühlte sie sich emotional vernachlässigt, wie in der Adoleszenz oder auch in der frühen Kindheit? Hätte sie sich gewünscht, dass ich sie öfter anrufe und nachfrage? Hatte sie so sehr das Gefühl, dass die anderen »Geschwister« besser, von mir mehr gemocht und wichtiger als sie waren? Oder war diese seltsame Plötzlichkeit eine Reinszenierung der traumatisierenden Migration? Der schreiende kleine Sohn mit dem ängstlich-krampfhaft angespannten Körper blieb mir noch lange in Erinnerung: wie wenig die Mutter diese angstvolle Angespanntheit wahrnehmen konnte oder wollte. Sie negierte einfach diesen Zustand. Möglicherweise erlebte er in solchen Momenten so etwas wie ein Verschwinden seiner sich entwickelnden psychischen Struktur, eine namenlose Vernichtungsangst, welcher er durch das Erspüren des angespannten kleinen Körpers entgegenzuwirken versuchte. Ich hatte den Eindruck, dass sie diesen Zustand negierte. Sie wandte sich zwar ihrem sechsmonatigen Sohn zu, indem sie ihn mit Spielsachen abzulenken versuchte. Meinen Versuch, das Erleben des Kindes und seine Mitteilung zu verbalisieren (Baradon, 2005, S. 129), überhörte die Mutter aber und sprach über sich, über ihr Leiden, was letztlich den größeren Raum bekam. Eine Einzeltherapie mit Frau W. war in Vorbereitung, kam aber leider nicht mehr zustande.

Nun zurück zu meiner obigen These, dass die Sehnsucht nach implizit positiven-beruhigenden Erfahrungen, wie die Atmosphäre einer guten »Umwelt-Mutter« im Sinne von Winnicott, nach der Geburt hochkommt. Die Repräsentanz der positiven Umwelt-Mutter wird früher als die Repräsentanz der Objekt-Mutter gebildet, da dieser frühe Prozess noch in die Zeit fällt, in der ein Säugling sich selbst noch nicht als von seiner Umwelt getrennt erleben kann. Winnicott schreibt 1971:

»In den frühen Phasen der emotionalen Kindheitsentwicklung spielt die Umwelt, die zu dieser Zeit vom Kind noch nicht als von ihm getrennt erlebt wird, eine entscheidende Rolle. Erst allmählich findet die Abtrennung des ›Nicht-Ich‹ vom Ich statt; dieser Schritt variiert im Einzelfall und hängt vom Kind und von der Umwelt ab. Die wesentlichen Veränderungen vollziehen sich mit der Abtrennung der Mutter, die damit ein Teil der objektiv wahrgenommenen Umwelt wird. Diese entwicklungsbedingte Aufgabe wird für das Kind unendlich viel schwieriger, wenn keine Mutterfigur vorhanden ist« (Winnicott, 1971, S. 128).

Zur Illustration meiner These möchte ich nun eine kurze Fallvignette anführen.

Fallvignette 1

Eine 32-jährige Asiatin, Frau Y., Informatikerin, attraktiv, erfolgreich und ambitioniert im Beruf, im fünften Monat schwanger, suchte eine psychotherapeutische Beratung, da sie sich selbst gar nicht mehr wiedererkannte: Sie sei immer ein sehr positiver Mensch gewesen, habe immer gerne etwas Neues gelernt. Nun habe sie gemerkt, dass sie nur noch negative Gedanken habe: Sie habe sich nicht vorstellen können, in München keinen Job zu bekommen; dies habe sie so gekränkt. Das Leben mit ihrem deutschen Mann, den sie während des Informatik-Aufbaustudiums in Paris kennengelernt hatte, habe sich in München so verändert: In Paris wie auch in Berlin hätten sie sich so gut verstanden, da sie dort alles gemeinsam bewältigt hätten. Nun habe es sich ergeben, dass sie beide aufgrund beruflicher Möglichkeiten nach München, in die Heimatstadt ihres Mannes, umgezogen seien. Seither habe sich alles verändert: Ihr Mann sei in seine Heimatstadt zurückgekehrt, habe seine vielen alten Freunde; sie fühle sich nicht mehr richtig einbezogen in sein Leben. Sie wollte zur Geburt nach Hause zu ihrer Familie in Asien, die Umwelt hier empfand sie als kalt. Der beste Freund ihres Mannes, ihr Hausarzt, meinte, sie hätte eine mittelschwere Depression. Diese Feststellung kränkte sie. In der englischsprachigen Kirchengemeinde lernte sie eine Amerikanerin kennen, mit der sie im Alltag auch Englisch sprechen konnte. (Frau Y. sprach sehr gut Deutsch, obwohl sie erst zwei Jahre in Deutschland lebte. Englisch war ihre zweite Sprache, die ihr seit Kindheit und Jugend auf internationalen Schulen vertraut war.)

Nach der Geburt wollte sie zwar nicht zu mir in die Stunde kommen, aber immer wieder mit mir telefonieren. Sie fühlte sich sehr einsam mit ihrem Baby. Sie stellte mir viele Alltagsfragen (über Pflege, Stillen etc.). Als am schönsten empfand sie es, wenn die amerikanische Freundin zu ihr kam. Es brachte ein Stück ersehnter Vertrautheit zurück. Aber ständig verfolgten sie der Wunsch und die dazugehörigen Bilder von Zuhause: nicht mit dem Baby allein zu sein, umgeben von helfenden Bediensteten; heimisches Essen, Gerüche, Geschmäcke, andere Sprachen, Eltern und Großeltern.

Sie kam mit ihrer Tochter zu mir, als diese circa sieben Monate alt war. Das Bild konnte ich nicht vergessen, wie sie ihre Tochter in dem Alter ermutigte zu stehen! Ein frühes Aufstehen, eine forcierte Autonomie!

> »Die Mutter beschreibt ihr Baby in ihren Assoziationen mit sehr ähnlichen oder gar identischen Begriffen wie jenen, die sie verwendet, wenn sie von sich selbst als Kind spricht oder wenn sie uns signifikante Personen ihrer Vergangenheit schildert. Die projektive Identifizierung kann anhand der Erwartungshaltungen der Mutter in Bezug auf das Verhalten ihres Babys klar erkennbar gemacht werden« (Cramer & Palacio-Espasa, 2009, S. 352).

Die kleine Tochter juchzte zwar voller Freude, doch recht bald wollte sie lieber wieder auf den Schoß der Mutter zurück. Erst seit dieser Zeit traute sie sich, mit ihrer Tochter aus dem Haus zu gehen, in die für sie immer noch fremde Umwelt (Kälte, Winter, allein mit allem fertigwerden, ohne Hilfe oder gar Bedienstete wie in ihrer alten vertrauten Umwelt). In den ersten Monaten nach der Geburt, in ihrer Einsamkeit (gleichzeitig blieb sie aber ambitioniert darin, ein Internetprogramm fertigzustellen), hatte es ihr gereicht, mit mir telefonisch – vielleicht als Umwelt-Mutter, die auch die Amerikanerin für sie war – in Verbindung zu bleiben. Erst nachdem sie sich in der neuen Umwelt sicher genug fühlte, war es ihr möglich, ein Stück mehr Nähe und Vertrauen zu mir persönlich herzustellen. Sie kam einmal wöchentlich mit ihrer Tochter zu mir und so konnte ein Reflexionsraum hinsichtlich ihres Lebenslaufes entstehen. Es berührte sie ungemein, wie sehr die hohen Erwartungen ihrer Eltern bis in ihr aktuelles Leben hinein wirkten: Sie konnte Empfindungen der Erschöpfung und Traurigkeit zulassen und gestaltete ihr Leben neu.

Es wurde ihr deutlich, dass sie unbewusst diesen Aspekt des »Kindes als Ideal« (Cierpka & Windaus, 2007, S. 108), den sie selbst wohl erlebt haben musste, an ihre Tochter weitergegeben hatte. Die Wichtigkeit der Entwicklung ihrer kleinen Tochter in dem bedeutsamen Zeitfenster, das nicht mehr zurückkehrt, konnte vermittelt werden, und sie stellte ihre beruflichen Ambitionen ein Stück zurück. »Ich liebe meine Tochter über alles« – so war es ihr möglich, einen Zugang zu ihrer Mütterlichkeit zu finden, was in ihrem Umgang mit der süßen Tochter in den Stunden spürbar war. Durch paartherapeutische Gespräche konnten Kränkungen, Missverständnisse und Veränderungen in der Paardynamik besprochen werden und es wurde eine neue Einstimmung mit ihrem Mann erreicht.

Erwähnen möchte ich an dieser Stelle auch eine junge Frau chinesischer Abstammung (siehe Fallvignette 2 im nächsten Abschnitt), die gegen Ende ihrer langen Analyse schwanger wurde: Auch bei ihr erwachten große Sehnsüchte nach Vertraut-Heimischem. Bei ihr kam auch die Sehnsucht hinzu, von ihrer Stiefmutter besucht zu werden, was jedoch wegen des Alters und des Gesundheitszustands der Stiefmutter nicht möglich war. Zur Sehnsucht nach der atmosphärischen, beruhigend-fördernden Umwelt-Mutter kam bei ihr auch die Sehnsucht nach der persönlichen objektalen

Mutter, mit der sie wertvolle Gemeinsamkeiten teilte, z.b. sehr akkurat und leidenschaftlich klassische chinesische Gerichte zuzubereiten. Es wurde erzählt, dass die Stiefmutter sie allabendlich als Säugling herumgetragen habe, als sie – angeblich immer zur gleichen Zeit – zu weinen anfing.

Überlegungen über Elternschaft in der Migration

Elternschaft gehört zu einer der großen Herausforderungen im Leben. Sie birgt ein großes Entwicklungspotenzial wie auch eine mögliche Krise in jeder persönlichen Entwicklung. Die Phase nach der Geburt stellt eine besonders sensible, manchmal kritische Phase dar. Bertrand Cramer und Francisco Palacio-Espasa (2009, S. 66) schreiben über die Instabilität der postnatalen Phase: »Im Bereich der ›Normalität‹ gehen die inflationären Projektionen in Zusammenhang mit der primären elterlichen Fürsorge mit der Zeit zurück und machen einer optimalen Objektalisierung der Beziehung zum Kind Platz; in den symptomatischen Fällen muss deren Dynamik durch Einsatz einer Intervention verstehbar gemacht werden.«

Wie könnten – selbst im Bereich der »Normalität« bei Migranteneltern – die zunächst inflationären Projektionen auf den neuen Erdenbewohner /die neue Erdenbewohnerin aussehen? Können sie bereits mit Zukunftshoffnungen im aufnehmenden Land gefärbt oder gar überfrachtet sein? »Hoffnung erscheint am Horizont und macht die Trauer erträglich«, schreibt Salman Akhtar (2007, S. 49), denn: »Eingewanderte Eltern – seien sie aus Indien, Südkorea, Puerto Rico, China, Mexico oder Iran – durchlaufen einen lebenslangen Trauerprozess«: »Dadurch, dass sie eine später erlernte Sprache sprechen [...] und ständig versuchen, das richtige Verhalten für altersgerechte gesellschaftliche Ereignisse zu lernen, ist das Ich eingewanderter Eltern belastet« (ebd., S. 70f.).

Hohe emotionale Besetzung, sowohl Freude und Hoffnung als auch verstärkte Ängstlichkeit, Unsicherheit, besonders bei traumatischen Erfahrungen in der Kindheit, sind bei jungen Migranten-Eltern (oder oft bei alleinerziehenden Migranten-Müttern) sehr schnell spürbar. In diesem Zusammenhang möchte ich über meine Erfahrungen mit Migranten-Müttern berichten, die in ihrer Kindheit Gewalterfahrungen erlitten haben.

Gewalterfahrungen in der Kindheit und Scham in der neuen Gesellschaft

Fallvignette 2

Frau A., eine junge, schwangere Frau chinesischer Abstammung meinte, dass in der traditionellen chinesischen Erziehung keine Zärtlichkeit in den Beziehungen vorgesehen sei. Man sei streng konfuzianisch erzogen, ohne Lob, allenfalls mit Tadel, körperliche Gewalt als Strafe sei selbstverständlich. Die zierlich gebaute, gut aussehende, erfolgreiche Akademikerin erklärte mir, dass Gehorsam als das Wichtigste in der Erziehung gelte, höfliche Zurückhaltung und Respekt seien in ihrem Elternhaus, in dem sich von jeher ein Familienaltar mit Weihrauch befinde, erwartet worden. Für sie war es anfänglich kaum möglich, in der Therapie über sich zu sprechen: »Über solch intime Gefühle habe ich mit niemandem gesprochen, außer mit Ihnen.« Sie wurde von ihrem Stiefvater und auch von den Stiefbrüdern durch harte körperliche Strafen gequält, begleitet von demütigenden Äußerungen, brutal geschlagen oder gezwungen, auf dem harten Boden kniend die ganze Nacht zu verbringen, wenn kleine Mängel in der Haushaltserledigung gefunden worden waren. Ihre Stiefmutter (die älteste Schwester ihrer verstorbenen Mutter) konnte sie kaum vor den Gewaltstrafen des Stiefvaters und der Stiefbrüder beschützen. Bis zu ihrer Niederkunft befand sich Frau A. in Psychoanalyse bei mir und konnte in diesem Zeitraum über ihre Scham und den Schmerz durch die Demütigungen in der Kindheit und frühen Jugend sprechen. Sie begann sich Gedanken zu machen, wie sie ihr Kind erziehen würde, ob sie die erfahrene Gewalt unwillkürlich weitergeben würde. Sie hatte Angst davor. Sie fürchte ihre eigene Ungeduld, die vielleicht unbeherrschbar werden könnte. Da sie mit einem Deutschen verheiratet sei (sie lebt seit circa sechs Jahren hier), sei sie eher vor ihrer schlummernden Gewaltneigung geschützt. Ihr Mann sei eher sanftmütig, sie selbst neige eher dazu, »hysterisch« zu werden, wenn es zu Spannungen innerhalb der Familie (besonders mit der launischen Schwiegermutter) komme. Sie weiß, dass in Deutschland Gewalt gegen Kinder verboten ist und auch bestraft werden kann.

Frau A. kam nach der Geburt und Beendigung der vierstündigen Analyse mit ihrem gesunden, liebenswürdigen, hübschen Sohn ziemlich regelmäßig einmal im Monat, bis dieser ein Jahr alt wurde. Sie konnte offensichtlich einen guten, positiven emotionalen Zugang zu ihm finden. Sie meinte, dass es sehr wichtig für sie gewesen sei, ihren seelischen Schmerz während der Schwangerschaft bei mir lassen zu können. »Die Dämonen der Vergangenheit haben mich nicht mehr verfolgt – ich kann mich immer wieder beruhigen und versuchen, die Erlebnisweise meines Kindes zu verstehen – das habe ich hier gelernt.« Einmal kam ihr »sanftmütiger« deutscher Mann sie und den kleinen Sohn abholen; er wirkte auf mich in der Tat sanft.

Fallvignette 3

Frau B., eine circa 40-jährige chinesische Ingenieurin von eher festerer Statur kam vor rund drei Jahren durch ihre berufliche Tätigkeit nach Deutschland. Sie suchte mich zur Beratung auf, da sie ihren dreijährigen Sohn immer wieder schlagen musste, obwohl sie es nicht wollte. Sie selbst wurde als Kind geschlagen. Sie hatte schon immer versucht, ihren Sohn ohne Gewalt zu erziehen, aber es gelang ihr nicht. Besonders unter beruflichem Stress merkte sie, dass ihr der Geduldsfaden schnell riss; auch ihr Mann ließ sie mit dem Problem allein. Ihr Sohn konnte sie in der Früh kaum loslassen; er weigerte sich zwar nicht direkt, in den Kindergarten (bzw. die International Preschool) zu gehen, er nervte sie aber mit seinem Zögern, er »klebe« so sehr an ihr. Offensichtlich brauchte ihr Sohn unter den ebenfalls erhöhten Anforderungen in der neuen Umwelt auch mehr Aufmerksamkeit, Wärme und Sicherheit von ihr, was sie so nicht sehen konnte. Man habe nun mal zu funktionieren, war ihre innere Forderung, an sich selbst wie auch an ihren Sohn. Erst nach mehreren Versuchen meinerseits, ihr die Perspektive ihres Sohnes zu erklären – Reframing nach Tessa Baradon (2005, S. 129) –, war sie einigermaßen zugänglich für meine Erklärungen. Das »Kleben« an ihr sollte sie als ein Zeichen des Vertrauens ihres Sohnes sehen. Es wäre schlimm gewesen, hätte er anders reagiert (z.B. mit Rückzug).

Hilfreich um diesen emotionalen Zugang zu vertiefen war das Besprechen einzelner Situationen, die Beschreibung ihrer Affekte, bevor sie ihn schlagen »musste«. Sie müsste sich ablenken, dann sich beruhigen: Dies müsste sie regelmäßig trainieren, sagte sie sich selbst voller Nachdruck und Leidenschaft. Sie schämte sich, sich selbst nicht beherrschen zu können: »Dabei bestand beinahe die ganze Erziehung aus Beherrschung!« Und beschwörend meinte sie, dass sie es auf keinen Fall dazu kommen lasse, dass dies in der neuen internationalen Umgebung ihres Sohnes herauskäme; dies würde sie sehr beschämen. Ob überhaupt bzw. wie die Beratungsgespräche in der Realität wirkten, konnte ich nicht erfahren, weil Frau B. nach ungefähr zehn Sitzungen nicht mehr zu den vereinbarten Terminen erschien. Sie bedankte sich über E-Mail. Vermutlich wirkte sich das Über-Ich, das kulturell von Schamempfindungen geprägt sein kann, in der neuen Situation positiv aus: Ihre Empfindung der Verantwortlichkeit für ihren Sohn, in dem neuen sozialen Umfeld nicht beschämt zu werden, verhalf ihr offenbar, die Tendenzen zur körperlichen Gewalt zu beherrschen.

Fallvignette 4

Frau C., einer 40-jährigen Asiatin, wurde von dem zuständigen Jugendamt angedroht, dass ihr die Erziehungsgewalt über die zweijährige Tochter entzogen werden könnte, würde sie ihren Erziehungsstil nicht ändern. In der Einrichtung (Frauenhaus) wurde festgestellt, dass ihre Tochter sehr ängstlich war und sich von der Mutter gar nicht trennen konnte. Auch eine stationäre Behandlung zeigte keinerlei Besserung. So wurden Mutter und Kind von einer Beratungsstelle zu mir überwiesen. Frau C., eine hübsche Frau, schlank und groß gewachsen wie eine Europäerin, sprach kein Deutsch; die Sprachentwicklung der kleinen Tochter in deren Muttersprache war angeblich nicht optimal (Aussage einer Dolmetscherin, die die therapeutische Arbeit regelmäßig begleitete).

In ihrer Kindheit gehörte das Schlagen zwar zur Erziehung, es wirkte bei Frau C. jedoch nicht nachhaltig traumatisierend. Es sei nun mal so gewesen, aber sie habe sich nicht gedemütigt oder gequält gefühlt. Mithilfe eines gut organisierten Hilfsprogramms seitens der betreuenden Sozialpädagogin und im Rahmen der Kurzzeittherapie zeigte sich allmählich, dass Frau C. emotional wie auch kognitiv zugänglich war. Sie selbst erlebte Gewalt eher als Ehefrau bzw. Partnerin (sie war zwei Mal verheiratet) seitens ihrer Ehemänner und auch seitens des letzten Partners; sie wurde von den Männern geschlagen. (Ihre Ehemänner und der Vater der jüngsten, zu Therapiebeginn zweijährigen Tochter waren Landsleute. Das bedeutete möglicherweise, dass sie sich traute, Männern aus ihrem Kulturkreis provozierend zu widersprechen.) Sie flüchtete aus der gemeinsamen Wohnung, nahm ihre kleine Tochter mit in jene Stadt, in der ihre jüngere Schwester wohnte, und wurde zunächst in einem Frauenhaus untergebracht.

Es bedurfte einer einfühlsamen, geduldigen Annäherung, bis Frau C. ihr Misstrauen gegen staatliche Einrichtungen (ihr kam auch die Therapie zunächst wie eine Verlängerung der Staatsgewalt vor) überwinden und sich mir öffnen konnte. Das Erzählen ihrer komplizierten Lebensgeschichte (mithilfe der inzwischen vertrauten Dolmetscherin) und mein Verständnis dafür, dass sie in der stationären Umgebung kein Vertrauen fassen konnte, ermöglichte ihr schließlich, ihren Seelenschmerz über ihren Lebenslauf zum Ausdruck zu bringen. »Ich habe alles verloren, jetzt habe ich nur noch meine kleine Tochter.« Die unauflösbare Dyade, die Panikzustände der kleinen Tochter bei einer räumlichen Trennung von der Mutter, konnten nach und nach bearbeitet werden: Bei der Mutter geschah die Bearbeitung durch Annehmen ihrer Verlustängste (die sich in ihrem Leben wiederholten), durch Aufklärung über die Wichtigkeit der autonomen Entwicklung der Tochter (Trennung/Eingewöhnung im Kindergarten). Mit der wachen kleinen Patientin ist es mir inzwischen gelungen, allein, im getrennten Spielzimmer, vergnüglich über die Hälfte der Zeit zu spielen (während die Mutter der Dolmetscherin über Fortschritte und Alltagsprobleme berichtete; zu Beginn der Therapie saß das kleine Mädchen ängstlich, unzertrennlich lange auf dem Schoß der Mutter). Das erste deutsche Wort, das sie von mir gelernt hat, ist »Blume«. Sie erlebte seit mehreren Monaten zwei »Omas« – so nennt sie mich und die Dolmetscherin: Beide ähneln sich zwar in dem Sinne, dass sie nicht wie die meisten Menschen in ihrer Umgebung aussehen, doch kann sie mit der einen sprechen und mit der anderen nur spielen. Es wird sehr interessant sein, den Verlauf ihrer Entwicklung weiterzuverfolgen.

Ein sehr wichtiger Faktor in dieser gelungenen Zusammenarbeit ist das Einverständnis und Vertrauen zwischen mir und der Dolmetscherin.[1]

---

[1] In dem oben dargestellten Fall ist es ein Glücksfall, dass die Dolmetscherin offensichtlich meine Aussagen/Interventionen der Kindesmutter gegenüber korrekt versteht und damit einverstan-

Was diese Fallvignette betrifft, so beabsichtige ich nicht, den gesamten bisherigen Verlauf der mit Frau C. durchgeführten Kurzzeittherapie darzustellen. Ich wollte lediglich meine Erfahrungen mit verschiedentlich erlebten Gewalterfahrungen und deren Veränderungspotenzial illustrieren. Die Tiefe der erlebten Schmerzen, deren Durcharbeiten und der neue soziokulturelle Kontext stellen sicherlich wichtige Faktoren für die notwendigen Transformationen dar.

Disziplinierte deutsche Kinder – wilde Ausländerkinder?

Fallvignette 5

Frau D., eine junge türkische Mutter, die seit ihrem dritten Lebensjahr in Deutschland lebt, fühlte sich von ihrer zweijährigen Tochter tyrannisiert und bekam Angst, dass ihre Tochter im Kindergarten Probleme bekommen könnte. Sie stellte mir die Frage: »Wie kommt das, dass deutsche Kinder so brav sind? Sie folgen, was ihre Eltern sagen, während unsere Kinder so wild und frech sind.« Es ist denkbar, dass solche Fragen, spürbar mit einer Ambivalenz zum Ausdruck gebracht, eher mir gegenüber als »Migrant-Therapist« (Begriff von Salman Akhtar) geäußert werden als deutschen Kollegen gegenüber.[2]

Bewunderung war vermischt mit einer gewissen Entwertung. Es sei ihr bei einer Erziehungsberatungsstelle gesagt worden, dass sie ihrer Tochter Grenzen setzen solle. Sie habe es zwar verstanden und ein Stück nachvollziehen können, sei aber nicht imstande, dieses zu leisten. Auf meine Nachfrage, warum sie gefühlt habe, dass sie nicht imstande sei, dies zu tun, weinte sie bitterlich. Sie hatte nicht die Kraft, sich gegen ihre lebhafte, energiegeladene Tochter durchzusetzen. Sperrte sie ihre Tochter D. in ihr Zimmer ein, damit sie sich beruhigen und wieder vernünftig werden sollte (sie folgte der Empfehlung der Erziehungsberatung), schrie, trat und klopfte D. so lange an ihre Zimmertür, bis ihr Herz richtig schmerzte. Sie musste dann die Zimmertür aufmachen und weinte vereint mit der Tochter.

In dieser ersten Sitzung konnte sie sich nach einer Weile beruhigen und sagte, dass sie sich vor mir schäme. Dann fragte sie, ob deutsche Mütter alle so stark seien und ihre Kinder weinen lassen könnten, eine Frage, die komplexe Implikationen

---

den ist. Es handelt sich um den komplexen Vorgang einer positiven Arbeitsbeziehung zwischen mir und der Dolmetscherin: Wir sind etwa gleichaltrig und respektieren einander. Ferner gibt es geschichtlich bedingte positive Beziehungen zwischen unseren beiden Herkunftsländern.

2 Als »Migrant-Therapist« habe ich den Eindruck, dass eine gewisse »Migranten-Solidarität« von den Patienten mit Migrationshintergrund unbewusst inszeniert oder auch bewusst gefordert wird. Dies kann eine kritische Haltung gegenüber der deutschen Gesellschaft wie auch eine Externalisierung innerer Konflikte beinhalten (wie bei Frau D.).

hat, etwa: Muss ich so hartherzig werden, um hier integriert zu sein? Oder: Muss ich mich schämen, wenn ich es so nicht schaffe? In der direkten Übertragung zu mir dachte sie möglicherweise: Wie denken Sie darüber? Auf welcher Seite sind Sie? Können Sie mich und mein Schicksal verstehen? Ich erlebte sie mit ihren Fragen so, als ob sie die Art und Weise der hiesigen Erziehungsmaßnahmen wie von der Beratungsstelle aufgestülpt erleben würde, Mutter und Kind weinten vereint wegen der aufgebürdeten Strafe.

Ich entgegnete ihr, dass diese besondere Lebensphase für jede junge Familie, für jedes Paar, ganz gleich welcher Herkunft, immer eine neue Herausforderung beinhaltet. Und ich hatte den Eindruck, dass sie bereits zu dem Zeitpunkt Angst vor der Sozialisation ihrer Tochter (Eintritt in den Kindergarten) hatte. Es sprudelte nur so aus ihr heraus, wie schlimm sie diese Zeit erlebt hatte, als sie – wohl so gut wie unvorbereitet – kurz nach ihrer Ankunft in Deutschland in den Kindergarten geschickt worden war. Dieser Übergang in die »deutsche« Gesellschaft aus der vertrauten kulturellen Umgebung mit ganz anderen Gewohnheiten heraus schien ungut verlaufen zu sein. Es war dann möglich, ihre schweren Traumatisierungen anzusprechen, angefangen in der Kindheit durch die Migration der Eltern (sie wurde bei den Großeltern zurückgelassen und nicht gut behandelt), ihre Erlebnisse während der Sozialisation in Deutschland bis hin zu den aktuellen Demütigungen seitens ihres Mannes (er ging ständig fremd, kümmerte sich gar nicht mehr um sie und die Tochter, da sie für ihn zu dick und unattraktiv wurde etc.).

Dies geschah in vielen abendlichen Einzelstunden, wenn sich ihr Mann einverstanden erklärte, dass sie allein zu mir kommen konnte bzw. durfte. Es war ein Kampf für sie. Sie schaffte es nur zwei Mal, zusammen mit ihrer Tochter in die Praxis zu kommen, und lehnte es ab, ihre Tochter die weiteren Male mitzubringen, obwohl es anfänglich so angedacht war. Es sei ihr viel zu stressig, mit ihrer Tochter mit den öffentlichen Verkehrsmitteln zu fahren. Sie würde sich unterwegs unmöglich benehmen und es belaste sie nur zu sehr. Sie brauchte die Gesprächstunden für sich selbst. In der Tat war die Tochter sehr lebhaft: ein lustiges Mädchen von zweieinhalb Jahren, neugierig, furchtlos, frech; sie forderte mich zu verschiedenen Spielen auf. Frau D. war über meine Verwunderung angesichts der »Frechheit« ihrer Tochter amüsiert und stolz. Es war spürbar, wie sie sich mit ihrer Tochter und deren Verhalten identifizierte. Ihre Äußerungen und ihr Bericht über das »Erziehen« und »Bestrafen« wurden mir verständlich. Ja – so wie ihre Tochter wäre sie gern gewesen und kein ängstliches kleines Mädchen, das von den anderen nur »herumgeschleudert« wurde. Bei Frau D. war ich mir nicht sicher, ob sie eine Nachdenklichkeit hinsichtlich ihrer Projektion, die »eine[r] Wiedergutmachung erlittener Entbehrung« (Cierpka, 2007) im Rahmen ihrer Migrationserfahrungen beinhaltet, entwickeln konnte. Ein stabiler emotionaler Kontakt war nicht herstellbar. Von dem vorgesehenen Kurzzeittherapie-Stundenkontingent nahm sie die Hälfte in Anspruch. Es wurde für sie immer schwieriger, das Einverständnis von ihrem Mann für ihre eigene Abendstunde zu bekommen, da sich herausstellte, dass sie bereits im dritten Monat schwanger war. Das wusste sie zu Beginn unserer Gespräche nicht. Nun verlangte ihr Mann von ihr, sie solle an den Abenden eine Putzstelle annehmen, oder er werde noch einen Nebenjob annehmen, um die Finanzierung für die vierköpfige Familie zu sichern.

In den Gesprächen war es notwendig, dass sich Frau D. durch das Aussprechen ihrer Traumata und aktuellen familiären Konflikte (mit ihrem Mann, mit den Schwiegereltern) erleichterte. Das Verständnis über die Elternfunktion versuchte ich immer wieder zu stärken, was nicht einfach war. Der Zugang dazu war eher möglich, wenn ich die Frage stellte, welche Verantwortung Eltern gegenüber ihren Kindern haben, nämlich: die Kinder zu versorgen und zu guten Menschen zu erziehen. Nur wie das vor sich gehen sollte, davon hatte sie keinerlei Vorstellung. Es war mir gerade noch möglich, den Aspekt anzusprechen, dass sie letztlich stolz war auf das »freche« Verhalten ihrer Tochter, da sie sich dieses Verhalten für sich selbst in ihrer Kindheit, besonders beim Eintritt in den Kindergarten, gewünscht hätte. Dieser bis dahin unbewusste Identifizierungsprozess mit ihrer Tochter machte es ihr als Mutter unmöglich, ihrer Tochter Grenzen zu setzen. Es wurde ihr zugänglich, dass ihre Erschöpfung damit zusammenhing: »Ich liebe meine Tochter so sehr, aber es ist so anstrengend, dass ich keine Kraft mehr habe.«

Das Erarbeiten oder Stärken der Elternfunktion trotz Trauma und Migration

Wovon hängen die Erfolge unserer Arbeit ab? Wichtige Faktoren sind:
- die prämigrative Persönlichkeit;
- der Verlauf der Migration (gewollt, gezwungen, vorbereitet, unvorbereitet) bzw. das Erleben des Migrationsprozesses (wurde er, etwa im Falle von Flüchtlingen und Exilanten, als traumatisierend empfunden?);
- die Aufnahme in der neuen Gesellschaft und die Möglichkeit der aktiven wie auch passiven Teilhabe in der Gesellschaft;
- der Grad der Differenz zwischen den mitgebrachten Wertvorstellungen und jenen in der neuen soziokulturellen Umgebung; sowie
- die Kreativität, Eigenaktivität und Flexibilität der migrierenden Eltern.

Je weniger traumatisierende Erfahrungen im Migrationsprozess gemacht werden und je gefestigter die prämigrative Persönlichkeitsstruktur ist, desto eher lässt sich die vorhandene bzw. keimende Elternfunktion erarbeiten bzw. stärken – so mein Eindruck.

Das Ergebnis der Arbeit mit Frau Y. (siehe Fallvignette 1) war insgesamt zufriedenstellend. Die mitgebrachte Persönlichkeitsstruktur war auf einem hohen mittleren

Strukturniveau. Sehr erfreulich und berührend war es für mich, der Entwicklung von Frau A. (siehe Fallvignette 2), auch als Mutter, beizuwohnen. Ich erlebte sie wie ein Geschenk nach der intensiven analytischen Arbeit. Dabei hatten die Traumatisierungen in ihrer Kindheit und Jugend ihr Leben vorher schwer belastet. Gute Hoffnung habe ich in Bezug auf die Entwicklung von Frau C. (siehe Fallvignette 4) in ihrer Elternfunktion, und dies trotz der anfänglichen Gefahr des Entzugs des Erziehungsrechtes.

Beim nochmaligen Nachdenken über den Begriff der *Elternfunktion* in Bezug auf die unmittelbare postnatale Phase fand ich bei Daniel Stern jenen der *Zuständigkeit*, der mir auch passend erscheint. Er und seine Frau schreiben:

> »Zahllose Ehestreitigkeiten drehen sich um diesen Zeitpunkt (der Zuständigkeit). Oberflächlich geht es darum, zwischen Mutter und Vater die Zuständigkeiten für die einzelnen Aufgaben bei der Betreuung des Babys auszuhandeln, doch auf einer tieferen Ebene geht es um die Frage, ob beide Partner ihre traditionelle Rolle akzeptiert haben« (Stern & Bruschweiler-Stern, 2002, S. 234).

Und wenig später heißt es: »Probleme entstehen dann, wenn zwischen Mann und Frau kein Konsens über das Wesen ihrer Ehe und ihrer unterschiedlichen Rollen besteht« (Stern & Bruschweiler-Stern, 2002, S. 236).

Gerade in der letzten Fallvignette (Frau D. und ihr Mann), in der es um unterschiedliche persönliche Geschichten im Migrationsprozess und das daraus resultierende Rollenverständnis geht, war dieser Aspekt sehr deutlich: Der Mann sah sich nur zuständig als Geldverdiener und widmete sich der männlichen Außenwelt, die ihm vertraut war. Alle Wünsche seiner Frau nach einer Gemeinsamkeit im Erleben der Elternschaft empfand er als störend bzw. unmännlich, deshalb lehnte er immer ab.

Tessa Baradon schreibt in diesem Zusammenhang:

> »Für die Praxis der Eltern-Säuglings-Psychotherapie ist es erforderlich, dass man die zentralen Entwicklungsbedürfnisse des Säuglings stets im Blick behält, aber gleichzeitig Unterschiede in Kultur, Religion und sozialer Schicht berücksichtigt [...], da sie die Kindererziehung und die familiären Interaktionsmuster beeinflussen« (Baradon, 2002, S. 48).

Von außen betrachtet stammen Frau D. und ihr Mann aus einer »Kultur«, doch ihre unterschiedliche Migrationsgeschichte führte zu sehr verschiedenen Rollenverständnissen in der Ehe und Elternschaft.

Dagegen stammt Frau A. aus einer anderen Weltgegend als ihr Mann und hat daher eine andere, kulturell bedingte Erziehungserfahrung gemacht, was sicherlich punktuell Spannungen in der späteren Erziehung des Sohnes verursachen kann. Doch insgesamt erschien mir ihr Rollenverständnis miteinander verträglich. Ähnliches gilt in Bezug auf Frau Y. und ihren Mann; gegen Ende der Kurzzeittherapie bei mir suchten sie zu ihrer neuen partnerschaftlichen Abstimmung Paartherapeuten auf.

»Die Fälle, die eine gute Indikation zur Eltern-Kind-Kurzpsychotherapie darstellen, zeichnen sich dadurch aus, dass sie Eltern einen gut strukturierten und umgrenzten ›Elternschaftskonflikt‹ zeigen, wie es die Konflikte neurotischen Typs sind« (Cramer & Palacia-Espaso, 2009, S. 356).

Familiarität versus Individualität?

Zum Abschluss meines Beitrags möchte ich noch zwei theoretische Gedanken erwähnen, auch wenn ich noch keine direkten klinischen Beispiele im Rahmen der SKEPT dafür habe. Beide Theoreme sind nicht speziell auf die Zeit nach der Geburt bis zum dritten Lebensjahr begrenzt, sondern sind von allgemeiner Aussage und Gültigkeit.

Das Ehepaar Novick schreibt in seinem Buch über Elternarbeit (J. Novick & K.K. Novick, 2009, S. 38) über das geschlossene, pathologische System und das offene, kreative Familiensystem. In einem geschlossenen System herrschen pathologische Lösungen mit einem sadomasochistischen Beziehungsmuster bei Familienkonflikten. Dabei spielen omnipotente Abwehrmechanismen eine Rolle. Erweitert auf »Migranteneltern« kann ich mir vorstellen, dass rigide Norm- und Wertvorstellungen aus der mitgebrachten Kultur ein Erschwernis für eine integrative, kreative Entwicklung für Kinder und Jugendliche sind. Insbesondere bei Frau D. (siehe Fallvignette 5) kam mir dieser wichtige Aspekt in den Sinn. Gerade in der Pubertät wäre eine offenere, tolerante Einstellung in Bezug auf die Entwicklung wichtig, was eine äußere Integration in die Gesellschaft wie eine innere kreative Transformation eher erlaubt.

Der zweite wichtige Gedanke stammt von Roland (2005, S. 82) und bezieht sich auf das Thema »Multiple Mothering«. In seinem Artikel »Multiple Mothering and the Familial Self« beschreibt Alan Roland ein anderes Verständnis von Selbst als dasjenige, welches in der westlichen Kultur vorherrschend ist: nämlich ein Selbst, das mehr kontextuellen, relationalen Charakter besitzt. Jedes Individuum betrachtet sich in Indien mehr unter dem Aspekt eines familiären Selbst, als ein Teil der Familie. Es ist mehr ein *fluktuierendes Ich-und-Wir-Selbst* und weniger Ich und Du. Auch in der Konzeptualisierung der präödipalen Entwicklung wird weniger der Prozess von der Separation zur Individuation gesehen, sondern mehr von Separation zu Integration. Die weitere persönliche Entwicklung wird mehr als eine Entwicklung entlang der Linie zwischen der symbiotischen Abhängigkeit und der gegenseitigen Abhängigkeit gedeutet *(the lines of a symbiotic dependency and interdependency)*.

Ich möchte diese Gedanken an dieser Stelle in erster Linie zur Anregung und zur

Schärfung unseres Blickes anführen, wenn wir mit Menschen aus anderen Kulturen psychotherapeutisch arbeiten – mit Menschen aus Kulturen, in denen Familiarität mehr zählt als Individualität.

Im Rahmen von SKEPT kann ich zwar noch kein treffendes Beispiel anführen, weder aus der elterlichen Perspektive noch aus der Kleinkinderlebensweise. Bei den Kinder- und Jugendlichentherapien bin ich aber durchaus dem Phänomen begegnet, dass »Migranteneltern« ihren Kindern nach der Schule ungern erlauben, an Aktivitäten in der »Außenwelt« teilzunehmen. Es lässt sich oft schwer klären, ob dies aus ihrer eigenen Angst vor der »fremden Außenwelt« heraus geschieht oder aus einer impliziten Forderung des Familienzusammenhalts, oder aus beidem. Bei einigen Postadoleszenten türkischer Abstammung erlebe ich ihre unauflösbare Ambivalenz, aus dem Elternhaus ausziehen zu wollen, aber doch nicht zu können, obwohl sie sich dies sehr wünschen und sich auch leisten könnten. Auch wenn keine symbiotische familiäre Abhängigkeit mehr besteht, so bleibt doch die gegenseitige Abhängigkeit so stark, dass sie ihr Zimmer (falls sie ein eigenes haben) lieber wie eine Burg – abgeschlossen vom elterlichen Zugriff – gestalten, aber immer noch in der vertrauten Einrahmung des Elternhauses bleiben.

Literatur

Akhtar, S. (2007). *Immigration und Identität*. Gießen: Psychosozial-Verlag.

Baradon, T., Broughton, C., Gibbs, I., James, J., Joyce, A. & Woodhead, J. (2005). *Psychoanalytische Psychotherapie mit Eltern und Säuglingen*. Stuttgart: Klett-Cotta.

Cierpka, M. & Windaus, E. (Hrsg.). (2007). *Psychoanalytische Säuglings-Kleinkind-Eltern-Psychotherapie*. Frankfurt am Main: Brandes & Apsel.

Cramer, B. & Palacio-Espasa, F. (2009). *Psychotherapie mit Müttern und ihren Babys*. Gießen: Psychosozial-Verlag.

Erdheim, M. (2014). Adoleszenz und Migration. *Swiss Archive of Neurology and Psychiatry, 165*(1), 14–16.

King, V. (2005). Adoleszenz und Migration – eine verdoppelte Transformationsforderung. In P. Bründl & I. Kogan (Hrsg.), *Kindheit jenseits von Trauma und Fremdheit* (S. 30–51). Frankfurt am Main: Brandes & Apsel.

Novick, J. & Novick, K.K. (2009). *Elternarbeit in der Kinderpsychoanalyse*. Frankfurt am Main: Brandes & Apsel.

Roland, A. (2005). Multiple Mothering and the Familial Self. In S. Akhtar (Hrsg.), *Freud Along the Ganges* (S. 79–90). Other Press LLC.

Stern, D. & Bruschweiler-Stern, N. (2002). *Geburt einer Mutter*. München: Piper.

Winnicott, D.W. (1988). *Von der Kinderheilkunde zur Psychoanalyse*. Frankfurt am Main: Fischer.

Winnicott, D.W. (1971). *Vom Spiel zur Kreativität*. Stuttgart: Klett-Cotta.

Baby Kasim im interkulturellen Cocktail[1]

Darf Kasim er selbst werden?

Viktoria Schmid-Arnold

Der Übergang in die Elternschaft bringt Vater und Mutter mit unterschiedlichem Migrationshintergrund häufig in Schwierigkeiten, die jeweils andere kulturelle Identität des Partners zu verstehen und zu akzeptieren. Daraus entsteht nicht selten ein großes Spannungsfeld, das die Triadenbildung Vater – Mutter – Baby nach der Geburt beeinträchtigt und den Paarbeziehungskonflikt der Eltern verstärkt. Im Baby führen diese elterlichen Spannungsfelder zu körperlichen Stressreaktionen und psychosomatischen Symptomen. Die lauten oder stummen Schreie des Babys werden oft nicht gehört, da die Eltern mit ihren eigenen kindlichen Konflikten unbewusst beschäftigt sind, die wiederum durch das Baby reaktiviert werden. Traumata im Sinne der transgenerationalen Transmission wirken verstärkend und beeinträchtigen die frühe Eltern-Kind-Beziehung.

In einer Eltern-Säugling-Kleinkindbehandlung soll anhand einiger Fallvignetten der schwierige Weg des kleinen Kasim (vom dritten Lebensmonat bis zum Ende des dritten Lebensjahres) mit seinen türkisch-kurdischen Eltern in Deutschland nachgezeichnet werden. Das intrapsychische und kulturelle Spannungsfeld von Vater, Mutter und Baby schlägt sich im Gegenübertragungsgeschehen der Therapeutin nieder. Durch das Containment der Behandlung konnte das Baby von den heftigen Projektionen seiner Eltern entlastet werden und das Elternpaar konnte in seine elterliche Position transformieren. Der individuellen Entwicklung wurde Raum gegeben, sodass der kulturelle Konflikt in den Hintergrund trat. Es wurde der Frage nachgegangen, wie Eltern ihre unterschiedliche kulturelle Identität als Eltern und als Paar integrieren können. Wie kann das Baby Kasim die »Heimat« – die kulturellen Verschiedenheiten – seiner Eltern in sich aufnehmen und dennoch er selbst sein und werden?

---

[1] Teile dieses Beitrags wurden im Juni 2014 auf dem WAIMH-Kongress (World Association for Infant Mental Health) im schottischen Edinburgh von der Autorin zusammen mit Dr. phil. Susanne Hauser und Catharina Salamander als Vortrag gehalten.

Einleitung

In unserer Babyambulanz in München in der MAP (Münchner Arbeitsgemeinschaft für Psychoanalyse) begegne ich häufig Eltern und Babys mit Migrationshintergrund aus erster und zweiter Generation mit unterschiedlichem kulturellem Hintergrund der Eltern. Dabei habe ich mir immer wieder die Frage gestellt, inwieweit der intrapsychische und interpersonelle Konflikt von Vater – Mutter – Baby vom kulturellen Konflikt überlagert wird und wie sich das auf die Vater-Mutter-Kind-Triade und auf die kindliche Selbstentwicklung auswirkt.

Dies versuche ich an einzelnen Vignetten aus einer insgesamt fast dreijährigen Eltern-Säuglings-Kleinkind-Behandlung, die anschließend in eine analytische Kinderpsychotherapie mündete, aufzuzeigen.

Die Behandlung gestaltete sich schwierig, der Rahmen eines einstündigen Settings musste mehrere Male durchbrochen werden, da das Baby mit einer angeborenen Darmfistel auf die Welt kam, bald operiert wurde und später unter häufigen Fieberattacken mit Atemnot, Bronchitiden und Darminfektionen mit Krankenhausaufenthalten litt. Für die überforderte Mutter wurde ein unterstützendes soziales Netzwerk im Außen, die »Frühen Hilfen«, eingerichtet, die dreimal in der Woche die Familie zu Hause besuchten und sie unterstützten.

Das Baby Kasim mit seiner Mutter –
Die schwierige Mutter-Baby-Dyade

Bei der ersten Begegnung in der Babyambulanz erlebe ich eine kleine, sehr kräftige 38-jährige türkische Frau mit dunklem, wallendem Haar, einem starren Gesichtsausdruck und einer sehr lauten Stimme. Sie spricht fließend Deutsch. Bei der Begrüßung fällt auf, dass sie an mir vorbeischaut und mir nicht die Hand gibt, die ich ihr reiche. Dieses vermeidende Verhalten behält sie als Ausdruck einer vermutlich negativen Mutterübertragung lange bei. Ihren kleinen Sohn trägt sie im Körbchen stolz vor sich her.

Szene erste Stunde: Baby Kasim dreieinhalb Monate

Im Körbchen liegt das Baby, ein kleiner Junge mit dunklem Haar und dunklen Augen. Als die Mutter ihn herausnimmt, wird sein kleines, zartes Wesen sichtbar. Er schaut mit großen Augen in die Welt. Seine Händchen und Füßchen sind kalt, seine Haut marmoriert. Bei genauerem Betrachten fällt auf, dass er leicht irritierbar zu sein scheint, seine kalten Händchen zittern. Die Mutter versucht ihn mit dem Schnuller zu beruhigen, an dem das Baby kräftig saugt. Er ist zu klein für sein Alter von dreieinhalb Lebensmonaten. Seine Mimik ist spärlich, auch wenn die Mutter ihn anlächelt, was ich als sehr mechanisch erlebe, reagiert er zunächst wenig. Als sie in der Intonation heller und lauter wird, lächelt Kasim verzögert. Er scheint mir ein sehr ernstes, in großer körperlicher Anspannung befindliches Baby zu sein, das sich häufig in körperliche Erkrankungen – Ausdruck von Erschöpfung – zurückziehen muss, wie die Mutter berichtet.

Als er zu quengeln beginnt, kitzelt die Mutter ihn auf seinem kleinen Körper. Kasim hält zunächst kurz inne, als würde er erschrecken. Er quengelt dann mehr, zappelt in Anspannung mit Händchen und Füßchen, den Blick auf die Mutter gerichtet. Seinen Blick erlebe ich als eindringlich, ja flehend. Erst als sie mit ihm in türkischer Sprache spricht, wird ihr Ton heller, liebevoller, zärtlicher, sanfter. Kasims Unruhe lässt kurz nach, seine Händchen und Füßchen zappeln weniger, er scheint erleichtert, die Mutter doch irgendwie erreichen zu können. Diese bereitet ihm ein Fläschchen. Sie nimmt ihn liebevoll in den Arm und reicht es ihm. Kasim trinkt hastig, sucht den Blick der Mutter, die ihn gelegentlich erwidert. Seiner körperlichen Anspannung kann er sich auch während des Trinkens in den Armen der Mutter nicht entledigen. Als Folge der inneren Erregung spuckt er einen Teil der Milch aus, nachdem er das Fläschchen zu Ende getrunken hat. Er beginnt wieder zu quengeln und wird noch unruhiger, seine Händchen und Füßchen zittern vermehrt, die Haut erscheint bereits marmoriert. Die Mutter hebt ihn hoch, küsst ihn heftig am Hals, das Baby dreht den Kopf weg, die Mutter küsst ihn nochmal heftig. Kasim erstarrt nahezu unter den »temperamentvollen Küssen« der Mutter. Er scheint sich von den Küssen seiner Mutter überwältigt zu fühlen.

Währenddessen äußert die Mutter: »Die Deutschen sagen, sie haben ihre Kinder zum Fressen gern. Wir Türken sagen, wir verschlingen unsere Kinder, so sehr lieben wir unsere Kinder.«

Die Mutter wiederholt die heftige, temperamentvolle »Zuwendung« und küsst Kasim erneut, sodass er erstarrt, die Augen aufreißt, Arme und Beine von sich streckt.

In meiner Gegenübertragung erschrecke ich ob der heftigen »Zuwendung« der Mutter und erlebe die Mutter intrusiv, überwältigend, Kasims Bedürfnis nach körperlicher Entspannung nicht wahrnehmend. Ich spüre seine innere Not und nehme seine körperliche, physiologische »Erregungsangst« wahr. Ich wende mich ihm zu und sage in Identifikation mit ihm: »Oh, die Mama herzt dich sehr temperamentvoll. Mir scheint, es ist ein bisschen zu heftig für dich.« Intuitiv legt die Mutter das Baby vor sich auf die Decke und reicht ihm den Spielring, den ich bereitgelegt habe. Kasim greift danach, lässt ihn dann wieder fallen, die Mutter reicht ihn ihm erneut. Dabei fordert sie ihn in liebevoller und motivierend hoher Tonlage immer wieder dazu auf, das Spiel zu wiederholen. Scheinbar gelingt es der Mutter, über den Spielring Distanz zu entwickeln. Der Ring, als Ding, als intermediärer Raum im Sinne Winnicotts (1995), eröffnet der Mutter neue Möglichkeitsräume, die präsymbolische Ebene. Ihre innere Erregung scheint nachzulassen. Kasims körperliche Unruhe wird weniger. Seine Händchen und Füßchen sind nicht mehr marmoriert. Über den Spielring kann er mit der Mutter in Beziehung treten. Er scheint sich im Spiel mit der Mutter selbst wirksamer zu erleben als auf der Körperebene, wo er sich erdrückt fühlen muss und dabei erstarrt.

Dann beginnt die Mutter in stakkatoartigem Ton zu klagen. Sie habe sich lange eine Schwangerschaft gewünscht. Sie dachte schon, dass sie nicht fruchtbar sei. In ihrer Kultur sei es besonders schlimm, wenn man als Frau nicht fruchtbar sei. Nach einer Hormonbehandlung sei sie endlich schwanger geworden. Sie habe sich zunächst gut gefühlt in der Schwangerschaft. Allerdings habe sie Blutungen bekommen, ein Myom in der Gebärmutter wurde entdeckt und musste in der Schwangerschaft operiert werden. Sie habe ständig Angst gehabt, das Kind zu verlieren. In der 37. Schwangerschaftswoche habe sie akut eine Gestose mit hohem Blutdruck entwickelt, die Geburt musste eingeleitet werden, da das Leben des Babys und ihres in Gefahr waren. Während der Geburt, so erinnerte sie sich, habe sie derart hohe Blutdruckwerte gehabt, dass ihr ein körperlicher Schaden zu bleiben drohte. Deswegen musste die Geburt rasch mittels einer Saugglocke beendet werden. Sie habe das Gefühl gehabt, man habe ihr das Baby »aus dem Leib gerissen«.

Schwangerschaft und Geburt »waren ein Horror«, fügt sie in erregter Tonlage hinzu. »Mein Mann und meine Familie haben mir beigestanden.« Nach der Geburt habe das Stillen nicht geklappt. Sie habe deswegen viel geweint, das Baby habe viel geschrien. Die kurdischen Eltern ihres Mannes seien häufig dagewesen, hätten sie wenig unterstützt. Sie hatte das Gefühl, dass diese glaubten, dass sie keine gute Mutter sein könne, da sie außerstande sei, ihr Baby zu beruhigen. Die Brüder ihres Mannes hätten sie in ihrem Frau- und Muttersein gekränkt. Sie habe das Gefühl gehabt, dass die kurdische Familie des Mannes sie als alevitische Türkin ausschließe. Merkwürdigerweise habe sich das erst nach der Geburt von Kasim eingestellt. Inzwischen spreche ihr Mann nicht mehr mit ihr. Sie verstehe die Welt nicht mehr. »Wir kannten uns doch viele Jahre vorher.« Das alles sei so schlimm für sie gewesen, dass sie »ausgetickt« sei, um sich schrie, in Ohnmacht fiel, als die Schwiegermutter da war. Später sei sie dann weggelaufen und habe bei ihrer deutschen Gynäkologin Hilfe gesucht. Die Schwiegereltern und ihr Mann hätten das Baby betreut. Inzwischen sei es zu Hause mit ihrem Mann so schlimm, dass sie sich nur noch anschwiegen, sie sich von der kurdischen Familie ausgeschlossen fühle. Das kränke sie sehr. Das Baby schreie viel, sei sehr unruhig und habe häufig kalte Hände und Füße. Wegen der häufigen Infektionen habe es wiederholt Atemnot entwickelt, musste mehrere Male wegen Bronchitiden und Darminfekten antibiotisch im Krankenhaus behandelt werden.

Bereits in der ersten Stunde fühle ich mich von der Mutter erschlagen, nehme gleichzeitig ihre innere Verzweiflung wahr und spüre die Not des Babys. Ich bin in Sorge um Kasim, der bei den Affektausbrüchen und der Verzweiflung seiner Mutter verloren geht, im gewaltsam schweigend ausgetragenen Konflikt seiner türkisch-kurdischen Eltern in seinem jungen Leben zunächst schreiend, später im stummen Schrei seines Körpers in Form von Fieberattacken, Atemnot sich zu wehren versucht, um nicht auseinanderzufallen. Ich fühle mich ohnmächtig, hilflos und überfordert bei der komplexen Problematik, vor allem dem Schweigen der Eltern. Ich fühle mich hin- und hergerissen zwischen der Bedürftigkeit der Mutter, der Hilflosigkeit und Ohnmacht von Kasim und dem scheinbar »mächtigen-ohnmächtigen, abwesenden« Vater. Ich frage mich: Spiegelt sich der ethnische, türkisch-kurdische Konflikt mit seinem Spannungsfeld in dem Schweigen des Paares wider? Ist Kasims Verlorenheit und Fragilität ein unbewusster Ausdruck der Brüche, die durch dieses türkisch-kurdische Familiensystem gehen und postpartum, in entwicklungspsychologisch besonders sensibler Zeit, sich als scheinbar kulturspezifisches Spannungsfeld darstellen?

Oder zeigt sich eher ein intrapsychisches und interpersonelles Konfliktgeschehen? Ist der Vater des Babys noch so sehr mit seiner Familie verstrickt, dass er nicht zu seiner Frau stehen kann, er sich mehr mit Mutter und Brüdern verbunden fühlt als mit seiner Frau, der Mutter seines Sohnes? Kann er sich in seiner sich entwickelnden Funktion als Vater des Babys ob dieser Verstrickung überhaupt auf eine Triade Vater – Mutter – Baby einlassen? Fühlt sich der Vater beschämt, dass er die junge Familie kaum alleine ernähren kann? Fühlt sich die Mutter schuldig, keine genügend gute Mutter sein zu können? Erlebt sie den Ausschluss aus dem archaischen Familiensystem des Mannes als Strafe für ihr defizitäres Muttersein? Erlebt sich die Mutter unbewusst als die »Böse«? Und ist die Mutter nach der traumatischen Schwangerschaft und Geburt (sie schwebte wegen des hohen Blutdrucks während der Geburt in realer Lebensgefahr) so beschädigt, dass sie intrapsychisch keinen Zugang zu ihrer primären Mütterlichkeit (Winnicott, 1997b, S. 157–164) finden kann? Fühlt sie sich psychisch vom Trauma erstarrt und bedarf eines »Holding environments« im Sinne Winnicotts, das ihr jedoch weder ihr Mann noch seine kurdische Familie – noch ihre türkischen Eltern gewähren? Ist ihr Schreien, Weinen und späteres In-Ohnmacht-Fallen ebenso ein stummer Hilfeschrei aus einer großen inneren Not des völligen Verlassenseins und Ausdruck einer traumatischen Reaktion auf die Geburt?

In diesem Zustand findet sie Unterstützung nicht in ihrem familiären Umfeld, sondern bei der fremden, deutschen Gynäkologin. Diese hört sie. Dort kommt sie an. Die Gynäkologin leitet sie an die Babyambulanz weiter und ruft mich persönlich an, mit den Worten: »Die Mutter und das Baby brauchen dringend Hilfe.« Nach dieser ersten Stunde sind Mutter und Baby bei mir angekommen. Zwei »therapeutische Großmütter« aus der fremden, anderen Kultur richten für das Mutter-Kind-Paar zunächst ein reales »Holding« (»Frühe Hilfen«) ein und gewähren dann ein

»emotionales Holding«. Weiterhin beschäftigt mich die Frage, warum gerade nach der Geburt des ersten Kindes in dieser Familie die Konflikte mit solch einer Vehemenz in Erscheinung treten.

Biografische Hintergründe der türkischen Mutter und des kurdischen Vaters

Die türkischen Großeltern mütterlicherseits (ms) von Baby Kasim kamen in den 70er Jahren, 16-jährig und frisch in arrangierter Ehe verheiratet, von der türkischen Schwarzmeerküste (Grenze zu Georgien) nach Deutschland ins Ruhrgebiet, um dort zu leben und zu arbeiten. Man kann annehmen, dass die Großeltern von Kasim unter Heimatverlust und einem Kulturschock (Garza-Guerrero, 1974) litten und in ihren noch adoleszenten Jahren von der frühen Elternschaft in der neuen Heimat überfordert waren. In diese äußere und innere Welt von Verlassenheit und Fremdheit wurde die Mutter von Baby Kasim hineingeboren. Ihr folgten weitere Geschwister (Schwester zwei Jahre, Bruder vier Jahre, Schwester zwanzig Jahre jünger). Unter diesen traumatischen Bedingungen war die Großmutter Kasims ms nicht in der Lage, ihre kleine Tochter emotional adäquat in die neue Welt zu begleiten. Eine schwere postpartale Depression war die Folge, die sich in transgenerationaler Transmission bei der Mutter Kasims postpartum wiederholte.

Die kurdischen Großeltern väterlicherseits (vs) wurden ebenfalls in der Adoleszenz in arrangierter Ehe in einem kurdischen Dorf an der Grenze zum Irak verheiratet. Der Großvater vs ging zunächst nach Istanbul und von dort ebenfalls in den 70er Jahren in eine süddeutsche Großstadt zum Arbeiten. Einmal im Jahr fuhr der Großvater vs im Sommer in das kurdische Dorf, zeugte ein weiteres Kind und überließ Frau und Kinder der Großfamilie, um in Deutschland zu arbeiten und die Familie ernähren zu können. Der Vater von Baby Kasim bekam als Ältester weitere fünf Geschwister. Als er zehn Jahre alt war, holte sein Vater seine Frau und die Kinder aus dem kurdischen Dorf in die süddeutsche Großstadt. Hier in Deutschland sei sein Vater sehr gewalttätig gewesen und habe seine Frau und seine Kinder viel geschlagen. Er, der Vater von Kasim, habe darunter sehr gelitten und vermeide daher jede Form der Aggression.

Die Mutter des Babys schildert ihre Mutter als ängstlich, sehr kontrollierend. Sie spreche kaum Deutsch. Sie sei eine Frau, die sich in ihr Schicksal füge. Die Mutter habe die Familie zu Hause gut versorgt. Bereits als Kind habe sie für ihre Mutter die Erwachsenenrolle übernehmen müssen. Sie sei mehr ihrem Vater zugetan. Er habe viel gearbeitet und sei viel abwesend gewesen, damit die große Familie überleben konnte. Dennoch habe sie sich von ihm unterstützt gefühlt. Die Schule habe sie als große Bereicherung in ihrer Kindheit erlebt. Dort habe sie gutes Deutsch gelernt, später die Realschule besucht und eine Arzthelferinnenausbildung abgeschlossen, was ihr eine materielle Unabhängigkeit von ihrer Familie erlaubte. Ihre Mensis bekam sie spät. In der Jugend sich abgrenzen und ausgehen, das war ihr als türkisches Mädchen von ihrer Familie nicht erlaubt. Den Mann suchte die Familie für sie aus. Erst mit 26 Jahren habe sie ihren Mann auf einer türkisch-kurdischen Hochzeit kennengelernt. Das sei relativ spät für türkische und kurdische kulturelle Gepflogenheiten. Er war ein 30-jähriger, zurückhaltender kurdischer Mann mit Berufsausbildung. Da sie gerne als Arzthelferin gearbeitet habe, wollte sie nicht so schnell heiraten, da sie sonst nur die Rolle ihrer eigenen Mutter, zu Hause als Hausfrau und Mutter, hätte leben müssen. Erst nach zehnjähriger Fernbeziehung heirateten sie mit dem Einverständnis ihrer türkischen und kurdischen Herkunftsfamilien. Sie liebten sich und wollten eine Familie mit mehreren Kindern gründen. Ihre türkische Familie sei liberaler in ihrem Moralkodex als die kurdische Familie ihres Mannes. Obwohl sie sich nach der Hochzeit so sehr ein Kind wünschten, sei sie nur mit hormoneller Unterstützung schwanger geworden. »Mein Unglück begann mit der Schwangerschaft, die nur mit einer hormonellen Unterstützung gelang. Mein Kind Kasim habe ich mir so sehr gewünscht. Vor der Schwangerschaft war ich ein anderer Mensch«, fügt sie hinzu.

Biografischer Hintergrund von Baby Kasim

Er ist ein sehr erwünschtes Baby. Er wurde mit Lust und Leidenschaft von seinen Eltern gezeugt. Bereits in seinem intrauterinen Leben war er erheblichen Stresshormonsituationen ausgesetzt. Als »small for date baby« (er wog zur Geburt nur 2.700 Gramm) war er intrauterin unterversorgt und musste »hungern«. Vernichtungsangst, eine Form des Erlebens von Totsein im Inneren im Sinne Winnicotts (1997c, d, S. 246–247), hat ihn bereits intrauterin heimgesucht. Eine Myom-Operation während der Schwangerschaft seiner Mutter erhöhte sein biologisches Arousal und versetzte ihn in Aufregung. Besonders bedrohlich wurde es für ihn zu seiner Geburt, die wegen einer Gestose seiner Mutter in der 37. Schwangerschaftswoche eingeleitet werden musste. Die hohen Blutdruckwerte seiner Mutter während des Geburtsvorgangs brachten auch sein Leben in Gefahr. Rasch musste die Geburt mittels Saugglocke beendet werden, was sein noch sehr kleines Gehirn vermutlich in Mitleidenschaft zog. Er wurde nicht von seiner Mutter gestillt. Sie war nicht in der Lage, sich ihm mütterlich zuzuwenden. Er schrie um sich und sein Leben. Er wurde nicht beruhigt. Eine Darmfistel erforderte eine operative Korrektur, ein darauf sich entwickelnder Abszess schmerzte ihn. Postoperativ wurde er öfter beim Schreien blau und rang nach Luft. Fieber und Durchfälle quälten ihn. Was für ein Lebensbeginn auf der biologischen, seelischen und emotionalen Ebene. Wie viel Todeserleben musste das Baby Kasim auf der Körperebene erleiden? Ist sein lauter und stummer Schrei ein Ausdruck seines Überlebenskampfes, um gehört zu werden – ein Beziehungsangebot an seine Eltern?

Behandlungsverlauf

Wie eingangs geschildert, war der therapeutische Rahmen wegen der vielen Erkrankungen des Babys sehr brüchig. Während dieser Zeit wurde der Kontakt mit der Mutter telefonisch aufrechterhalten.

In den Stunden ging es vorwiegend um die für die Mutter kaum aushaltbare Paarbeziehung, ihre Rache-, ihre Hassgefühle, ihre narzisstische Enttäuschungswut – wohl Ausdruck eines negativen mütterlichen Introjekts. Ihr Strafbedürfnis gegenüber ihrem Mann erlaubte es auch ihr nicht, ihrer beider Schweigen zu brechen. Über das Containment der Therapeutin konnten die archaischen Affekte der Spaltung in der Mutter entgiftet werden, sodass ihre Wut-, Rache- und Hassgefühle gegenüber ihrem Mann in den Hintergrund traten. Eine körperliche Erkrankung des Ehemannes mit Fieber und einer heftigen Mittelohrentzündung bringt seine bedürftige Seite auf der Körperebene zum Ausdruck. Er bricht sein Schweigen mit den Worten »Ich leide wie ein Hund« und bittet um ihre Fürsorge und Pflege. Dies reaktiviert in der Mutter von Kasim ihre mütterlich-fürsorgliche Seite. Verstehen und Empathie wird spürbar. In den folgenden Stunden wird es möglich, dass die Therapeutin über den Vater des Babys nachdenken, ihre Vorstellungen und Phantasien zu seinem Vater äußern darf, Empathieentwicklung in der Mutter stattfindet (A. Ornstein & P. Ornstein, 1994). Es wird zunehmend möglich, dass Therapeutin und Mutter gemeinsam empathisch über den abwesenden Mann der Patientin und Vater des Babys nachdenken und darüber sprechen. Therapeutin und Mutter bereiten die emotionale Basis dafür, dass das Elternpaar zu Hause Worte miteinander findet und auf der verbalen Ebene in Beziehung treten kann, dass die Basis für gemeinsame frühe Elternschaft entwickelt wird.

Die Mutter erzählt, sie würden sich inzwischen darüber streiten, ob ihr Sohn nun Kurde, Türke oder Deutscher werde. Dabei projizieren sie ihren ethnischen Konflikt auf das Baby. Ich frage mich: Wie weit darf Baby Kasim er selbst sein und sein »wahres Selbst« (Winnicott, 1997b) entwickeln, oder wie sehr muss er weiter Projektionsempfänger seiner Eltern sein? Ist das in diesem individuellen und kulturellen Spannungsfeld möglich? Und ich füge gegenüber der Mutter hinzu: »Oder ob der kleine Kasim er selbst werden und sein darf, sein So-Sein entwickeln darf. Mit ihm könnte in ihrer neuen Familie etwas ›Drittes‹ entstehen – der Vater ist Kurde, Sie, die Mutter, sind Türkin, alevitisch sozialisiert; vielleicht wird Ihr kleiner Sohn türkisch-kurdisch oder deutsch-türkisch-kurdisch, da er ja mit Ihnen in Deutschland aufwachsen wird.« Die Mutter schweigt und nickt zustimmend.

Als hätte die Therapeutin in Worte gefasst, worüber die Eltern geschwiegen und gestritten haben. Als hätte die Therapeutin »verwörtert«, was es ihnen durch das heftige Erleben, ausgelöst durch die Geburt ihres Sohnes, unmöglich machte, selbst darüber zu reflektieren und ihre Vorstellungen bezüglich ihrer eigenen unterschiedlichen kulturellen Identität in Sprache zu fassen und emotional zu integrieren; und als bräuchten sie ihr Baby als Selbstobjekt und zur Bestätigung ihrer jeweiligen eigenen kulturellen Identität (Salamander, 2014).

Dabei durfte das Baby, mit all seiner Bedürftigkeit, Hilflosigkeit und Ohnmacht, dem permanenten stummen Schrei seines kleinen Körpers in Form von heftigen Fieberattacken und schweren Bronchitiden mit einhergehender Atemnot, nicht aus dem Fokus verloren gehen. Die Behandlung spielte sich in diesem Spannungsfeld ab. Die Therapeutin wurde zunehmend zum Container für Mutter und Baby, sodass es der Mutter gelang, ihre »primäre Mütterlichkeit« zu entwickeln, sie sich affektiv besser mit ihrem Baby abstimmen konnte. Sie begann zu verstehen, warum Kasim sein kleines Händchen nach der Operation wegzog. Sie sagte: »Vermutlich schmerzt es ihn noch von der Infusion.« Sie fing an, ihn in liebevoller Tonlage auf Türkisch zu trösten, und strich dabei sanft über seine kleine, zarte Hand.

Ihre anfangs zu beobachtende heftige körperliche Intrusivität wurde deutlich weniger. In einer Wickelszene in der sechsten Stunde (Kasim war inzwischen sieben Monate alt) führt sie temperamentvoll, fast zärtlich die Pflegehandlungen aus, spricht mit Kasim, dessen Hände und Füße seltener kalt sind, in hoher, zugewandter Tonlage in ihrer türkischen Muttersprache. Dabei küsst sie ihn neckisch auf den Bauch und auf den Penis. Kasim genießt die körperliche Zuwendung seiner Mutter und lässt entspannt Arme und Beine fallen. Ein Moment von intuitiver körperlicher Liebkosung, ein »moment of meeting« (Stern, 2005), der Kasim erlaubt, zu seiner körperlichen Vitalität (Stern, 2011) zu gelangen, seinen Stresshormonlevel (Cortisol und Noradrenalin) zu reduzieren. Es gelingt ihr, Kasim mehr Raum und Zeit für die Entwicklung seiner eigenen Spielräume zuzugestehen, sodass er sich mit seiner Mutter selbstwirksamer und vitaler erleben kann. Inzwischen ist es ihm möglich, ihren Trost anzunehmen, da er sie nicht mehr so sehr verfolgend erleben muss. Kasims Muskeltonus entspannt sich etwas. Er muss weniger in eine biologische Stressreaktion fallen, sprich weniger krank werden.

Ein großer Sprung

Szene zehnte Stunde: Kleinkind Kasim ist fünfzehn Lebensmonate, Mutter und erstmalig der Vater sind dabei

Kasim ist inzwischen ein kleiner, kräftiger, vitaler Junge, der neugierig seiner Umwelt begegnet. Er besucht seit zwei Monaten an drei Vormittagen eine Krippe, in der er sich gut integriert hat. Trennungen von seiner Mutter fallen ihm schwer, sodass der Vater ihn morgens in die Krippe bringt. In seinem Spiel ist er bezogen, zeigt aber auch chaotische Strukturen.

Die Mutter befindet sich in der 20. Schwangerschaftswoche. Während des Urlaubs mit ihren Eltern in deren Heimat in der Osttürkei am Schwarzen Meer sei sie erneut schwanger geworden. Sie und ihr Mann wünschten sich so sehr ein zweites Kind. In dieser Schwangerschaft fühle sie sich körperlich gut. Sie freue sich, dass sie ein Mädchen bekomme. Ich frage mich, ob der Besuch in der großmütterlichen (ms) Heimat am Schwarzen Meer für das Paar emotional so entlastend war, dass diese Schwangerschaft spontan und ohne hormonelle Behandlung zustande kam.

Nach wiederholten Bitten von mir kommt der Vater erstmalig mit in die Stunde. Es erscheint ein 42-jähriger kurdischer Mann, klein, schmal; mit seinem grauen Haar macht er auf mich einen vorgealterten Eindruck. Er ist freundlich und zurückhaltend. Er spricht mit mir in gutem Deutsch. Nach seiner zunächst eher unterwürfigen Begrüßung spüre ich ziemlich bald seine Verachtung, gemischt mit Scheu, die er mir als deutscher Therapeutin entgegenbringt. Ich frage mich: Bin ich Übertragungsobjekt seines negativen mütterlichen und/oder väterlichen Introjektes, oder/und bin ich die Andere, eine fremde Deutsche aus einem ihm zwar vertrauten, aber dennoch anderen Kulturkreis?

Vater und Mutter nehmen auf den Polstern nebeneinander Platz und scheinen in einer guten Stimmung miteinander zu sein.

Kasim wendet sich nach einer freudigen Begrüßung zwischen ihm und mir sofort dem Spielschrank zu, wirft alle Spielsachen aus dem Schrank, zerstört diese, indem er sie durch Klopfen auf den Boden kaputtzumachen versucht. Vater und Mutter betrachten Kasims chaotisches Spiel, schreiten aber nicht ein, sodass ich mich gezwungen fühle, Kasim zu begrenzen. Mein bestimmtes, liebevolles »Nein« kann er während der Stunde annehmen, sodass er sich gegen Ende der Stunde beruhigen kann. Zunächst fühle ich mich überfordert, ohnmächtig und hilflos einerseits, andererseits bin ich erleichtert, dass Kasim seine heftige Wut im Spiel zum Ausdruck bringt und nicht gegen sein Körperselbst wenden und krank werden muss. Ich erinnere mich, dass Kasim in den letzten Stunden mit der Mutter weniger zerstörerisch spielte und mehr Struktur bemerkbar war. Nach einer Weile des Alleinespielens kehrte er zu ihr zurück, tankte bei ihr auf, lag bei ihr im Arm und saugte kurz am Fläschchen, um dann erneut sein Umfeld zu explorieren. Phasen des Auftankens und der Beruhigung bei der Mutter waren in meiner Gegenwart möglich. Er besaß bereits zeitweise die Fähigkeit zum Alleinsein im Beisein der Mutter; diese Fähigkeit, allein zu sein in Gegenwart eines anderen, in seiner eigenen inneren Welt zu sein, ist eine Art »Gegenmittel« dagegen, sich verloren und leer fühlen zu müssen, und ist die Basis für Vertrauensentwicklung (Winnicott, 1995, S. 49–64).

Als ich den Eltern gegenüber Kasims chaotisches Spiel anspreche, ihnen mitteile, dass ich mich wundere, dass sein Spielverhalten heute anders sei als in den letzten Stunden, fühlt sich der Vater sofort angesprochen, ja, so sei es zu Hause mit ihm, das ginge den ganzen Tag so. Am Ende des Tages seien sie von ihm völlig erschöpft. »Nun sehen Sie, was wir aushalten müssen.« Er relativiert das gleich und sagt, das sei normal. Währenddessen frage ich mich: Muss Kasim das elterliche Spannungsfeld, das er nach seiner Geburt erleben musste, als bereits internalisierte innere Repräsentanz der destruktiven elterlichen Paarbeziehung im scheinbaren kulturellen Konfliktfeld im spielerischen Handlungsdialog darstellen? Muss ich seine Zustände von völliger Ohnmacht und Hilflosigkeit containen, damit er nicht auseinanderfallen oder körperlich zusammenbrechen muss? Will er mir zeigen, wie es ihm, dem Baby Kasim, mit seinen Eltern ging und geht? In der Stunde lade ich die Eltern dazu ein, gemeinsam mit mir darüber nachzudenken, wie sich Kasim wohl fühlen muss. Was er uns mit seinem chaotischen Spiel zeigen will? Warum wir uns alle so erschöpft fühlen müssen? Muss er das Spannungsfeld, das zwischen ihnen als Paar schwelte, im Spiel darstellen? Wie geht es Kasim mit ihnen, seinen Eltern? Wie geht es dem kleinen Jungen, der ein Geschwister bekommt? Wie geht es ihm, dem Vater, mit seinem Sohn? Wie geht es ihr, der Mutter, die bereits ein weiteres Kind in ihrem Bauch trägt, mit Kasim? Wie können wir zusammen in der Stunde den Jungen Kasim verstehen lernen? Wie kann ich ihnen dabei helfen?

Am Ende dieser Stunde nimmt der Vater seinen Sohn liebevoll auf den Arm, dabei wird seine körperlich zärtliche Beziehung zu ihm spürbar. Er übernimmt von mir das liebevolle, aber bestimmte »Nein«, mit dem er Kasim zu erreichen scheint. Er hat die Idee, eine Trommel für ihn und sich zu besorgen. Da könnten sie gemeinsam Rhythmus machen und kurdische Lieder dazu singen. Damit könne er konstruktiv seine kurdische Identität in Kasim und in seine Familie bringen.

Die letzte Szene erlebe ich als einen hoffnungsvollen Ansatz für die Integration beider Ethnien in dem Paar und in der Triade Vater – Mutter – Kasim, für die Stärkung der väterlichen Position, deren Kasim so sehr bedarf, und spiegele es den Eltern. Insgesamt erlebe ich den Vater als hilfreich. Ich habe das Gefühl, dass ich ihn erreicht habe, ein »moment of meeting« (Stern, 2011). Dass er sich in Identifikation mit mir in seinem Bedürfnis nach väterlichem Begrenzen ermutigt und bestätigt fühlt. Ich bitte ihn weiterhin mitzukommen, um für sich einen »Möglichkeitsraum« (Winnicott, 1995) zu entwickeln, seinen kleinen Sohn als Vater verstehen zu lernen und Zugang zu seiner begrenzenden väterlichen Potenz zu bekommen. Trotz Bitten von seiner Frau und mir lehnt er ab. Im Außen lehnt er aus beruflichen Gründen ab. Ich spüre seine tiefe Angst, dass er darüber reflektieren könnte, dass es in seiner jungen Familie einen Konflikt gibt und doch nicht »alles normal« ist, wie er meint. Er kann zwar zulassen, dass seine Frau und sein Sohn Hilfe brauchen und diese von einer deutschen Therapeutin bekommen. Für sich selbst muss er das aus intrapsychischen Gründen jedoch ablehnen. In meiner Phantasie kann er es mit seiner kulturellen Vorstellung von

Männlichkeit und Väterlichkeit nur schwer vereinbaren, Hilfe von einer weiblichen deutschen Therapeutin anzunehmen.

Kasim hat in dieser Stunde Raum bekommen, seine Wut und seine innere Verwirrung im chaotischen Spiel darzustellen. Meine Begrenzung und das väterliche »Nein« geben ihm Halt und Orientierung, um sich nicht verlieren zu müssen. Die körperliche Nähe auf dem Arm des Vaters hilft ihm, seinen Körper zusammenzuhalten. Diese väterlich-haltende Zuwendung braucht er so sehr, um sich von seiner Mutter abgrenzen zu können und um einen liebevollen, sich selbst wertschätzenden Zugang zu seinem kleinen männlichen Körper zu bekommen. Ich frage mich: Ist sein aggressives Streben neben dem Bedürfnis nach »väterlichem Holding und väterlichem Begrenzen« auch ein unbewusstes Beziehungsangebot an den Vater? – »Schau, ich bin ein Junge, wie du ein Mann bist, wir haben das gleiche Geschlecht, da sind wir uns nah. Ich habe Lust daran ein Junge zu sein und erlebe die Aggression nicht so bedrohlich wie du.«

Nach der Stunde fällt mir auf, dass wir den Paarkonflikt nicht angesprochen haben. Haben wir ihn gemeinsam vermieden oder steht er nicht mehr so im Vordergrund? Ist es dem Paar inzwischen gelungen, seinen gegenseitigen Hass in Zuneigung und Liebe umzuwandeln?

Die sexuelle Vereinigung und die daraus resultierende zweite Schwangerschaft hat das Paar auf der körperlichen und emotional-geistigen Ebene einander näher gebracht. Die Erzählungen der Frau über ihren Mann sind wesentlich empathischer. Ist die werdende Mutter mit dieser Schwangerschaft, in der sie ein Mädchen bekommt, versöhnt und in ihrem weiblichen Selbstwert bestätigt? – »Ich bin eine Frau und kann in der lustvollen sexuellen Vereinigung mit meinem Mann ein Kind, ja sogar ein Mädchen zeugen, das dann vielleicht so ist, werden kann wie ich, zumindest das gleiche Geschlecht hat wie ich.« Vermutlich kann der Mann nun seine Frau, eine Türkin, mehr annehmen und sich mit ihr als seiner Frau gegenüber seiner Herkunftsfamilie behaupten. Sie würden nun über ihre Konflikte sprechen, das helfe, sagt die Frau. Das habe sie hier mit mir gelernt. Auch ihr Mann erlebe das als hilfreich. »Sie gaben uns Worte und Sprache, das hilft.«

Individualkonflikt versus Kulturkonflikt

Den Beginn der bisherigen Eltern-Säugling- Behandlung versuchte ich anhand einiger Vignetten aus den Stunden der jungen Familie im konflikthaften türkisch-kurdisch-deutschen Spannungsfeld, das mit der Geburt des kleinen Sohnes aufbrach, nachzuzeichnen. Dabei lag der Fokus der Behandlung von Anfang an auf dem Baby Kasim, dessen Schwierigkeiten, ins Leben zu treten, und der Beziehung zu seiner Mutter. Das ungewöhnliche Setting – wegen der häufigen Erkrankungen des Babys musste das einstündige Setting pro Woche mehrere Male unterbrochen werden – stellte mich als

Therapeutin vor die große Herausforderung, meine analytische Haltung zu bewahren. Das emotionale therapeutische Holding wurde vorwiegend von mir getragen, und der Kontakt über das Telefon zur Mutter war zeitweise das einzige emotionale Band im Außen, das über die vielen Brüche hinweghalf. Erst nach der späteren äußeren und inneren Stabilisierungsphase war ein wöchentliches Stundensetting möglich und erlaubte eine modifizierte analytische Arbeit, wie es in der Eltern-Säugling-Psychotherapie üblich ist.

In der Säuglingsambulanz präsentiert sich mir eine leidende Familie, überwältigt von Trauer, Schmerz und Wut, verstrickt in ohnmächtiges Schweigen, vom intrapsychischen, interpersonellen und scheinbar kulturellen Spannungsfeld überwältigt. Vermutlich hat die Geburt des kleinen Sohnes als ein Prozess der realen als auch intrapsychischen Trennung vor allem bei der Mutter, aber auch beim Vater, einen Schmerz und eine Trauer ausgelöst, die frühere unverarbeitete Trennungsprozesse aktiviert und den schmerzlichen Verlust von Heimat und Muttersprache in Erinnerung gebracht haben.

Der Vater, der mit zehn Jahren aus einem kleinen kurdischen Dorf an der Grenze zum Irak mit seiner Mutter und seinen jüngeren Geschwistern zum Vater in eine süddeutsche Großstadt kommt. Als Kind verliert er die Großfamilie, sein soziales Umfeld, die Schule, die Gerüche, Düfte und Bilder der kargen, bergigen Landschaft der kurdischen Heimat. Eine kleine Welt, die für ihn vermutlich überschaubar war. All diese realen Objekte hat er verloren und seine kindliche Trauer darüber in seinen sehr angepassten, zwanghaften Persönlichkeitsanteilen verpackt.

Salman Akhtar (2007, S. 120–121) schreibt:

»Ist die Persönlichkeit des Einwanderers bereits vorher beschädigt, die Migration erzwungen, wie bei Kindern – sie sind immer Exilanten –, kann die Heimat nicht besucht werden, existiert keine hinreichend gut haltende Umwelt im Einwanderungsland, dann ist die für diesen Transformationsprozess notwendige Trauerarbeit möglicherweise nicht zu bewältigen.«

Trauerarbeit war dem Vater von Kasim als damals zehnjährigem Jungen nicht möglich. Der Trennungsschmerz, ausgelöst durch die Geburt seines ersten Sohnes, hat in ihm die kindliche Trennungswunde aufbrechen lassen, sodass er mit der Geburt von Kasim, als der nächsten Generation in der männlichen Genealogie in der Fremde, in einem Teil seines Ichs auf seine infantile Ebene regredieren musste. Möglicherweise fühlte er sich intrapsychisch gezwungen, sich, statt sich zu trennen, wieder mehr an den kulturellen Werten und Normen seiner kurdischen Herkunftsfamilie zu orientieren, um zumindest im Außen Halt und Sicherheit zu bekommen. Es ist ihm, als eine der Entwicklungsaufgaben in der frühen Elternschaft, nicht gelungen, sich von den Vorstellungen der Herkunftsfamilie zu trennen und eigene Formen des Elternseins zu kreieren, zu entwickeln. Ist sein Versagen der Sprache, sein Nicht-sprechen-Können, sein Schweigen eine Wiederholung des Traumas mit zehn Jahren, in dem neuen, fremden Land nicht sprechen, nicht verstehen zu können, in der Schule umringt zu sein von vielen deutschsprechenden Jungen und Mädchen gleichen Alters? Berührt das seine ohnmächtige, hilflose Wut, die er gegen seine Frau und später gegen sein Körperselbst wenden muss, um nicht gewalttätig zu werden wie sein Vater?

So bleibt er dyadisch mit dem Baby verbunden und kann nicht den Prozess zur Triadenbildung bahnen. Zu sehr scheint er gekränkt zu sein von dem »mütterlichen Versagen« seiner Frau, die damit seinen kulturellen Wertekodex sprengt, zu groß ist die Scham seiner Herkunftsfamilie gegenüber, eine türkische Frau zu haben, die ihr Kind nicht versorgen kann, sodass er seine Frau, die er eigentlich liebt, im Stich lassen muss. Zu sehr ist der kleine Junge in ihm ödipal mit seiner Mutter verstrickt, vom Vater verlassen, mit seinen Brüdern als stabilisierende männliche Objekte verbunden, sodass er seine Frau nicht vor deren Anfeindungen schützen kann. Er hat in seiner schwachen Männlichkeit und somit in seiner defizitären Väterlichkeit nur begrenzt Zugang zu seiner väterlichen Identität, gerade so weit, dass er Kasim pflegerisch versorgen kann, nachdem die Mutter des Babys ausfällt. Er versucht sich mittels Projektion seiner negativen mütterlichen und väterlichen Introjekte auf seine Frau zu stabilisieren. Das Trauma des missbrauchenden Vaters und die ungewollte Migration mit zehn Jahren (»Kinder sind Exilanten«; Akhtar, 2007, S. 33–34) sind vermutlich auslösend für sein Schweigen im Anschluss an die Geburt seines Sohnes, das er erst nach einem Zusammenbruch auf der Körperebene brechen kann. Das körperliche Leiden, die Trauer auf der Körperebene ermöglichen ihm wieder den Zugang zur Sprache in der Paarbeziehung. Er kann erstmalig seine Bedürftigkeit gegenüber seiner Frau äußern und sagt: »Ich leide wie ein Hund.« Man kann die Phantasie entwickeln, dass er, als er damals als Kind unfreiwillig seine kurdische Heimat verlassen und in ein fremdes Land, in eine große Stadt in eine kleine Wohnung mit den vielen Geschwistern ziehen musste, »wie ein Hund litt«, stumm, unauffällig, angepasst.

Die Mutter von Kasim bricht bereits während der Geburt mit dem hohen Blutdruck in der Gestose auf der Körperebene zusammen. Die Geburt wird nicht nur zum realen und intrapsychischen Trennungsprozess, sondern für sie zu einer lebensbedrohlichen Erfahrung, mit dem realen Erleben von Todesangst, extremer Hilflosigkeit und Ohnmacht. Körperlich wird sie in der Geburtsklinik gut versorgt und überlebt ohne weitere körperliche Beeinträchtigung. Die Geburt wird für sie im impliziten Gedächtnis zur traumatischen Erfahrung und friert anschließend ihre emotionale Erlebnisfähigkeit ein. Sie entwickelt eine traumatische Reaktion, sie schreit, irrt umher, dissoziiert und fällt in Ohnmacht. »Vor der Geburt meines Sohnes war ich ein anderer Mensch«, sagt sie.

Greenacre (1967, S. 288) schreibt:

»Traumatische Situationen [...] üben auf andere Aktivitäten des Individuums in aller Regel eine desorganisierende Wirkung aus. Sie können entweder Zustände zielloser, verzweifelter Überaktivität herbeiführen, die sich unter Umständen zu Wutausbrüchen steigern, oder – im Falle eines akuten, fokussierten und plötzlichen Stimulus – eine schockähnliche Lähmungsreaktion mit verschiedenen Graden der Reaktionslosigkeit, Inaktivität oder Erstarrung hervorrufen.«

Die traumatische Reaktion der Mutter wurde in ihrem familiären und sozialen Umfeld nicht erkannt und entsprechend behandelt, sondern sie wurde von ihrem Mann, ihrer Herkunftsfamilie und der ihres Mannes im Stich gelassen. Sie wurde als schlechte Mutter beschimpft und beschämt, weil sie weder dem gesellschaftlichen noch dem kulturellen Ideal von einer guten Mutter entsprach. Dies verstärkte ihre Zustände von Verlassensein und Hilflosigkeit. Dazu brach ihr frühes Trauma als Baby durch, damals, als sie sich vermutlich mit einer im Kulturschock (Garza-Guerrero, 1974) befindlichen 17-jährigen türkischen Mutter in der Fremde konfrontiert sah. Im Sinne der transgenerationalen Transmission wirkte sich das bei Kasims Mutter kumulativ aus (Khan, 1977) und führte vermutlich deswegen bei ihr postpartum zu einer vorübergehenden psychosenahen Reaktion. Die Entwicklung einer primären Mütterlichkeit und die Bildung einer mütterlichen Identität mit Integration des negativen mütterlichen und väterlichen Introjektes waren ihr nicht möglich.

Baby Kasim mit seinen angeborenen körperlichen Defiziten ist Träger der elterlichen und in transgenerationaler Transmission großelterlichen (ms und vs) Spannungsfelder und Traumata. Den »Gespenstern im Kinderzimmer« (Fraiberg et al., 1975) ist er ungefiltert ausgeliefert und befindet sich deswegen immer wieder in »Vernichtungsangst« (Winnicott, 1997c, S. 246–247). Er muss körperlich reagieren, um nicht auseinanderzufallen. Die Eltern streiten, ob er Türke oder Kurde werden soll. Der Separationskonflikt wird auf der Ebene der ethnischen Identitätsfindung der Eltern ausgetragen. Dabei benutzen sie ihn als Selbstobjekt für die Sicherung ihrer beider verschiedenen kulturellen Identitäten. Kasims Erleben, seine körperliche Befindlichkeit, seine vielen stummen Schreie auf der Körperebene werden von den Eltern kaum gehört. Die Entwicklung seines psychischen Seins ist nicht möglich. Er kann und darf nicht er selbst sein. Es breitet sich ein Graben aus zwischen Vater, Mutter und Baby, der zunächst unüberwindbar scheint. Die einzige Brücke war sein Schreien und sein körperlicher Zusammenbruch.

In dem Elternpaar begegnen sich postpartum zwei beschädigte, traumatisierte Menschen, denen ein »good enough mothering und fathering« nicht möglich ist. Sie können ihre Entwicklungsschritte der frühen intuitiven Elternschaft – sich von den Herkunftsfamilien intrapsychisch zu trennen, damit das Elternpaar eine eigene väterliche und mütterliche Identität und ein »autonomes elterliches Wir« entwickeln kann – nicht bewältigen; der Prozess von der Dyade Vater – Mutter zur Triade Vater

– Mutter – Baby kann nicht stattfinden (Bürgin, 1998). Colarusso (1990) spricht von einem dritten Individuationsschritt zur Elternschaft neben dem zweiten Individuationsschritt, der Adoleszenz (Blos, 2001). Das »Wir« der kurdischen Herkunftsfamilie steht im Konflikt mit dem »Wir« der neuen türkisch-kurdisch-deutschen Familie. Elternsein und -werden ist ein transformativer Prozess (Bürgin, 1998). Man muss wohl annehmen, dass in diesem familiären System das Elternwerden nicht deswegen beeinträchtigt war (wie es zunächst schien und von den Eltern, vor allem der Mutter, erlebt wurde: »Die kurdische Familie meines Mannes will mich als Türkin ausschließen«), weil Vater und Mutter einen unterschiedlichen kulturellen Hintergrund und in ihrer Historie eine Migration ersten (Vater) und zweiten Grades (Mutter) haben. Sondern vielmehr, weil – wie oben ausgeführt – traumatisches Geschehen nicht verarbeitet und integriert war, sodass archaische intrapsychische Konflikte wie Entwicklung von Ambivalenzfähigkeit, Transformation von Hass in Liebe, Aushalten von Rache und narzisstischer Wut in der entwicklungspsychologisch eher vulnerablen Zeit nach der Geburt eines Kindes mit ihrer ganzen archaischen Wucht durchbrachen und in psychosenaher Symptomatik bei der Mutter einerseits und in Sprachlosigkeit beim Vater andererseits mündeten.

Behandlungstechnische Konsequenzen: Containment und kultursensitive Haltung

Häufig sind intrapsychische, interpersonelle, traumatisch bedingte Spannungsfelder mit dem jeweils spezifischen kulturellen Gewand verwoben. Ein Beispiel aus der ersten Stunde soll dies verdeutlichen: Sie beginnt mit einer vermeidenden Begrüßung der deutschen Therapeutin durch die Mutter. Ist dies Ausdruck eines Kulturunterschieds oder eines möglicherweise konflikthaften Erlebens der Mutter, sich einer deutschen Therapeutin anzuvertrauen? Oder handelt es sich bei der Mutter intrapsychisch um eine negative Mutterübertragung bei vermeidendem Bindungsverhalten? In ihrer Not wendet sich die Mutter an die deutsche Gynäkologin, die für sie eine positivere Mutterfigur ist als die eigene, emotional und physisch nicht verfügbare Mutter. Das spricht eher für eine Spaltung in »Gut und Böse« und weniger für ein kulturell bedingtes Konfliktfeld (Hauser, 2014).

In der Folge versucht die Mutter den kleinen Kasim durch Kitzeln zu beruhigen, worauf dieser erschreckt und zappelnd innehält. Dies wiederholt sich in Variation durch die heftigen Küsse der Mutter, auf die das Baby erstarrt und überwältigt reagiert. Auch hier kann man sich fragen, ob es sich um eine traditionelle, kulturelle Form der Beruhigung handelt oder ob die Heftigkeit nicht Ausdruck eines inadäquaten, übererregenden, intrusiven mütterlichen Verhaltens ist. Indem die Mutter die Worte »Wir verschlingen unsere Kinder, so sehr lieben wir unsere Kinder« vorbringt, weist sie auf die kulturellen Unterschiede zwischen der deutschen und der türkischen Gesellschaft hin. In der Betrachtung des erstarrten Babys nehme ich eher einen individuellen Konflikt wahr, mit der Anbahnung einer Beziehungsstörung zwischen Mutter und Baby bei überrollendem, intrusivem mütterlichen Verhalten (Hauser, 2014). Unter dem Containment der Behandlung konnte die Mutter ihre Übererregung aufgeben und körperlich liebevoller mit dem Baby umgehen (siehe Wickelsituation). Das spricht wohl eher für einen intrapsychischen mütterlichen Konflikt und gegen eine kulturelle Ausprägung. In der Sprachmelodie ihrer türkischen Muttersprache scheint sie auf implizites Beziehungswissen mit einer eher positiven mütterlichen Stimmung zurückgreifen zu können, sodass sie mit ihrem liebevollen Ton das Baby erreicht und dessen Erregung nachlässt. Vermutlich war ihre Mutter damals in der Melodie ihrer türkischen Sprache psychisch anwesend, für ihr Baby präsent, sodass sie dafür eine innere Repräsentanz bilden konnte, die sie zumindest in meiner Anwesenheit für Kasim intuitiv abrufen kann. Als brauche es die reale Anwesenheit eines guten Objektes, damit die Mutter eine Basis für ihre primäre Mütterlichkeit entwickeln kann. Hier scheint der Kulturkonflikt auf der sprachlichen Ebene mit dem intrapsychischen Konflikt verwoben zu sein, der Verlust der Muttersprache als verlorenes Objekt wurde vermutlich nicht betrauert.

Durch das Containment in der Behandlung wurde in der Mutter die Bildung einer Mutter-Baby-Vater-Triade gebahnt, sodass der Vater in die Stunde mitkommen konnte. In dieser Stunde findet er in früher Identifikation mit der Therapeutin zu seiner väterlichen Position (er kann Kasim in Identifikation mit der Therapeutin in seinem Spielchaos begrenzen und nimmt ihn liebevoll auf den Arm) und kann sich Kasim zärtlich-liebevoll zuwenden, was sich auf die Vater-Sohn-Beziehung förderlich auswirkt. Gedanklich findet er zu einer Kompromissbildung. (Szene: Er möchte mit Kasim auf einer kurdischen Trommel spielen und mit ihm kurdische Lieder singen.) Auf der Beziehungsebene und im Handlungsdialog mit dem Vater bekommt das kurdische Kulturgut (die Trommel, die Rhythmen und Lieder) Raum und Repräsentanzen in Kasims Selbst und wird sich kulturidentitätsstiftend für ihn und die Familie auswirken. Hier zeigt sich, wie durch die Bearbeitung eines intrapsychischen Konfliktes – Erreichen von väterlichen Repräsentanzen – Kreativität, Bildung und Integration von kultureller Identität stattfinden kann (Hauser, 2014).

Behandlungstechnisch ist es in diesem Fall von Bedeutung gewesen, sich nicht im kulturellen Feld zu verlieren, sondern eine kultursensitive und kulturwertschätzende therapeutische Haltung der Mutter und später dem Vater gegenüber zu pflegen und sich vorwiegend den Konflikt- und Traumaebenen im Übertragungs-/Gegenübertragungsgeschehen zu widmen. Die transgenerationale Transmission von Traumata auf das Baby wurde in der individuellen Dynamik der Mutter-Kind-Beziehung bearbeitet. Durch das Containment der archaischen Affekte konnten diese entgiftet werden, die Mutter wurde ambivalenzfähiger und konnte die Spaltung zwischen Liebe und Hass zu ihrem Mann und die Spaltung ihres Selbst zur Welt der Familie wieder auflösen. Die anerkennende Präsenz des abwesenden Vaters als des Dritten in der Behandlung ermöglichte der Mutter eine Entgiftung und die Integration des Väterlichen. Die Basis für eine Annäherung von Vater und Mutter, Mann und Frau wurde gelegt. Die therapeutische Arbeit lag vorwiegend auf der Mutter-Kind-Beziehung und auf der Einbeziehung des Vaters, sodass die neue Familie eine neue, veränderte familiäre Identität entwickeln konnte.

Literatur

Akhtar, S. (2007). *Immigration und Identität*. Gießen: Psychosozial-Verlag.
Blos, P. (2001). *Adoleszenz*. Stuttgart: Klett-Cotta.
Bürgin, D. (1998). *Triangulierung. Der Übergang zur Elternschaft*. Stuttgart: Schattauer Verlag.
Colarusso, C.A. (1990). The Third Individuation. *The PSA Study of the child, 45*, 179–194.
Fraiberg, S., Adelson, E. & Shapiro, V. (1975). Ghosts in the nursery. A psychoanalytic approach to the problems of impaired infant-mother relationships. *Journal of the American Academy of Child & Adolescent Psychiatry, 14*(3), 387–421.
Garza-Guerrero, A.C. (1974). Culture shock: its mourning and the vicissitudes of identity. *Journal of the American Psychoanalytical Association, 22*, 408–429.
Greenacre, P. (1967). The influence of infantile trauma on genetic patterns. In P. Greenacre, *Emotional Growth* (S. 288). New York: IUP.
Hauser, S. (2014). Unveröffentlichter Vortrag Waimh, Edinburgh.
Khan, M.M.R. (1977). Das kumulative Trauma. In M.M.R. Khan, *Selbsterfahrung in der Therapie* (S. 50–70). München: Kindler.
Ornstein, A. & Ornstein, P. (1994). Elternschaft als Funktion des Erwachsenen-Selbst: Eine psychoanalytische Betrachtung der Entwicklung. *Kinderanalyse, 3*, 351–376.
Salamander, C. (2014). Unveröffentlichter Vortrag Waimh, Edinburgh.
Stern, D. (2005). *Der Gegenwartsmoment*. Frankfurt am Main: Brandes & Apsel.
Stern, D. (2011). *Ausdrucksformen der Vitalität*. Frankfurt am Main: Brandes & Apsel.
Winnicott, D.W. (1997a). Sehr frühe Wurzeln der Aggression. In D.W. Winnicott, *Von der Kinderheilkunde zur Psychoanalyse* (S. 100–106). Frankfurt am Main: Fischer.
Winnicott, D.W. (1997b). Primäre Mütterlichkeit. In D.W. Winnicott, *Von der Kinderheilkunde zur Psychoanalyse* (S. 157–164). Frankfurt am Main: Fischer.
Winnicott, D.W. (1997c). Die manische Abwehr. In D.W. Winnicott, *Von der Kinderheilkunde zur Psychoanalyse* (S. 244–266). Frankfurt am Main: Fischer.
Winnicott, D.W. (1997d). Wiedergutmachung im Hinblick auf die organisierte Abwehr der Mutter gegen Depression. In D.W. Winnicott, *Von der Kinderheilkunde zur Psychoanalyse* (S. 267–275). Frankfurt am Main: Fischer.
Winnicott, D.W. (1995). *Vom Spiel zur Kreativität*. Stuttgart: Klett-Cotta.

IV.
Auswirkungen der Migration auf die Persönlichkeitsentwicklung

Fremd in der Fremde, »seelenlose Landschaften«

Die Suche nach dem Vater

Viktoria Schmid-Arnold

Einleitung

In meiner psychotherapeutisch-psychoanalytischen Praxis und in der Babyambulanz sind mir in den letzten 15 Jahren zunehmend Menschen aus anderen Kulturen, anderen Herkunftsländern mit vielen verschiedenen Mentalitäten begegnet, vor allem aus dem osteuropäischen, türkischen und afrikanischen Kultur- und Sprachraum. Obwohl sie sehr unterschiedlich in Sprache, Kultur, Haut- und Gesichtsfarbe waren, hatten sie doch alle das Trauma der Migration, selbstgewählt oder erzwungen, gemeinsam. In ihrer Gestik und Mimik war eine auffallende Starre bemerkbar. In Anlehnung an Vamik Volkan sind Menschen, die die Heimat verloren oder verlassen haben, »Dauertrauernde«.

In meiner Gegenübertragung war und bin ich immer wieder mit ausgeprägter Trauer und heftigem Schmerz konfrontiert worden, was wohl mit dem Phänomen des Heimatverlustes zu tun haben könnte. Dieser kann zu Brüchen in den Menschen führen, der sich in »seelenlosen Landschaften« in ihnen niederschlagen kann, da sie sich fremd in der Fremde fühlen. Ihnen sind Gefühle von Geborgenheit und Zugehörigkeit teilweise oder ganz verloren gegangen. Die Sinnfindung für ein Leben in der Fremde, in der neuen Kultur ist ihnen oft nicht möglich. Sie brauchen Hilfe, um ihre Verluste betrauern zu können und sich in der neuen Heimat ansässig zu fühlen. Besonders belastend scheinen Kinder die Immigration zu erleben, da sie diese meist nicht selbst gewählt haben, sondern sie ihnen von den Eltern aufgezwungen wurde. Salman Akhtar (2007, S. 33–34) spricht von den Kindern als den »Exilanten«:

> »Sie können nicht zurück, auch wenn sie wollten. Sie dürfen sich nicht entscheiden. Das elterliche Vorrecht in diesem Bereich kann sich beim Kind in unbewussten ödipalen Fantasien niederschlagen: Beim Jungen folgt die Mutter dem Vater, ohne auf das Leiden des Kindes Rücksicht zu nehmen; beim Mädchen folgt der Vater der Mutter, um ihr Schutz und Wohlbefinden zu ermöglichen, ohne den emotionalen Schaden des Verlustes des Kindes zu beachten.«

Die traumatischen Erlebnisse der Migration des Kindes verweben sich bei ihm mit dem Trauma der Migration seiner Eltern. Nicht selten werden daraufhin die kindlichen Entwicklungsprozesse beeinträchtigt, was sich in vermehrten Konflikten und Symptomen äußert. Trauma und Konflikt werden miteinander verstrickt. Im Jugendlichen und späteren Erwachsenen entstehen Dissonanzen in der Entwicklung

> »der Identität auf der Ebene von Trieb und Affekt (von Liebe oder Hass, Aushalten von Ambivalenzen), im intrapsychischen und interpersonellen Raum (von nah und fern zu optimaler Distanz), von Raum und Zeit, von Erleben von Vergänglichkeit (von gestern oder morgen zu heute) und des sozialen Zugehörigkeitsgefühls« (Akhtar, 2007, S. 96).

Garza-Guerrero schreibt in diesem Zusammenhang:

> »Das Maß der Bedrohung der individuellen Identität verläuft parallel zur Tiefe der begleitenden Trauer. Daher wächst die Sehnsucht nach den verlorenen Liebesobjekten (die aufgegebene Kultur), welche in der Vergangenheit ein Gefühl der Kontinuität vermittelten, je schwerwiegender der Bruch mit der Kontinuität der Identität des Immigranten ist. Und umgekehrt ist die Bedrohung seiner Identität größer, je ausgeprägter die Sehnsucht nach seinen verlorenen Liebesobjekten ist« (Garza-Guerrero, 1974, S. 418–419).

Diesen Gedanken möchte ich in der folgenden Darstellung meiner Patientenbehandlung nachspüren. Aus meiner Klientel habe ich die dreistündige psychoanalytische Behandlung eines 21-jährigen jungen Mannes (den ich Anton nenne) ausgewählt, der nach einem adoleszenten Zusammenbruch in meine Praxis kam. Er ist als viereinhalbjähriger Junge mit seinen Eltern aus Rumänien nach Deutschland emigriert.

In der Behandlung konnten lange Phasen des Schweigens vor allem zu Beginn mittels des Instrumentariums der Gegenübertragung, des Erlebens von Trauer und Schmerz aufgebrochen werden, und dem Patienten wurde eine Nachreifung und Sinnfindung in der »neuen fremden und vertrauten Kultur« möglich. Dabei spielte die Bearbeitung der transgenerationalen Transmission Anton – Vater – Großvater vs (väterlicherseits) und die Suche nach dem »inneren Vater« und dem »Väterlichen« eine bedeutende Rolle.

Zusammenfassung der relevanten lebensgeschichtlichen Daten

Nach mehreren Anläufen bei vier anderen Therapeuten kommt der 21-jährige Mathematikstudent aus der psychosomatischen Ambulanz in meine Praxis. Er ist ein großer, kräftiger junger Mann mit dunklen Haaren und Augen, die ich erst beim

Gegenübersitzen sehe. Bei der Begrüßung fällt mir sein lascher Händedruck und seine starre Mimik auf. Dabei senkt er den Blick, als müsste er seine traurigen Augen verbergen, als dürfte und sollte ich seine tiefe Trauer, die sich darin widerspiegelt, nicht wahrnehmen, als müsste er sie aus Scham und Schuld verbergen.

Ich frage mich, was ihm so Schreckliches widerfahren ist, dass er sich nicht zeigen kann und darf. Als ich ihn freundlich frage, was ihn denn belaste, sprudelt es nur so aus ihm heraus. Seit sich seine Freundin vor vier Jahren von ihm getrennt habe, habe er verschiedene Zwänge im Wechsel mit körperlichen Symptomen von Magenbeschwerden, Durchfall, Schlaflosigkeit, Antriebslosigkeit und sexuellem Versagen beim Onanieren entwickelt. Er sei von einem Internisten und Urologen gründlich untersucht worden, jedoch ohne relevanten körperlichen Befund.

In den ersten Stunden bei mir beklagt er all diese Symptome, die er mehrmals ganz konkretistisch wiederholt, vermutlich um mir sein Leiden eindrücklich zu schildern, mit der stummen Bitte, ihn doch anhören und verstehen zu wollen und ihn nicht wegzuschicken, wie es ihm schon mehrmals geschehen ist. Seine tiefe Verzweiflung und seine Hoffnungslosigkeit, die er nur auf der Körperebene auszudrücken vermag, sind spürbar. Sprache hat er für seine inneren seelischen Zustände nicht zur Verfügung. Durch das Internet sei er über alle Suizidmodalitäten informiert, berichtet er, was seine innere Not noch unterstreicht, die er nicht mehr aushalten könne. Das Studium könne er nur noch mit Mühe aufrechterhalten. Besonders gequält sei er von dem Gedanken, dass er noch nie mit einer Frau erfolgreich Sex hatte, weswegen er sich als Versager erlebe. Selbst beim Onanieren sei sein Penis noch nie steif geworden. Dabei fühle er sich doch als Mann, aber wenn der Penis nicht steif werde, dann sei er eine »Memme« und kein Mann.

Ich nehme seine große Bedürftigkeit wahr und frage mich, ob ich ihn halten, aushalten, seine archaischen Affekte containen, mit ihm eine Sprache und ein Narrativ für seine leeren seelischen Zustände entwickeln kann. Ob es mir mit ihm gelingen kann, dass er leben kann, wie er in der 260. Stunde zu mir sagte: »Bringen Sie mir bei, wie Leben geht ... Sie wissen es doch«, fügte er hinzu.

Lebensgeschichtliche Entwicklung

Anton wurde 1979 in einer Stadt im Nordwesten Rumäniens geboren. In Rumänien herrschte die Ära Ceaușescu, ein Herrschaftssystem, in dem die Menschenrechte massiv verletzt wurden, die Menschen zum Teil hungerten, in ihren persönlichen Freiheiten beeinträchtigt wurden, Familien gespalten waren in prostalinistische Vertreter und Gegner derselben, wie es in der Familie des Patienten der Fall war. Später in der Behandlung erinnert er sich, dass die Fenster geschlossen werden mussten, wenn die Schwester der Mutter zu Besuch kam. Es hätte dann häufig eine sehr angespannte Atmosphäre geherrscht. Er erinnerte sich eines Gefühls: Es sei »unheimlich« gewesen.

Die Eltern des kleinen Anton waren zur Zeit seiner Geburt beide Informatikstudenten, die Mutter war damals 23-jährig, der Vater 24-jährig. Beide waren in einer anderen Stadt mit ihrem Studium und dem »sozialistischen Aufbau« beschäftigt. Der kleine Anton passte nicht in das noch junge Lebenskonzept seiner Eltern. Er wurde nach einer komplikationsreichen Geburt knapp sechs Wochen von seiner Mutter gestillt und nach drei Monaten der Großmutter, seiner »Babu«, wie er sie später in der Behandlung liebevoll nannte, überlassen. Der Großvater, ein ehemaliger Schuldirektor, sei ein strenger, gerechter Mann gewesen, der sich sehr der Musik zuwandte, Klavier spielte und viel Zeit mit dem kleinen Anton verbrachte. Die Großeltern ms (mütterlicherseits) wohnten in einem kleinen Haus mit Garten auf dem Land. Dort sei er aufgewachsen, habe die Düfte und Gerüche der ländlichen Umgebung in sich aufgesogen. Später sei er mit seinen Eltern gerne in dieses Haus gefahren, habe gerne die Großeltern dort besucht.

Seine Mutter schildert er als fürsorglich, leidend, depressiv. Sie habe psychosomatische Beschwerden und jammere viel. Sie sei auch sehr fleißig und habe die Familie hier in Deutschland zusammengehalten. Mutter und er sprächen viel zusammen, sie würde sich bei ihm »ausjammern«. Der Vater arbeite viel, sei sehr schweigsam, neige zu cholerischen Anfällen, die sich gelegentlich in gewaltsamen Handlungen gegenüber dem Wohnungsmobiliar äußerten. Er spiele stundenlang Klavier, vermutlich um sich zu beruhigen. In Trennungssituationen würde er verschwinden und erst nach Stunden wieder auftauchen, sodass Anton mit der Mutter häufig dasitze und auf den Vater warte. Seine Beziehung zu ihm sei schlecht. Er hasse ihn. Sie schwiegen sich seit einigen Jahren an.

Die Großmutter vs kam als Banatdeutsche mit dem Freikauf von Rumäniendeutschen durch die deutsche Bundesregierung 1977 unter dem Decknamen »Kanal« (»zwischen 1976 und 1989 wurden 226.654 Menschen aus Rumänien freigekauft«, Aussage des Patienten) in die Bundesrepublik. Anton beschreibt sie als strenge alte Frau, die von ihm Ordnung und Disziplin verlangt habe. Er wurde von ihr zeitweise betreut, als die Familie nach Deutschland ausgewandert war. Der Großvater vs galt als verschollen. In der Familie des Vaters wurde er für tot erklärt. Er sei ein gewaltsamer Mann gewesen, der viel getrunken habe, Frau und Kinder schlug. Die Großmutter habe ihn verlassen, als sie nach Deutschland ging. Während der Behandlung fand Anton heraus, dass er wohl ein moldawischer Jude war, während des Dritten Reichs das KZ überlebte und in den 1990er Jahren an einer Krankheit verstarb. Dies wurde durch Briefe belegt, die die Schwester des Vaters aufbewahrte, was Anton und seine Mutter erst viel später herausfanden. Sein Vater wähnte seinen eigenen Vater tot, die Großmutter vs »erklärte« ihren Mann für tot.

Ungewollt schwanger und nach einer schweren Geburt fühlte sich die Mutter des kleinen Anton wohl nicht in der Lage, Anton eine gute Mutter zu sein, und gab ihn nach drei Monaten an ihre Mutter ab. Eine erste Trennung, ein Bruch im frühen Leben des kleinen Jungen, der seine späteren Trennungstraumata prägen und verstärken sollte. Eine sichere Bindung und die Entwicklung eines Urvertrauens im Sinne von E.H. Erikson (1995, S. 241–245) waren ihm unter diesen Bedingungen nicht möglich. Die Eltern seien nur an den Wochenenden oder zum Teil nur in der studienfreien Zeit gekommen, um ihn zu sehen. Aus Erzählungen wisse er, dass die Großmutter ms ihn gut versorgt habe, er sich auch wohlgefühlt habe bei den Großeltern ms.

Nach Zuständen von innerer Verwirrung, Verlustängsten, ja Vernichtungsangst im Sinne Winnicotts (1997a, S. 113–126), die ein Baby auch bei vorübergehendem Verlust der Mutter erleben muss, gewöhnte sich der kleine Anton an seine Großmutter. Er wurde von ihr geliebt, gehegt und gepflegt, getröstet, körperliche Nähe wurde ihm auch nachts im Bett der Großmutter gewährt. Vermutlich wurde die Großmutter zur ersten Bindungsperson und der Großvater ein weiteres wichtiges triangulierendes Objekt. Die Eltern, die eher selten kamen, wurden zu Fremden und später »fremden Vertrauten«, bedeutsam eher als weitere Bezugspersonen, weniger im Sinne einer Möglichkeit zur Bildung eines guten inneren Objektes. Vermutlich war der kleine Anton erheblichen inneren Verwirrungszuständen und wiederholten Verlustängsten ausgeliefert, wenn die leiblichen Eltern ihn für ein bis zwei Wochen zu sich holten. Seine inneren seelischen Zustände bewegten sich im Spannungsfeld von verlassen, verloren und sich vernichtet fühlen. So haben sich in seiner Seele »leere, fremde Landschaften« gebildet, die sich als Grundmuster in seiner Persönlichkeit niederschlagen. Im Sinne des Wiederholungszwanges nach Freud (1914g, S. 130) mussten diese unbewusst immer wieder aufgesucht werden und sind die Basis für sein späteres Katastrophendenken, in dem sich die »versagende Brust« gedanklich manifestiert. Folgt man W.R. Bion (1963), so erlebte der Säugling Anton diese wiederholten Trennungserfahrungen als »abwesende, versagende Brust«, auf die er mit einer Überempfindlichkeit gegenüber der damaligen Flaschennahrung in Rumänien und einer Schlafstörung vor allem bei den Eltern reagieren musste. Vermutlich hat sich bei ihm Trennungs- und Verlustangst körperlich niedergeschlagen, seine Stresshormonachse schon früh aktiviert, was sich bei späteren Trennungen in seinen psychosomatischen Symptomen niederschlägt.

Vermutlich konnten das fürsorgliche, »good enough mothering« (im Sinne Winnicotts) der Großmutter und die triangulierenden Fähigkeiten des Großvaters einige dieser Defizite kompensieren. Allerdings scheint die wohl lang ersehnte Auswanderung seiner Eltern einen erneuten radikalen Bruch im Leben des kleinen Anton bewirkt zu haben. Gerade erst viereinhalb Jahre war er alt, als er mit den Eltern und der Großmutter in einem Auto saß. Es sollte zur Grenze gehen. Großmutter und Eltern versicherten ihm, so erinnerte er sich später, dass sie in Urlaub führen und bald wieder zurückkämen und die Großmutter nur ein Stück mitfahre. Dann reißen für ihn alle Erinnerungen ab. Er sieht sich in der Nähe einer Stadt in einem Kindergarten. Er versteht die Sprache der Kinder nicht, lebt nur mit seinen Eltern und wird von der Großmutter vs (sie lebt bereits seit Jahren in Süddeutschland) betreut. Der Verlust seiner »Babu« und des Großvaters ms haben in ihm emotionale Löcher hinterlassen, seine Zustände von innerer Verwirrung, sich verlassen und verloren zu fühlen, haben seine früheren Zustände dieser Art aktiviert und vermehrt. Trost habe er von seinen sehr beschäftigten Eltern nicht bekommen, die Großmutter vs war ihm fremd. Sie war eine herbe, strenge Frau. Sie brachte Spielzeug und gab ihm keine körperliche Nähe. Sie war nicht seine »Babu«, die er wohl sehr vermisst hat. Anton befand sich in einer fremden Welt, konfrontiert mit einer fremden Sprache, mit fremden Gerüchen und Düften, ohne die wärmende Nähe und den Trost seiner »Babu« und dem Großvater, der ihm bisher die Welt erklärt hatte. Sein ohnehin schon beschädigtes Ich wurde durch den Verlust seiner ersten Bindungspersonen – verbunden mit dem Verlust der heimatlichen Düfte und Gerüche durch die Auswanderung – erneut erschüttert, sodass der kleine Anton weitere emotionale Leeren und Löcher in seiner Struktur unterbringen musste. Seine Rettung lag wohl in seiner Begabung, seiner Resilienz und seiner hohen Fähigkeit zur Anpassung.

Schnell lernte er die neue deutsche Sprache, erfüllte die ehrgeizigen Pläne seiner Eltern, die in der damaligen Bundesrepublik Deutschland erstmalig ihre Bewegungsfreiheit genossen und neben der harten Arbeit als Informatiker viel herumreisten und die neue Welt entdeckten. Anton galt als braver, zurückgezogener Junge, der wenig Interesse an gleichaltrigen Kindern hatte, gute schulische Leistungen erbrachte, die Erwartungen seiner Eltern erfüllte und wenig emotionale Bedürfnisse an sie richtete. Nachts litt er unter Albträumen und Ängsten, die er meist mit sich selbst ausmachte, wie er sich später erinnert, »die Gespenster im Kinderzimmer« (Fraiberg et al., 1975), die Geschichte der Eltern und Großeltern holte ihn ein. Da er wenig Zuspruch und Trost bekam, auf seine Ängste mit Strenge und emotionaler Kälte reagiert wurde, dachte der kleine Anton, hier in diesem neuen Land seien die Menschen eben so, und deswegen seien seine Eltern so zu ihm, nicht herzlich, nicht fürsorglich, nicht verständnisvoll; hier finde er nur Gehör, wenn er Leistung bringe, wenige Bedürfnisse habe und seine Ängste verberge, damit seine Mutter schlafen könne, wo sie doch so hart für ihn arbeite. Mit seinem Angstpegel stiegen seine Schuldgefühle; nur durch gute Leistung bekam er Zuwendung von seinen Eltern und versuchte sich auf diese Weise nicht so schlecht zu fühlen. Als er die Aufnahme in das Gymnasium schaffte, waren die Eltern sehr stolz auf ihn. Von da an durfte er die Eltern auf ihren vielen Urlaubsreisen begleiten. Allerdings habe er kaum Interesse an den neuen Ländern und Stränden entdecken können, da er sehr unter Heimweh litt. Die Großeltern in Rumänien wurden nur noch selten besucht, seine Sehnsucht, seine Erinnerung verblasste, zurück blieben kindliche Trennungsängste und ein merkwürdiges Gefühl des Nicht-Dazugehörens und von emotionaler Leere, sich nicht lebendig zu fühlen.

Seine Probleme seien erstmalig mit der Pubertät im Außen sichtbar geworden. Seine schulischen Leistungen seien etwas eingebrochen. Er habe sich mehr den Gleichaltrigen zugewandt und habe Freunde gefunden, mit denen er »um die Häuser zog«. Die Beziehung zu seinen Eltern sei sehr belastet gewesen, der Vater habe vermehrt cholerische Anfälle bekommen, wurde gewalttätig, die Mutter war depressiv und litt zunehmend an körperlichen Schmerzen. Die Ehe der Eltern wurde belastet von ihren eigenen nicht gelösten adoleszenten Konflikten, aufgewachsen in einem totalitären Regime, der Vater in Gewalt und emotionaler Verlassenheit, ein vaterloser Vater, der dem heranwachsenden Anton wenig Halt und Möglichkeit für männliche Identifikationsmodi geben konnte. Die Mutter, die ihn in ihrer depressiven Bedürftigkeit zum seelischen Ersatzpartner machte, ihm vorjammerte und ihn auf diese Weise missbräuchlich behandelte. So fühlte sich der jugendliche Anton vom Vater innerlich verlassen, ohne sicheren »inneren Vater«, von der Mutter in ihrer Depression missbraucht, emotional von deren seelischer Missstimmung überwältigt. Sein permanentes Schuldgefühl zwingt ihn, der Mutter zuzuhören und sie zu trösten. In seinem Inneren entwickelt sich eine ungeheure Wut und ein Hass auf die Mutter, noch mehr auf den Vater, von dem er sich völlig im Stich gelassen fühlt. Sein Hass steigert sich, als Anton bemerkt, dass beim Onanieren sein Penis nicht steif wird und er die Phantasie entwickelt, dass er kein Mann werden kann. Einerseits möchte er ein Mann sein, wie der Vater ein Mann ist, andererseits fühlt er sich in seiner männlichen Identität gespalten, so zu sein wie der Vater, den er hasst, den er gleichzeitig um seine Männlichkeit beneidet.

Die liebevoll-zärtliche Beziehung zwischen Vater und Sohn (entwicklungspsychologisch im Alter von zwei bis vier Lebensjahren) ist bei Anton mit Trauer und Wut um den Verlust des Großvaters besetzt, sodass er sich seinem Vater nur in Identifikation mit dem Aggressor nahe fühlen kann. Bei einem Auslandsaufenthalt in England möchte er völlig unmotiviert, impulshaft auf einem jüdischen Friedhof Grabsteine beschädigen. Seine Freunde können ihn gerade noch davor schützen und seiner damals unbändigen Wut und seinem Hass Einhalt gebieten. Später in der Behandlung kann er Scham und Schuld entwickeln und möchte Wiedergutmachung leisten. Wieder zu Hause, wird er des Nachts, als er mit Freunden vom Billardspielen auf dem Weg nach Hause ist, von einer Gruppe türkischer Jugendlicher zusammengeschlagen. Sein Nasenbein ist gebrochen. Er kann fliehen und sich retten. Zu Hause wird er vom Vater als »Memme« beschimpft. Wut und Hass verstärken sich in ihm als dem ungetrösteten Jungen. Seine große Sehnsucht nach einem Vater, der ihn schützt, versteht, sich ihm als männliches Identifikationsobjekt zur Verfügung stellt, wird von seiner steigenden Wut und seinem Hass überdeckt, sodass diese für Anton nicht mehr spürbar ist. Sein realer Vater hüllt sich weiterhin in Schweigen, ein Ausdruck seiner Sprachlosigkeit, seiner emotionalen Leere und seiner eigenen ungestillten Vatersehnsucht.

Mit 17 Jahren hat Anton sich in ein gleichaltriges Mädchen verliebt. Nach langem

Werben hat sie sich auf ihn eingelassen. Sie hätten gerne gemeinsame sexuelle Erfahrungen gemacht. Da sein Penis nicht steif wurde, war dies jedoch nicht möglich. Nach einem Jahr ging diese Beziehung in die Brüche. In Antons Phantasie deshalb, weil er als Mann versagt habe. Die junge Frau habe bald einen anderen gefunden und in seiner Phantasie mit diesem »guten Sex« gehabt. Seine Selbstwertproblematik steigert sich nahezu ins Grenzenlose. Er fühlt sich in seiner männlichen Rollenidentität total erschüttert. Seine Wut und seinen Hass richtet er gegen sich selbst. Er bekommt psychosomatische Beschwerden. Seine heftige, nicht lebbare Trauer muss er mit verschiedenen Zwangshandlungen abwehren, ein Relikt des Viereinhalbjährigen, der die Großeltern ms als Bindungspersonen verlor, seine Trauer nicht leben durfte und konnte, sie im traumatischen Spiel wiederholte und sich damit selbst zu beruhigen versuchte. Ein weiteres Grundmuster, auf das er nun in seinem Verlassensein zurückgriff. Ein Junge zu sein und ein Mann zu werden war ihm unbewusst nicht erlaubt. Welche innerfamiliären Gründe es dafür geben konnte, war ihm nicht bewusst. Mann zu werden und Mann zu sein scheinen in seinem familiären Kontext unbewusst bedrohlich, ja nahezu tödlich zu sein. Darüber keine Phantasien entwickeln zu können – und vermutlich zu dürfen – machte den jungen Mann fast verrückt. Unbewusst spürte er, dass es Geheimnisse um das Männliche, Väterliche in seiner Familie geben musste.

Nach dem Abitur wurden mit dem Verlust der Klassenstruktur seine Zwänge und die körperlichen Symptome verstärkt. Die Kontaktaufnahme zum anderen Geschlecht wurde immer schwieriger bis unmöglich. Ein Circulus vitiosus von Versagen, Selbstzweifel, Scham und Schuld kam in Gang, dem er sich kaum entziehen konnte. Der Beginn des Mathematikstudiums lenkte sein Interesse zunächst auf seine geistigen Fähigkeiten. Ein mehrwöchiger Urlaub seiner Eltern ließ ihn seelisch, geistig und körperlich zusammenbrechen. Ein früh gelegtes Grundmuster der »abwesenden, versagenden Brust« (nach Bion) hat sich bei ihm reinszeniert. In seinen Träumen werde er verfolgt und umgebracht. Sich verlassen zu fühlen macht Angst, ja, Angst, vernichtet zu werden.

Psychodynamische und diagnostische Überlegungen

Auslöser für den Konflikt scheinen der Verlust der Freundin, der Klassengemeinschaft nach dem Abitur und letztendlich die Angst vor der Sexualität zu sein, die in der Adoleszenz immer drängender wurde. Anton musste von Beginn seines Lebens an die Erfahrung machen, sich nicht bedingungslos angenommen und geliebt zu fühlen. Ein »good enough mothering« im Sinne Winnicotts hat er von seiner Mutter nicht erfahren. Bereits mit drei Lebensmonaten war er einem Trennungstrauma ausgesetzt worden. Vermutlich besonders belastend waren die Beziehungswechsel zwischen Eltern und Großeltern, die den kleinen Anton in emotionale Verwirrung stürzten, ihn für Trennungen besonders sensibel werden ließen. Die für ihn ungewollte Migration mit dem Verlust der Großmutter als erster wichtiger Bezugsperson und dem Großvater als wichtiges triangulierendes und männliches Identifikationsobjekt war im Entwicklungsstadium der ödipalen Bewältigung besonders traumatisierend. Für ihn bahnte sich ein »kumulatives Trauma« (Khan, 1988) an, das ihn in seinem symbolischen Denken und in seiner Mentalisierungsfähigkeit beeinträchtigt hat. In seiner Identitätsbildung entstanden Brüche, die seine Beziehungs- und Liebesfähigkeit störten. In seinem Selbst bleiben Inseln von Leere zurück, zu denen er keinen Zugang hat, weder emotional noch sprachlich. Seine späteren Dunkelängste sind eine Fortsetzung seiner frühen Trennungsängste. Eine unbewältigte ödipale Entwicklung ist die Folge. Er kann nicht mit dem Vater rivalisieren, sondern muss, ob der nicht gelebten Trauer, seiner Trauer und der seines Vaters über dessen Vater, das Männliche, Väterliche in sich und in seinem Vater hassen.

Diese ungelösten Konflikte tauchen während seiner adoleszenten Entwicklung erneut auf, allerdings mit dem Vorzeichen der körperlichen Veränderung zum Mann und der sexuellen Bedürfnisse nach einem außerfamiliären heterosexuellen Liebesobjekt. Sobald er diese Bedürfnisse ausleben möchte, wird er von heftiger Angst überwältigt, ein Aufflackern seiner frühen Trennungsängste und seines unbewältigten ödipalen Konfliktes. Heftige narzisstische Wut, ein Destillat seiner frühen Verlassenheits- und Vernichtungsängste, bedroht ihn. Er muss sie gegen sein Körperselbst wenden oder sie in Form von rigiden Zwängen unter Kontrolle zu bringen versuchen. Trennungen erlebt er als bedrohlich, so wie er damals als Säugling Trennung als vernichtend erlebt haben muss. Seine beiden Eltern, traumatisiert durch das Aufwachsen in einem totalitären Regime wie Rumänien und durch den Verlust der Heimat, wenn auch gewollt, sind voll der Überlebensschuld, in einem anderen, besseren politischen System leben zu können. Die Mutter deponierte ihr seelisches Leiden in ihrem Körper. Der blasse, abwesende Vater, der selbst ohne ein gutes inneres Vaterobjekt aufwachsen musste, reagierte mit Rückzug, Schweigen und Gewalt. Diese Eltern, die zudem unter einem hohen Anpassungsdruck in dem ersehnten anderen politischen System der Bundesrepublik Deutschland lebten, deren Lebensziel es war, viele Reisen zu machen, die »Freiheit des Westens« zu genießen, sahen sich nicht in der Lage, dem jugendlichen Anton als adäquate Entwicklungsobjekte zur Verfügung zu stehen, ihm ein entsprechendes »Holding environment« zu ermöglichen, das ein junger Mensch braucht, um all die schmerzlichen Separationsprozesse und die Trauerarbeit der Adoleszenz zu bewältigen, seine Geschlechtsrollenidentität zu sichern und seine Persönlichkeitsstruktur so weit zu entwickeln, dass er Lust und Freude an sich und anderen haben kann.

Als er sich von der Freundin, dem Klassenverband, den Eltern verlassen fühlt, begibt er sich in den narzisstischen Rückzug und erleidet einen adoleszenten Zusammenbruch. Er verweigert Essen und Trinken, sein Denken wird zerstört, und er entwickelt die Vorstellung, sich zu erhängen, eine perverse, archaische Form des Suizids. Damit wollte er unbewusst Rache an seinem primären Objekt ausüben. Er wollte nicht nur sich selbst töten, sondern er wollte sein inneres mütterliches und väterliches Objekt töten. Sein möglicher Suizid wäre Ausdruck seiner großen inneren Verwundung gewesen, sich von einer mütterlichen Figur von Beginn seines Lebens an verlassen zu fühlen, wäre Ausdruck seiner ungeheuren Vernichtungsangst gewesen, die sich vermutlich schon intrauterin bei ihm anbahnte und ihn besonders sensibel für Trennung und Verlust machte, wäre ein »Acting out« seiner sexuellen Identitätsverwirrung geworden, auf der Suche nach dem Mann in sich.

Diagnose

Verlängerte postadoleszente Krise mit narzisstischem Zusammenbruch, eine ungelöste ödipale Entwicklung bei depressiv-zwanghafter Persönlichkeitsstruktur auf dem Boden von Verlust von Heimat und Sprache; rezidivierende Verluste wichtiger Bezugspersonen (Großmutter und Großvater ms) im frühen Kindesalter begründen das eher niedrige Strukturniveau.

Ausschnitte aus dem psychoanalytischen Prozess

Mit dem Patienten wurde eine dreistündige psychoanalytische Behandlung durchgeführt. Sie dauerte viereinhalb Jahre. In der Darstellung beschäftigten mich folgende Fragen, über die ich reflektieren möchte:

➤ Warum musste Anton in der Spätadoleszenz so einen schweren Zusammenbruch erleiden?
➤ Wie konnte er leben lernen? Wie ist es in der Behandlung gelungen, ihm wieder Sinn im Leben zu geben?
➤ Wie hat er sich auf die Vatersuche begeben? Wie hat er eine sichere männliche Rollenidentität entwickeln können?
➤ Wie konnte er in seine neue deutsche Heimat seine alte rumänische Heimat integrieren?

Antons adoleszenter Zusammenbruch – Die Arbeit mit der Gegenübertragung: »Ich lebe noch«

In den ersten Stunden stehen Antons Klagen über seine Zwänge und seine körperlichen Beschwerden im Vordergrund. Ein Urlaub seiner Eltern belastet ihn sehr. Er lebt allein in der elterlichen Wohnung und fühlt sich sehr verlassen. Er hört auf zu essen und zu trinken, sein Denken wird zerstört und er entwickelt die Vorstellung, sich zu erhängen.

Ein Freund brachte ihn zu mir in die Stunde. Mit diesem Enactment hat er mich bereits zu Beginn der Behandlung mit der Gewalt seiner Todessehnsucht konfrontiert. Er wollte nicht nur sich selbst, sondern die junge therapeutische Beziehung töten. Die totale Vernichtung sollte ausgelebt werden, er wollte Rache an seinen primären Objekten nehmen. In der Übertragung der Großmutter sollte auch ich vernichtet werden. Sein seelisches und körperliches Elend berührte mich sehr. Nachdem Anton einen stationären Aufenthalt verweigerte, bot ich ihm als akute Krisenintervention eine tägliche Stunde an, mit einem Telefonat bei Bedarf. Er wollte von mir bedingungslos angenommen werden. Er bot das Bild eines präpsychotischen jungen Mannes, der sich durch seine Trennungsempfindlichkeit auf die Stufe eines hungernden, durstenden Säuglings zurückzog und von der »Analytiker-Babu« (Übertragung des großmütterlichen Objektes) versorgt werden wollte. Ich sollte ihn emotional hegen und pflegen, ihm helfen, seine »frühe Unintegriertheit« im Sinne Winnicotts (1997b) zu überleben. Im Außen wohnte der Freund vorübergehend bei ihm und versorgte ihn. Diese Krisenintervention war über 14 Tage nötig. »14-tägige mütterliche und väterliche Fürsorge« waren notwendig, bis Anton langsam wieder zu essen und zu trinken begann, sein Denken zurückkehrte. Erstaunlicherweise entwickelte er rasch wieder Sinn in seinem Leben und nahm sein Studium auf. Hilfreich waren auch die zurückkehrenden Eltern, die sich dann um ihn kümmerten. Seine suizidalen Phantasien traten in den Hintergrund. Er entwickelte die Vorstellung, dass die Therapie für ihn hilfreich sein könne. Er fühle sich gut bei mir. Er fühle sich von mir angenommen. »Ich lebe noch«, sagt er in der 35. Stunde.

Vermutlich ist es uns (Patient, Analytikerin und Freund des Patienten) gelungen, ein inneres und äußeres »holding environment« zu entwickeln, das ihm Integriertheit ermöglichte, sich in seinem eigenen Körper erleben und fühlen zu können, die Welt als wirklich wahrzunehmen, wieder ein Erleben von Raum und Zeit zu haben, sodass er einen Sinn im Leben denken konnte (Winnicott, 1997b). Zu dem guten Arbeitsbündnis entwickelte sich eine positive Übertragung, vermutlich die der »großmütterlichen Babu«. Unbewusst hat der Patient einen ganz frühen Vernichtungszustand mit mir überlebt. Er hat mit mir die Erfahrung gemacht, dass auch diese scheinbar sehr schmerzlichen Zustände von Verlassensein für ihn auszuhalten sind, und zwar dann, wenn er sich angenommen fühlt. Meine Phantasie war, wir hätten gemeinsam die Hürde des »Ich bin, also kann ich einen Sinn in meinem Leben denken« genommen.

Bald folgte eine mehrmonatige Phase des Schweigens, in der ich Zuständen von Ohnmacht, Hilflosigkeit und Hoffnungslosigkeit ausgesetzt war. Das Denken war mir deutlich erschwert, da alle Versuche, mit Anton in Beziehung zu treten, misslangen. Er saß mit gebeugtem Oberkörper mit einer Schildmütze auf dem Kopf vor mir. Diesen hatte er in die Hände gestützt. Er wirkte auf mich wie ein Häufchen Elend. Ich verstand zunächst nicht, was er mir damit aufzeigen wollte. Ich fühlte mich an der

Grenze meines therapeutischen Seins. Allerdings kam er regelmäßig zu den Sitzungen, bei der Begrüßung schaute er an mir vorbei, setzte sich mir gegenüber und schwieg. So ging es mehrere Monate lang. Ich fühlte mich zunächst völlig hilflos und ohnmächtig. Da ich ihn weder auf der verbalen noch auf der nonverbalen Ebene erreichen zu können glaubte, wurde auch ich stiller und gab es nach einer Weile auf, einen Dialog mit ihm zu initiieren. Ich sprach nicht die Sprache seiner Kindheit, die Sprache seiner »Babu«. Er war regrediert auf die nonverbale frühe Zeit. Ich sollte bei ihm sitzen, ihn annehmen, ihn aushalten, ihn »behüten«, mir Phantasien über ihn machen, im Sinne von Fonagy und Kollegen (2004): Die Mutter möge dem Kind den Raum für Denken und Phantasien eröffnen, für das Kind prämentalisieren.

Vermutlich aus unbewusster Scham und Schuld würdigte er mich weder beim Begrüßen noch während der Stunden oder beim Verabschieden eines Blickes. In meiner Gegenübertragung erlebte ich Zustände von extremer Hilflosigkeit und Ohnmacht, die sich mit Gefühlen von Trauer und Wut abwechselten. In meinem Denken und in meiner Phantasie fühlte ich mich beeinträchtigt. Sollte ich all die Gefühle und Zustände, die der Patient in sich trug, erleben müssen und in seiner Anwesenheit containen? Sie ihm zu einer späteren Zeit entgiftet zurückgeben und benennen?

Trevarthen (1979, zit. nach Dornes, 1995) hat in Mikroanalysen nachgewiesen, dass drei bis sechs Monate alte Säuglinge mit der Mutter einen konversationsähnlichen Austausch haben, den er »Protokonversation« nennt. Dieser umfasst vielfältige Gesten, Gesichtsausdrücke und Vokalisierungen, die zielgerichtet und motiviert sind. Als Motiv nimmt der Autor ein »autonomes« Kommunikationsbedürfnis des Säuglings an, in einen emotional gefärbten, kommunikativen Kontakt zu treten. Säuglinge wollen wie Erwachsene in ihrem momentanen Zustand wahrgenommen werden und ihn mit einem anderen teilen. Vermutlich entsteht dabei eine frühe Form von Intersubjektivität, eine Art frühe Repräsentanz für emotionale Verbundenheit. Ich hatte das Gefühl, dass dieses Urprinzip der »Protokonversation« bei dem Patienten fehlte, entweder nicht entwickelt werden konnte aufgrund einer depressiven Reaktion seiner Mutter nach der Geburt oder zunächst vorhanden und aufgrund der Trennungstraumata verschüttet war.

Erst als bei mir Phantasien und Bilder über einen vierjährigen rumänischen Jungen auftauchten, konnte ich mich aus meiner Gegenübertragungsreaktion der Starre, Hilflosigkeit und Ohnmacht befreien. Ich erzählte Anton von meinen Phantasien, Gedanken und Fragen über ihn: Wie es ihm wohl ergangen sei, als er seine »geliebte Großmutter-Babu« verlassen musste? Wie er sich wohl als kleiner Junge gefühlt haben muss, in einem fremden Kindergarten in einem Vorort einer süddeutschen Stadt, wo er nichts und niemanden verstand, einem ihm völlig unverständlichen Sprachgewirr ausgesetzt war? Was mag er wohl gefühlt und gedacht haben? Wie verwirrt und verlassen muss er sich in dieser Fremde ohne seine »Babu« gefühlt haben? Wie traurig, hilflos und ohnmächtig muss er sich in der Schar der laut redenden Kindergartenkinder erlebt haben?

Anton brach erstmalig sein mehrmonatiges Schweigen und herrschte mich mit ärgerlichem Tonfall an. »Wenn Sie schon über einen kleinen Jungen phantasieren, dann sprechen Sie zumindest über einen ungarischen Jungen«, sagte er. Ich war zunächst irritiert, dass ich mir über einen ungarischen Jungen Phantasien machen sollte. Einerseits nahm ich sein Bedürfnis nach Kontrolle wahr. Andererseits war ich froh, dass er nach so langer Zeit endlich mit mir sprach, und ließ mich auf Phantasien und Vorstellungen von einem ungarischen Jungen ein. Ich sollte meiner Phantasie freien Lauf lassen und er wollte dieser zuhören. Anton selbst wollte sich nicht am aktiven Denken beteiligen. Mir fiel auf: Je mehr ich über den kleinen Jungen laut nachdachte, desto mehr kam der Patient aus seinem inneren Rückzug, seiner Isolierung heraus. Er schaute mich an, seine Augen zeigten traurige Züge, seine Mimik war weniger starr, er entwickelte eine gewisse Vitalität. Die Last meiner lähmenden Gegenübertragung schwand und ich fühlte mich wieder mehr bei mir. Dieses »Spiel« spielten wir einige Stunden, ich sollte dem Patienten über einen kleinen ungarischen Jungen hier in Süddeutschland erzählen, wie es dem wohl gehen könnte, und er hörte mir zu. Ich hatte das Gefühl, dass Anton meine Tonlage, meine Worte, meine Mimik, meine Gestik, meine emotionale Schwingungsfähigkeit in sich aufsaugte, um sich zu revitalisieren, um dann selbst mit mir über den ungarischen Jungen in einen Dialog treten zu können. Langsam entwickelte sich aus der fast tödlichen Stimmung des Schweigens eine heitere, die gelegentlich in gemeinsames Lachen überging, ein Lachen, das uns beide entlastete.

Leider konnten wir auch später nicht ganz klären, warum die Phantasien gerade von einem ungarischen Jungen handeln sollten. Als ich über Rumänien recherchierte, musste ich feststellen, dass Nordsiebenbürgen, die Gegend, in der Anton als Kind gelebt hatte, 1940 durch den Wiener Schiedsspruch an das faschistische Ungarn abgetreten werden musste. Ethnische Konflikte mit Diskriminierung der Rumänen unter ungarischer Territorialherrschaft waren die Folge. Inwieweit die Großeltern ms davon betroffen waren, haben wir nicht klären können. Einerseits kann der Patient unbewusst mit den ungarischen Tätern identifiziert gewesen sein, bewusst fühlte er sich eher als Opfer. Andererseits war ihm die rumänische Identität zu nahe, zu bedrohlich, da sie in seiner Kindheit von dem Terrorsystem des Diktators Ceaușescu mit den Bildern von Verfolgung, Folter und Zensur gespeist war. Oder und waren unbewusste, bedrohliche ödipale Vaterbilder in ihm virulent geworden, so meine Frage.

Antons Identitätsstruktur war vermutlich transgenerational mit Wut und unbewusster Trauer besetzt. Die Traumata seiner Eltern legten sich wie Blei auf ihn. Sie bedrohten sein »wahres Selbst«. Er wusste nicht, wer er war, ob er sein darf. Diese fremden Anteile in ihm konnte er leichter auf einen anderen Jungen externalisieren, als sie in sich anzunehmen. Annehmen hätte bedeutet, den ungeheuren Schmerz des frühen Nicht-Angenommenseins zu spüren, die transgenerationale emotionale Bürde der Eltern auszuhalten. Diese hatten als Untertanen eines terroristischen Systems Angst vor Repression, Diskriminierung und Verfolgung erlebt. In den Phantasien über diesen anderen Jungen fühlte er sich weniger bedroht, war ich ihm weniger nah, »sprachen wir nicht über ihn«, eröffneten wir einen Möglichkeitsraum im Sinne Winnicotts (1995), sodass er sich weniger überwältigt fühlen musste. Seine Affekte von Trauer und Wut konnten auf den anderen Jungen externalisiert werden. Der Schmerz der Trennung und des Verlustes waren nicht so überwältigend, sodass er sich damit zumindest partiell vor Fragmentierung zu schützen versuchte. In der Großmutter-Übertragung musste ich mit ihm diese Zustände aushalten.

Im therapeutischen Geschehen spiegelte sich die emotionale Bühne seiner inneren Todes- und Verlassenheitsängste wider, die er bereits zu Beginn seines Lebens, vermutlich mit seiner Mutter, erleben musste. Sich töten zu wollen, nicht in Beziehung treten zu können sind Ausdruck seines frühen Erlebens von Vernichtungsangst, das Ausagieren der depressiven Anteile seiner Mutter (Winnicott, 1997c). Der Säugling, der sich nicht angenommen fühlt, muss vermutlich in diese Zustände gelangen. Von einem solchen mütterlichen Objekt fühlt sich der Säugling bedroht und muss sich zurückziehen, um sich vor emotionaler Vernichtung zu schützen.

Anton sitzt mir schweigend mit zusammengesunkenem Körper gegenüber. Der Körper ist der stumme Ausdruck seiner frühen sensorischen Zustände, die sich in seinem impliziten Gedächtnis encodiert haben. Er möchte von mir wie ein Säugling gehalten werden. Auf der Ebene des vier- bis fünfjährigen Jungen erlebt er die Wut über den Verlust seiner Sprache, sodass er sich nicht in der Lage fühlt, sich der fremden deutschen Sprache zu bedienen, und mir gegenüber, der fremden deutschen Therapeutin, schweigt. Er kann und will mit mir nicht in Dialog treten. Nach diesem schwierigen, mehrmonatigen therapeutischen Prozessgeschehen kann Anton mir mitteilen, dass er sich freue, dass er noch lebe, dass er sich angenommen fühle, dass er sich mit mir gut fühle. Seine inneren Todes- und Verlustängste haben sich beruhigt, nachdem diese Zustände von mir contained und entgiftet wurden. In meiner Gegenübertragung war ich konfrontiert mit Hoffnungslosigkeit, Verzweiflung, Hilflosigkeit und Ohnmacht. Im therapeutischen Prozess machte Anton mit mir die Erfahrung, dass diese Zustände überlebbar, aushaltbar, verdaubar und transformierbar sind, dass Nonverbales in Sprache gefasst werden kann. Zeitweise fühlte ich mich wie eine gute Analytikermutter, die dem »Baby-Patient« die giftige »schwarze Milch des Todes« (Celan, 2002) entgiftet und mit Leben versieht, die festes Essen vorkostet und ihm in kleinen Häppchen reicht.

»Ich werde lebendig, fühle mich und meinen Körper und beginne zu träumen«

Im weiteren Verlauf der Behandlung entwickelt sich vorübergehend eine eher idealisierende Übertragung. Seine Enactments in seinem Begrüßungsritual setzt er weiterhin fort. Er kommt regelmäßig und pünktlich zu den Stunden, begrüßt mich mit laschem Händedruck und schaut dabei an mir vorbei. Er setzt sich und beginnt über seine vielfältigen Zwänge und psychosomatischen Symptome zu jammern. In meiner Gegenübertragung nehme ich ein Gefühl von Ärger wahr, dass er sich mit seinem Jammern und Klagen erleichtern und die Kontrolle über mich haben möchte. Ich bin Container für seine Gefühlswelt, die ihm viel Mühe kostet, sie unter Kontrolle zu halten, da er dafür keine Sprache hat. Nachdem er mich als anwesend wahrgenommen hat, muss er mich kontrollieren, was sich in mühsamer Rechthaberei bezüglich seiner Krankheit und deren Behandlung äußert. Ich nehme ihn an, obwohl es mir immer wieder schwerfällt und ich Ärger und Wut erlebe. Gefühle, die er nur im Handlungsdialog äußern, die er nicht benennen kann, da er wenig Mentalisierungspotenzial zur Verfügung hat. Über seine Spiegelung im Außen kann er erkennen, dass die Behandlung hilfreich ist. Anton zeigt sich zwischendurch dankbar und erzählt mir Witze. Er versucht mich »zu unterhalten«, sodass ich gelegentlich lachen muss. Er kann mich als »gutes Objekt« verwenden. Er möchte mehr Nähe, lässt mehr Regression zu und legt sich auf die Couch, was in mir ein Gegenübertragungsgefühl von Unheimlichkeit auslöst. Bald darauf bringt er den ersten Traum in die Therapie:

Die Freundin habe ihn grundlos verlassen.

In seiner Erinnerung habe er sich im Traum sehr verlassen gefühlt. Er habe noch nie so ein heftiges Gefühl erlebt. Er erinnert sich, dass er im Traum geweint habe. Damals, als die Großmutter ihn verließ, habe er sehr geweint. Nachts, bevor sie weggingen, habe häufig das Telefon geklingelt – das sei vermutlich Psychoterror des Regimes gewesen.

Mit der Regression taucht einerseits sein Bedürfnis nach Nähe auf, andererseits tritt sein chronisches Misstrauen in die Übertragungsbeziehung. Er möchte von mir versorgt, angenommen und beruhigt werden. Gleichzeitig muss er im Sinne der projektiven Identifikation sein destruktives Potenzial gegen mich und vor allem gegen den analytischen Prozess wenden. Er bezweifelt den Sinn der Behandlung, wird ungeduldig, möchte Medikamente. Er muss im Außen agieren, sucht den Urologen und Psychiater auf. Ich lasse ihn gewähren, gebe ihm Halt und Struktur. Vermutlich bin ich in der Übertragung die »rumänische Babu« ms. Parallel zur Analyse beginnt er die rumänische Großmutter regelmäßig anzurufen und kann wieder Rumänisch verstehen und sprechen, was ihn sehr wundert. »Ich hatte doch alles vergessen.« Erinnerungen tauchen auf, seine rumänische Geschichte wird lebendig. Er plant, mit seiner neuen Freundin im Sommer die »Babu« zu besuchen.

Mit der Ferienunterbrechung in der Behandlung kommt die negative Übertragung zum Ausdruck. Seine Analproblematik wird virulent. Er hat Angst, Stuhl zu verlieren und andere anzustecken. Die Trennung von der Analytikerin erinnert ihn an seine schmerzlichen frühen Trennungen, im dritten Lebensmonat von der Mutter und später, im fünften Lebensjahr, von der Großmutter, seiner »Babu«, und dem

Großvater. Dabei gelingt es Anton erstmalig, leise zu weinen, was mich sehr berührt und gleichzeitig beruhigt, dass unter seiner emotionalen Versteinerung und starren Mimik seine traurigen Gefühle verborgen sind, dass er im analytischen Prozess lernt, sie erleben zu dürfen. Daneben ist fast gleichzeitig seine entsetzliche Wut spürbar, die er in einem Traum, bisher der zweite, den er erinnert, zum Ausdruck bringt:

Ich komme in die Praxis einer Ärztin. Ich soll etwas mitbringen, wozu ich keine Lust habe. Die Ärztin spricht mich daraufhin an. Ich werde so wütend und schlage in der Praxis alles kurz und klein.

Sein Einfall war, dass er mir den damals neu üblichen Überweisungsschein nicht mitgebracht hatte, obwohl ich ihn mehrmals darum bat. Real brachte er den Schein erst zum Ende des Quartals.

In der Übertragung nehme ich seine Wut und seine Verweigerung mir gegenüber wahr. Wenn er nicht die Kontrolle hat, fühlt er sich ohnmächtig und muss in seiner narzisstischen Wut alles zerstören. Im Traum konfrontiert ihn sein Über-Ich mit der Realität, dass er für die Stunden bezahlen muss, in Form eines Krankenscheines, was seine Omnipotenz, seine Gier und seine ungeheure Bedürftigkeit erschüttert. Die Illusion seines bedingungslosen Angenommenseins wird ihm von der Therapeutin genommen. Real habe ich Anton in den Stunden wiederholt auf die Notwendigkeit des Scheines hingewiesen, ihn mit der Realität konfrontiert. Das kann er kaum aushalten; um nicht zu zerbrechen, richtet er seine Wut gegen Dinge, die mir wichtig sind.

Nach Bion ist »träumen eine Form des Denkens«. Inzwischen ist es Anton gelungen, seinen heftigen Wutaffekt im Traum »zu denken«, er muss nicht mehr dissoziieren und nicht im Außen in den Handlungsdialog gehen. Indem er ein Traumbild entwickelt, eine frühe Form einer Symbolisierungsleistung, wird die Heftigkeit seines Affektes abgemildert. Er richtet die Wut in Verschiebung auf die Therapeutin gegen das Praxismobiliar. Sie hält es aus, überlebt und setzt sich mit ihm und seiner Wut auseinander. Das Sprechen über den Traum ermöglichte es Anton, sich in den folgenden Stunden mit seinem heftigen Wutpotenzial, das in ihm schlummerte, auseinanderzusetzen. Die Therapeutin hat im Traum überlebt – das gibt ihm die Sicherheit, dass sie auch in den Stunden überleben wird.

Er entwickelt die Vorstellung, dass er »etwas« in die Luft sprengen könnte, vermutlich in der Übertragung die »Analytiker-Babu«, die ihn im Stich gelassen hat und ihn als kleinen Jungen weggehen, ihn mit seinem großen Schmerz und seiner tiefen Trauer allein ließ. Seine Wutvorstellungen lösen Sorge und Angst bei mir aus, was ich ihm auch mitteile. Im Erleben meiner Angst bekommt er Zugang zu seiner Signalangst, die Wucht seiner Wut wird für ihn spürbar und er entwickelt eine Besorgnis für seine zerstörerische, mörderische Seite. Dabei fällt ihm auf, dass er mit zunehmender Bewusstwerdung seines heftigen Wutaffektes diesen besser regulieren kann. Erstmalig macht er die emotionale Erfahrung, dass er sich selbstwirksam erlebt, dass er sich seinem Wutaffekt nicht mehr so ohnmächtig ausgeliefert fühlen muss. Diese neue Erfahrung reduziert seine Angst und stärkt sein Selbstwertgefühl. »Ich kann bei mir etwas bewirken, wow«, äußert Anton mit sichtlicher Verwunderung und Erleichterung in der Tonlage.

Bei einem späteren Telefonat mit der Großmutter, in dem er ihr einen weiteren Besuch mit seiner Freundin in Rumänien ankündigt, fällt ihm auf, dass er inzwischen wieder fließend Rumänisch mit ihr sprechen kann. Er hat wieder Zugang zu der Sprache seiner Kindheit. Erneute Verwunderung und eine leise Freude werden bei ihm spürbar. Die Großmutter teilte ihm dabei etwas mit: Als er mit den Eltern das erste Mal nach der Auswanderung nach Rumänien gekommen sei, habe er zu den Großeltern gesagt: »Ich sprenge euch beide in die Luft.« Darin kommt die heftige Wut des verlassenen kleinen Anton sprachlich zum Ausdruck. Die Großmutter erzählte ihm, dass sie das sehr erschreckt und traurig gemacht und sie ihm geantwortet habe: »Ich, die ich die erste war, die du am Tag sahst, und die letzte, die du gesehen hast.« (Anton schlief vom dritten Lebensmonat bis zum fünften Lebensjahr im Schlafzimmer der Großeltern.) Die traurigen Gefühle der Großmutter haben ihn sehr berührt, während er mir davon erzählt laufen Tränen über seine Wangen und er äußert ein trauriges Gefühl. Seine heftige Wut wird durch das Erleben seiner traurigen Gefühle entschärft. Ich teile Anton mit, dass ich seine traurigen Gefühle verstehe und sie mich sehr berühren. In dieser Stunde ist es ihm gelungen, sich seiner »guten inneren Babu« zu erinnern und damit einen inneren Raum zu kreieren, der es ihm erlaubt, nicht nur wütende, sondern auch traurige Gefühle zu erleben. Er kann an sich wahrnehmen, dass er von seiner narzisstischen Wut nicht mehr überwältigt werden muss, dass er nicht so bedrohlich ist, wie er dachte. Der kleine Anton in ihm konnte zulassen, dass er seine »Babu« damals sehr vermisst hat und all die Jahre seine traurigen Gefühle nicht leben konnte.

In die folgende Stunde bringt er den dritten Traum mit:
Seine Freundin habe ihn verlassen, grundlos. Im Traum habe er heftig geweint. Er habe sich sehr verlassen gefühlt. Noch nie habe er ein so heftiges Gefühl von Verlassensein erlebt.

In seinen Assoziationen erinnert er sich, dass er damals heftig geweint und sich sehr verlassen gefühlt hat, als die Großmutter aus dem Auto ausstieg und er mit den Eltern alleine in ein fremdes Land fuhr.

Anton wird es möglich, seine emotionalen Zustände im Traum zu erleben. Später in der Stunde wundert er sich, dass er damals, als der Großvater ms starb (Anton war zehn Jahre alt), keine Trauer empfunden habe. Traurig war seine Mutter, die musste er trösten. Für seine traurigen Gefühle war kein Raum, die Trauer war nur der Mutter erlaubt. Er, das Kind, musste in der Rollenumkehr die Mutter beruhigen. Ihm wurde Trauer und Trost verwehrt. Auch sein Vater habe ihn im Stich gelassen, sodass er seine

Trauer einfrieren musste, sie in seiner starren Mimik abgebildet wurde. Im Traum werden seine Zustände von kindlicher Verlassenheit für ihn erneut erinner- und erlebbar, sodass er in dem analytischen Containing den tiefen Schmerz des Verlustes der Großmutter und des verstorbenen Großvaters, den Verlust der Heimat, letztendlich den Verlust des guten inneren Objektes erleben kann: Er darf trauern und wird getröstet. Inzwischen fällt auf, dass Antons Mimik lebendigere Züge annimmt, seine Augen einen Hauch von Freude zeigen. Er phantasiert, dass der Großvater bestimmt stolz auf sein gutes Zeugnis gewesen wäre, und erinnert sich, dass er damals für seine guten Leistungen stolz auf sich sein konnte. Dann weint er.

»Es tut mir gut, über meine Vergangenheit nachzudenken. Ich bin nicht nur traurig. Ich weine auch vor Rührung. Sie geben mir den Raum, das zu erleben.« Ich bin sehr berührt und teile es ihm mit. Anton antwortet: »Ich fühle mich wohl hier und freue mich darüber.« Ich frage mich: Bin ich für Anton Übertragungs- oder/und Entwicklungsobjekt?

Anton gelingt es, den therapeutischen Möglichkeitsraum zu nutzen und für sich einen »potential space« im Sinne Winnicotts (1995) zu entwickeln. Anfänge von früher Symbolisierung und Mentalisierung sind gebahnt. Somatische Zustände werden transformiert und dem emotionalen Erleben zugänglich; »implizites Wissen« wird über die therapeutische Beziehung verändert (Bauer, 2007, S. 214–219). Seine Mimik wird ausdrucksvoller, seine Augen lebendiger, seine Hände schwitzen weniger – und beim Abschied ist sein Händedruck fester. In seiner Körperhaltung erlebe ich aufkeimende Spannung und die kraftvolle Vitalität des jungen Mannes Anton wird spürbar.

Die Suche nach dem »inneren Vater« und dem »Väterlichen«

Der analytische Prozess schreitet voran. Trennungen kann Anton bisher noch schwer aushalten. Ereignen sich diese, so muss er einbrechen, mit Durchfällen, schweren Zwangsvorstellungen reagieren und Leistung verweigern. Die Suche nach dem Väterlichem, nach der männlichen Identität gestaltet sich erneut sehr schmerzvoll. Dies soll im Folgenden dargestellt werden.

Nach den körperlichen Einbrüchen, bedingt durch die ferienbedingte Trennung, entwickelt er Spuren von Hoffnung, dass es ihm irgendwann besser gehen werde, dass er ohne Überlebensschuld und Schamgefühle leben könne, dass er überhaupt »sein dürfe«. Dann verwirft er diese Vorstellung wieder, fällt erneut in ein »Loch«, in sein Katastrophendenken, in dem er sich schuldig fühlt und die Vorstellung entwickelt, dass er mit seinem Schmutz andere, seine Freundin und mich anstecke. Die Zustände von »sich hoffnungslos fühlen« bis zu »sich gut und entspannt fühlen« wechseln in den Stunden sehr rasch. Sein Katastrophendenken taucht zeitweise mit überwältigender Vehemenz auf, sodass ich mich als Therapeutin schützen muss, um nicht von ihm infiziert zu werden. Ich entwickle die Vorstellung, dass ich authentisch bei mir bleiben muss, die Hoffnung nicht verlieren und ihn den therapeutischen Prozess nicht zerstören lassen darf. In meiner Gegenübertragung nehme ich Ärger und Wut, dann Verzweiflung und Ausweglosigkeit wahr. Vermutlich Zustände, die ich für Anton containe, sodass Angst und Misstrauen ihn nicht überwältigen, was dazu führen könnte, dass er die Behandlung abbricht oder sich umbringt. Ich schlage mich mit ihm von Stunde zu Stunde durch und schwanke selbst zwischen Hoffnung und Verzweiflung und einem Gegenübertragungsgefühl von Unheimlichkeit, das ich nicht genauer benennen kann, das mir nahezu die Sprache raubt. Der »totgeglaubte Monstergroßvater« vs betritt mit seiner ganzen Wucht und Gewalt die analytische Bühne. Ich frage mich: Muss Anton unbewusst die nichtgelebte, verschwiegene, zerstörerische Seite seines Großvaters vs in transgenerationaler Transmission ausleben? Wie sind die Reaktionen des Großvaters vs, dessen traumatische Erfahrungen, mit Antons eigenen persönlichen Traumata während seiner Entwicklungsjahre in seiner Struktur verwoben worden? War und ist er ein »Reservoir« für die mentalen Bilder seines totgeglaubten Großvaters, der durch Krieg und KZ verletzt und gedemütigt worden war? Wie kann er ihn verstehen und sich von diesen fremden, sadomasochistisch anmutenden Charakterzügen befreien und mehr innere Freiheit im Umgang mit sich selbst und seiner Umgebung erlangen (Volkan, 1999, S. 143)? Ist Antons Vater-Sohn-Konflikt von diesen unbewussten Transmissionen geprägt und wie kann er sich von Vater und Großvater vs intrapsychisch trennen?

Ich rette mich zunächst ins Außen und freue mich für Anton, dass nach mehreren Jahren des Schweigens erste Gespräche zwischen ihm und seinem Vater stattfinden. Er fängt an, den Vater mit seinem rätselhaften Verschwinden zu verstehen und stellt bei sich ein ähnliches Verhalten fest: dass er Verschwinden aus der Gruppe als Selbstregulativ braucht. Gleichzeitig erlebt er heftige Scham und Schuldgefühle, fühlt sich mit dem Vater identifiziert: Wie beschämend es doch gewesen sein mag, einen gewalttätigen Alkoholiker zum Vater gehabt zu haben, der irgendwann verschwunden und vom Rest der Familie für »tot erklärt« wurde. Dieses Geheimnis über den Großvater vs habe zwischen beiden gestanden. Antons Mutter habe über Briefe herausgefunden, dass der Großvater Jude gewesen sei, Auschwitz überlebt habe und nach Moldawien ausgewandert sei. Erst sehr viel später sei er dort an den Folgen des KZ und seines Alkoholkonsums gestorben.

Anton wünscht sich ein Gespräch mit seinem Vater auf Augenhöhe, ein Gespräch zwischen Vater und Sohn, ein Gespräch über den Großvater. Erstmalig entwickelt er Empathie für seinen Vater, der sehr unter seinem gewalttätigen Vater gelitten haben muss, bevor dieser dann für immer verschwand. Das habe im Vater eine endlose Leere hinterlassen. Es tauchen positive Erinnerungen an die Kindheitsspiele mit seinem Vater auf, die bislang völlig verschüttet waren. Die Gespenster der Vorfahren sind benannt und müssen nicht mehr unbewusst gelebt werden. Anton entwickelt ein Verstehen für

Vater und Großvater und bekommt dadurch mehr inneren Raum für die Nachreifung seiner Männlichkeit. Er möchte, in Identifikation mit dem Vater, so einen muskulösen Körper haben wie dieser damals (er war in Rumänien Rudersportler). Dafür habe er, der damals kleine Anton, ihn bewundert. In Identifikation mit dem männlichen Körper seines Vaters möchte er auch so sein wie dieser, ein Mann werden, wie der Vater ein Mann ist. Eine Nachreifung auf der homoerotischen Entwicklungsebene (zwischen zwei und vier Lebensjahren) findet statt. Anton beginnt seinen männlichen Körper libidinös zu besetzen. Er kann sich für kurze Augenblicke als Mann gut fühlen. Für Anton ein völlig neues Erleben von Männlichkeit, das allerdings nicht lange anhält. Er entwickelt traurige Gefühle, dass die zarten Anfänge seines »Erlebens von Männlichkeit« noch so kurz in ihm verweilen und er noch kein Erleben von Kontinuität darin habe. Er gewinnt die Einsicht, dass es emotionaler Trauerarbeit bedarf, um die Sehnsucht nach dem Vater und dem »Väterlichen« zu stillen, den »inneren Vater« emotional nicht zur Verfügung gehabt zu haben.

Anlässlich einer Ferienunterbrechung von meiner Seite wird der negative innere, abwesende Vater reinszeniert. In der Gegenübertragung wird seine große innere Leere, sein »Vaterloch« spürbar, das transgenerational überlagert ist. Wie ein Keil hat sich dieses Loch in seine männliche Identitätsentwicklung eingepresst. Tiefe Verlassenheit und Orientierungslosigkeit werden spürbar. Seine Seele erlebe ich haltlos, hilflos in tiefster Verzweiflung, »erstarrt in *seelenlose Landschaften*«, wie seine Landsmännin, die rumänische Schriftstellerin Herta Müller (2010), solche Zustände benannte.

Ich frage mich: Wurde das kumulierte Trauma der Migration, der transgenerationalen Transmission des Großvaters vs in Antons ödipaler Entwicklungsphase mit dem Verlust des guten großväterlichen Objekts ms in einer Weise reaktiviert, dass Anton derart einbrechen musste? Haben sich seine traumatischen Erfahrungen und sein ödipaler Konflikt miteinander verwoben mit dem Resultat, dass Anton strukturell so brüchig erscheinen muss? Fühlte sich der kleine Anton, der sich von seiner Mutter verlassen fühlte, von der Sehnsucht nach dem Vater überwältigt, die dieser nicht zu stillen in der Lage war? Ich bin in Sorge um ihn, teile ihm das auch mit, beginne meine Angst und Sorge um ihn zu agieren und schicke ihn mit seinem Einverständnis zu einem psychiatrischen Kollegen zur Medikation.

In seinen Phantasien möchte er verschwinden, wie der Vater und Großvater verschwunden sind, dabei ist die Grenze zum Handlungsdialog nahezu fließend. Anton versucht die Sehnsucht nach dem Väterlichen, dem Männlichen im Enactment auszuleben. Die Leere, das »schwarze Loch«, wie Anton es manchmal bezeichnet, treibt ihn zum Handeln, um den Schmerz, die Verzweiflung und das Verlassensein vom Vater nicht erleben zu müssen. Heftiges Weinen bricht aus ihm heraus, was mich sehr berührt und wie ein »langer, ewiger Schrei nach dem Vater und dem Väterlichen« klingt. Blos (1990, S. 58–59) beschreibt einen ähnlichen schmerzlichen Zustand bei einem jungen Mann und spricht von der ungeheuren Sehnsucht des männlichen

Kindes und Jugendlichen nach der Vaterliebe. Besonders schmerzlich ist für Anton, dass er erkennen muss, dass sein Vater selbst ein großes Vaterdefizit erleiden musste und er, Anton, transgenerational mit dem Großvater vs und dem Vater mit leidvollen Erfahrungen verstrickt zu sein scheint. Die traumatischen Erfahrungen des Großvaters im KZ wiederholen sich im Verschwinden seines Vaters in Trennungssituationen und spiegeln sich in den Phantasien über das Verschwinden in Anton wider. Die drei männlichen Generationen vs scheinen Nähe über Enactment herstellen zu müssen, da emotionale Nähe in diesen Vater-Sohn-Beziehungen nicht stattfand. Die Beschädigungen waren so heftig, dass ein »Väterlichsein« nicht möglich war. Anton fühlte sich daher nicht genügend »bevatert« und konnte keine sichere männliche Rollenidentität entwickeln, sodass sein Penis, Ausdruck seiner männlichen Kraft und Potenz, in seiner Adoleszenz nicht steif werden konnte. Er durfte kein Mann sein, so wie er glaubte, dass sein Vater ein Mann sei, den er dafür beneidete. Erst über das empathische Verstehen seines auch leidenden Vaters war Anton in der Lage, den Neid auf ihn aufzugeben und sich mit dem Vater als Mann zu identifizieren.

Im realen Außen pflegt Anton seinen männlichen Körper. Er trainiert ihn regelmäßig und wird muskulöser. Er fühlt sich männlicher und potenter. Er wolle einen schönen, muskulösen Körper haben, wie der Vater ihn früher hatte. Außerdem steigere das sein Selbstwertgefühl als Mann und er hege die Hoffnung, dass er für seine Freundin ein potenter Mann sein könne.

In den folgenden Stunden quälen ihn Ängste, er könne zu einem Monster werden. Vermutlich in unbewusster Identifikation mit dem Großvater vs: Ein Mann sein, potent sein heißt unbewusst für Anton, ein Gewalttäter, ein Alkoholiker zu sein, Frauen und Kinder zu schlagen und dann zu verschwinden. Andererseits ein Opfer zu sein, im KZ täglich mit dem Tod bedroht zu sein, schwersten Demütigungen ausgesetzt zu sein, innerlich zusammenzubrechen und nur durch Hoffnung noch zu überleben, von der Familie verleugnet und für tot erklärt zu werden. In diesem inneren Spannungsfeld bewegen sich Antons unbewusste Männerphantasien. Er bringt einen Traum:

Er kommt zu zweit in die Stunde und bringt seine Monsterseite mit.

In seinen Assoziationen möchte er nicht das Monster werden. Er fürchte, eines zu werden. Das mache ihm Angst. Dafür schäme er sich und fühle sich schuldig. Der Vater habe Rumänien verlassen wollen. Dadurch seien die Verwandten ms nach ihrer Ausreise besonderen Repressionen durch das terroristische Regime ausgesetzt gewesen. Irgendwie fühle er eine Überlebensschuld.

Hilflosigkeit und Ohnmacht breiten sich in ihm aus. Erst als er wieder Zugang zu seinen ärgerlichen und wütenden Gefühlen bekommt, kann er sich von der Scham und Schuld der Vorgeneration befreien. In seinen Phantasien beginnt er spielerisch und lustvoll mit aggressiven Vorstellungen umzugehen, ohne sich als Monster fühlen zu müssen. Sein innerer *Es- und Über-Ich-Kampf* kommt zum Ausdruck. Archaische

Gefühlszustände von heftiger Wut, Scham, Schuld und Gekränktsein wechseln sich ab mit Hoffnung haben, sich gut fühlen, bei sich sein, sich als Mann fühlen. Für all diese Zustände brauche er mich, die ihm diese Zustände sortiere, benenne, ihm zu Einsichten verhelfe. Ohne mich könne er das nicht aushalten, das würde ihn innerlich zerreißen. »Hier fühle ich mich angenommen, vielleicht auch als ›Monster‹ «, fügt er verschmitzt hinzu. Ich antworte: »Ja, auch mit Ihrer ›Monsterseite‹.«

Nur kurz kann Anton seine humorige Seite leben, sich angenommen fühlen. Rasch kommt es zu einem Stimmungswechsel, ein Ausdruck seiner hohen Ambivalenz und seiner tiefen Angst vor Abhängigkeit. Das gute und das negative innere Objekt bewegen sich in einem großen Spannungsfeld, Liebe und Hass sind noch nicht integriert. Die Spielräume sind noch eng in Antons struktureller Identität. Einerseits sei er berührt von meiner Fürsorge für ihn und er genieße die Stunden hier, wenn es ihm und seinem Magen und Darm besser gehe, andererseits hege er auch Misstrauen gegen mich und erlebe das hier als »lächerlichen Zirkus«. Der negative innere Vater kommt erneut in die Übertragung. Er muss unsere therapeutische Beziehung lächerlich machen, ihr misstrauen, so wie sein Vater ihn lächerlich machte, als er mit 17 Jahren von einer türkischen Jugendgang zusammengeschlagen wurde und der Vater ihn als »Memme« beschimpfte. Diesem Vater konnte er nicht vertrauen. Als er Trost und Schutz gebraucht hätte, wurde er in seiner angehenden Männlichkeit bloßgestellt. Wut, Enttäuschung, Gefühle von Gekränktsein, Hass auf den Vater, Hass auf die gleichaltrigen Jungs, Hass auf sein männliches Geschlecht flackern in ihm auf. »Wie konnte er mich so bloßstellen, wo mich doch die Jungs schon bloßgestellt und zusammengeschlagen haben?«, schreit Anton völlig verzweifelt. Sein Schreien geht in ein tiefes, langes Schluchzen über und endet in einem leisen, alles durchdringenden Wimmern.

In dem Hass und in dem erlösenden Schluchzen wird der tiefe Bruch in Antons männlicher Identität deutlich spürbar. Mit seinem Wimmern hat Anton mich sehr berührt und tiefe Trauer in mir ausgelöst, sodass ich eine körperliche und emotionale »Protoerfahrung« für ihn machen musste, um die Brüche, den Schmerz und die Verzweiflung mit ihm in seiner männlichen Identitätsentwicklung zu erfahren, zu betrauern und die Basis für eine Integration zu bilden. Emotional wird der »böse Großvater« vs und der unempathische Vater der Jugend im Betrauern integriert. Der Hass in Anton wird milder und transformiert sich langsam in Liebe und Sehnsucht nach dem Vater. Hilfreich dafür wirken seine guten Erfahrungen mit dem Großvater ms. Anton erinnert sich an ihn, an sein Klavierspiel und an ihr gemeinsames Singen. Er spielt wieder Keyboard und komponiert kleine Lieder, die er seiner Freundin widmet. In Identifikation mit diesem Großvater bekommt Anton Zugang zu seiner männlich-empathischen Seite. Er versucht seinem Vater zu verzeihen und entwickelt Vorstellungen ihn zu lieben, wie ein Kind seinen Vater, ein junger Mann seinen Vater liebt. Dabei muss er erneut einen schmerzvollen Prozess durchlaufen: des Gekränktseins, des Beschämtseins einerseits, der tiefen Sehnsucht nach Nähe und dem Bedürfnis, vom Vater angenommen und geliebt zu werden, andererseits. Er wünscht sich so sehr, mit dem Vater in einen emotionalen Austausch zu kommen. Angst vor erneuter Ablehnung hindert ihn daran. Erst die Einsicht, dass der Vater so war, wie er war, so ist, wie er ist, dass er, Anton, auch hassenswerte Anteile in sich hat, die er inzwischen leichter bei sich akzeptieren kann, hilft ihm, seinen Hass in Zuneigung zu verwandeln und eine Vorstellung von Vaterliebe und männlicher Selbstliebe zu entwickeln.

Abschied von der Heimat der Kindheit, Ankommen in der neuen Heimat als erwachsener Mann

Mit der Suche nach dem »inneren Vater«, dem Brechen des Schweigens zwischen Vater und Sohn ist es Anton gelungen, zu seiner Männlichkeit zu gelangen und eine sicherere männliche Rollenidentität zu entwickeln. Ein weiterer Entwicklungsprozess, der in der Behandlung vollzogen wurde, war die Trennung von den Eltern, die Trennung von der Großmutter der Kindheit, die Trennung von und der Verlust der Heimat der Kindheit, das Ankommen in der neuen Heimat. Dieser Prozess stellt sich im folgenden Traum dar:

Ich war so alt, wie ich jetzt bin. Wir, die Eltern und ich, fuhren wohin. Während der Fahrt bemerkten wir, dass wir falsch fahren, und drehten an der Tankstelle in Italien um. Dort habe ich mir ein Rad gepackt und bin nach Deutschland geradelt. Zunächst dachte ich, so was Doofes. Dann entdeckte ich einen deutschen Telekomfahrer, der sollte mir sagen, wo es langgeht. Ich muss mich nur trauen, einen anzusprechen, dann bekomme ich schon die Information für den Weg.

Seine Assoziationen dazu: Das klingt so verdächtig ähnlich wie das, was wir vor 21 Jahren erlebten, als wir hierherkamen. Ich glaube, das musste ich mal träumen, das war jetzt an der Zeit; ich bin etwas unsicher, ob es tatsächlich mit der Auswanderung zu tun hat. Denn ich bin ja im Traum 25 Jahre alt, wie ich tatsächlich bin. Merkwürdigerweise waren die Eltern im Traum so böse, sie waren real nicht so böse. Irgendwie klingt das verdächtig ... ja, so wie damals, als ich mit vier Jahren gezwungen wurde, mit den Eltern die Babu und die Heimat zu verlassen.

Im Traum trennt er sich von den Eltern, inzwischen mit eigener männlicher Identität, bewegt sich frei und unabhängig mit dem Fahrrad als Symbol für seine Autonomie und seine eigene Identität. Er kann ohne Angst und Misstrauen mit den Menschen hier in der »neuen Heimat« in Kontakt treten. Er fühle sich wohl hier. »Hier kenne ich mich aus, hier habe ich die Werte gelernt, an die ich mich anpassen muss, hier komme ich zurecht, hier möchte ich mit meiner Freundin leben und später Kinder bekommen«, fügt er mit authentischer, stolzer, männlicher Stimme hinzu. Im Traum spiegeln sich seine Entwicklungsschritte vom kleinen vierjährigen, verlassenen Jungen mit aufgezwungener Auswanderung zum erwachsenen Mann, der seine präödipalen Eltern relativieren, seine adoleszenten körperlichen und emotionalen Spannungsfelder mildern konnte und autonome Schritte als Mann unternehmen kann. Andererseits zeigt ihm der Traum nicht nur die Migration mit viereinhalb Jahren, sondern auch sein 21-jähriges Leben in der neuen Heimat, das von den Gespenstern der Vorfahren, dem Verlust der ersten Bindungsperson, der »Babu«, der Trauer und Depression seiner Eltern überfrachtet war. Nach Blos (2001) ist Anton im analytischen Prozess die Reifung zum zweiten Individuationsschritt, die Loslösung von den verinnerlichten infantilen Objekten, die erotisch-sexuelle Entwicklung zum Mann und die Suche nach einem außerfamiliären Liebespartner gelungen. Wie im Folgenden beschrieben, gelang Anton gegen Ende der Behandlung der dritte Individuationsschritt nach Akhtar (2007, S. 33–34): ein Integrationsprozess, der nach ausgiebiger Trauerarbeit des Immigranten intrapsychisch stattfindet, indem die alte Heimat betrauert und die neue Heimat mit allen zur Verfügung stehenden Sinnen, Worten und Seinsweisen intrapsychisch und interpersonell aufgenommen wird.

In den folgenden Stunden nimmt Anton Abschied von seiner Heimat der Kindheit, von dem Land Rumänien mit seiner anderen Kultur, seiner anderen Sozialisation. Eine Reise nach Rumänien mit seiner Freundin zu seiner »Babu« nimmt er zum Anlass, sich von seiner »Babu« der Kindheit zu verabschieden. Real ist seine Babu eine alte, bedürftige Frau, die seine Hilfe braucht. Zusammen mit seiner Freundin versorgt er die Großmutter. Er fühlt sich gut mit ihr und freut sich, sie zu sehen. Er ist nicht mehr der kleine Junge, sondern auch für die Babu der erwachsene junge Mann, der ihr hilft, auf den sie stolz ist, ein Mann, der eine Frau lieben kann und sich mit ihr seiner Babu als stolzes Paar zeigt. Anton genießt das Zusammensein mit der Großmutter und ahnt gleichzeitig, dass es seine letzte Begegnung mit ihr sein könnte. Er weiß um die Begrenztheit des Lebens und darum, dass die »Babu« irgendwann sterben wird. Traurige Gefühle tauchen auf, dass ein endgültiger Abschied für sie beide bevorstehen wird. Inzwischen kann er die Trauer leben und aushalten.

In vollen Zügen genießt er dieses Mal mit allen seinen Sinnen die Heimat seiner Kindheit mit ihren Gerüchen und Düften, den weiten Landschaften, dem satten Grün der Bäume, dem intensiven Gelb der Getreidefelder, dem Klang der Sprache, die so viel Vertrautheit und Erinnerungen in ihm weckt, die Verwandten, die noch leben, den Cousin, dessen Frau bald ein Kind bekommen wird. Erfüllt und aufgetankt mit den Bildern aus der alten Heimat kehrt er in seine neue Heimat als der erwachsene Mann mit seiner Partnerin zurück. Beeinflusst von dem Weltbild seiner alten Heimat mit dem kommunistischen Hintergrund, begegnet er dem Weltbild seiner neuen Heimat mit dem, wie er es nennt, westlich-kapitalistischen Hintergrund. Er ist nun in der Lage, beide zu relativieren, Unterschiede wahrzunehmen und beides in sich zu integrieren. »Hier im Westen hat man per Geburt ein Recht auf Sein, dort in Rumänien nur, wenn man für das Kollektiv Leistung erbringt«, fügt er hinzu. Inzwischen ist er stolz auf sich, dass er diese wichtigen Entwicklungsschritte tun kann. Anton ist berührt und erweist sich dankbar mir gegenüber.

Bei unserer nächsten Begegnung nach einer Ferienunterbrechung freut er sich. Er strahlt über das ganze Gesicht, was ich erstmalig in dieser Intensität bei ihm erlebe. Ich spiegele ihm seine Freude und teile ihm mit, dass auch ich mich freue, ihn wiederzusehen. In den folgenden Stunden muss er nochmal eintauchen in die Heimat der Kindheit und die Heimat seines Erwachsenseins, um ein weiteres Mal Abschied zu nehmen und dabei seine eigene Begrenztheit akzeptieren zu lernen, ein Stück Identitätsentwicklung in der neuen Heimat im Sinne Akhtars (2007) zu leisten. In seinen Phantasien oszilliert er hin und her zwischen beiden Welten: In Rumänien bin ich geboren, in Deutschland bin ich aufgewachsen, und keinem Land fühle ich mich richtig zugehörig. Traurige Gefühle tauchen in ihm auf. Abschied müsse er von der alten Heimat nehmen, diese habe er verloren. Die »Babu« bleibe dennoch in ihm, die gehe ihm nicht verloren. Er trennt das gute innere Objekt seiner »Babu« von dem Verlust der Heimat. Dabei wird er von traurigen Gefühlen überwältigt und weint herzzerreißend fast bis zum Ende der Stunde. Diese traurigen Gefühle erlebt er einerseits als zerstörerisch, andererseits als hilfreich. Sie bedeuten Abschied von der Kindheit, der alten Heimat und schaffen in ihm intrapsychisch die Basis, sich hier in Deutschland zugehörig und zu Hause fühlen zu können. Mir scheint, er ist endlich in der Heimat des erwachsenen Mannes angekommen. Er kann seine kindlich-jugendliche Omnipotenz aufgeben (was er als ungeheuren Verlust und zerstörerisch erlebt hat) und seine eigene körperliche und geistige Begrenztheit akzeptieren, seine Identität in der neuen Heimat im Sinne von Zugehörigkeit und Sinnstiftung erweitern.

»Hier in der neuen Heimat habe ich mit Ihnen gelernt, wie Leben geht und wie ich meinem Leben einen Sinn geben kann. Sie haben mir mein Leben gerettet, indem Sie mich damals so angenommen haben, wie ich war. Dafür bin ich Ihnen dankbar.«

Abschließende Diskussion und Zusammenfassung

In der Behandlung wurde über viele Stunden präödipales Material vorwiegend mit dem Instrumentarium des Gegenübertragungserlebens bearbeitet. Anton hatte keinen inneren Container für seine archaischen Affekte, die ihn immer wieder überwältigten. Die Therapie gestaltete sich teilweise sehr mühsam, und es fiel mir schwer, Anton mit seinen ausgeprägten Verlassenheitsängsten, Ausdruck seiner Sehnsucht nach einer »guten, inneren Mutter« und Ausdruck seines nahezu unbegrenzten »Vaterhungers« (Herzog, 1980), die sich später in seinen Träumen präsymbolisierten, zu containen. Als hilfreich erlebte ich meine Arbeit mit Eltern und Babys in der Babyambulanz, sodass es mir möglich war, Antons frühe Trennungs- und Verlustängste in mir auszuhalten, ohne ihn mit Deutungen konfrontieren zu müssen. Bilder von emotional verlassenen Babys bei depressiven Müttern tauchten immer wieder vor mir auf.

Die lange Schweigephase mit Anton erlebte ich neben all dem Containment auch als Machtspiel, wer von uns beiden emotional überleben darf. Dabei kamen die Hilflosigkeit und Ohnmacht des verlassenen Säuglings, die Wut und Rache des verlassenen fünfjährigen Jungen im »emotionalen und körperlichen Kleid« des real jungen Mannes zum Ausdruck. In seinem möglichen Suizid hätte er diese Zustände gehandelt, weil er unbewusst die Vorstellung hatte, von Beginn seines Lebens an von seinen »Liebesobjekten« nicht angenommen zu sein. Darüber konnte er nicht trauern, und so verspürte er den Drang zu töten, sich und seine frühen negativen inneren Objekte zu vernichten. Dieser heftige Einbruch in seiner Postadoleszenz ist wohl Folge seiner frühen Brüche Mutter – Großmutter – depressive Mutter bzw. auf seiner männlichen Seite Vater – Großvater – blasser Vater. Dazu kam das Trauma der erzwungenen Migration in einer entwicklungspsychologisch bedeutsamen Phase (viertes bis sechstes Lebensjahr), in der er die Großmutter und den Großvater als gute Objekte, seine Muttersprache, sein vertrautes soziales Umfeld verliert. Seine innere Verwirrung wurde von seinen selbst traumatisierten Eltern emotional nicht gehalten und sortiert. Anton, der in seiner Entwicklung von Geburt an beeinträchtigt war – sein Leben war ungewollt, die Folge war eine Gedeihstörung in den ersten Monaten –, konnte zwar im Außen bis zur Adoleszenz scheinbar gut funktionieren, brach allerdings nach weiteren Verlusten in der Spätadoleszenz intrapsychisch zusammen. Seine Traumata wurden mit denen der Eltern und der Vorgenerationen verwoben. Diese kumulierenden Traumata konnte Anton mit den erforderlichen Entwicklungsaufgaben der Adoleszenz psychoökonomisch nicht mehr bewältigen, und sie beschädigten sein Ich, sodass er suizidale Vorstellungen entwickeln musste.

Blos (1990, S. 216) schreibt: »Wenn das Ich in diesem fortgeschrittenen Stadium nicht hinreichend realitätsbewusst ist, um einem regressiven Versinken in einen undifferenzierten Zustand zuvorzukommen, kann es zu einem Ich-Verlust kommen. Der Adoleszenzprozess und der Ausbruch einer psychotischen Episode können auf Grund eines Entwicklungsrisikos zusammentreffen.« Das hängt nach Blos davon ab, »ob der Jugendliche ausreichend über die Fähigkeit verfügt, die nicht-defensive Regression dieses Alters in Grenzen zu halten, und er über die undifferenzierte Stufe der kindlichen Entwicklung hinausgelangt ist. Nur durch eine begrenzte Regression können die infantilen Objektabhängigkeiten überwunden werden.«

Anton fühlte sich wie in einem inneren Gefängnis, überwältigt von seinen Affekten fürchtete er auseinanderzufallen, seine Ich-Funktionen waren vorübergehend nahezu verloren, seine innere Erregung zwang ihn zu handeln. In diesem Zustand wurde er von mir angenommen. Diese Last konnte und wollte der junge Mann unbewusst nicht mehr alleine tragen. So kam er in die Behandlung, auf die er sehr gut ansprach.

Über mein Gegenübertragungsgeschehen lernte er Trauer und Wut zu erleben, aus seiner emotionalen Starre herauszutreten, sich lebendig zu fühlen und Sprache für seine Gefühle zu entwickeln. In seinen Traumbildern zeigten sich Anfänge seines Symbolisierungsvermögens und die Entwicklung eines »inneren Containers« für seine archaischen Affekte. Vermutlich hat er mich dabei nicht nur als Übertragungs-, sondern auch als Entwicklungsobjekt verwendet. Diese präödipale Nachreifung bildete die Basis für das Wachstum seiner männlichen Identität. Dafür war erneute Trauerarbeit und schmerzvolles Erleben von emotionaler Leere nötig, um all die schrecklichen Vater-, Männer- und Monsterbilder zu separieren, damit Anton zu seinem wahren, sicheren männlichen Selbstbild gelangen konnte. Er lernte, Liebe und Hass in sich zu integrieren.

Anton vollzog den zweiten Individuationsschritt, den der Adoleszenz (Blos, 2001), mit mir in der Behandlung; indem er seine kindliche Omnipotenz aufgeben und seine eigene Begrenztheit annehmen konnte, wurde für ihn der Weg ins Erwachsenenleben frei. Erst dann gelang es ihm, sich erotisch und sexuell als Mann zu erleben, eine Partnerin zu finden und sie lieben zu lernen, eine Vorstellung von Prokreativität zu entwickeln. Nach Bearbeitung der depressiven Grundmuster, der Nachreifung adoleszenter Entwicklungsschritte mit der Bildung der Identität zum jungen Erwachsenen (King, 2006) war es Anton möglich, das Trauma des Heimatverlustes zu betrauern. Im Traum gegen Ende der Behandlung bringt Anton in lebendigen Bildern seine Separation von den präödipalen Eltern, dem ödipalen Vater, seine Integrationsarbeit mit Betrauern der verlorenen Liebesobjekte (die aufgegebene Kultur), seinen Ausblick auf ein sinnvolles Leben in der neuen Heimat zum Ausdruck. Die Sicherheit, dass er inzwischen ein gutes inneres Objekt hat, auf das er sich verlassen kann, ermöglicht ihm den Trauerprozess über den Heimatverlust und lässt ihn erträglicher erscheinen. Seine nun sichere männliche Identität mit der Vorstellung von einem »inneren Vater« gibt ihm Hoffnung und Lebensfreude und vermittelt ihm Sinn im Leben, sodass die Sehnsucht nach den verlorenen Liebesobjekten in den Hintergrund treten konnte. Anton bekommt ein Gefühl von Kontinuität, von einem Erleben von Vergangenheit, Gegenwart und Zukunft. Real geht er mit seiner Freundin, einer jungen Frau aus der neuen Heimat, eine feste Partnerschaft ein und möchte mit ihr später gemeinsame Kinder bekommen. In der Behandlung ist es Anton gelungen, seine Identitätsbrüche mittels Trauerarbeit zu transformieren und seine Immigration nicht nur als Verlust, sondern auch als Chance und Erweiterung seiner emotionalen und geistigen Erfahrungswelt zu betrachten.

Abschließend möchte ich den jüdisch-holländischen Schriftsteller Leon de Winter (2014) zitieren:

»Migration bedeutet nach meinem Verständnis, ein bisschen zu sterben. Etwas aufzugeben. Etwas zu begraben. Dafür wird man belohnt. Mit Freiheit, mit neuen Aspekten des

Lebens, materiellem Zugewinn. Zu denken, dass man auf die gleiche Weise weiterleben könnte wie im Heimatland, ist falsch. Wer nicht bereit ist, sich zu öffnen, kann nicht in einer offenen Gesellschaft leben.«

Literatur

Akhtar, S. (2007). *Immigration und Identität.* Gießen: Psychosozial-Verlag.
Bauer, J. (2007). *Das Gedächtnis des Körpers.* München: Piper Verlag.
Bion, W.R. (1963). Theorie des Denkens. *Psyche – Z psychoanal, 7,* 225–235.
Blos, P. (1990). *Sohn und Vater.* Stuttgart: Klett-Cotta.
Blos, P. (2001). *Adoleszenz.* Stuttgart: Klett-Cotta.
Celan, P. (2002). *Todesfuge.* Aachen: Rimbaud.
Dornes, M. (1995). Symbiose als Beziehung. In M. Dornes, *Der kompetente Säugling* (S. 61–78). Frankfurt am Main: Fischer.
Erikson, E.H. (1995). Vertrauen gegen Ur-Misstrauen. In E.H. Erikson, *Kindheit und Gesellschaft* (S. 241–245). Stuttgart: Klett-Cotta.
Fonagys, P., György, G., Jurist, E.L. & Target, M. (2004). Verständnis des Selbst und seiner Urheberschaft. In P. Fonagys, G. György, E.L. Jurist & M. Target, *Affektregulierung, Mentalisierung und die Entwicklung des Selbst* (S. 211–257). Stuttgart: Klett-Cotta.
Fraiberg, S., Adelson, E. & Shapiro, V. (1975). Ghosts in the nursery. A psychoanalytic approach to the problems of impaired infant-mother relationships. *Journal of the American Academy of Child & Adolescent Psychiatry, 14*(3), 387–421.
Freud, S. (1914g). Erinnern, Wiederholen und Durcharbeiten. *GW 10,* 126–136.
Garza-Guerrero, A.C. (1974). Culture shock: its mourning and the vicissitudes of identity. *Journal of the American Psychoanalytical Association, 22,* 408–429.
Herzog, J.M. (1980). Sleep disturbance and fatherhunger in 18- to 20-month-old boys. *Psychoanalytic Study of the Child, 35,* 219–223.
Khan, M.M.R. (1977). Das kumulative Trauma. In M.M.K. Khan, *Selbsterfahrung in der Therapie* (S. 50–70). München: Kindler.
King, V. (2006). Depression und Adoleszenz – intergenerationale Dynamiken. *Kinderanalyse, 14,* 213–243.
Müller, H. (2010). *Niederungen.* München: Hanser Verlag.
Volkan, V. (1999). *Blutsgrenzen.* Frankfurt am Main: Scherz.
Winnicott, D.W. (1995). *Vom Spiel zur Kreativität.* Stuttgart: Klett-Cotta.
Winnicott, D.W. (1997a). Primitive Stadien der emotionalen Entwicklung. In D.W. Winnicott, *Von der Kinderheilkunde zur Psychoanalyse* (S. 116–126). Frankfurt am Main: Fischer.
Winnicott, D.W. (1997b). Die primitive Gefühlsentwicklung. In D.W. Winnicott, *Von der Kinderheilkunde zur Psychoanalyse* (S. 58–76). Frankfurt am Main: Fischer.
Winnicott, D.W. (1997c). Die manische Abwehr. Wiedergutmachung im Hinblick auf die organisierte Abwehr der Mutter gegen Depression. In D.W. Winnicott, *Von der Kinderheilkunde zur Psychoanalyse* (S. 244–275). Frankfurt am Main: Fischer.
Winter, Leon de (2014). Interview. *Süddeutsche Zeitung, 91*(19./20.04.2014), 10.

Dämon, Totenkopf und Staubsauger

Tomasz und Thomas: Migration in der Adoleszenz und deren Komplikationen durch transgenerationelle Transmission von Traumata

Gabriele Ast

Einführung

In den 1930er Jahren starb ein fünfjähriges deutsches Mädchen im polnischen Ost-Oberschlesien. »Polnische Grabräuber« holten die Leiche aus dem Grab und schnitten ihr den Kopf ab. Den Körper ließen sie zurück, der Kopf des Kindes wurde nie gefunden. Diese Grabschändung war, den Tätern vermutlich unbewusst, eine protosymbolische Darstellung der »Zerstückelung« Oberschlesiens durch die Teilung 1922 (zu »Protosymbol« siehe Volkan et al., 2002). Jedenfalls sollte sie in den deutschen Eltern das Entsetzen auslösen, welches die Teilung Oberschlesiens in der polnischen Bevölkerung ausgelöst hatte. Zuallererst aber sollte sie die »deutsche« Familie aus dem polnischen Teil vertreiben.

70 Jahre später kam der deutsch-polnische Neffe dieses Mädchens zu mir, weil er seine polnische Frau zwei Monate nach der Hochzeit bereits zum dritten Mal verprügelt hatte, und fragte mich, ob man Hass schon im Mutterleib mitbekommen könne.

Ich werde die Geschichte dieses lange Zeit alkohol- und drogenabhängigen Mannes erzählen, der als Tomasz in Oberschlesien (Polen) geboren wurde und Anfang der 1980er Jahre im Alter von 13 Jahren zum deutschen Spätaussiedler Thomas wurde. Die Geschichte seines Landes und seiner Vorfahren hatte zusammen mit seiner eigenen Kindheitsgeschichte zu einem psychotischen Kern in der Persönlichkeit und einem chaotischen Leben geführt. Er war eine Person, die Integration brauchte und diese in einer modifizierten Analyse fand. Ich werde zuerst die Geschichte Oberschlesiens im 20. Jahrhundert kurz darstellen und dann die polnische und die deutsche Familiengeschichte sowie Thomas' Biografie erzählen. Es folgt die Symptomatik und deren Verständnis, das aus dem Verlauf der Analyse entstand. Aus der analytischen Arbeit werde ich kurze Vignetten anführen.

Schwerpunkt dabei ist die Zeit, in der es möglich wurde, die von Vater und Großvater erlittenen Traumata im von Nazideutschland besetzten Polen und deren Weitergabe an Thomas faktisch und emotional zu erfassen. Dies wurde zum zentralen Wendepunkt der Behandlung. Den Abschluss bildet ein therapeutisches Spiel mit dem Staubsauger, nach welchem Thomas sich von einem allmächtigen Dämon, der sein Leben bestimmt hatte, verabschieden konnte.

Oberschlesien im 20. Jahrhundert

1918 bis 1933

Anfang des 20. Jahrhunderts sprachen circa 60 % der Oberschlesier Polnisch bzw. polnisches Schlesisch und circa 40 % Deutsch bzw. deutsches Schlesisch. Die deutschsprachigen Oberschlesier gehörten eher zur Oberschicht in Bezug auf Schulbildung, Finanzen und politischen Einfluss, die polnischsprachige Bevölkerung stellte den Großteil der besitzlosen Arbeiterschicht.

Die Bevölkerung war allerdings durchmischt »wie Pfeffer und Salz«. Das widersprach dem Ideal des im 19. Jahrhundert geforderten Nationalstaats. In sehr vielen Familien gab es sowohl deutschsprachige als auch polnischsprachige Mitglieder. Bis zum Ende des Ersten Weltkriegs gehörte ein Teil Oberschlesiens zum Deutschen Reich, ein anderer zu Österreich-Ungarn. Der Versailler Vertrag sah vor, dass diese beiden Verlierer des Kriegs ihre Anteile Oberschlesiens zum größeren Teil an den neuen Staat Polen abgeben mussten, weil die Mehrheit der Bevölkerung dort Polnisch sprach. Aufgrund von durch Großbritannien unterstützten Protesten Deutschlands wurde ein Plebiszit über die Zugehörigkeit Oberschlesiens zu Polen oder zu Deutschland auf das Jahre 1921 festgelegt. Die Zeit vor der Abstimmung wurde vom deutschen wie vom polnischen Staat massiv zur Propaganda genutzt, was zu blutigem Terror mit Toten auf beiden Seiten führte. Schließlich stimmten 60 % für den Verbleib bei Deutschland und 40 % für die Zugehörigkeit zu Polen. Daraufhin wurde Oberschlesien 1922 geteilt. 70 % des Gebiets blieb beim Deutschen Reich und 30 % wurde Polen zugeteilt.

Im nun polnischen Ost-Oberschlesien lag ein großer Teil der Industrie. Aufgrund des ethnisch aufgeheizten Klimas und der Mythenbildung arbeiteten die polnische und die deutsche Seite nicht zusammen und es kam zu schweren wirtschaftlichen Schäden. Die Bevölkerung verarmte.

Jede Seite war darauf bedacht, eine ethnisch »reine« Bevölkerung in ihrem Gebiet herzustellen. Dies geschah laut Haubold-Stolle (2008) bis 1933 auf der polnischen Seite mit noch größerem Druck als auf der deutschen Seite. Nach Hitlers Machtergreifung 1933 allerdings wurde die ethnische Säuberung West-Oberschlesiens auf deutscher Seite äußerst brutal betrieben.

1933 bis 1945

Nach dem Angriff Deutschlands auf Westpolen am 1. September 1939 und der Besetzung Ostpolens am 17. September 1939 durch die Sowjetunion teilten die beiden Mächte den polnischen Staat am 28. September im Deutsch-Sowjetischen Grenz- und Freundschaftsvertrag unter sich auf. Ost-Oberschlesien wurde deutsches *Staats*gebiet und sollte ethnisch rein deutsch werden. Das geschah über die *deutsche Volksliste*, welche die Bevölkerung in verschiedene Kategorien in Bezug auf ihre Nähe zum Deutschtum einteilte. In Ost-Oberschlesien wurde fast die gesamte Bevölkerung über diese Listen »eingedeutscht«. Oft geschah dies unter Zwang mit Androhung des Entzugs der Kinder oder von Lagerhaft. Auf diesem Weg wurde Oberschlesien für »ethnisch rein deutsch« erklärt und die polnischen Arbeiter konnten als »Deutsche« bleiben.

Im übrigen besetzten Polen wurden nur wenige Polen »eingedeutscht« und hatten dadurch keinen staatlichen Anspruch auf Bildung, medizinische Versorgung, Rechtsstaatlichkeit oder Lebensmittel. Die Polen wurden zu »Untermenschen« deklariert und ihres Vermögens und ihrer Rechte beraubt. Ihre politische und intellektuelle Elite wurde ermordet. Sie sollten zu einem Sklavenvolk degradiert werden und wurden dementsprechend behandelt.

Die nahe bei Krakau gelegene kleinpolnische Stadt Oświęcim wurde in das Verwaltungsgebiet Oberschlesien eingegliedert. Dort errichteten die Nationalsozialisten das Konzentrations- und Vernichtungslagers Auschwitz, in dem sie über 1.000.000 Menschen erniedrigten und ermordeten. Nordöstlich von Warschau entstand das größte Vernichtungslager Treblinka. Durch Krieg und Terror kamen auch 6.000.000 Polen ums Leben.

Als die Rote Armee Oberschlesien eroberte, befreite sie am 27. Januar 1945 die Überlebenden des Konzentrationslagers Auschwitz. Zu sehen, was die Deutschen den Menschen dort angetan hatten, trug sicherlich auch zu den von der Roten Armee verübten Verbrechen an der deutschen und für deutsch gehaltenen polnischen Zivilbevölkerung bei. Viele Menschen wurden getötet und viele Frauen vergewaltigt. Über diese Kriegsverbrechen schwiegen Deutsche und Polen in den von der Sowjetunion besetzten Gebieten, weil die Gefahr von Gefängnis oder Deportation drohte.

Auf der Potsdamer Konferenz, die vom 17. Juli bis zum 2. August 1945 stattfand, beschlossen die drei Siegermächte endgültig die Vertreibung der ca. 4.500.000 Deutschen aus Schlesien. Aus *Nieder*schlesien wurden circa 90 % der Deutschen vertrieben, aus *Ober*schlesien letztendlich »nur« 40 %. Viele deutsche Oberschlesier bekamen das Bleiberecht, weil sie zweisprachig waren und somit den polnischen Sprachtest bestanden; oder weil sie wegen ihrer beruflichen Qualifikation in der Kohle- und Stahlindustrie gebraucht wurden. Allerdings mussten sie die polnische Staatsbürgerschaft annehmen.

Die Polen, die auf der *deutschen Volksliste* in eine der vier Kategorien »eingedeutscht« worden waren, wurden von der Roten Armee und der sowjetischen Regierung anfangs als Verräter angesehen und entsprechend behandelt. Dies änderte sich nach etwa einem halben Jahr, möglicherweise aufgrund der Erkenntnis, dass diese »Eindeutschung« oft unter Zwang stattgefunden hatte; oder aber aus ökonomischen Gründen, da in Ost-Oberschlesien ja fast die gesamte polnische Bevölkerung auf dieser Liste stand. Die Bundesrepublik Deutschland verwendete die von den Nazis aufgestellte deutsche Volksliste als Nachweis der deutschen Abstammung und gab den darauf eingetragenen Personen die deutsche Staatsbürgerschaft, sobald sie in die Bundesrepublik kamen (Haubold-Stolle, 2008).

Kollektive Mythenbildung und Großgruppenidentität

Sowohl in Deutschland als auch in Polen wurde Oberschlesien als Teil eines lebendigen Organismus mythologisiert und die Teilung der Region wie die Abtrennung eines Körperteils erlebt. So schrieb eine deutsche Zeitung 1924, dass das »Haupt von Gliedern, Nerven und Muskeln« getrennt worden sei. Die Abtrennung Ost-Oberschlesiens habe zu einer »blutenden Wunde« am deutschen Leib geführt (Haubold-Stolle, 2008). Die jeweilige Gegenseite wurde unter diesen Umständen als tödliche Gefahr für die Existenz der Großgruppe gesehen, was im gerade neu gegründeten polnischen Staat eine noch größere Gefahr darstellte als im fest etablierten Deutschland.

In dieser Zeit der Wiedererrichtung des polnischen Staates und der Suche nach einer polnischen Identität kam es offenbar zu einem »*Zeitkollaps*« (Volkan, 1999), in dem »das *gewählte Trauma* [...], welches einen wesentlichen Marker der Großgruppenidentität darstellt, so erfahren wird, als hätte es sich gestern ereignet« (Volkan, 2004). Dieses »*gewählte Trauma*« ist die verlorene Schlacht bei Liegnitz gegen die Mongolen im Jahr 1241. Der Mongolensturm hatte schon 80 % der Bevölkerung Polens niedergemetzelt. Der Sohn der »Heiligen Hedwig«, Herzog Heinrich II. von Schlesien, sah seine Aufgabe darin, die Herrschaft des Christentums zu verteidigen. Mit den »Rittern der heiligen Hedwig«, bestehend aus den Resten von polnischen und deutschen Bauern, Soldaten und Rittern, zog er in die Schlacht bei Liegnitz, die er unter großen Verlusten verlor. Die Legende sagt, dass die siegreichen Mongolen Heinrichs *abgetrennten Kopf* auf einem Spieß um die nicht eroberte Burg herum getragen hätten. Trotz ihres blutigen Sieges zogen sich die Mongolen damals aus Europa zurück. Den wahren Grund – Nachfolgekämpfe nach dem Tod des Großkhans in der Mongolei – kannten die Europäer nicht. Umso eher wurde die Schlacht mythologisiert und die Ritter zu Märtyrern erklärt. Später stilisierte man die Schlacht zur Rettungstat für die gesamte Christenheit. Im kollektiven Gedächtnis der Polen wie der Deutschen wurde sie zu einem Teil der Großgruppenidentität. Auf polnischer Seite entstand der

Mythos, dass *die »Ritter der heiligen Hedwig« gar nicht gestorben seien, sondern unter der Erde nur schliefen*. Laut Haubold-Stolle (2008) war es, als seien knapp 700 Jahre später die »schlafenden« Ritter der Heiligen wiederauferstanden in den polnischen Kämpfern um Oberschlesiens Zugehörigkeit zu Polen. Von beiden Seiten wurde das vergossene Blut als Argument für die Rechtmäßigkeit des jeweiligen Anspruches auf das Land propagiert.

Die polnische Familiengeschichte

Tomasz' Vater Jan wurde Ende der 1920er Jahre in Polen nordöstlich von Warschau geboren. Er wuchs bei seiner Tante auf, da seine Mutter sich nicht um ihn kümmerte. Sie sei eine »Hure« gewesen. Ob sich dies auf ihren Gelderwerb oder ihren Charakter bezog, war Thomas nicht bekannt. Jan war etwa zwölf Jahre alt, als Polen zwischen Deutschland und der Sowjetunion aufgeteilt wurde. Die nun zu »Untermenschen« degradierte Familie wurde so bettelarm, dass der Junge die fünf Kilometer zur Schule laufen musste. Und als die Schuhe kaputt waren, band er sich Lappen um die Füße. Mit 13 verkaufte er Zigaretten auf der Straße. Dennoch fühlte sich Jan behütet, wenn er auf einem Hocker bei Kerzenlicht seine Hausaufgaben machte und sein Vater mit anderen Männern neben ihm Karten spielte.

In der Gegend habe es unerträglich gestunken und der Regen war schmutzig. Der Gestank nach verbranntem Fleisch kam vom nahen Vernichtungslager Treblinka. Die Leichen wurden verbrannt, und die aus den Kaminen der Krematorien entweichende Asche vermischte sich mit dem Regen und machte ihn schmutzig. Die gemahlenen Knochenreste verteilte man zusammen mit der restlichen Asche als »Dünger« auf die Felder oder warf sie *in die Flüsse*. Um seinen Sohn vor dem Horror zu bewahren hatte Jans Vater ihm nichts davon erzählt. Entsprechend der Familiensaga hatte Jans Vater eine Liebesbeziehung zu einer Jüdin, die von KZ und Tod bedroht war. Seine Frau, Tomasz' Großmutter, soll ihn deshalb an die deutschen Besatzer verraten haben. Daraufhin habe die SS ihn auf einem öffentlichen Platz erschossen und seine Leiche dort drei Tage zur Abschreckung liegen gelassen. Erst danach konnte Jans Vater beerdigt werden. Dieser Mord *und* die Leichenschändung haben sich Jan unauslöschlich eingeprägt. Und auch die damit verbundenen Gefühle, wohl eine Mischung aus lähmendem Entsetzen und ohnmächtigem Hass. Dies mag *mit* dazu beigetragen haben, dass Jan ein glühender Patriot und Kommunist wurde. Als er 15 oder 16 Jahre alt war ging er *in die Wälder*, um mit den Partisanen gegen die deutschen Besatzer zu kämpfen. Die polnischen Widerstandskämpfer wurden von den Deutschen offenbar auch als »Terroristen« bezeichnet. Jedenfalls war für Tomasz ein »Terrorist« bis weit in die Psychoanalyse hinein gleichbedeutend mit »Freiheitskämpfer«. Trotz der damit verbundenen Gefahr muss für den Jugendlichen Jan seine Zeit als Partisan *in den Wäldern* sehr wertvoll gewesen sein. Er wurde ein Teil derer, die gegen das absolut Böse kämpften.

Ob Jan jemals direkt eines der Konzentrations- und Vernichtungslager gesehen hat, ist mir nicht bekannt. Ganz sicher aber hat er nach der Befreiung Polens von den Deutschen durch die Rote Armee die ausführlichen Berichte über diese Verbrechen sehr bewusst wahrgenommen. Dies trug sicherlich mit zu seinem Entschluss bei, die militärische Laufbahn bei der polnisch-sowjetischen Armee einzuschlagen. Er studierte, wurde Ingenieur und engagierte sich für die sportliche Ertüchtigung von Kindern – vielleicht auch um sie davor zu schützen, jemals wieder hilflos dem Terror ausgeliefert zu sein. Mit 39 Jahren, er war verheiratet und hatte zwei Kinder, lernte er die ebenfalls verheiratete 23-jährige Deutsche Helga kennen. Wegen ihr und dem inzwischen geborenen gemeinsamen Sohn Tomasz verließ er sieben Jahre später seine erste Frau und die drei Töchter aus der ersten Ehe.

Die deutsche Familiengeschichte

Thomas' Großmutter Anna hatte einen schlesisch-polnischen Vater und eine schlesisch-deutsche Mutter. Sie wurde vor dem Ersten Weltkrieg im östlichen Oberschlesien geboren, das damals zum preußischen Königreich gehörte. Der Erste Weltkrieg und die nachfolgenden blutigen ethnischen Kämpfe haben ihre ersten Lebensjahre geprägt. Annas Heimatort wurde polnisch. Der Druck, sich polnisch national zu bekennen, war nach der Teilung Oberschlesiens enorm. Obwohl Anna neben deutschem Schlesisch auch polnisches Schlesisch sprach, scheint die Tatsache, dass sie eine deutsche Mutter hatte, ihre Umgebung in Bezug auf Annas Polentum misstrauisch gemacht zu haben.

Nach Annas Eheschließung mit dem Deutschen Michael Anfang der 30er Jahre hatte das Paar eine Tochter, die, mit fünf Jahren verstorben, das Opfer der eingangs geschilderten Leichenschändung wurde. Dieser ethnische Terrorakt machte einen normalen Trauerprozess unmöglich. Stattdessen hat sich vermutlich Annas Großgruppenidentität von der hybriden schlesischen zu einer rein deutschen Identität verändert. Dies geschah *ohne* Ortswechsel. Die Änderung der Großgruppenidentität Annas unter diesen Umständen glich nicht der von Akhtar (1995) beschriebenen »normalen« Dritten Individuation eines Immigranten, sondern der von Volkan (2013) beschriebenen *erzwungenen* Migration.

Die *gewaltsam* erfolgte Verschiebung ihrer Identität dürfte Einfluss gehabt haben sowohl auf ihre Haltung gegenüber der deutschen Besatzung Polens durch die Nazis als auch gegenüber der Zugehörigkeit Oberschlesiens zu Polen nach dem Krieg. Das Bild der Polen als Feinde dürfte bei ihr massiver ausgefallen sein als bei anderen Oberschlesiern. Später legte Anna großen Wert auf die Einhaltung von Totenritualen. Wenn sie diese im Totenmonat November nicht durchführen konnte, fürchtete sie, dass die

Geister der Toten erscheinen und Schrecken verbreiten würden. Dies ist ein Hinweis darauf, dass sie Schwierigkeiten hatte zu trauern, sei es um ihre erste Tochter, um ihre vormals gemischte polnisch-deutsche Identität oder möglicherweise später auch um den Verlust einer positiven Besetzung ihrer deutsch gewordenen Identität aufgrund der Verbrechen der Nazis, die ganz in ihrer Nähe stattgefunden hatten. Noch viele Jahrzehnte später spürte und hörte Anna in dunklen Wäldern die Gegenwart bedrohlicher Geister und gab diese Furcht an ihre zweite Tochter und ihren Enkel weiter.

Das Leben hat sich wohl für Anna und ihren Mann dramatisch geändert, als Nazideutschlands Armee Polen besetzte. Ob das, nach der Grabschändung, ein weiterer Grund dafür war, dass Anna und ihr Mann Michael nach Westen in das nun deutsche Staatsgebiet zogen, weiß ich nicht. Jedenfalls hatte Michael als studierter Chemiker während des Krieges in der Nähe von Auschwitz eine gehobene Stelle in einer chemischen Fabrik inne. Ob es sich dabei um die I.G. Farben handelte, welche in Zusammenarbeit mit der SS eine riesige Chemiefabrik in der Nähe von Auschwitz errichtete, ist nicht klar. Er und seine Frau galten entsprechend der *Deutschen Volksliste* als Deutsche.

Als der Zweite Weltkrieg dem Ende zuging, erreichte er Oberschlesien. Annas Onkel kam zu ihr und forderte sie auf, sie müssten seinen Vater aufsammeln. Der sei von einer Bombe zerrissen worden, in Fetzen »so groß wie Gulaschstücke«. Anna verlor auch ihre beste Freundin. Die kam nach ihr in den Luftschutzkeller, habe ihr noch ganz aufgeregt zugerufen, dass sie sich verspätet habe, weil sie Schmalz ergattert hatte. Dann machte die Druckwelle einer Bombe Annas Freundin »zu einem Fettfleck an der Wand«. Auch wenn die physische Realität dieser Erzählung schwer nachvollziehbar ist, so macht dieses Bild doch den Horror von Annas Verlust nachvollziehbar. Als polnische Partisanen im Wald untertauchten und von dort aus Anschläge verübten, mag sich *Annas Angst vor dem Wald* zusätzlich verstärkt haben.

Als Erklärung dafür, warum die Familie nicht wie circa 4.500.000 andere Schlesier vertrieben wurde, galt der Familienroman, dass Michael gegen Ende des Kriegs einem russischen Lagerhäftling das Leben gerettet habe. Was Anna in der Zeit erlebte, in der Soldaten der Roten Armee die Städte verwüsteten und massenhaft Frauen vergewaltigten, teilte sie weder ihrer Tochter noch ihrem Enkel jemals direkt durch Worte mit. Die vielen Traumata machten Anna zu einer harten Frau. Aber um »arme« oder verstorbene Kinder weinte sie. Sie passte sich den aktuellen politischen Umständen im stalinistisch regierten Polen an. »Wenn Du unter Krähen lebst, musst Du krähen wie die Krähen«, war zu ihrem Wahlspruch geworden.

Zwar konnten Anna und Michael bleiben, aber sie verloren ihren Besitz, ihre Wohnung und ihre soziale Stellung. In der »neuen« Wohnung gab es nur eine Toilette im Treppenhaus für mehrere Familien. Diese gemeinsame, kotverschmierte, ungepflegte und reparaturbedürftige Toilette, welche den Benutzer Augen, Ohren und Nasen der Nachbarn aussetzte, scheint zum Sinnbild des sozialen Abstiegs für Anna und Michael geworden zu sein.

Michael fand nur noch eine niedrige, unqualifizierte Arbeit und wurde über die Jahre hinweg zum Alkoholiker.

Kurz vor Kriegsende gebar Anna nochmals eine Tochter, Helga, die spätere Mutter von Tomasz. Sie wuchs im zerstörten Nachkriegspolen in Armut auf. Es kann vermutet werden, dass die vielen Traumata, die Anna erlebt hatte, Auswirkungen auf die Beziehung zu ihrem zweiten Kind hatten.

»Noch einmal eine Fantasie über ›gute‹ Dinge zu entwickeln könnte auf Grund der Furcht, dass man, falls man sich gute Dinge vorstellt, diese ebenfalls wieder zerstört werden, zu einem schrecklichen psychologischen Zustand führen, in dem es weder eine Kontinuität mit alten vertrauten Objekten gibt noch eine echte Verbindung zu neuen Objekten entwickelt werden kann« (Volkan, 2013, S. 478).

Über die Lebensgeschichte von Helga ist mir praktisch nichts bekannt. Vermutlich wurden ihr die traumatischen Erlebnisse ihrer Eltern unter anderem deswegen verschwiegen, um im sowjetisch-stalinistischen Polen nicht in Gefahr zu geraten. Sowohl diese Bedrohung als auch die Abscheu der polnischen Gesellschaft gegen die mit den Nazis gleichgesetzten Deutschen führten wohl dazu, dass die nicht vertriebenen Schlesiendeutschen eine möglichst unsichtbare »verschworene Gemeinschaft« bildeten.

Das Schweigen und die Tarnung waren so perfekt, dass Helgas Sohn Tomasz knapp 40 Jahre später völlig überrascht war, als er erfuhr, dass seine Großmutter »Deutsche« war und sie deshalb nach Westdeutschland aussiedeln würden. In seiner Wahrnehmung waren seine Großmutter und Mutter »Schlesierinnen« und er »Pole«.

Helga war 23 Jahre, als sie einen Deutschschlesier heiratete. Über ihn und ihre Beziehung zu ihm ist nichts bekannt. Nur sechs Wochen nach ihrer Eheschließung hatte sie Geschlechtsverkehr mit einem knapp 40-jährigen verheirateten polnisch-kommunistischen Militärangehörigen. Sie schob das daraus entstandene Kind nicht heimlich ihrem deutschen Ehemann unter, sondern setzte im katholischen Polen vier Jahre nach der Hochzeit ihre Scheidung durch und heiratete weitere vier Jahre später Jan, Tomasz' Vater.

Anna hatte ihre Tochter vor der Ehe mit einem Polen gewarnt. Er werde »Es« ihnen irgendwann übel nehmen und Helga werde damit nicht klarkommen. Damit zeigte sie Verständnis für die unauslöschliche Wirkung der Verbrechen der Nazis und die unerträgliche Last, die diese Verbrechen der deutsch-polnischen Ehe aufbürden würden.

Auch ihr Enkel Thomas meinte, dass die Ehe seiner Eltern die Fortsetzung des Zweiten Weltkriegs gewesen sei und er sich dabei gefühlt habe wie zwischen Hammer und Amboss.

Tomasz'/Thomas' Biografie

Kindheit nahe Auschwitz – Erste Individuation

Die schreckliche Wohnung

Tomasz wurde in Oberschlesien eine halbe Stunde Autofahrt von Auschwitz entfernt Ende der 1960er Jahre geboren. Er wuchs die ersten drei Jahre bei seinen Großeltern Anna und Michael auf. Dass sie Deutsche waren wusste er bis zur Aussiedlung seiner Oma nach Deutschland nicht. Sie lebten in einem armseligen grauen Mietshaus mit einem grauen Hinterhof. In der Wohnung gab es nur eine verschmutzte, wackelige Toilette im Treppenhaus für mehrere Familien. Der Schmutz war nicht nur allgegenwärtig im Haus, sondern auch in der Luft, am Boden und im Regen: Oberschlesien hatte in den 1980er Jahren die höchste Luftverschmutzung weltweit (Bundesministerium für Vertriebene, Flüchtlinge und Kriegsgeschädigte, 1993).

»Riesige Hochöfen mit großen, offenen, runden Ofentüren«, deren Gluthitze noch in 40 Metern Entfernung zu spüren war, gehören zu seinen frühesten Erinnerungen. In der Wohnung gab es einen Küchenofen, der ebenfalls viel Hitze abstrahlte. In einer der wenigen guten Erinnerungen von Thomas kuschelt er mit dem Hund vor dem Ofen der Oma. Diesen Ofen, den man vom Gang aus beheizte, indem man Holzscheite hineinschob und dann die Asche daraus entfernte, brachte er in der Schulzeit mit den Krematorien in Auschwitz in Verbindung.

Der Großvater scheint seinem Enkel zugetan gewesen zu sein. Er warf ihn in die Luft, fing ihn auf und nannte ihn »mein kleiner Preiß« (Preuße). Die Frage der ethnischen Zugehörigkeit von Tomasz war also von Anfang an ein Thema in der Familie. Dieser liebevolle Großvater war aber auch Alkoholiker, der Wodkaflaschen in der Wohnung fallen ließ, deren Scherben er aufwischen musste. Neben der äußeren Realität mag dies auch eine Deckerinnerung (Freud, 1899a; Greenacre, 1949) an etwas sein, was dem Großvater vorgeworfen wurde.

Segen, Fluch, Teufel

Als Tomasz mit sechs Monaten sitzen konnte war es tiefer Winter. Viele Windeln zu waschen war in der kalten Jahreszeit sicherlich schwierig. So saß er lange Zeit auf dem Topf und seine spätere Rückgratverkrümmung wurde in der Familie darauf zurückgeführt.

Als Tomasz ein Jahr alt war machte die Großmutter mit ihm einen Ausflug zu einer Pilgerstätte, an welcher der Kardinal Karol Józef Wojtyła, der spätere Papst Johannes Paul II., eine Messe hielt und anschließend den kleinen Tomasz segnete. Am

Tag darauf brach der Boden des Kinderwagens durch. Dies führte die Großmutter nicht auf schlechte Materialeigenschaften oder das Alter des Kinderwagens zurück. Vielmehr hat sie offenbar den Segen des Kardinals im Nachhinein als eine Art Exorzismus gedeutet, der den in ihrem Enkel wohnenden Dämon so gestört hat, dass dieser durchbrach und in dem durchgebrochenen Kinderwagenboden sichtbar wurde. Damit stand sie in einer biblischen Tradition, in der Krankheiten oder »Schlechtes« durch Dämonen verursacht werden, die von Menschen Besitz ergreifen und durch Exorzismus vertrieben werden können. Sie scheint aber, entsprechend der biblischen Lehre, angenommen zu haben, dass dieser böse Dämon trotz des Segens wieder in ihren Enkel zurückkehren konnte. Als Tomasz drei Jahre alt war, prophezeite sie ihm, dass er einmal auf der Straße Menschen erschießen werde, nur weil er Setzlinge der Großmutter abgeschnitten hatte.

Eine seiner ersten Erinnerungen (eineinhalb Jahre) sind auf dem Boden verteilte Schokoladenkügelchen, welche aus einer runden Dose herausgefallen waren. Als Deckerinnerung steht dies im Zusammenhang mit der sehr positiven Bedeutung, welche die Großmutter der Defäkation des kleinen Tomasz in den Topf zugemessen hat. Vermutlich wurde er nur dann liebevoll von der ansonsten ablehnenden Großmutter behandelt, wenn er Kot produziert hatte.

Der ersehnte, beängstigende Vater

Seine Großmutter schlug ihn mit dem Kochlöffel, seine Mutter mit einem »Plastikdegen, den sie aus einer Scheide zog«, und später prügelte ihn sein Vater mit der Hand unbeherrscht ins Gesicht und aufs Gesäß.

Ihren polnischen Schwiegersohn Jan hat Tomasz' Großmutter sehr lange nicht akzeptiert. Sie siezte ihn und auf Familienfesten behandelte sie ihn wie einen Fremden. Deswegen wohl lernte Tomasz seinen Vater erst mit drei Jahren kennen, nachdem seine Mutter mit ihrem Sohn eine eigene Wohnung bezogen hatte, die noch näher an Auschwitz lag als die Wohnung der Großmutter.

Jan besuchte sie in den nächsten vier Jahren an den Wochenenden. Thomas erinnerte sich gut an das erste Treffen mit seinem Vater. Jan trug eine Uniform und im Gesicht hatte er eine mit Klammern fixierte Verletzung. Aus dieser Zeit stammten unheimliche Kindheitserinnerungen von nachts im Moor versunkenen Kühen und nächtens heulenden Wölfen. Offenbar hatte der kleine Tomasz damals das Beängstigende, Unheimliche und Gefährliche, das sein Vater in sich trug (wofür die sichtbare, nicht verheilte Verletzung stand), wahrgenommen und in kindliche Bilder übersetzt, die nun *ihm*, dem Sohn, Angst machten. Er begann, sich und andere zu quälen: Er kratzte sein Zahnfleisch bis auf die Knochen auf – vielleicht auch um zu sehen, *was in ihm drin ist* – und setzte seine kleine Cousine auf eine heiße Herdplatte.

Eine Ahnung von der Wut, die Tomasz mit circa dreieinhalb Jahren erfüllte, gibt seine Deckerinnerung wieder, in der er von seiner Mutter beim Einkaufen vor dem Geschäft stehen gelassen worden war. Bei ihrer Rückkehr schenkte sie ihm eine Orange, Anfang der 70er Jahre in Polen etwas ganz besonders Wertvolles und nicht leicht zu Ersetzendes. Er schmiss sie auf den Boden und zertrampelte sie.

Sosehr sich Tomasz einen Vater wünschte, war dieser auch ein Konkurrent im Umgang mit der Mutter, die er erst seit Kurzem ganz für sich hatte. Dass Jan von Tomasz' viertem bis zum siebten Lebensjahr immer nur für kurze Zeit kam und dann wieder ging, konnte Tomasz als wiederkehrende ödipale Triumphe erleben.

Tomasz war sechs Jahre alt, als sein Großvater Michael an einer Lungenentzündung starb. Er war nachts betrunken nach Hause gekommen und seine Frau Anna hatte ihm nicht die Türe geöffnet. Mitten im eiskalten Winter blieb er draußen liegen. Wenige Tage später war er tot. Vermutlich erfuhr Tomasz die näheren Umstände des Todes erst viel später. Das Entsetzen aber über die Tat der Großmutter, welche im Erleben offenbar einem Mord nahekam, wurde ihm wohl über die Reaktion seiner Mutter vermittelt. Jedenfalls erinnert Tomasz sich daran, dass er damals vor lauter Entsetzen wegrennen wollte, als ein Kalb geschlachtet wurde.

Heirat der Eltern

Thomas beschrieb sein Verhältnis zu seiner Mutter als besonders innig. Dies ist wohl ein Hinweis auf einen Wunsch seiner Mutter, einen Ausgleich für die ersten drei Jahre zu schaffen, in denen sie ihn allein gelassen hatte.

Als dann Jan Helga heiratete und dauerhaft einzog war Tomasz sieben Jahre alt und gerade eingeschult worden. Endlich hatte auch Tomasz einen Vater und er machte ihn zum Kriegsheld. Andererseits aber störte Jan das »innige« Verhältnis zwischen Mutter und Sohn. Tomasz Vater war unbeherrscht und prügelte ihn bei Verfehlungen, ohne dass die Mutter dazwischengegangen wäre. Vom siebten bis zum zehnten Lebensjahr zeichnete Tomasz wieder und immer wieder Totenköpfe und SS-Runen in seine Hefte.

Tomasz erlebte seine Mutter dauerhaft so, als hielte sie immer zu anderen und verteidige nie ihn. Wann immer er von jemandem beschuldigt wurde, ging sie hin, entschuldigte sich für ihn und bezahlte den Schaden. Ich halte es für möglich, dass sie sich als Deutsche für die Verbrechen der Nationalsozialisten schuldig fühlte und daher jegliches aggressive Verhalten ihres deutschstämmigen Sohnes sofort »wiedergutmachen« wollte.

Jan nahm Tomasz bis zur Aussiedlung drei Mal in der Woche zu Leichtathletik und Boxen mit. Er wollte wohl auch aus seinem Sohn einen starken, mutigen Kämpfer machen, der *keine* Angst haben sollte und sich nie besiegen lässt. Tatsächlich wurde

Tomasz sehr sportlich und hielt sich bis zum Umzug mit elf Jahren für unbesiegbar. Nur seinen Vater konnte er nie besiegen.

Walderlebnisse

Die Familie lebte noch zwei Jahre in dieser extrem luftverschmutzten Industriegegend Oberschlesiens, bevor sie in den Westen Polens, in das stark deutsch geprägte, aber »ethnisch gesäuberte« Niederschlesien zog. Dort gab es Wälder, saubere Luft und neuerbaute Häuser. Als Tomasz mit einem Freund durch den *Wald* streifte, stießen sie auf einen aufregenden, geheimnisvollen Fund: einen Frauenpelzmantel, leere Wodkaflaschen und Zigarettenkippen. Die Jungen malten sich aufregende Geschichten dazu aus. Für Tomasz wurden diese Gegenstände fester Bestandteil seiner sexuellen Phantasien.

Ein anderes Mal sah sich Tomasz im *Wald* mehreren Brüdern gegenüber, die ihm feindlich gesinnt zu sein schienen. Er hatte Angst und wollte wegrennen. Aber »*seine Angst zu zeigen kam nicht infrage. Das wäre das Allerschlimmste gewesen!*« So nahm er einen Stock und ging den langen Weg durch den Wald in der ständigen Erwartung, jederzeit angegriffen zu werden.

Die Verbrechen der Nazis gegenüber den Polen, Juden und Russen wurden im Unterricht ausführlich behandelt. Jedes polnische Kind wusste viel über die Grausamkeit der Deutschen in den Konzentrations- und Vernichtungslagern. Andere Bilder als das des absolut Bösen gab es von »Deutschen« im damaligen Polen nicht. Tomasz erfuhr in der Schule auch viel über den *aus den Wäldern* heraus geführten Kampf der Partisanen gegen die Deutschen.

Jugend – Zweite und Dritte Individuation

Erster Eindruck von Deutschland

Als Tomasz mit zwölf Jahren seine inzwischen in Deutschland lebende Großmutter besuchte, war er schockiert. Sein absolut böses Bild der Deutschen, welches fester Bestandteil seiner *Weltvorstellung* und ein, im Wesentlichen unbewusster, Teil seiner nicht dominanten *Selbstvorstellung* war, brach zusammen. Seine Oma hatte eine schöne Wohnung. Als Putzfrau verdiente sie sich etwas Geld bei einer jüdischen Familie. Die Deutschen waren keine Monster, sondern freundliche Menschen. Und seine Großmutter selbst entpuppte sich als Deutsche. Zurück in Polen wurde er von seinen Eltern gefragt, ob er nach Deutschland umziehen wolle, und er stimmte begeistert zu. Ihm wurde eingeschärft, von den Fluchtplänen nichts zu verraten, da sonst seine Eltern, und insbesondere sein Vater als Person des öffentlichen Lebens, alles verlieren und ins Gefängnis gesperrt werden könnten. Mit diesem Geheimnis – und dieser Macht – lebte er ein Jahr.

Tomasz war 13 Jahre alt, als er und seine Eltern als deutsche Spätaussiedler nach Westdeutschland kamen. Auf dem Amt wurde sein polnischer Name »Tomasz« auf Wunsch seiner ehemals polnischen und nun deutschen Eltern in den deutschen Namen »Thomas« geändert. Bisher hatte er sich als Pole gesehen. Jetzt war er zum Deutschen gemacht worden. Spätaussiedler bekamen sofortige finanzielle Unterstützung. Die Familie lebte dennoch äußerst sparsam und sammelte anfangs noch Tannenzapfen zum Heizen. In der Wohnung seiner Großmutter fand er deutsche Magazine, in denen, nach polnischem Verständnis, fast ganz nackte Frauen abgebildet waren. Mit diesen Zeitschriften der Großmutter masturbierte er und erlebte seinen ersten Orgasmus.

Das Doppelleben als »braver Deutscher« und als »böser Pollacke«

Im ersten Schuljahr in Deutschland besuchte Thomas ein internationales Internat. Dort lernte er nicht nur akzentfrei die deutsche Sprache, sondern auch deutsche Erziehungsziele und -methoden kennen. Nachdem er zum Spaß kleinere Kinder gequält hatte, indem er Zahnpasta oder Juckpulver in ihre Pyjamahosen tat, reagierte der Lehrer ganz anders als Thomas erwartet hatte: Er schrie ihn nicht an und prügelte ihn nicht, wie er es vom Vater kannte, sondern nahm Thomas beiseite und redete mit ihm. Er machte ihm klar, dass Zahnpasta und Juckpulver wehtun und es daher kein Spaß sei. Dieser Lehrer bezeichnete sogar das, was in Polen normale Erziehungspraktiken gewesen waren, als Misshandlung.

Nach einem Jahr konnte der 14-jährige Thomas die Regelschule besuchen und wurde zum Einser-Schüler. Er wohnte wieder bei seinen Eltern, war brav und gehörte zu den Kleinsten in der Klasse – auch beim Vergleich der Penislänge. Mit 16 Jahren aber explodierten seine Hormone. Innerhalb eines halben Jahres wuchs er so stark, dass er einer der größten der Klasse wurde. Da er nun auch den größten Penis hatte, bekam er einen Spitznamen, der seine genitale Potenz pries. Und er konnte erstmals seinen Vater im Sport niederringen.

Er begann, ein Doppelleben zu führen. Vormittags war er der brave deutsche Schüler, »für den es ein Ereignis war, wenn der Ball in Nachbars Garten landete« – auch wenn das Interesse am Lernen nachgelassen hatte. Allerdings wagte niemand mehr, ihn anzurühren. Er schloss die Schule ab, durchlief erfolgreich eine Lehre als Metzger und arbeitete in seinem Beruf. Dabei traf er auf einen Chef, der in ihm nicht den Deutschen, sondern den verachteten und gehassten Polen sah.

In der Freizeit verkörperte er dann den »Pollacken«. Er wurde Mitglied einer polnischen Jugendgang, die Autos aufbrach, Radios oder auch das ganze Auto stahl, mit Drogen handelte, viel Alkohol trank und in zahlreiche Schlägereien verwickelt war. Zwar hatte Thomas Angst vor Schlägereien. Aber »*seine Angst zu zeigen kam nicht in Frage. Das wäre das Allerschlimmste gewesen!*«

Er war durchtrainiert, schlank, konnte aus dem Stand einen Salto machen und mit Flic Flacs über Autos springen. Wenn sie zu Prostituierten gingen zahlte er zwar wie die anderen, hatte aber nur zwei Mal Verkehr mit einer Frau, wobei sie den aktiven Part übernahm. Vermutlich standen die materiellen Zerstörungen durch die Gang *auch* für die Zerstörungen von Besitztümern in Polen durch die deutschen Besatzer. Folgendes, zutiefst erniedrigendes Verhalten der Gang hingegen reinszenierte wohl die Demütigung und intendierte Umwandlung der Polen in »Untermenschen« und die Rache dafür: Der Gangleader hatte eine deutsche Freundin, die ihr Abitur mit der Note Eins bestanden hatte. Statt sie für sich zu behalten, bot er diese junge Frau allen seinen Anhängern zum Sex an.

Erwachsenenalter

Thomas als Retter

Thomas war 21 Jahre alt als die jugoslawische Freundin des Gangleaders einmal mit Thomas alleine ausging. Sie bat ihn, sie zu retten. Thomas verliebte sich sofort in die kleine, hilfsbedürftige Frau. Er verteidigte sie und sich selbst gegen die Angriffe des Anführers und heiratete sie. Das war das Ende seiner Zugehörigkeit zur polnischen Gang. Und es war das Ende der *aktiven Inszenierung der Gewalt* aus der Kriegszeit. Stattdessen wurde er nun zum *Beschützer* einer Misshandelten und Wehrlosen. Er fand neue Freunde, die nicht mehr aus dem billigen Vorort kamen. Die meisten studierten, hatten wohlhabende Eltern, rauchten Haschisch und diskutierten über Politik. Thomas hatte seine Arbeit als Metzger und verdiente Geld.

Vaterschaft, Gewaltphantasien und Trennung

Sein größtes Vergnügen war es, mit seiner Frau intim zu sein. Er liebte ihre kleine *Vagina*, in die er gerne *Gegenstände reinsteckte*, welche seine Frau *wieder rausdrückte*. Ihr Geld für schöne Kleider zu geben, mit ihr auszugehen, zu trinken, zu essen, zu feiern, Drogen zu nehmen und einen Mercedes zu kaufen war wunderbar. Dann aber wurde seine Frau schwanger. Als seine Tochter da war, gehörte seine Frau nicht mehr ihm. Das Leben, das er so genossen hatte, war vorbei. Wenn die Mutter den Säugling stillte, lag Thomas daneben und masturbierte verzweifelt. Mit der Zeit hatte er immer öfter die Vorstellung, sein Kind in eine Wurstmaschine zu werfen.

Bei der Arbeit als Metzger verspannte er sich immer mehr, bis er schließlich berufsunfähig wurde wegen Kreuzschmerzen. Er erhielt eine Umschulung und fand eine gut bezahlte Stellung in einer Versicherung. Dort arbeitete er als eine Art firmeninterner Polizist. Der Berufswechsel half jedoch nicht. Als seine Tochter drei Jahre alt war, trennte Thomas sich von Frau und Kind, »weil er frei sein wollte, um ungehindert noch mehr Drogen zu konsumieren«. Aber der Wunsch, das Kind vor der von Thomas ausgehenden Gefahr zu schützen, hatte unbewusst eine noch größere Rolle gespielt.

Thomas lebte nun in einer Einzimmersozialwohnung. Die Einrichtung bestand lange Zeit nur aus einer Matratze und einem Fernseher mit Videorecorder. Er nahm sein Doppelleben wieder auf. Acht Stunden am Tag war er in der Versicherung als »Polizist« tätig. Die übrigen Stunden des Tages ging er ungehindert seinen vielfältigen Süchten nach und finanzierte diese schließlich auch mit Drogenhandel. Vor der Arbeit *musste* er masturbieren. Und nach der Arbeit konnte er es gar nicht erwarten, zu Hause zu sein und sein Glied, und damit sich, zu halten und zu stimulieren. Bei der Masturbation rauchte er *Zigaretten*, eventuell auch Haschisch, trank *Wodka* und schaute *Pornovideos* an, in denen der Anus defäzierender Frauen oder viele Vaginas zu sehen waren. Unter Kokain masturbierte er einmal fast 14 Stunden – auch dann noch als die Haut an seinem Glied ganz wund war. Seine »Freunde« waren Drogenabhängige, denen er Stoff besorgte. Ab und zu besuchte er seine Tochter, aber nur, um mit seiner geschiedenen Frau Sex zu haben. Sie gab ihm, was er wollte. Und er gab ihr, was sie scheinbar wollte: zusätzliches Geld.

Ende des Drogenkonsums

Nach vier Jahren bekam er einen Schock als er mitbekam, dass die Polizei in seinem unmittelbaren Umfeld nach einem Drogendealer fahndete. Er hatte extreme Angst vor dem Gefängnis. Sofort warf er das gesamte Rauschgift in die Toilette, hörte mit dem Drogenverkauf und auch mit dem Konsum auf. Seine Mutter bezahlte seine Drogenschulden und verlangte seinen schriftlichen Verzicht auf das mütterliche Erbe. Offenbar um Abstand zur Polizei, seinen »Freunden« und den Drogen zu schaffen, nahm ihn seine Mutter mit auf einen »Urlaub« in Marokko. Dort geschahen drei Merkwürdigkeiten.

1. Er ging in einem dunklen Park hinter seiner Mutter, als diese sich plötzlich umdrehte, ihm ins Gesicht schlug und schrie, warum er sie angegriffen habe. Sie hatte einen Schlag gegen ihren Nacken gespürt – er aber hatte nichts getan. Die zweite Attacke richtete sich gegen seinen eigenen Nacken. Später konnte er die Wunden sehen, die eine große Eule auf seinem Nacken hinterlassen habe. »Das war eindeutig der Angriff der Seele eines toten Menschen gewesen!«, sagte er mir.
2. Ein türkischer Offizier, der als Animateur in der Ferienanlage arbeitete, gab Thomas das Gefühl, in ihn verliebt zu sein. Zum ersten Mal seit Jahren hörte

Thomas wieder Worte der Liebe und Bewunderung. Sie tranken viel Alkohol, verbrachten die Nacht zusammen und Thomas ließ sich von dem Offizier anal penetrieren. Aber anders als in seinen sexuellen Phantasien war die Penetration schmerzhaft.

3. Thomas nahm an einer extrem suggestiven »Therapie« teil. Augen und Ohren waren bedeckt, sodass er ausschließlich die sich ständig wiederholenden Botschaften aus den Kopfhörern hören und über die Augenbinde vermittelte Lichtblitze sehen konnte. Ihm wurde gesagt, dass um ihn herum »Lichtplätze« existierten, mit denen er in Verbindung stünde und die wiederum mit Gott in Verbindung stünden. Auf diese Weise wurde ihm suggeriert, dass er an der göttlichen Allmacht teilhabe. Dies gab ihm vorübergehend die Stärke, ohne jede medizinische Hilfe mit Drogen aufzuhören und ein neues Leben zu beginnen. Allerdings »habe er seitdem keine Gefühle mehr gespürt«.

Nach diesem Urlaub fühlte Thomas sich wie neu geboren. In der Versicherung traf er eine junge sportliche Polin namens Jennifer, die dort in ihren Semesterferien putzte. Sie verliebten sich ineinander. Beim Verkehr umschlang sie ihn leidenschaftlich mit ihrem ganzen Körper. Nachdem Jennifer ihr Ingenieurstudium in Polen abgeschlossen hatte, heirateten die beiden. Thomas konnte sein unglaubliches Glück nicht fassen. Er begann zu befürchten, dass Jennifer ihn nur dazu missbrauche, um aus Polen ausreisen zu können. (Damals war Polen gerade Mitglied der Europäischen Union geworden, aber es gab noch keine Freizügigkeit.)

Kurz vor Jennifers Übersiedlung nach Deutschland gab er impulsiv seine gut bezahlte Arbeit in der Versicherung auf, lebte vom Arbeitslosengeld und blieb im Wesentlichen 24 Stunden am Tag zu Hause. Als Jennifer in seine Einzimmerwohnung eingezogen war, teilte er ihr im Streit mit, dass die Vagina seiner ersten Frau kleiner und damit auch viel schöner sei als Jennifers Vagina.

Er trank viel Alkohol und prügelte Jennifer. Sie verfluchte ihn deshalb mit dem biblischen Spruch »Deine Hand soll verdorren!«[1] (ein biblischer Fluch für den, der seine Herkunft vergisst). Jennifer war neu in Deutschland und hatte hier weder Freunde noch Familie. So flüchtete sie zu Thomas Eltern und erzählte ihnen, was geschehen war. Thomas – und auch seine Eltern – waren über sein Verhalten schockiert. Er hatte Angst verrückt zu werden und suchte mich mit dem Wunsch auf, seine Frau nie wieder zu schlagen.

---

[1] Psalm 137, 5–9: »[5]Wenn ich dich je vergesse, Jerusalem, dann soll mir die rechte Hand verdorren. [6]Die Zunge soll mir am Gaumen kleben, wenn ich an dich nicht mehr denke, wenn ich Jerusalem nicht zu meiner höchsten Freude erhebe. [7]Herr, vergiss den Söhnen Edoms nicht den Tag von Jerusalem; sie sagten: ›Reißt nieder, bis auf den Grund reißt es nieder!‹ [8]Tochter Babel, du Zerstörerin! Wohl dem, der dir heimzahlt, was du uns getan hast! [9]Wohl dem, der deine Kinder packt und sie am Felsen zerschmettert!«

Vorgespräche, Symptomatik und deren Bedeutung

Ich werde mich bei der Darstellung der Vorgespräche mit Thomas, seiner Symptome und seiner Therapie auf den Bereich konzentrieren, der geprägt war von der Verknüpfung zwischen den historisch bedingten Traumata seiner Vorfahren und deren Niederschlag in seiner individuellen Entwicklung und seiner Identität, welche zu der Verwirrung und Fragmentierung führte, mit der er zu mir kam. Die im Folgenden aufgeführten Symptome teilte er mir teils in den Vorgesprächen, zum Teil aber auch erst im Verlauf der folgenden zwei Jahre mit.

Erste Gespräche und Symptome

Meine Praxis liegt an einer recht befahrenen Straße mit dem Namen *Ehrwalderstraße*. Direkt vor der Praxis gibt es ein Schnellrestaurant, dessen Fleischgerichte in heißem Fett frittiert werden. Der *Geruch von erhitztem Fett* weht manchmal zu mir hinüber. Der Weg zur Praxis führt durch einen längeren, eher *dunklen Gang*, der sich zu einem alten »versteckten« *Garten* mit großen Bäumen, Büschen und Blumen öffnet. In diesem *waldartigen* Garten steht ein kleines, *altmodisches Haus*, in dem ich meine Praxis habe. Am Gartentor befindet sich die Klingel. Üblicherweise läuten die Patienten dort und warten, bis ich ihnen öffne.

Als ich auf Thomas Klingeln hin die Türe öffnete, kam er »von der falschen Seite«, vom privaten Gartenbereich, den Patienten üblicherweise nie betreten.

Thomas war ein großer, schlanker, athletisch wirkender Mann Mitte 30. Er trug ein weißes T-Shirt, auf dem ein großer Totenkopf über gekreuzten Knochen ins Auge sprang. Er war überaus höflich, geradezu unterwürfig, und betonte, wie rücksichtsvoll es von ihm gewesen sei, mich nicht vorzeitig zu stören. Stattdessen habe er sich schon mal umgeschaut. Er habe *zwei streitende Raben* in meinem Garten beobachtet. Wenn die wüssten, wie weich und verletzlich Menschen sind, wären sie gefährlich. Mein Haus erinnerte ihn an *etwas aus längst vergangenen Zeiten*. Er bemerkte ein tönernes *Schwein* auf meinem Tisch. Das machte ihm Angst, da *Schweine* primitiv seien. Sie *fressen und werden gefressen*, nachdem sie langsam *gegrillt* worden sind. Zwei parallel zueinander auf einem Schränkchen liegende getrocknete *Bohnenschoten* bemerkte er ebenfalls sofort, erzählte mir aber erst nach zwei Jahren von ihnen und deren Bedeutung (siehe »Dämon und Hekti«). Er betonte, dass ihm der Name der Straße, in dem *Wald* und *Ehre* enthalten sind, das Kommen schwermache *und* dass die Praxis, die in so einer Straße liegt, für ihn vorherbestimmt sei. Erst über lange Zeit hinweg erfuhr ich die Bedeutung, welche die waldartige Umgebung meiner Praxis und der Straßenname für ihn hatten.

Zu meinem Erstaunen klagte er zuallererst darüber, dass er mit »seinem Feind, dem Staubsauger« nicht zurechtkäme. Der zerkratze ihm die Wände und er könne ihn nie richtig verstauen.

Erst danach berichtete er davon, dass er seit zwei Monaten in zweiter Ehe mit Jennifer, einer Polin, verheiratet sei, die er in dieser Zeit schon drei Mal unter Alkoholeinfluss geschlagen habe. Dabei habe er gelacht. An die ersten zwei Male könne er sich nicht erinnern. Das dritte Mal aber habe sie zurückgeschlagen und sich gewehrt. Mit Jennifers Hilfe habe er sich dann erinnern können: Er habe auf einer Leiter gestanden, um CDs in ein Regal einzuräumen. Als ihm eine CD herunterfiel hatte er *gedacht*, sie solle die CD auffangen. Als sie das nicht tat, habe er vor Wut gezittert und besinnungslos auf sie eingeschlagen. Später sagte er, dass er Angst gehabt habe, dass er sie irgendwann totgeschlagen hätte, falls sie sich nicht gewehrt hätte. Er war über sich selbst erschrocken und wollte Hilfe von mir, um das nie wieder zu tun.

Totenkopf

Als ich Thomas auf den *Totenkopf* auf seinem T-Shirt ansprach, ratterte er rasend schnell acht Bedeutungen herunter, die ihm zu »Totenkopf« einfielen und die über die Jahre hinweg in der Therapie eine Rolle spielten:

1. In Polen werde der Totenkopf als Zeichen für Lebensgefahr durch Elektrizität verwendet.
2. Piraten hätten Totenköpfe auf ihren Flaggen (Hinweis auf kindliches Spiel).
3. Der Totenkopf sei das Zeichen der SS in Polen gewesen.
4. Die Totenkopf-SS betrieb das KZ Auschwitz.
5. Auf den Behältern des Gases Zyklon B waren Totenköpfe aufgedruckt.
6. Vom seinem siebten bis zu seinem zehnten Lebensjahr – seit dem Einzug seines Vaters – habe er ständig Totenköpfe und das SS-Zeichen gekritzelt.
7. Auf seinem Handy hatte er drei Jahre lang einen Totenkopf in Kombination mit seinen Initialen als sein Logo.
8. Der Diebstahl des Kopfes des mit fünf Jahren verstorbenen Kindes durch polnische Grabräuber (ca. 1935).

Ehre

Der Wahlspruch der SS lautete: »Meine Ehre heißt Treue.«

Der Begriff der »Ehre« war fest mit der SS verbunden, insbesondere mit den Totenkopfverbänden. Die Totenkopf-SS war der Vollstrecker der Vernichtungspolitik, einschließlich der Verwaltung und Bewachung der Konzentrations- und Vernichtungslager.

Wald als Ort von Geistern unbeerdigter Toter

»Im Wald begegnet man den *Geistern nicht ordnungsgemäß beerdigter Toter*, welche die Lebenden in Angst und Schrecken versetzen.«

Dieses Thema ist in der nationalen wie in der Familiengeschichte von Thomas vielfach präsent: die geschändete Kinderleiche; die im Krieg zum »Fettfleck« oder zu »Gulasch« gewordenen Freunde und Verwandte der Großmutter; die zur Schau gestellte Leiche des polnischen Großvaters; und die vielen Toten von Auschwitz, Treblinka und anderen Konzentrationslagern.

Wald und Gefahr

Aus den Wäldern kamen *die polnischen Partisanen, welche die Deutschen in Angst und Schrecken versetzten.*

Die Angst vor dem Wald wurde von der deutschen Großmutter über ihre Tochter auf ihren Enkelsohn übertragen. Dies zeigt sich z.B. in Thomas angstvoller Überzeugung als Elfjähriger, im Wald verfolgt zu werden und jederzeit mit einem Angriff rechnen zu müssen. Und in der als Folie à deux anmutenden Erzählung über den Angriff einer Eule auf seine Mutter und ihn in Marokko.

Wald und Befreiungskampf

In den Wäldern lebte Thomas' *Vater als Partisan und Freiheitskämpfer.*

Mit elf Jahren, in den Frühstadien der Adoleszenz, fand Thomas Objekte im Wald, welche fixer Bestandteil seiner Masturbationsphantasien wurden: Wodkaflaschen, Zigaretten und einen Frauenpelzmantel; Letzterer wurde später durch Videos von *Vaginas* (s. S. 236) und dem Anus *defäzierender Frauen* (s. S. 238) ersetzt. Über diese Masturbationsphantasie identifizierte er sich mit seinem von ihm als Kriegsheld angesehenen Vater. Masturbation in Verbindung mit »Partisanenutensilien« wurde zum Allheil- und Suchtmittel. Mit zu dem Wohlgefühl trug bei, dass er sich so – durch Externalisation – vom »Kältedämon« befreite und sich die Illusion einer »Mutter« schuf, die ihn bzw. sein Produkt wertschätzte.

Invasion, Naziideologie und Krematorien in Übertragung und Gegenübertragung

Thomas Erforschung meines waldartigen Gartens wurde von mir unmittelbar als Verletzung meines Territoriums, sozusagen als *Invasion*, erlebt. Ebenfalls sofort, noch bevor er meine Praxis das erste Mal betreten hatte, machte er mir durch die in mir ausgelöste Gegenübertragung auf seine servile Haltung, die er mit seinen ersten Worten noch unterstrich, die Abscheu eines »*Herrenmenschen*« gegenüber einem »*Untermenschen*« affektiv zugänglich. So waren die Themen der Besatzung Polens, der SS-Herrschaft, des Terrors und des Widerstandskampfes schon vorhanden, bevor Thomas meine Praxis überhaupt betreten hatte. Weniger spürbar, in seinen ersten Worten aber gleichwohl vorhanden war die Notwendigkeit, bei so viel »Wald« und »Ehre«, in Kombination mit dem Geruch nach verbranntem Fett vom Schnellrestaurant, welcher ihn an die Beschreibungen der Umgebung der Vernichtungslager erinnerte (s. S. 248 »Der Gestank von Auschwitz auf der Couch«), diese Umgebung zu erkunden. Er »musste« klären, ob er in diesem »Wald« Sicherheit findet oder ob hier Menschen verbrannt werden.

Die äußere Realität als Beschleuniger der Übertragung

Die Realität, dass er auf dem Weg zur Praxis »durch einen dunklen Gang« gehen muss, der abgelöst wird von einem relativ umschlossenen »schönen Raum«, dem Garten, sowie die Realität, dass das Haus, in dem sich die Praxis befindet, tatsächlich etwas »Übriggebliebenes aus einer anderen Zeit« ist, hat die blitzartige Übertragung, einen »Zeitkollaps«, noch gefördert. »Garten« und »Gang« riefen die inneren Bilder von »*Kugeln*« *und* »*Dunklen Gängen*« hervor (s. S. 240), das »übriggebliebene Haus« beschwor die historische Vergangenheit herauf.

Weitere Symptome

Vaginas

Sein Verhältnis zu Vaginas war vielschichtig. Die Betrachtung von Pornovideos mit Vaginas war – neben der Betrachtung von Videos defäzierender Frauen – über Jahre hinweg ein »Muss« für ihn. Dafür rannte er fast nach Hause, stellte das Video an, riss sich die Hose runter. Dann masturbierte er hektisch, trank Wodka dazu und rauchte.

Wärmender Ofen

Spät in der Analyse beschrieb er Vaginas als warm, weich und verletzlich. Dies ähnelt einer Beschreibung von sich als sehr kleinem Kind, als er mit dem Hund gemeinsam vor dem Küchenofen der Oma kuschelte. Dies ist eine seiner sehr wenigen guten

Erinnerungen aus den ersten drei Jahren. Darin kommt ein Erleben der Vagina als »*gute Mutter*« zum Vorschein, welches mit einem »guten«, aber sehr gefährdeten Selbstbild verbunden ist.

Fort-da-Spiel: Einübung in Objektkonstanz und Affektneutralisierung

In der ersten Ehe liebte er die Vagina seiner Frau. Er konnte etwas reinschieben, was seine Frau wieder rausdrückte. Der kleine Tomasz hatte die ersten drei Jahre als bemutternde Person seine vielfach traumatisierte und ihn traumatisierende Großmutter (s. S. 225 »Segen, Fluch, Teufel«). Darüber hinaus hat auch die Trennung von seiner Mutter in den ersten drei Jahren zu einer gestörten Objektkonstanz und einer unzureichenden Affektneutralisierung beigetragen, welche Thomas nun in seiner ersten Ehe mit diesem Fort-da-Spiel (Freud, 1920g) unbewusst entwickeln wollte. Indem er Objekte verschwinden ließ, »zerstörte« er sie bzw. ließ er seine Frau die Objekte »zerstören«. Wenn die Objekte wieder sichtbar wurden, wurde seine und die Zerstörung seiner Frau wieder aufgehoben und damit quasi der zerstörende Affekt neutralisiert.

Krematorien

Als seine erste Frau eine Tochter gebar war der Versuch, seine Affekte und Ängste zu zähmen und Objektkonstanz zu entwickeln, für Thomas gescheitert. Seine Frau gehörte nicht mehr ihm alleine: Sie war »*fort*«. Nur der aggressive Teil des *Fort-da-Spiels* war übrig geblieben: die Vagina als Ort der Zerstörung. Er verknüpfte nun unbewusst die Vagina mit den Krematorien, für die auch der Küchenofen der Oma und die riesigen Industrieöfen aus seinen *ersten Erinnerungen* standen, in deren offenen runden Türen die Gluthitze zu sehen und noch in 40 Metern Entfernung zu spüren war. All das sind Orte, in die man Objekte reinschieben kann, die nie wieder herauskommen.

Um ein Gegengewicht gegen die totale Zerstörung der Beziehung zu einem guten Objekt zu setzen, *musste* er onanieren, wenn seine Frau das Baby stillte. So wurde *er bzw. seine Hand* zum »guten« Objekt für sich selbst und sein Glied zu dem Kind, das stimuliert wird, um nicht in einer objektlosen Welt verloren zu gehen.

In der Phantasie, sein Kind in eine Wurstmaschine (s. S. 225 »Biografie«) zu werfen und es damit endgültig loszuwerden, wird die Vagina zur »Wurstmaschine«. Die »zerstörende Vagina« wird damit zu einem hilfreichen Objekt, das ihm sein gutes Objekt, seine Frau, wiedergibt. Diese Auflösung der Trennung zwischen zerstörendem und hilfreichem Objekt führte zu einer jahrelangen Aktivierung des psychotischen Kerns.

Die Vagina, noch dazu eine große, postnatale, blieb ein extrem gefährlicher Ort, an dem er sich »verbrannte« (real: Hautentzündung) und mit dem Thomas nicht direkt in Berührung kommen wollte. Sicherheit hingegen fand er beim Betrachten von Vaginas »hinter Glas«: in Videos oder in Peepshows.

Das »Böse« in Thomas' Selbstrepräsentanz

Kot und Kältedämon

Ich erfuhr erst zwei Jahre nach den ersten Gesprächen, dass er vor jeder Stunde onanierte und mir die ungewaschene Hand gab; dass er *wiederkehrende Toilettenträume* (s. S. 243 »Therapie«) und einen Defäkationszwang hatte. Was aber von Anfang an verbal da war, waren Darstellungen von sich als »schmutzig« im übertragenen Sinn.

Das frühe Körpererleben des erzwungenen stundenlange Topfsitzens im kalten Winter (der Küchenofen war *nicht immer* stark beheizt) und die frühe Beziehungserfahrung, noch vor der Differenzierung zwischen Selbst und Objekt, mit der wartenden und den Zwang ausübenden Großmutter wurden für Thomas zum »Kältedämon«. Immer wieder provozierte Thomas Streit mit seiner Frau, unter anderem auch wenn sie scheinbar »kalt« zu ihm gewesen war. Dann ging er in ein Hotel, betrank sich, masturbierte und schaute Pornovideos an (s. S. 240 »Kugeln« und »Dunkle Gänge«).

Die Betrachtung defäzierender Frauen half ihm, sein eigenes quälendes psychophysisches Erleben auf die Frauen zu externalisieren. Nicht der zu sein, der in der Kälte defäzieren muss, sondern der kaltblütige Betrachter war lustvoll. In der Phantasie wurde *er* zum quälenden Kältedämon statt vom Kältedämon gequält zu werden.

Seine Lust, Frauen zu betrachten, die defäzieren und sich dann mit dem eigenen Kot einschmieren, ist aber auch im Zusammenhang zu sehen mit seiner nur zum Teil bewussten Einschätzung, er sei »die Scheiße im Leben seiner Mutter«, sowie mit der unbewussten Gleichsetzung von Kot und Kind. »Wenn seine Mutter/Großmutter Kot liebte und sich daher mit Kot einschmierte, dann liebte sie auch Tomasz.« Kot zu lieben hat er bei seiner Großmutter gelernt, die ihn »liebte«, wenn er auf dem Topf etwas produzierte (s. S. 226 »Schokoladenkügelchen«).

»Dämon« als Großmutters deponiertes Feindbild

Das Bild des gegen Gott gerichteten Bösen war für die Großmutter verbunden mit amoralischem Verhalten, Atheismus, Kommunismus, mit der polnischen Großgruppe, der Roten Armee und unbeerdigten Toten. All dies brachte sie mit Tomasz' Vater

Jan in Zusammenhang, den sie lange Zeit offen ablehnte. Diese inneren Bilder des Dämonischen, Bösen *deponierte* sie, größtenteils unbewusst, schon ab seinem ersten Lebensjahr in die sich entwickelnde Selbstrepräsentanz von Jans Sohn.

»Deponierung: Der Prozess, durch welchen Erwachsene ihre eigenen traumatisierten Selbstbilder – manchmal im Verbund mit internalisierten Bildern von anderen, die eine Rolle in dem Trauma spielten – in das sich entwickelnde Selbst von Kindern in ihrer Obhut pressen [...]. Es handelt sich um eine besondere Art von stabiler projektiver Identifikation, die ein Leben lang anhält und eine Rolle bei der transgenerationellen Weitergabe von Traumata spielt. Einem Kind, welches ein Reservoir von Deponierung ist, wurde ein psychisches ›Gen‹ gegeben, das seine Selbstrepräsentanz – und damit sein Identitätsgefühl – beeinflusst« (Volkan, 2012, S. 500).

Ausdruck der Deponierung durch die Großmutter war ihre Verknüpfung des zerbrochenen Kinderwagens mit dem katholischen Segen und ihre Verknüpfung des Abschneidens der Setzlinge mit dem Abschlachten von Menschen. Die Verzerrung der Wahrnehmung seiner Triebderivate wirkte von außen auf das Kind ein. Tomasz konnte sich nicht damit auseinandersetzen und hatte nicht die Möglichkeit, sich schließlich damit zu identifizieren – oder auch nicht. Die in ihm deponierten sadistischen Objektbilder verknüpften sich bleibend mit seinen Selbstbildern aus verschiedenen Entwicklungsphasen und wurden zum Teil seiner Selbstrepräsentanz. Sein daraus stammendes grundlegendes Gefühl, das Böse in sich zu haben, führte zu einer extrem bösartigen mentalen Organisation, welche er »Dämon« nannte, und einer etwas gutartigeren, libidinöser besetzten mentalen Organisation, die er als »Hekti« bezeichnete.

Zertretene Orange – Phantasie über die Zerstörung der Mutter in den ersten drei Jahren

Ein weiterer Grund für Thomas Selbsterleben als »böse« war seine unbewusste Phantasie, *er* sei es gewesen, der durch seine Wut auf seine Mutter diese in den ersten drei Jahren vertrieben bzw. zerstört habe und sie ihm daher nichts Gutes mehr geben könne (Prinzip der *Nachträglichkeit*). Dies kommt in der oft von ihm erwähnten Deckerinnerung zum Ausdruck, in der er als Dreijähriger die Orange zu Boden wirft und zerquetscht (s. S. 226 »Der abwesende Vater«). Diese Wut tauchte wieder auf, als er in der Analyse vor der Entscheidung stand, auf die »Kugeln« zu verzichten und sich auf die Therapeutin zu verlassen.

Totenkopf und SS: Traumata des Vaters, Angstinduktion durch den Vater und ödipale Konkurrenz

Dass Tomasz nach dem Einzug seines Vaters jahrelang den Totenkopf mit darunter gekreuzten Knochen und die SS-Runen, das Abzeichen der Täter, vielhundertfach zeichnete, zeigt die große Spannung, die Jan in die Familie mitbrachte. Er war unbeherrscht und prügelte Tomasz – und die Mutter verteidigte Tomasz nie. Niemals sagte Tomasz, dass sein Vater ihm Angst gemacht habe – denn Angst zu zeigen war das Schlimmste. In diesem Punkt war er klar identifiziert mit seinem Heldenvater. Erst als Tomasz in der Therapie verstand, dass beim Erleiden eines Traumas auch das Bild des Täters zum Teil der Person wird und dieses Täterbild bei der transgenerationellen Weitergabe des Traumas in das Selbstbild der nachfolgenden Generation deponiert und zum Teil des Selbstbilds wird, machte das Verhältnis zwischen ihm und seinem Vater Sinn.

Neben dieser traumabedingten Verwendung vom Totenkopf beim Einzug des Vaters gab es auch einen ödipalen Grund, Totenkopf und SS-Zeichen zu verwenden. In der ödipalen Phase hatte Tomasz gegenüber seinem Vater immer wieder einen ödipalen Triumph. Letztlich verließ immer Jan das Haus und Tomasz hatte die Mutter wieder für sich. Als aber Jan einzog, war er unbesiegbar. So griff Tomasz auf das Zeichen der Totenkopf-SS zurück, um sich unbewusst mit dem so übermächtigen Gegner des Vaters zu identifizieren, vor dem der Vater Angst gehabt hatte, auch wenn er das nie zugegeben hatte.

Die *frühkindliche* Festlegung seiner ethnischen Zugehörigkeit zu den Deutschen durch den Großvater (»Du kleiner Preiß«) hatte Thomas unbewusst den Weg gebahnt, sich seines Konkurrenten um die Liebe der Mutter durch die Identifikation mit den Deutschen = Nazis zu entledigen.

Die ödipal-aggressive Identifikation mit der SS führte aber auch zu einem Strafbedürfnis. Denn wenn er – als SS – seinen Vater zerstören würde, hätte er ja keinen Vater mehr. Daher unterwarf er sich seinem Vater und verwendete im »Kugelzustand« oft einen Dildo, um die Identifikation mit dem Heldenvater zu stärken.

»Kugeln« und »Dunkle Gänge«

Mit der Zeit erfuhr ich, dass sich in seinem aktuellen Leben alles um Onanie drehte, in Kombination mit Wodka, Zigaretten (evt. auch Haschisch) und pornografischen Videos, welche Vaginas oder den Anus defäzierender Frauen zeigten. Später bezeichnete er den dadurch ereichten Zustand als »Kugeln«. In diesen Zuständen fühlte er sich lebendig, geborgen und sicher. Er glaubte, nie darauf verzichten zu können.

Die Masturbation gab ihm durch die sexuelle Erregung ein Gefühl der Lebendigkeit. Das hatte jedoch kaum etwas mit der Sexualität eines Erwachsenen zu tun, sondern eher mit der Liebe einer Mutter zu ihrem Kind und der daraus entstehenden Lebendigkeit.

Eine der Funktionen war die, sich mit seinem *Partisanenvater* (s. S. 235 »Wald und Befreiungskampf«) zu identifizieren. Dazu dienten die Gegenstände, welche er als Elfjähriger im Wald gefunden und die er fest in seine Masturbationsphantasien eingebaut hatte: Wodka, Zigaretten und der Pelzmantel einer Frau, der für die Vulva/Vagina stand, die er tausendfach in den Videos suchte.

Eine andere Funktion war die Erschaffung dessen, was Volkan (1979) als »Glaskugelphantasie« beschrieb: die Vorstellung, alleine in einem Königreich zu leben; und die Vorstellung, das einzige Kind im Bauch der Mutter zu sein und all ihre Liebe auf sich zu vereinen. Dazu diente auch das Betrachten defäzierender Frauen, die sich mit Kot einreiben (s. S. 238 »Kot«).

Die Zeiten außerhalb der Kugeln bezeichnete er als »Dunkle Gänge«. Diese dunklen Gänge waren unerträglich und sein einziges Bestreben war es, wieder in eine Kugel zu kommen. Die Dunkelheit stand für Zeiten der Leere und Objektlosigkeit. Erst als er seiner Analytikerin als therapeutischem Objekt vertrauen konnte, waren die »Dunklen Gänge« weniger beängstigend, sodass er auf die »Kugeln« verzichten konnte.

Eine weitere Bedeutung der »Dunklen Gänge« war der Flur im Wohnblock der Großeltern, auf dem die verhasste, schmutzige Gemeinschaftstoilette lag, die zum Symbol aller Verluste des relativ guten Lebens vor dem Kriegsende geworden war.

Das Verhältnis zwischen Kugeln und Gängen machte Thomas klar anhand des Atomiums in Brüssel, welches er plastisch beschrieb.

»Dämon« und »Hekti«

Wie in dem »Dämon als Großmutters deponiertes Feindbild« betitelten Abschnitt beschrieben, war Thomas mit der malignen mentalen Organisation beschäftigt, die er »Dämon« nannte. Er stellte sich den Dämon mit zwei Hörnern vor. Beängstigend war für ihn von der ersten Sitzung an, dass auf meinem Schrank zwei getrocknete Bohnenschoten lagen, die für ihn gleichbedeutend waren mit der (protosymbolischen) *Anwesenheit* des Dämons (siehe auch Volkan et al., 2002; Werner & Kaplan, 1963). Somit war der Dämon, der Inbegriff des Bösen, von Anfang an im Behandlungsraum und bedrohte ihn – oder seine Therapeutin – kontinuierlich. Er konnte mir das aber erst nach zwei Jahren sagen, als sie für ihn einfach nur noch Bohnenschoten waren. Diese Mitteilung war erst möglich geworden, nachdem er angefangen hatte, mit mir über *Mengele* und *Auschwitz* zu sprechen.

Allmacht und Sadismus des Dämons machten ihm extreme Angst. Er erlebte sich als eins mit dem Dämon, wenn er ihn zur Kenntnis nahm und von ihm sprach. Dann beherrschte sein psychotischer Kern sein Leben. Thomas erlebte das so, »dass er dann tun musste, was der Dämon von ihm verlangte«. Wenn es ihm gelang, eine vorübergehende partielle Differenzierung zwischen seiner Selbstrepräsentanz und dem Dämon herzustellen, konnte er den Dämon »ignorieren«, d.h. abspalten. Der Dämon-Teil seiner Selbstvorstellung war dann nicht mehr dominant. Ganz aufgeben wollte er ihn aber lange Zeit nicht. Sonst wäre er zu einem Niemand geworden.

Das im Dämon enthaltene »Böse« waren nicht nur eigene, nicht neutralisierte sadistische Triebderivate, die unter anderem aus dem Verlust der frühen Mutter und der in winterlicher Kälte stattfindenden »Sauberkeitserziehung« stammten. Hinzu kamen die Bilder der Traumata seiner Vorfahren, welche sich seiner deutschen Großmutter und seinem polnischen Vater unauslöschlich und unverdaubar eingeprägt hatten und welche ihm als binationales Erbe weitergegeben worden waren (s. S. 221 »Polnische und Deutsche Familiengeschichte«). Personifiziert war der Dämon in Mengele, dem KZ-Arzt, der die grausamen medizinischen Menschenversuche in Auschwitz durchführte (s. S. 247 »Der Wendepunkt: Der Regisseur zerstückelt Mengele«).

Ein Teil des Dämons trug Züge der Menschenverachtung der sich als »Herrenrasse« aufspielenden Nazis gegenüber den Polen, den »Untermenschen«. Wenn Thomas in diesem Modus war, machte er sich über jegliche Schwächen und Gebrechen seiner Mitmenschen gnadenlos lustig und zeigte ihnen seine Verachtung. Diese Verachtung wurde kaschiert durch seine übergroße »Freundlichkeit« und Unterwürfigkeit, die schon sichtbar geworden war, noch bevor er meine Praxis betreten hatte (s. S. 233 »Erste Gespräche«). Mir gegenüber verhielt er sich bei der ersten Begrüßung so servil, als inkarniere er den »Untermenschen« im Kontakt mit einem »Herrenmenschen«.

Eine zweite mentale Organisation nannte er »Hekti«. Sie versprach Thomas die sofortige Befriedigung aller libidinösen Begierden, seien sie oral, anal oder genital, ohne jegliche Rücksicht auf die Belange anderer Menschen. Von der Atmosphäre her entsprach Hekti im transgenerationellen Anteil eher *den polnischen Freiheitskämpfern in den Wäldern*, die sich gegen eine Art malignes Über-Ich/Totenkopf-SS zur Wehr setzen. In der Behandlung setzte sich Thomas mithilfe von Hekti gegen mich, die Deutsche, zur Wehr, indem er »aalglatt, widerlich, hektisch und ein Schuft« war (s. S. 244 »Therapie/Hekti«). Es dauerte zwei Jahre nach unserem ersten Vorgespräch, bis er ausreichend Vertrauen in meine Stabilität und Gutartigkeit entwickelt hatte, um auf die mit Hekti verknüpfte »Instant-Milch«, die perversen »Kugeln«, zu verzichten.

Die mentalen Organisationen »Dämon« und »Hekti« stellten den schwierigen Versuch dar, im psychotischen Kern eine Differenzierung der libidinösen und aggressiven Triebe und deren Derivate herzustellen. Diese ineinanderfließenden mentalen Organisationen trugen viel zu seinem desorganisierten Leben, zum Drogenkonsum, dem Zwang zur Masturbation und seiner jahrelangen Isolation bei.

Therapie

Sechs Monate Bedenkzeit

Thomas brauchte sechs Monate, um sich für eine Psychoanalyse zu entscheiden. In dieser Zeit kam er einmal pro Woche. Mir war klar, dass er keine kohärente Identität hatte und sein Doppelleben (Schule/Gang, Drogenhandel und -elend/firmeninterner Polizist) Ausdruck einer zerrissenen deutsch-polnischen Identität war. Die Ehe seiner Eltern sei die »Fortsetzung des Zweiten Weltkriegs« gewesen. Aus seiner eigenen Ehe gab er mir weitere brutale Details der Gewalt gegen seine polnische Frau. In dieser Zeit versuchte er, die Idealisierung Polens und des polnischen Essens durch seinen Vater abzumildern: Zwar seien die polnischen Rouladen gut, aber nicht die polnische Soße. Er hoffte offenbar, auf der Ebene des Essens zu einer zusammengesetzten, »binationalen« Identität zu kommen. Andererseits beklagte er, dass durch die Öffnung des Eisernen Vorhanges – d.h. durch das Ende der strikten Separation – »die polnische Wurst« schlechter geworden sei. Als er bei einer Bergwanderung an einer Kapelle eine Gedenktafel entdeckte, auf der sich die Oberschlesier bei den Bayerischen Waffenbrüdern für ihren Beistand im Kampf gegen die Polen 1921 bedankten, verzweifelte er an der immer noch vorhandenen Feindschaft der Deutschen gegen die Polen.

Er ließ mich wissen, dass sich sein Leben um Masturbation, Pornografie und Zigaretten drehte. Dabei wollte er auf keinen Fall gestört werden. Sexuellen Verkehr mit seiner Frau mied er. Als er nach etwa einem halben Jahr sein Interesse an Pornografie mit seiner Frau teilte, war er auch bereit, sich mit mir auf eine (modifizierte) Psychoanalyse mit drei Stunden pro Woche auf der Couch einzulassen. Für seine Frau und sich kaufte er damals Sexspielzeug.

Auf der Couch

So fragmentiert und verwirrend wie seine Identität waren auch die Sitzungen. Er sprach in zerbrochenen Sätzen, denen ich unmöglich folgen konnte. Versuche meinerseits, an einem Thema etwas länger zu bleiben um zu verstehen, wovon er sprach, scheiterten meistens. Es war, als werfe er eine Hand voll Kieselsteine in die Luft, welche dann auf mich einprasselten. Oder als benutze er die Couch dafür, mich in rasender Eile mit kleinen Kotkügelchen zu bombardieren, während er voller Angst darauf wartete, dass seine Therapeutin/mörderische Großmutter seinen Kot – seine psychischen Produkte – für gut befände. Das war einer der Ursachen für das Betrachten defäzierender Frauen: Die Frauen »gebaren« Kot und befanden ihn für so gut, dass sie sich damit einschmierten.

»Hekti«

Ende des ersten Jahres auf der Couch wünschte er sich erstmals »zehn Minuten Ruhe«. In dieser Zeit tauchte »Hekti« auf, und zwar so real wie eine Halluzination. Hekti raste durch meine Praxis, laut mit den Hufen klappernd, und gab keine Ruhe. Thomas beschrieb und kommentierte Hekti: »Er ist faul, drückt sich, erträgt ruhige Momente nicht ... [statt dass Thomas seine Ehefrau in den Arm nimmt und mit ihr schwimmen geht] will er sofort und alleine in Urlaub fahren ... er sieht grässlich aus: Buckel, Hufe, Schwanz. Er springt wie ein Teufel. Ich will sein Gesicht nicht sehen!! Er hat eine *Plattnase*.« Thomas hob die Hände vors Gesicht und wehrte sich gegen Hektis Forderung. Er wolle sich nicht trennen, sondern mit seiner Frau alt werden. Als ich ihn aufforderte, Hekti »sprechen« zu lassen, redete er rasend in einem Singsang: »*Ficken, bumsen, blasen, onanieren, rumlaufen, Flaschen in Arsch stecken, hektisch, hektisch, hektisch. Weglaufen ... Der Frau Doktor eine Kapuze über den Kopf ziehen; ins Klo einsperren.*« Zu Thomas' großem Erstaunen wurde Hekti schwach, klein, »verpisste sich« und rannte weg. Thomas machte das stolz. Er fühlte sich stark und siegreich. »Unglaublich! Er verschwindet. Ich habe es geschafft, ihn [von mir] zu separieren.« Dann aber kam Hekti zurück. Jetzt war er gasförmig und trat an Schulter und Hüfte wieder in Thomas' Körper ein. Ab da sprach Thomas wieder hektisch.

Nachdem er Hekti bei mir kennengelernt hatte, war Thomas vier Tage von Hekti getrennt und konnte über ihn nachdenken. »Er ist ein Schutz für mich, indem er ein aalglatter widerlicher Schuft ist. Nur mit ihm [und dem von ihm ausgehenden Charme] habe ich meine Frau aus Polen zu mir holen können.« Jetzt fühle er sich als Meister von Hekti, der nicht immer ein Fähnchen im Wind und auch *nicht immer* hektisch sei. Hekti sei ein »geschrumpfter Teufel«, der ein Diener für ein viel schlimmeres Wesen in ihm sei: »Die Wut, die in mir ist – den Dämon. Für ihn ist

Hekti ein Hofnarr, ein advocatus diaboli – auch wenn Hekti die Wut nicht *macht*.« Jetzt, da er es geschafft habe, Hekti von sich zu separieren, stehe sein Entschluss fest, auch die Wut von sich zu separieren.

Einen Monat später hatte er die Vorstellung an meinem Grab zu stehen und aus Dankbarkeit Erde auf meinen Sarg zu werfen. »Sie sind der erste Mensch, den ich ernst nehme. Dadurch nehme ich auch meine Frau und meine Arbeit ernst.«

Es dauerte noch gut ein Jahr, bis Thomas zu dem *Wendepunkt* kam, an dem er es schaffte, sich zunehmend stabil vom Dämon, der Wut in sich, zu trennen. Interessant ist die Beschreibung der »platten Nase« des Teufels. Ich hatte damals einen jungen Boxer, einen recht großen Hund mit schwarzem Gesicht, der im Sommer im rückwärtigen Teil meines Gartens lag. Manchmal kam er nach vorne und begrüßte meine Patienten sehr freundlich. Thomas hatte mir davor schon gesagt, dass er meinen plattnasigen Hund für sehr hässlich hielt; und dass man das Schimpfwort »Plattnase« aber durchaus so aussprechen kann, dass es liebevoll klingt. Thomas hatte mit der Verlagerung eines Teils seines psychotischen Selbsts, Hekti, in meinen hässlichen, aber auch sehr freundlichen Hund gleich mehrere progressive Schritte gemacht. Er bevölkerte den *Wald*, den er noch vor der ersten Sitzung hatte erforschen müssen, mit einem *Teufel*, der Teile seiner Selbstrepräsentanz und meiner Objektrepräsentanz hatte. Im Vergleich zum Dämon war Hekti die libidinöser besetzte mentale Organisation. Indem Hekti/die Plattnase üblicherweise im Garten war, wurde auch der *Wald* ganz allmählich gutartiger. Thomas konnte den Wunsch äußern, die Unruhe, die zuvor ein untrennbarer Teil seines Selbstbildes gewesen war, loszuwerden. Kurzfristig trennte er sich von ihr, indem sowohl er als auch Hekti – *als zwei getrennte Wesen* – im Behandlungsraum anwesend waren. Die Angst, die ein Teil der Ursache für den psychotischen Kern war, wurde als Angst *vor* Hekti spürbar. Indem Hekti *auch* mein Gesicht bzw. das meines freundlichen, aber hässlichen Hundes bekam (Plattnase), wurde die Angst vor Hekti geringer. Und als er sich vorstellte, Erde auf meinen Sarg zu streuen, wünschte er sich, damit auch Hekti zu beerdigen. Diese Wunschvorstellung war ein Hinweis auf eine Entwicklung, die aber im Alltag der »Kieselsteinsitzungen« noch lange kaum wahrnehmbar war.

Der polnisch-deutsche Bastard nimmt den Krebs in sich auf und heilt die Familie

Als das erste Jahr auf der Couch zu Ende ging, berichtete er von einem Tagtraum, in welchem er, »der polnisch-deutsche Bastard«, seine (deutsche) todkranke Tante durch Liebe vom Krebs heilte, indem er den Krebs in sich aufnahm. Zwar wurde ein Teil von ihm dadurch getötet, aber der Krebs war verschwunden.

Mir scheint, dass er damals die Idee entwickelte, er könne stark genug werden, den

»Krebs«, den er von der Familie bekommen hatte, zu überleben und auszuheilen; den Krebs, zu dem er mir schon in der ersten Sitzung die Frage gestellt hatte: »Kann man Hass schon im Mutterleib mitbekommen?«

Mit der Zeit bemerkte ich, dass er mir ganz zu Beginn der Sitzung eine äußerst kurze, präzise Information über seinen Alltag zwischen den Sitzungen zukommen ließ. Er bezeichnete das dann als »Stoff zwischen Haut und Rutsche, damit beim Runterrutschen seine Haut nicht verbrennt. So ließ er mich wissen, dass er zwar während der Sitzungen verwirrt und psychosenah war, aber nicht außerhalb.

»Streubomben« und das Ende der »Kugeln«

Nach über einem Jahr auf der Couch war er, mit großem Zögern, in der Lage, sich im Traum meinen Unterkörper – genital und anal – als weich und warm vorzustellen. Dieses »gute« Bild von mir konkurrierte sowohl mit den bösen Bildern seiner Kindheit als auch mit den von ihm geschaffenen »Kugeln«, über die er ganz alleine herrschte. Allmählich wagte er es, mich zu der ihn akzeptierenden Mutter werden zu lassen, die ihm nicht gefährlich wurde, und meine Couch wurde zu der »Toilette«/ Mutter, die er gesucht hatte.

Nach eineinhalb Jahren konnte er die Wirkung seiner zerstückelten Rede in Worte fassen: Er werfe Streubomben. Die seien zwar verboten. Aber indem sie die gesamte Umgebung radikal zerstörten, sei eine Auseinandersetzung mit dem Feind nicht mehr notwendig. Nun konnte er endlich auf die »Kugeln« verzichten. Seinen letzten Drogenbesitz spülte er die Toilette herunter. Dabei verspürte er auf mich die Wut, die er als Dreijähriger empfunden hatte, als er die Orange seiner Mutter zertrat. Es war für ihn auch wie der Abschied von alten, falschen Freunden. Ihm war, als kapituliere er.

A Clockwork Orange und traurige türkische Musik

Nach knapp zwei Jahren Analyse beschrieb er sein Erleben des analytischen Prozesses mithilfe von Stanley Kubricks Film *A Clockwork Orange* (Großbritannien, 1971). Der Protagonist dieses Filmes genießt seine Grausamkeit. Im Gefängnis nimmt er an einer »Verhaltenstherapie« teil: Während er unter medikamentös herbeigeführter Übelkeit leidet, werden ihm grausame Szenen im Film gezeigt, vor denen er die Augen nicht verschließen kann, da ihm mechanisch die Augenlider offen gehalten werden. Nach dieser »Therapie« ist der Protagonist nicht mehr fähig, grausam zu sein oder Grausamkeiten zu sehen, ohne dass ihm unerträglich übel wird. Als er freigelassen wird rächen sich seine Opfer grausam an ihm, ohne dass er sich noch wehren könnte.

Thomas hatte erwähnt, dass den Deutschen, die in Polen geblieben waren, »die Augen geöffnet worden waren« über die von den Nazis verübten Verbrechen.

In derselben Sitzung berichtete er, dass er sich erstmals eine Musik-CD gekauft habe, die er sich bis dahin nur ausgeliehen hatte: traurige türkische Musik. Er konnte damals also sowohl Grausamkeit und Leid als auch Traurigkeit lange genug aushalten, um sie als ihm zu eigen wahrzunehmen.

Die Selbstbefriedigung hatte zum Teil ihre Funktion geändert. Sie tröstete ihn nun in der Zeit, in der seine Frau nicht da war. Er war nicht mehr süchtig danach.

Der Wendepunkt: Der Regisseur zerstückelt Josef Mengele

In den Sitzungen blieb er meist ungreifbar, »aalglatt«, wie er es nannte. Ich wusste nun, dass ich und unsere Arbeit ihm große Angst machten und er aus diesem Grund vermied, »be-greifbar« zu werden. Nachdem ich ausreichend lange sein verbales Verhalten mir gegenüber ausgehalten hatte um sicher zu sein, dass ich fähig war, es zu tolerieren, beschrieb ich ihm das Gefühl, »ins Hirn gefickt zu werden« und schlug ihm vor, zu erforschen, was er damit verbindet. Dies sollte zum Wendepunkt der Analyse werden. Er bezeichnete sich nun als »Regisseur« eines *Theaters*,

> »welches sich ganz nach den Wünschen des Publikums richtet, und zwar nach dessen ethnischer Herkunft und danach, worauf die jeweiligen Zuschauer besonders stolz waren oder was sie besonders hassten. Bei Arabern etwas gegen die Juden; bei Polen ein Lob auf deren Gänse; und bei Italienern ein Lob auf ihren Fußball; Deutsche würde er für ihre Vergangenheitsbewältigung feiern oder einen SS-Aufseher für den ausgezeichneten Qualitätsstandard der Krematorien. Sein Ziel sei es, den Zuschauern ›einen runterzuholen‹; dabei sei er der Sonnenkönig und das Theater sein Leben.
>
> Nur wenn Josef Mengele hereinkäme gäbe es kein Verständnis. Ihn würde Thomas nicht loben. ›Deine Experimente haben dazu beigetragen, bessere Seife herzustellen, weil sie aus Menschen gemacht ist‹, oder ihn dafür bewundern, herausgefunden zu haben, dass der Säugling stirbt, wenn der Mutter die Brüste abgebunden werden. In diesem Fall würde ausschließlich der Regisseur das Programm bestimmen, auch wenn er Angst habe. Erst würde er sich kurz mit ihm verbrüdern; ihm den Arsch hinstrecken. Dann würde er ihn aus dem Hinterhalt zerstückeln, auch seinen Schwanz und seine Eier, mit einem *Messer, das aus seiner Scheide* (sic!) *käme*!! (s. Plastikdegen, den die Mutter aus einer Scheide zog, S. 226 ›Der abwesende Vater‹).
>
> Mengele würde das Messer gar nicht sehen. Damit aber hätte sich der Regisseur als Feigling erwiesen. Er hätte die Inszenierung ›Huch! Mengele! Weglaufen! Umdrehen! Mengele packen!‹ zerstört.«

Thomas war mit dem Regisseur nicht zufrieden: Sein Entsetzen sei zu groß. Er spiele Richter, Ankläger und Henker. Und er sei nicht überzeugt, das Richtige zu tun, es schnell zu tun, sodass kein Zweifel bestehe, dass es gemacht worden sei. Es gäbe keinen Stolz, »weil wir gezittert haben bei der Tat. Die Art, die entstanden ist, und die Angst, die entstanden ist, sollen im Verborgenen bleiben.«

Der Gestank von Auschwitz auf der Couch

Nach dieser Sitzung sprach Thomas seit den Vorgesprächen das erste Mal kohärent. Er blieb bei einem Thema – Auschwitz – und zeigte Verbindungen auf. Erst damals teilte er mir mit, wie nahe an Auschwitz er aufgewachsen sei, und dass sein Vater eine knappe Autostunde von Treblinka entfernt aufgewachsen war. In einem Anfall ohnmächtiger Wut gegenüber seiner Mutter wünschte er sich, sie möge eine Woche in Auschwitz verbringen um zu erfahren, wie »Ohnmacht« sich anfühlt.

»Ich schaffe Auschwitz, um Auschwitz zu zerstören. Warum muss ich Mengele werden, um Mengele zu bekämpfen? Wenn ich zuschlug und wegrannte, habe ich das immer mit Auschwitz gerechtfertigt. Auschwitz ist der Kern meiner Wut.«

Auf der Couch nahm er den Geruch von verbranntem Fett wahr, nachdem er in dem vor meiner Praxis liegenden Schnellrestaurant gegessen hatte.

»Der Gestank – das bin ich!«

Er begann, hellblaue und rosa Kleidung zu tragen, wie ein Baby, dessen Leben gerade beginnt. Ich dachte mir, dass er erstmals die Hoffnung auf ein neues Leben habe.

Wiederkehrende Toilettenträume

Es war nicht verwunderlich, dass er damals viel mehr als bisher von Kot und Verschmutzung sprach. Er »musste« drei- bis zehnmal pro Tag defäzieren; gerne hätte er mit Kot gespielt, wenn der nur nicht so stinken würde. Immer wieder träumte er von Toiletten. Die Toilette war entweder nicht auffindbar, oder sie war mit Kot verschmutzt und wackelte. Wie sein polnischer Landsmann Wiesław Kielar (1972), der nach fünf Jahren KZ Auschwitz als Gefangener seinem Bericht darüber den Titel »Anus Mundi« gibt, bringt Thomas Auschwitz unter anderem *auch* mit Schmutz und Kot in Verbindung. Der Gestank, den Thomas als »Das bin ich« bezeichnet, war der Gestank der Krematorien, deren Bild für »die Deutschen« stand, und damit auch für ihn. Der Kot beschwor aber auch den »Kältedämon« und die symbolträchtige schmutzige Gemeinschaftstoilette im Haus seiner Großeltern herauf.

Polnische Weihnachtslieder und ein neuer Geist

Zu Weihnachten, gegen Ende des zweiten Analysejahres, war die polnische Schwiegerfamilie zu Besuch. Er verglich das festliche deutsche mit dem besinnlichen polnischen Weihnachtsfest. Bei letzterem würden Lieder gesungen, welche das Leid des armen, frierenden Kindes in den Mittelpunkt stellen. Thomas nannte diese Lieder »*Auschwitz-Lieder*«, da sie das Elend spürbar machen. Und er erinnerte sich daran, dass auch seine Mutter diese Lieder in seiner Kindheit hingebungsvoll gesungen hatte. Ich vermutete, dass die Mutter ihr Nachkriegselend als Kind darin wiederfinden konnte. Das traditionelle polnische Weihnachtsessen wurde mit eigens kreierten und mit deutschen Soßen variiert.

In dieser Zeit tauchte ein neuer Geist in der Wohnung auf: eine freundliche, ältere, weißhaarige Frau mit weißer Bluse, die im *dunklen* Teil des langen *Ganges* der neubezogenen Wohnung vorbeihuschte. Das sei die Ecke in der Wohnung, in der auch am ehesten *Staub* (Verstaubtes aus der Vergangenheit) liege, meinte Thomas. Ich dachte mir, dass die »langen dunklen Gänge«, die anfangs so unerträglich gewesen waren (siehe S. 240 »Kugeln« und »Dunkle Gänge«), durch unsere Arbeit mit einem freundlichen Geist, der ein wenig mir ähnelte, belebt worden waren.

Thomas hatte keine Angst vor diesem Geist, aber er hatte keine Lust, überhaupt mit einem die Wohnung zu teilen. Glücklicherweise hatte er einen Freund, Watscheratschai, einen Buddhisten, der Erfahrung im Umgang mit Geistern hatte. Nachdem Watscheratschai die entsprechenden Rituale ausgeführt hatte, hörte ich nie wieder etwas von diesem freundlichen Geist. Thomas hatte in der Analyse eine Ahnung davon bekommen, dass ein *Geist* etwas mit »Geistern der Vergangenheit« zu tun hat; und dass es die Hoffnung gab, sich von dieser Vergangenheit zu lösen. Ich vermutete, dass sowohl im freundlichen Geist als auch im Geisterversteher und Geistervertreiber Watscheratschai ein Teil der schützenswerten Übertragung ausgelagert und sichergestellt war.

Das therapeutische Spiel mit dem Staubsauger beginnt

Thomas hatte immer wieder von seinen Kämpfen mit dem Staubsauger berichtet. Er hatte ihn angeschrien und getreten. Jetzt, nach dem Weihnachtsfest, auf dem er mit seiner polnischen Familie Lieder von Elend und Leid gesungen hatte, ließ er mich wissen, dass er inzwischen mit dem Staubsauger rede und der seitdem viel besser das tue, was er tun soll. Jetzt habe der Staubsauger sich sogar auf den Rücken gelegt! Ich dachte bei mir, dass das Arbeitsbündnis, welches wegen der Angst am Anfang nicht entstehen konnte, sich endlich hatte entwickeln können.

Das Trauma des Vaters und dessen Weitergabe an Thomas

Wenige Wochen nach diesem Weihnachtsfest konnte ich Thomas die Geschichte seines Vaters Jan und dessen Traumatisierung erzählen: seine Entrechtung und Verarmung als Kind; der Gestank und der schmutzige Regen von Treblinka in seiner Jugend; eventuell habe Jan auch die Angst und den Kampf seines Vaters um das Leben seiner jüdischen Geliebten mitbekommen; die Ermordung von Jans Vaters und die Schändung seiner Leiche durch die SS. Ich erzählte Thomas von Jans Leben als Adoleszentem im Untergrund und seiner vermutlichen Beteiligung an Sabotage und Anschlägen. Um die wahrscheinlichen Konflikte begreifbar zu machen, unter denen Thomas' Vater gelitten hat, verwendete ich dabei sinngemäß die Worte, welche Thomas in seiner Kritik des *Regisseurs* im *Kampf gegen Mengele* verwendet hatte (s. S. 247 »Wendepunkt«): *Sein Entsetzen sei zu groß gewesen ...* als er »*Richter, Ankläger und Henker*« sein musste. Jan sei eventuell »*nicht* mehr *überzeugt gewesen, das Richtige zu tun*«. Er habe »*schnell*« handeln müssen ohne Nachzudenken, und zwar so, »*dass kein Zweifel daran bestand, dass es gemacht worden sei*«. Sein Vater habe vermutlich »*gezittert bei der Tat*«. Vermutlich habe Jans Vater seinen Stolz über seine Taten in Zweifel gezogen. »*Die Art, die entstanden ist, und die Angst, die entstanden ist*«, sollte niemand sehen. Die Folgen dieser Traumatisierung »*sollten im Verborgenen bleiben*«.

Nach dem Krieg habe es das unbedingte politische und soziale Gebot der Idealisierung des Partisanenkampfes gegeben. Darüber hinaus hatte Jan eine militärische Laufbahn eingeschlagen. Diese äußeren Schweigegebote kamen zu der intrapsychisch bedingten Unmöglichkeit, die Traumata zu verarbeiten, hinzu.

Ich erzählte Thomas von der größtenteils unbewussten Weitergabe der Traumata des Vaters an ihn, wobei das Gesamtbild wie ein Puzzle in Bruchstücke aufgeteilt sei. Bruchstücke der Täterbilder, Fragmente der Opferbilder sowie die Beziehung zwischen diesen Repräsentanzen seien bei der Weitergabe miteinander vermischt worden. Die Traumafragmente seien durch diese »Vererbung« in Thomas' Bild von sich selbst eingebaut worden, ebenso wie die Traumafragmente dessen, was die deutsche Großmutter erlebt hatte. Daher habe Thomas bisher eine so verwirrende Identität gehabt. Thomas war äußerst interessiert. Plötzlich konnte er Verhaltensweisen seines Vaters und von sich ganz neu einordnen.

Nach dieser umfangreichen Interpretation war das Chaos in Thomas Erzählungen wie weggeblasen.

Neuer Toilettentraum

Nur eine Woche später träumte Thomas wieder von einer Toilette. Aber der Traum war völlig anders als bisher. *Er ist in Polen und befindet sich in einem Vorraum zu* einer Toilette; dort trinkt er gutes sauberes Wasser aus einem Hahn. Als er den Raum verlassen will sieht er einen alten Mann auf einer Toilette sitzen. Der ist zufrieden, dass *Thomas geht und er endlich defäzieren kann*. Thomas versteht diesen Traum sofort: Er hat seinem Vater dessen Lebensaufgabe zurückgegeben. Nicht er, Thomas, muss diese Scheiße loskriegen. Es sind nicht seine Traumata. Danach hörten diese Träume auf.

Vergebung durch die Ehefrau

Thomas Frau bemerkte, dass er sich veränderte. Nachdem er sie geschlagen hatte, hatte sie ihn verflucht: »seine Hand solle verdorren«. Thomas hatte seitdem Schmerzen in der Hand, mit der er onanierte oder Pornovideos aus dem Computer heruntertud. Nun führte seine Frau ein Ritual aus, mit dem sie ihm das Prügeln verzieh. Thomas verspürte nochmals Schmerzen in der Hand. Er legte einen Verband an, konnte nicht mehr onanieren und mir nach dem Onanieren nicht mehr die ungewaschene Hand geben. Dann hörten seine Schmerzen auf. Thomas war überglücklich und sagte, »er könne auf den Gräbern der Auschwitzleute tanzen«. Endlich könne er sich ohne schlechtes Gewissen freuen und ein ganz einfaches, normales Leben führen.

Chihiros Reise ins Zauberland[2]

Wieder fasste Thomas sein Erleben des analytischen Prozesses in einer Filmerzählung zusammen. Dieses Mal war der Protagonist ein kleines Mädchen, Chihiro, das mit seinen Eltern von einem Ort an einen neuen Ort umzog. Auf dem Weg dorthin machen sie im Wald Rast. Sie gehen durch einen langen dunklen Gang in ein Zauberland. Ihre Eltern *essen dort so gierig wie Schweine* und werden in *Schweine* verwandelt, *die später geschlachtet und gegessen werden sollen*. Chihiro sucht sich eine Arbeit und entgeht so der Verzauberung und rettet dadurch schließlich auch ihre Eltern: In einem Badehaus für Götter und Dämonen übernimmt sie die Reinigung eines ekelhaften, fetten, schmutzstarrenden und stinkenden Schlammmonsters. Dabei wird sie selbst sehr dreckig. Nach vielen Waschgängen ist der äußere Schmutz weg. Als sie eine Art Stöpsel aus seinem riesigen Bauch zieht, fließt die riesige Menge von Schmutz und Abfall heraus, die in ihm, dem Flussgott, deponiert worden war. Am Ende bedankt sich ihr Schützling bei Chihiro und verschwindet.

Thomas drückte durch diesen Film sein Erleben zu Beginn der Analyse aus, als sein

---

[2] Japan, 2001, Regie und Drehbuch: Hayao Miyazaki; Produktion: Joe Hisaishi.

Selbstbild extrem schlecht gewesen war. Er hatte sich als »schlecht« und »böse« erlebt so lange er zurückdenken konnte. Nun wusste er, dass in ihm das Elend seiner Familien und die Bilder der Täter deponiert und Teil seines Selbstbilds geworden waren. Das hatte ihn zu »Dämon« und »Hekti« werden lassen, so wie im Film das Deponieren von Abfall in den Flüssen den Flussgott zu einem Schlammmonster gemacht hat. Und wie das »Entsorgen« der Asche der Krematorien in die Flüsse bei Auschwitz und Treblinka diese zu Massengräbern gemacht hat. Thomas musste sich nicht mehr durch die ehemals lebensnotwendigen »Kugeln« vor dem in ihm deponierten Elend der Zwischenkriegszeit und der Nazizeit retten. Er zerstörte nicht mehr seinen Körper (Drogen, Alkohol) und seine Selbstachtung durch die »Kugeln«. Und er erniedrigte und verprügelte nicht mehr seine Ehefrau, um das »Elend« von sich an jemand anderen weiterzugeben. All dieser »Abfall der Geschichte« war von ihm abgefallen. Er hatte mich in den Dreck mit hineingezogen: verbal, affektiv und ganz konkret beim Händegeben. Dieser wunderschöne japanische Animationsfilm half Thomas, sein Leben und seine Analyse in einer differenzierten, aber doch auch einfachen Erzählung wiederzufinden.

Das therapeutische Spiel mit dem Staubsauger endet

Anfang des dritten Jahres der Arbeit auf der Couch beendete Thomas sein Spiel mit dem Staubsauger. Ihm war aufgefallen, dass er bisher noch nie einen eigenen, modernen Staubsauger besessen hatte. Seine Großmutter und auch sein Vater hatten ihm ihre Staubsauger »vererbt«. Die warf er jetzt auf den Müll und kaufte sich seinen ersten eigenen Staubsauger. Den konnte er problemlos verstauen. Mit dem sprach er und der tat, was Thomas von ihm wollte. Und sogar ein Kind könnte darauf sicher sitzen!

Abschied von Dämon und Hekti

Thomas konnte Anfang des dritten Jahres Schuld und Trauer aushalten. Er überdachte das Zusammenspiel von Hekti und Dämon. Ohne Hektis Verführung, ohne das Bestehen auf sofortige Befriedigung, hätte der Dämon keine Macht über ihn gehabt. Hekti verhinderte Nachdenken. Und Nachdenken bringt die Allmacht des Dämons in Gefahr. Er habe seine Frau nicht nur geprügelt, sondern sie darüber hinaus gedemütigt, ihr jegliche Entwicklungsmöglichkeiten abgesprochen, ihre Liebe zurückgewiesen und sie traurig gemacht. Das tue ihm leid. Er hatte Angst gehabt, ohne den allmächtigen Dämon hilflos zu sein. Das war er nun nicht mehr.

Abschluss

In den nächsten vier Monaten arbeitete Thomas intensiv daran, die beschriebenen Veränderungen zu stabilisieren. Er *träumte davon, sich selbst in einem Kriegsgebiet sterben zu lassen, um seinem Kind die Flucht aus dem Kriegsgebiet zu ermöglichen.* So »tötete« er sein altes Selbst(bild), welches mit Vernichtung und Krieg »verwurstet« gewesen war, um sein in der Therapie »neugeborenes« Selbst vor dessen Einfluss zu retten. Thomas beendete die Analyse, anders als zu Beginn vereinbart, mit Ende der Kassenleistung. Die analytische Arbeit selbst war unvollständig.

Um zu sehen, ob die Befreiung von den Traumata seiner Vorfahren und andere therapeutische Veränderungen stabil blieben, kam er weitere zwei Jahre einmal pro Monat. Es zeigte sich, dass sowohl die Fortschritte als auch die am Ende der Analyse bestehenden Symptome gleich blieben. Er vermied weiterhin den Kontakt mit seiner Tochter. Sadismus, Pornografie und die dingliche Verwendung seiner Frau gab es nicht mehr. Er erlebte sie als lebendig und verletzbar und er freute sich an ihrer beruflichen und gesellschaftlichen Entfaltung. Beide genossen es, gemeinsam Sport zu treiben oder kulturelle Veranstaltungen zu besuchen. Der Geschlechtsverkehr selbst aber war wegen »Allergie«, die zu »Hautverbrennungen« führte, nicht möglich. Die unbewusste Phantasie der Vagina als Krematorium hatte nicht durchgearbeitet werden können. Thomas konnte damit leben, da er seine Frau »ja nicht nach ihrer Vagina ausgesucht« habe. Als das Paar aus familiären Gründen für unbestimmte Zeit nach Polen ging, verabschiedete Thomas sich von mir. Er war weiterhin mit seinem *normalen* Leben sehr zufrieden. Er hatte die Integration, die er gebraucht hatte, gefunden.

Literatur

Akhtar, S. (1995). A third individuation: Immigration, identity, and the psychoanalytic process. *Journal of the American Psychoanalytic Association*, 43, 1051–1084.
Bundesministerium für Vertriebene, Flüchtlinge und Kriegsgeschädigte (Hrsg.). (1993). *Die Vertreibung der deutschen Bevölkerung aus den Gebieten östlich der Oder-Neiße. Eine Dokumentation, Band I/1.* Augsburg: Weltbild Verlag.
Freud, S. (1899a). Über Kindheits- und Deckerinnerungen. *GW 4*, 51–60.
Freud, S. (1920g). Jenseits des Lustprinzips. *GW 13*, 1–69.
Greenacre, P. (1949). A contribution to the studies of screen memories. *Psychoanalytic Study of the Child*, 3/4.
Haubold-Stolle, J. (2008). *Mythos Oberschlesien*. Osnabrück: fibre Verlag.
Volkan, V.D. (1979). The glass bubble of a narcissistic patient. In J. LeBoit & A. Capponi (Hrsg.), *Advances in Psychotherapy of the Borderline Patient* (S. 405–431). New York: Jason Aronson.
Volkan, V.D.(1999). *Das Versagen der Diplomatie: Zur Psychoanalyse nationaler, ethnischer und religiöser Konflikte*. Gießen: Psychosozial-Verlag.
Volkan, V.D. (2004). *Blind Trust: Large Groups and Their Leaders in Times of Crisis and Terror*. Charlottesville, VA: Pitchstone Publishing.

Volkan, V.D.(2006). *Killing in the Name of Identity*. Charlottesville, VA: Pitchstone Publishing.
Volkan, V.D. (2012). *Die Erweiterung der psychoanalytischen Behandlungstechnik bei neurotischen, traumatisierten, narzisstischen und Borderline-Persönlichkeitsorganisationen*. Gießen: Psychosozial-Verlag.
Volkan, V.D. (2013). *Enemies on the Couch: A Psychopolitical Journey Through War and Peace*. Charlottesville, VA: Pitchstone Publishing.
Volkan, V.D., Ast, G. & Greer, W. (2002). *The Third Reich in the Unconscious – Transgenerational Transmission and its Consequences*. New York: Brunner-Routledge.
Werner, H. & Kaplan, B. (1963). *Symbol Formation*. New York: Wiley.
Wiesław, K. (1972). »*Anus mundi*«. Frankfurt am Main: Fischer.

Filme

Chihiros Reise ins Zauberland; Japan, 2001; Regie und Drehbuch: Hayao Miyazaki; Produktion: Joe Hisaishi.
A Clockwork Orange; Großbritannien, 1971; Regie, Drehbuch und Produktion: Stanley Kubrick.

»Die ollen Teller an der Wand«

Über das Rätsel entfremdeter Identifizierungen *(alienated identifications)* und inwieweit »Migrationsdeutungen« helfen können, sie zu lösen

Bettina Hahm

Auswahl des Themas

Das Problem, das ich beschreiben möchte, ist mir in Behandlungen von jungen Erwachsenen »mit Migrationshintergrund« begegnet. Diese jungen Menschen sind in Deutschland aufgewachsen, sprechen tadellos deutsch und fühlen sich als Deutsche. Nur Name oder Hautfarbe verweisen auf »das Andere im Deutschsein« (Mecheril & Teo, 1994). Es fiel mir auf, wie außerordentlich gut diese jungen Leute integriert waren. Sie schienen in geradezu lärmender Weise dazuzugehören und ganz und gar in ihrer *peer group* aufzugehen. »Spaßhaben« war ihr oberstes Motto, dafür investierten sie viel Zeit und Geld. Diese absolute Gegenwartsbezogenheit machte mich stutzig. Fragen nach ihrer Herkunft wurden von ihnen achselzuckend beantwortet. Es schien unerheblich zu sein, mein Nachfragen nachgerade zudringlich, unangemessen, »spießig«. Was machte ich für ein Aufhebens wegen der Herkunft aus einem anderen Land!

Während mich das Thema beschäftigte, schien es bei ihnen stumm geschaltet zu sein. Manchmal fühlte ich mich wie ein fotografierender Tourist, der im Ausland pittoreske Motive sucht, während Einheimische sich wundern, was er bei ihnen so Besonderes findet. Dieses Empfinden war so einheitlich bei sonst sehr verschiedenartigen Lebensgeschichten, dass ich die Zusammenhänge näher untersuchen wollte.

Meine Hypothese war, dass diese jungen Leute um einer guten Anpassung willen die Frage ihrer nichtdeutschen Herkunft verdrängten und dadurch einen großen Bereich ihrer emotionalen Erfahrung dem Bewusstsein entzogen, es gewissermaßen stilllegten. Ich nehme an, dass sich das Verdrängte dann in Form von Ängsten äußerte, in unerklärlichen Panikzuständen – das war die vorherrschende Symptomatik – sowie einem Gefühl von Leere, Orientierungslosigkeit und Zukunftsangst. ·

Im Verlauf der Anamnesen zeigte sich, dass die Eltern der Patienten nur selten über ihre Heimat oder Probleme mit der Integration gesprochen hatten. In fünf der sieben Fälle in meiner Behandlung waren die Väter aus der Türkei, Indien und Italien, die

Mütter Deutsche, deren Ehen aufgrund der kulturellen Differenzen gescheitert waren. Der Zugang zum Thema schien in diesen Fällen zusätzlich durch ein Schamgefühl über den »Fehler« dieser Ehe verstellt.

Literatur: Identität, Trauer, Separation

Um das Phänomen besser zu verstehen und um Hinweise zu erhalten, wie therapeutisch damit umzugehen sei, konsultierte ich die einschlägige Literatur zum Thema. Es sind besonders die Schriften von León und Rebeca Grinberg, Salman Akhtar, Fakhry Davids und Ilany Kogan zu nennen. Diese Autoren arbeiten differenziert die Besonderheiten in der Behandlung von Migranten heraus. Dabei stellen sie den Begriff der Identitätsentwicklung in den Mittelpunkt. Sie wird anhand der Konzepte von Mahler, Erikson und Winnicott als lebenslanger Prozess dargestellt, der eine ständige Neuvergewisserung erfordert. Zentral für den Erwerb von Identität ist Separation, d.h. die Loslösung von früheren Entwicklungsstadien und deren Beziehungsmuster. Da keine Trennung ohne Trauer einhergehen kann, ist Trauer der zweite wesentliche Begriff, der zu beachten ist. In der Sicht dieser Autoren stellt Migration den Sonderfall einer besonders starken und nachhaltigen Herausforderung an die Neuformulierung von Identität dar. Migrationserfahrungen werden als Erschütterungen angesehen, als Brüche, die mit Verlust, aber auch mit neuen Entwicklungschancen einhergehen.

León und Rebeca Grinberg gehen sogar soweit, den gesamten Lebenslauf als eine Folge von »Migrationen« anzusehen, als Wechsel von einer Phase zur nächsten (L. Grinberg & R. Grinberg, 1989, S. 192). Dabei definieren sie Bedingungen, unter welchen dies gelingen kann. Ihre Thesen lassen sich dahingehend zusammenfassen: keine Identitätsentwicklung ohne Separation/Trennung, keine Trennung ohne Trauern. Somit wäre Trauern um den Verlust der Schlüssel für eine Umwandlung des Vergangenen in gute innere Objekte, nährende innere Bilder und neue Räume für neue Erfahrungen, die dann ins Selbstbild integriert werden können (L. Grinberg & R. Grinberg, 1989, S. 190). Auf diese Weise seelisch verarbeitet können Trennungen zu einer Stabilisierung und Bereicherung der Persönlichkeit führen.

Mit den zentralen Begriffen »Identität« und »Trauer« ist der gedankliche Rahmen für ein Verständnis des innerpsychischen Geschehens bei Migration gegeben. Aus ihnen leitet Akhtar (2014, S. 90ff.) weitere Begriffsdifferenzierungen ab, die für die Beschreibung psychodynamischer Prozesse bei der Therapie von Migranten hilfreich sind. Er unterscheidet z.B. zwischen Identitätsdiffusion (einer mitgebrachten Pathologie, Schwächung) und (vorübergehender) gespalteter Identität. Unter Letzterer versteht er das noch nicht verbundene Nebeneinander alter und neuer Identitätsaspekte, die dem Heimatland bzw. dem Einwanderungsland zugeordnet werden. Die Aufgabe, Widersprüche und Gegensätze zu vereinen, sieht er als eine der großen Aufgaben jeder Identitätsentwicklung. Akhtar zählt vier solcher Gegensatzpaare und zugleich deren Integrationsziel (jeweils kursiv gedruckt) auf. Er nennt sie »Die vier Schienen der Identitätsumformung infolge der Immigration«. Es sind diese: Hass/Liebe – *Ambivalenz*; Nah/Fern – *optimale Distanz*; Gestern/Morgen – *Heute*; Dein/Mein – *Unser*.

Durch die konkreten Erfahrungen der Migration mit ihren vielen merklichen und unmerklichen Brüchen in der täglichen Erfahrungswelt, von kleinen Missverständnissen bis hin zur Ausgrenzung, bekommen diese Gegensatzpaare Gewicht. Sie beschreiben eine markante Dichotomie im Denken der Betroffenen, welche von realen Erfahrungen unterlegt ist. Umgekehrt bieten sich markante Erfahrungen mit kulturellen Unterschieden gerade dazu an, typische *innere* Ambivalenz-Konflikte als stereotype *kulturelle* Gegensatzpaare zu artikulieren. Diese erhalten dadurch Anschaulichkeit, Komplexität, aber auch eine Fixierung, die sie manchmal unüberwindbar erscheinen lässt. Die allgemeinmenschliche Aufgabe einer Integration wird ungleich schwieriger, wenn sie hochkomplexe kulturelle Erlebnisse und Bedeutungsfelder im Gepäck hat. Diese müssen erst versprachlicht werden, um wahrgenommen, entwirrt und seelisch eingeordnet werden zu können.

Als Zielvorstellung einer Entwicklung stellen Akhtar und León und Rebeca Grinberg (Akhtar, 2014, S. 95; L. Grinberg & R. Grinberg, 1989, S. 87–98) die Auflösung der Gegensätze dar, eine Aneignung von Erfahrungen hier und dort, die schließlich zu einer differenzierten, erweiterten Selbstidentität führen kann. Dann erst würden alle Aspekte in einer ganz besonderen Weise zu einer individuellen Identität vereint. Wenn in einer Biografie zwei Kulturen eine Rolle spielen, wird diese Entwicklung akzentuiert und erweitert durch Erlebnisse mit beiden Kulturen. Jeder Mensch muss die Jugend verabschieden, um im Erwachsenenleben anzukommen. Für einen Menschen, dessen Wurzeln in einer anderen Kultur liegen, ist diese Trennung ungleich stärker spürbar, weil zugleich mit der Jugend ein ganzes Set an physischen Eindrücken verloren geht: körperliche Bewegungsmuster, sinnliche Räumlichkeit, Gerüche, Klänge und der Geschmack von Kindheit und Jugend. Sie formen zusammen, was der in Kanada ansässige Analytiker George Awad ein *perceptual bath* nennt (zit. in Akhtar, 2014, S. 190). Diese Erlebnisse können als innerer Reichtum erst aufgenommen werden, wenn der Verlust wahrgenommen und betrauert wurde. Es ist also anzunehmen, dass es vor allem die ausgesparte Trauer ist, die zu einem unklaren Identitätsgefühl führt und damit zu Angstanfällen in Situationen, in denen Patienten mit der Frage konfrontiert werden: Wer bist Du? Neben der Trauer als dominantem Gefühl sind natürlich auch Ängste, Wut, Scham- und Schuldgefühle zu bewältigen. Es soll hier aber vorwiegend die Bedeutung der Trauer für eine Integration des Neuen diskutiert werden.

Unter den spontanen Lösungsversuchen sind neben einer gelungenen Integration zwei andere Muster zu beobachten, die zu psychischer Krankheit führen können. Neben einer eher depressiven Rückwärtsgewandtheit besteht ein anderer Weg aus der Bedrängnis in der manischen Abwehr. Dies trifft besonders für die Anfangs- und Aufbauphase zu, sowie in den Fällen, in denen die Immigration freiwillig erfolgte und durch den Wunsch nach einem besseren Leben motiviert war. Dann ist man gewissermaßen in der Pflicht zum Erfolg, die es nicht erlaubt, zweifelnden und traurigen Gedanken nachzugehen.

Während dieser Vorgang bei der Einwanderergeneration ein »gefüllter« ist – es werden konkrete Erinnerungen, Sehnsüchte etc. verdrängt, die aber als Erfahrung vorhanden sind –, werden sie bei der nachfolgenden Generation aufgrund mangelnder Vermittlung zu Hohlräumen, in denen persönlicher Bezug zu dem, was da war, aber worüber nicht gesprochen wurde, fehlt. Dieser Hohlraum füllt sich mit unbewussten Phantasien und diffusen Identifikationen, die nur schwer zu erkennen und deshalb kaum aufzulösen sind. Dies stellt Patient und Therapeut gleichermaßen vor eine schwierige Aufgabe. Statt der ungewohnten »Ecken und Kanten« einer neuen Umgebung, an denen es zur Reibung kommt, die den Integrationsprozess anstoßen könnte, wird es für die nachfolgende Generation schwierig, wenn sie weder auf bewusst verarbeitete Integrationserfahrungen der Eltern zurückgreifen kann, noch selbst konkrete Fremdheiten vorfindet, an denen sie sich selbst reiben und zu neuen Klärungen kommen könnte. Es gibt dann zwar keine blauen Flecken mehr, aber einen Phantomschmerz, der nur noch atmosphärisch präsent, aber nicht mehr greifbar ist.

Es ist sehr verführerisch, diese Hohlräume, dieses fehlende Konkrete mit Nachfragen und Rekonstruktionen von außen zu füllen. Dieser therapeutische Impuls soll hier kritisch diskutiert werden. Die Lücke zu thematisieren und zu einem Auffüllen mit Erinnerungen zu ermuntern nimmt die Aufgabe auf, Migration »als Teil der äußeren Wirklichkeit« zu respektieren (»*Migration as part of External Reality*«, Ilany Kogan, 2013, persönliche Mitteilung). Dies beinhaltet die Forderung an den Therapeuten, hellhörig zu werden für die Bedeutung von Migration auf der Ebene der konkreten, womöglich andersartigen Erfahrungen, die sich unserer spontanen Empathie nicht erschließen, weil sie kulturabhängig sind. Das erfordert zunächst ein Gewahrwerden des Fremdseins, um überhaupt Fragen stellen zu können. Für die Annäherung an die andere Erfahrungswelt sind Beschreibungen besonders hilfreich. Sie erlauben, sich von Eigenarten fremder Dinglichkeit überraschen zu lassen, statt sie vorschnell eigenen Erfahrungswelten zuzuordnen. Gegenüber Menschen, die das Kennzeichen »des Fremden« an sich tragen, kommen kulturelle Differenzen zwischen Therapeut und Patient stärker zu Bewusstsein als bei Therapien, die zwischen zwei Personen desselben Kulturkreises durchgeführt werden. Hier bleibt vieles in der Annahme des Selbstverständlichen ungesagt, während im Austausch mit Menschen aus einem anderen Kulturkreis das eigene kulturbedingte Wahrnehmen stärker hinterfragt wird. Dabei muss es nicht beim Wahrnehmen bleiben, es kann schnell ein Agieren des »Fremdelns« werden, z.B. wenn ich einen schwierigen Namen nicht schreiben oder richtig aussprechen kann und durch diese kleine Blamage aus meiner sonstigen

Selbstgewissheit gerate. Wenn ich eine überschwängliche Begrüßung (durch eine Perserin) zu aufdringlich und einen Verzicht aufs Händeschütteln (durch einen Amerikaner) als zu abweisend empfinde, sind innerpsychische Ebenen im Kontakt berührt, die auf den Bereich von Migration als Teil der inneren Wirklichkeit (»*Migration as part of internal reality*«, Ilany Kogan, 2013, persönliche Mitteilung, s.o.) verweisen.

Kulturelle Stereotypen oder der »Innere Rassismus«

Ilany Kogans Äußerung zielt zwar auf die innere Wirklichkeit des Migranten, aber insofern es sich um eine Begegnung von Eigenem und Fremden auf unbewusster Ebene handelt, sind auch die entsprechenden Konstellationen im Unbewussten des Therapeuten angesprochen. Und zwar nicht in Hinblick auf eine eventuelle eigene Migrationsgeschichte, sondern in Bezug auf den Platz, den Phantasien vom Fremden, von diesem oder jenem *Aus*land in seinen Phantasien haben. Davids (2011) beschreibt dies als Inneren Rassismus. Damit meint er die unbewussten Phantasien, die, selbst bei bewusst liberaler Haltung, im Inneren einem Muster der Polarisierung von Eigenem und Fremdem folgen, wobei das Gute im Eigenen und das Schlechte im Anderen lokalisiert wird. Indem das Fremde aus dem Bereich des Normalen, Vertrauten ausgegliedert wird, wird es zu einem Raum, der für Projektionen offen ist. Soweit ich Davids verstanden habe, geht er in seinem Konzept vom Inneren Rassismus vor allem den negativen und aggressiven Inhalten nach wie Neid, Schuldgefühl, Hilflosigkeit, Wut, die ins Fremde hinausprojiziert und dort als äußerer – »realer« – Feind angegriffen werden. Ich denke jedoch, dass nicht nur negative Gefühle, sondern jegliche Art von Phantasien, die in der eigenen Realität keinen Platz haben (sollen oder dürfen), in der Fremde untergebracht werden können. Die Tourismusbranche beispielsweise lebt von Idealisierungen und libidinösen Phantasien. »Italien, das Land, in dem die Zitronen blühen« ist ein in Deutschland bekanntes Beispiel dafür, wie fremde Länder – hier Italien – einen bedeutungsvollen Platz in unserer – deutschen – inneren Welt der Hoffnungen und Wünsche einnehmen. Verschiedene Kulturen sind auf diese Weise in ihren unbewussten und bewussten Phantasien miteinander vernetzt. Was passiert, wenn sich dieser Raum durch Bekanntschaft mit dem Anderen mit konkreten Realitätsdetails füllt und als Container für Ablehnung oder Sehnsucht nicht mehr zur Verfügung steht? Es impliziert die Aufgabe, die »ausgelagerten« Gefühle wieder in den eigenen Horizont zurückzunehmen und sich dort mit ihnen zu beschäftigen. Das ist mühsam. Es ist daher zu reflektieren, ob ich überhaupt will, dass mein Gegenüber die Züge des Fremden für mich verliert, da ich sie unter Umständen für die Aufrechterhaltung meiner inneren Landkarte benötige. Nur indem ich mir Rechenschaft ablege über den Nutzen, den die kulturellen Stereotypen eines Landes und seiner Bewohner für die eigene innere Ökonomie erfüllen, kann ich innerlich den Freiraum schaffen, für die Realitätserfahrung des Patienten wirklich offen zu sein. Auch eine wohlwollende Faszination des Fremden kann das Hinhören auf die grundlegenden menschlichen Probleme einschränken.

Diese Vorsicht gilt besonders, wenn der Versuch unternommen wird, den Patienten durch gezieltes Nachfragen auf die Wahrnehmung seiner eigenen Kultur hinzuführen, wenn er dieser bisher keinen Wert beimaß. Ich möchte in diesem Artikel der Frage nachgehen, inwieweit Fragen zu Migrationserfahrungen der Familie zu Brücken des Verstehens wurden und wann sie fruchtlos waren oder ein Zuhören sogar verhinderten.

Fallvignette

Dazu möchte ich den Fall einer jungen Frau, ich nenne sie Frau K., vorstellen, die seit sechs Jahren und 160 Stunden bei mir in psychoanalytischer Psychotherapie ist. Eine Verlängerung auf 240 Stunden ist gerade bewilligt worden. Sie ist eine der sieben jungen Patienten, Kinder von Migranten, auf deren Problem der Orientierungslosigkeit ich aufmerksam wurde. In vier der sieben Fälle konnte ich kein Interesse am Nachdenken über ihre Situation wecken. Sie blieben mit ihrer Therapieerwartung auf eine Hilfe für das gewünschte Funktionieren fixiert, die Abwehr gegen die Innenschau war zu groß. Die anderen drei haben dagegen lange durchgehalten, und das mit gutem Ergebnis. Das Ansprechen und schließlich Integrieren der unbenannten Vergangenheit hatte dabei einen entscheidenden Impuls zur Selbstfindung gegeben. Es half diesen Patienten tatsächlich, mit ganzem Herzen Fuß zu fassen in ihrer deutschen Heimat. Für die Darstellung dieser Thematik habe ich eine Behandlung gewählt, die aktuell noch andauert. Sie ist gekennzeichnet durch einen besonders hartnäckigen Widerstand des Unbekannten, allerdings auch durch ein besonders hartnäckiges Durchhaltevermögen von Frau K. Aus dieser Mischung folgt die Chance, einen langen Verlauf differenziert zu verfolgen.

Erste Begegnung: Spaß, Panik und unerklärliche Ängste

Die 23-jährige Patientin suchte mich im März 2009 nach einer Panikattacke auf. Sie habe »neben ihrem Freund beim Fernsehen gesessen und, als im Film eine Blinde auftrat, panische Angst entwickelt, selbst zu erblinden«. Sie fürchtete, dass ihre »Netzhaut zu dünn« sei und »gelasert« werden müsse. »Erst nach zwei sehr schlimmen Wochen« habe sie sich langsam beruhigt. Aber immer noch habe sie das Gefühl, es sei »noch etwas in mir drin«. Ängste vor körperlichem Versagen tauchten bei ihr generell schnell auf und nähmen schnell verheerende Ausmaße an. Sie führten zu panischer Angst, »tief zu sinken, verrückt oder depressiv bis zum Suizid zu werden«. Bei Rückenschmerzen denke sie gleich an Lähmung; bei Schlaflosigkeit an Leistungsversagen und infolgedessen berufliches Scheitern. Als ihr Freund vorgeschlagen habe, zusammenzuziehen, habe sie sich anfänglich gefreut. Aber seitdem gerate sie in Panik, wenn die Regelblutung zu spät einsetze. Und auch hier fürchte sie »verrückt zu werden«, und dass ihr Freund sie *deswegen* verlassen würde. Andererseits steigere sie sich in den Gedanken, dass *sie selbst* ihren Freund nicht mehr liebe. Sie wolle das gar nicht, sie habe doch »ein tolles Leben mit ihm« und das wolle sie »genießen«, »Spaß haben«. Sie fühle sich so geborgen bei ihm wie sonst bei niemandem. Aber –, da sei eine Unruhe, eine Angst, das Leben zu verpassen ... –, dann wieder Angst, »etwas sehr Schönes zu zerstören«, wenn sie die Beziehung aufgäbe. Frau K. war verzweifelt über diese vielen Widersprüche. So luzide und anschaulich sie ihre Empfindungen im Einzelnen auch beschrieb, so wenig verstand sie die Zusammenhänge. Und das machte sie noch verzweifelter. Auch der zuhörenden Therapeutin erschlossen sich die Zusammenhänge nicht. Unvereinbar standen die einzelnen Erlebensweisen nebeneinander. Diesen Zustand der Verständnislosigkeit galt es für beide über einen langen Zeitraum zu ertragen.

Frau K. wirkte wie ein frisches, robustes Kind. Ihr rundes gebräuntes Gesicht strahlte Gesundheit und Lebensfreude aus. Aus schräg gestellten grünen Augen, hinter einer dickwandigen, aber schicken Brille, blickte sie allerdings oft ratlos, verwirrt, fragend hervor. Die Augen füllten sich mit Tränen, ohne dass sie wusste, warum. In ihrem Blick lag etwas Zartes, Sehnsüchtiges. Zum kindlichen Eindruck trug die bunte, voluminöse Sportlerkleidung bei, die sie rundlich und untersetzt aussehen ließ, ebenso das strubbelig hochgesteckte hellblonde Haar. Ihr fast scheues zurückhaltendes Auftreten ließ nicht die erfolgreiche, semiprofessionelle Snowboarderin vermuten. Sie ist intelligent und kann sich gut ausdrücken. Aber um zu beschreiben, was in ihr vorgeht, fehlen ihr die Worte. Seelisches Innenleben scheint ihr unbekanntes Terrain zu sein. Da sie das Abitur gemacht hat, müsste ihr die Selbstreflexion doch wenigstens aus der Literatur geläufig sein, denke ich, aber sie vermittelt neben Wachheit und Vitalität zugleich große emotionale Orientierungslosigkeit. Angesichts ihres Hochglanz-Lebensmottos »Spaßhaben« war in der Gegenübertragung ein gewisses Schamgefühl zu überwinden, ihr für den Verlauf der Therapie neben Entlastung auch so düstere Dinge wie Trauer, Enttäuschung und Verlust in Aussicht stellen zu müssen. Als sie bald nach Therapiebeginn großzügige Veränderungen in ihrem Leben vornahm, fühlte wiederum ich mich zu einer Risikobereitschaft herausgefordert, um das emotional noch überhaupt nicht geklärte Handeln angstfrei und geduldig zu begleiten. Frau K. nahm mich mit in ihren Rhythmus von waghalsigem Absprung, In-der-Luft-Schweben und dem Vertrauen auf eine gute Landung.

Bettina Hahm

Familiengeschichte

Frau K. ist das älteste Kind ungarischer Einwanderer. Ihre Eltern hatten sehr jung geheiratet (21 und 17 Jahre alt) und 14 Jahre vor Aufhebung der Ost-West-Grenze ihr Land verlassen, um in Deutschland ihr Glück zu suchen. Der damals 21-jährige Vater war ehrgeizig, er wollte Ingenieurwissenschaften studieren und Karriere machen. Er entstammte einer ungarischen Minderheit im ehemaligen Jugoslawien, weshalb er ausreisen durfte. Seine Frau lernte er auf einer Familienfeier in Budapest kennen. Sie war damals 15 Jahre alt. Zwei Jahre später heirateten sie. Die Mutter habe die Aussicht von zu Hause fortzugehen »spannend« gefunden. Über den Verlust an Heimat habe sie »wie alle Jugendlichen« nicht nachgedacht. In Deutschland machte sie eine Ausbildung zur chemisch-technischen Assistentin. Der Vater der Patientin fand gleich nach seinem Studienabschluss eine gute Anstellung und habe seitdem immer und sehr fleißig gearbeitet. Beruflicher Erfolg und Leistung seien für ihn überhaupt das Wichtigste. Zehn Jahre, über die die Patientin wenig weiß, lebten die Eltern ganz in ihrer Arbeit. Warum sie erst so spät Kinder bekamen und auf wessen Wunsch, weiß sie nicht. Die Mitteilungen über das Leben der Eltern in ihrer Anfangszeit in Deutschland sind spärlich und nur auf Nachfragen zu erhalten. Frau K. wirkte zunächst nicht besonders interessiert daran. Nach der Geburt der Patientin kamen noch zwei Brüder im Abstand von jeweils drei Jahren zur Welt. Schon bald nach der Geburt der Patientin nahm der Vater Auslandsaufträge an, die ihn über Wochen ins Ausland führten, nach Asien, Amerika usw. Er habe das wohl getan, um die Familie besser versorgen und ein Haus bauen zu können. Aus Sicht der Patientin war er »immer abwesend«. Denn auch wenn er im Inland war, sei er selten zu Hause gewesen. Und war er da, gab es Streit. Er sei sehr streng, sehr fordernd gewesen, er habe sich nur für die Leistungen der Kinder interessiert, für nichts sonst, und stets habe er etwas zu kritisieren gehabt. Die Mutter sei unglücklich über seine Abwesenheit gewesen, zumal sie vermutete, dass ihr Mann im Ausland Verhältnisse zu anderen Frauen unterhalte. Zu Recht, wie sich später herausstellte. Sie sei so hilflos gewesen, dass die Patientin der Mutter nie von eigenen Nöten erzählte, sondern selbst die Mutter, die ihre Nöte der Patientin anvertraute, stützen musste. Ihren Brüdern gegenüber habe sie die Vaterrolle übernommen, sie zurechtgewiesen, getadelt und zu Hausaufgaben angehalten. Diese Funktion wurde umso heftiger eingefordert, je mehr die Ehe sich verschlechterte. Als die Patientin zwölf Jahre alt war, kam es zum endgültigen Bruch. Geschieden wurde die Ehe, als sie 18 Jahre alt war, zu ihrer großen Erleichterung. Der Vater zog aus. Er zeigte sich in der Sache loyal, zahlte zuverlässig Unterhalt und hielt regelmäßig Kontakt, d.h., er kam zu besonderen Anlässen zu Besuch. Besonders angenehm seien diese Treffen nicht gewesen. Aus dieser von Angst und Spannung geprägten Atmosphäre der Kindheit blieb vor allem das Bild des abwesenden Vaters erhalten, der sich in der Ferne mit anderen Frauen vergnügte und nach dem die Patientin sich hoffnungslos sehnte.

Frau K. hatte sich seit ihrem 13. Lebensjahr einer Clique, die sich mit hohem Ehrgeiz gemeinsam an Snowboard-Wettbewerben beteiligte, angeschlossen, zu der zeitweilig auch ihre Brüder gehörten wie auch eine ungarische Freundin, die ihr sehr nahe stand. Sie verliebte sich in den Leiter der Gruppe und habe alles daran gesetzt, mit ihm zusammenzukommen. Das sei ihr trotz Rückschlägen schließlich auch gelungen. Sie habe bei ihm Geborgenheit und Sicherheit gefunden, es sei eine sehr harmonische Bindung gewesen. Ihr Sport war das Wichtigste in ihrem Leben, sie legte es darauf an, exzellente Leistungen zu bringen, um etwas Besonderes zu sein und ihre Zugehörigkeit zur Clique zu sichern, und tat sich durch besonderen Wagemut hervor.

Im äußeren Leben:
Rasante Veränderungen im ersten Therapiejahr

Im ersten Therapiejahr hat Frau K. sehr schnell sehr einschneidende Änderungen in ihrem Leben vorgenommen, und damit, wie oben erwähnt, die Therapeutin in eine verblüffte Zuschauerposition gebracht. Es fehlte die Rückanbindung an innere Prozesse, aber wie sollte man das thematisieren, wenn sie keinen Zugang dazu zu haben schien? Frau K. trennte sich von ihrem Freund. Sie verstand zwar nicht, warum sie diese glückliche Beziehung aufgeben musste, aber sie musste es tun. Danach hat sie ihn nie wiedergesehen. Sie zog von zu Hause aus, in die nahe Großstadt, getrieben vom dringenden Bedürfnis, »unbedingt das Leben zu genießen, frei zu sein«, »etwas Interessantes zu erleben, auf das ich im Alter zurückschauen kann«. Wenig später war sie tief bestürzt, dass sie »das Freisein nicht unbeschwert genießen« konnte und immer noch traurig an den Freund denke. Sie verstand auch nicht, warum sie sich einsam fühlte, obwohl sie jetzt doch in einer WG lebte. Einige Monate später zog sie in eine andere WG um. Im Nachhinein zeigte sie sich ganz überrascht, »von dieser sehr netten WG *mit Freuden* aufgenommen« zu werden. Ihren Wunsch nach mehr Wärme und Kontakt im Zusammenleben hatte sie vorab nicht formulieren können. Die Patientin orientierte sich an Vorstellungen (WG = Kontakt), ohne diese aber mit ihren Gefühlen (Gefühl von Einsamkeit bzw. Wärme) verbinden zu können. Kontaktscheu, Ängstlichkeit, Scheu vor Intimität und zugleich eine starke Sehnsucht danach kamen nach und nach hinter ihrer lebensfrohen Fassade zum Vorschein. Es dauerte, bis die Patientin engere Kontakte zu Mitbewohnern und später, als sie studierte, zu Kommilitonen zuließ. Zwei Freundschaften vertieften sich nur langsam, sind aber mittlerweile neben der Therapie zu verlässlichen Stützen für den emotionalen Austausch geworden. Nach einer unglücklich verlaufenen Liebesgeschichte konfrontierte sich die Patientin mit ihren erheblichen Unsicherheiten in Bezug auf Weiblichkeit und Attraktivität.

Nach einem Jahr kündigte Frau K. auch ihre Arbeit als Mediengestalterin. Diesmal hatte sie sich etwas mehr Zeit zum Reflektieren gelassen. Aber letztlich blieb sie auch hier voller Zweifel. »Es ist leichte Arbeit, guter Verdienst, warum kann ich nicht damit zufrieden sein?« Aber – etwas fehlte. Also kündigte sie und schrieb sich für ein Studium der Sportwissenschaften ein. Sie freute sich sehr darüber, dass ihr Vater ihr finanzielle Unterstützung zusicherte. Ihr Wunsch zu studieren schuf eine Verbindung zu ihm, sie war dankbar für seine Anteilnahme. Den Großteil ihres Lebensunterhalts musste sie dennoch selbst finanzieren, sie arbeitete als Verkäuferin in einem Sportbekleidungsgeschäft. So kam es, dass sie zwei Jahre lang wegen ungünstiger Dienstzeiten, Examina, sportlicher Auftritte oder Auslandspraktika häufig Termine, manchmal über mehrere Wochen hinweg, absagen musste. In dieser Zeit berichtete sie immer wieder einmal davon, wie gut sie ins Studium hineinwachse und dass es das Richtige für sie zu sein scheine.

Neue innere Räume durch »Migrationsdeutungen«

Nachdem Frau K. auf energische Weise Fakten geschaffen hatte, die ihr in der äußeren Realität neue Räume eröffneten, bot ihre häufig traurige Stimmung einen Ansatzpunkt, auch auf psychischer Ebene nach neuen, *inneren* Räumen zu suchen. Diese zu erschließen war weit schwieriger. Die Patientin saß wie stets mit verschränkten Beinen auf der Couch, guckte mich ratlos an, während ihre Augen sich mit Tränen füllten. Sie verstand sich selbst nicht. Sie versuchte aber auch nicht, diesen Zustand vollkommener Ratlosigkeit durch rationalisierende Erklärungen zu füllen. Therapeutin und Patientin waren gleichermaßen damit konfrontiert, vor etwas Unlösbarem zu stehen. Für eine Weile musste man sich darauf verlassen, dass die Therapie immerhin den Rahmen bot, das Durcheinander von Trauer, Unzufriedenheit, Enttäuschung, Wut, Nichtverstehen auszusprechen und zu beschreiben – immerhin ohne den Druck, »das Leben genießen« zu müssen.

Obwohl Lösungen nicht in Sicht waren, kam die Patientin gern. Auch wenn sie häufig absagen musste, versäumte sie nie, dies pünktlich und korrekt zu tun. Die Sitzungen bedeuteten ihr viel. Das Containment erlaubte ihr, ein Gefühl für ihre eigene Orientierungslosigkeit zu entwickeln. Nach und nach zeichnete sich ein Zusammenhang zwischen ihrer Abwehr von Leid und der Lebenssituation im Elternhaus auf. Dort habe sie der »Sonnenschein« sein müssen. Dies habe eigenen Kummer und Klagen nicht zugelassen, noch nicht einmal deren Gewahrwerden. Sie war gewissermaßen auf »Spaßhaben« abonniert, eine Haltung, mit der sie in unbewusstem Einklang mit den elterlichen Identifikationen das Familiengefüge zu stabilisieren versuchte. Der Patientin fiel auf, dass zu Hause nie über Gefühle gesprochen wurde.

Dies gab den Anstoß für »Migrationsdeutungen«, wie ich sie hier nennen möchte. Überrascht vom Aussparen der historischen Dimension, sah ich in dieser Phase die therapeutische Aufgabe darin, auf diese Lücken aufmerksam zu machen und durch Erfragen der Familiengeschichte nach den fehlenden Puzzleteilchen zu suchen. Der leitende Gedanke war, dass sich die biografischen Informationen mit emotionalen Reaktionen verknüpfen und so der fehlende Bezug zu emotional bedeutsamen Themen wie Einwanderung und Heimatverlust hergestellt werden könnte. Die Patientin nahm das zunächst zweifelnd, ohne große Aha-Erlebnisse auf. Aber sie folgt jetzt dieser Anregung und allmählich zeigen einige Veränderungen die implizite Wirkung dieser Deutungen. Die Entdeckung ihres Wunsches nach familiärer Geborgenheit veränderte z.B. ihre Bereitschaft, sich auf neue Kontakte mit Gleichaltrigen einzulassen.

Die Sehnsucht nach Geborgenheit führt zur Annäherung an die Mutter und zur Entdeckung der eigenen Weiblichkeit

Als durch mein Nachfragen Erlebnisse mit der ungarischen Verwandtschaft mütterlicherseits zur Sprache kamen, öffnete ihr dies den Zugang zu einer lebendigen Bindungssehnsucht. Darüber zu sprechen war zwar nicht schambesetzt, aber auch nicht für fremde Augen und Ohren bestimmt. Entsprechend fanden sie »exterritorial« statt: entweder im eigens für Familienfeste hergerichtetem Hobbykeller des Elternhauses oder auf Familienbesuchen in Budapest. Frau K. ließ mich zögernd einen Blick in ihre ungarische Welt tun. Dort sah ich lebhafte Feiern, mit Volksmusik auf der Hammond-Orgel von eigens engagierten Musikern, Tanz und fröhlichen Gesprächen. Die Patientin erschien darin zugleich als glückliche und aktive Teilnehmerin als auch distanzierte Beobachterin. Wie die Mutter und deren Verwandte genoss sie aus vollem Herzen die lebhafte, gefühlvolle Geselligkeit; wie der Vater, der meist am Rande stehen blieb und auf zeitigen Aufbruch drängte, blieb sie in kritischer Distanz. Die ungarische und die deutsche Welt gerieten nicht in Konflikt miteinander, es war eher so, dass sie *nebeneinander* (Akhtar, 2014, S. 98) bestanden. Akhtar würde hier eine für Migrantenidentitäten typische Spaltung zwischen Idealisierung des Herkunftslandes und Abwertung des Einwanderungslandes sehen. Bei der Patientin bestanden sogar zwei Ambivalenzen nebeneinander. Sie identifizierte sich zwar mit Vaters »deutscher« Leistungsorientierung, stand ihr aber zugleich kritisch gegenüber und idealisierte andererseits Mutters »ungarische«, gefühlvolle Seite, an deren Hilflosigkeit sie zugleich litt. Sosehr sie für die Familienwärme in Ungarn schwärmt, sie würde nie dorthin zurückkehren wollen. Und schließlich: So wenig die Eltern zu einem Paar werden konnten, so wenig konnte die Patientin diese doppelten Gegensätze in sich versöhnen. Auf die psychodynamische Ebene übertragen erklärt dies die quälende Stagnation ihrer Entwicklung in Beziehungsdingen. Solange weder die Ambivalenz in der Beziehung zum mütterlichen Objekt, der »ungarischen« Seite, noch die Ambivalenz zum väterlichen Objekt, der »deutschen« Seite, für sich gelöst worden waren, konnte eine Integration dieser beiden Aspekte nicht gelingen. Sie blieben einander fremd und unverbunden.

Nach der Entdeckung der »Sehnsucht nach *richtiger* Familie« und »familiärer Geborgenheit« wurde der Wunsch nach einem warmen emotionalen Austausch zum zentralen Thema der Therapie. In Deutschland fehle diese familiäre Geborgenheit – weil der Vater fehlte, weil die Mutter keine Hilfe war und weil die Patientin selbst »die Vernünftige« sein musste. Sie litt bitterlich an dieser Erkenntnis. Hier fand eine intensive Trauer um Verlust statt, so wie von Akhtar beschrieben. Zum Trost begann sie eine intensive Korrespondenz mit ihrer Cousine in Ungarn. Sie wagte sich darin erstmals an Familien- und besonders Frauenthemen heran und genoss diesen Austausch sehr. Aus dieser neuen Perspektive heraus sah die Patientin auch die Bedeutung der Snowboarder-Clique in einem neuen Licht. Sie wie auch ihre erste – symbiotische – Beziehung sei Ersatz für das fehlende »familiäre Aufgehobensein« gewesen. Diese Einsicht hatte Konsequenzen. Seit ihr es an Motivation fehlte, sich in der Clique durch besondere Leistung – das hieß hier: durch besonders schwierige Sprünge – ihren Platz zu sichern, kroch erstmals Angst in ihr waghalsiges Tun. Sie rang eine Weile mit der Widersprüchlichkeit, dass gerade zu dem Zeitpunkt, als sie zunehmend mehr Anerkennung für ihre sportliche Leistung bekam (mehr Auslandswettbewerbe, mehr Sponsoring), sie erstens die Motivation verlor, »die Beste zu sein« – der Sport an sich mache ihr weiterhin Spaß –, und zweitens ihre angstfreie Unbefangenheit beim Springen einbüßte.

Auf der Suche nach weiterem Verständnis gelangten wir zu dem Gedanken, dass die Patientin die Sehnsucht der Mutter nach dem Vater mit der Muttermilch aufgesogen zu haben scheint. Sie ist ihre eigene Sehnsucht geworden. Als die Patientin begann, über die Identifikation mit der Sehnsucht ihrer Mutter nach dem abwesenden Ehemann zu reflektieren, fragte sie diese erstmals, warum sie nach Deutschland gekommen sei, um die lakonische Antwort zu erhalten, sie sei »so hineingeschlittert«, an Eltern und Heimat hinge man ja ohnehin nicht in der Jugend. Sie sei bei ihrer Heirat schließlich erst 17 Jahre alt gewesen.

Die Beschäftigung mit diesen Themen führte zu einer Annäherung an die Mutter. Allerdings erst, nachdem die Patientin ihrem Zorn und ihrer Enttäuschung, von ihr alleingelassen worden zu sein, Ausdruck geben konnte. Das nahm Monate in Anspruch. Sie war wütend und enttäuscht darüber, dass die Mutter »immer nur als Häschen in der Grube« saß, dass sie sich nicht wehren konnte und es nicht einmal versuchte. »Seit sie denken konnte«, sei Frau K. klar gewesen, dass sie auf die Unterstützung der Mutter nicht rechnen könnte, dass sie von ihr keine Geborgenheit erwarten könnte, sondern vielmehr selbst die Mutter schützen müsste. Dies war zuweilen eine sehr konkrete Aufgabe. Wie oft musste sie die Mutter trösten, wenn sie wegen des Vaters wieder einmal untröstlich weinte, von Eifersucht geplagt wurde oder von ihm im Streit tätlich bedroht wurde. Wie oft habe sie nachts, wenn die Streits wieder sehr laut wurden, im Pyjama auf der Treppe zu den Schlafräumen im Obergeschoß gesessen und darüber gewacht, dass der Mutter nichts passierte. Einmal sei es sogar vorgekommen, dass die Mutter um Hilfe schrie, weil der Vater sie würgte. Es sei ihr gelungen, die Streitenden zu trennen.

Eine gemeinsame Reise brachte eine Wende in der Beziehung. Die Mutter hatte sich darauf eingelassen, ihre Tochter nach einem zweimonatigen Praktikum in Spanien abzuholen. Sie wollten sich in Barcelona treffen. Frau K. war nach einer sehr erfolgreichen Tätigkeit als Surflehrerin ohnehin glücklich und freute sich nun umso mehr über das Entgegenkommen der Mutter. Sie gingen zusammen bummeln, Kleider einkaufen. Dies war etwas Neues für Frau K. Zum ersten Mal sah sie sich als Frau und hatte Lust, sich Kleider auszusuchen, die ihre Weiblichkeit herausstrichen. Bisher habe sie, getreu der väterlichen Maxime von Sparsamkeit, nur die von Sponsoren geschenkte Sportkleidung getragen. Deshalb also lief sie immer in der bunten, unförmigen Snowboarder-Kleidung herum, die mehr an ein Kind im Sandkasten als an eine junge Frau denken ließ. Man erfuhr nun, dass die Mutter stets sehr geschmackvoll und gut gekleidet sei, und dass es ein typischer Zug ungarischer Frauen sei, sehr auf die äußere Erscheinung zu achten und »Weiblichkeit in besonderer Weise zu inszenieren«.

Aus dem spielenden Kind wurde sichtbar eine Frau – und zwar eine schöne Frau. Das frische Gesicht, die leuchtende Vitalität und eine gewisse kraftvolle Anmut in der Bewegung wurden nun von der Patientin sehr reizvoll »inszeniert«. Es war zu sehen, was sie von sich sagte: Sie hatte ihre Weiblichkeit entdeckt. Zugleich kündigte sich eine ödipale Thematik an, nämlich in der neu thematisierten Konkurrenz zu anderen Sportlerinnen oder der erotisch getönten Sehnsucht nach dem Vater, »der sich für seine Tochter als Frau interessieren« sollte. Es änderte sich zugleich ihr Bild von der Mutter. Sie war nicht mehr das »Häschen in der Grube«, sondern eine verständnisvolle Frau, der es gelungen war, sich in ihrem Leben in Deutschland zufriedenstellend einzurichten, mit einem netten Freundeskreis und Hobbys, denen sie gerne nachgeht. Die Patientin hatte also nicht nur ihre eigene Weiblichkeit, sondern auch die Persönlichkeit ihrer Mutter entdeckt. Die Wiederentdeckung der zurückgelassenen Verwandtschaft war dafür ein wichtiger Auslöser gewesen.

Ankommen im eigenen Leben: Heimweh statt Fernweh

Ein halbes Jahr später erfüllte Frau K. sich mit einem fünfmonatigen Studienaufenthalt in Portugal einen lang gehegten Traum. Auslandserfahrung stand bei ihr für »Leben«. So hatte sie es schon in den ersten Sitzungen beschrieben. Sehr zu ihrer Überraschung führte das Studienhalbjahr in Portugal aber zu einem Wandel dieser Einstellung. Sie stellte fest, dass sie sich nicht in der Ferne, sondern »daheim in Deutschland« am wohlsten fühlte. Sie hatte nun ein Gegengewicht gegen das bisherige Fernweh gefunden, das auf eigenen Erfahrungen beruhte, es ist ihr eigener Lebensentwurf und sie genießt ihn. Rückblickend erscheint es, als habe sie das Fernweh von den Eltern, besonders vom Vater, übernommen gehabt. Für *deren* Lebensentscheidungen war es nachhaltig prägend gewesen. Die Patientin fühlt sich nun wirklich in *ihrem* eigenen Leben angekommen. Damit hat sich ein Akt der Desidentifizierung mit elterlichen Vorbildern vollzogen, wie ihn Faimberg als Voraussetzung für eine persönliche Entwicklung des Selbst sieht (Faimberg, 2005). Die Patientin genießt ihre enge Verbundenheit mit Freundinnen, fühlt sich im Studium verankert und erlebt auf neue, höchst befriedigende und stützende Weise die Kontakte zu ihrer Familie, d.h. vor allem zur Mutter und zu ihren Brüdern. Auch mit dem Vater gelingt ihr eine vorsichtige Annäherung.

Aus Portugal brachte die Patientin außerdem eine veränderte Auffassung von Leistung mit. Sie hat dort gelernt, sich nicht nur von Pflichtgefühlen, sondern auch von Wünschen und Bedürfnissen leiten zu lassen. Seitdem unterwirft sich nicht mehr so absolut ihren Zeitplänen, sondern kann »schon einmal etwas abgleiten lassen und Prioritäten setzen«. Damit hat sie sich vom väterlichen Leistungsideal abgesetzt. In allen Lebensbereichen verschiebt sich ihre von Über-Idealen geprägte Lebenssicht auf eine realistischere Wahrnehmung von Beziehungen. Sie werden dadurch wärmer und gehaltvoller. Die Beziehung zur Mutter ist offener, »freundinnenhaft« geworden. Sie kann mit ihren Liebesgeschichten zu ihr kommen (auch wenn sie sich oft ärgert, dass die Mutter ihren Kummer zu leichthin abtut oder sie gar »aufbauen« will; sie will nicht aufgebaut werden, sie will mit Empathie gehört und getragen werden). Die Verantwortung für ihre Brüder kann sie inzwischen abgeben, stattdessen hat sich ein entspanntes Verhältnis gegenseitiger Wertschätzung eingespielt. Jeder von ihnen ist im eigenen Leben angekommen. Der mittlere Bruder kann sich frei zu seiner Homosexualität bekennen. Der Vater ist zugänglicher, seit er eine nette Freundin und einen kleinen Hund hat, um den er sich liebevoll kümmert (»viel besser als um uns«). So sind die Beziehungen im Leben der Familie gut sortiert. Der emotionale Austausch ist in Fluss gekommen. Sie fühlt sich, mit Einschränkungen, von ihrer Familie emotional gestützt. »Leistungen« in Studium und Sport haben ihre existenzielle Wichtigkeit verloren. Die Patientin ist freier im verbalen wie nonverbalen Gefühlsausdruck geworden. Es sind bisher keine Panikattacken mehr aufgetreten, auch wenn die Angst davor weiterhin besteht, ebenso wie ein allgemeines Entfremdungsgefühl. Und dennoch: So positiv diese Veränderungen auch sind, sie scheinen nicht den Kern zu erreichen.

Unaufgelöstes

»Alles wäre wunderbar in Ordnung, wären nicht die schlaflosen Nächte.« Dass bei dem anspruchsvollen Programm von Job, Studium und Sport nicht enden wollende

»To-do-Listen« Frau K. auch nachts umtreiben, könnte man noch verstehen, wäre die Angst vor den Folgen der Schlaflosigkeit nicht so überdimensioniert. Die Patientin fürchtet, dadurch derart geschwächt zu werden, dass sie anfällig für schwere Krankheiten werde, oder sogar verrückt. Sie habe ihre an Alzheimer erkrankte Großmutter (väterlicherseits) vor Augen. Diese Angst ist unmittelbar und gebieterisch, sie lässt sich durch nichts auflösen. Es bleibt ein unauflösbarer Problemkern bestehen, der sich nicht erfassen lässt. Meist präsentiert er sich als ein Etwas, gegen das die Patientin anrennt, was sie verzweifeln lässt und zu Tränen bringt. Gleichzeitig bleibt dieses Etwas hart, unzugänglich und verschlossen. Es sind Situationen, die Therapeutin und Patientin abverlangen, das Nichtverstehen zu ertragen.

In der ersten Phase hatten Verbindungen zur verdrängten Herkunft viel in Bewegung gebracht. Nun fokussierte die Behandlung auf die scheinbare Unmöglichkeit, enge, partnerschaftliche Beziehungen eingehen zu können. Es war für die Patientin klar, dass sie einem Mann in ihrem Leben einen verbindlichen Platz einräumen und mit Leidenschaft dabei sein wollte und deshalb oberflächliche Beziehungen nicht infrage kämen. Aber welcher Mann wolle schon eine Frau mit einer so großen Geborgenheitssehnsucht und einer solchen Erwartung an Verbindlichkeit? Ihr Suchbild schien nicht in die gegenwärtige Jugendkultur zu passen. Folgte sie vielleicht einem ungarischen Muster von Ehevorstellungen? Mit kulturbezogenen Deutungen kamen wir diesmal nicht weiter.

Entweder ein Mann verliebte sich in sie, war nett und umgänglich und langweilte sie, oder sie verliebte sich in einen Mann, der alle ihre Sinne schärfte, aber nicht zu haben war. Sie erlebte die »Unmöglichkeit« einer Partnerbeziehung ähnlich quälend wie früher das Gefühl, nicht im eigenen Leben zu Hause zu sein. Wie damals hatte ihr Leiden die Qualität eines Ausgeschlossen-Seins. Sie stand vor diesem Rätsel wie vor einer verschlossenen Tür. Nächtelanges Grübeln half nicht weiter, zermürbte sie jedoch. Nach wie vor ist die Patientin überzeugt, dass der Weg zu einer befriedigenden Partnerschaft nur über eine Klärung ihres Verhältnisses zum Vater führt. Deshalb ist es nun an der Zeit, den Vater der Patientin vorzustellen.

Der Vater

Seine zentrale Eigenschaft ist aus Sicht der Patientin seine »Abwesenheit und das völlige Desinteresse« an seinen Kindern – mit Ausnahme ihrer schulischen Leistungen. Was den Kindern Spaß machte, z.B. Sport, in dem sie alle drei brillierten, galt ihm nur als Freizeitvergnügen, verachtenswerte »Zeitvergeudung«. Es blieb schwer verständlich, warum der Vater, dem Leistung und Ehrgeiz so viel bedeuteten, dem sportlichen Ehrgeiz seiner Tochter und ihren hervorragenden Leistungen auf diesem Gebiet so wenig abgewinnen konnte. Trotz aller Enttäuschungen nimmt er den zentralen Platz in ihrem Herzen ein. Frau K. leidet heftig unter ihrer unerfüllten Sehnsucht nach ihm. Diese nahm immer wieder breiten Raum in der Therapie ein, wie ein unverrückbares, beschädigtes Möbelstück, das man weder wegschieben noch nutzen konnte. Als »abwesender Vater« nahm der Vater viel Raum ein, auch den, der für einen Partner zu vergeben wäre. Gleichzeitig scheiterten Versuche, mehr über ihn zu erfahren. Erkundigungen nach seinem biografischen Hintergrund, die Motive für die Auswanderung, seine Interessen und persönliche Neigungen führten kaum weiter. So fixiert Frau K. auf ihren Vater auch ist, sie kann ihr Interesse nicht mit Informationen füllen, sie weiß kaum etwas über ihn, seine Heimat, Jugend und Familie. Nur allmählich differenzierte sich das Bild der »ungarischen« Familie nach väterlicher und mütterlicher Familie. Während die mütterliche Familie aus Budapest, mit dem »kleinen hübschen Häuschen der Oma, in dem sich alle trafen«, lebendiges Zentrum und Inbegriff von Heimeligkeit und Geborgenheit war, hatte die Familie des Vaters keineswegs diese Ausstrahlung. Sie sei »schon früher« – wann genau weiß die Patientin nicht – ausgewandert. Obwohl sie in unmittelbarer Nachbarschaft wohnten, sehe man sich selten. Zwar besuche man die väterliche Verwandtschaft zu den üblichen Fest- und Geburtstagen, aber gern gehe Frau K. nicht dorthin, sie fühle sich dort nicht wohl. Es sei unpersönlich und streng, ein anderer Menschenschlag. Ob dies vielleicht mit ihrer Herkunft und Geschichte zu tun hat? Diese Frage hat sich die Patientin nie gestellt.

Die Familie des Vaters entstammt einer ungarischen Minderheit in Serbien, einer Region, die während und nach dem Zweiten Weltkrieg wechselseitig schlimme Massaker, Schikanen und Vertreibungen zwischen Serben, Ungarn und Deutschen erlebt hatte. Nur so viel war herauszufinden: Seine Eltern besaßen ein Wirtshaus, man habe sparsam leben müssen, aber sein Auskommen gehabt. Sie wisse nichts über die Gründe der Auswanderung. Man gewinnt nicht den Eindruck, es sei für sie von Interesse. Sein Privileg, als »Jugoslawe« während der damals noch bestehenden Ost-West-Grenze in den Westen reisen zu können, anders als die Ungarn im Stammland, erwähnt sie nur nebenbei. Vielleicht hat es zu seiner Attraktivität für seine junge Braut beigetragen? Man erfährt wenig über die Motivation des Vaters, in den Westen und in alle Welt zu reisen. Seine vielen Auslandsdienste, die die Familie belasteten, habe er stets mit der Notwendigkeit gerechtfertigt, für die Familie sorgen zu müssen. Erst jetzt erlaubt sich die Patientin den Gedanken, dass es auch seinem unerschöpflichen Fernweh entgegengekommen sein könnte. Kein Wort darüber, ob es ihm schwer gefallen sei, seine junge Frau allein zu Hause zu lassen, die deutsche Sprache zu erlernen, sich im neuen Land zurechtzufinden, jahrelang nicht in die alte Heimat zurückfahren zu dürfen.

Als die Eltern beschlossen hatten, Kinder zu bekommen, war der Vater beruflich schon so gut etabliert, dass er ein Einfamilienhaus kaufen konnte. Nach seinem Auszug blieben seine Frau und die Kinder darin wohnen. Die Patientin empfand ihre Übernahme der väterlichen Erziehungsfunktion bei den Brüdern als schwere Bürde.

Es gelang ihr gut, aber isolierte sie vom geschwisterlichen Zusammenhalt. Vor allem ging ihr sehr nahe, dass die Brüder ohne väterliche Führung aufwachsen mussten. Sie selbst habe als Älteste wenigstens noch etwas mehr von seiner Autorität mitbekommen. In der Pubertät habe sie als Einzige in der Familie die Auseinandersetzung mit ihm gewagt, sie habe viel mit ihm gestritten, wenn er einmal zu Hause war. Es waren Erlebnisse, die ihr ein Gefühl von maskuliner Selbstbehauptung und Bestimmtheit gaben. Diese positiven Identifizierungen wurden konterkariert durch sein Desinteresse. Die Patientin habe immer wieder um seine Anerkennung gerungen. Bis heute ist es für ihr Selbstgefühl von größter Bedeutung, ob Begegnungen und Aussprachen mit dem Vater gelingen. Das Bild, das sie von ihm hat, bleibt bis heute – mit Ausnahme der Stichworte »Abwesenheit« und »Sehnsucht« – sehr unpersönlich. Vielleicht hat im Bild des Vaters als »Abwesendem« das eigene seelische Verlorenheitsgefühl seinen Platz gefunden. Es ist vielleicht der Ort, an dem die Patientin ihr Gefühl, bei sich selbst nicht zu Hause zu sein, extern lokalisieren und beschreiben kann. Dafür spricht die meist plakative Beschreibung der väterlichen Person, hinter der differenziertere Eigenarten verschwinden.

In letzter Zeit beginnt allerdings auch die Beziehung zum Vater eine neue Wende zu nehmen. Dazu tragen auch Veränderungen in seinem Leben bei. Nach seiner Verrentung sei er aus dem Ausland wieder in den Heimatort gezogen und »sesshaft geworden«. Er habe »eine nette Frau, eine Russin« geheiratet, das trage sicher dazu bei, dass er milder geworden sei. Er zeige sich offener für die Themen der Patientin und biete ihr gelegentlich seine Hilfe an. Darüber freut sich Frau K. jedes Mal und verzweifelt dennoch immer wieder an seiner »Sachlichkeit«. Sie kann es jetzt aber als seine Einschränkung sehen, ohne sich sofort und grundlegend abgelehnt zu fühlen. Anzeichen seines Interesses berühren sie und helfen ihr, seine Unzugänglichkeiten im Kontakt besser zu ertragen. Der Vater ist nicht mehr der »Böse vom Dienst«. Zum ersten Mal kommt zur Sprache, dass er einen Bruder hat, der in Serbien geblieben ist. Der Vater hält ihn zwar für einen Versager, sorgt sich aber um ihn und unterstützt ihn finanziell. Dieser Bruder sei ganz anders als der Vater, er sei herzlich, einfühlsam und umgänglich. Wie bei der Mutter erwärmt und belebt sich das Bild, wenn Stellvertreter der ungarischen Heimat darin erscheinen.

Sehnsucht

Die innere Begegnung mit der ungarischen Herkunft hat Frau K.s Verständnis für ihre eigene Emotionalität sehr erweitert, es brachte Farbigkeit in ihr Leben. Sie entdeckte in ihren Erinnerungen an Familientreffen eine Herzlichkeit, eine Emotionalität und einen intensiven Austausch wieder, die sie zu einem neuen und sichereren Gefühl der eigenen (»ungarischen«) Identität führten. Daraus entwickelte sich ein Verständnis für ihre »Sehnsucht nach Familie«, nach der Geborgenheit enger, lebhafter, familiärer Bindung. Frau K. erkennt diese Sehnsucht als Angelpunkt in ihrem Leben. Sie sei das Motiv ihrer Beziehungen zur »Clique« und zum ersten Freund gewesen, stellt sie rückblickend fest. Was bleibt, ist die unaufgelöste Sehnsucht nach dem Vater. Sie entzieht sich bisher allen Erklärungsmöglichkeiten.

Die Hypothese einer unaufgelösten ödipalen Beziehung greift zu kurz. Es wäre eine plakative Einordnung, die in Bezug auf die Patientin aufgesetzt wirkt, ein theoretischer Gedanke, der sich nicht aus der Therapie heraus entwickelt hat. Es ist vielmehr zu fragen, wie die Sehnsucht nach mütterlicher Geborgenheit und die Sehnsucht nach Anerkennung durch den Vater miteinander in Verbindung stehen. Sie verkörpern jeweils eine andere Art von Nähe. Man könnte sagen, die Mutter verkörpert familiäre Geborgenheit, der Vater dagegen die Sehnsucht nach dem Fernen, nach einer erotischen Beziehung. Die Elternbilder wären demzufolge dem Spannungsfeld zwischen präödipaler und ödipaler seelischer Organisation zuzuordnen, und diese wären wie die Eltern selbst ohne innere Verbindung. Bei näherem Hinsehen wird es komplizierter.

Es wäre denkbar, dass die Patientin noch weitgehend in der dyadischen Beziehung gebunden ist und sich mit der Sehnsucht der Mutter nach dem Vater identifiziert hat. Das Leiden unter seiner Abwesenheit wäre ein Verbindungsstück zur Mutter. Es könnte aber auch eine Form sein, in die sie eigene Gefühle von Verlassenheit gießen kann. Vielleicht ist der Vater in seiner Haupteigenschaft als »Abwesender« Stellvertreter für die innere Abwesenheit der Mutter aus der frühen Kindheit, als die junge Frau, allein mit ihrem ersten Kind, sich mehr denn je nach dem schützenden Umfeld ihrer eigenen Familie sehnte, die unerreichbar hinter dem Eisernen Vorhang wohnte. Später in der Kindheit hat die Patientin die Mutter jedenfalls als abwesend erlebt, in dem Sinne, dass sie nicht für sie ansprechbar war. Sie hat dies nie beklagt, sondern als unumgänglich konstatiert.

Es wäre aber auch denkbar, dass »Sehnsucht« ein Wort ist für das generelle Mangelgefühl, das die Patientin empfindet in Bezug auf das eigene Selbst. Sie kann sich selbst nicht immer sicher spüren. Dieses Mangelgefühl taucht in ihren Sehnsüchten nach einem richtigen »Leben« und in den Krankheitsängsten auf. Es wäre zu interpretieren als ein durch den Anpassungsdruck, der auf der Familie lastete, erzeugtes »Falsches Selbst«. Da keines der denkbaren Probleme mit Grenzwechsel, der Andersartigkeit der familiären Kultur im Vergleich zur neuen Umgebung, der neuen Sprache jemals thematisiert wurde, wird vermutet, dass die Patientin die abspaltende Haltung ihrer Eltern als Fremde im Gastland verinnerlicht hatte und auch heute noch in einer Weise in sich trägt, durch die Intimität und Vertraulichkeit verhindert wird, und zwar sowohl in der alten wie in der neuen Heimat, einschließlich des Verhältnisses zu sich selbst. Ein Beispiel mag das illustrieren. Erst vor Kurzem kam – vollkommen beiläufig – zur Sprache, dass im Elternhaus *nur* Ungarisch gesprochen wurde (und wird), in Ungarn die Patientin aber durch Fehler auffiel, weil sie die ungarische Sprache ohne jede Grammatik erlernt hatte. Diese Information kam für mich völlig verblüffend. Nicht nur deshalb, weil Frau K. es bisher nicht der Rede wert gehalten hatte, es zu erwähnen, sondern auch, dass ich nie danach gefragt hatte. Es ist, als ob diese spürbar »fremde« Eigenart aus unserem Diskurs herausgehalten werden sollte. Als Frau K. es erwähnte, fühlte ich mich enttäuscht, ausgeschlossen aus dem Leben der Familie, die ich nun doch schon so lange zu verstehen versuchte. Das höchstpersönliche Identitätsmerkmal der Muttersprache war in unserem Diskurs nie thematisiert worden, und diese Tatsache selbst blieb ebenfalls unbemerkt.

Es wird als neue Hypothese formuliert, dass es sich bei den unlösbaren Komplexen um komplexe Identifizierungen mit den Eltern handelt, die die Patientin als Fremdkörper mit sich herumträgt, an die sie aber nicht herankommt, da sie übernommen und nicht aufgrund eigener Erfahrungen entstanden sind. Deshalb tappen Therapeutin wie Patientin oft im Nebel, wenn es darum geht, die Gefühlswelt der Patientin zu begreifen. Die Identifizierung mit stummen Identifizierungen der Eltern im Sinne von Haydee Faimbergs »Telescoping of Generations« (Faimberg, 2009) wird im übernächsten Abschnitt dargestellt. Sie impliziert eine andere therapeutische Vorgehensweise. Den Weg dazu hat eine neue Partnerbeziehung der Patientin gebahnt, die im folgenden Abschnitt vorgestellt werden soll.

Partnerbeziehung

Vor eineinhalb Jahren lernte Frau K. einen Mann kennen, dessen Werben sie schließlich nachgab. Ein ehrgeiziger, gut aussehender junger Mann, der ihr Interesse am Sport teilt und insgesamt ihrem Selbstbild entspricht. »Es war alles perfekt.« Und doch hat sie größte Zweifel. Seine beruflichen Ambitionen führen ihn oft für Wochen ins Ausland, ein Déjà-vu für die Patientin. Wenn er vor Ort ist, investiert er viel Zeit in die Pflege seines großen Bekanntenkreises. Sie fühlt sich »als ein Termin unter anderen«. Daraus ergeben sich wiederkehrende, intensive Auseinandersetzungen. Sie werden in der Regel durch ein Aufwallen von Eifersucht oder Sich-abgewiesen-Fühlen der Patientin ausgelöst. Sie quält sich damit, durch ihr »verrücktes Verhalten womöglich beziehungsuntauglich« zu sein und den Mann zu vertreiben. Frau K. fühlt sich so abhängig von seiner Zuneigung, dass sie Angst hat – im Bestreben, die Beziehung um jeden Preis zu bewahren –, »sich selbst aus den Augen zu verlieren«. Immer wieder spricht sie von der Notwendigkeit, ihre »Ecken und Kanten zu behalten«. Aber tatsächlich falle es ihr schwer, Wünsche oder Widersprüche spontan zu zeigen.

Frau K. schwankte hin und her in der Beschreibung ihrer Lage. Sie wusste nicht, welcher Sichtweise sie glauben sollte. Ist *er* zu selbstbezogen, oder ist *sie* zu abhängig? Es fehlte ihr ein innerer sicherer Selbstbezug, auf den sie sich verlassen könnte. In der Not dieser unlösbaren Fragestellungen griff sie auf die kulturellen Zuschreibungen zurück, die sie in der Therapie kennengelernt hatte. So entdeckte sie jetzt ihre temperamentvoll-emotionale »ungarische« Seite wieder und machte sich dadurch Mut, ihren Gefühlen zu glauben. Zuweilen wirkte dies wie ein von außen angepasstes Hilfsmittel, das sie meiner Initiative entlehnt hatte. Aber dieser Rückgriff half tatsächlich ein Stück weit, ihrer Selbstvergewisserung Halt zu geben. Frau K. getraute sich, mehr aus sich herauszugehen. Solange es ihr gelang, bei dieser deutlich definierten Warte zu bleiben, konnte sie ohne Angst, sich im anderen zu verlieren, nachvollziehbar die narzisstische Unerreichbarkeit des Mannes beschreiben. Er habe sich »aufgrund seiner eigenen Lebensgeschichte angewöhnt, sich nicht aufzuregen, sondern immer seinen Gleichmut zu wahren«. *Anders* als sie habe er nicht gelernt, dass man sich vor Emotionalität und heftigen Auseinandersetzungen nicht zu fürchten habe. Diese selbstbewusste Position konnte aber schnell der Fassungslosigkeit gegenüber der eigenen Tollheit weichen, eine so gute Beziehung durch »unnötige, unnormale Eifersucht« zu gefährden. *Er* habe »volles Vertrauen zu ihr und sei nie eifersüchtig«. *Sie* weiß nicht, soll sie dafür dankbar sein oder sich darüber ärgern? Eigentlich kränkte es sie, dass er nicht eifersüchtig ist, es widerspricht ihrer Erfahrung. Dem »Stets-gut gelaunt-Sein« ihres Partners gegenüber erlebte die Patientin sich in solchen Momenten sehr negativ, als »launisch, hysterisch, problematisch, depressiv, impulsiv.« Als Zuhörerin dieser wechselnden Ansichten sah man sich einem geschlossenen System gegenüber, in dem äußere Referenzpunkte, die das Schwanken ausgleichen könnten, weitgehend fehlten. Dass Frau K. ein von mir ins Gespräch gebrachtes Hilfsmittel, die »Migrationsdeutung«, aufgreift, um sich zu stabilisieren, zeigte, dass sie sich allmählich ihren Bedürfnissen nach Halt in der therapeutischen Beziehung öffnete.

Die Patientin hatte in dieser Phase sehr deutlich gemacht, dass sie die Therapiestunden braucht. Sie nutzt sie, um ihren Wahrnehmungen nachzuspüren, die in der konkreten Konfliktsituation von Ängsten und Schamgefühlen überlagert gewesen waren. Dabei lernt sie zwischen eigenen und fremden Sichtweisen zu unterscheiden. Mittlerweile kann sie in der Position ihres Partners eigene Anteile erkennen wie den Leistungsbezug oder das »Immer-gut-drauf-Sein«. Je mehr sie ihren Partner als Stellvertreter eigener narzisstischer Seiten sehen kann, desto eindeutiger kann sie ihre leidenschaftlichen Forderungen nach mehr »Emotionalität, Wärme, Spontaneität, Toleranz für Fehler und Intimität« als Eigenes artikulieren. In der Opposition zu dem jungen Mann entdeckte sie sich selbst. Das ging bisher gut, weil beide sich sehr schätzen und die Geduld zu langen, selbsterforschenden Diskussionen aufbringen. Wie lange die Paarbeziehung das tragen wird, ist ungewiss. Für die Patientin ist sie zu einem Dialog zwischen ihrem Falschen und ihrem Wahren Selbst geworden. Es vollzieht sich in diesem Prozess eine allmähliche Aufwertung und Integration von Emotionalität (ihre »ungarische« Seite) und eine Distanzierung von der leistungsbetonten, angepassten (»deutschen«?) Seite. Selbst wenn Frau K. eines Tages überzeugt sein sollte, dass sie »bei diesem wie einen Diamanten geschliffenen Mann« immer wieder »wie gegen eine Glasscheibe prallen« würde, hätte sie mit ihm eine wichtige Etappe ihres Weges zur Selbstfindung zurückgelegt. In diesem »extrem anstrengenden Prozess« begegnet sie ihrer tiefen Angst vor Verlust basaler Geborgenheit in neuer Unmittelbarkeit. Das drückt sich im neuen Symptom ihrer fast paranoid wirkenden Eifersucht aus.

Der zentrale Konflikt der Patientin zeigt sich nun auf einer tieferen Ebene als Gegensatz von Objektverlust und Selbstverlust. Die »Angst verrückt zu werden« wird objektbezogen als »wahnsinnige Angst sich selbst« bzw. »ihren Partner, all das Schöne, die Geborgenheit zu verlieren« wahrgenommen. »Ein jäher Abgrund tut sich auf«, wenn sie sich dieser Vorstellung nähert, namenlose Angst erfüllt sie dann. Geborgenheit ist eine geschlossene Kugel – sie formt dazu mit den Händen eine kleine festgeschlossene Kugel –, in der sie (innen) »luftlos eingesperrt« ist oder (draußen) »haltlos durchs Nichts zu fallen« droht. Dies sind die seltenen und bedeutsamen Momente, in denen sich die angepasste Fassade, das Bemühen um gelingende Leistung, auftut und einen Blick auf die innere Verlorenheit freigibt.

Therapeutische Beziehung

Die Atmosphäre der Therapie hat sich verändert, seitdem eine Partnerbeziehung im Leben der Patientin Realität geworden ist. Es ist, als sei die Patientin damit auch in der therapeutischen Beziehung angekommen. Sie nimmt unbefangener und lebhafter auf der Couch Platz, müht sich nicht mehr, den Schein von »Gut-drauf-Sein« zu wahren, sondern zeigt deutlich ihre emotionale Verwirrung. Lebhafte Gefühle wie Lachen und Weinen und Ärger zeigen sich auf ihrem Gesicht und gewinnen an Ausstrahlung. Sie wirken zwar nach wie vor gebremst im Verhältnis zum Potenzial, das man zu erahnen beginnt, aber im Vergleich zu früher ist der emotionale Kontakt viel unmittelbarer und direkter geworden. Die Patientin ist von der drängenden Neugierde beseelt, zu verstehen, was sie so sehr bewegt und beunruhigt. Sie ist nun bereit, die Therapeutin für ihre Bedürfnisse nach Verstehen »zu benutzen« und diesen Wunsch offener zu zeigen.

Lange Zeit war die therapeutische Beziehung dadurch charakterisiert, dass beide wie über einen Graben hinweg kommunizierten. Die Patientin zeigte ihre Ratlosigkeit, die Therapeutin bot Überlegungen dazu an. In Bezug auf die Kindheit und Familiengeschichte waren dies Rekonstruktionen, Angebote, von außen an die Patientin herangetragen, um ihr mögliche Zugänge zu den abgespaltenen Teilen ihrer Geschichte zu bieten. Frau K. war vorsichtig damit, sie »anzuprobieren«. Hinzu kam, dass die Stundenfrequenz aufgrund von Verpflichtungen für Studium, Sport und Job in den ersten drei Therapiejahren oft sehr niedrig war. Die langen Pausen halfen aber vielleicht auch, eine Art Sicherheitsabstand zu schaffen. Es war wie eine stillschweigende Abmachung höflichen Abstandhaltens. Die Patientin war Gast bei mir oder ich bei ihr – beide zögerten, die Schwelle in die jeweils fremde Welt zu übertreten. Es wird vermutet, dass die Patientin eine väterlich identifizierte Pseudo-Autonomie aufrechterhalten musste, um sich vor Verlorengehen in der mütterlichen Dyade, in die sie aufgrund ihrer Geborgenheitssehnsucht geraten könnte, zu schützen. Aber selbst in Zeiten niedriger Frequenz (eine Sitzung pro Woche oder weniger aufgrund von Pausen) wurde die therapeutische Beziehung als tragend erlebt. Vielleicht war sogar die Erfahrung, dass sie lange Abwesenheiten ohne Schaden überstand, wichtig, um das Vertrauen zu festigen. Es mag mit der Geschichte der Patientin zusammenhängen, dass die Beziehung diesen Test bestehen musste.

Mit der Therapie im Hintergrund hat die Patientin in den letzten Jahren so lange neue Lebensformen erkundet, bis sie sich »richtig« anzufühlen begannen. Die Probe aufs Exempel war der lange idealisierte Auslandsaufenthalt, der sie ihr »Zuhause« endlich wertschätzen ließ. Diese neuen Erfahrungen bringt sie jetzt in die Partnerbeziehung ein. Dort entdeckt sie sowohl Möglichkeiten als auch Schwierigkeiten, ein *inneres* Zuhause *innerhalb* einer Beziehung zu entwickeln. In diesem Zusammenhang stellt sich neu die Frage, wie sehr sie sich in der Therapie zu Hause fühlen kann.

Es ist interessant, dass es mir bisher nicht in den Sinn gekommen war, Frau K. zu einer intensiveren, regressiveren Form der Behandlung einzuladen. Ich deute dies als machtvolle Abwehr von Regression innerhalb einer dyadischen Objektbeziehung.

Erst jetzt, nachdem ein Mann in ihr Leben getreten ist, wird eine intensivierte Beziehung zum mütterlichen Objekt gefahrlos möglich. Die damit verbundene regressive Abhängigkeit rückt durch das Auftreten des Dritten in eine erträgliche Dimension. Diese war notwendig, um für eine Triangulierung zu sorgen, die eine Lösung aus der dyadischen Bindung denkbar machte. Erst jetzt kann sich die Patientin direkt auf die Therapeutin beziehen. Im Gegenzug kann auch ich erst jetzt – in der Gegenübertragung – ein Gefühl für meine Bedeutung für Frau K. entwickeln. Die hohe Besetzung des Vaters als *außen*stehendem Objekt – sehr weit außen – war erforderlich, weil sie vor einem Versinken in Mutters Depression und Hilflosigkeit schützte. Dieses väterliche Objekt ermöglichte aber keine wirkliche Triangulierung, weil es nur ein selbst erfundenes Konstrukt gewesen war. Die Patientin hat sich den Vater in Ermangelung gemeinsamer positiver Erlebnisse selbst erschaffen aus Identifizierungen, Rollenübernahme, haltgebenden Konfrontationen, damit er sie vor dem Verlorengehen in der komplexen gegenseitigen Abhängigkeitsbeziehung zur Mutter bewahrte. Die Beziehung zur Mutter wiederum war nicht nur durch Geborgenheitssehnsüchte der Patientin, sondern auch von der mütterlichen Erwartung an eine männliche Partnerersatzrolle bestimmt.

Inwieweit diese Vermutungen zutreffen, kann sich erst innerhalb der weiteren Übertragungsbeziehung und der Gegenübertragung erweisen. Mit dem Eintreten der Patientin in eine Partnerbeziehung hat sich diese Dimension erst eröffnet. Die

Patientin reagierte vollkommen überrascht auf meinen Vorschlag, die Frequenz zu intensivieren. Sie wirkte fast beschämt über so viel unerwartete Nähe, aber doch bereitwillig und erfreut. Ihre Reaktion bestätigte meine Vermutung, dass wir uns bisher an eine Konvention höflich-zugewandten Abstands zueinander gehalten hatten.

Haydée Faimbergs »Telescoping« oder: »Die ollen Teller an der Wand«

Der in den Partnerschaftskonflikten herauskristallisierte harte Kern eines neuen Rätsels, das sich einem deutenden Zugriff verwehrte, ließ mich bei Haydée Faimbergs »Telescoping of Generations« (Faimberg, 2005) Rat holen. Ihr Modell einer unbewussten Weitergabe von elterlichen Identifizierungen zwischen Generationen konnte dort weiterhelfen, wo das Modell einer Identifikation im Sinne von Übernahme von Eigenschaften, um Nähe und Zugehörigkeit (Identität) herzustellen, an seine Grenzen gekommen war. Seitdem die Patientin sich auf eine Partnerschaft eingelassen hatte, wurden in ihr, aber auch in der therapeutischen Beziehung, Gefühle direkt lebendig und eröffneten damit einen emotionalen (und nicht bloß konstruierenden) Zugang zu ihrer inneren Welt. Während es mir vorher oft vorkam, als könnte ich die Patientin und ihre Probleme zwar sehen, aber nicht spüren, als seien sie hinter einer durchsichtigen Schutzfolie verpackt, faltete sich die Folie nun auf und es entstand eine Atmosphäre, in der unbewusste Vorgänge die Übertragung und Gegenübertragung in Gang setzen konnten.

Haydée Faimberg beschreibt im ersten Kapitel ihres Buches, das sie 1985 in Form eines Vortrags auf dem IPA-Kongress in Hamburg präsentierte, die Behandlung eines jungen Mannes, der erst dann in der Behandlung lebendig wurde, als die Therapeutin in ihrer Deutung eine rätselhafte Geste des Patienten und seinen nicht minder rätselhaften Kommentar dazu aufgriff. Faimberg zeigt, wie darin eine dem Patienten unbewusste Identifikation mit der Geschichte des Vaters verborgen lag, die ihn hinderte, sich selbst als unabhängiges Subjekt mit eigener Geschichte wahrzunehmen. Um zu erklären, warum ihm die Mittel fehlten, seine Analyse weiter zu finanzieren, verwies er auf den geringen Kurswert seines Geldes, den er aber anachronistisch mit dem Geldwert zu Vaters Jugendzeiten verwechselte. Dieser hatte damals Dollars an seine in Polen verbliebene jüdische Familie geschickt, die irgendwann nicht mehr abgeholt wurde. Der Patient hatte sich mit dem unerledigten, nie ausgesprochenen Gram seines Vaters identifiziert, dass sein ganzes Geld nicht ausreichte, seine Familie vor dem Tod zu retten. Diese Erinnerung war erst aufgetreten, nachdem die Analytikerin eine kleine Geste – das rasche Hinfahren der Hand zur Jackentasche – beobachtet und in ihre Intervention aufgenommen hatte. Sie nennt ihre Interventionen konstruierend-fragend *(construction-interrogation)*, weil sie darin *sowohl* eine

Verbindung zwischen dem aktuellen Übertragungsthema – Finanzierung der weiteren Behandlung – und dem Geschehen in der Sitzung – die kleine Geste – herstellt und diesem Zusammenhang Bedeutung beimisst (*construction*), als auch deutlich macht, dass sie selbst nicht weiß, was das bedeuten könne und deshalb ihn frage (*interrogation*). Auf diese Weise verknüpft sie die aktuelle Übertragungsbeziehung (er möchte die Therapie fortsetzen, denkt aber, er habe keine Mittel dazu) mit einem *ihnen beiden* unbekannten Geheimnis (die Geste). Und sie macht zugleich deutlich, dass es nicht an ihr ist, die leere Stelle des Geheimnisses durch eigene Spekulationen intrusiv zu füllen. Gerade darin vermittle sie denjenigen Patienten, die von elterlichen Identifizierungen »überfüllt« sind, die wichtige Botschaft: Hier ist Raum für Eigenes, es besteht ein Abstand zwischen den beiden Personen, sie sind nicht Eines. Sie dürfen verschieden sein. Damit verweise sie implizit auf den Raum für eigene Entwicklungen. Identifizierungen mit Erlebnissen aus der Generation der Eltern, die diese nicht annehmen können, und deshalb unbewusst an ihre Kinder weitergeben, nennt sie (*unconscious*) *alienated* (*narcissistic*) *identifications* – entfremdende Identifizierungen. Als *Geheimnis* bilden sie einen Fremdkörper in der Psyche des Patienten. Dies führt in der Gegenübertragung zu dem Gefühl – ganz oder partiell –, emotional nicht zum Patientin durchdringen zu können. Ihn zwar zu sehen und zu hören, aber nicht zu spüren. Diese Beschreibung von Faimberg deckte sich sehr genau mit meinem Gefühl Frau K. gegenüber. Allerdings stand sie selbst ähnlich ratlos dem unbekannten Teil ihres Selbst gegenüber, verzweifelt, das Rätsel nicht lösen zu können. Oft genug befanden wir uns zu zweit wie vor einer Milchglasscheibe. Verzweiflung und Angst waren zu spüren, aber da sie ohne psychische Repräsentanz blieben, waren sie nicht zu fassen und aufzulösen. Nach Faimberg besteht die therapeutische Aufgabe darin, diese Geheimniskerne aus ihrer Zeitlosigkeit zu holen, um ihnen einen Platz in der Geschichte der Elterngeneration wiederzugeben und so die Patienten zu befreien und Raum zu schaffen für die Entwicklung ihrer eigenen Geschichte. Diesen Vorgang nennt Faimberg Historisierung.

Historisierung

Um Anhaltspunkte für das therapeutische Handeln zu gewinnen, ist es wichtig, Faimbergs Definition von Identifikation nachzuvollziehen. Sie macht deutlich, dass es sich hier nicht um Identifikation nach dem Freud'schen Modell handelt, in dem Identifikation im Sinne von Imitation als erster Schritt, emotionale Bindungen an die Eltern herzustellen, gesehen wird, auf den als nächster Schritt die Objektbesetzung folge. Die Identifikationen, die sie meint, leiten sich aus dem Konzept der narzisstischen Regulierung ab. Sie laufen nicht über Imitation der geliebten Elternteile, um ihnen nahe zu ein, sondern über Übernahme unbewusster elterlicher Phantasien, die *diesen* dienen, ihr eigenes narzisstisches Gleichgewicht zu regulieren. Dabei unterscheidet Faimberg zwei unterschiedliche Wege, mit unterschiedlichen Wirkungen, nämlich zum einen die Appropriation durch einen Elternteil: Ein Aspekt des Kindes, oder seine ganze Persönlichkeit, wird sich angeeignet durch den narzisstischen Elternteil, um dessen Selbstgefühl aufzuwerten. Ergebnis: Das Selbst des Patienten bleibt seelisch leer, tot, denn es bleibt kein Raum für dessen eigenes Wünschen. (Eigenes Wünschen zuzulassen würde die elterliche Regulation ihres Seelenlebens aus der Balance bringen.) Zum anderen nennt sie die Intrusion: Der narzisstische Elternteil projiziert seelische Inhalte, die er selbst nicht erträgt, in das Kind, um sich davon zu befreien und so das eigene seelische Gleichgewicht wieder herzustellen. Dies sind negative Gefühle wie Schmerz, Verlust, Beschämung oder Neid. Das Selbst des Kindes ist dann übervoll aufgefüllt mit diesen unbewussten negativen elterlichen Phantasien – und auch dies lässt ihm keinen Raum für die eigene seelische Entwicklung. Hinzu kommt, dass sich im letzteren Fall der Elternteil von den ausgelagerten, ihm unliebsamen Selbstanteilen distanzieren möchte, wodurch auch der Träger dieser Eigenschaften unliebsam wird. Das Kind wird in den in es hineingelegten Eigenschaften abgelehnt und kritisiert. Um sich dieser narzisstischen Kontrolle durch die Eltern zu entziehen, bieten sich ihm zwei Möglichkeiten. Entweder nimmt es die negative Identifikation an und wird zum Hassobjekt, fühlt sich abgelehnt und ausgestoßen, leidet am Getrenntsein, bewahrt aber die innere Differenzierung von den Eltern. Oder es assimiliert sich an die elterlichen Wünsche, um den Preis, das Gefühl für sich selbst zu verlieren. Die Patientin hat in ihrer Partnerbeziehung sehr lebhaft den scharfen Wechsel zwischen diesen beiden Positionen beschrieben, zwischen der Angst vor Selbstverlust und der Angst, aufgrund der eigenen negativen Eigenschaften vom anderen abgelehnt zu werden, ergo: Objektverlust. Es handelt sich also nicht um Identifikationen mit den Eigenschaften des einen oder anderen Elternteils, sondern um ein Identifiziertwerden mit deren unbewussten Abwehrprozessen.

Die Übermittlung solcher Inhalte verläuft nicht über ausdrückliche Mitteilungen, dann wären sie klar als den Eltern zugehörig zu identifizieren. Sie verlaufen vielmehr über die *Art* des Sprechens, über die Auslassungen, das Nichtsprechen und werden so zum Teil des eigenen Selbst. Dort existieren abgespaltene Aspekte der elterlichen Wünsche wie Fremdkörper. Deswegen sind sie »stumm« geschaltet und können in der therapeutischen Übertragungsbeziehung nur als Leerstelle, als Rätsel oder, wie Faimberg es nennt, als »Geheimnis« wahrgenommen werden.

Für den therapeutischen Umgang ist es Faimberg zufolge wichtig, diese Leerstelle, dieses Nichtwissen zu ertragen – »[m]einer Meinung nach ist es von allergrößter Bedeutung, dass der Analytiker die Angst vor dem Nichtwissen und sogar die Angst davor, nicht zu wissen, dass er nichts weiß, in seiner Gegenübertragung aushalten kann« (Faimberg, 2005, S. 23) –, anstatt die Leerstelle – voreilig – mit eigenen Spekulationen zu füllen. Denn nur wenn eine Bedeutung sich in der Übertragungsbeziehung spontan einstelle, habe sie die nötige emotionale Überzeugungskraft. Es sei entscheidend, dass der Patient wie auch Therapeut vom Auftauchen solcher Schlüsselszenen *überrascht* würden. In Faimbergs Beispiel war es der Wunsch des Patienten, die Analyse fortzuführen (wofür er in Argentinien eigenes Geld benötigt), und seine Vorstellung, das Geld, das er besaß, sei nichts wert – in unbewusster Identifizierung mit seines Vaters »nutzlosem« Geld, d.h. mit dem unsäglichen, nie verarbeiteten Schrecken, dass sein ganzes Geld nicht vermocht hatte, seine Familie vor der Vernichtung durch die Nazis zu bewahren. Dies hatte das Geld, das der Patient besitzen mochte, zu »wertlos« gemacht, um die Analyse vor dem Sterben zu bewahren. Das Auffüllen der Löcher durch Vorstellungen der Therapeuten (Rekonstruktionen) diene dagegen der Abwehr. Erst wenn das Geheimnis in irgendeiner Form *in* der Übertragungsbeziehung lebendig werde, könne es, eine hilfreiche Deutung vorausgesetzt, zu einer Differenzierung zwischen elterlichen und eigenen Anteilen kommen. Faimberg betont in ihrer Deutung ausdrücklich, dass sie selbst die Lösung nicht wisse. Damit gibt sie dem Patienten explizit Raum und die Möglichkeit, sich als von der Therapeutin getrennt wahrzunehmen. Etwas, was im Kontakt mit seinen Eltern fehlte. Sie hatten den kindlichen Seelenraum ja schon mit Eigenem besetzt.

Solche Schlüsselmomente, in denen etwas, das bisher unsinnig schien, plötzlich Bedeutung erlangt, unterschieden sich von den vom Therapeuten konstruierten Spekulationen durch ein Empfinden »klinischer Gewissheit, ein Moment der Überraschung und Erleichterung sowohl für den Patienten als auch für den Therapeuten« (ebd., S. 7; Übers. B.H.). Nur dann könne man zur Gewissheit gelangen, dass dies ein Teil der Geschichte des Patienten sei. Die Historisierung befreie den Patienten von der Last fremder Identifikationen *(disidentification)* und mache den Weg frei für das eigene, stimmig empfundene Erleben, das er mit anderen teilen könne.

In Haydée Faimbergs Sicht müsste mein anfängliches Erfragen der ungarischen Geschichte meiner Patientin, in der Absicht, einen Zugang zu ihrem emotionalen Erleben zu gewinnen, als irreführender Versuch gewertet werden, eine Wissenslücke zu füllen, statt sie zu ertragen. Ich denke allerdings, dass meine Idee, Identitätsanteile, die durch Nichterzählen verloren gegangen waren, wieder in Erinnerung zu holen, sich als hilfreich erwiesen hat. Sie führte die historische Dimension und einen Begriff des Fremden überhaupt erst wieder ein. Vielleicht habe ich, als Repräsentantin einer wie ein mütterliches Objekt wahrgenommen Dominanzkultur, die sich (bisher) für die Eigenarten des »Kindes« nicht interessierte, vielmehr auf die Übernahme eigener Werte drängte, durch mein Nachfragen erst einen Freiraum für Selbstvergegenwärtigung geschaffen. Diese Herangehensweise funktionierte gut in Annäherung an alles Mütterliche, an die Freundinnen, die Familie, die eigene Weiblichkeit und die Mutter selbst.

In Bezug auf die väterliche Objektbeziehung kam dieses Konzept zum Stillstand. Das Rätsel der Sehnsucht nach dem Vater ließ sich durch Rückgriff auf bisher ausgesparte Elemente der Heimatkultur nicht auflösen. Sie blieb als allen Erklärungsversuchen gegenüber resistenter Kern so lange bestehen, bis die Beziehung zum Partner erstmals einen Zugang zum emotionalen Binnenraum der therapeutischen Beziehung eröffnete. Erst dann stellte sich der Therapeutin *überraschend* die Frage, warum sie der Patientin nie ein analytisches Setting angeboten, sondern ihr, wie selbstverständlich, eine verbindliche Unverbindlichkeit gestattet hatte. Es hätte sich wie ein Übergriff auf eine fremde Welt angefühlt, die höflich, aber unbedingt zu respektieren sei, so wie man einem Gast gegenüber begegnet: mit besonderem Respekt, aber dem stillschweigenden Einverständnis, die Unterschiedlichkeit der Lebensweisen nie infrage zu stellen oder etwa eine Anpassung zu fordern. Erst die »Anwesenheit« des Dritten, des Partners von Frau K., hat den Angstpegel drohender Übergriffe zwischen Patientin und Therapeutin so weit gesenkt, dass eine größere Vertraulichkeit vorstellbar wurde. Diese Antwort muss auf zwei Ebenen reflektiert werden. Auf der äußeren Ebene kann dies den Migrantenstatus, den *Gast*status widerspiegeln. Ich hätte mit meinem Gegenübertragungsverhalten dem Fremdlingsgefühl der Patientin entsprochen. Auf der inneren Ebene muss man sich fragen, ob ich unwillkürlich dem Versuch der Patientin, eine »feindliche Übernahme durch ein narzisstisches Objekt« zu vermeiden, gefolgt bin. Inwieweit Erfahrungen der väterlichen Geschichte hineinspielen, die von einem Zusammenleben verschiedener Volksgruppen bestimmt war, welche während des letzten Krieges dem Schrecken schnell wandelnder Loyalitäten und tödlicher Feindschaften ausgesetzt waren, lässt sich (noch) nicht sagen. Denkbar wäre es. Eine deutliche, freundliche, aber unübersehbare Irritation bei der Patientin, ein leises Sich-Schütteln beim Angebot, die Therapiefrequenz zu intensivieren und das Setting in ein regressiveres zu verwandeln, scheinen dafür zu sprechen, dass die Überwindung von Gefahr durch Fremdheit mit im Spiel ist. Die Patientin nahm das Angebot schließlich gern an. Sie ist jetzt so weit, sich darauf einzulassen. Es eröffnet sich eine neue Dimension, in der auch unbewusste Botschaften fließen können.

Als Frau K. kürzlich wieder auf ihren Vater zu sprechen kam, kam seine Wohnungseinrichtung zur Sprache. Sie missfällt der Patientin. In ungewohnt abschätzigem Ton erwähnte sie die »*ollen* Teller an der Wand«, die er »auf Flohmärkten zusammenkauft und in seinem Wohnzimmer an die Wand hängt«. Es ist das erste Mal, dass ein aggressiver Affekt so ungeschönt zutage tritt. Die Verwendung des umgangssprachlichen Idioms – die »ollen« Teller – verwunderte umso mehr, als es nicht dem lokalen (süddeutschen) Sprachgebrach entstammte, sondern dem Norddeutschen entlehnt war. Frau K. hat aus dem Fundus der deutschen Sprache und ihrer Dialekte ein Wort herausgegriffen, dass in seiner Doppeldeutigkeit von »alt« und »schäbig« offenbar am besten ihre Gefühle zu einem Aspekt des Vaters auszudrücken vermochte, den sie mit dem schwungvollen »óllen« wegzuwischen trachtete. Fast unwillig setzte Frau K. hinzu, das Telleraufhängen mache man auch zu Hause so, als sei ihr das peinlich. »Zu Hause« bedeutete hier »Ungarn«. In diesem Bild von den »ollen Tellern«

war eine Vielzahl bedeutungsvoller Mitteilungen enthalten, die eine Fülle lebhafter Assoziationen in Gang setzten. Findet Frau K. nun die Hilflosigkeit des Vaters, es sich heimisch zu machen, lächerlich, möchte sie seine emotionale Unbeholfenheit betonen? Oder möchte sie sich von seinem Bestreben distanzieren, seine Tradition zu pflegen? Drückt sich hier vielleicht eine kritische Sicht der ungarischen Kultur generell gegenüber aus, als altbacken, rückständig? Ich überlegte, ob auch ich die Teller geschmacklos und billig oder vielleicht schön gefunden hätte und bemerkte ein Bedauern darüber, dass Frau K. diese weiche väterliche Seite so wenig schätzte. Kurzum: Diese kleine Bemerkung öffnete einen Zugang zur hochambivalenten, aber auch hochemotionalen Vaterbeziehung. Sie bot reichlich Material, um über Übertragung und Gegenübertragung nachzudenken. Ich stellte überrascht fest, erstmals eine »unangepasste«, abgrenzend-aggressive Tendenz der Patientin erlebt zu haben. Es waren offenbar vor allem die Wutaffekte, die um eines guten, angepassten Benehmens willen unter Kontrolle geblieben waren und mit ihnen ein wesentlicher Zugang zur Emotionalität der Patientin. Die Qualität der Beziehung von Frau K. zu ihrem Vater begann einfühlbar zu werden. Der Austausch unbewusster Prozesse in der Behandlung versprach lebendiger zu werden. An dieser Stelle endet dieser Bericht, mit der Aussicht, in einer neuen Dimension mit der Erforschung der unbewussten Phantasien beginnen zu können.

Abschließende Bemerkung

Auf die anfängliche Frage nach dem Stellenwert von »Migrationsdeutungen« ließe sich nun antworten: Sie schaffen Klärung, sie bereiten Gelände vor, sie können aber auch der Abwehr des Fremden innerhalb der therapeutischen Beziehung dienen. Das Hineinholen von Erlebnissen rund um Heimatverlust und Neubeginn kann eine wichtige Ergänzung bedeuten. Es setzt im therapeutischen Raum eine persönliche Annäherung zwischen Eigenem und Fremdem, alter und neuer Heimat fort, einen Prozess der Versprachlichung von Gefühlen, der im äußeren Raum wegen Sprachlosigkeit und Anpassungsdruck in dieser Tiefe bisher nicht möglich gewesen war. Die verstummten Erlebensweisen der Patientin – und ihrer Eltern – können zum Teil wieder hörbar gemacht und dem Selbstbild eingefügt werden. Es zeigt sich aber, dass dies nicht das Ende der Geschichte ist, sondern ein Zwischenschritt auf dem Weg zu einer inneren Verständigung der Patientin mit sich selbst, mit der Therapeutin und mit anderen Menschen.

Die Frage nach konkreten Erlebnissen im Zusammenhang mit der Einwanderung der Eltern hilft, Erlebensweisen konkreten kulturellen Erfahrungen zuzuordnen. Zugleich ist aber wichtig, auch die Präsenz des Unverständlichen anzuerkennen. Denn erst dann können sich unbewusste Identifizierungen in der Übertragungsbeziehung als Evidenz präsentieren. Eine Untersuchung der Verschränkung von inneren und äußeren Fremdheitsgefühlen muss berücksichtigen, dass sowohl die äußere Realität die Gefühle bestimmen kann, als auch Gefühle eine äußere Realität als Projektionsfläche verwenden können. Im vorgestellten Fall kann zum Beispiel vermutet werden, dass die Mutter aufgrund eigener unverarbeiteter Trennungstrauer im Moment der ersten Mutterschaft mit einer latenten Depression zu kämpfen hatte und deshalb für die emotionalen und kommunikativen Bedürfnisse ihres Babys wenig zur Verfügung stand. Diese innere Abwesenheit konnte sie auf den abwesenden Vater und die ferne Heimat projizieren. Wie es nun wirklich steht, kann man erst in einem Setting herausfinden, dessen Rahmen es erlaubt, genauestens auf Anzeichen »entfremdender Identifikationen« zu hören. Denn nur über deren Entschlüsselung ist der Zugang zum lebendigen Seelenleben zu finden.

Die Patientin hat im Rahmen der Psychotherapie viel erreicht. Sie hat ihr Leben in autonomere Bahnen gelenkt und einen besseren Zugang zu sich selbst und ihrer Umgebung gefunden. Die Wiederkehr des unlösbaren Rätsels und ihre fast paranoid anmutende Angst vor »Verrücktwerden und schwerer Krankheit durch Kraftlosigkeit«, »weil da etwas Schlimmes in mir drin ist«, verweisen allerdings auf einen noch nicht aufgelösten Kern von Fremdheit. Dieser wird nach Faimbergs Modell durch unbewusste elterliche Identifizierungen erklärt. Faimberg geht bei der Diskussion elterlicher Identifizierungen nicht eigens auf Migration als Ursache für dieses *telescoping* ein (vielleicht deshalb, weil in Argentinien Einwanderungen der Normalfall sind). Sie beschreibt es als allgemeines Vorkommnis bei schwer belasteten Elterngenerationen.

Die Positionen von Akhtar, León und Rebeca Grinberg, Davids, Kogan und Faimberg bieten ein breites Spektrum von Herangehensweisen. Sie machen für die sinnliche Unterschiedlichkeit im spontanen Verhalten bei Therapeutin und Patientin hellhörig. Wenn eine Patientin mit dem Erfahrungshintergrund einer anderen Kultur – wodurch die Tatsache einer Grenze eingeschlossen ist – den Raum betritt, verlangt dies von der Therapeutin, ebenfalls ihren Wahrnehmungshorizont über die üblichen Grenzen hinaus auszuweiten. Sie muss ihre sonst selbstverständlich mitlaufenden unbewussten Einstellungen reflektieren und ihr therapeutisches Handeln im Lichte der Annäherung an eine fremde Kultur verstehen, um möglichst viele Aspekte von »Migration als äußerer und als innerer Realität« (Kogan) in Übertragung und Gegenübertragung zu erfassen. Gleichzeitig sollte sie eine besondere Toleranz für nicht lösbare Rätsel, für das beharrliche Fremdbleiben des Fremden mitbringen.

Wie viel Angst dies auszulösen vermag, zeigt die »auslösende Situation«, die panikartige Angst vor dem Erblinden, die Frau K. in die Therapie geführt hatte. Man kann sie jetzt als Angst verstehen, ihren eigentlichen Interessen, ihrem eigenen Selbst gegenüber blind zu bleiben und deshalb falsche Entscheidungen für ihr Leben zu treffen. Um hier sehend zu werden, musste sie sich den verschiedenen blinden Flecken ihrer Herkunft zuwenden. Und dabei zeigte sich, dass man sich mit der Annäherung an Details der kulturellen Unterschiede bewusst werden kann, dass zum tieferen Verstehen aber der Mut vonnöten ist, einander fremd und ratlos zu bleiben. Sehend werden kann man, wenn die Trauer um Verlorengegangenes oder Unzugängliches akzeptiert werden kann. Wie schon der kleine Prinz aus der gleichnamigen Erzählung sagte, der immerhin von einem anderen Planeten kam: »Die Augen sind blind. Man muss mit dem Herzen suchen« (Saint-Exupéry, 2014).

Literatur

Akhtar, S. (2014). *Immigration und Identität. Psychosoziale Aspekte und kulturübergreifende Therapie.* Gießen: Psychosozial-Verlag.
Davids, F. (2011). *Internal Racism: A Psychoanalytic Approach to Race and Difference.* London: Palgrave MacMillan.
Faimberg, H. (2009). *Teleskoping: Die intergenerationelle Weitergabe narzisstischer Bindungen.* Frankfurt am Main: Brandes & Apsel.
Grinberg, L. & Grinberg, R. (2010). *Psychoanalyse der Migration und des Exils.* Stuttgart: Klett-Cotta.
Kogan, I. (2011). *Mit der Trauer kämpfen. Schmerz und Trauer in der Psychotherapie traumatisierter Menschen.* Stuttgart: Klett-Cotta.
Kogan, I. (2009). *Flucht vor dem Selbstsein. Über das Niederreißen von Grenzen und das Verlangen nach Einssein.* Stuttgart: Klett-Cotta.
Kogan, I. & Bründl, P. (Hrsg.). (2005). *Kindheit jenseits von Trauma und Fremdheit. Psychoanalytische Erkundungen von Migrationsschicksalen im Kindes- und Jugendalter.* Frankfurt am Main: Brandes & Apsel.
Mecheril, P. & Teo, Th. (Hrsg.). (1994). *Andere Deutsche. Zur Lebenssituation von Menschen multiethnischer und multikultureller Herkunft.* Berlin: Dietz Verlag.
Saint-Exupéry, A. de (2014). *Der Kleine Prinz.* Düsseldorf: Karl Rauch Verlag.

V.
Migration und Sprache – Konflikte auf der Sprachbühne

Die verbotene Muttersprache[1]

Eine zweifache Sprachverwirrung
als Ausdruck eines transgenerationellen Konflikts
vor dem Hintergrund einer bis heute spannungsreichen
Beziehung zwischen Tschechien und Deutschland

Jana Burgerová

Die Auswirkungen der politisch-gesellschaftlichen Beziehungen zwischen zwei lange verfeindeten Nachbarländern (Tschechoslowakei/Tschechien und Deutschland) auf das Erlernen der jeweiligen Landessprache werden betrachtet und analysiert. In den Artikel sind einige persönliche Daten der Autorin eingeflochten, die das (sprachliche) Drama zwischen den beiden Ländern veranschaulichen. Das Bewegen in den beiden Sprachwelten, die zur damaligen Zeit, kurz nach dem Zweiten Weltkrieg, eigentlich unvereinbar waren, kann eine transgenerationelle Transmission zum Ausdruck bringen, unabhängig davon, wie gut die Sprache beherrscht wird. Denkbar wäre, dass sich aus psychodynamischer Sicht ähnliche Phänomene in anderen Ländern mit vergleichbaren politischen Konflikten abspielen wie etwa in Palästina oder in den Balkanländern.

Geschichtliche Aspekte

Im 12. Jahrhundert war die erste große Welle der deutschen Ostbesiedlung. Die Süddeutschen siedelten sich in Mähren, in denWaldgebieten der böhmisch-mährischen Höhe und an bevorzugten Punkten Böhmens an. Diese Einwanderung war ein langer Prozess. Die Anfänge des slawischen Böhmens liegen deutlich vor den Anfängen des deutschen Böhmens. Gemischtsprachlichkeit war damals lange selbstverständlich, auch wenn sich infolge der ökonomischen Veränderungen andere sprachliche Prioritäten entwickelten.

Es sind vor allem zwei Konfliktherde zu nennen, die zu einer feindlichen Beziehung zwischen Tschechen und Deutschen führten: die Hussitenstürme im frühen

---

[1] Dieser Beitrag ist bereits erschienen in: *Psyche – Z psychoanal, 63*(11), 2009, 1150–1160. Für die vorliegende Veröffentlichung wurden leichte stilistische Anpassungen vorgenommen.

15. Jahrhundert und der Kampf zwischen den böhmischen Ständen und dem Haus Habsburg, der 1620 mit der Schlacht am Weißen Berg und der Massenhinrichtung auf dem Altstädter Ring in Prag endete. Diese Schlacht am Weißen Berg wurde zu einem Trauma für die Tschechen.

Böhmen gehörte nur im Mittelalter zum deutschen »Reich« (Peter Glotz). Es war Teil der österreichisch-ungarischen Monarchie des deutschen Bundes, bis es von Bismarck 1866, also noch vor der Reichsgründung von 1871, hinausgeworfen wurde.

Das tolerante sprachliche Neben- und Durcheinander änderte sich stark durch die ökonomischen und politischen Verhältnisse. Es gab auch Zeiten, da mussten Tschechen, die aufsteigen wollten, Deutsch lernen. Die Deutschen hingegen weigerten sich oft genug, Tschechisch zu lernen. Dennoch war Prag mit seinen unterschiedlichen ethnischen und religiösen Gruppen immer eine doppelte oder dreifache Stadt gewesen.

> »Die Okkupation [1939–1945; Anm. J.B.] [...] verwandelte [...] die moderne Stadt, die gestern noch ein lebendiger, für alle offener Raum gewesen war, wieder in einen ungeordneten, geradezu mittelalterlichen Flickenteppich mit strengen Trennungen und brutaler Ausgrenzung« (Demetz, 2007, S. 80).

Der Satz »Was der Mann ist, ist die Frau«, propagiert durch Henlein-Anhänger, welche die Mischehen hassten (Henlein selbst stammte aus einer Mischehe), bekam eine überdimensionale Bedeutung.

> »Das vielleicht erst getrennt entworfene, doch als gemeinsames Dokument herausgegebene Memorandum über die Zukunft des Protektorats und des tschechischen Volkes wurde Hitler Ende August oder Anfang September 1940 vorgelegt, in einem triumphalen Moment nach der Niederlage Frankreichs. Zu diesem Zeitpunkt, hieß es in dem Memorandum, habe die Kriegsproduktion Vorrang, doch hatte Frank umfassende Pläne für die Assimilation – die ›Umvolkung‹, wie sie das nannten – vieler Tschechen ausgearbeitet. Mit der Zeit sollten die Oberschulen und später sogar die Grundschulen geschlossen werden und alle Tschechen ausschließlich deutsche Schulen durchlaufen, bis die tschechische Sprache am Ende zum bloßen regionalen Dialekt herabgesunken wäre« (Demetz, 2007, S. 289f.).

> »[I]m Mai 1945 sagte Benes [der damalige Präsident] in einer Rede in Brünn: ›Das deutsche Volk hat in diesem Krieg [dem Zweiten Weltkrieg; Anm. J.B.] aufgehört, menschlich zu sein, menschlich erträglich zu sein, und erscheint uns nur als ein einziges großes menschliches Ungeheuer. Wir haben uns gesagt, daß wir das deutsche Problem in der Republik völlig liquidieren müssen.‹ Diese Arbeit begann sofort. Schon wenige Tage später mußten alle Deutschen (in der CSR) eine Armbinde mit dem Buchstaben N für Nemec-Deutsche tragen« (Glotz, 2003, S. 186ff.).

Familienbiografische Daten

Mein Vater, ein Prager nichtgläubiger Jude und Kommunist, tätig als Theater- und Filmregisseur, emigrierte 1938 in die USA, heiratete dort eine orthodoxe jüdische Journalistin und zog als amerikanischer Leutnant in den Zweiten Weltkrieg gegen Deutschland (er wurde Teil einer deutschsprachigen Einheit speziell für psychologische Kriegsführung). Nach dem Krieg heiratete er in den USA meine deutsche Mutter, die er in Deutschland 1945 bei einer Vorführung seines Films *Die Todesmühlen* kennengelernt hatte.

Während der McCarthy-Hetze floh er 1950 mit seiner (mit mir) schwangeren Frau nach Prag, wo gerade die »Slansky-Prozesse« stattfanden, eine politische Hetze gegen meistenteils jüdische, als westliche Agenten diffamierte Intellektuelle. In dieser Zeit wurden viele Menschen verhaftet und etliche nach Schauprozessen auch hingerichtet.

1968, nach dem Prager Frühling, emigrierte er ein weiteres Mal, diesmal mit meiner Mutter und mir nach München.

Die Irritation

40 Jahre nach meiner Emigration im Jahr 1968 saß ich unlängst zum wiederholten Mal in Prag, der Geburtsstadt meines Vaters, in der ich bis zu meinem 18. Lebensjahr aufgewachsen war, mit tschechisch-jüdischen Freunden aus meiner Kindheit zusammen. Die Freunde unterhielten sich über jetzt und früher, insbesondere über die »Unsrigen« (Prager hallachische Juden). Hierbei kam auch meine deutsche, nichtjüdische Mutter zur Sprache, die zwar vier Fremdsprachen fließend, das Tschechische jedoch nur sehr mäßig beherrschte, was in meiner Kindheit zu steter Belustigung und zu Verhöhnungen ihrer Person geführt hatte. Von den Freunden (den »Unsrigen«) wurde sie jetzt freundlich nachgespielt, was so ähnlich klang wie die Baronin von Botzenheim aus Jaroslav Hašeks *Die Abenteuer des braven Soldaten Schwejk*, als sie Schwejk im Lazarett besuchte. Alle lachten – bis auf mich. Die Erinnerungen an die schmachvollen Straßenszenen von früher rasten durch meinen Kopf und erschütterten mich erneut.

Eine Destabilisierung in Form einer langsam einsetzenden, mir sehr vertrauten Lähmung sowie eine Denk- und Sprachhemmung machten sich in mir breit. Jeglicher Widerstand dagegen – indem ich mir meine aktuelle Lebenssituation bewusst machte, nämlich dass ich unter anderem Psychoanalytikerin bin und in beiden Sprachen souverän behandle – versagte.

Trotz meiner häufigen Aufenthalte in Prag wurde die Reinszenierung der (sprachlichen) Nicht-Zugehörigkeit an jenem Tisch im regressiven Sinn der Wiederholung perfekt.

Die Reinszenierung

➤ der mehrfachen Ausgrenzung und Isolation (in diesem Fall grenzten die »Unsrigen« die Halbjuden, also die nicht-hallachischen Juden, aus und gleichzeitig die Tschechen die Deutschen);
➤ der Unversöhnlichkeit durch die Geschichte der beiden Völker (Mutter deutsch, Vater »der Unsrige«);
➤ der empfundenen Erniedrigung und Ausstoßung durch die Identifikation mit der Mutter, welche mir die Sprache der »Mörder« beibringen wollte;
➤ der Unterwerfung unter die »Unsrigen« aus Angstabwehr, der Unterwerfung unter die Gruppe und damit einhergehend
➤ des aggressiven Verrats der Mutter und der Untreue ihr gegenüber;
➤ der damit verknüpften tiefen Schuldgefühle.

Die Suche nach dem »Warum«

»Die so genannten ›man made disasters‹ wie Holocaust, Krieg, politische und ethnische Verfolgung zielen mit ihren Formen der Entmenschlichung und Zerstörung der Persönlichkeit auf die Annihilierung der geschichtlich-sozialen Existenz des Menschen. [...] Die wissenschaftliche Klärung und eine gesellschaftliche Anerkennung von Verursachung und Schuld restituiert überhaupt erst den zwischenmenschlichen Rahmen und damit die Möglichkeit, unzensiert in Erfahrung zu bringen, was damals eigentlich geschah. Nur dadurch kann sich das erschütterte Selbst- und Weltverständnis wieder regenerieren. Herrschen gesellschaftlich Abwehrtendenzen vor, oder existieren Schweigegebote, bleiben die traumatisierten Überlebenden mit ihren Erfahrungen alleine« (Bohleber, 2007, S. 312f.).

Mutter- oder Vatersprache – Eine »portative Heimat« (Egon Schwarz)

In meiner Bilingualität ist in beiden Sprachen, die ich mündlich und schriftlich perfekt beherrsche, das Fremde und Nichtzugehörige herauszuhören. Dies verstehe ich einerseits als Ausdruck meines Loyalitätskonflikts gegenüber den Eltern als Primärobjekten und als Repräsentanten unterschiedlicher staatlicher, damals verfeindeter, unvereinbarer Ideologien und andererseits als Ausdruck eines Konflikts, der durch die Flucht und den damit verbundenen abrupten Wechsel von der (tschechischen) Sprache der Kindheit und Adoleszenz zur (deutschen) Sprache des Erwachsenseins und der beruflichen Identität, also der Autonomie, bedingt ist. Beide Konfliktfelder möchte ich im folgenden Text untersuchen.

> »Bei [...] regressiven Ritualen [wie Kinderliedern, sexualisiert gefärbter Umgangssprache, bei welcher die kulturelle Sensibilität am lebendigsten ist] ist mir nie ganz wohl zumute, weil ich nicht zu den gleichen Plätzen [wie die amerikanischen oder die polnischen Freunde; Anm. J.B.] zurückkehren kann. Ich kompensiere mein Unbehagen, indem ich sage: ›Das war vor meiner Zeit‹« (Hoffman, 1993, S. 234).

Bilingualität muss nicht konfliktreich sein. Sogar Polyglottisten sprechen zuweilen akzentfrei. Vermutlich spielt unter anderem die emotionale Verbundenheit mit der jeweiligen Kultur eine entscheidende Rolle.

Nach meiner Emigration als junge Erwachsene, die ich damals als von den Eltern aufgezwungen erlebte, hatte ich über viele Jahre fast keinen Kontakt zu Tschechen und somit zur tschechischen Sprache, wohl um die drohende Entidealisierung des verlassenen Staates zu vermeiden und das Grobe, Vulgäre, Zynische, Ausgrenzende, Antisemitische und Antideutsche zu verleugnen. Es bestand noch der Eiserne Vorhang, und die »bewusst« Emigrierten erlebte ich gegenüber der CSSR als verächtlich, äußerst kritisch und antikommunistisch, wodurch sie für mich zu Verrätern meiner jugendlichen Ideale wurden.

> »Es ist der Preis der Emigration [...]; abgeschnitten von einem Teil der eigenen Geschichte, ist man geneigt, sie mit dem Nebel des Heimwehs zu verklären« (Hoffman, 1993, S. 264).

Die Vatersprache, auch als »portative Heimat« zu verstehen (Egon Schwarz), habe ich stillgelegt, sie erschien in Tag- und Nachtträumen, die Muttersprache durfte ich nun zwar offiziell sprechen (durch Ausbildung und soziales Netz immer mehr verfeinert), jedoch tat ich mir über lange Zeit damit nicht leicht, weil ich meine Mutter für die Emigration verantwortlich machte.

Erst in den letzten Jahren fand ich mir wesensverwandte, reflektierte Tschechen, mit denen es möglich war, das Pro und Contra der Emigration zu diskutieren, sogar selbstironisch zu betrachten. Dabei ist die gemeinsame tschechische Sprache oft durchsetzt mit deutschem Vokabular, welches vor allem Wörter beinhaltet, die wir damals als Kinder und Jugendliche nicht verwendet haben (z.B. »Überweisungsschein«, das Vokabular der Informationstechnologie, Wörter aus dem Bereich der Sexualität ...).

Der typisch böhmische Akzent, mit welchem beispielsweise Fritz Muliar den Schwejk auf der Bühne dargestellt hat, ist mir bis heute mehr oder weniger geblieben. Er ist der Rest meiner Kindheit und Adoleszenz, der Treue zum verlassenen (Vater-) Land, die Dokumentation des persönlichen Traumas und das der CSSR, das Nichtverschmelzen-Wollen mit dem ambivalent erlebten (Mutter-)Deutschland, letztendlich eine kreative Integrationslösung des Sich-nicht-zugehörig-Fühlens und vermutlich auch Ausdruck eines konflikthaften Verhältnisses zur einstmals verbotenen deutschen Muttersprache, die ich tagtäglich in Schrift und Sprache benutze.

Einige Überlegungen zur Sprachentwicklung und -bedeutung

Die Sprache ist von kultureller und sozialer Bedeutung durchtränkt. Die Sprachentwicklung in der frühen Kindheit ist eng mit der Ichentwicklung verbunden. Jeder Mensch hat darum persönliche, sprachlich determinierte Erinnerungen, welche emotional hochbesetzt und handlungswirksam sind. Schon das Ungeborene nimmt die Sprache, also nicht nur die Stimme und die Sprachmelodie (Prosodie), seiner Mutter wahr. Emotionale Erfahrungen bleiben für den Säugling aber zunächst unverstanden. Symbolisierung ist an die Fähigkeit des primären Objekts geknüpft, die Bedürfnisse des Säuglings träumerisch zu erahnen und angemessen zu beantworten (vgl. Bion, 1990, S. 83f.; Isakower, 1939). Die Dialoge zwischen Mutter und Kind und die differenzierte Zuwendung der Mutter formen die Gefühle des Kindes und strukturieren so die Wahrnehmung. Einverleibt werden nicht nur Gefühle der Mutter, sondern auch ihre Fähigkeit, die projektive Identifikation (des Säuglings) als Kommunikation zu begreifen und entsprechend zu beantworten. In der Mitte des zweiten Lebensjahrs (15. bis 18. Monat) fangen Kinder damit an, sich Dinge in Formen oder Symbolen vorzustellen und dies auszudrücken. Sie nehmen sich zunehmend als autonome Wesen wahr und beziehen sich darauf. Sie können über Dinge oder Personen sprechen, die im Moment nicht anwesend sind (das Erinnern). Die Fähigkeit der Koordination von geistigen und Handlungsschemata ermöglicht nach Winnicott (1973) dem Kind, sich eine Vorstellung über sein interpersonelles Leben zu machen. Interpersonelle Interaktionen schließen Erinnerung an Vergangenes, Erleben der gegenwärtigen Realität und Erwartungen an die Zukunft ein. Alle diese zwischenmenschlichen Vorgänge werden unter anderem durch Sprache ausgedrückt. Die Bedeutungsinhalte resultieren aus interpersonellen Übereinkünften über das, was miteinander geteilt werden kann. Diese Relation zwischen Gedanken und Worten, wie sie zwischen Eltern und Kindern immer wieder neu verhandelt wird, wächst, verändert sich, entwickelt sich, wird erkämpft zwischen zwei Menschen, um schließlich gemeinsamer Besitz zu werden. Dem Menschen eröffnet der Spracherwerb einerseits die Möglichkeit, seine eigene Lebensgeschichte zu erzählen, andererseits können einige Ereignisse der intersubjektiven Beziehungserfahrung aus der präverbalen Zeit nie adäquat in Worte gefasst, sondern vermutlich nur durch die Psychoanalyse, die Poesie, die Malerei und die Musik erfasst werden.

Chomskys (1974) generative Grammatik bezieht sich auf ein System von Regeln, das strukturelle Darstellungen in ausdrücklicher und gut definierter Form gestattet. Jeder, der eine Sprache spricht, hat eine generative Grammatik erlernt und verinnerlicht, durch die sich seine Kenntnisse der Sprache offenbaren (L. Grinberg & R. Grinberg, 1990, S. 119). Vermutlich wird jede generative Grammatik die mentalen Prozesse einbeziehen, die jenseits der Ebene eines realen oder auch potenziellen Bewusstseins stehen. Das Ehepaar Grinberg glaubt, dass das Kind, das gerade sprechen lernt, sich auf einen genetischen Code stützt oder eine generative Grammatik entwickelt, die es ihm erlaubt, die Sprache in dem Maße »zu erfinden«, wie es beginnt, sie auszusprechen, oder sie in dem Maße »wiederzuentdecken«, wie es sie um sich herum hört.

Chomsky betont, dass es erst durch die Sprache möglich wird, die Welt zu ordnen. Die Sprache dient vor allem als Organ des Denkens, des Bewusstseins und der Reflexion; sie verleiht dem Geist und dem Verstand Autonomie gegenüber dem Erlebten. Die Sprache bestimmt die Erfahrung der Welt, der Anderen und des Selbst. Sie bildet einen Stützpunkt für die eigene Identität (L. Grinberg & R. Grinberg, 1990, S. 124).

Die Bedeutung des Primärobjekts

Hierzu eine kurze Vignette: Ein emigrierter tschechischer Jude, Journalist aus dem Sudetenland, lernte in England unmittelbar nach dem Krieg eine emigrierte Hamburger Schauspielerin und Kommunistin kennen. Sie heirateten und bekamen eine Tochter. Die gemeinsame Sprache war zuerst Englisch. In den 50er Jahren ging das Paar nach Prag, der Mann wurde im Zuge der stalinistischen Schauprozesse verhaftet und hingerichtet. Die deutsche Mutter wurde mit ihrem vierjährigen Kind in den Geburtsort des Ehemannes verbannt. Verstört und traumatisiert hörte diese Frau auf, mit ihrem Kind zu sprechen, da sie kein Tschechisch konnte und Deutsch zu dieser Zeit an diesem Ort lebensgefährlich gewesen wäre. Das Mädchen war vorerst durch das Nicht-wirklich-wissen-Dürfen gezwungen, die Hinrichtung des Vaters als rechtens zu verstehen. Die Ausgrenzung war mehrfach. Der Vater wurde als ein westlicher Verräter betrachtet und die Mutter als feindliche Deutsche. Erst im Laufe der geschichtlichen Aufdeckung würde das Mädchen (von Schuldgefühlen und Verlustschmerz gequält) die wahre Geschichte über ihren tschechischen Vater begreifen. Die Beziehung zur Mutter befand sich am Gefrierpunkt, das Mädchen hatte massive Sprachstörungen, konnte nur ganz langsam zu ihrer tschechischen Identität finden. Das Deutsche war mit Hass besetzt. Mittlerweile ist die Tochter eine jiddisch singende Schauspielerin, die fließend Tschechisch und brüchig Deutsch spricht.

Greenson (1982) betont ebenfalls den Zusammenhang zwischen der Sprache und der Mutter. Er weist darauf hin, dass das Sprechen ein Mittel ist, die Beziehung zur Mutter zu behaupten, aber auch, sich von ihr zu trennen. Indem die Mutter das Kind auf Objekte der äußeren Welt hinzuweisen beginnt, werden neue Bezüge möglich, für den Säugling entsteht Sinn außerhalb der Dyade. Der Dialog zwischen Mutter und Säugling ist der Ursprung einer ungleichen, aber gemeinsamen Arbeit am Symbolisierungsprozess.

Wenn sich eine Mutter selbst fremd, nicht zugehörig, nicht angenommen und ungeschützt fühlt, der Landessprache nicht mächtig ist, sich als Repräsentantin eines mörderischen Staates mit ihrem Säugling sogar im Feindesland befindet, kann sie ihrerseits dem Kind nur schwer Schutz und eine unbekümmerte, liebevolle Spiegelung bieten. Sie spricht mit dem Kindchen in ihrer vertrauten deutschen Muttersprache, sie bildet für sie beide die schützende Symbiose, welche wohl nur innen funktioniert und von außen bedroht ist. In der prosodischen Begegnung zwischen Mutter und Kind können vermutlich bereits die Brüche für den Säugling spürbar sein.

> »Anzieus (1976) ›Lauthülle‹, die das Kind seit dem Beginn seines Lebens umgibt, einer Haut ähnlich, die es umhüllt und seine Inhalte zusammenhält, die Stimme der Mutter, die der Säugling schon in den ersten Wochen wiedererkennt, ist wie Milch, die durch die Ohren eindringt« (L. Grinberg & R. Grinberg, 1990, S. 119).

Die Prosodie ist in dem geschilderten Fall stets vom Verbot bedroht, in der Außenwelt gelebt zu werden.

Psychodynamische Aspekte

Bereits die frühe Triangulierung durch den Vater muss hier für die Mutter und das Baby ambivalent bzw. irritierend sein. Er ist schließlich der Repräsentant der »Unsrigen« und als Jude und als Kommunist das zweifache Opfer. Eine Rolle spielen sicher auch seine Motive, in dieser Zeit eine Deutsche zu heiraten. Die Deutsche als ein Mittel der Separation von seinen traumatisierten jüdischen Eltern, die sich damals die einzigen Überlebenden der gesamten Familie wähnten.

Hierzu eine Antwort des Schriftstellers Egon Schwarz, mit dem ich über seine Autobiografie *Unfreiwillige Wanderjahre* (2005) korrespondierte. Ich hatte ihn gefragt, warum er damals eine deutsche Christin geheiratet hat:

> »Ich habe den Eindruck, daß Sie auf die Tatsache anspielen, daß ein Jude bei der Wahl einer deutsch-christlichen Frau etwas von den Demütigungen seiner ethnischen Gruppe durch die deutschen Nazis auswetzen möchte. Wir waren beide durch schwierige Zeiten gegangen, die uns gelehrt haben, auf nationale Unterschiede wenig zu achten.«

Vermutlich spielten bei meinem Vater zudem die Literatur und Kunst eine große verbindende Rolle, da die Prager Juden sich der deutschen Kultur traditionell sehr verbunden fühlten.

Nur in geschlossenen Räumen oder unter »Unsrigen«, also der deutschen Sprache Mächtigen, war es bei uns in Prag möglich, Deutsch zu sprechen (die geheimdienstliche Abhöranlage in der Wohnung entdeckten wir erst Jahre später). Die nicht-jüdische, nicht-kommunistische, deutsche Mutter konnte dagegen unbehelligt ihre eigene Muttersprache sprechen, jedoch immer vor dem Hintergrund der Nichtzugehörigkeit, der Ausgrenzung und möglicherweise der deutschen Schuld. Unter diesen Bedingungen teilt sich der Spracherwerb für das Kind auf: »im Raum sein« bedeutet Mutter und »draußen« bedeutet Vater. Es gibt kein Neben- oder Miteinander. Für die Verbindung von Mutter und Kind kann das verheerend sein. Greenson (1982) schreibt, wie bereits erwähnt, dass das Sprechen ein Mittel ist, die Beziehung zur Mutter zu behaupten, und auch, sich von ihr zu trennen. Gleichzeitig ist die Sprache ein Mittel der Erwachsenen, sich zu verständigen. Damit wird sie für das Kind zum Objekt der Eifersucht, des Hasses und des leidenschaftlichen Begehrens, denn dem Kind gelingt es nur unvollständig zu verstehen. Diese Situation verschärft sich in Fällen, in denen die Eltern eine »geheime« Sprache haben (in meinem Fall das vom Staat eher geduldete Englisch und Französisch), aus der die Kinder genauso wie aus der sexuellen Beziehung der Eltern ausgeschlossen sind.

Die sprachlichen Autonomiestrebungen des Kindes sind hier in zweifacher Weise bedroht. Es verlässt mittels der fremden Sprache die Mutter, um mit dem Vater kommunizieren zu können, was einerseits mit libidinös-aggressiven Strebungen verbunden ist und andererseits mit der Abwehr von Schuldgefühlen, da die Mutter möglicherweise zweifach ausgeschlossen wird. Mit der Vatersprache gewinnt das Kind jedoch enorm, nicht nur das Beglückende des Zusammenseins mit dem Vater, sondern auch die Eroberung der Welt draußen. Diese muss aus Abwehrgründen idealisiert werden, um nicht das Destruktive in Bezug auf das Deutschsein der Mutter wahrzunehmen. So ist ein scheinbarer ödipaler Sieg möglich, immer verbunden mit der – abgewehrten – Schuld, die Mutter sowohl besiegt als auch ausgeschlossen zu haben. Gleichzeitig bleiben die Eltern eine Dyade, aus der das Kind ausgeschlossen ist.

Meine Identifizierung als Mädchen mit meiner Mutter verlief folglich heikel, und letztendlich habe ich deren negativ gefärbte, abgewehrte Anteile in der deutschen Sprache angesiedelt. Konkret löste ich das Dilemma, indem ich das Deutsch im Laufe der Zeit nur passiv, zuhörend aufnahm, ohne die Grammatik systematisch zu lernen, und in der Adoleszenz zuweilen die sprachliche Kommunikation mit meiner Mutter völlig verweigerte. Dass die Mutter in dieser Zeit (bis an ihr Lebensende) schwer erkrankte, vergrößerte meine Enttäuschung über ihre sprachliche und mütterliche Begrenztheit nur noch mehr.

In meiner späteren therapeutischen Analyse und Lehranalyse habe ich das Deutsch meiner Analytikerin kaum einmal offen angegriffen. Wenn die Analytikerin jedoch versuchte, meinen Namen auf Tschechisch auszusprechen, spürte ich den alten Konflikt. Die Verachtung wegen ihrer Aussprache, den Hass, den Verrat, die Schuldgefühle. Es fror mich jedes Mal. Meiner Erinnerung nach vermied ich aber meist, dies in den Stunden anzusprechen und sichtbar werden zu lassen, um meine deutsche Analytikerin nicht mit imaginärer Schuld zu überhäufen, den phantasierten Verlust und die Enttäuschung nicht zuzulassen, was innerlich natürlich längst geschah. Die Aggressionsvermeidung beinhaltete auch die Angst vor dem »bösen Deutschen«, was in meiner kommunistisch-sozialistischen Erziehung ein Tagesthema war. Erst nach meiner Psychoanalyse ist seit Kurzem ein freundlicher Austausch hierüber zwischen meiner Psychoanalytikerin und mir möglich.

Schlussbemerkungen

>»Doch ebenso wie die verdrängten Erinnerungen niemals vollständig vergessen werden, verschwinden auch die ausradierten Sprachen niemals vollständig« (L. Grinberg & R. Grinberg, 1990).

In der heutigen Tschechischen Republik, in die man ohne Grenzkontrollen einreisen kann, und vor allem in Prag ist das Sprachgewirr, geprägt von ethnisch-religiösen Vermischungen, mit allen Schattierungen erneut selbstverständlich. Das Deutsche wird als Wahlfach in den Schulen angeboten, und es wird auch – mit nur für Eingeweihte hörbaren deutsch-kritischen Nuancen – auf der Straße gesprochen, deutsche Zeitschriften und Bücher werden verkauft, das Goethe-Institut befindet sich an einem prominenten Platz an der Moldau im Gebäude der ehemaligen Botschaft der DDR, und gerade wurde das Tschechisch-Deutsche Literaturhaus gegründet. Ich persönlich bewege mich mittlerweile sprachlich wie kulturell zwischen Prag und München häufig und gerne.
Lassen Sie mich zum Schluss Elias Canetti zitieren:

>»Ich weiß nicht, zu welchem Zeitpunkt, bei welcher Gelegenheit dies oder jenes sich übersetzt hat. […] [D]ie Ereignisse jener Jahre sind mir in aller Kraft und Frische gegenwärtig […], aber sie sind zum größten Teil an Worte gebunden, die ich damals nicht kannte. […] Es ist nicht wie die literarische Übersetzung eines Buches von einer Sprache in die andere, es ist eine Übersetzung, die sich von selbst im Unbewußten vollzogen hat. [Es] hat die tiefere Natur meines Deutsch bestimmt, es war eine spät und unter wahrhaftigen Schmerzen eingepflanzte Muttersprache. […] [U]nd das hat mich unlösbar an diese Sprache gebunden« (Canetti, 1979, S. 15f., 86f.).

Schließen möchte ich mit den Worten von Robert Schopflocher bei der Verleihung des Jakob-Wassermann-Literaturpreises 2008 in seiner Heimatstadt Fürth:

»[U]nd wenn mein Deutsch etwas befremdlich klingt [...], so liegt dies an der Überlagerung der einzelnen Sprachsedimente, an denen sich, wie an den Ringen der Baumstämme, die Geschichte meines Lebens ablesen läßt.«

Literatur

Bion, W.R. (1990). *Lernen durch Erfahrung*. Übers. E. Krejci. Frankfurt am Main: Suhrkamp.
Bohleber, W. (2007). Erinnerung, Trauma und kollektives Gedächtnis –Der Kampf um die Erinnerung in der Psychoanalyse. *Psyche – Z psychoanal, 61*, 293–321.
Canetti, E. (1979). *Die gerettete Zunge. Geschichte einer Jugend*. Ungekürzte Ausg. Frankfurt am Main: Fischer.
Chomsky, N. (1974). *Thesen zurTheorie der generativen Grammatik*. Übers. F. Coulmas u. B. Wiese. Frankfurt am Main: Athenäum-Fischer.
Demetz, P. (2008). *Mein Prag. Erinnerungen 1939 bis 1945*. Übers. B. Schaden. Wien: Zsolnay Verlag.
Glotz, P. (2003). *Die Vertreibung. Böhmen als Lehrstück*. München: Ullstein-Verlag.
Greenson, R.R. (1982). Die Muttersprache und die Mutter. In ders., *Psychoanalytische Erkundungen* (S. 13–24). Übers. H. Weller. Stuttgart: Klett-Cotta.
Grinberg, L. & Grinberg, R. (1990). *Psychoanalyse der Migration und des Exils*. Übers. F.C. Ribas. München: Verlag Internationale Psychoanalyse.
Hoffman, E. (1993). *Lost in Translation. Ankommen in der Fremde*. Übers. G. Strempel u. H. Frielinghaus. Frankfurt am Main: Verlag Neue Kritik.
Isakower, O. (1939). On the exceptional position of the auditory sphere. *International Journal of Psychoanalysis, 20*, 340–348.
Schopflocher, R. (2008). Dankrede zur Verleihung des Jakob-Wassermann-Literaturpreises 2008.
Schwarz, E. (2005). *Unfreiwillige Wanderjahre. Auf der Flucht vor Hitler durch drei Kontinente*. München: Beck.
Schwarz, E. (2008). Sprachen im und fürs Exil. In D. Goltschnigg, C. Gollegg-Edler & P. Revers (Hrsg.), *Harry ... Heinrich ... Henri ... Heine. Deutscher, Jude, Europäer. Grazer Humboldt-Kolleg, 6.–11. Juni 2006* (S. 493–502). Berlin: Schmidt.
Winnicott, D.W. (1973). *Vom Spiel zur Kreativität*. Übers. M. Ermann. Stuttgart: Klett.

Schimpfworte hinter dem Beichtstuhl[1]

Lockerungen der Abwehr und Bildung von Abwehrstrukturen durch Verwendung einer Zweitsprache in der psychoanalytischen Psychotherapie

Hediaty Utari-Witt

Einleitung

In diesem Beitrag möchte ich sowohl Abwehrbewegungen als auch Entwicklungspotenziale in der psychoanalytischen Psychotherapie in der Zweitsprache (Deutsch) darstellen.

Dies geschieht möglicherweise in einem von Scham weitgehend freien Kontext, im Übertragungs- und Gegenübertragungsprozess, in dem sowohl die Therapeutin als auch die Analysandinnen Migrationserfahrungen haben.

Historischer Rückblick

Die ersten Arbeiten über die Problematik im Gebrauch der Nicht-Muttersprache in der psychoanalytischen Therapie stammen aus den 30er und 40er Jahren in den USA. Viele jüdische PsychoanalytikerInnen emigrierten unter dem Druck der Naziherrschaft nach Amerika. Dank ihrer kosmopolitischen Tradition war es ihnen möglich, trotz einer traumatisierenden Migration ihre tägliche psychoanalytische Arbeit in der neuen Sprache weiterzuführen. Sie hinterließen uns wertvolle Grundlagen zu einer reflexiven Arbeit in diesem Themenbereich. Basierend auf dem Buch von Jacqueline Amati Mehler und Kollegen, *The Babel of The Unconcious* (dt. *Das Babel des Unbewussten*, 2010), und einigen anderen Artikeln aus dieser Zeit (u.a. Edith Buxbaum, Ralf Greenson) möchte ich die seinerzeit vertretenen Hypothesen und Diskussionen zusammenfassend wiedergeben.

Edouard Pichon (1938) unterscheidet zwischen einem Polylingualisten und einem Polyglottisten.

---

1 Der Beitrag ist bereits erschienen in: *Forum Psychoanalyse, 23*(3), 2007, 235–253. Für die vorliegende Veröffentlichung wurden leichte stilistische Anpassungen vorgenommen.

Ein Polylingualist ist für ihn jemand, der bereits als ein kleines Kind in mehreren Sprachen aufwächst. Ein Polyglottist ist jemand, der eine fremde Sprache erst in einem Alter lernt, »when he or she already has a fully formed linguo-speculative thought system« (Amati Mehler et al., 1993, S. 45). An einer anderen Stelle erwähnen Amati Mehler und Kollegen, dass die Bildung des Sprach- und Denksystems abgeschlossen ist, wenn die Muttersprache beherrscht wird, also in der frühen Kindheit, etwa im vierten bis fünften Lebensjahr (ebd., S. 286).[2]

Weder Freud noch seine Schüler haben angenommen, dass »unconcious thought«, das unbewusste Denken, in einer spezifischen Sprache stattfinden würde. Somit stehen sich nach Pichon als kontroverse Positionen gegenüber: die Position, dass sich das Unbewusste in der Sprache abbildet und in der Sprache strukturiert wird, und die Position, dass das Unbewusste eher nonverbaler oder präverbaler Natur ist und seine Ausdrucksformen in verschiedenen Sprachen finden kann.

Erwing Stengel, ein jüdischer Psychoanalytiker deutscher Herkunft, schrieb im Jahre 1939 einen Artikel mit der Überschrift »On Learning a New Language«.

Unter den wichtigen Hypothesen in diesem Artikel, die für die aktuelle Diskussion von Bedeutung sind, findet sich unter anderem die Aussage, dass der Erwerb bzw. die Übernahme eines neuen Wortes nicht nur ein kognitiver Schritt ist (in dem das Wort an sich erlernt wird), sondern darüber hinaus einen weiteren Schritt beinhaltet, in dem das Wort in das gesamte assoziative Netzwerk der Gedanken und Gefühle substanziell eingefügt wird. Dazu gehört auch die Entwicklung der Symbolisierungsfähigkeit, um das sensomotorisch-affektiv Erfahrbare auf die sprachliche Ebene zu transferieren. Er beruft sich dabei auf Freuds Formulierung, dass Wissen aus der äußeren Wahrnehmung stammt. Bei einer Überbesetzung des Denkens werden die Gedanken wirklich – wie von außen – wahrgenommen und darum für wahr gehalten: »Die Rolle der Wortvorstellungen ist nun vollends klar. Durch ihre Vermittlung werden die inneren Denkvorgänge zu Wahrnehmungen gemacht. (Freud, 1923b, S. 250).

Im Zusammenhang mit neueren Artikeln über Sprache, das bildhafte Denken und das Repräsentationssystem werden Pichons und Stengels Gedanken später in die Diskussion miteinbezogen.

Fenichel (1945) und Stengel (1939) betonten die entscheidende Rolle des Über-Ichs beim Erlernen einer neuen Sprache: Das Über-Ich kann den Lernprozess bejahen und unterstützen oder ihn aus verschiedenen Gründen ablehnen. In der klinischen Arbeit mit Migrationspatienten wird bisweilen ein inneres Sträuben gegen die neue Sprache deutlich spürbar. Das hängt unter anderem damit zusammen, dass manche Migranten ihre Muttersprache als die einfühlsamste, differenzierteste Sprache und die neu zu erlernende Sprache als unzulänglich, grob empfinden. Diese Mechanismen

---

2 »Mit etwa 4 Jahren, so kann man schließen, beherrschen Kinder die ›wichtigsten syntaktischen Prinzipien‹« (Dittmann, 2002, S. 87).

zu erkennen ist wichtig, denn dies erleichtert das Verständnis des wirksamen inneren Verbots.

Auch L. und R. Grinberg (1990) untersuchten innere Widerstände bei Migrationspatienten, welche die Sprache der aufnehmenden Gesellschaft erlernen sollten, dies aber als Untreue gegenüber der Muttersprache und allen damit verbundenen verinnerlichten Objekten empfanden. Sie schlossen daraus, dass das Entdecken der neuen Welt und deren Versprachlichung durch ein strenges Über-Ich, durch eine vorausgehende Traumatisierung und ein daraus resultierendes tiefes Gefühl des Verletztseins behindert werden können. (Diese Aspekte spielen bei der zweiten Falldarstellung vermutlich eine große Rolle.)

Von großer Bedeutung ist der im Jahre 1949 erschienene Artikel »The Role of Second Language in the Formation of Ego and Superego« von Edith Buxbaum, einer aus Wien stammenden Psychoanalytikerin, die lange Jahre in Seattle arbeitete. Sie selbst war zweisprachig, Deutsch und Englisch; sie sprach Englisch mit einem deutlichen deutschen Akzent. Sie berichtete über ihre Therapien mit zwei deutschen Jungen im Alter von sechs und acht Jahren, die kurz zuvor mit ihren Eltern von Deutschland nach Amerika emigriert waren. Beide Jungen sprachen Englisch mit einem so starken deutschen Akzent, dass sie von anderen Kindern abgelehnt wurden und deshalb sozial isoliert waren. Den Hauptgrund für den starken deutschen Akzent sah Buxbaum in der Identifikation der Jungen mit ihren Vätern, die beide der Kultur des Gastlandes gegenüber sehr skeptisch waren und sich deshalb in beiden Sprachen nicht mehr zu Hause fühlen konnten. Die massive Ambivalenz der Jungen ihren Vätern gegenüber – einerseits ein solidarisches, ödipal-identifikatorisches Idealisieren, andererseits aggressiv-abgrenzend, Autonomie hemmend in ihrem eigenen neuen Sozialisationsprozess – wurde in der Spieltherapie inszeniert und verarbeitet. Über den Akzent an sich wurde nie gesprochen. Beide Jungen konnten aber am Ende der Therapie den Akzent ablegen und sich besser in ihre neue Umgebung integrieren. Buxbaum interpretierte diese positive Entwicklung als eine Konsolidierung der Ich-Funktionen, welche die sprachliche Ausdrucksweise verbessert und zum Nachlassen des Über-Ich-Drucks geführt habe. Meiner Meinung nach erfuhren beide Kinder durch die Geduld der Therapeutin im Spiel und durch deren gelassene Art, mit der Sprache umzugehen (was sich in ihrem eigenen starken Akzent manifestierte), einen neuen Weg der Identifizierung. Ebenfalls mehr den Beziehungsaspekt betonend (im Vergleich zu Buxbaums Betonung des strukturellen Aspekts im Behandlungsverlauf), meinen Amati Mehler und Kollegen, dass die Prosodie (der Tonfall im Sprechen und der Verlauf des Tonfalls) in dieser Therapie eine große Rolle gespielt haben könnte. Sie erreicht die emotional-präverbale Ebene und somit die Ebene des Separations- und Individuationskonflikts im Sinne von Mahler, was den Erfolg der Therapie erklärt.

Buxbaum berichtete ebenfalls von Therapien mit jungen deutschen Frauen, die erst in der Adoleszenz nach Amerika übersiedelten und dort eine Therapie in ihrer

Muttersprache Deutsch (statt in Englisch) hätten machen können. Sie entschieden sich für die Therapiesprache Englisch und folgten nur widerstrebend der Anregung der Therapeutin, frühkindliche Zärtlichkeitswünsche und Konflikte auf Deutsch – also in ihrer Muttersprache – zu formulieren. Buxbaum schlussfolgerte, dass das Benutzen der Zweitsprache im Dienste der Abwehr stehe; abgewehrt wurden infantile Phantasien und Wünsche. Der Gebrauch der Zweitsprache verstärke die Verdrängung, mit welcher der massive Druck des Über-Ichs vermindert wird. Die Verbalisierung von Erfahrungen in der Sprache, in der die Erfahrungen erlebt worden sind, würden sie real und erlebnisnah machen; die emotionalen Erfahrungen in der Zweitsprache zu verbalisieren, würde sie dagegen eher als etwas Unreales festhalten. Buxbaum vertritt die Meinung, dass die Therapeutin idealerweise beide Sprachen beherrschen sollte. Die Hypothesen Buxbaums nehmen in den Diskussionen der Fallvorstellungen einen wichtigen Platz ein, in welchen Regressionsbewegungen im sprachlichen Raum zum Ausdruck kommen.

Im Jahre 1950 erschien ein Artikel von Ralph Greenson (ein amerikanischer Psychoanalytiker, der lange Jahre auch in Wien lebte, ein Schüler Fenichels) mit dem Titel »The Mother Tongue and the Mother«. Er beschrieb die Psychotherapie einer österreichischen jungen Frau, die als Jugendliche nach Amerika kam. Sie wählte Englisch als Therapiesprache. Die Patientin war dem Vater ödipal verbunden und hasste ihre Mutter so sehr, dass es ihr nicht einmal möglich war, das deutsche Wort »Mutter« in den Mund zu nehmen. Greenson hat darauf bestanden, dass sie die Therapie auf Deutsch fortsetzen sollten (siehe Fußnote[3] in Englisch, um die Therapieatmosphäre zu verdeutlichen). Im Vergleich zu Buxbaum, die in der Verwendung der Zweitsprache in erster Linie einen Konflikt zwischen Über-Ich und Ich erblickte, sah Greenson die Ablehnung der Muttersprache mehr in früheren Stufen der Abwehr, mehr im Sinne von oraler Verweigerung der Muttermilch. Dabei verweist er darauf, dass Poesie als sprachliche orale Verwöhnung gilt, die kaum zu tun hat mit analer Produktion. »Obscenities are shit, but poetry is milk and honey.« Patienten, die gerne die Stimme ihrer AnalytikerInnen hören, machen eine neue Erfahrung: »the drinking of milk«.

So schrieb auch Mertens (1990b, S. 112) über die nonverbalen und paraverbalen Aspekte in der Psychoanalyse aus Sicht des Analytikers: »So erfährt früher oder später jeder Analytiker, wie sein Patient seine Stimme wahrgenommen hat: ob sie kongruent mit dem inhaltlich mitgeteilten Klang, ob sie einfühlsam war, zärtlich

---

3 Zitate aus Greensons Artikel »The Mother Tongue and the Mother«: »It was suggested that she speaks German, but she reacted initially with anxiety and said, ›I am afraid, I don't want to talk German. I have the feeling that talking in German I shall have to remember something I wanted to forget.‹ ›In English a chamber-pot is much cleaner. In German I am scared, dirty child; in English I am a nervous refined woman.‹ The course of the analysis changed at this point. The transference which had been of a positive fatherly nature now took a negative turn, and the analyst became a disapproving, critical mother figure.«

und liebevoll oder streng und kühl, besserwisserisch, schulmeisterlich, schnarrend, hektisch oder besänftigend und einlullend wie ein Wiegenlied.« Trotz seiner differenzierten Diskussion hält Greenson jedoch in der klinischen Arbeit an der Auffassung fest, dass eine Psychoanalyse möglichst in der Muttersprache erfolgen sollte. Amati Mehler und Kollegen bewerten diese klinische, behandlungstechnische Aussage als »extremely outdated« (Amati Mehler et al., 1993, S. 53), da sie andere Erfahrungen haben, nämlich dass Mehrsprachigkeit in der Psychoanalyse fruchtbar sein kann, wenn auch dadurch die Komplexität des Therapieprozesses größer und komplizierter wird. In der klinischen Arbeit mit Migrationspatienten, die die deutsche Sprache nicht so gut beherrschen, spielen Prosodie wie auch nonverbale und paraverbale Aspekte eine größere Rolle als im gewohnten Setting mit deutschen Patienten oder mit Migrationspatienten, die die deutsche Sprache beherrschen.

In ihrem umfangreichen Buch *The Babel of the Unconcious* (1993) vertreten Amati Mehler, die in Argentinien aufgewachsen ist, in einer Umgebung, wo Mehrsprachigkeit (Italienisch, Spanisch, Französisch) im Alltag gelebt wird, und ihre Kollegen Simona Argentieri und Jorge Canestri nach einer sehr ausführlichen Reflexion bezüglich des gesamten Theoriegebäudes der Psychoanalyse wie auch nach zahlreichen, verschieden gearteten Falldarstellungen im Kontext der Mehrsprachigkeit in der Psychoanalyse die Meinung, dass für die klinische Arbeit »in the case of multilinguism, every technical choice must derive from the specific relationship created in every single psychoanalytic situation« (ebd., S. 269). In ihrem Buch werden Fälle dargestellt, wo Mehrsprachigkeit in der Therapie eine wichtige Rolle spielt – sei es, dass ein Patient die Sprache in der Sitzung wechselt und dadurch eine provokative Stimmung induziert, sei es, dass um das treffendste Wort gerungen wird, um eine innere Befindlichkeit exakt zum Ausdruck zu bringen. Eine einheitliche, schematische Interpretationslinie lässt sich ihrer Meinung nach nicht so einfach konzeptualisieren.[4]

Zum Abschluss dieses Rückblicks möchte ich zusammenfassend einige aktuelle Artikel zu diesem Thema erwähnen, deren Inhalte die Differenziertheit, zugleich die Komplexität der Mehrsprachigkeit in der Psychoanalyse illustrieren. Wie Amati Mehler und Kollegen differenziert auch Salman Akhtar, ein moslemischer Inder, der in den USA auf Englisch mit verschiedenen Ethnien arbeitet, den Umgang mit seinen

---

4 Amati Mehler und Kollegen berichten von einem Symposion im Jahre 1981 in Rabat, Marokko, wo sich Psychoanalytiker und Literaten trafen, deren Beiträge über Bilingualismus im Jahre 1985 publiziert wurden (u.a. Khatibi, 1988; Bennani, 1985; Cheng, 1985.) Sie stellten fest, dass – wie zu erwarten war – die Beiträge sehr von den persönlichen Erfahrungen abhängig waren, zum Beispiel im Falle von Todorov (ein bulgarischer Literat, der sich mit Psychoanalyse und Polylogismus im Rahmen von Polylingualismus beschäftigt) und Cheng (ein französischer Psychoanalytiker chinesischen Ursprungs). Beide erlebten Schicksalsschläge im Exil und fokussierten ihre Aufmerksamkeit auf die Spaltung, während Bennani, ein aus Marokko stammender, bilingual in Frankreich aufgewachsener Psychoanalytiker, eher die Integration und die Bedeutungsgebung in beiden Sprachen betont.

eigenen sprachlichen Assoziationen im Rahmen des Übertragungs- und Gegenübertragungsprozesses. Als Beispiel beschreibt er in seinem Buch *Immigration and Identity* (1993) seine eigenen Assoziationen, in denen Wörter, Sätze oder Begriffe aus seiner Muttersprache Urdu hochkamen. Je nach Situation bezieht er seine Muttersprache teilweise in die Therapie auch ein. Er beschreibt eine Patientin, die wiederholt danach fragte, wie das Wort »Tochter« in seiner Muttersprache heißt: »I guest you want to hear the word *Beti* from me not only to satisfy your intellectual curiosity but to see with what feeling tone I say it and also so that I can say it not only in front of you, but as if *to* you« (Akhtar, 1993, S. 162).

Es wurden auch Fälle beschrieben, wo Psychoanalytikerinnen durch den Wunsch der Patienten in eine für sie ungewohnte Lage durch die Sprache versetzt wurden: Sarah Zac de Filc (1991) folgte dem Wunsch eines fast 70-jährigen Patienten, der die Therapie nur im Hebräischen machen wollte. Hebräisch ist zwar ihre Kindheitssprache, jedoch nicht ihre »Berufssprache«. Eine ähnliche Begebenheit wurde von Ilany Kogan (1998) beschrieben, als eine kürzlich nach Israel eingewanderte Patientin aus Rumänien den Wunsch äußerte, dass sie die Therapie auf Rumänisch durchführen wollte. In diesem Falle sprach die Patientin ausgewählt Rumänisch wie eine Erwachsene, während Frau Kogan, die mit zwölf Jahren Rumänien verlassen musste, diese sprachliche Reife zunächst nicht ohne Weiteres erreichte.

Wie bereits von Amati Mehler betont, ist der gesamte Kontext der Therapie, der Übertragungs- und Gegenübertragungsprozess in der Mehrsprachigkeit der Psychoanalyse von großer Bedeutung.

Die nicht zu schließende Kluft?

Was bzw. wie geschieht eigentlich die tiefere Verständigung – nicht nur der »Wortaustausch« – eines mehrsprachigen Therapiepaars? Wie können sich Affekt, Repräsentanz, Symbolisierung sowie Sprach- und Denksystem treffen? Diese hochkomplizierten Fragen auch nur annähernd zu beantworten, erscheint mir allein aus der klinischen Erfahrung heraus unmöglich. Ich stelle nun fest, dass ich Ferenczi (1911) in seinem Artikel »Über obszöne Worte«, der die Wucht, die Schlagkraft solcher Wörter betonte und die Anregung gab, sowohl der Sprecher als auch der Hörer sollte sich bei deren Gebrauch das Gesagte bildlich vorstellen, bereits gefolgt bin (z.B. im Hinblick auf die erste Falldarstellung). Mir ist auch zunehmend bewusster, dass mir während des Zuhörens Bilder oder Szenen hochkommen oder dass ich sie mir vorstelle und mir dies gut gelingt, wenn ich den emotionalen oder körperlich-affektiven Gehalt spüre.

> »Bildlich-anschauliches Denken ist vielmehr ein Aspekt des einheitlichen Denkprozesses, der Sprache und Bild umfasst. Auch auf der Höhe des elaborierten Sekundärprozesses

können wir Gedachtes jederzeit anschaulich vorstellen und tun dies in der Regel auch« (Soldt, 2006, S. 568).

In der Arbeit mit Migrationspatienten muss ich also gewahr bleiben, wie tief und breit sich die gemeinsame Zweitsprache (in meinem Fall Deutsch) in das Affekt-Repräsentations- und Denksystem meiner Patientinnen eingedrungen ist. Wie von Pichon beschrieben ist ein Polyglottist jemand, der eine fremde Sprache erst lernt, nachdem sich ein abgeschlossenes Affekt-Symbolisierungs- und Denksystem etabliert hat; er/sie kann neue assoziative, verbindende Wege zwischen dem früheren Repräsentationssystem und dem eventuell neu gebildeten System entwickeln (Stengel). In diesem Zusammenhang zitieren Amati Mehler und Kollegen die amerikanische Schriftstellerin polnisch-jüdischen Ursprungs, Eva Hoffmann, die in ihrem berühmten Buch *Lost in translation* sowohl die Verbindungen zwischen dem sprachlich alten und dem neuen repräsentationalen System, aber auch das verbliebene, nicht vereinbarte Nebeneinanderbestehen (wie ein »gap«, eine Kluft) eindrücklich beschreibt:

»[In] meiner Übersetzungstherapie bewege ich mich hin und her, über die Risse und zurück, nicht, um sie zu heilen, sondern um zu sehen, dass ich – eine Person, die erste Person Singular – auf beiden Seiten gewesen bin. Ganz geduldig benutze ich das Englische, wie eine Rohrleitung, um nach unten und zurück zu gehen, den ganzen Weg zurück in die Kindheit, fast bis ganz an den Anfang. Wenn ich lerne, kleinste, früheste Dinge in der Sprache zu sagen, die mir sonst zu Distanzierung, Ironie und Abstraktion diente, dann fange ich an zu sehen, wo die Sprachen, die ich gesprochen habe, ihre jeweiligen Entsprechungen haben – und wie ich mich zwischen ihnen bewegen kann, ohne zwischen den Unterschieden zerrissen zu werden. Die Kluft kann nicht ganz geschlossen werden, aber ich fange an, der englischen Sprache zuzutrauen, dass sie mein kindliches Selbst ausdrücken kann, zu sagen, was solange verborgen war, die zartesten Punkte zu berühren. Vielleicht führt jede Sprache zu genau demselben Ort, wenn man ihr weit genug folgt«[5] (Hoffmann, 1989, zit. n. Amati Mehler et al., 1993; Übers. H.U.-W.).

---

5 »[In] my translation therapy, I keep back and forth over the rifts, not to heal them but to see that I – one person, first person singular- have been on both sides. Patiently, I use English as a conduit to go back and down, all the way down to childhood, almost to the beginning. When I learn to say smallest, first things in the language that has served for detachment as irony and abstraction, I begin to see where the languages I've spoken have their correspondences – how I can move between them without being split by the difference. The gap cannot be fully closed, but I begin to trust English to speak my childhood self as well, to say what has so long been hidden, to touch the tenderest spots. Perhaps any language, if pursued far enough, leads to exactly the same place.«

Zusammenfassend spielten Freud'sche Strukturmodelle und Abwehrmechanismen in der Diskussion der Zweisprachigkeit in den 50er Jahren eine große Rolle (Buxbaum, Greenson). Die neuere Diskussion, von Amati Mehler und Kollegen initiiert, betont die Bildung des repräsentationalen Systems, somit die Objektbeziehungstheorie und die Wichtigkeit des Übertragungs- und Gegenübertragungsprozesses.

Persönliche Anmerkungen

Zu diesem strittigen Punkt möchte ich mich mit meinen persönlichen wie auch mit meinen Therapieerfahrungen mit Migrantinnen und Migranten einbringen. Ich stamme aus Indonesien und bin nach obigen Begriffen sowohl Polylingualistin mit zunächst Javanisch (einer Sprache mit sehr komplizierter Struktur und einer traditionsgebundenen Hierarchie) und dann Indonesisch (das vergleichsweise einfach, frei, fast ohne Hierarchie ist). Ich spreche aber auch zwischendurch Holländisch (in meiner Kindheit war Holländisch die Geheimsprache meiner Eltern, die ich aber nicht erlernte), und als Erwachsene und Polyglottistin eignete ich mir Englisch und dann Deutsch an.

Meine Lehranalyse in der deutschen Sprache erlebte ich damals als ausnehmend positiv: Mein großes Bedürfnis, mit den Traumata meiner Jugend und deren familiären, kulturellen und sozialpolitischen Hintergründen gänzlich verstanden zu werden, zwang mich, meine Erinnerungsbilder so genau, so nuanciert wie nur irgend möglich zu schildern. Das Hinabsteigen auf den Meeresgrund war besonders durch den Filter der erlernten Sprache ein allmähliches Geschehen: Wenn es mir dabei kälter wurde, konnte ich wieder zur Oberfläche auftauchen, um dann sehenden Auges wieder in die tiefere Ebene einzutauchen. Das so mögliche allmähliche Erkennen des Ausmaßes meiner inneren Belastung sehe ich im Nachhinein als einen Lernprozess zu genauem Hinsehen und sprachlichem Hinhören. Die von Buxbaum und Greenson geschilderten Fälle lassen sich wie in meinem Fall so interpretieren, dass die erlernte Sprache einen gewissen Schutz vor dem unkontrollierbaren Mitgerissen-Sein in traumatische Erinnerungen und Affekte bietet, den die Muttersprache nicht anbietet.

Inzwischen (ich lebe seit über 40 Jahren in Deutschland) scheint mir die Vernetzung der deutschen Sprache mit meinem Innenleben fein, differenziert und breit genug, um mich auch in der deutschen Sprache sehr genau auszudrücken. Während ich indonesische Wörter oder Begriffe kaum mehr vermisse, verhält es sich anders mit der javanischen Sprache. Hier fühle ich immer noch so, als ob ich mich in einem anderen Sprachraum (als Deutsch/Indonesisch) bewegen würde; es ist schwer zu beschreiben, es fühlt sich einfach immer noch anders an. Das deutsche Wort »Reis« evoziert in mir die gleichen Gefühle und Bilder wie das entsprechende indonesische Wort »nasi«, nicht aber das javanische Wort »sega«, das mehr mit dem Reisduft, auch dem Duft der den Reis einhüllenden Bananenblätter und dem Geschmack sanfter süß-salziger junger Kokosmilch assoziiert ist.[6]

Als Therapeutin hatte ich wenig Erfahrung mit der Arbeit in Indonesisch; eine gewisse Trauer empfinde ich durchaus, die Erfahrung nicht machen zu können, den psychoanalytischen Prozess in meiner ersten Muttersprache (eher Javanisch) zu erfahren. Eine ähnliche Erfahrung der inneren Vernetzung der Zweitsprache mit dem Innenleben finde ich bei Eva Hoffmann in ihrem Buch *Lost in Translation* (siehe oben, zitiert von Amati Mehler et al., 1993).

Eine wie gegensätzlich anmutende Haltung zu diesem Thema vertritt Juan Pablo Jimenez (2003), ein chilenischer Psychoanalytiker, der folgende Frage zu beantworten versucht: »Wie ist es möglich, dass er [Jimenez] so viele Patienten erfolgreich behandeln konnte, obwohl sich sein sprachliches Verständnis während seines Aufenthaltes im Land (Deutschland) zwar vertiefte, er die Sprache aber nicht perfekt beherrschte?« Im Anschluss an eine kurze exegetische Rückschau auf die Geschichte von Babel und den Pfingstmythos kommt er zu der Ansicht, dass sich der Analytiker, der in einer fremden Sprache arbeitet, zwischen der babylonischen »Sprachverwirrung« und dem Pfingstgeist (der »Gabe der Sprachen«) bewegt. Er illustriert anhand mehrerer Vignetten typische Situationen aus seiner Praxis und zieht aus dieser Erfahrung mit der psychoanalytischen Mehrsprachigkeit etliche Schlussfolgerungen, vor allem auf der Grundlage der Kommunikationsfunktion, die die moderne Säuglingsforschung zwischen Affektabstimmung und der verbalen Sprache beschreibt. In der Diskussion der zweiten Falldarstellung wird dieser Aspekt miteinbezogen.

Anhand von zwei Fallvignetten möchte ich nun darstellen, wie komplex das Zusammenspiel zwischen Übertragungs- und Gegenübertragungsprozess, Regression und Abwehr im Kontext des Benutzens einer Zweitsprache ist. Die Überlegungen der Bildung eines zweiten Repräsentationssystems, sowie die Rolle des Über-Ichs in der Aufnahme einer Zweitsprache, bleiben im Therapieprozess gegenwärtig.

Erste Fallvignette

Frau A., eine 54-jährige Amerikanerin, suchte wegen narzisstisch-depressiven Einbrüchen mit asthmatoider Neigung und Angststörung nach einer für sie sehr traumati-

---

[6] Drei Wörter, die einen gemeinsamen semantischen Gehalt haben, in der persönlichen Bedeutung jedoch nicht die gleichen sind, wurden in drei verschiedenen Altersstufen erlernt: »Sega«, als das am frühesten erlernte Wort, bleibt sinnlich olfaktorisch-taktil geladen, die beiden später erlernten mehr gegenständlich, symbolisch. Bild und das erste Wort lassen sich nicht trennen bzw. die emotionale Besetzung lässt sich nicht einfach auf spätere Wörter übertragen. Dies erinnert an Piagets Untersuchung, wobei eine breite Diskussion (wie in der Arbeit von Soldt) den Rahmen dieses Beitrags sprengt.

schen Trennung von ihrem langjährigen italienischen Lebensgefährten eine muttersprachliche Therapeutin auf. Aus unklaren Gründen verließ die erste amerikanische Therapeutin Deutschland, bei der sie einige Vorgespäche wahrnahm. Frau A. wandte sich dann an eine Koordinationsstelle und wurde zu mir vermittelt. Ich war in der gespannten Erwartung darüber, ob ich sie rein sprachlich gut genug verstehen könnte, zugleich hätte es mich gefreut, »live« mit der vertrauten englischen Sprache wieder in Berührung zu kommen.

Frau A. empfand ich in ihrer eher zurückhaltenden Art sympathisch; klassisch-elegant gekleidet (sie arbeitete als Buchhalterin/Organisatorin in einer diplomatischen Einrichtung, in der Englisch gesprochen wurde), mittelgroß, vollschlank, weiche Gesichtszüge, ihre braun-brünnetten Haare kurz geschnitten und damenhaft frisiert.

Sie sprach sofort Deutsch mit mir, was mich wunderte. Als ich sie darauf ansprach, sagte sie, sie wisse nicht warum, aber sie fühle sich wohler und möchte einfach Deutsch mit mir sprechen. Wenn sie spontan doch ins Englische wechseln sollte, dann würde ich sie ja auch verstehen. Innerlich fragte ich mich, ob meine Unsicherheit, sie in Englisch gänzlich zu verstehen, für Frau A. spürbar gewesen ist. Oder wählte sie Deutsch, um eine Gemeinsamkeit herzustellen? Zu diesem Zeitpunkt wusste ich noch nicht, ob uns die Umgebungssprache Deutsch in der gesamten Therapie tragen würde. Begleitet von diesen Fragen erklärte ich mich mit ihrem Vorschlag zwar einverstanden, fügte aber hinzu, dass wir uns gemeinsam Gedanken machen sollten, wenn sich spontan ein Sprachwechsel ergeben sollte.

Frau A. lebte schon seit ihrem 23. Lebensjahr in Deutschland, sie sprach fließend Deutsch und liebte deutsche Gedichte.

Zu ihrer Lebensgeschichte

Frau A. wuchs als das zweite Kind von vier Geschwistern in der Nähe von New York auf. Ihre Mutter (Kinderkrankenschwester) kam aus einer kinderreichen Familie (elf Kinder), sie war irischer Abstammung und streng katholisch erzogen; ihr Vater (Ingenieur), Einzelkind, war deutscher Abstammung und protestantisch. Die Eltern blieben zwar zusammen, die Ehe empfand Frau A. jedoch als eher unglücklich, sehr anstrengend, von vielen persönlichen Konflikten erschüttert. Zu Hause wurde kein Deutsch gesprochen. Sie war die Frechste unter den Geschwistern, ihr Vater nannte sie »screech owl« (aufschreiende Eule). Er war ein cholerischer und pedantischer Mensch mit sadistischen Zügen, terrorisierte die ganze Familie mit seinem Verlangen nach ausschließlich deutschem Essen (z.B. Salat nur mit Öl und Essig, Dressing war verboten), was für Frau A. ein Horror war. Er schlug die Kinder auch bei geringsten Anlässen (z.B. weil im Abfluss der Spüle Reste hängen blieben). Liebevoll oder einfühlsam empfand Frau A. auch ihre Mutter nicht; diese war arbeitsam, passte sich den

Wünschen des Vaters an und gestaltete ihr eigenes Leben weitgehend außerhalb der Familie. Als Kind empfand sich Frau A. als Last für die Eltern (diese Erinnerungen sind erst im Laufe der Therapie hochgekommen). Dagegen behielt sie das Aufwachsen auf dem Lande, das unbeschwerte Spielen in der Natur mit vielen Nachbarskindern als eine schöne Erinnerung.

In der strengen katholischen Mädchenschule wurden Jungen und Mädchen getrennt. Die Rigidität der Moralvorstellung im Schulsystem zeigte sich z.B. darin, dass das Tragen von schwarzen Lackschuhen aus moralischen Gründen verboten war (da sich in den Schuhen die Unterhose spiegeln könnte).

Im jungen Erwachsenenalter entdeckte sie ihre Liebe zu und ihr Talent in Fremdsprachen: So verließ sie Amerika für ein Germanistikstudium in Deutschland. Dabei verband sie damals die Landes- und Sprachauswahl überhaupt nicht mit ihrem deutschstämmigen Vater, der im Übrigen auch keinerlei Interesse daran gezeigt habe. Ihr Vater starb, als sie bereits in Deutschland mit einem Deutschen verheiratet war und einen sehr harten Job als Managerin/Organisatorin in einem amerikanischen Pharmaunternehmen innehatte. Die Mutter informierte sie über den Tod des Vaters erst nach dessen Begräbnis. Aus für sie immer noch nicht ganz verständlichen Gründen betrog sie ihr Mann damals mit einer Freundin und wollte unbedingt die Trennung. Die Scheidung bedeutete für Frau A. einen großen Makel, über den sie aus Scham bislang mit niemandem sprechen konnte. Dieses Schicksal wiederholte sich in der letzten Beziehung nun wieder: Ihr langjähriger italienischer Lebensgefährte (mit dem sie viele Gemeinsamkeiten, auch die Liebe zu Sprachen teilte) betrog sie auf eine demütigende Weise und zog schließlich zu seiner neuen jüngeren Partnerin. Frau A. fühlte sich in ihrer Würde als Frau regelrecht zertreten.

Zum therapeutischen Geschehen

Frau A. kam immer pünktlich, zunächst zweistündig (später dreistündig), berichtete meist über den oftmals belastenden Alltag in der Arbeit (darüber zu berichten würde den Rahmen dieser Fallvignette sprengen). Sie erzählte ihre aktuellen Ängste mit einem spürbar starken Leidensdruck, sprach über ihre Sorgen wegen einer eventuellen Entlassung und ihre Ängste, in ihrem Alter kein Auskommen und keinen Lebenspartner mehr zu finden, für immer allein zu sein. Sie konnte sich nicht vorstellen, was sie in ihrer Partnerschaft falsch gemacht hatte, dass sie ihre Partner immer wieder so schlecht behandelten. Einerseits empfand sie Verzweiflung über sich selbst, andererseits Hass gegen die Expartner. Die Art, wie sie berichtete, war mir zwar einerseits angenehm strukturiert, pflichtbewusst, wie ein Rapport, hinterließ jedoch andererseits einen Eindruck von einem »braven« Mädchen. (Mir fiel die sehr pflichtbewusste Mutter, Kinderkrankenschwester, ein. Dieser Aspekt wurde erst in der späteren Phase der

Therapie angesprochen.) Oder aber sie steigerte sich emotional in eine Sache hinein, sodass weder mein Kommentar, erst recht nicht meine Deutung gehört wurde; ein echter Dialog in der Anfangsphase der Therapie war kaum möglich. Nach einer solchen emotionalen – bzw. vielmehr – affektiven Entladung entstand eine Atmosphäre von Hilflosigkeit, gefolgt von Leere. Ich griff die vorher spürbaren Affekte (Hass und Verzweifelung z.B. in ihrer Erzählung über ihre Partnerschaft) auf und wollte mit ihr gemeinsam versuchen, deren tiefere Bedeutung aufzudecken. Dieser Versuch und viele ähnliche Versuche zu Beginn der Therapie scheiterten aber: Ich hatte das Gefühl, dass ich keinen wirklichen Zugang zum Innenleben meiner Patientin bekam, in mir stiegen nur spärlich Bilder auf, was ich als Zeichen dafür verstand, dass sich ihre Innenwelt in mir noch nicht abbildete. Allmählich empfand ich die immer wieder vorgetragenen Hasstiraden in den Stunden fast wie eine Pflichtübung ihrerseits; als ob sie dies mir gegenüber immer tun müsste. Mir kam ihre von Pflichterfüllung geprägte Mutter in den Sinn, und ein braves Mädchen dazu.

Auf jeden Fall fühlte ich mich über eine längere Strecke hilflos und zugleich eingeengt. Frau A. war zwar motiviert, kam immer pünktlich, in den Stunden bremste sie jedoch ihre Assoziationen. Das Loslassen fiel ihr schwer, sie musste außerhalb der oben beschriebenen Hasstiraden sehr kontrolliert bleiben.

Bei einer Abendsitzung (ihre Stunde war die letzte Stunde) fing sie an, über ihren Vater zu sprechen. Durch meine Deutung in der vorherigen Sitzung, dass ihr Vater in ihrem Leben wohl kaum präsent sei, habe sie angefangen, genauer darüber nachzudenken, wie die ganze Atmosphäre zu Hause gewesen sei. Eigentlich sei ihr der Vater bis zum Schluss fremd geblieben, sie habe ihn nicht verstehen können. Überhaupt blieben ihr Männer, auch ihre bisherigen Partner, unvertraut. Verzweifelt fragte sie sich, was sie falsch gemacht habe, dass sie von Männern so schlecht behandelt werde. Dabei wurden Trauer und keimende Wut spürbar. Ich unterbrach den sich langsam entwickelnden Fluss der Affekte trotz überzogener Zeit nicht. Sie schien Zeit zu brauchen, sich vom Alltag (von der pflichtbewussten Mutter als ein angepasstes Kind) zu lösen und allmählich zu sich zu kommen. Sie konnte weinen, empfand ihr Leben »just to be in the doldrums«, wie Segelboote, die herumdümpelten, nicht vor- und nicht rückwärts fuhren. Sie hatte keine Zukunftsvorstellung, »just nothing on the screen«, der Bildschirm flackerte ohne Bilder.

In der darauffolgenden Sitzung sprach ich sie auf den Sprachwechsel an, wie wir zu Beginn der Therapie abgemacht hatten, wie sie sich in der Therapie auf Deutsch fühlte, da ich doch den Eindruck hatte, dass für sie gerade beim Benennen ihrer Empfindungen Englisch vertrauter sei, wie in der letzten Stunde. Sie antwortete ganz entschieden, dass sie hauptsächlich auf Deutsch sprechen möchte. Sie sei auch sehr stolz, eine Analyse auf Deutsch zu machen, das sei doch etwas Außergewöhnliches. Sie erlebte es so, dass das Erzählen, besonders das Erinnern auf Deutsch eine emotionale Distanzierung zu dem Geschehen ermögliche und sie dadurch weniger Angst empfinde. Es sei wie in einem Beichtstuhl; die Zweitsprache sei wie die Zwischenwand oder der Vorhang im Beichtstuhl. Sie fühle sich dadurch geschützt! Diese Äußerung verstand ich einerseits zwar als Widerstand, als Angstabwehr, andererseits war mir inzwischen ihre Art vertraut, wie sie sich in Rage reden konnte. Mein Zwischenkommentar, sie brauche Schutz, wenn sie sich auf die Therapie, auf die Beziehung mit mir einlasse, blieb wie ungehört. Sie fuhr fort: »Einmal habe ich einen französischen Film gesehen, in dem ein junger Mann ganz direkt – ohne den Schutz des Beichtstuhls – vor dem Pfarrer niederknien und beichten musste. So nackt! Ich empfinde das schrecklich, sehr demütigend!« Ihre Stimme wurde lauter, ausdrucksvoller, ihr Ärger und ihre Wut wurden spürbar. Ich verstand dieses Gleichnis auch für mich, ihre Stimme machte mich für den spürbaren Widerstand wach. Schon als ein siebenjähriges Mädchen fragte sie sich, warum sie beichten musste. Was für einen Unsinn, dass diese Pflichtbeichte auf die doch noch so kleinen Mädchen einen solchen Druck erzeugte! Ich war berührt von dem Tonfall ihrer Stimme, beeindruckt von dem Beichtstuhl-Gleichnis und irritiert von »Pflicht« – ob für sie die Therapie auch Pflicht ist? Ich versuchte dezent in ihren Redefluss hineinzukommen, brachte mein Berührt- und Beeindrucktsein zum Ausdruck und fragte deutend, ob sich irgendetwas in der Therapie auch wie Pflicht anfühlen würde? Mir kam es nicht so vor, als ob mir Frau A. richtig zugehört hätte. Innerlich war ich beschäftigt mit der Verquickung von Zweitsprache-Abwehr, unbewusster Sehnsucht nach dem Vater, Verpflichtung mit mir auf Deutsch zu sprechen und versuchte angestrengt, den Überblick zu behalten. Sie fuhr fort, dass sich niemand richtig für sie interessiert hätte, erst recht nicht ihr Vater. Ihr kam eine beschämende Erinnerung aus der Grundschulzeit hoch, wo ihr Vater ein Kunsthandwerk von ihr hätte abholen sollen, was er nicht tat. Sie stieß empört hervor: »Dieser Scheißkerl hat doch nur Spaß gehabt, mich zu verprügeln, ein Arschloch, ein armseliger Dreckskerl …«, der die ganze Familie nur terrorisierte und sein Unglück auf die Kinder abgewälzt habe.

Mit ihren heftigen Beschimpfungen wurde mir der bislang abwesende Vater auf einmal gegenwärtig; ich selbst war erstaunt, erschrocken, zugleich erleichtert: Ich bekam Bilder von alten Grundschulbänken, leeren Klassen und einer Vatergestalt, die auf einer leeren Straße in der Nähe einer Schule allein vorbeiging. Sie bekam einen hochroten Kopf, setzte sich auf, atmete schwer. Ich weiß nicht mehr, welche beruhigenden Worte ich sagte, ich ging auf jeden Fall auf ihr körperliches Befinden ein.

Reflexion – Diskussion

Die heftigen affektiven Ausbrüche – sozusagen hinter dem Beichtstuhl bzw. in der Zweitsprache – gaben mir zu denken: Denn anscheinend wurde gerade durch das Gefühl des Beschütztseins die Zweitsprache zu einem Vehikel für frühkindliche Enttäuschung und Wut. Auch die Schimpfwörter in ihrer Wucht – wie abgewandelte obszöne Worte nach Ferenczi – waren deutsche Schimpfwörter. Vaters Vergegenwärtigung geschah also durch affektiv aufgeladene deutsche Schimpfwörter. Auch wenn Schimpfwörter in der Zweitsprache nicht die Durchschlagskraft obszöner Worte haben, »denen eine eigentümliche Macht inne wohnt, die den Hörer gleichsam dazu zwingt, sich den benannten Gegenstand in dinglicher Wirklichkeit vorzustellen« (Ferenczi, 1911), kam es mir doch so vor, dass mir in dieser Therapiesitzung durch die Wucht des affektiven Ausbruchs der Zugang zu der emotionalen Welt meiner Patientin ermöglicht wurde. Die zunächst eindeutige, bewusstseinsnahe Abwehrfunktion der Zweitsprache erlaubte offensichtlich Momente affektiver, in der Zweitsprache symbolisierter Regression, in die die direkte Hier-und-Jetzt-Erfahrung integriert oder nicht integriert werden konnte, was Amati Mehler als eine durch die Fremdsprache dynamisierte Abwehrdynamik beschrieb. Der Kontext des Übertragungs- und Gegenübertragunsprozesses wurde nun wichtig: Wie kam es, dass sich Frau A. erlauben konnte, diese Ausbrüche zuzulassen? Ich vermute, dass die von uns beiden geschaffene Atmosphäre von Interesse, Aufmerksamkeit und Ernst-Nehmen innerer Regungen, vielleicht auch weil sie unkonventionell (Überziehen der Zeit an wichtigen Punkten) war, diese Offenheit schuf. Möglicherweise bewegt sich unsere Begegnung eben nicht nur – wie von Frau A. möglicherweise unbewusst erwartet – auf der Pflichterfüllungsebene, sondern erlaubt eine neue Offenheit, die ihr solche Affektausbrüche einerseits erlaubte, durch die Zweitsprache andererseits jedoch die Regression begrenzte. Es wäre durchaus möglich und erwartbar gewesen, dass sie ihre deftigen Schimpfworte aus der Muttersprache nahm. Nach Buxbaum und Greenson könnte man an dieser Stelle die Kontrolle des strengen Über-Ichs erkennen. Denkbar wäre aber auch, dass der »gap« (der Spalt bzw. das Nebeneinanderbestehen zweier Affekt-Repräsentations- und Denksysteme – wie oben beschrieben) trotz offensichtlicher Affinität der Patientin gegenüber der deutschen Sprache bestehen blieb. Die Schimpfworte – innerlich gerichtet an den deutschen Vater – waren auf Deutsch; komplexere Empfindungen, wie z.B. »to be in the doldrums«, wurden wiederum auf Englisch spontan geäußert.

Als das zweite Kind, das möglicherweise eine zärtlich-prosodische Erfahrung mit ihrem deutschen Vater (der zwar angeblich nur Englisch sprach, wahrscheinlich mit einer anderen Intonation als ihre irischstämmige Mutter) gemacht hatte, wurde sie wohl durch die Geburt ihres circa 18 Monate jüngeren Bruders (der von beiden Eltern, besonders vom Vater, viel mehr Aufmerksamkeit bekam) verdrängt. Dieser frühe Schmerz, nicht erinnerbar, aber auch nicht auslöschbar, der noch nicht in das implizite Gedächtnis eingehen konnte, kam vor allem in dem immer wieder vergeblichen Kampf zum Ausdruck, vom Vater und von ihren Männern zärtlich geliebt und libidinös besetzt zu werden (und wohl auch umgekehrt). Die aufschreiende Eule, *the screetch owl*, wurde in ihrem Aufschrei vom Vater jedoch nicht gehört. Ihre Entscheidung, in

Deutschland zu leben, lässt an eine frühe Sehnsucht nach einer zunächst vorhandenen Verbundenheit zum Vater denken. Die frühen Sprachrepräsentanzen scheinen zwar gleich oder ähnlich (in Englisch zwar in einer verschiedenen mütterlichen und väterlichen Intonation), sie blieben jedoch emotional wie getrennt, wie unvereinbar. So musste sie mir ihre innere Befindlichkeit »aufschreiend« erzählen, und zwar so, dass sie selbst die auf Deutsch erzählende Position des Vaters einnahm und ich von der Patientin in die kindlich zuhörende und wahrnehmende Position (Umkehrposition) gebracht wurde. Möglicherweise erschaffte sie sich dadurch einen beruhigenden Integrationsprozess in ihrem bislang affektiv unvereinbarten Sprachraum.

Bis zu Beginn der Psychoanalyse hatte sich die Patientin über die Lebensgeschichte ihres Vaters und dessen Vorfahren, über die Gründe von deren Migration nie Gedanken gemacht; dies war auch in der Familie nie thematisiert worden. Nachdem ihr die Mutter die schriftlichen Hinterlassenschaften des Vaters überließ, beschäftigte sie sich allmählich intensiver damit. Der Aspekt, dass die deutsche Sprache aufgrund des Naziverbrechens in den 50er Jahren in den USA kaum gesprochen wurde, konnte in der Folgezeit aufgegriffen und bearbeitbar gemacht werden.

Zweite Fallvignette

Frau B., eine 43-jährige Vietnamesin (chinesischer Abstammung), kam über einen mir gut bekannten Psychiater/Neurologen in die Praxis. Sie war wegen Depressionen und unklarer postoperativen Bandscheibenschmerzen, die jedoch neurologisch nicht fassbar waren, bei dem Kollegen in Behandlung. Zunächst lehnte sie eine Psychotherapie strikt ab. »Alles mit Psychologie macht mich vellückt – dat wa mit Psychologinnen in del Kul schon so.« Nach Darstellung der Patientin wurde der Kollege irgendwann so »böse«, dass sie sich schweren Herzens auf den Weg zu mir machte.

(Wie allgemein bekannt werden die Buchstaben R und S bei vielen Asiaten chinesischer Abstammung und Japanern undeutlich ausgesprochen. Die Darstellung in diesem Kontext sollte der Verdeutlichung der Prosodie dienen.)

Zur Lebensgeschichte der Patientin

Die Patientin war das vorletzte Kind von sieben Geschwistern, die Eltern waren aus China ausgewandert. Der Vater, der noch mehrere chinesische Dialekte sprach (in ihrer Kindheit wurde aber nur Vietnamesisch gesprochen), war von Beruf Schneider. Er arbeitete sich hoch und besaß dann das bekannteste Schneideratelier in Saigon. Die Patientin erfuhr eine strenge konfuzianische Erziehung, in der angeblich körperliche Züchtigung an der Tagesordnung war, was die von klein an aufsässige Patientin besonders traf. Sie fühlte sich von der Mutter nicht geliebt. In ihrer frühesten Erinnerung, die sie erst in der mittleren Phase der Therapie erzählte, hing sie weinend am Kleid der Mutter, wurde von ihr aber weggestoßen, währenddessen die jüngste Schwester auf dem Arm getragen wurde. Sie stellte alles Mögliche an, um die Aufmerksamkeit der Eltern zu bekommen; wenn der Vater sie sadistisch verprügelte, lachte sie. Mit elf Jahren begann sie, ihre Selbstständigkeit in einer rebellischen Weise dadurch zu markieren, dass sie neben der Schule am Hafen bei Fischern arbeitete, was dem Ansehen der Familie schadete. Sie kam oft nicht nach Hause, versteckte sich bei Verwandten oder Freunden.

Als die als besonders brutal geltenden nordvietnamesischen Kommunisten nach dem Abzug der amerikanischen Soldaten 1973 die Herrschaft übernahmen (Patientin war ca. 14 Jahre alt), wurde das große Elternhaus als deren Hauptquartier benutzt und der Familie wurden nur noch einige Zimmer zugebilligt. Sie erledigte die von den Kommunisten vorgeschriebenen schweren Feldarbeiten für die Familie, fühlte sich aber trotzdem von der Familie nie verstanden, akzeptiert oder gar wertgeschätzt. Sie erlebte sich als jemand, der sich bei Übergriffen von Kommunisten schützend vor die Familie stellte. Wegen Schwarzhandels wurde sie mehrere Male verhaftet, politisch proamerikanisch verdächtigt, ins Gefängnis gesteckt und gefoltert. Sie arbeitete nun mal gerne, harte körperliche Arbeit scheute sie nicht, und so gründete sie mit circa 21 Jahren zusammen mit einer Freundin einen eigenen Zuckerhandel. Sie ging mit ihr eine lesbische Beziehung ein: Es sei spontane Sexualität gewesen, »weil die Liebe so gloß wa«. Über die lesbische Beziehung habe sie ausschließlich mit mir gesprochen, und zwar erst gegen Ende der Therapie. Im selben Jahr planten die Eltern, allerdings ohne Wissen der Kinder, die Flucht aus Vietnam, auch für sie und ihren älteren Bruder; als »Boatpeople« waren sie mehrere Tage wie verloren mit circa 200 anderen Flüchtlingen auf dem offenen Meer, kamen in Singapur an und wurden schließlich in Deutschland aufgenommen.

Trotz ihrer bemerkenswerten handwerklichen Begabungen (Ausbildung als Goldschmiedin, leider abgebrochen) hat sie bis heute keinen Ausbildungsabschluss. Sie sprach fehlerhaftes Deutsch. Als sie ihren heutigen Mann, seinerzeit auch Flüchtling im gleichen Boot, einen freundlichen und zugewandten Menschen, kennenlernte, wollte sie von sich aus eigentlich nicht heiraten. Aber ihre Mutter drängte sie, in der Fremde nicht allein zu bleiben. Weil sie ihren Mann anfangs gerne mochte und sich auch sexuell mit ihm gut verstand, jobbte sie Tag und Nacht, um ihm das Informatikstudium zu ermöglichen. Sie bekam zwei Söhne (zu Beginn der Therapie waren sie ca. 16 und 18 Jahre, beide gute Gymnasialschüler), sie sorgte für den Zusammenhalt und die Organisation der Familie. Sie erlebte ihren Mann jedoch mit der Zeit als zunehmend passiver und stumpfer, ohne Zärtlichkeit und Verständnis für sie. Während ihr Mann durch seinen Beruf als Informatiker mehr Zugang zu dem hiesigen Gesellschaftsleben bekam, zog sie sich mehr und mehr zurück und hielt den Kontakt nur zu einigen »ehrlichen« Landsleuten.

Zum therapeutischen Geschehen

Zum Erstgespräch kam eine kleine (kleiner als ich), zierliche Asiatin, sie wirkte knabenhaft, mit zwar freundlichem Lächeln, zunächst jedoch mit misstrauischem Blick. Sie äußerte sich undeutlich, mit melodisch klingendem Akzent; ungefähr so: »Es ist schwielig fül Sie ... ich habe Schmelzen, kann nicht luhig sitzen ... velstehen Sie Flau Utali-Witt ... vielleicht lästig fül Sie ... ich muss manchmal so sitzen, manchmal so ...« – zeigte mir dabei verschiedene Sitzhaltungen, die ihr ermöglichten, ihre Schmerzen in Grenzen zu halten. Spürbar war eine unwillig-gereizte depressive Stimmung. Ihre kindlich-traurige Art, das Ringen um sprachlichen Ausdruck und das wiederholte Nennen meines Namens mobilisierten in mir verschiedene Empfindungen: Als ob ich wiederholt von einem Kind gerufen würde. In mir stieg die Frage auf: Warum soll sie mir deshalb lästig sein? Warum soll es schwierig sein, miteinander zu sprechen? – und ich reagierte ruhig und gelassen mit der Anmerkung, dass sie sich so hinsetzen könne, wie es ihr gerade recht sei. Wir könnten auch auf dem Boden sitzen, wenn es für sie einfacher sei. Hier hatte ich das »asiatische Band« angeboten, es kam spontan aus mir – die alte Gewohnheit, auf dem Boden zu sitzen. Ich wollte wohl, dass sie blieb. (In der Therapie saßen wir auf Sesseln gegenüber.) Sie erzählte von ihrer großen Enttäuschung nach der Bandscheibenoperation. Sie hatte große Hoffnungen darauf gesetzt, dass sie nach der Operation wieder voll arbeitsfähig wäre, um verschiedene, auch schwere Jobs annehmen zu können. Sie hätte schließlich ihr ganzes Leben hart – auch körperlich – gearbeitet und es falle ihr schwer, auf den Haushalt reduziert zu werden. Andererseits zwinge sie die Schwäche in den Armen, selbst nur die Hausarbeit langsam zu verrichten.

Als die Patientin in die Therapie kam, war sie in ihrem narzisstischen Selbst- und Körpergefühl verwundet. Die bis an die Grenze ihrer körperlichen Vitalität gehende Anstrengung, aus der die Patientin Selbstbestätigung schöpfte, ihr typischer »Lösungsweg«, war zusammengebrochen; sie fiel in eine Depression, hatte ihrem inneren Muster entsprechend aber einen massiven Widerstand gegen Psychotherapie. Erst als sie zu Beginn der Therapie die Erfahrung gemacht hatte, dass sie sich so geben konnte, wie sie war – ob sprachlich oder körperlich –, konnte sie sich richtig fallen lassen, erlaubte sie sich, bei mir ihre müde gewordene Seite zuzulassen, was sie sich selbst bislang kaum zugestanden hatte – und schon gar nicht gegenüber ihrem Mann und ihren Kindern. Die Erfahrung, sich sprachlich einfach so, wie es ihr eben gerade möglich war, zu äußern – sozusagen auf Deutsch »zu brabbeln« –, ohne sich für Grammatikfehler oder eine undeutliche Aussprache zu schämen, ebnete den Weg zur Regressionsbereitschaft.

Unsere verbale Kommunikation war ihrem sprachlichen Niveau angepasst; sie sprach mit vielen grammatikalischen Fehlern, mit einem bestimmten Akzent und Tonfall. Ich war gezwungen, sehr genau hinzuhören, den Inhalt ihres Berichtes streckenweise auch zu erraten, um ihn ihr dann in einem geordneteren Deutsch wiederzugeben und nachzufragen, ob ich sie nun richtig verstanden hatte. Dass ich sie meistens richtig verstanden hatte, wunderte und freute mich und sie auch. Möglicherweise gab es zwischen uns eine nicht so leicht zu fassende kulturelle Gemeinsamkeit.

Diese affektive Abstimmung gab Frau B. das Vertrauen, ihre Beherrschtheit gänzlich aufzugeben und ihre Traurigkeit, Wut, Machtlosigkeit zuzulassen. In diesem Zusammenhang gestand sie mir sogar, dass sie oft Selbstmordgedanken hatte. Bei der Bearbeitung der oben genannten Affekte und Empfindungen wirkte die Zweitsprache regressionsbremsend bzw. -steuernd. Ich war froh und erleichtert über diese Wirkung, auch für meine Gegenübertragung, die von einem Gefühl asiatischer Vertrautheit und einem starken Mitgefühl für ein vom politischen Umbruch geschütteltes Schicksal getragen war. Das Zuhören und Aufnehmen ihres Leidens, die ordnende Wiedergabe des Ausgesprochenen verschaffte einen emotionalen Schonraum. Dies gab mir die Zeit und die nötige Arbeitsdistanz. In dieser Atmosphäre des Miteinander-gestimmt-Seins, wo vieles aus dem präverbalen Bereich in einer sprachlichen Form kommunizierbar wurde, konnte die Patientin bis zu den tiefsten und schwierigsten Verletzungen ihrer Seele hinabtauchen, auch über schwerste Demütigungen und Folter im Gefängnis sprechen, ohne von Flashback-Empfindungen überflutet zu werden.

Diese friedliche und nachdenkliche Stimmung schlug wegen eines Vorfalls von außen um: Ein anhaltender Streit mit einer benachbarten Familie, die über ihr wohnte, spitzte sich zu und nahm regelrecht feindselige Züge an (nachts wurden Stühle laut gerückt und geräuschvoll geputzt, sie fühlte sich außerdem von den aggressiven Nachbarn ständig beobachtet). In der zunehmenden Auswegslosigkeit der Situation wurde sie wütend und hilflos; Schlichtungsversuche hatten nichts gebracht. Nun kam es zu Handgreiflichkeiten, bei denen Frau B. von ihrem Nachbarn verletzt worden war, allerdings ohne Zeuge. Juristische Wege blieben ohne befriedigendes Ergebnis. Sie fühlte sich vom deutschen Staat ungerecht behandelt. In dieser Situation kam es in der Stunde dazu, dass Frau B. vollkommen aufgebracht ihre Rachegedanken in einem wütenden und klagenden Ton äußerte: Sie wollte ihn sogar töten. Ich war erschrocken, blitzartig fielen mir ihre Erzählung bzw. die von mir bildhaft vorgestellten Szenen ein, wie sie von ihrem Vater geschlagen wurde, zugleich wie sie dies durch ihre freche Art wohl auch provoziert hatte. Darunter blieb für mich aber das traurige, nach Liebe hungernde Mädchen spürbar. Meine Frage danach, was die Tötungsphantasie für sie bedeute und warum sie mir dies erzähle, blieb wie ungehört. Wiederholt sprach sie den Satz »Ich muss ihn töten« wie gedankenverloren vor sich hin. Ich versuchte sie nun zu beruhigen, dann zu belehren, ohne Erfolg; ich fand keinen emotionalen Zugang zu ihr. In diesem Moment hatte ich das Gefühl, dass ich sie hätte eher erreichen können, wenn ich Vietnamesisch gesprochen hätte. Es kam mir so vor, als ob mir nichts anderes übrig bliebe, als sie aufzurütteln, sie aus diesem eigenartigen trancenahen, von Racheimpulsen bestimmten Zustand herauszuholen: In klarem entschiedenen Ton äußerte ich mich, dass ich mich verantwortlich fühle, wenn ihr etwas passieren würde bzw. wenn sie etwas Schlimmes tun würde. Ich müsste sie und mich davor schützen, dass ich sie in die Psychiatrie bringen müsste. Sie wurde ruhig, schien zunächst erstaunt über meine Äußerung, wirkte verlegen, dann nachdenklich. Nein, wir als Asiatinnen würden so etwas nicht machen, meinte sie. Wir müssten uns in der Fremde gut benehmen, sagte sie zu mir. Ich schaute sie an, schmunzelnd gab ich zu verstehen, dass ich mit ihrer Forderung grundsätzlich einverstanden war, wollte aber verstehen, was in ihr vor sich ging. Sie schüttelte mit dem Kopf, war nur ruhig und sagte: »Bitte, sind Sie nicht böse mit mil, Flau Utali ...«

Es würde den Rahmen der Fallvignette sprengen, die anderen wichtigen Aspekte an dieser Stelle zu beleuchten. Viele Stunden danach sprachen wir immer wieder über diese Stunde. Sie schämte sich für ihre Rachegedanken; Rachegedanken waren verpönt in ihrer Wertvorstellung, die sie sich in den letzten zehn Jahren unter der Anweisung eines indischen Meditationsmeisters erarbeitete. Ich war zu dem damaligen Zeitpunkt zwar überzeugt, dass es notwendig war, die Psychiatrieeinweisung anzusprechen, aber es hinterließ in mir ein ungutes Gefühl: Ich kam mir grob vor, ich könnte sie verletzt haben. Es war jedoch gut möglich, gerade in der deutschen Sprache, unsere beiderseitigen Emotionen und unsere jeweiligen Motivationen miteinander zu besprechen. Auch wenn Frau B. sich nicht sehr gut verbal formulieren konnte, verstand sie die von mir angebotenen Formulierungen gut genug, dass sie sie als zutreffend oder nicht zutreffend erklären und gegebenenfalls verbessern konnte. Dieses Ereignis als eine Reinszenierung konnten wir gemeinsam begreifen, in dem ich es in einem längeren Prozess deutete, sodass die Patientin die Verbindung zwischen ihren traumatischen Erfahrungen in der Vergangenheit und ihrem gegenwärtigen Leben herstellen konnte.

Reflexion – Diskussion

Die lange verdrängte Bedürftigkeit der Patientin danach, gehört und verstanden zu werden, konnte nach anfänglichem Widerstand nicht mehr verleugnet werden. Die tiefe Regression wurde wahrscheinlich durch infantile Wünsche und die neue korrigierende Erfahrung des Ernst-genommen-Werdens, des Erwünschtseins in der Therapie induziert. Bei Frau B., mit ihrer relativ gering ausgeprägten sprachlichen Symbolisierungsfähigkeit, konnte ich kaum feststellen, dass die Therapiesprache als Abwehr genutzt wurde. Im Gegenteil: Sie »brabbelte« auf Deutsch, ich kam mir oft wie eine Mutter mit einem kleinen Kind vor, das gerade das Sprechen lernt, und versuchte über eine lange Strecke der Therapie die Zusammenhänge zu erraten. Die von mir eingesetzte ordnende Rolle der Zweitsprache wirkte triangulierend, reflexionsinduzierend, somit affektdistanzierend. In der Therapie begann sie, sich allmählich klarer auf Deutsch auszudrücken und sich sicherer zu fühlen. Nun kam es mir so vor, als ob die emotionale Sicherheit in der Zweitsprache eine nochmalige Regression und Reinszenierung erlauben würde: die sadistische Behandlung ihres Nachbarn, die möglicherweise ihre früheren traumatischen Erfahrungen und Erinnerungen mobilisierte (Schläge des Vaters, Gefängnis und Folter), zugleich der Wunsch, in ihrer destruktiven Wut angenommen und verstanden zu werden, und sich darin verteidigt und beschützt zu fühlen. Dabei wirkte ihr wie eine Beschwörung klingender wiederholter Satz »Ich will ihn töten« auf mich einerseits bedrohlich (sie könnte dies wirklich tun), andererseits kam sie mir in dem Moment wie ein traurig-wütendes Kind vor. Das Ausbrechen archaischer Wut in dieser Form (in der Zweitsprache) hat mich überrascht. Erst im Nachhinein fand ich klärende Sätze bei Marcelo N. Vinars (2005), die mir diesen Moment noch ein Stück mehr verstehbar werden ließen: »Als Kraft von unwiderstehlicher Anziehung besetzt das Trauma alle Bereiche psychischer Erfahrung mit Bedeutung. Sowohl Gegenwart wie Zukunft werden mit Vergangenheit verseucht, in direktem und unabwendbarem Determinismus.« Als ich sie mit meiner schützenden Ermahnung »schlug«, »lachte« sie (wie in der Prügelszene mit ihrem Vater) und fand einen identifikatorischen – »asiatischen« Schutz. Ich sah in ihr nicht nur das schreiende Kleinkind und die rebellische Jugendliche, sondern auch die traumatisierte Person. Und in der psychoanalytischen Traumatherapie gilt es in erster Linie dem Weg der Patientin zu folgen, wie Kogan (2004) formulierte: »[T]he treatment we offer, as with all psychoanalytically oriented treatment, follows rather than leads the patient. Most importantly, it is not ›focal‹, in the sense of concentrating on the traumatic event.« Meine persönliche Ergänzung dazu: Auch sprachlich möglichst folgend. In diesem Falle fehlte mir der beste sprachliche Zugang; ich kann Vietnamesisch leider nicht. Hätte ich ins Vietnamesische übergewechselt, wäre die oben beschriebene Reinszenierung vielleicht nicht notwendig gewesen, da die unfassbaren Affekte hätten verbalisiert werden können. Andererseits wäre es durchaus denkbar gewesen, dass ein Sprachwechsel die Patientin mit Affekten, mit ihren traumatischen Erfahrungen überflutet hätte. Die Veränderung im Ton meiner Stimme, »diese unmittelbare leiblich-sinnliche Erfahrung, die dem Verstehen dessen, was geschehen ist, vorausgeht« (Pflichthofer, 2005, S. 64), erklärt auch die sofortige, für mich unerwartete Reaktion der Patientin. In dem oben beschriebenen Vorgang »schlug« ich sie mit Ermahnungen in der Zweitsprache und sie »schlug« mit Lächeln zurück. In diesem sekundenschnellen Geschehen kamen ihre umgewandelten Aggressionen und Identifikationen mit dem Aggressor zum Ausdruck, was *uns beide* schützen sollte.

Die Wichtigkeit der *Prosodie*, gerade in dieser Konstellation des Therapiepaares, erscheint mir von großer Bedeutung: Ich nehme an, dass der Klang meiner Stimme, die über weite Strecken eher zart war, vielleicht sogar »besänftigend bis einlullend« (Mertens, 1990), aber auch ruhig, erklärend war, eine große Rolle gespielt hatte. (In der oben dargestellten Stunde war sie dem Anlass entsprechend deutlich strenger.) So verband Greenson (1950) das Hören der Stimme der Analytikerin mit der Erfahrung: »the drinking of milk«.

Bislang – wohl auch aufgrund stark traumatischer Migrationserfahrung, aber auch zur Symbiose bzw. aus Treue zu den Objekten der alten Welt – schien das Erlernen der neuen Sprache bei der Patientin mit einem großen Widerstand verbunden gewesen zu sein. »Dieser Reaktion könnte das Schuldgefühl zugrunde liegen, der von den Eltern gesprochenen Sprache die Treue nicht gehalten zu haben« (R. Grinberg & L. Grinberg, 1990, S. 126). Sowohl Greenson als auch Buxbaum vertreten die Meinung, dass das Über-Ich eine entscheidende Rolle für das Zulassen und Aufnehmen neuer Wörter im gesamten Assoziationsnetzwerk (verbunden mit Emotionen) spielt. Ihre Lebensgestaltung in Deutschland in der sich aufopfernden Mutterrolle entspricht eher einem der ursprünglichen Kultur gerechten Rollenverständnis und kann auch als eine Wiedergutmachung für sich selbst verstanden werden. Die von der aufnehmenden Gesellschaft angebotenen Möglichkeiten einer Selbstbestimmung konnte sie dadurch für eine Erweiterung ihrer Lebensgestaltung kaum nutzen.

Ob eine Erweiterung eines repräsentationalen Systems im Sinne Amati Mehlers und Kollegen durch die Zweitsprache – in diesem Fall durch die Therapie – nun geschehen war, blieb bei Frau B. eine offene Frage. Denn zu einer Erweiterung des alten mit einem daneben bestehenden neuen repräsentationalen System würde auch ein Stück Polylogismus gehören, d.h. bei Frau B. ein inneres Sich-Öffnen und ein Ankommen in der neuen Welt. Die Empfindung von Angekommen-Sein kann sich auch in der Vertrautheit der Sprache widerspiegeln, was für die Patientin wie unerreichbar erschien: Selbst wenn sie in Vietnam zu Besuch war, wurde sie als Chinesin von den »echten« Vietnamesen durch ihre Sprache erkannt, was sie immer wieder irritierte. Das Aufwachsen ohne ein tief verwurzeltes Zugehörigkeitsgefühl wurde ihr immer wieder schmerzlich bewusst; dies wiederholte sich auch hier in Deutschland. Ich bin die erste Person, mit der sie über alles, »immel gut alles untelhalten mit Ihnen«, ausführlich auf Deutsch gesprochen hatte. Sie bewegte sich im Kreis der Landsleute, durchaus aktiv; sie hatte eine »deutsche Mutter«, die sie sogar mehr liebte als ihre eigene Mutter (eine ca. 70-jährige, alleinstehende Witwe, mit der sie fast 20 Jahre befreundet war und mit der sie eine familiäre Bindung hatte; die »Oma« betrachtete ihre Kinder als ihre Enkel).

Wie Jimenez (2004) betont, ist es nicht nur der Wortaustausch, was die Therapie ausmacht, sondern es spielen viele Faktoren hinter und neben dem Gesprochenen eine wichtige Rolle in der therapeutischen Beziehung. Die durch die Gegenübertragung der Analytikerin induzierten frühkindlichen Wünsche – von Geduld, Beruhigung, Strenge, grenzensetzender Androhung – konnten in der Therapie durchlebt werden, was schließlich eine Wandlung zuließ. Dies trifft unter anderem mit der neueren Auffassung aus der Neuropsychoanalyse zusammen, dass die frühen emotionalen Erfahrungen im impliziten Gedächtnis gespeichert sind. Allan N. Schore (2005) vertrat die Meinung, dass das System der regulativen Strukturen »in der Psychotherapie einem Wandel unterliegt, in der nonverbalen rechten und nicht in der verbalen linken Hemisphäre liegt«. Die Wandlung im affektiv-emotionalen Bereich geht also – wie im beschriebenen Fall – der sprachlichen Wandlung voraus.

Abschließende Diskussion

Selbst wenn man nur im Hinblick auf das Thema des Abwehrprozesses die beiden von mir untersuchten Fälle betrachtet, lässt sich in einer psychoanalytischen Psychotherapie in einer Zweitsprache oder in mehreren Sprachen keine einheitliche Interpretationslinie feststellen.

Im ersten Fall wurde die Zweitsprache bewusstseinsnah als Abwehr benutzt, bald jedoch wurde sie zu einem Vehikel für frühe Affekte. Bei einem bestehenden Nebeneinander von Affekt-Symbolisierungs- und Denksystemen ist ein Oszillieren im Gebrauch der Zweitsprache (sowohl in regressiver wie auch in abwehrbildender Richtung) anscheinend möglich.

Im zweiten Fall fungierte die Zweitsprache – nach der Akzeptanz ihres Gebrauchs – wie ein ordnendes, triangulierend-reflexives Denksystem.

In den beiden beschriebenen Fällen kamen Bewegungsmomente vor, wo sie sich eher dem sekundärprozesshaften Denken näher anfühlten, dann aber in das Primärprozesshafte hinein entwickelten, wie z.B. von Nachdenken über die Atmosphäre im Elternhaus (bei Frau A.) über freie Assoziationen bis hin zu den Schimpfwörtern. Aber auch die gegenteilige Bewegung, d.h. vom Sekundärprozess zum Primärprozesshaften hin, wie z.B. nachdem Frau B. aus ihrem magisch-beschwörungsähnlichen Zustand wieder den Bezug zum Hier und Jetzt herstellte.[7] Ich meine, dass in den oben genannten Momenten »die Zusammenfügung von Worten mit der entsprechenden Erfahrung das Seelenleben des Patienten an Intensität und Tiefe zugenommen, eine neue Dimension gewonnen hat (wie beim sogenannten Aha-Erlebnis)« (Loewald, 1978, S. 168), und dies gilt auch in der Zweitsprache. Solch bewegenden Momente lassen erkennen, »dass Primärprozeß und Sachvorstellung einerseits und Sekundärprozeß und Wortvorstellungen andererseits nicht gleichzusetzen sind« (ebd., S. 187). Auch in der Zweitsprache meine ich, dass »Wortvorstellungen keinen höheren Organisationsgrad repräsentieren als Sachvorstellungen: es ist die Verknüpfung beider, die die höhere Organisation bewirkt« (ebd., S. 167).

Eine psychoanalytische Therapie ist nicht nur in der Muttersprache möglich.

---

7 Dies erinnert an Sprechen als Surrogat des Handelns (z.B. als Ausdruck, der eine handelnde Affektabfuhr ersetzen kann) im Sinne von Gauger (1979, zit. nach Hamburger, 1995, S. 20).

»Die Erschaffung einer gemeinsamen Sprache des Verstehens zwischen Analytiker und Patienten ist ein Baustein in jeder Analyse, besonders bei Patienten, die mehrere Sprachen fließend sprechen und sich in deren Kulturen heimisch fühlen« (Wise, 2004, S. 273).

Selbst in der Zweitsprache, die vom Analysandin-Therapeutin-Paar akzeptiert und positiv besetzt ist, ist das Heben der freien Assoziationen auf eine metaphorische Funktion möglich, wie von H. Raguse (2004, S. 205) vertreten: »dass die analytische Sprache in der analytischen Situation in ähnlicher Weise [wie Poesie; Anm. H.U.-W.) gehört wird: das Nacheinander der freien Assoziationen kann als ein metaphorisches Gleichsein verstanden werden.« Allerdings bedarf es einer besonderen Geduld und Toleranz, mit Migrationspatienten zu arbeiten, die sich sprachlich nur begrenzt ausdrücken können. Das Sich-Einlassen in ein zunächst unbekanntes, unklar erscheinendes affektives Sprach- und Denksystem erfordert von der Analytikerin eine hohe Bereitschaft, sich außerhalb des bekannten und vertrauten Sprach- und Denksystems zu bewegen und eigene Ängste und Unsicherheiten sensibel zu erkennen und zu überwinden.

Literatur

Akhtar, S. (1999). *Immigration and Identity*. New York: Jefferson.
Akhtar, S. (2007). *Immigration und Identität*. Gießen: Psychosozial-Verlag.
Amati Mehler, J., Argentieri, S. & Canestri, J. (1993). *The Babel of the Unconcious*. Madison: International University Press.
Buxbaum, E. (1949). The role of the second language in the formation of ego and superego. *Psychoanalytic Quarterly, 18*, 279–289.
Dittmann, J. (2002). *Der Spracherwerb des Kindes*. München: dtv.
Ferenczi, S. (1911). Über obszöne Worte. In S. Ferenczi, *Schriften zur Psychoanalyse, Band 1* (S. 59–72). Gießen: Psychosozial-Verlag.
Freud, S. (1923b): Das Ich und das Es. *GW 13*, 235–289.
Greenson, R. (1950). The mothertongue and the mother. *International Journal of Psychoanalysis, 31*, 18–23.
Grinberg, L. & Grinberg, R. (1990). *Psychoanalyse der Migration und des Exils*. München und Wien: Verlag Internationale Psychoanalyse.
Hamburger, A. (1995). *Entwicklung der Sprache*. Stuttgart: Kohlhammer.
Hoffmann, E. (1989). *Lost in Translation – A life in a new language*. New York: Dutton.
Jimenez, J.P (2004). Between the confusion of tongues and the gift of tongues. *International Journal of Psychoanalysis, 85*, 1365–1377.
Kogan, I. (2004). Rumänien und seine unbewältigte Trauer: Die Emigration und die Zurückgebliebenen. In P. Morawe (Hrsg.), *Zwischen den Welten. Psychosoziale Folgen kommunistischer Herrschaft in Ostmitteleuropa*. Baden-Baden: Nomos Verlagsgesellschaft.
Kogan, I. (2005). Some remarks of the understanding and treatment of trauma. Einführungsvortrag für Trauma-Migrationsgruppe in München gehalten am 12.03.2005.

Loewald, H.W. (1978). Primärprozeß, Sekundärprozeß und Sprache. In H.W. Loewald (Hrsg.), *Psychoanalyse. Aufsätze aus den Jahren 1951–1979* (S. 162–185). Stuttgart: Klett-Cotta.
Mertens, W. (1990). *Einführung in die psychoanalytische Therapie, Bd. 2*. Stuttgart: Kohlhammer.
Pflichthofer, D. (2005). Hörräume – Klanghüllen. *Forum Psychoanalyse, 21*, 333–349.
Raguse, H. (2005). Die poetische Funktion der Sprache in der Psychoanalyse. *Zeitschrift für psychoanalytische Theorie und Praxis, 20*(3), 187–206.
Schore, A.N. (2005). Erkenntnisfortschritte in der Neuropsychoanalyse. Bindungstheorie und Traumaforschung: Implikationen für die Selbstpsychologie. *Selbstpsychologie, 21/22*(6), 384–395.
Soldt, P. (2006). Bildliches Denken. Zum Verhältnis von Anschauung, Bewusstsein und Unbewußtem. *Psyche – Z psychoanal, 6*, 543–572.
Stengel, E. (1939). On learning a new language. *International Journal of Psychoanalysis, 20*, 471–479.
Vinar, M. (2005). Folter als Trauma. *Jahrbuch der Psychoanalyse, 50*, 97–128.
Wise, I. (2005). Eine gemeinsame Sprache finden. *Zeitschrift für psychoanalytische Theorie und Praxis, 20*(3), 260–273.
Zac de Filc, S. (1992). Psychic change in the analyst. *International Journal of Psychoanalysis, 73*, 323–328.

Die verloren gegangene und wiedergefundene Sprache

Die Sprachverirrungen einer tschechisch-deutschen Analytikerin in der psychoanalytischen Arbeit mit einer tschechischen Patientin

Jana Burgerová

»Fremd ist der Fremde nur in der Fremde. Fremde unter Fremden sind: Wenn Fremde über eine Brücke fahren, und unter der Brücke fährt ein Eisenbahnzug mit Fremden durch, so sind die durchfahrenden Fremden Fremde unter Fremden ...«

Karl Valentin[1]

Die Autorin gewährt in kleinen Ausschnitten Einblicke in die analytische Arbeit mit Frau T., einer tschechischen Patientin. Der psychoanalytische Prozess (der auf Tschechisch abläuft, da die Autorin in der ehemaligen Tschechoslowakei aufgewachsen ist) wird stark durch die Wiederbelebung der für die Autorin fremd gewordenen Sprache ihrer Kindheit und Jugend beeinflusst. Sowohl die Folgen ihrer eigenen Migration als auch das implizite Gedächtnis an die vergangenen und gegenwärtigen Beziehungen zwischen Tschechien und Deutschland fließen in den therapeutischen Prozess ein. Da es sich hierbei um einen langwierigen analytischen Prozess handelt, beschränkt sich der Text auf einen Zeitraum in der Entwicklung von Frau T., in dem sie vieles neu überdenkt und verändert.

Der Überfall

Die 47-jährige attraktive, übersprudelnde, laute und äußerst eloquente tschechische Patientin, Frau T., voller Sarkasmus und Ironie, saß mir gegenüber und lachte freundlich über mein Tschechisch, welches ich in Deutschland selten sprechen kann (vor 46 Jahren emigrierte ich als sehr junge Frau von Prag nach München). Sie erkannte den Prager Dialekt und auch, dass ich als Jugendliche das Land verlassen habe, denn »Sie benützen Wörter, die eine Frau in Ihrem Alter nicht mehr spricht«. Manches sei veraltet und außerdem würde ich Endungen von Adjektiven und Possessivpronomen falsch beugen, eben schlampig, wie es Jugendliche tun. Wir lachten beide, in mir meldete sich jedoch ein starkes Bedürfnis, die Erfahrung der schmerzhaften Emigration zu unterdrücken, sowie den Ehrgeiz, seit über 40 Jahren nicht mehr ausgesprochene

---

1 *Das große Karl Valentin Buch*, 1973, S. 369.

Wörter aus den Tiefen meiner Erinnerung zu holen. Bald fühlte ich mich unfähig, sowohl dem analytischen Prozess zu folgen, als auch die korrekte tschechische Sprache zu beachten. So kam es, dass ich mich von einem alten Schmerz überfallen fühlte, den ich in meiner langjährigen Analyse meinte vollständig bearbeitet und betrauert zu haben. Ich weinte, Frau T. war verwirrt und voller Schuldgefühle, ich dachte, dass ihr abgewehrter Sadismus mich wohl vorübergehend vernichten sollte. Ich habe in der Sitzung alles auf mich genommen, wusste jedoch sofort, dass es sich hier um eine Mischung aus Gegenübertragungsgefühlen und meiner eigenen Geschichte handelt. In diesem Text möchte ich diesen Prozess untersuchen.

Die Szene war mir zu vertraut, nur in umgekehrter Rollenverteilung. Meine deutsche, mit mir schwangere Mutter, die 1950 mit meinem tschechisch-jüdischen Vater aus den USA in sein Geburtsland, die Tschechoslowakei, Prag, ging, hat ähnliche mit Sadismus gespickte Begegnungen täglich erlebt. Das Land war vom Krieg schwer mitgenommen und der Hass auf *die Deutschen* war unermesslich, Deutsch zu sprechen oder einen deutschen Akzent zu haben war ein Stigma, mit welchem man sich zur Beute einer tobenden Bestie machte. Damals litt ich und fühlte gleichzeitig mit meiner Mutter, verbündete mich in der Identifizierung mit *meinem* Heimatland und wurde gleichzeitig ein Aggressor. Eine perfekte Täter-Opfer-Dynamik in einer Person.[2]

In dem Artikel »Für einen besseren Umgang mit psychoanalytischen Konzepten, modellhaft illustriert am Konzept ›Enactment‹« von Bohleber und Kollegen ist zu lesen: »Der Analytiker gerät aus dem Gleichgewicht, sein Gefühl, auf normale Weise zu funktionieren, kommt ihm abhanden [...]. Jede Beschreibung verweist darauf, dass der Analytiker einem gewissen Handlungsdruck ausgesetzt ist, der ihm bisweilen unbegreiflich erscheint. Man könnte sagen, dass er ›sich selbst auf frischer Tat ertappt‹« (Bohleber et al., 2013, S. 1222).

Zac de Filc und Ilany Kogan setzten sich unabhängig voneinander ausführlich mit dem Abhandenkommen der Asymmetrie (durch das Nichtbenutzen der Sprache ihrer Kindheit) auseinander, die für eine Therapiebeziehung dringend erforderlich ist, da der Verlust zu einer totalen Konfusion führen kann. Frau Ilany Kogan hat mit elf Jahren Rumänien verlassen und berichtet, wie sie sich in die Position eines Kindes gedrängt fühlte (ihr Rumänisch war die Sprache ihrer Kindheit), als sie eine seit Kurzem emigrierte erwachsene rumänische Patientin mit einer ausgefeilten, wunderbaren Sprache behandelt hat. Deshalb fragte sie sich, ob ihre Benachteiligung in der Sprachkompetenz nicht störend für den therapeutischen Verlauf sein könnte. Zac de Filc schreibt, dass die Benutzung der Zweitsprache oft eine Tendenz gegen Depression und Widerstand impliziert und eine emotionale Distanz ermöglichen könnte, während die Muttersprache den Schmerz der Primärerfahrung beinhaltet. Während

---

2 Siehe meinen früheren Beitrag »Die verbotene Muttersprache« im vorliegenden Sammelband (zuerst erschienen in: *Psyche – Z psychoanal, 63*(11), 2009, 1150–1160).

der zweiten Sitzung mit einer Patientin, die die Therapie auf Jiddisch durchführen wollte (Frau Zac de Filc sprach Jiddisch in ihrer Kindheit nur bis zum Tod ihrer Eltern, danach habe sie die Sprache begraben), verlor sie vollständig den Blick auf die Patientin. Der Platz der Patientin wurde durch das Vergangene der Therapeutin besetzt, das sich durch die Sprache eingenistet hat, und führte zu einem Moment der tiefen Desorientierung. Frau Zac de Filc befasste sich intensiv mit der Frage, wie und ob sie das in eine aktive, psychoanalytisch professionelle Sprache umwandeln könnte.

Meine Vulnerabilität in der Behandlung von Frau T. bestand anfangs partiell darin, dass ich, während ich dem Tschechischen zuhörte, subtil mit meinem tschechischen Vater verbunden war, gleichzeitig jedoch den Loyalitätskonflikt zu meiner deutschen Mutter verspürte. So bestand öfter die Gefahr, dass mein präverbales Selbst berührt wurde (welches ich natürlich erst später ausdifferenzieren konnte), ich so paralysiert und unfähig sein würde zu arbeiten.

Letztendlich war und ist meine stabile Haltefunktion als Analytikerin erforderlich, um Frau T. zu ermöglichen, die ihrer Migration inhärenten traumatogenen Umstände durchzuarbeiten, ihr bei der Reorganisation des Ichs zu helfen.

Die Deutschen und die Tschechen

Um die möglichen Auswirkungen der transegenerationellen Transmission zu verstehen, die subkutan und unbewusst auf uns Menschen einen Einfluss haben, verweise ich auf meinen ebenfalls im vorliegenden Sammelband enthaltenen Beitrag »Die verlorene Muttersprache« und gebe hier einen kurzen Einblick in die Geschichte des Zusammen- und Auseinanderlebens zwischen Tschechen und Deutschen.

Die Anfänge des slawischen Böhmens liegen deutlich vor den Anfängen des deutschen Böhmens. Gemischtsprachlichkeit war ab dem zwölften Jahrhundert für eine lange Zeit selbstverständlich, auch wenn sich infolge der ökonomischen Veränderungen andere sprachliche Prioritäten entwickelten. Böhmen gehörte nur im Mittelalter zum deutschen »Reich« (Peter Glotz). Nach dem 30-jährigen Krieg wurde es als Teil der österreichisch-ungarischen Monarchie Mitglied des deutschen Bundes. Das tolerante sprachliche Neben- und Durcheinander änderte sich erneut stark durch die ökonomischen und politischen Verhältnisse. Es gab Zeiten, da mussten Tschechen, die aufsteigen wollten, Deutsch lernen. Die Deutschen hingegen weigerten sich oft genug, Tschechisch zu lernen. Nach dem Ersten Weltkrieg hatten sie in der Tschechoslowakei ihre politische und kulturelle Vorrangstellung aus Habsburger Zeiten verloren. Der erste tschechoslowakische Präsident, T.G. Masaryk, bezeichnete in seiner Antrittsrede im Dezember 1918 seine sudetendeutschen Mitbürger als »Einwanderer und Kolonisten«.

Die 1935 von Konrad Henlein geführte Sudetendeutsche Partei (SdP) forderte von der Prager Regierung, dass die deutsch besiedelten Gebiete eigenständig werden sollten. Die SdP ließ Schlägertrupps aufmarschieren, sodass die bis 1938 stabile Tschechoslowakei in ihren deutschsprachigen Grenzgebieten einem Land im Bürgerkrieg glich. »Mit der Zeit sollten alle Tschechen ausschließlich deutsche Schulen durchlaufen, bis die tschechische Sprache am Ende zum bloßen regionalen Dialekt herabgesunken wäre« (Demetz, 2007, S. 289f.).

2013 jährte sich zum 75-ten Mal das Münchner Abkommen (1938), in dem das Sudetenland dem Deutschen Reich unter Hitler zugesprochen wurde. Hier lebten bis dahin zwei Volksgruppen, die aus vielerlei Gründen wenig voneinander wussten. Erst als die deutschsprechenden Böhmen jene Region verlassen mussten, kamen die tschechischsprechenden »Böhmen« (beides meint nämlich dasselbe) dorthin. Während die einen schmerzhaft-lebendige Erinnerungen an Orte und Begebenheiten besitzen, haben die anderen dort unter oft schwierigen Umständen ihren Lebensmittelpunkt gefunden. Und während die einen bitter enttäuscht von den Tschechen waren, versuchte das kommunistische Regime bei den anderen die Erinnerung an das Vergangene, an »das Deutsche« auszulöschen.

Im Mai 1945 sagte Benes (der damalige Präsident) in einer Rede in Brünn: »Das deutsche Volk hat in diesem Krieg [dem Zweiten Weltkrieg; Anm. J.B.] aufgehört, menschlich zu sein, menschlich erträglich zu sein, und erscheint uns nur als ein einziges großes menschliches Ungeheuer. Wir haben uns gesagt, dass wir das deutsche Problem in der Republik völlig liquidieren müssen.«

Jüngst war in einem Artikel der *Süddeutschen Zeitung* (19.10.2013) von einem Bürgermeister und ehemaligen Grenzpolizisten in Haidmühle (Grenzübergang zwischen Tschechien und Deutschland) zu lesen, dass dieser einen Schlagbaum zwischen beiden Ländern errichtet und sein Vorgehen mit einer Einbruchserie begründet hatte. Er äußerte den Verdacht, dass osteuropäische Diebe die Straße als Fluchtweg missbrauchen könnten. Nach scharfem Protest der tschechischen Behörden wegen Verletzung des Schengener Abkommens musste der Mann diese willkürliche Maßnahme wieder zurücknehmen.

Die Begegnung

Frau T. kam vor 14 Jahren aus der Tschechischen Republik nach Deutschland. Vor zweieinhalb Jahren begannen schleichend massive Schlafstörungen, sie musste ständig weinen, spürte sich nicht, als würde sie nicht existieren. Sie bekam schlechte Laune, kämpfte mit den Tränen, war extrem müde, nervös. Sie merkte, dass sie sich stets um andere kümmert und für sich keine Zeit mehr hat. Sie musste immer in Bewegung sein. Bald merkte sie, dass sie ihre Launen nicht mehr kontrollieren und bewältigen konnte. Ihre Ehe war am Ende, ihr Mann mache sie für das Scheitern verantwortlich, ihr Zusammenbruch sei der Grund und Beweis. Sie hatte keine beruflichen Perspektiven.

Frau T. hat ihre Eltern zu Beginn ihres Lebens selten gesehen, sie ist in den ersten vier Jahren bei der Großmutter (Babička) väterlicherseits aufgewachsen. An diese Zeit hat sie sehr schöne Erinnerungen. Der Großvater war eine Zeitlang im KZ Dachau inhaftiert (meine Praxis ist in Dachau und Frau T. nimmt eine lange Anfahrt in Kauf); nach seiner Rückkehr begann er zu trinken und fand eine andere Frau. Für die Großmutter-Babička waren die Deutschen tabu (von ihnen käme nur ein großes Unheil). Als drei Jahre später der Bruder von Frau T. zur Welt kam, zog die Familie ins Sudetenland, vermutlich weil die Lebenshaltungskosten durch die Vertreibung der Deutschen in diesem nun leeren Gebiet günstig waren. Für Frau T. bedeutete es zugleich eine Trennung von ihrer geliebten Großmutter-Babička. Als Frau T. circa zehn Jahre alt war, zog die Familie nach Prag. Sie sagt, ein mehrmaliger Schulwechsel infolge der Umzüge habe sie wahrscheinlich gestählt.

Bereits als Kind fragte sich Frau T. oft, warum die Eltern zusammenleben, obwohl sie so viel streiten. Sie sahen keinesfalls zufrieden aus. Zur Mutter hatte Frau T. nie ein gutes Verhältnis, auch wenn die Mutter bis heute beteuert, die Tochter vergöttert zu haben. Frau T. spürte schon als Kind, dass die Mutter den Bruder bevorzugt. Und immer wieder würde die Mutter sie noch heute fragen, woher sie dies und jenes habe, sodass sich Frau T. aufgefordert fühlt, es der Mutter zu schenken. Ihrer erwachsenen Tochter erzählte später die Mutter leicht alkoholisiert, dass sie versucht habe, die Tochter abzutreiben. Frau T. fühlt sich bis heute von ihrer Mutter beneidet und entwertet; folgender Dialog wiederholt sich und verdeutlicht die stets gespürte Entwertung.

Wenn Frau T. der Mutter von ihren Ideen erzählt, erwidert diese entwertend: »Ist es in deinem Kopf entstanden, oder hast du's (aktuell) von der Therapeutin?«

Frau T. antwortet traurig, fassungslos und wütend: »Ich bin doch nicht blöd.«

Der Vater, ein ruhiger Mann, konnte alles erklären, Frau T. hatte ihn lieber als die Mutter, sie idealisierte ihn. Sie habe seine Leidenschaft für Bücher und seine Bescheidenheit geerbt.

Doch bis heute hat sie viel Angst vor Nähe, die sie auch nicht beim Vater bekam. »Wenn ich allein war, fühlte ich mich sicher.« Keiner hat mit ihr gespielt. Sie fühlte sich als Kind eher zu Erwachsenen hingezogen, habe sich immer klüger und verständnisvoller gefühlt; es kam ihr eine Ewigkeit vor, bis die anderen Gleichaltrigen etwas verstanden haben. Nach dem Abitur studierte sie Ökonomie und zog von zu Hause weg, verdiente bald mehr als ihre Mutter und unterstützt sie bis heute finanziell. Sie arbeitete als Assistentin in diversen Unternehmen in hohen Positionen, doch »sobald es anfing mich zu langweilen, kündigte ich«.

Mit 30 dachte sie, sie müsse ein Leben mit einer Familie führen. Sie lernte ihren tschechischen Ehemann (Ingenieur) kennen, der bereits in Deutschland lebte. »Vermutlich hatte er mich gern.« Sie kam »zur Probe« nach Deutschland, überlegte, dass sie wohl auch Kinder haben müsse. Verliebt sei sie nie gewesen. Damals sagte sie über sich: »Ich muss niemanden gern haben, da müsste ich was investieren, und wenn es dann nicht funktionieren würde, das wäre eine Katastrophe. Ich brauche es nicht, dass sich jemand für mich interessiert.« (Inzwischen würde sie es anders betrachten.) Männer hatten früher vor ihr Angst, weil sie so kühl und distanziert wirkte. (Dass sie Angst hat vor Nähe und diese somit viel vermeidet, ist ihr inzwischen bewusst.)

Ihre Kinder (ihr Sohn ist elf, ihre Tochter acht Jahre alt, sie wachsen bilingual auf), um die sie sich engagiert kümmert, gehen ihr sehr oft auf die Nerven, sie spürt, ihnen nicht genug Liebe geben zu können, sie spürt also inzwischen ihr eigenes Defizit. Das innigere Verhältnis habe sie zur Tochter, doch der Sohn habe sie durch ständiges Nachfragen aus ihrer Lethargie gerettet. Durch ihn bekam sie hier in der Fremde eine wichtige Aufgabe: sich zu kümmern. Zwischen ihr und ihrem Ehemann besteht ein brüchiges Waffenstillstandsabkommen mit extrem unterschiedlichen Erziehungskonzepten. Sie ist die Strenge, die Strukturierende, der Ehemann der Gewährende. Das Paar hat sich inzwischen kaum mehr etwas zu sagen, beide sind voneinander enttäuscht und verletzt, zeigen sich gegenseitig Desinteresse.

Beginn und Verlauf unserer Gespräche oder auch »Lost in Translation«[3]

Nach der Kurzzeittherapie beantragte ich eine Psychoanalyse. Frau T. musste jedoch bald eine dreimonatige Pause machen (sie absolvierte einen Kurs beim Arbeitsamt), sodass wir vereinbarten, bis dahin noch einstündig zu arbeiten und danach die analytische Therapie im Liegen zu beginnen. Die letzten zwei Stunden vor der Pause hatte sie so starke Rückenschmerzen, dass sie sich hinlegte, »dann spreche ich nicht so schnell und Sie können mich besser verstehen«.

Ich denke, dass sie mich also schonen und nicht überfordern will, mich und sich in guter Erinnerung behalten möchte; gleichzeitig spielt sich unbewusst eine ihr vertraute Szene zwischen ihr und ihrer Mutter ab, mit umgekehrten Vorzeichen. Ich bin hier jetzt eigentlich die Dumme, die sich schwertut, ihr zu folgen, so wie es ihre Mutter ihr oft nachweisen möchte. Doch bald spricht sie wieder ohne Unterbrechung, vergisst ihren Vorsatz, überflutet mich mit einem Stakkato von Träumen und anderen Inhalten, um die Trennung und die damit verbundene Trauer nicht spüren zu müssen.

Ich befinde mich stets in einer Welt »in between«, indem ich ihrem Tschechisch zuhöre und später auf Deutsch in mein Heft schreibe. Während ich dies hier niederschreibe, oszillieren auch jetzt in mir diese zwei Welten. Auch Frau T. beschreibt ihr subjektives Erleben so: »*Ich bin schon nicht mehr dort und aber auch noch nicht*

---

3 Titel entlehnt von Ewa Hoffmans Buch *Lost in Translation. Ankommen in der Fremde* (1993).

hier.« Ob sie allerdings je in Deutschland landet, ist die Frage. Dazu Jean Améry (2000, S. 84): »Die Heimat ist das Kindheits-und Jugendland. Wer sie verloren hat, bleibt ein Verlorener.«

Die Inhaftierung ihres Großvaters im Dachauer KZ erschwert er ihr, vermutlich durch das implizite familiäre Gedächtnis, sich hier einzulassen. Eine wesentliche Rolle spielt dabei zusätzlich ihre Anpassungsfähigkeit, die ihr bei den ständigen Orts- und Personenwechsel geholfen hat, ihre Autarkie und somit auch Distanz zu wahren. Später lässt sie den oben erwähnten Gedanken zu, dass sie eigentlich gar nicht hier in Deutschland sein möchte.

Als das neue Schuljahr (2012) beginnt, kommt es bei mir zu vielen Veränderungen (Schichtarbeiter, Studenten mit neuen Studienplänen, neue Arbeitsplätze bei Patienten) in meinem Arbeitsplan, sodass ich kurz bei ihr nachfrage (was ich sonst nie mache), wie es mit ihrem Wiederkommen ist.

Kurz vor dem neuen Beginn erhalte ich von ihr die folgende SMS: »Meine Hände zittern von der Vorstellung, ich werde Sie wiedersehen, ich versuche die vereinbarte Zeit nicht zu vergessen.« Sie scheint sich also sehr zu freuen, wehrt gleichzeitig die Sehnsucht nach Nähe ab, um den Schmerz zu vermeiden, falls sie es vergessen sollte. Später berichtet sie, dass sie oft wütend auf mich war.

Ich frage: »Weil Sie spürten, dass Sie mich brauchen?« – »Genau, und das will ich nicht, ich will keinen brauchen und auch nicht Ihre treffenden Deutungen.«

Auch ich bin aufgeregt vor dem Wiedersehen (die verlorene Heimat wiederzufinden?), auch in Sorge, die neu erworbene, erwachsene (tschechische) Sprache erneut verloren zu haben und in den Status einer »dummen« Schülerin zurückzufallen.

Die Abstinenz wird beidseitig ständig attackiert

Ich lese Jean Amérys Text »Jenseits von Schuld und Sühne«, denke an die regressive Sehnsucht nach kultureller Übereinstimmung – bzw. Anna Lesczynska-Koenens Artikel »Verstehen und Nichtverstehen. Über die Fremdheit in analytischen Behandlungen« (Lesczynska-Koenen, 2013) – und finde mich darin wieder:

> »Alle Implikationen dieser Einbuße wurden mir erst richtig erkennbar, als 1940 die Heimat in Gestalt der deutschen Eroberertruppen uns nachrückte. Ein besonders unheimliches Erlebnis fällt mir ein, das ich 1943 hatte, kurz vor meiner Verhaftung. Unsere Widerstandsgruppe hatte damals einen Stützpunkt in der Wohnung eines Mädchens; [...] es wohnten in ihrem Haus auch ›deutsche Soldaten‹, was uns aber im Hinblick auf die Sicherheit des Quartiers eher günstig erschienen war. Eines Tages nun ereignete es sich, dass der unter unserem Versteck wohnende Deutsche sich durch unsere Reden und unsere Hantierungen in seiner Nachmittagsruhe gestört fühlte. Er stieg hoch,

pochte hart an die Tür, trat polternd über die Schwelle: ein SS-Mann mit den schwarzen Aufschlägen und den eingewebten Zeichen ausgerechnet des Sicherheitsdienstes! Wir waren alle bleich vor tödlichem Schreck, denn im Nebenzimmer standen die Utensilien unserer, ach, den Bestand des Reiches so wenig gefährdenden Propagandaarbeit. Der Mann aber [...] verlangte nur brüllend Ruhe für sich und seinen vom Nachtdienst ermüdeten Kameraden. Er stellte seine Forderung-und dies war für mich eigentlich das Erschreckende an der Szene – im Dialekt meiner engeren Heimat. Ich hatte lange diesen Tonfall nicht mehr vernommen, und darum regte sich in mir der aberwitzige Wunsch, ihm in seiner eigenen Mundart zu antworten. Ich befand mich in einem paradoxen, beinahe perversen Gefühlszustand von schlotternder Angst und gleichzeitig aufwallender familiärer Herzlichkeit, denn der Kerl [...] erschien mir plötzlich als ein potentieller Kamerad. Genügte es nicht, ihn in seiner, meiner Sprache anzureden, um dann beim Wein ein Heimat- und Versöhnungsfest zu feiern?

Glücklicherweise waren Angst und Vernunftskontrolle stark genug, mich von dem absurden Vorhaben abzuhalten« (Améry, 2000, S. 85f.).

Es handelt sich hier (und dies löst vermutlich oft in mir unkontrollierte impulsive Wiedererkennungserlebnisse aus, die den Prozess der therapeutischen Spaltung blockieren und dazu führen, dass es »meine« Themen sind und nicht ihre) um einen regressiven Wunsch nach Verschmelzung mit der mütterlichen »Heimat-Brust«, um die nicht abgetrauerte Trennung bzw. den Verlust, der durch eine Scheinverbündung aufgehoben werden soll, im Falle von Jean Amérys Beispiel auch die Angst mildern soll.

Die Abstinenz ist stark durch uns beide gefährdet. Immer wieder schleicht sich bei mir der Gedanke ein, diesen Fall abzugeben. Nach einer Supervision ist jedoch klar, dass ich Frau T. behalte und ich meine alte Sehnsucht, die mich oft »verführt«, selbst die *Grenzen* in die verlorene Heimat zu überschreiten, besser erkennen und kontrollieren kann. (Mehrmals überschritt ich nach der erzwungenen Emigration 1968 die Staatsgrenze in Richtung Prag und zurück nach München, bis sie endgültig geschlossen wurde. Mein Trennungsschmerz blieb lange Jahre unbewältigt. Mittlerweile erkannte ich, dass die Trauer endgültig zu bearbeiten und sich mit den eigenen Verlusten der emotional besetzten Objekte abzufinden, als Schlüssel zur Annäherung an die neue Heimat, vermutlich ein nie endender Prozess ist.) Erst als sich Frau T. meiner sicherer wurde, konnte ich von ihr die Einwilligung zur Veröffentlichung dieses Berichts erbitten.

Auch Frau T. selbst zeigte sich häufig grenzüberschreitend, sie »lieh« sich z.B. in unserer Praxisküche ohne nachzufragen eine Tasse, weil sie so erschöpft war, sie »beschoss« mich mit persönlichen Fragen und negativen Vermutungen über den Grund meines Gesichtsausdrucks. Nach einer freundlichen Richtigstellung des Rahmens und der Grenzen zog sie sich wortlos, jedoch spürbar gekränkt, zurück und wir brauchten viele Sitzungen, um wieder ein vertrautes Arbeitsverhältnis herzustellen und so ihre frühkindlichen frustrierten Bedürfnisse nach Nähe, Geborgenheit spüren zu können.

Sie stellte mir Fragen, die sie, ohne abzuwarten und sich dabei meist entwertend, selbst beantwortete. Dies verstehe ich als ihre Sehnsucht nach Liebe und Nähe sowie den Versuch, die phantasierte Zurückweisung zu vermeiden. »Heute bin ich parfümiert, wahrscheinlich ist es für Sie zu stark und ich rieche sicher zu intensiv.« Als ob sie wissen möchte, ob ich sie gut und gerne riechen kann und das Baby in ihr für mich wohl aushaltbar ist. Den frühkindlichen Status bestätigt sie noch einmal mit der Aussage: »Ich kann nicht fühlen und sehen, aber gut hören!« So hört sie, wie das Baby in der Prosodie der Mutter, alle Zwischentöne. Anzieu spricht von der prälinguistischen Basis, die durch das Hören der sprachlichen Laute und Phoneme der Mutter entsteht (Anzieu, 1991, S. 212).

Frau T. kann vor mir nicht weinen und »lässt« mich via projektiver Identifikation und als Gegenübertragungsreaktion über meine sprachliche Begrenzung weinen.

In vielen Sitzungen danach brachte ich ihr eine Tasse Wasser, als sie hüstelte. Ich sah es einerseits als eine Wiedergutmachung für die erlittene Kränkung nach der Episode mit der »geliehenen Tasse« und auch als Frage, ob sie die symbolische Milch inzwischen annehmen kann und bereit ist, teilweise das gute Objekt zu internalisieren. Zu einem anderen Zeitpunkt kommt sie in meinen Raum mit einer fast triumphierenden Bemerkung, bereits in unserem Praxisbad Wasser getrunken zu haben und mich somit nicht mehr darum bitten zu müssen, als würde sie damit ihre Unabhängigkeit bestätigen wollen. Einerseits bezieht sie sich wohl auf ihre Grenzüberschreitung, andererseits auf die damit verbundene Kränkung und die funktionierende Autarkie. In einem tieferen Sinn wagt sie nicht, die mütterliche Milch, das gute Objekt von mir anzunehmen, weil dadurch in ihrer inneren Welt eine Art Geschäft installiert wird und sie somit wieder schmerzhaft phantasieren muss, dass nichts um ihretwillen geschieht. Ein Geschäft, welches sie aus einem äußerst kränkenden und tragischen Gefühl heraus eingerichtet hat: »Ich habe immer das Gefühl, dass meine Mutter ein anderes (besseres) Leben gehabt hätte, wenn es mich nicht gäbe.« So finanziert Frau T. ihre Mutter bis heute, der das Geld auf unergründliche Weise aus den Händen schwindet. Viel später, in der 170. Sitzung, arbeiten wir heraus, dass Frau T. aus Rache nach wie vor ihre Mutter finanziert, obowhl diese vermutlich das Geld verspielt und deshalb in einer Abhängigkeit zu Frau T. bleibt. Frau T. dreht ihre eigene defizitäre und quälende Abhängigkeit als Kind um und rächt sich an der Mutter, von der sie sich auch nie willkommen fühlte. Mit großer Scham spricht sie es aus: »Es ist pure Rache.« Doch bald darauf kehrt sie aus Prag zurück und verkündet erleichtert nach einem für sie klärenden Erlebnis mit ihrer Mutter: »Ich werde sie nicht mehr retten müssen.« Als habe sie sich ein Stück Autonomie erworben.

Doch jetzt noch zum Beginn. Mit dem Liegen möchte sie sich Zeit lassen. Noch brauchte sie direkt mein Gegenüber. Sie hat ein unglaubliches Gedächtnis und weist mich oft sehr streng darauf hin, dass ich ihr bereits dies und jenes gesagt habe oder sie mir. Damit lässt sie mich spüren, wie sie sich ihrer Mutter gegenüber gefühlt haben musste. Dumm, vergesslich, entwertet, gedemütigt. Als 2012 im Filmmuseum die Filmreihe »Der Prager Frühling« läuft, »muss« ich es ihr mitteilen (Grenzüberschreitung via projektiver Identifizierung), als wären wir uns in der Sehnsucht gleich. S. Akhtar spricht von einer »ethnopsychischen Verjüngung«. »Nein, dies sei überhaupt nicht ihr Objekt der Begierde«, und schon wusste ich, dass es meine alleinige Sehnsucht war und bei ihr allenfalls ein Gefühl der emotionalen Missbräuchlichkeit hervorgerufen haben könnte, so wie sie es von ihrer Mutter kennt. Sie ist jünger, sie hat die (sanftene) Revolution erlebt, ihre Migration ist keinesfalls eine endgültige, wie sie es damals wegen des Eisernen Vorhangs für mich war. So konstelliert sich ihre eigene Mutter-Kind-Beziehung: Sie empfindet mich wie ihre bedürftige Mutter, die ihr Kind parentifiziert, von ihm Liebe und Zuneigung erzwingen will, sie gleichzeitig mit Liebesentzug demütigen muss, was bei Frau T. zu eisiger Distanzierung, Belehrungen über meine sprachlichen Fehler und Beharren auf Autarkie führt. Und: Sie sehnt sich nicht nach Filmen, sondern nach einem warmen, sie zuverlässig spiegelnden mütterlichen Objekt!

Aufbruch ins Ungewisse

In der 120. Stunde beginnt Frau T., nach ihrem Wanderurlaub auf den Kanarischen Inseln, die Sitzung mit dem Gedanken, der sie dort beschäftigt hat: »*Am liebsten würde ich aus Deutschland abhauen.*« Als ich dem nachzugehen versuche, erwähnt sie beiläufig, wie beschämt, gedemütigt und infantilisiert sie sich hier oft fühle, wenn die Menschen erkennen, wo sie herkomme, deren Reaktionen seien nicht annehmend, im Gegensatz z.B. zu Italienern, Franzosen. »Sonst fällt mir nichts mehr dazu ein«; sie beendet angriffslustig die Stunde mit der häufig gestellten Frage, ob es eventuell eher nur mein Thema wäre, welches ich ihr unterschiebe. Diese Verwirrung wiederholt sich mehrmals. »Wessen Thema ist es eigentlich?« In der 150. Stunde präzisiert sie ihr Dilemma: Sie wisse nicht mehr, wo ihr Zuhause sei. In Prag nicht mehr, und hier habe sie zwar enorm viele Möglichkeiten entdeckt, ihre Freundschaften bekämen nach ihrem psychischen Zusammenbruch eine intensivere Qualität (»die Depression war letztlich ein Geschenk«), doch wisse sie immer noch nicht, wohin es geht.

Sie drängte ihren Ehemann dazu, das neugebaute, nicht belebte und zunehmend verwahrloste Haus in Prag zu verkaufen, als könnte sie dadurch die Ursache für ihr »Alien-Dasein« ungeschehen machen und sich endlich eindeutig niederlassen. Nachdem die Kaufverträge unterschrieben sind, bringt sie zwei Träume, die ich hier übersetze:

Traum 1

»Wir hatten in P. eine alte, düstere Wohnung auf dem Dach, mit einem kleinen Rasen, der von einem betonierten Weglein umgeben war. In der Wohnung waren alle nahen und entfernten Verwandten, keine Kinder, und wir wussten, dass aus dem Gefängnis ein Verbrecher entlassen wird. Mein Vater und mein Mann unterhielten sich, dass es ein wenig wie im Film sei und der Verbrecher auch bald da sein werde. Ich hatte große Angst und hatte mir eine Pistole besorgt, um mich zu verteidigen. Wir sind alle auf diesem Weglein gegangen, hinter mir hat plötzlich jemand gehustet, und ich habe ihn erschossen. Es war mein Großvater.«

Hier verstehen wir zusammen vor allem einen zentralen Aspekt: das durchdringende Gefühl des »Verlassen-Seins« und des »Sich-auf-keinen-verlassen-Könnens«. Gleichzeitig ist sie der Verbrecher, der nach Deutschland gegangen ist, der die Großmutter-Babička enttäuscht wie der Großvater, der die Großmutter wegen einer anderen Frau nach seiner Rückkehr aus dem KZ verlassen hat. Der Großvater könnte als Deckfigur auch ich sein. Ich sitze hinter ihr. Weil sie ins Feindesland zu mir kommen muss und weil wir hier ihren Schmerz aufdecken, werde ich erschossen.

Traum 2

»Ich schlief, da rief mich meine Mutter an, ob wir, wenn wir nach Prag fahren, bei ihr bleiben. Somit hat sie mich aufgeweckt, ich bin aufgestanden, in der Wohnung waren laute fremde Menschen, die sich die Möbel angeschaut haben, die hoch bis zur Decke gestapelt waren und manche waren am Boden festgeschraubt. Ich habe gar nichts verstanden, war verwirrt. Mein Mann hat gelacht und ich bin wütend geworden, fing an mit ihm zu streiten, weil er mich nicht gefragt hat. Plötzlich haben wir gemerkt, dass die Kinder verloren gegangen sind; ich heulte und schimpfte ihn aus.«

Hier sehen wir zusammen als zentrale Aspekte den Auszug ins Nirgendwo, den sie bereits als Kind mehrmals erlebt hat, ihre traumatische Trennung von der Großmutter. Jetzt in Prag kein Refugium mehr zu haben, bedeutet die damit verbundene Desorientierung; Verlust der Wohnung = Verlust der Kindheit. Unbewusst sucht sie die Nähe zu mir.

Die löchrige Sprachgrenze

»Já gleich placuju vor Wut, já chci gleich Fernsehen, já se wirklich ärgeruju«, sagte ihre kleine Tochter im Streit (übersetzt bedeutet dieser Satz: Ich platze gleich vor Wut, ich möchte jetzt gleich Fernsehen, ich ärgere mich wirklich).

Die Verben »platzen« und »sich ärgern« werden hier durch die Beugung tschechisiert. So kommt es, vermutlich in stark affektiv gefärbten Szenen, auch in der Sprache zu Grenzverwischungen zwischen Tschechisch und Deutsch, zu Rissen und Diskontinuitäten in ihrem Selbst und dem der Kinder.

Bis 1945 war jedes deutsche Wort und bis vor Kurzem jedes russische wie ein tiefer Stich bzw. ein Trigger für erlebte diktatorische Gewalt. Im Tschechischen gibt es zahlreiche aus dem Deutschen abgeleitete Wörter, z.B. *Špacírka* (Spaziergang), manche extrem negativ besetzt: *Hajzl* (Häusel) hat zwei Bedeutungen, nämlich sehr derb das WC, oder eine Person, die grob, fies, verräterisch, sozial inkompetent ist, *Fotr* (der Vater), *hajlovat* (Sieg Heil ausrufen). Die tschechisierten Deutschwörter, entwertend, grob betont sind Rudimente, die sprachlich auf die komplizierte Geschichte der damaligen Tschechoslowakei hinweisen.

Ein ähnliches Phänomen findet sich wohl in den meisten Sprachen bedingt durch den Globalisierungsprozess und durch etliche Kriege verursachte Flüchtlingsströme. In der *Süddeutschen Zeitung* vom 08.08.2014 erschien ein dazu passender Artikel mit dem Titel »Hemdbrust statt Schmiserl«. Darin befasst sich der Autor (Hans Kratzer) mit dem Einfließen verschiedener Sprachen, vor allem der französischen, in das Bayerische. »Wer in der Napoleonzeit in München etwas auf sich hielt, parlierte en francais. Nach und nach bekamen Wörter wie Gendarm, Allee, Chauffeur und Potschamperl einen bayerischen Klang [...]. Allerdings waren die Franzosen auch der Erbfeind.« Dennoch sei die Sprache der Soldaten 1914 in Richtung dieses Erbfeindes stark französisch gefärbt. »Die Männer fieberten dem Kriegsspektakel entgegen, das ihrer Meinung nach nur wenige Wochen dauernd würde. Es pressierte ihnen, sie dischkrierten, niemand dachte an eine Blamasch, jeder Soldat hatte sein Billet, mancher fluchte sakradi und alle riefen: Jeder Stoß ein Franzos!«

Spannend auch die Frage, wie die innere Repräsentanz der Tochter von Frau T. konstituiert ist, ob sich der Status »in between« auch in der Tochter niederschlägt, im Sinne einer transgenerationellen Transmission. Anzieu spricht von Diskontinuitäten im Selbst, die sich als Risse in der sprachlichen Lauthülle darstellen. Und: Das Modell der Lauthülle des Babys ist vor dem Verständnis der Entstehung des Selbst wichtig.

> »Die intralinguistische Basis, die durch die Pflege und Körperspiele geschaffen wird, wird von der prälinguistischen Basis, die durch das Hören der sprachlichen Laute und Phoneme der Mutter entsteht, geprägt. Die Wörter des anderen ermöglichen, wenn sie passend, lebendig und echt sind, dem Empfänger die Wiederherstellung seiner (enthaltenden) psychischen Hülle, weil sie durch die gehörten Wörter eine symbolische Haut bilden« (Anzieu, 1991, S. 212).

Solche Überlegungen könnten zu einem neuen Artikel anregen.

Einige Überlegungen zur Sprachentwicklung und -bedeutung[4]

Die Sprache ist von kultureller und sozialer Bedeutung durchtränkt. Die Sprachentwicklung in der frühen Kindheit ist eng mit der Ichentwicklung verbunden. Jeder Mensch hat darum persönliche, sprachlich determinierte Erinnerungen, welche emotional hochbesetzt und handlungswirksam sind. Schon das Ungeborene nimmt die Sprache, also nicht nur die Stimme und die Sprachmelodie (Prosodie), seiner Mutter wahr. Emotionale Erfahrungen bleiben für den Säugling aber zunächst unverstanden. Symbolisierung ist an die Fähigkeit des primären Objekts geknüpft, die Bedürfnisse des Säuglings träumerisch zu erahnen und angemessen zu beantworten (vgl. Bion, 1990, S. 83f.; Isakower, 1939). Die Dialoge zwischen Mutter und Kind und die differenzierte Zuwendung der Mutter formen die Gefühle des Kindes und strukturieren dessen Wahrnehmung. Einverleibt werden nicht nur Gefühle der Mutter, sondern auch ihre Fähigkeit, die projektive Identifikation (des Säuglings) als Kommunikation zu begreifen und entsprechend zu beantworten. In der Mitte des zweiten Lebensjahrs (15. bis 18. Monat) fangen Kinder damit an, sich Dinge in Formen oder Symbolen vorzustellen und dies auszudrücken. Sie nehmen sich zunehmend als autonome Wesen wahr und beziehen sich darauf. Sie können über Dinge oder Personen sprechen, die im Moment nicht anwesend sind (das Erinnern). Die Fähigkeit der Koordination von geistigen und Handlungsschemata ermöglicht nach Winnicott (1973) dem Kind, sich eine Vorstellung über sein interpersonelles Leben zu machen. Interpersonelle Interaktionen schließen Erinnerung an Vergangenes, Erleben der gegenwärtigen Realität und Erwartungen an die Zukunft ein. Alle diese zwischenmenschlichen Vorgänge werden unter anderem durch Sprache ausgedrückt. Die Bedeutungsinhalte resultieren aus interpersonellen Übereinkünften über das, was miteinander geteilt werden kann. Diese Relation zwischen Gedanken und Worten, wie sie zwischen Eltern und Kindern immer wieder neu verhandelt wird, wächst, verändert sich, entwickelt sich, wird erkämpft zwischen zwei Menschen, um schließlich gemeinsamer Besitz zu werden. Dem Menschen eröffnet der Spracherwerb einerseits die Möglichkeit, seine eigene Lebensgeschichte zu erzählen, andererseits können einige Ereignisse der intersubjektiven Beziehungserfahrung aus der präverbalen Zeit nie adäquat in Worte gefasst werden, sondern vermutlich nur durch die Psychoanalyse, die Poesie, die Malerei, Symbolisierung und die Musik erfasst werden.

Die Sprache dient vor allem als Organ des Denkens, des Bewusstseins und der Reflexion; sie verleiht dem Geist und dem Verstand Autonomie gegenüber dem Erlebten. Die Sprache bestimmt die Erfahrung der Welt, der Anderen und des Selbst. Sie bildet einen Stützpunkt für die eigene Identität (L. Grinberg & R. Grinberg, 1990, S. 124).

---

4 Vgl. oben in diesem Band den Beitrag »Die verbotene Muttersprache«.

Jana Burgerová

Psychodynamische Überlegungen

Der äußere depressive Zusammenbruch ist vermutlich in der beruflichen Untätigkeit von Frau T. hier in Deutschland (das ambivalent besetzt ist) zu suchen, während sie »nur« mit den mütterlichen Aufgaben okkupiert ist und somit in die Nähe ihrer eigenen beschatteten Mutterbeziehung gelangt. Hinzu kommt die immer schlechter und schweigsamer werdende Ehe (die geprägt ist vom gegenseitigen Desinteresse), wegen der Frau T. überhaupt nach Deutschland gekommen ist, ein Umstand, der sie mit Schrecken an die Ehe ihrer Eltern erinnert. Zugleich spiegelt sie das Desinteresse, welches Frau T. in ihrem Leben an sich selbst lange erfahren hat. Andererseits hat sie kaum mehr berufliche Verbindungen in Tschechien, sodass der Zustand »In Between« reichlich für Orientierungslosigkeit, ein Gefühl der Sinnlosigkeit und Verunsicherung sorgt. Eines der ersten Lebensgefühle – wo und zu wem gehöre ich? – ist dadurch reaktiviert. Später erzählt sie: »Nach Deutschland zu gehen kam mir damals sehr recht in der Suche nach dem Sinn des Lebens.« Ja, das Leben kommt ihr überflüssig vor und erst die Geburt des Sohnes fühlte sich wie eine Befreiung an, »weil ich dann eine sinnvolle Aufgabe hatte«.

Ihre Mutter konnte keine fürsorgliche, tröstliche und tragende Wärme aufbringen, was die Großmutter-Babička, bei welcher die Patientin bis zu ihrem dritten Lebensjahr lebte, teilweise kompensieren konnte. Es drohte stets eine Trennung, wenn die Eltern zu kurzen Besuchen kamen und scheinbar grundlos wieder fuhren, sodass sich die Wiederannäherungsphase als ziemlich brüchig gestaltete und zwischen Frau T. und ihrer Mutter Urmisstrauen und Distanziertheit nie weichen konnten. Frau T. fühlte sich daraufhin meist wertlos, nie erlebte sie eine Freude über ihr Sein. »Das ist mir völlig fremd«, sagt sie mit einer Mischung aus Zynismus, Ironie und Trauer. Viel später erzählt sie, dass sich ihre Freundin auf sie gefreut habe, Frau T. es registriert habe, nur verstünde sie gar nicht warum die Freude auf sie. Dies prägt auch den Charakter der Übertragung in unserer Arbeit. Immer wieder wehrt sie sich verbal dagegen, mich positiv libidinös zu besetzen. Laut ruft sie aus: »So eine Verbindung will ich nicht haben!! Für mich ist eine Abhängigkeit nur das, dass ich Sie brauche, weil ich nicht fähig bin, die Gespräche alleine zu führen.« Die Entwertung, die Frau T. stets durch ihre Mutter erfuhr, spiegelt sich in unserer Arbeit in Form von sadistisch gefärbter Rache wider. Sie korrigiert mein Tschechisch unentwegt, oder hebt ihre Hände von der Couch, wie andere die Augen verdrehen, um sich beim Korrigieren zu zügeln. Im Verlauf der Behandlung wird ihr unerbittlicher Korrekturbedarf milder.

Ihr Vater stand als das intellektuelle Objekt zur Verfügung. Er konnte später mit seiner für sie wertvollen ruhigen, (all)wissenden Art einiges auffangen, sodass ich ihre sprachliche und fremdsprachliche Eloquenz als ein libidinös besetztes Medium im Werben um den idealisierten Vater verstehe. Aktuell ist ihr Vater neu verheiratet, die Verbindung zu seiner Tochter völlig minimalisiert. Heute kann Frau T. die sie damals rettende Überidealisierung erkennen, dass der Vater auch schwierig, unbeholfen im Kontakt ist, er kaum was mit ihr anfangen kann, ihr Geburtsdatum nicht kennt, kein Interesse zeigt, ja regelrecht irritiert ist, wenn sie ihn anruft. Die Parallele zu ihrem Ehemann zieht sie selbst schmerzlich.

Das Zusammenziehen der Familie in der Kindheit von Frau T. war für sie traumatisierend, da sie gleichzeitig von ihrer geliebten, sie haltenden Großmutter-Babička und ihrem Paradies schmerzhaft getrennt wurde. Damit verbunden wurde Frau T. konfrontiert mit der Existenz des jüngeren Bruders, der bereits bei den Eltern lebte, was sie wohl als einen Verrat verstehen musste und ihr narzisstisches Gleichgewicht vollkommen erschütterte. Warum durfte er von Anfang an mit den Eltern leben, während sie so viele Interimszustände aushalten musste? Ihre Eifersucht war durchtränkt mit Hass, welchen sie mit Kälte und Distanzierung abwehren musste. Und das wurde möglicherweise später durch die Geburt ihres Sohnes reaktiviert. Dieser wiederum kann bis heute nicht von ihr weichen, als spüre er ihre Angst vor ihm, ihren Distanzierungswunsch: »Er verfolgt mich wie ein Hund.« Die Sehnsucht nach mütterlicher Wärme und Zärtlichkeit wurde zwar von der Großmutter-Babička einigermaßen befriedigt, im Zusammenleben mit der Mutter kam es dagegen zu ständigen Frustrationen und Versteinerungen im Kontakt. Im Identifikationsprozess mit der weiblichen Rolle übernahm Frau T. als Abwehrform negative Introjekte, die sie vor quälender Sehnsucht geschützt haben. Sie meinte mit ihrem falschen Selbst nicht nur gar nichts mehr (emotional) zu brauchen, alles, einschließlich ihrer nicht wahrgenommen Bedürfnisse, unter Kontrolle haben zu müssen, sondern auch, dass man wohl ein Leben nach einem Schema gestaltet, wozu auch eine Familiengründung gehört. Die Geburt ihrer Tochter reaktivierte die abgewehrte Sehnsucht nach verschütteten Bedürfnissen, deshalb die wiedereingenommene Distanzierung (»die Kinder gehen mir auf die Nerven«). Beide Kinder berühren sie ganz tief.

Das stetige Streiten ihrer Eltern verstärkte vermutlich zusätzlich in Frau T. ein Gefühl des »Nicht-da-sein-Wollens«, des »Sich-kalt-stellen-Müssens« und den Wunsch, sich tröstend die Sehnsucht nach dem paradiesischen Leben bei der Großmutter-Babička in der Phantasie herbeizuholen. Die unbewussten inzestuös-ödipalen Phantasien, eine bessere, da gescheiterte, potentere Partnerin für den Vater zu sein, wurden durch ein autarkes Verhalten (»ich brauche niemanden, alles bewältige ich allein«) abgewehrt. Frau T. idealisierte den Vater zur Abwehr seines Desinteresses an ihr und zur Abwehr der Eifersucht, die durch seine zweite Heirat neu reaktiviert wurde. Nichts wünschte sie sich mehr, als dass sich die streitenden Eltern trennen. All dies führte dazu, dass sie sich auf der bewussten Ebene (als Abwehr) allein sicher fühlt und Nähe ihr Angst macht. Doch durch das Zusammensein mit ihren eigenen Kindern bröckelte wohl ihre infantile Abwehrstrategie. Sie ehelichte einen extrem bedürftigen, kränkbaren Mann (der sich seinerseits als Folge ihrer und seiner Grundunnahbarkeit zurückzieht, vor allem nach dem ersten Kind, was eventuell seine narzisstische Kränkung durch die Geburt seines ein Jahr jüngeren Bruders aktiviert hat). Anfänglich konnte sich Frau T. stark und unabhängig fühlen, jedoch führten die intellektuelle Unterforderung, die mangelnden Kompensationsmöglichkeiten und die fehlende narzisstische Zufuhr letztlich zum Zusammenbruch ihres narzisstischen Gleichgewichts. Hinzu kommt der Aspekt, dass Frau T. ihrem Mann in das Land der Täter folgte, was unbewusst sowohl eine Wegbewegung von ihrer Mutter bedeutet und gleichzeitig zu einer phantasierten Enttäuschung der Großmutter-Babička. So kam sie mit einem ungeklärten Separations- und Individuationskonflikt in die Therapie.

Schlussgedanken

Frau T. bewegt sich zwischen zwei Ländern wie früher zwischen Mutter und Großmutter-Babička, so wie sich in den therapeutischen Sitzungen die Trennungen nach jeder Stunde ebenfalls wiederholen. Beende ich unsere Stunde, entwickelt sie sofort eine umtriebige, stressvolle Atmosphäre im Sinne von »ich bin gleich weg«, weil sie mich in meiner Pause nicht stören möchte, mir nicht zur Last fallen möchte. Somit vermeidet sie das Spüren von Kränkung über die Trennung und über die Tatsache, dass danach noch einige ihrer Geschwister (Bruder) auf mich warten. Manchmal versucht sie mich in eine »Small-Talk-Situation« zu verwickeln, um die Trennung hinauszuschieben. In der Gegenübertragung entwickle ich zuweilen einen wohl für sie ungewöhnlich fürsorglichen Abschied, was wiederum in ihr Schuldgefühle weckt. »Mein Gott, was habe ich angestellt?«, fragt sie. Doch fühle ich mich oft am Ende der Stunden auch erleichtert, weil ich mich so »unter Beschuss« erlebe. Es geht viel um Macht und Ohnmacht, Wissen und Dummsein, korrekt sprechen und Fehler machen, Tschechin sein und Emigrantin. Entweder – oder. Die Übertragung oszilliert auch in der Analyse zwischen einer negativen und idealisierenden Färbung. Das Urvertrauen von Frau T. ist durch die traumatische Trennung von der Großmutter-Babička, deren Mann nach der Rückkehr aus den KZ ein Trinker wurde, sich dann getrennt hat und mit einer anderen Frau zusammenlebte, zum fragilen Gebäude geworden. Zumal sie jetzt bei den »Deutschen«, die für ihre Großmutter-Babička ein Tabu waren, lebt. Begeht sie hier einen Verrat am guten (groß)mütterlichen Objekt? Durch die ständige Anforderung, sich an neue Situationen anpassen zu müssen, konnte sie bislang perfekt nur ihr falsches Selbst nähren. *Ihre Sprachhaltung ist brillant, durchtränkt von selbstentwertenden Wörtern, mit denen sie zu ihrem emotionalen Kern Distanz aufrechterhalten kann.* So spricht sie z.B. vom Heulen, statt Weinen, von Mutter, statt Mama. Ich habe auch mein Weinen in einer der ersten Sitzungen als eine Mischung aus meinen und ihren Anteilen (meiner sprachlichen Begrenzung wie auch meinem Verlust der Heimat und ihren – via projektiver Identifizierung – abgewehrten Schmerzen und Aggressionen angesichts der verlorenen Großmutter) verstanden.

Wenn unser analytischer Dialog so zusammenbricht, dass ich als Analytikerin in die Interaktion hineingezogen werde und durch mein unwillkürliches Agieren (hier das Weinen) meine unbewussten Wünsche wie auch die der Patientin aktualisiere, kann ich vo einem Enactment sprechen. Dieser Zusammenbruch des Dialogs hängt, laut Bohleber, mit einer Störung der Symbolisierungsfunktion zusammen. Das, was auftaucht im Augenblick des Enactments, ist sprachlich nicht fassbar, da es mein vorsprachliches Selbst berührt. Mein Bestreben besteht unter anderem darin, die Symbolisierungsfunktion wiederherzustellen, um eine integrative Arbeit stattfinden zu lassen, d.h., das Enactment therapeutisch nutzbar zu machen, indem es deutbar wird.

Frau T. hatte Angst mich zu verlieren und unbewusst fühlte sie, dass ich selbst Zweifel hatte, sie weiter behandeln zu können. Versteckt und subtil klammert sie sich an mich, wie ihr Sohn, den sie anfangs mit großer Ambivalenz empfing, sich an sie. So ahne ich zunehmend, dass ich durch den Sohn an ihre kindlichen Anteile herankomme.

Gleichzeitig versucht sie mich durch die vorweggenommene Annahme, von mir entwertet zu werden, im Sinne der Retraumatisierung, in die Rolle ihrer zurückweisenden Mutter zu bringen. »Ich habe das Gefühl, dass Sie mich ständig kritisieren. Manchmal empfinde ich Sie wie meine Mutter. Als ich Sie zum ersten Mal sah, bin ich vor Angst versteinert. Ich dachte, Sie finden mich von Grund auf unmöglich. Manchmal habe ich eine unendliche Wut auf Sie, ja, manchmal hasse ich Sie.«

Die negative Mutterübertragung beginnt zu blühen und so setzt Frau T. es fort, mich erneut sprachlich zu korrigieren, was als Fortschritt zu sehen ist, da sie die Deutungen annehmen kann. Ab und zu entweicht ihr ein glucksendes Lachen, wenn ich Metaphern im Deutschen unmittelbar ins Tschechische übersetze. Ich versuche und es gelingt immer besser, ihr Lachen zu differenzieren. Habe ich gerade etwas im Tschechischen neu kreiert, oder wenn es aus den Tiefen meines impliziten Gedächtnisses als etwas mir wieder neu Unbekanntes herauskriecht, muss sie sich entweder (an ihrer Mutter) rächen oder die Deutung berührt Frau T.

Angesichts eines Traums erahne ich eine langsame Annäherung. »Ich war in Griechenland im Urlaub. Sie waren auch da, man konnte Sie nicht sehen, Sie waren im Seminar. Das hat mir nichts ausgemacht, Hauptsache ich wusste, dass Sie da sind.« Viel später (178. Sitzung) spricht sie davon, dass die Therapie für sie eine Sicherheit bedeutet. »Ich weiß, dass Sie hier auf mich warten, und ich brauche Sie, um zu wissen, dass alles was ich denke und fühle in Ordnung ist. So gehe ich durch die Straßen, spreche alles innerlich aus, sodass ich hier [in der therapeutischen Sitzung] nichts mehr sagen muss.« *Sie kann einfach hier sein.*

Frau T. hat vor längerer Zeit angefangen in einer Versicherungsgesellschaft zu arbeiten. Nebenbei »managt« sie das Familienleben. Damit konnte sie sich ihren ersten selbstverdienten Urlaub (auf den Kanarischen Inseln) finanzieren. Neben dieser sie beflügelnden Belohnung ist sie erneut an dem Punkt angelangt, dass sie wieder ihre neu erworbene (sie langweilende) Arbeitsstelle verlassen möchte. Die Arbeit füllt sie nicht aus und sie erkennt schmerzhaft, dass sie gar nicht weiß, *was* sie arbeiten möchte, *was* sie interessiert. Sie will nicht hier (in Deutschland) sein, doch fühlt sie sich ihren Kindern gegenüber verpflichtet. Unbewusst beginnt sie sich hier einem guten Objekt zu nähern, während sie in Prag kalte Objekte erwarten könnten.

Noch ist der analytischer Prozess lange nicht beendet, durch den Frau T. eine Orientierung finden kann, wo sie sich wirklich niederlassen möchte, was ihre Bedürfnisse und ihre Potenziale sind, wie sie das hoffnungslose Nebeneinander mit ihrem Ehemann gestaltet. »Es ist schwer neben meiner Mutter ich selbst zu bleiben. Ich betrachtete die Welt immer durch den Filter meiner Mutter oder anderer Erwachsener.« Es wird deutlich, dass ihre Mutter immer in der infantilen Position geblieben ist, die ihre Tochter parentifiziert hat, sie für alles Erreichte (Sprachkenntnisse, Arbeit im Ausland, Geld) beneidet und von ihr erwartet, dass Frau T. sie stets finanziert, alles Erlittene wiedergutmacht. Was Frau T. inzwischen mit Klarheit weiß, ist, dass sie durch unsere intensive Arbeit Interesse an und somit eine(r) neue(n), freundlichere(n) Haltung zu sich selbst gefunden hat. »*Mir gibt die Therapie eine Sicherheit, die ich bislang nicht kannte. In meinen Träumen kommen Sie einerseits nicht konkret vor, aber ich weiß Sie im Hintergrund. Sie mussten kommen, damit ich weiß, dass alles, was ich denke, in Ordnung ist.*« Oft konstatiert sie, dass zu Hause sowohl über Gefühle als auch über persönliche Gedankenprozesse nie gesprochen wurde: »*Jetzt habe ich gerade einen neuen Kontinent entdeckt.*«

Literatur

Akhtar, S. (2007). *Immigration und Identität*. Gießen: Psychosozial-Verlag.
Anzieu, D. (1991). *Das Haut-Ich*. Übers. M. Korte u. M.-H. Lebourdais-Weiss. Frankfurt am Main: Suhrkamp.
Bion, W.R. (1990). *Lernen durch Erfahrung*. Übers. E. Krejci. Frankfurt am Main: Suhrkamp.
Bohleber, W., Fonagy, P., Jimenez, J.P., Scarfone, D., Varvin, S. & Zysman, S. (2013). Für einen besseren Umgang mit psychoanalytischen Konzepten, modellhaft illustriert am Konzept »Enactment«. *Psyche – Z psychoanal, 67*(12/13), 1212–1250.
Bründl, P. & Kogan, I. (Hrsg.). (2005). *Kindheit jenseits von Trauma und Fremdheit*. Frankfurt am Main: Brandes & Apsel.
Chomsky, N. (1974). *Thesen zur Theorie der generativen Grammatik*. Übers. F. Coulmas u. B. Wiese. Frankfurt am Main: Athenäum-Fischer.
Demetz, P. (2008). *Mein Prag. Erinnerungen 1939 bis 1945*. Übers. B. Schaden. Wien: Zsolnay Verlag.
Glotz, P. (2003). *Die Vertreibung. Böhmen als Lehrstück*. München: Ullstein-Verlag.
Greenson, R.R. (1982). Die Muttersprache und die Mutter. In ders., *Psychoanalytische Erkundungen* (S. 13–24). Übers. H. Weller. Stuttgart: Klett-Cotta.
Grinberg, L. & Grinberg, R. (1990). *Psychoanalyse der Migration und des Exils*. Übers. F.C. Ribas. München: Verlag Internationale Psychoanalyse.

Hoffman, E. (1993). *Lost in Translation. Ankommen in der Fremde.* Übers. G. Strempel u. H. Frielinghaus. Frankfurt am Main: Verlag Neue Kritik.
Isakower, O. (1939). On the exceptional position of the auditory sphere. *International Journal of Psychoanalysis, 20,* 340–348.
Winnicott, D.W. (1973). *Vom Spiel zur Kreativität.* Übers. M. Ermann. Stuttgart: Klett-Cotta.
Zac De Filc, S. (1992). Psychic Change in the Analyst. *International Journal of Psychoanalysis, 73,* 323–328.

VI.
Außen- und Innenwelten

Zwischen Außen- und Innenwelten – Übergänge

In den geschilderten vorherigen Beiträgen lässt sich erkennen, wie wichtig die Dynamik der Außen- und Innenwelten im Migrationsprozess ist. Auch wenn Psychoanalytiker eher dazu neigen, all das, was in den Therapieraum eingebracht wird, als einen inneren Prozess zu betrachten, so relativiert es sich in den Behandlungen von Migranten, Exilanten und Flüchtlingen. Freilich sind Außen- und Innenwelten aufgrund ihrer Verquickung nicht immer einfach auseinanderzuhalten: Alles Neue, Fremde, Interessante, aber auch Bedrohliche in der neuen Außenwelt wird aufgenommen und verarbeitet. Wie nun der Prozess der Verarbeitung, der möglichen neuen Identifikation und Integration, aber auch Abstoßung erfolgt, hängt meiner Erfahrung nach von den prämigrativen, mitgebrachten Strukturen und Fähigkeiten ab.

Bereits Rebeca und León Grinberg schrieben in ihrem Pionierbuch *Psychoanalyse der Migration und des Exils* über das Willkommen oder Nicht-Willkommen der aufnehmenden Gesellschaft: »Ein äußerst wichtiger Faktor für das Schicksal einer Migration ist die Reaktion der Mitglieder der aufnehmenden Gesellschaft auf die Ankunft des Immigranten« (L. Grinberg & R. Grinberg, 1990, S. 91). Salman Akhtar (1993, S. 38ff.) betrachtete genauer das Wesen des Herkunftslandes, das Ausmaß der kulturellen Unterschiede und ging auf die gemischten Gefühle der »Alteingesessenen« ein, »die sich auf der Skala zwischen paranoider Furcht und Idealisierung bewegen« (ebd., S. 46). So kann die Wirkmächtigkeit der aufnehmenden Außenwelt auf den Verlust eigener Selbstwirksamkeit einwirken, aber auch umgekehrt: Ein tief verankertes Wertesystem kann die Entwicklung notwendiger Selbstwirksamkeit in der neuen Außenwelt wiederum hemmen oder behindern.

Die drei letzten nicht klinischen Beiträge dieses Sammelbandes widmen sich nun der Schnittstelle zwischen Außen- und Innenwelten und illustrieren die daraus entstehenden Konflikte und den Versuch, sie zu bewältigen.

Hediaty Utari-Witt

Gegen die Wand – Migration im Film[1]

Jana Burgerová

Gegen die Wand von Fatih Akin ist der erste Film seiner Trilogie *Liebe, Tod und Teufel*. Dieser bemerkenswerte Film erhielt den Goldenen Bären auf der Berlinale, später den deutschen und den europäischen Filmpreis.

Kurzbiografie

Fatih Akin wurde 1973 in Hamburg geboren. Sein Vater, ein gläubiger Muslim, war Schauspieler, der 1965 nach Westdeutschland kam und in einer Teppich- und Reinigungsfirma arbeitete. Fatihs Mutter, eine Grundschullehrerin, kam drei Jahre später und arbeitete hier als Putzfrau und Packerin. Akin wuchs in dem multikulturellen Hamburger Stadtteil Altona auf. Dort bewegte er sich in etlichen Gangs und Gruppen, in denen er vieles von dem beobachten konnte, was er nun in seinen Filmen Gestalt werden lässt. Bereits im Alter von 16 Jahren wollte er Filmregisseur werden. Nach dem Abitur studierte er an der Hochschule für bildende Kunst in Hamburg. Er ist verheiratet und hat einen dreijährigen Sohn. In seiner Freizeit betätigt er sich gerne als DJ.

Seinem Spielfilmdebüt von 1998, *Kurz und Schmerzlos*, folgte 2001 ein Roadmovie, *Wir haben vergessen zurückzukehren*, 2002 *Solino*, 2003 *Gegen die Wand*, 2005 *Crossing the Bridge*, 2007 *Auf der anderen Seite*. Im Vergleich zu dem hier besprochenen Film ist sein darauffolgender Film *Auf der anderen Seite* viel sanfter und von einer aufklärerischen Haltung geprägt, woran sich möglicherweise Akims künstlerische Entwicklung und Identitätsfindung ablesen lässt.

---

[1] Der Beitrag ist unter dem Namen »Zum DPG-Kongress ›Psychoanalyse und Globalisierung‹ in München im Mai 2008. Gegen die Wand« bereits erschienen in: *Forum der Psychoanalyse, 24*(1), 2008, 96–103. Für die vorliegende Veröffentlichung wurden leichte stilistische Anpassungen vorgenommen.

Migration als ein immer wiederkehrendes Phänomen

Der Film *Gegen die Wand* spielt in Hamburg und Istanbul. Der Kiez in Istanbul entspricht genau dem in Hamburg. Das Drama wird musikalisch umrahmt vom Ensemble des Musikers Selim Sesler, das in Istanbul am Ufer des Bosporus, die Hagia Sofia im Rücken, auf schönen Teppichen platziert, spielt, als ob es uns eine traurige, märchenhafte Liebesgeschichte erzählen möchte, die sich im Sinne einer transgenerationellen Transmission seit ewigen Zeiten immer wieder neu abspielt. So werden die Szenen umwoben von Gesang und Musik, als könnte das die Brisanz der Handlung mildern und die dabei sich entfesselnde Brutalität besänftigen. Auf Jiddisch-Armenisch erklingt ein wehmütiges Lied über unerwiderte Liebe. Es wird im europäischen Teil Istanbuls gesungen, wo sich seit Jahrzehnten Flüchtlinge angesiedelt haben, Juden, Polen, Tschechen und andere.

Gegen die Wand erzählt die tragische Liebesgeschichte von Sibel und Çahit, zwei Außenseitern, die verbunden sind im Dahintreiben zwischen Selbstzerstörung und Lebenshunger, Zerrissenheit und Selbstfindung, deren soziale Hintergründe jedoch grundverschieden sind. Fatih Akin selbst sagt hierzu, es ginge ihm um das Böse in uns, um die negative und dunkle Seite der Liebe, die zerstörerisch sein kann.

Mehrmals wird die Wand symbolisch dargestellt, die dem Film schließlich seinen Namen verleiht. Die Wand zwischen der türkischen und deutschen Lebenswelt, zwischen der unerbittlich strafenden Rolle, die Sibels Vater traditionell spielen muss, und seinen wahren Gefühlen für seine Kinder. Die Wand, die Çahit gegen die Mitwelt errichtet, weil er mit seiner türkischen Herkunft und auch sonst mit nichts etwas zu tun haben möchte. Auch für Sibels Identifikation als Frau in Deutschland stellt die kulturelle Zugehörigkeit zum Islam mit deren Zwängen eine Wand dar.

Von Gastarbeitern zu Migranten

In Deutschland hat sich in über 40 Jahren eine türkische Kultur ausgebildet, die von vielen Entwicklungen sowohl in türkischen als auch in deutschen Großstädten abgekoppelt ist.

In den 60er Jahren, als die deutsche Wirtschaft boomte, wurden türkische Arbeitskräfte angeworben. Viele Familien stammten aus ländlichen Gebieten in der Türkei und haben ihre traditionellen Normen und Werte über Jahrzehnte in Deutschland bewahrt. Die damaligen Gastarbeiter haben ihre Familien, Verwandten und manchmal ihr ganzes Dorf nachgeholt und begannen sich hier endgültig niederzulassen.

Von den 2,5 Millionen Menschen türkischer Abstammung in Deutschland hat die Mehrheit nicht die Absicht, in die Türkei zurückzukehren. Aus einem Gutachten des

Zentrums für Türkeistudien aus dem Jahr 2001 halten sich von den in Deutschland geborenen Deutsch-Türken etwa 18 % eine Remigrationsoption offen.

Die Hauptfiguren

Sibel ist in Hamburg geboren und aufgewachsen, ihre Familie ist sehr traditionsverbunden, was Sibel als extrem einschränkend erlebt. Die Wohnung der Familie ist traditionell eingerichtet, eine Oase in der Fremde. Sibel oszilliert zwischen der Kultur zu Hause und der Kultur auf der Straße. Unmittelbar entsteht ein deutliches Bild ihrer Familienstrukturen. Çahit ist in der Türkei geboren, er versucht mit Alkohol und anderen Drogen alles, was ihn traumatisiert hat, zu vergessen, sich zu zerstören. Seine Familie und Herkunft spielen für ihn am Anfang der Erzählung keine Rolle. Er scheint sich mit seinem religiös-kulturellen Hintergrund nicht befassen zu wollen. Sein völlig verwahrlostes Hinterhofzimmer spiegelt seine innere Welt wider. Von seiner Lebensgeschichte erfahren wir nur bruchstückhaft erzählte Teile.

Die 20-jährige Sibel und der 40-jährige Çahit lernen sich in der psychiatrischen Klinik kennen, beide haben Suizidversuche hinter sich. Sibel fragt Çahit, ob er Türke sei und ob er sie heiraten würde. Mit dieser Scheinehe will sie ihrem traditionsverbundenen Elternhaus entkommen und ein selbstbestimmtes Leben führen. »Du bist Türke, Mann, und nur das akzeptieren meine Eltern.«

Wer sich nicht nach den strengen Gesetzen des Islam richtet, d.h., sich nicht bedingungslos den Autoritäten unterwirft, wird als jemand, der vom Glauben abfällt, bezeichnet. Die Gedanken werden als schändlich und abtrünnig betrachtet, das autonome Handeln dem Tod zugesprochen. Die Freiheiten, die Sibel bei anderen 20-jährigen Hamburgerinnen erlebt, fordert sie auch für sich, jedoch außerhalb des Familienbundes. Für sie würde Freiheit immer auch Verrat ihrer familiären Struktur bedeuten. In ihrer geschlechtsspezifischen Orientierungslosigkeit gebärdet sie sich wie ein Mann, sie sagt: »Ich will tanzen, ich will leben, ich will ficken, und nicht nur mit einem Mann«, und damit hebt sie das Verständnis über die Sexualität im Islam auf.

> »Der Islam erkennt den sexuellen Trieb, sowohl in seinem psychischen, lustvollen Aspekt, als auch in seiner biologischen, reproduktiven Funktion an, versteht ihn aber auf beiden Ebenen nicht als menschlich gegeben und nicht von Gott losgelöst. Der Sex im Islam ist ein Abbild der göttlichen Macht und des göttlichen Willens; er ist eine Leihgabe einer besonderen lustvollen Fähigkeit, die den Frauen und Männern anvertraut wird, und zugleich ein Auftrag, der ausgeführt werden soll« (Jiko, 2007).

Die quälenden unbewussten Schuldgefühle muss Sibel mit großer Härte abwehren, was auch ihre Sprache prägt. Ihr Selbsttötungsversuch ist in seiner Ambivalenz sowohl ein Aufschrei gegen die erlebten Einschränkungen, zugemutet durch Vater und Bruder, als auch ein Versuch, dem Elternhaus ihre Verbundenheit insbesondere mit ihrer Mutter laut mitzuteilen. Was ihr Suizidversuch ihrer Familie »antut«, ist ihr durchaus bewusst.

Çahit ist ein desillusionierter Einzelgänger, vermutlich traumatisiert durch den Heimatverlust und den Tod seiner geliebten Ehefrau. Angedeutet wird, dass er als klassischer Musiker gesellschaftlich integriert war, was er später beim Hochzeitstanz demonstriert. Er zeigt sich anfangs abgestumpft, stets alkoholisiert, exzessiv und grob. Sehr bald zeigt er jedoch ein empathisches Verhalten, gegen das er bislang angekämpft hat.

Beide Figuren durchlaufen unterschiedliche Entwicklungen. Während Çahit immer lebendiger wird, schwierige Gefühle zunehmend mehr zulässt und überhaupt nachdenklicher wird, wirkt Sibel, die zwar trotz ihrer Abgrenzungshärte die Gefühle der Eifersucht, der Trauer und somit ihre Liebe zu Çahit entdeckt und zulässt, am Ende resigniert und angepasst. In ihrer postadoleszenten Entwicklung muss sie zusätzlich zur kulturellen Integration Separation und Individuation bewältigen. Am Ende ihres Aufbäumens wird sie im Drogenrausch durch Vergewaltigung Mutter. Hiermit und mit der Annahme des Kindes nimmt sie unbewusst die Rolle der islamischen Frau an, der sie eigentlich entkommen wollte.

Spiegelbildlich werden die beiden Figuren dargestellt. Sibels Gesicht ist zu Beginn sehr lebendig und offen, nach ihrem Zusammenbruch wird sie fast kataton, zu Stein. Bei Çahit ist die entgegensetzte Bewegung zu beobachten. Nach Drogenentzug und Verbüßen einer Gefängnisstrafe wegen Totschlags an seinem Rivalen, welcher ihn zutiefst gedemütigt hatte, beginnt er die depressive Position anzunehmen; er sucht nach seinen Wurzeln, mit Sibel und auch allein. Und letztendlich, nachdem er vergeblich auf Sibel gewartet hat, steigt er allein in den Bus nach Mersin, seinem Geburtsort; damit bekennt er sich schließlich zu seinen Wurzeln. Hiermit gelingt ihm eine progressive Entwicklung bei seiner Identitätssuche als Migrant.

Eine Rückkehrabsicht kann aus der Ambivalenz der kulturellen Identität von Migranten entstehen, doch für Sibel und Çahit kann die Türkei nie als alternativer Lebensmittelpunkt in Betracht kommen, auch wenn am Ende Sibel in Istanbul verweilt. Yilmaz, ein Freund von Çahit, fragt in der Klinik: »Kriegt ihr hier keine Zwangsjacken?«, und weist damit auf eine zweifache Migration hin. Sibel und Çahit befinden sich in einer Psychiatrieanstalt, zusätzlich in einem (halb)fremden Land. Geht es hier um die Heilung der seelischen Wunden vom ätiologischen Aspekt her oder die Heilung der Brüche durch die Auswirkungen der Migration. Auch die nächtliche Busszene setzt sich ganz extrem mit dem Exodus auseinander. Es geht um eine doppelte Ausgrenzung, beide können als identitäsbrüchige und von der Kultur abtrünnige Menschen nicht mal bei einem türkischen (angepassten) Busfahrer Obhut finden. Wo gehören sie hin? In die Anstalt, in die Türkei, nach Deutschland? Die beiden rastlosen Außenseiter fühlen sich eher in ein fremdes Land angeschwemmt, als dass sie aktiv nach ihren Wurzeln suchen.

Migration und Sprache im Film

Der Film stellt die Brüche der kulturellen Identitätssuche bei Migranten auf sehr drastische Art dar. Die Brüche sind auch in der Sprache zu finden, die in ihrer Mischung aus Türkisch und Deutsch mittlerweile ein verbreitetes Alltagsphänomen ist.

Die aktuell viel diskutierten gewalttätigen Impulsdurchbrüche bei ausländischen Jugendlichen sind auch ein Kommunikationsversuch. Je weniger man einer Sprache mächtig ist, umso flehender, impulsiver, verzweifelter und grober wird dieser andere Weg, der an die präverbale Zeit bei Kleinkindern erinnert. Hinzu kommt, dass viele Migranten aus den unteren Schichten stammen, wo die Sprache keinen konstruktiv-kommunikativen und entlastenden Charakter besitzt, weshalb keine Möglichkeit für verbale statt körperlicher Auseinandersetzung besteht. Das Türkisch-Deutsch ist hier in Deutschland inzwischen fast zur eigenen Sprache geworden, wird auch von deutschen Jugendlichen gesprochen und versinnbildlicht die Wurzel- und Orientierungslosigkeit, die Suche nach Zugehörigkeit.

Über weite Strecken wird im Film eine frauenverachtende deutsche Sprache verwendet, auch als Zeichen einer Pseudoanpassung an das neue Land und Leugnung der Brüche: Denn nur als Mann kommt man in der Fremde durch. Das männliche Geschlecht ist in einer auf den Islam ausgerichteten Gesellschaft mit der Vorstellung von Überlegenheit und Stärke besetzt. Die Geburt eines Sohnes bedeutet für die gesellschaftlich entwertete Frau die Geburt eines »Erlösers« und für den Mann ein Zeugnis seiner Potenz. Damit werden dem Knaben schon vor seiner Geburt besondere Funktionen und geschlechtsspezifische Erwartungen zugewiesen. Die primäre Bezugsperson für das Kind in den ersten Lebensjahren ist ausschließlich eine weibliche Person. Den Vater erlebt das Kind vorwiegend über die Mutter und deren Beziehung zum Vater: als Besitzer der Mutter, als deren Beschützer und Versorger, als Instanz, die grenzenlos grausam sein kann, wenn die Mutter nicht gehorsam ist.

An der Stelle, als Çahit um die Hand von Sibel wirbt, stellt ihr Bruder über Çahit fest: »Dein Türkisch ist ganz schön im Arsch«, und Çahit antwortet: »Ja, ich hab's weggeworfen.« Um schmerzhafte Gefühle abzuwehren, »vergisst« er fast ganz das Türkische. Çahit trifft bei seinem späteren Aufenthalt in Istanbul auf der Suche nach Sibel auf einen vermeintlich dort geborenen Taxifahrer. Doch dieser ist in Bayern aufgewachsen, spricht makelloses Bayerisch; er wurde wegen Drogenhandel abgeschoben. Hier werden wir Zeugen der Zweischneidigkeit einer Remigration bzw. der doppelten Migration. Der Taxifahrer blüht sichtbar auf, als er in Çahit einen emigrierten Schicksalsgenossen findet. Allerdings tröstet er sich gegen den aufkeimenden

Schmerz über den Verlust der zweiten Heimat, indem er das Bayerische gegen das von Çahit gesprochene Hochdeutsche stellt. Im Hotel von Sibels Cousine Selma benutzt Çahit für die Abgrenzung von seiner überwundenen dramatischen Zerstörung und für seinen Kampf um seine Liebe zu Sibel nicht mehr sein brüchiges Türkisch, sondern Englisch. Nachdem sich Sibel und Çahit endlich wiedergefunden haben, breitet sich die alte Sprachlosigkeit, das Nicht-benennen-Können der tiefen seelischen Risse und der Unvereinbarkeit ihrer Entwicklung wieder aus. Nach dem langen und harten Hürdenlauf sitzen die beiden schweigend auf der Terrasse des Istanbuler Hotels, als könnten sie die tiefen seelischen Erschütterungen und ihre Perspektivlosigkeit nicht in Worte fassen.

Psychodynamische Aspekte

Die postadoleszente Sibel rebelliert gegen den Vater, wehrt ihre libidinös-aggressiven Impulse ab, rivalisiert latent mit ihrer Mutter, deren Frauenbild Sibel bekämpft, verarbeitet ihre Auflehnung autoaggressiv und wünscht dennoch unbewusst viel Unterstützung und Aufmerksamkeit. Ihre Verstoßung durch den Vater und das Nicht-Abschiednehmen-Können von ihm (nur von der Mutter verabschiedet sie sich heimlich) stellen eine sehr bewegende Szene dar. Es ist ihr Vater, ihre Kultur, die auch der Familie, von der sie sich abwendet, in der Fremde Halt und Orientierung gibt. Sibel beschmutzt durch ihr Verhalten die Familie und ihr Bruder muss die Ehre retten. Im Kontext des türkischen Dorfes bedeutet der Begriff »Ehre« bei den Männern vor allem die Fähigkeit, für die Familie zu sorgen, diese gegen Angriffe von außen zu verteidigen und die sexuelle Integrität der Frauen innerhalb der Familie zu gewährleisten.

Sibels Mutter kann ihrer Tochter keinen Halt geben, sie zeigt sich noch viel zu verwoben mit der Tradition, »teils schicksalsergeben, teils als aufbegehrendes Opfer des islamischen Patriarchats« (Pinn & Wehner, 1995).

In der muslimischen Tradition steht die Mutter ab der Pubertät der Tochter auf der Seite des Vaters. Als sie Sibel beim Hochzeitstanz beobachtet, stehen ihr der Trennungsschmerz und die Zweifel an der Wahl ins Gesicht geschrieben. Dennoch schlängelt sie sich zwischen den beiden Kulturen durch, hat gefärbte Haare, raucht, wenn ihr Mann nicht da ist, versucht noch ein Foto von ihrer verstoßenen Tochter zu retten und bildet damit eine Pseudokoalition mit ihrer offen und konsequent rebellierenden Tochter. Sie muss jedoch für diese Koalition eine harte Bestrafung seitens ihres Ehemannes erfahren.

Sibel kennt ihre kulturelle Tradition gut, was bei der Hochzeitszeremonie deutlich wird, sie will Harmonie in der neuen Freiheit, indem sie Çahits Wohnung und seinen Haarschnitt verschönert, und muss sie gleichzeitig zerstören, weil sie die Ambivalenz der Kulturen nicht aushält. Beim Kochen in der nun gemeinsamen Wohnung leckt sie erotisierend und zerstörerisch ein großes Küchenmesser ab und deutet damit auf ein baldiges Unheil hin. Ein Bild der Gleichzeitigkeit von Sinnlichkeit und Gewalt. In Verleugnung ihrer Identität als Frau zeigt Sibel Tendenzen, sich wie ein Mann zu gebärden. Sie schläft beziehungslos mit allen, die ihr gefallen und benutzt ein derbes, vulgäres, frauenverachtendes Deutsch. Es geht immer wieder um den Separationsversuch sowohl von ihrer Mutter, als auch von der männlich orientierten Kultur, und dies trägt Racheaspekte in sich. Sibel demütigt Çahit, indem sie vorhat, ihrer Mutter von dessen (vorgeschobener) Impotenz zu erzählen, um damit die Kinderlosigkeit dieser Ehe zu begründen. Diese Depotenzierung im Moment einer zärtlichen Annäherung ist vermutlich auch als Verschiebung und Abwehr ihres ödipalen Begehrens an ihren sie erniedrigenden Vater zu verstehen.

Später in der Geschichte bewegt sich Sibel männlich gekleidet in gefährlichen Stadtvierteln von Istanbul. In der nächtlichen Begegnung mit den betrunkenen Männern wehrt sie sich kontraphobisch, indem sie provoziert, obwohl sie bestimmt fürchterliche Angst hat. Die brutale und grausame Szene beschreibt den Zusammenbruch, eine Zertrümmerung des ganzen inneren Zwiespalts zweier Kulturen, mit deren spezifischen Frauenbildern. Sibel scheint aufzugeben. Immer wieder lehnt sie sich mit unvorstellbarer Kraftanstrengung auf. Sie spricht und flucht wie ein Mann, leugnet in unbewusster suizidaler Absicht die Gefahr und insbesondere die eigene weibliche Grenze und Fragilität. Sie wird brutal zusammengeschlagen, für den Zuschauer scheint sie tot zu sein. Es entsteht der Eindruck, dass Sibel ihre Auflehnung gegen die strengen Gesetze des Islam nicht überlebt hat. Ihre Suche nach einem alternativen Frauenbild als Abgrenzung zu der traditionellen Frauenrolle scheint gescheitert.

Sexualität

Auch in der Sexualität finden wir hier stets die Ambivalenz und die Brüchigkeit der Kulturen. Der Frau wird »fitna« (die Fähigkeit, soziales Chaos auszulösen) zugeschrieben. Nach Berktay (1998) wird die Sexualität der Frau im Islam als natürlicher und stärker angesehen als die männliche. Dies mache die weibliche Sexualität zum sozialen Problem, weil diese, wenn sie nicht kontrolliert wird, soziales Chaos auslösen könne. In der islamischen Theorie bedürfe die Kontrolle der weiblichen Sexualität größerer Vernunft und stärkeren Charakters, als der Frau zugesprochen wird. Wie schon erwähnt, will Sibel ficken, aber mit Çahit möchte sie keinen Sex haben. Sie hält sich konsequent an ihre Abmachung einer Scheinehe, wehrt sich gegen ihre Liebe zu ihm, eventuell gegen eine neue Abhängigkeit und eine »göttliche« Verbindung, aus der sie gerade ausbrechen möchte. Als Çahit beim Zusammensein mit seinen neuen männlichen Verwandten bei einem Brettspiel auf deren Bericht von sexuellen Praktiken mit Huren mit der Frage »Warum fickt ihr eigentlich nicht mit euren Frauen« reagiert, wird er fast zusammengeschlagen. Die Frau, sobald sie Mutter wird, ist kein sexuell begehrenswertes Objekt mehr, sie wird gewissermaßen unantastbar. Die Männer im Film zeigen sich voll und ganz mit der frauenverachtenden Kultur identifiziert, während Çahit Züge eines demokratisch gesinnten, nachdenklichen Mannes zeigt. Auch hier geht es um Zugehörigkeit und Ausgrenzung und um die innere Auseinandersetzung mit der ambivalenten Bindung zur Mutterimago. Die Mutter wird geachtet, zugleich gehasst und gefürchtet, was abgespalten wird, die Hure wird »gefickt« und erniedrigt. So kann eine erfüllte Sexualität in die Ehe kaum integriert werden.

Bei einem Gespräch zwischen Sibel und ihren Schwägerinnen werden die türkische Tradition und das Männerbild idealisiert, die Frauenverachtung und Identitätsdiffusion verleugnet und damit Tradition und Zugehörigkeit zementiert. Sibel zeigt sich hier angepasst an die gleichaltrigen türkischen Frauen.

Schlussgedanken

Zum Schluss möchte ich Nuran Davis Calis, einen armenisch-jüdischen Dramatiker aus der Türkei, zitieren, der in einem Interview mit der *Süddeutschen Zeitung* (29./30.12.07) gefragt wurde, ob die Türkei nach Europa gehört:

»Ja. Ob ich glaube, dass die Türkei nach Asien gehört. Auch ja. Ein geographischer Fakt ist, dass sich die Türkei jedes Jahr mehr in Richtung Westen bewegt, und, wer weiß, vielleicht befindet sich in ferner Zukunft die Türkei da, wo jetzt Spanien liegt? Die Kontinentalplatten scheren sich nicht um politisch-gesellschaftliche Befindlichkeiten. Früher oder später befindet sich die Türkei da, wo wir uns jetzt befinden. Und wo sind dann wir? Die Frage ist nicht, ob die Türkei jemals dazugehören wird, sondern wann, wenn man dieses Land kennt. Wir müssen nur in der Lage sein, die Zeichen richtig zu deuten.«

Filmografie Fatih Akin

Einige Kurzfilme
1995: Sensin – Du bist es! (Regie und Drehbuch)
1996: Getürkt (Regie und Drehbuch)

Spielfilme
1998: Kurz und schmerzlos (Regie und Drehbuch)
1999: Kismet (Hauptdarsteller)
2000: Im Juli (Regie und Drehbuch)
2002: Solino (Regie)

2004: Gegen die Wand (Regie, Drehbuch und Produzent)
2004: Europäische Visionen (Segment »Die alten bösen Lieder«; Regie, Drehbuch und Produzent)
2005: Kebab Connection (Drehbuch)
2006: Takva – Gottesfurcht *(Takva)* (Produzent)
2007: Auf der anderen Seite (Regie, Drehbuch und Produzent)
2008: Chiko (Produzent)
2009: Soul Kitchen
2014: The Cut

Dokumentarfilme
2001: Wir haben vergessen zurückzukehren (Regie und Drehbuch)
2005: Crossing The Bridge – The Sound of Istanbul (Regie, Drehbuch und Produzent)

Literatur

Akhtar, S. (2007). *Immigration und Identität*. Gießen: Psychosozial-Verlag.
Amati Mehler, J., Argentieri, S. & Canestri, J. (1993). *The Babel of the Unconsious: Mother Tongue and Foreign Languages in the Psychoanalytic Dimension*. Dt. (2010). *Das Babel des Unbewussten*. Gießen: Psychosozial-Verlag.
Charlier, M. (2007). Macht und Ohnmacht. Religiöse Tradition und die Sozialisation des muslimischen Mannes. *Psyche – Z Psychoanal, 61*, 1116–1131.
Ferenczi, S. (1994). On the obscene words. In ders., *Final Contributions to the Problems and Methods of Psychoanalysis*. München und Wien: Verlag Internationale Psychoanalyse.
Freud, S. (1912–13a): Totem und Tabu. *GW 9*.
Grinberg, L. & Grinberg, R. (1990). *Psychoanalyse der Migration und des Exils*. München und Wien: Verlag internationale Psychoanalyse.
Jiko, J. (2007). Die Idealisierung des sexuellen Triebes im Islam. *Psyche – Z psychoanal, 61*, 1132–1154.
Özdaglar, A. (2007). »Irgendwie anders«. Über Schwierigkeiten in deutsch-türkischen Psychoanalysen. *Psyche – Z psychoanal, 61*, 1093–1115.

Kulturwissenschaftliche Überlegungen zu interkulturellen Aspekten in der Begegnung mit der Fremde

Beobachtungen in einem Ausbildungsprojekt

Birgit Mau-Endres

»Im Mittelpunkt steht immer der Mensch.«

Chezzy Cohen

Ein Zugehörigkeitsgefühl entsteht nach Cohen dort, wo Verfügbarkeit, Zuverlässigkeit und Anerkennung erfahren werden. Diese gäben ein Gefühl von Sicherheit in der Beziehung und seien »die Voraussetzung zum Leben« (Cohen, 2004, S. 31).

»Autonomie dagegen entwickelt sich, wenn ambivalente Einstellungen ausgehalten werden. Die Tendenz zur Spaltung [in Gut und Böse; Anm. B.M.-E.] ist umso größer je strenger die Zugehörigkeit an ethisch-moralische Regeln gebunden ist« (Bender, 2012, S. 381).

Im Folgenden sollen aus der Perspektive der Ethnologie am Beispiel eines 19-jährigen Jungen aus Pakistan kulturelle Aspekte skizziert werden, die Anteil daran haben, dass bei diesem jungen Mann zum jetzigen Zeitpunkt weder ein ausreichendes Zugehörigkeitsgefühl noch eine altersentsprechende Verselbständigung erreicht werden konnte.

Fallbeispiel

Zu einem Praktikumsaufenthalt kommt ein freundlicher 19-jähriger junger Mann zusammen mit einer Gruppe von 13 Berufsschülern nach Deutschland. Wie sich herausstellt, lebt er seit drei Jahren mit seinem Vater in Italien, Mutter und Schwester leben in Pakistan. Issa ist hoch gewachsen, schlank, fast ein wenig dünn mit hängenden Schultern und traurigem, zurückgezogenem Gesichtsausdruck. Er ist äußerst hilfsbereit, steht den Lehrern immer zur Unterstützung zur Verfügung, absolviert sein Praktikum zur vollen Zufriedenheit seiner Betreuer. An den gemeinsamen Aktivitäten der anderen Jugendlichen, an denen auch sein jüngerer Bruder, der mit dem gleichen Programm nach München gekommen ist, teilnimmt, nimmt er nicht teil, auch nicht, als die anderen ihn mit einbeziehen wollen.

Auf mich macht er den Eindruck, als gebe es keine Zukunft, keine Lebensfreude für ihn, keine altersentsprechenden Aktivitäten. Ich erfahre, dass er als ältester Sohn seiner Cousine in Pakistan versprochen ist. Die Frage, ob er sie denn heiraten wolle, verneint er. Auch die Cousine wolle ihn nicht heiraten, aber der Vater habe es so für ihn vorgesehen.

Der Kulturbegriff

Kultur wird heute nicht mehr nur national oder territorial gesehen, Kultur ist etwas, das sich dynamisch verändert. Kultur wird in diesem Beitrag auch nicht als ein statisch-essentialistisches Modell definiert, das vom »Besitz« einer homogenen, unveränderlichen Kultur bzw. kulturellen Identität ausgeht. Vielmehr gehe ich in meinem Beitrag von dem sogenannten erweiterten Kulturbegriff aus, was bedeutet, dass alle Bräuche, Traditionen, Werte und Einstellungen, die im täglichen Leben in Erscheinung treten, Gegenstand des Kulturbegriffs sind.

Der intra- und interpsychische Dialog, aus dem sich letztendlich die Identität entwickelt und der sich im Laufe des Lebens weiterentwickelt, ist auch durch kulturelle Faktoren geprägt. Hall (zit. nach Hörter, 2011, S. 15) definiert Kultur als konstruktivistisch, d.h., Kultur und kulturelle Identität sind das Ergebnis sozialer Verhandlungsprozesse.

> »Kultur ist ein universell verbreitetes, für eine Nation, eine Gesellschaft, eine Organisation, eine Gruppe, also für jedes soziale Gebilde, zu denen Menschen sich zugehörig fühlen, sehr spezifisches, typisches und identitätsstiftendes Orientierungssystem« (Thomas, 2011, S. 100).

Hofstede – weltweit renommierter Experte für interkulturelle Fragen – definiert Kultur als »›mental programming of the mind‹, als ›mentale Programme‹, das heißt, das sind Muster des Denkens, Fühlens und potentiellen Handelns, die jeder Mensch in sich trägt und die er ein Leben lang erlernt hat« (Hofstede, 1997, S. 2), was sich in scheinbar unbedeutenden Phänomenen zeigt. So ist z.B. die Einstellung zu Hunden von Kultur zu Kultur unterschiedlich, demnach die akzeptierende oder ablehnende Haltung gegenüber Hunden.

Die Definition von Kultur von Clifford Geerts, dem bedeutenden US-amerikanischen Vertreter der Interpretativen Ethnologie, ist heute in den Kulturwissenschaften populär und der Anspruch auf ein entdeckendes Interpretieren kultureller Wertorientierungen ist ähnlich dem entdeckenden Prozess des Fremden in der Psychoanalyse. Die Zielsetzungen sind jedoch unterschiedlich: Während von der psychoanalytischen Entwicklungspsychologie die Integration kultureller Wertorientierungen und individueller seelischer Prozesse zur weiteren Identitätsbildung als wichtig angesehen wird, beschränken sich die Kulturwissenschaften auf eine entdeckende und kontrastiv angelegte handlungsorientierte Betrachtung und Beschreibung kultureller Wertorientierungen. Geertz verwendet seit 1973 einen semiotischen, d.h. einen auf zeichenhafte Bedeutungen beruhenden Kulturbegriff. Er vertritt ein offenes, flexibles Konzept von Kultur, wobei er Bezug auf Max Webers Kulturbegriff nimmt und das Bild eines selbstgesponnenen Bedeutungsgewebes, in das sich der Mensch verstrickt hat, entwirft: Kultur ist das Gewebe, welches sich ständig in Herstellung und Wandlung befindet und jederzeit umdeutbar ist. Kultur unterliegt ständig neuen Interpretationen und Bedeutungen, ist niemals objektiv und zeigt sich im alltäglichen Tun des Menschen. Kultur ist überall, jedoch ist die Kultur des Deutens unabdingbar zur Existenz der Definition von Kultur. Geertz spricht auch von einem Code, dessen symbolischer Gehalt entschlüsselt werden muss (Geertz, 2015).

Die kulturellen Themen sind in jeder Kultur gleichermaßen vorhanden. Folgende Themen haben für den therapeutischen Prozess besondere Bedeutung: »Familienstruktur, wichtige Ereignisse während des Lebenszyklus, Rollen individueller Mitglieder, Regeln zwischenmenschlicher Interaktion, Kommunikation und linguistische Regeln, Regeln des Anstandes und der Disziplin, religiöser Glaube, Gesundheits- und Hygienestandards, Speisevorlieben, Kleidung und persönliche Erscheinung, Geschichte und Tradition, Feste und Feierlichkeiten, Erziehung und Lehrmethoden, Arbeits- und Spielauffassungen, Zeit- und Raumwahrnehmung, Erklärungen von Naturerscheinungen, Verhalten gegenüber Haus- und anderen Tieren, künstlerische und musikalische Werte und Vorlieben, Lebenserwartungen und -bestrebungen« (Tayler, zit. nach Akhtar, 2007, S. 131), kurz: alle Bereiche des Lebens. Die Wertigkeit und die Bedeutung, die den verschiedenen Themen beigemessen werden, ebenso wie der Umgang mit den zugeschriebenen Vorstellungen variieren jedoch stark.

Einfluss kultureller Prägung auf psychotherapeutische Prozesse

Salman Akhtar (1999, S. 41) konstatiert, bezogen auf den psychologischen Ausgang des Migrationsprozesses gehe es um das Ausmaß der kulturellen Unterschiede zwischen dem Einwanderungsland und dem Heimatland, womit Themen gemeint sind wie:

> »Kleidung, Speisen, Sprache, Musik, Witz und Humor, politische Ideologien, Grad und Arten zulässiger Sexualität, das Maß der Autonomie gegenüber familiärer Gebundenheit, den Preis für Selbstbehauptung gegenüber Zurückhaltung, das subjektive Zeitempfinden, das Maß und den Charakter der Kommunikation zwischen Geschlechtern und Generationen usw« (ebd.).

Nathan (1986, zit. nach Pedrina, 2005, S. 84) hat das Pendeln des psychisch kranken Menschen zwischen traditionellen und westlichen Denkmustern aus psychodynamischer Sicht beleuchtet. Er hat darauf hingewiesen, dass die Auffassung von intrapsychischem Raum kulturgebunden und es wichtig ist, dies zu berücksichtigen und zu respektieren.

> »Im Kulturkonflikt stehen sich einerseits Bedürfnisse, Wünsche und intime Lebensentwürfe, andererseits Normen, Gebote, Verbote der jeweiligen Kultur gegenüber. In der Therapie steht das Wertgefüge der jeweiligen Kultur, d.h. das Problem der Kultur im Individuum zur Debatte. In diesem Sinne verursacht Kultur dem Menschen Leiden« (Lorenzer & Görlich, zit. nach Hörter, 2011, S. 16).

Natürlich kann nicht für jede Interaktion, für jeden Patienten aus einem anderen Kulturkreis eine kulturelle Grammatik befragt werden, eine Art Handbuch mit Beschreibungen und Deutungsvarianten. Vielmehr geht es darum, im Umgang mit Migranten und Migrantinnen kulturelle andersartige Vorstellungen einzubeziehen, damit eine therapeutische Handlung aufgenommen und wirksam werden kann. Einige wenige, aber sehr wichtige kulturelle Aspekte sollen in diesem Beitrag beleuchtet werden.

Subjektive Perspektiven

Zunächst dienen eigene Vorurteile und Irritationen als erstes Orientierungssystem, um unterschiedliche kulturelle Wertvorstellungen thematisieren zu können. Dies wird an anderer Stelle mit *kultureller Gegenübertragung* beschrieben.

In Frankreich ist von Tobie Nathan und später von Marie Rose Moro, zurückgehend auf Devereux (1972), Ethnologe und Psychoanalytiker, eine eigene ethnopsychiatrische Therapieform für Patienten mit Migrationshintergrund entwickelt worden. Ein zentraler Begriff ist die *décentrage* (Abstand zum eigenen kulturellen Standpunkt), bei der derselbe Inhalt nacheinander aus unterschiedlichen wissenschaftlichen Perspektiven analysiert wird. Dabei sollen die Perspektiven während der Analyse getrennt gehalten und erst in einem anschließenden interdisziplinären Dialog interpretiert werden. Zu den Disziplinen, die in der Ethnopsychoanalyse zum Tragen kommen, sind vor allem die Psychoanalyse und Anthropologie zu nennen, aber auch die Psychologie, Linguistik, Geschichte, Systemtheorie und die Religionswissenschaften (Heidenreich-Dutray, 2012, S. 391).

Wichtig scheint noch, wollte man diese Theorie anwenden, um kulturelle Aspekte zu beleuchten, dass Tobie Nathan betont, dass unbedingt eine Trennung zwischen dem Diskurs über kulturellen Kontext bzw. kollektive Repräsentationen und der inneren Dynamik oder dem subjektiven Inhalt, der im Diskurs zutage tritt, erfolgen müsse.

Interessant ist auch das Konzept der »kulturellen Gegenübertragung«, bei der es beim Therapeuten um die »wirkliche oder gefühlte ›Andersheit‹ vom Klienten aus anderen Kulturen« gehe. Im Gruppensetting werden kulturelle Gegenübertragungen integraler Bestandteil einer Nachbesprechung (Devereux, zit. nach Heidenreich-Dutray, 2012, S. 393). Als Beispiel könnte man divergierende Auffassungen zu Homosexualität oder der Rolle der Frau in der Familie anführen.

Ethnologen, Psychologen und Kulturexperten können aus verschiedenen Perspektiven den Fall erhellen. In der zweiten Generation der Zürcher Schule ist die Ethnopsychoanalyse von Mario Erdheim und Maya Nadig – von Devereux beeinflusst – maßgeblich weiterentwickelt worden.

Aufwendig und zeitintensiv an dieser multiperspektivischen Analyse eines Inhalts ist das Zusammenbringen der Menschen mit verschiedenen Perspektiven zu einem bestimmten Zeitpunkt.

Zurück zu Issa, unserem Jugendlichen aus Pakistan:

Die nicht ins Bewusstsein gelangten kulturellen Divergenzen zwischen der Herkunftskultur seines Vaters und die der gelebten kulturellen – aber auch hier unbewussten – Werte in Italien und Deutschland tragen mit dazu bei, dass Issa sich irritiert und orientierungslos in der neuen Welt bewegt, da neue kulturelle Normen mit seinen verinnerlichten Vorstellungen in Konflikt geraten. Dies kann eventuell auf die strenge Einhaltung kultureller Wertvorstellungen seines Vaters – die diesem wiederum auch nicht bewusst sind bzw. als die einzig richtigen Wertvorstellungen für ihn denkbar sind – zurückgeführt werden.

Eine *arrangierte Ehe* steht im Konflikt mit der freien Wahl des Partners in Europa. Eine Autonomieentwicklung ist nicht möglich, da Issa in der Rolle des ältesten Sohnes gefangen ist und sich nicht gegen seinen Vater stellen und die neue Umgebung seinem Alter entsprechend »explorieren« kann. Ambivalenzen sind spürbar, werden bisher aber nicht bewusst wahrgenommen und können deshalb auch nicht nutzbringend für Wachstums- und Reifungsprozesse genutzt werden. Stattdessen zieht er sich sozial zurück und vereinsamt.

Leszczynska-Koenen beschreibt

»Fremdheit als ein konstitutives Element jeder therapeutischen Behandlung, weil das Nichtkennen und das Nichtwissen erst den Weg zu der Erkenntnis des Unbewussten eröffnet. Das therapeutische Setting, das die Behandlung aus einem gemeinsamen Alltag heraushebt, schafft einen geschützten Ort, an dem Patienten Zugang zu dem ihnen innerseelisch Fremden finden können. Diese mit unserem Beruf verbundene Anstrengung, sich immer wieder auf das Fremde des Anderen einzulassen, wird noch größer, wenn die Patienten aus einem anderen Kulturkreis stammen als man selbst und dadurch die impliziten Selbstverständlichkeiten einer geteilten kulturellen Basis in

Frage stellen. Devereux weist darauf hin, dass jede Kultur mit den gleichen psychischen Konflikten auf unterschiedliche Weise umgeht, und dass deshalb die Konfrontation mit fremden Kulturen das Abwehrgleichgewicht erschüttern und Angst auslösen kann« (Leszczynska-Koenen, 2013, S. 28).

Die gemeinsame *Sprache* zwischen Therapeut und Patient, sei es die Muttersprache oder die gemeinsame Fremdsprache, kann die vermeintliche Voraussetzung für eine *vertrauens*volle Zusammenarbeit sein (Utari-Witt: »Tsunami soll Deutschland verwüsten«, in diesem Band; Burgerová: »Die verloren gegangene und wiedergefundene Sprache«, in diesem Band).

Die Sprache, das gesprochene Wort ist das wesentliche Vehikel der Verständigung. Kliniken kommen »der Sehnsucht der Patienten nach kultureller Übereinstimmung« (Lesczynska-Koenen) insofern entgegen, als sie Beratungsdienste in der Muttersprache des Patienten anbieten. Zur *Vertrauens*bildung und dem regressiven Wunsch nach Verschmelzung mit der mütterlichen »Heimat-Brust«, zur Milderung der Angst und zum Abbau von Hemmschwellen, sich überhaupt beraten oder behandeln zu lassen, können über muttersprachliche Beratungsdienste erste Brücken gebaut werden. Darin liegt jedoch die Gefahr, den Verlust der Muttersprache und die Trennung von der Heimat nicht zu betrauern (Garza-Guerrero, 1974) und eine Art Scheinbündnis (siehe Amery, 2000; siehe auch Burgerová: »Die verloren gegangene und wiedergefundene Sprache«, in diesem Band) einzugehen.

»Sprache ist von kultureller und sozialer Bedeutung durchtränkt. Die Sprachentwicklung in der frühen Kindheit ist eng mit der Ich-Entwicklung verbunden. Jeder Mensch hat darum persönlich, sprachlich determinierte Erinnerungen, welche emotional hochbesetzt und handlungswirksam sind« (Burgerová: »Die verloren gegangene und wiedergefundene Sprache«, in diesem Band). Wörter bilden eine symbolische Haut (Anzieu). Burgerová macht in ihrem Beitrag sehr deutlich, wie sehr unterschiedliche sprachliche Register – die Therapeutin spricht wie die Patientin reines Tschechisch mit Prager Färbung, hat jedoch die Erwachsenensprache nicht abrufbereit – bei gleicher Muttersprache beim Patienten und Therapeuten Desorientierung bzw. Irritationen hervorgerufen werden können.

Sprache als kulturelle Prägung lässt sich aus dem therapeutischen Prozess nicht wegdenken. Manchmal ist sie Gegenstand der Beratung, manchmal Anlass, um tiefer liegende familiäre Konflikte ins Bewusstsein zu heben. In vielen Fällen dient sie in allen sogenannten »interkulturellen Beratungskontexten« zum »vermeintlichen« Abbau von Barrieren bzw., anders ausgedrückt, zur Überwindung von Ängsten und dem Bau von Brücken.

Zur *Vertrauens*bildung gehören auch *Höflichkeitsformen*. So berichtet eine Therapeutin, sie würde ihrer Patientin zu Beginn der Stunde einen Tee anbieten. Die Patientin fühle sich dadurch angenommen, würde sich ohne dieses für sie gewohnte

Ritual vielleicht weniger Wert geschätzt oder nicht willkommen geheißen fühlen, auch wenn dies dem Abstinenzgebot widerspricht.

Durch Begrüßungsrituale werden oft *Nähe* und *Distanz* ausgedrückt. Gibt man sich im interkulturellen Kontext die Hand, darf ein Therapeut Emotionen zeigen, ja sogar die Patientin in den Arm nehmen oder müssen sich die Patienten in das therapeutische Setting einfügen, auch wenn dies zur kritischen Distanz und zur Einschränkung in der Vertrauensbildung führen kann?

Wie wird der *Raum* genutzt? Kann sich ein Patient auf den Boden setzen statt auf der Couch zu liegen oder auf dem Stuhl zu sitzen, weil das seinen Gewohnheiten entspricht?

Verbale versus nonverbale Kommunikation

Es wird behauptet, dass etwa 90 % unserer Kommunikation nonverbal stattfindet. Das heißt: *Gestik, Mimik, Symbole, Rituale, Bräuche und Tabus* inklusive deren Bedeutung werden innerhalb einer Kultur verstanden, in der Begegnung mit einer anderen Kultur führt die ethnozentristische Perspektive häufig zu Fehleinschätzungen und in der Folge zu Missverständnissen und »Verurteilungen«, die dann zu Vorurteilen führen können.

So kann ein Therapeut das aus seiner Sicht unpünktliche Erscheinen eines Patienten durch seine kulturelle Brille falsch interpretieren. An der Elfenbeinküste gilt: »Zeit haben wir genug, sie kommt ja immer wieder.« Deshalb kann in Beziehungen viel Zeit investiert werden. In Deutschland dagegen gilt: »Zeit ist Geld.« Die Sachebene steht im Vordergrund. Pünktlichkeit ist wichtiger als der Kontakt zum Mitmenschen.

So ist es im russischen Alltag durchaus üblich, dem Arzt oder auch einem Lehrer einen Briefumschlag mit einer kleinen Summe zu übergeben, um eine besondere Behandlung etwa für einen Schüler zu bewirken. In einem Kontext, in dem das inakzeptabel ist und als Bestechung gilt, kann dies zur Ablehnung führen. Die Ablehnung, die eventuell vom Therapeuten geteilt wird, kann, wenn sie vom Therapeuten bemerkt wird, in der Gegenübertragung wirksam werden und als Ausgangspunkt und Orientierung für weiteres therapeutisches Vorgehen dienen.

In einem anderen Beispiel geht es um den *Blickkontakt*. In manchen Kulturen wird Blickkontakt, besonders von Frauen gegenüber Männern, gemieden. Von Menschen aus einer anderen Kultur kann das als sehr unhöflich wahrgenommen werden, weil andere Gepflogenheiten in ihrer Kultur gelten.

Die Konfrontation mit fremden Kulturen kann natürlich auch beim Therapeuten Angst auslösen. So werden solche Ängste manchmal umgangen, indem orientalische Männer zu einem männlichen Therapeuten geschickt werden und jüdische Patienten aus Angst vor der Auseinandersetzung mit jüdischen Familiengeschichten zu einem Therapeuten mit einem ähnlichen Hintergrund. Dabei wird außer Acht gelassen, dass der kulturelle und soziokulturelle Zugang zum Menschen nur einen Aspekt der inneren Welt des Patienten berührt.

Nach Freud (zit. nach Leszczynska-Koenen, 2013, S. 30) braucht es in der Therapie keine soziale oder kulturelle Übereinstimmung. Psychoanalyse sei keine Theorie »kultureller Mentalitäten«, sondern eine Theorie der Subjektivität, jedoch von kulturellen Bedeutungsgebungen und Abwehrmustern geprägt. Patient und Analytiker seien mehr als die Repräsentanten einer Kultur.

Pedrina beschreibt sehr eindrücklich die Berücksichtigung kulturspezifischer *Krankheitstheorien* im Therapieverlauf. Eine Krankheitstheorie lautet, dass psychisches Leiden von außen komme, von böswilliger Beeinflussung, vom bösen Blick und dergleichen (Pedrina, 2005; vgl. auch Martino, 1959). Therapieformen können das Erkennen des Urhebers der Beeinflussung, dessen Beschwörung und Unschädlichmachung bedeuten. Der Patient sei nach Pedrina zwischen den Versuchen der Mutter, ihm auf »traditionelle« Weise helfen zu wollen, und den Fortschritten in der psychotherapeutischen Behandlung gefangen gewesen. Den Vorschlag der Therapeutin, es ginge hier doch um einen kulturspezifischen Umgang mit seiner Krankheit, lehnte er ab, es seien immer nur persönliche Gefühle, die ihn leiteten. Immerhin hat der sensible Blick der Therapeutin auf kulturspezifische Vorstellungen von Krankheit und Krankheitsursachen dazu geführt, dass der Patient sich mit seiner Vergangenheit und seiner sozialen Einbettung in seine Herkunftskultur beschäftigte. Kulturkontrastive Betrachtungen dienten in diesem Fall also als Auslöser für den weiteren Therapieverlauf. Zwei weitere kulturspezifische Themen werden im Therapieprozess deutlich: Da ist zunächst der *Umgang mit Autoritäten und hierarchischen Strukturen*. Mehrmals in den ersten Stunden der Therapie erwartete der junge Patient, die Therapeutin wisse schon alles über ihn aufgrund der Berichte des Spitals, er vermittelte der Therapeutin immer wieder den Eindruck, dass er weitere Urteile eines Experten erwarte und nicht, dass er ein besseres Verständnis seiner Krise durch die Reflexion seiner Erfahrungen suche. Aus dieser Erwartungshaltung wird deutlich, dass auch in den Erwartungen an den Therapieverlauf der Patient der Therapeutin eine ganz bestimmte *Rolle*, in diesem Fall jene der Expertin, die sagt, was zu tun und zu lassen ist, zuschreibt. Damit ist ein weiteres kulturspezifisches Thema im Raum: *Die Rolle des Therapeuten* und damit jene des *Patienten*. Das *Rollenverständnis* von Mann und Frau bzw. *der Frau als Mutter* lässt sich auch in diesem Fallbeispiel nicht kulturunabhängig betrachten. Die Mutter des Patienten begleitet ihn z.B. selbstverständlich bis in die Therapiestunde hinein (Pedrina, 2005).

Ähnlich weisen Bahrs und Meyer darauf hin – als eine Frau im Therapiegespräch wegen der schlechten Sprachkenntnisse ihres Mannes für ihn über seinen Krankheitszustand berichtet und bei anschließender Befragung des Mannes in dessen Muttersprache der Krankheitszustand von beiden Partnern ganz unterschiedlich wahrgenommen wird –, dass eine Einschätzung durch den Therapeuten beide Perspektiven berücksichtigen muss (Bahrs & Meyer, 2011, S. 60).

Doch zurück zu meinem Fallbeispiel, das unter der Perspektive der Kulturspezifität auch Fragen zur Biografie und dem Migrationsprozess aufwirft:
Ist der soziale Rückzug und die depressive Symptomatik
➤ unabhängig von kulturellen Besonderheiten ausgelöst durch den Verlust der Heimat und die Trennung von Mutter und Geschwistern?
➤ eine Reaktion auf die Begegnung mit Neuem, vor allem mit neuen kulturellen Normen, die im Kontrast zur Herkunftskultur stehen?
➤ Folge der Konfrontation mit freizügig gelebter Sexualität in westlichen Kulturen?
➤ Reaktion auf Übertragungs- und Gegenübertragungsprozesse im sozialen Umfeld, wobei er die Ablehnung als Muslim in der westlichen Kultur erwartet und unter Umständen auch in der Begegnung mit Betreuungspersonen spürt?

Übertragungs- und Gegenübertragungsphänomene werden in psychoanalytischen Therapien beschrieben, finden aber auch außerhalb von therapeutischen Settings in Alltagsbegegnungen statt.

Ein Therapieprozess ist ein komplexes Geschehen, in dem die Beziehung zwischen Therapeut und Patient maßgeblich vom kulturellen Hintergrund der Beteiligten geprägt wird. Bewusste wie unbewusste Identifikationen und Vorurteile beeinflussen den Verlauf der Behandlung. Je mehr sich der Therapeut der eigenen kulturellen Prägung bewusst ist und je mehr er über ein spezifisches Wissen über andere Kulturen verfügt, umso eher kann er mit dem Patienten durcharbeiten, inwieweit bewusste und unbewusste kulturelle Prägungen an der Entstehung von seelischen Problemen beteiligt sind. Im Idealfall kann der Patient Fähigkeiten des Therapeuten, sich mit eigenen und fremden Kulturen auseinanderzusetzen, verinnerlichen und so die eigene Lebensqualität entscheidend verbessern.

Literatur

Akhtar, S. (1999). *Immigration und Identität*. Gießen: Psychosozial-Verlag.
Amery, J. (2000). *Jenseits von Schuld und Sühne*. Stuttgart: Klett-Cotta.
Anzieu, D. (1991). *Das Haut-Ich*. Übers. M. Korte u. M.H. Lebourdais-Weiss. Frankfurt am Main: Suhrkamp.
Bahrs, O. & Meyer, C.H. (Hrsg.). (2011). *»Ohne Probleme ist das Leben langweilig«. Materialien zur interkulturellen Kommunikation in der ärztlichen Praxis*. Bad Gandersheim: Verlag Gesunde Entwicklung.
Beka-Focke, L. (2012). Aus einer Analyse zwischen den Kulturen. Eine Fallgeschichte. *Forum der Psychoanalyse, 28*, 135–149.
Bender, A. (2012). »Wenn du sagen empfindliche Wörter, ich gehen«. Von der Schwierigkeit, eine gemeinsame Sprache zu finden. *Analytische Kinder- und Jugendlichen-Psychotherapie, 43*(155), 380–398.

Bründl, P. & Kogan, I. (Hrsg.). (2005). *Kindheit jenseits von Trauma und Fremdheit. Psychoanalytische Erkundungen von Migrationsschicksalen im Kindes- und Jugendalter.* Frankfurt am Main: Brandes & Apsel.

Cohen, Y. (2004). *Das misshandelte Kind. Ein psychoanalytisches Konzept zur integrierten Behandlung von Kindern und Jugendlichen.* Frankfurt am Main: Brandes & Apsel.

Devereux, G. (1972). *Ethnopsychoanalyse complémentariste.* Paris: Flammarion.

Devereux, G. (1978). *Ethnopsychoanalyse. Die komplementaristische Methode in der Wissenschaft vom Menschen.* Aus dem Französischen übersetzt von U. Bokelmann. Frankfurt am Main: Suhrkamp.

Devereux, G. (1992). *Angst und Methode in den Verhaltenswissenschaften.* Übers. C. Neubaur u. K. Kersten. Taschenbuchausg., 1. Aufl. Frankfurt am Main: Suhrkamp.

Garza-Guerrero, A.C. (1974). Culture shock: its mourning and the vicissitudes of identity. *Journal of the American Psychoanalytic Association, 22,* 408–429.

Dzokoto, V. (2013). »Wut wächst im Brustkorb«. *Zeitschrift für Kulturaustausch, 3,* 42.

Heidenreich-Dutray, F. (2012). Ethnopsychoanalytische Arbeit mit Migranten. Erfahrungen aus der Klinik Avicenne. Analytische Kinder- und Jugendlichen-Psychotherapie. Zeitschrift für Theorie und Praxis der Kinder- und Jugendlichen-Psychoanalyse und der tiefenpsychologisch fundierten Psychotherapie. Identität und Migration 390 (155), XLIII. Jg., 3. Verlag Brandes & Apsel.

Hofstede, G. (1997). *Lokales Denken, globales Handeln.* München: dtv.

Hörter, K. (2011). *Die Frage der Kultur. Interkulturalität in Theorie und Praxis der Psychoanalyse.* Wiesbaden: Verlag für Sozialwissenschaften.

Lesczynska-Koenen, A. (2013). Verstehen und Nichtverstehen – Über Fremdheit in analytischen Behandlungen. *Psyche Z psychoanal, 67*(1), 23–32.

Nathan, T. (1986). *La Folie des autres. Traité d'ethnopsychiatrie clinique.* Paris: Dunod.

Lorenzer, A. & Görlich, B. (1994). Einleitung. In S. Freud, *Das Unbehagen in der Kultur* (S. 7–28). Frankfurt am Main: Fischer TB.

Oberg, K. (1960). Cultural Shock: Adjustment to New Cultural Environments. *Practical Anthropology, 7*(4), 177–182. Reprint 2006 in: *Curare, 29*(2/3), 142–146.

Pedrina, F. (2005). Bedeutung kulturspezifischer Krankheitstheorien und Therapiehandlungen in einer interkulturellen psychoanalytischen Therapie. In Bründel, P. & Kogan I. (Hrsg.), *Kindheit jenseits von Trauma und Fremdheit* (S. 82–96). Frankfurt am Main: Brandes & Apsel.

Taylor, O.L. (1989). The effects of cultural assumptions on cross-cultural communication. In D.R. Koslow & E.P. Salett (Hrsg.), *Crossing culture in Mental health* (S. 18–30). Washington, DC: SIETAR International.

Thomas, A. (2011). Das Kulturstandardkonzept. In W. Dreyer & U. Hößler (Hrsg.), *Perspektiven Interkultureller Kompetenz* (S. 97–124). Göttingen: Vandenhoeck & Ruprecht.

»Kann ich in deutscher Erde meine letzte Ruhe finden?«[1]

Angstvolle Phantasien über die Beendigung des Lebens in der Migration

Hediaty Utari-Witt

Eines Morgens bekam ich einen Anruf von einer persischen Dame; sie ist die Mutter einer Ex-Patientin, die recht lange bei mir in Therapie war. Sie bat mich um Rat wegen der jüngeren Schwester meiner Ex-Patientin, ihrer jüngeren Tochter, die circa 16 Jahre alt ist.

Bei diesem Telefongespräch äußerte sie ihre Besorgnis um die jüngere Tochter, im Nebensatz auch um sich selbst – darum, dass sie hoffte, genügend Kraft zu haben, ihre jüngere Tochter fertig zu begleiten. Es habe sie bereits so viel Kraft gekostet, ihre ältere Tochter (meine Ex-Patientin) mit all den Anforderungen in der neuen Umwelt (Deutschland) zu begleiten – sowohl Schul- und Arbeitsleistung als auch das Zurechtkommen mit der für sie fremden Offenheit in sexuellen Beziehungen bei jungen Menschen. Nun gehe es schon wieder von vorne los. Sie sei dankbar, in Deutschland zu leben, eine andere Wahl habe sie nicht, und sie wolle alles so gut wie möglich erledigen.

Der Stimme dieser kämpfenden persischen Dame, wohl aus der intellektuellen Oberschicht stammend, in ihren jungen Jahren aus politischen Gründen nach Deutschland umgesiedelt, war das Wahrnehmen der nahenden Grenze ihrer Lebenskraft zu entnehmen.

Jorge Luis Borges, ein argentinischer Dichter, brachte es in seinem Gedicht *Grenzen* so zum Ausdruck:

»Es gibt eine Zeile von Verlaine, die mir nicht mehr einfallen wird,
es gibt eine nahe Straße, die meinen Schritten verwehrt ist,
es gibt einen Spiegel, der mich zum letzten Mal erblickt hat,
es gibt eine Tür, die ich geschlossen habe bis ans Ende der Welt.
Unter den Büchern in meiner Bibliothek (ich sehe sie vor mir)

---

[1] Der Artikel basiert auf dem gleichnamigen Vortrag auf dem 24. Symposium *Psychoanalyse und Altern*, Kassel 2012.

Ist eines, das ich nie mehr aufschlagen werde.
Diesen Sommer werde ich fünfzig Jahre alt;
Der Tod zermürbt mich, unablässig«
(Borges, 2013, S. 417).

Solange die körperlichen und geistigen Kräfte es ermöglichen, kämpfen wir in unserem Leben, suchen unsere persönlichen Wege. Gerade im Migrationsprozess strengen sich Menschen sehr an im Spagat zwischen Anpassung an das aufnehmende Land und Bewahrung ihrer ursprünglichen Identität. Diese Kraftanstrengung kann in der Lebensmitte, vielleicht um die 50 – wie Borges es erahnt – ihren Zenit erreichen und abzunehmen beginnen. Die Kinder fangen an, sich selbstständig zu machen; materielle Dinge wie Haus, Wohnung oder Auto können ebenfalls, entsprechend den Möglichkeiten, erreicht sein. Menschen mit Migrationshintergrund erleben den Autonomieprozess ihrer Kinder schmerzhafter als Ortsansässige. Das hat mit Trennungen und Abschied zu tun, die – mal intensiver, mal weniger intensiv – schmerzhafte alte Abschiedserfahrungen mobilisieren.

Die Fragen, die sich jede/r in diesem Alter stellt, kommen verstärkt an die Oberfläche: Habe ich mein Leben gelebt? Ist das Leben, so wie ich es bis jetzt gelebt habe, meine Bestimmung? Was ist der Sinn meines Lebens?

Das Auftauchen all dieser Fragen und die Begegnung mit der Grenze in der zweiten Hälfte der Lebensspanne können verstärkt Sehnsüchte nach dem »Mutterland« erwachen lassen. Es wurde zuweilen über von Nostalgie gefärbte Handlungen berichtet, wie z.B. verstärkt Gegenstände aus dem Heimatland zu sammeln oder sich nur noch mit Landsleuten zu umgeben.

Von der Fähigkeit zu Nostalgie bis zur Nostalgievergiftung

Bevor ich zu theoretischen Überlegungen über die obigen Begriffe übergehe, komme ich erst einmal zu dem etwas länger gewordenen Telefonat mit der persischen Dame zurück. Sie erwähnte mir gegenüber ganz flüchtig, dass auch ihre Ehe augrund der Migration bzw. des Exils immer sehr spannungsreich sei.

Darüber berichtete bereits meine Ex-Patientin in der Therapie; sie hatte seinerzeit viel darunter gelitten. Sie lebte inzwischen in den USA. Auch von ihr hatte ich in der Therapie erfahren, dass ihr Vater ihren Wunsch, nach Persien zu reisen, absolut abgelehnt hatte. Sie wünschte sich, die Stätten ihrer frühen Kindheit (Wohnungen, Geschäfte) zu besuchen. Er wollte mit dem Land gar nichts mehr zu tun haben. Ganz kompromisslos, barsch, ja voller Hass – so erlebte sie seine Reaktionsweise. Auch erlebte sie ihren Vater oft sehr widersprüchlich, oft unberechenbar in seinen Stimmungsschwankungen.

Ich begann über die Zusammenhänge zwischen der spannungsreichen Ehe, dem Exil und der dezidierten Ablehnung des Vaters nachzudenken.

Einerseits wollte ihr Vater mit der Vergangenheit abschließen, andererseits sprach er jeden Tag immer wieder davon, wie sehr er unter seinem Vater gelitten hätte, wie sehr er seine Erfolge in der Vergangenheit vermisste, in einem unversöhnlichen, anklagend-verbitterten Ton. Dagegen hielt die Mutter die komplizierten Kontakte zu ihren Geschwistern aufrecht und versuchte, das Leben in Deutschland so gut wie möglich zu gestalten und engagierte sich sogar im sozialen Bereich.

Der Vater versperrt jeglichen Zugang zu ursprünglich positiven Erinnerungen, die mit dem Heimatland verbunden sind. Salman Akhtar (2007) nennt dieses Phänomen *Nostalgievergiftung*.

Anscheinend tauchen traumatisierende Erfahrungen aus der Vergangenheit auf, die ihn immer wieder überfluten. Er war nicht in der Lage, das Bedürfnis seiner Tochter nachzuvollziehen. Mehr noch: Er empfand den Wunsch seiner Ältesten als eine Bedrohung gegen seine Traumaabwehr.

Dagegen meine ich, dass die Mutter mehr *Fähigkeit zu Nostalgie* besitzt.

Zu einer Fähigkeit zu Nostalgie gehört die Fähigkeit, sich von Teilen der mitgebrachten alten Werte zu verabschieden, ohne die eigene Persönlichkeit aufzugeben. Darüber ging die Fähigkeit der Mutter meiner Ex-Patientin jedoch noch hinaus, denn vernunftgeleitet entschied sie sich überdies dazu, als wertvoll empfundene, lebenswichtige Werte aus der neuen Welt in ihr Leben aufzunehmen. Zu der Fähigkeit zu Nostalgie gehören das Ertragen und das Tolerieren schmerzhafter, bittersüßer Gefühle der Trauer, die in der neuen Welt immer wieder auftauchen können bzw. letztlich unterschwellig spürbar sind. Es handelt sich um eine integrative psychische Arbeit, die wohl auf der Ambivalenzreife gründet. Ich denke, dass sich die Ambivalenzreife im Laufe eines Lebens weiterentwickelt bzw. weiterentwickelt werden sollte, besonders in einem Leben in Migration. So denke ich bei der Mutter, dass ihre integrativere Persönlichkeit mit einer reiferen Ambivalenzstufe ausgestattet ist. Sie ermöglicht es, die Verlustschmerzen der Heimat neben den Chancen in dem aufnehmenden Land zu ertragen. Sie scheint imstande zu sein, eine Fähigkeit zur Nostalgie zu entwickeln.

Innerhalb der Kernfamilie scheint sie diejenige zu sein, die die Entwicklung ihrer Töchter in der »Fremde« begleitet und fördert. In mir kamen beim Zuhören des verlängerten Telefonats Empfindungen von Verlorenheit, Alleingelassen-Werden und Traurigkeit hoch. Die Mutter erwähnte den Verlust der Beziehung zu ihrem in den USA lebenden geliebten Bruder, der ein Resultat ihrer verschiedenen Ansichten über die Erziehung der Töchter sei: Er blieb der strengen Sexualmoral verpflichtet, während sie eine offenere Haltung im Sinne einer Anpassung zu der aufnehmenden Gesellschaft vertrat. Seit mehr als 30 Jahren war sie nicht mehr im Iran.

Ich kann es mir gar nicht richtig vorstellen, gar nicht nach Indonesien zu fliegen. Die Vorstellung, dass örtlich verstreute Geschwister einander nicht unterstützen wollen, mehr noch, die innige Geschwisterbeziehung gar zu verlieren, empfinde ich als traurig.

Alternde, traditionsverpflichtete Eltern und fortschrittliche Kinder

Denke ich an das kurze Telefonat mit der Mutter meiner Ex-Patientin, so wird mir beim genauen Nachdenken klar, welche Verlassenheitsängste bei jedem Elternteil hisnichtlich der Autonomieentwicklung der jüngeren Tochter hochkamen. Denn das Weggehen der Kinder aus dem Elternhaus mobilisiert Erinnerungen an Trennungserlebnisse, Abschiede von der Familie, auch die Vertreibung aus dem Heimatland. Das Erleben, dass das mühsam eingerichtete Nest nun leer ist, »alles wird zwar ruhiger, aber nicht friedlicher«, ruft Ängste vor weiteren Verlusten, vor Einsamkeit und Isolation hervor. Das Paar muss wieder zusammenfinden.

Was ist der Unterschied zu solchen Prozessen bei Menschen ohne Migrationserfahrung? Ich denke, er liegt in erster Linie darin, dass Migranten einen schwierigeren Weg haben, ein Nest in einem fremden Land aufzubauen; gegenüber Trennungen reagieren sie möglicherweise grundsätzlich empfindsamer.

Aus der Perspektive erwachsen werdender Kinder wird das unbewusste Festhalten der Elterngeneration an »traditionsgebundenen« Werten als rätselhaft und konfliktreich erlebt.

Ein 23-jähriger türkischer Mann, sehr gut aussehend, in der hiesigen Gesellschaft voll integriert, verdient sein eigenes Geld, wohnt aber im Elternhaus, auch aus ökonomischen Überlegungen. Er fühlt sich zwar zu Hause gar nicht wohl mit der Art, wie seine Eltern das langsam abbezahlte Haus gestalten – angeblich fast »messiemäßig«, mit einer Sammlung verschiedener alter Sachen, da die Eltern gern einen Stand bei einem Flohmarkt haben (wo der Anteil von türkischen Migranten groß ist). Er hütet sein Zimmer wie eine Burg, gestaltet es absolut nach seinem Geschmack des neuen Minimalismus. »Ich möchte nicht wie mein Vater werden, der nur mit Schreien oder Prügeln reagiert – ich weiß aber nicht, ob ich es schaffe. Ich merke, dass ich meiner Freundin gegenüber genauso reagiere. Ich möchte nicht so werden zu meinen Kindern!« Da er (und andere hier lebende Geschwister) sich nicht so verhält, wie es sich die Eltern wünschen, »droht« der Vater, seine materielle und mentale Zuwendung mehr den Neffen und Nichten in der Türkei zukommen zu lassen, die sie mehr brauchten und im Gegensatz zu seinen eigenen Kindern mehr »Dankbarkeit« zeigten, die alles wie selbstverständlich beanspruchen und auch noch undankbar seien. Der Vater sucht verstärkt nach Kontakten innerhalb der homoethnischen Gruppe, seitdem die Kinder ihre eigenen Wege gehen (ein Sohn hat eine deutsche Freundin, die Tochter hat die deutsche Staatsangehörigkeit angenommen).

Eine Atmosphäre von »gegenseitigem Verrat« hängt in der Luft: Die Eltern fühlen sich verraten um ihre Tradition, die Kinder um ihre Rechte als Kinder in ihrer postadoleszenten Entwicklung.

Sicherlich gibt es dieses Phänomen auch in Familien ohne Migrationshintergrund – denn jeder von uns »migriert« nun mal von einer Lebensstufe in die nächste –, doch denke ich, dass die Schärfe des Gefühls des Verratenwerdens im Migrationskontext vorhanden ist. Das Leben im »fremden« Land, in der Diaspora an sich kann unbewusst ein Gefühl von Bewahren-Wollen in verschiedenen Schattierungen hervorrufen. Es hat immer wieder mit dem inneren Prozess von Trennungen und Abschied zu tun; die Dynamik des Aufgeben-bewahren-Wollens ist in der Literatur als Phänomen der Diaspora durchaus bekannt.

Wenn diese Dynamik aber in eine kreative Richtung umschlagen kann, kommt es zu einem Aufblühen gegenseitiger kultureller Bereicherungen. Aktuell denke ich an deutsch-türkische Autoren und Kabarettisten.

Abschied aus der Arbeitswelt

»Verhalte dich höflich – wir sind nur Gäste in diesem Land!« – so lautet der mahnende Satz, den eine türkische Kollegin von ihrer Mutter während ihres Aufwachsens in Deutschland zu hören bekommen hatte. »Unser Haus bauen wir in der Türkei auf.«

Viele Gastarbeiter der ersten Generation können diesen Traum erfüllen; sie leben wieder in der Türkei in ihren eigenen Häuschen oder Wohnungen, kommen zu ihren Kindern (zweite Generation) nach Deutschland zu Besuch, die sich hier noch im Arbeitsprozess befinden. In meinen Behandlungen sind sie meistens die Eltern meiner jüngeren, aus der Türkei stammenden Patienten.

Die Arbeitswelt bedeutet für jeden nicht nur eine Verdienstquelle, sondern auch eine Identitätsmöglichkeit. Für Arbeitende mit Migrationshintergrund kann die Arbeitsstätte (z.B. bei BMW) identitätsstiftend wirken und dadurch auch mehr die Bedeutung der Zugehörigkeit zu dem aufnehmenden Land mit der ganzen Art der Arbeitsorganisation und dem Umgang am Arbeitsplatz beeinflussen, auch wenn sie als »turke-deutsch«, als nicht mehr »echt« in deren Dörfern angesehen werden. In der zweiten Lebenshälfte (ungefähr ab 50 Jahren), mit eventuell abnehmender körperlicher oder geistiger Kraft und danach mit dem Rückzug aus der Arbeitswelt, kann auch das Gefühl der Unsicherheit über die finanzielle Lage beginnen, was Ängste um eine mögliche komplizierte Abhängigkeit von den Kindern erzeugt. Es kann zu einem inneren Konflikt kommen: ein Konflikt zwischen den tradierten Wertvorstellungen, dass Eltern unbewusst die volle Fürsorge ihrer Kinder erwarten, und der neuen Vorstellung, nämlich ihre Kinder loszulassen, denn die Eltern haben für ihr Alter selbst vorgesorgt, sodass rational gesehen keine oder kaum mehr Abhängigkeit bestehen müsste. Die Möglichkeit der Bindung durch Pflege und Fürsorge kann zu einer Bühne unbewusster Inszenierungen werden.

Was mir von einigen türkischen Familien bekannt ist, ist, dass die Eltern-/Großelterngeneration die Hälfte des Jahres in der Türkei wohnt, in der anderen Hälfte bevölkern sie die Räumlichkeiten der Kinder und Enkelkinder und erwarten von den Enkelkindern, zu Ärzten in Deutschland begleitet zu werden und im Hause der Kinder bedient zu werden. In solchen Momenten herrschen also im gleichen Raum verschiedene, teilweise gegensätzliche Vorstellungen und Erwartungen vor, was unweigerlich zu Konflikten führt.

Auch hier ist wieder einmal die Ambivalenzfähigkeit jeder Person gefordert.

Das Schwinden eines identifikatorischen Prozesses in der Arbeitswelt, die Wahrnehmung, dass sich andere Wertesysteme bei ihren Kindern eingenistet haben, können frühe Sehnsüchte nach Vertrautem wecken. Phänomene von Investitionen im Mutterland sind nicht selten. Im Falle der aus der Türkei stammenden jüngeren Generation lässt sich aufgrund der geografischen Nähe und derzeitigen politischen Situation (kein Krieg, Nähe zur Eurozone) ein integratives Erleben eher gestalten. Ähnliche Phänomene (Investition der älteren Generation im Ursprungsland, meistens Hausbau) erscheinen jedoch bei Menschen aus Kriegsgebieten (z.B. Kosovokrieg) oder aus weit entfernten Regionen (z.B. Vietnamesen der zweiten bzw. dritten Generation, »Boat People«) kaum als sinnvoll. Sie verstehen die für sie irrationalen Wünsche ihrer Eltern nicht; innerpsychisch können sie sie kaum als einen Teil ihres Selbst erleben. Mit »Selbst« bei Menschen mit Migrationshintergrund meine ich alle Anteile, die für das jeweilige Individuum als integrierter Teil erlebt werden können. Sie können Teile aus dem individuellen Selbst im Sinne von Kohut beinhalten, dazu das integrierte Familien-Selbst mit verinnerlichten ursprünglichen Wertvorstellungen, die sich jedoch im Laufe eines Migrationsprozesses wandeln. Die zweite Generation verinnerlicht während ihres Aufwachsens in der neuen Umwelt ihrer Eltern so etwas wie ein Zu-Hause-Sein in einer halbfremden Welt. Diese Zu-Hause-Sein-Repräsentanz kann fragil sein. Handeln die Eltern in den Augen der Kinder (der zweiten Generation) irrational, indem sie etwa ihr mühsam Erspartes für einen Hauskauf in einer entfernten »Heimat« der Eltern ausgeben, kann diese Irrationalität eine Entfremdung oder gar einen Hass in ihnen hervorrufen, was wiederum von Schuldgefühlen durchsetzt ist. Wenn das innere Zu-Hause-Sein mit der Verzweiflungsaktion der Eltern, dem Hausbau im unerreichten, unbewohnten Ursprungsland, aus Angst, die Identität zu verlieren, verbunden wird, erleben sie es wie einen Gewaltakt gegenüber ihrer verinnerlichten Repräsentanz des Zu-Hause-Seins in Deutschland.

Die Verquickung zwischen Innen und Außen ist auch an dieser Stelle spürbar und feststellbar (die geografische Distanz ist in der Realität vorhanden).

Großeltern-Werden in der Migration

Wie im oberen Abschnitt dargestellt, kann die Kluft zwischen Generationen aufklaffen, sie kann sich aber auch – gerade zwischen der Großeltern- und der Enkelgeneration – wieder schließen.

Wenn die Enkelgeneration mit der Lebensart der Elterngeneration nicht einverstanden ist (z.B. dass die Eltern nicht mehr beten, zugleich werden sie als kaltherzig, fordernd, kontrollierend erlebt), kann sich die Enkelgeneration wieder an den Werten der Großeltern orientieren: Die Großeltern werden als gütig und in deren religiöser Orientierung als haltend erlebt.

Trotz einer eventuellen Annäherung der Großeltern an die Enkelgeneration empfinden Großeltern, so Salman Akhtar (2007), einen gewissen Neid den Enkelkindern gegenüber. Dieses Phänomen kann auch zwischen Generationen ohne Migrationshintergrund geschehen. Vielleicht entsteht aber der Neid mehr aus der Perspektive, dass die Enkelgeneration nichts oder viel weniger zu verlieren hat – und weniger durch die zeitgemäßen Fortschritte und deren Erleichterungen.

Erfolge der Enkelkindergeneration bedeuten der Großelterngeneration aber auch eine identifikatorische narzisstische Auffüllung.

In einigen Behandlungen erlebe ich die Enttäuschung der Enkelgeneration über deren Eltern, die ihnen ihre Sprache nur mangelhaft beigebracht haben. Sie freuen sich, durch die Großeltern ihre türkische Sprache zu verfeinern, beginnen unter anderem auch, moderne türkische Literatur zu lesen.

Todesnachrichten, Trauern und Gedanken über den eigenen Tod – good enough mother, haltende Umwelt und good enough death

Das Fortschreiten körperlicher Schwäche allein kann bereits eine zunehmende seelische Bedürftigkeit hervorrufen; das Bedürfnis nach Geborgenheit und grenzenloser Liebe schreitet auch im Alter fort. Erreichen einen nun Todesnachrichten aus dem Ursprungsland von alten Freunden oder vertrauten Verwandten, können sie verstärkt Verlust- und Abschiedsängste mobilisieren. Der Gedanke an den eigenen Tod beginnt sich auszubreiten.

Das Auftauchen von Überlegungen und Phantasien darüber, wo und wie man beerdigt werden möchte, hat eine große emotionale Bedeutung, und zwar nicht nur für sich selbst, sondern auch für die Familie (für die nächste Generation) und Umgebung (Freunde).

Die Vorstellung, endgültig in der fremden Erde zu liegen, lässt die Frage im Prozess der Migration wieder hochkommen: Nimmt mich die »fremde« Erde überhaupt an?

Kann meine Seele darin Ruhe finden? Auch die Vorstellung, in welcher Weise das Ritual abgehalten werden sollte, beschäftigt alte Migranten.

Diese Überlegungen zwingt die nächste Generation, sich ebenfalls damit zu befassen; ein teilnehmender Trauerprozess vollzieht sich innerhalb der Familien und im Kreis der Freunde. Die Frage, welche Rituale im Rahmen einer Beerdigung im fremden Land möglich und angebracht sind, beschäftigt die nächste Umgebung, die nächste haltende Umwelt, genauso wie die Möglichkeit einer Rückführung. In seinem Buch *Immigration and Acculturation* (2011) zitiert Akhtar Schneidmann (2008), der den Winnicott'schen Begriff der »good enough mother« im Kontext des Alterns mit dem Begriff »*good enough death*« erweitert. Salman Akhtar (1994) nimmt diesen Begriff im Migrationskontext auf und unterstreicht, wie wichtig es ist für Migranten ist, einen angemessenen, angebrachten Abschied zu gestalten. Das im Außen gestaltete sollte ein Ausdruck des inneren Welterlebens eines Migranten sein: Es sollte »genuine postambivalent world view« entsprechen. Postambivalent kann so verstanden werden, dass eine hoffnungsvolle Vorstellung – gereift und von Ambivalenten befreit im Prozess des nahen Todes – am Ende eines migrativen Lebens stehen könnte; auf jeden Fall, dass der angemessene Abschied eines Migranten seiner Welterfahrung und seiner inneren Haltung entsprechen sollte. Ich verstehe es so, dass die migrative Erfahrung auch in die Art und Weise des Abschiedsrituals und des Begräbnisses einfließen bzw. sich darin widerspiegeln sollte (oder könnte). Leben die Kinder zum Beispiel nicht mehr im Migrationsland der Eltern und ermöglicht es deren Religion oder Weltanschauung, dann kann die Asche der Eltern unter den in anderen Ländern verstreuten Kindern aufgeteilt werden. Dies würde durchaus den Anforderungen der heutigen Welt voller Mobilität entsprechen – so meint Akhtar.

Ich kann mir vorstellen, dass diese Denkweise bei Menschen aus Asien mit buddhistisch beeinflusster Tradition möglich ist. Eine asiatische Dame, christlich-buddhistisch beeinflusst, jedoch eher atheistisch, die durchaus mit ihrem Leben im nicht mehr fremden Deutschland zufrieden ist und sich heimisch fühlt, meint, dass sie die Vorstellung hat, dass nach ihrem Ableben und Feuerbestattung ihre Asche auf dem Meer verstreut werden sollte. Dies würde ihrer Vorstellung von der Beendigung des Lebens in Materie entsprechen. Doch protestiert ihr erwachsener Sohn, der in Deutschland aufwächst; er wünscht sich eine »normale« Beerdigung und einen Ort des Gedenkens. So muss die Mutter auf den Wunsch des Sohnes eingehen und eine andere Art des Begräbnisses für ihn annehmen. Sie kann es ohne große Widerstände sowohl als ein Zeichen der Liebe zu ihrem Sohn als auch als ein Ausdruck des Beheimatetseins in Deutschland akzeptieren.

Bei den Muslimen wäre das nicht denkbar: Soweit ich informiert bin, ist im Islam eine Feuerbestattung verboten oder nicht zulässig. Die Entscheidung, ob man sich in der eigentlich »fremden« Erde ruhend vorstellen könnte, kann ein Ausdruck der Entscheidung für das Land der Kinder, der nächsten Generation, sein, wenn die

Kinder im Migrationsland der Eltern leben oder sich dort gar beheimatet fühlen. Und umgekehrt: Wenn die Wahl der letzten Ruhestätte im Lande der Ursprungsfamilie eher vorstellbar erscheint, kann dies auch als eine Widerspiegelung einer migrativen Erfahrung ohne das Gefühl des Beheimatetseins verstanden werden: Die Vorstellung, richtig geborgen und friedlich zur Ruhe zu kommen, kann nur mit dem Ursprungsland, mit dem Mutterland assoziiert werden. All diese Überlegungen sollten nun am Ende eines migrativen Lebens angemessen und mit Sorgfalt bedacht werden.

Zum Abschluss möchte ich noch einmal die Wichtigkeit der Ambivalenzentwicklung, besonders in der Migration, unterstreichen.

1991 wurde Weigerts soziologischer Begriff der *sekundären Ambivalenz* in die Psychoanalyse eingeführt, der die Faktoren widersprüchlicher kultureller Normen und struktureller Bedingungen in seine Überlegungen miteinbezieht:

> »Im rationalen Umgang mit den nun nicht mehr aufzulösenden Ambivalenzen wird aber auch eine Chance für eine neue moralische Bewusstheit gesehen, in der nicht mehr die unangezweifelte subjektiv gefühlte Gewissheit das Kriterium moralischer Handlungen ist, sondern vernunftgeleitetes Abwägen bei gleichzeitig bestehenden widersprüchlichen Empfindungen.«

Literatur

Akhtar, S. (2007). *Immigration und Identität. Psychosoziale Aspekte und kulturübergreifende Therapie.* Gießen: Psychosozial-Verlag.
Akhtar, S. (2011). *Immigration and Acculturation.* Lanham, MD: Jason Aronson.
Borges, J. L. (2003). *Die unendliche Bibliothek. Erzählungen.* Frankfurt am Main: Fischer.
Mertens, W. & Waldvogel, B. (Hrsg.). (2011). *Handbuch psychoanalytischer Grundbegriffe.* Stuttgart: Kohlhammer.
Wellendorf, F. (2009). Verletzbar durch Verlust und Endlichkeit: Trauern und Überleben. In ders., *Über die (Un)Möglichkeit zu trauern* (S. 21–36). Stuttgart: Klett-Cotta.

Nachwort

Peter Bründl

»Reget Euch auf Erden, dass Euer viel darauf werden.«

1. Mose 9.7

Das zurückliegende 20. Jahrhundert und das jetzige 21. Jahrhundert sind geprägt worden und werden weiterhin geprägt durch verheerende Kriege und Bürgerkriege, schlimme Diktaturen, menschenverachtende totalitäre, terroristische Regime und weltweite wirtschaftliche und naturbedingte bedrohliche Umwälzungen, die Menschen in bislang unvorstellbar hohen Zahlen zur Flucht und Migration gezwungen haben.

Direkt und indirekt dadurch bedingt entwickelte sich die Psychoanalyse, die in der kosmopolitischen Situation Wiens vor dem Ersten Weltkrieg entstanden war, zu einer interkulturellen Wissenschaft und international praktizierten Behandlungsmethode, traurigerweise mit initiiert durch die Vertreibung der Familie Freud und der Psychoanalyse aus dem nationalsozialistischen Wien, aus Nazideutschland und die damit einhergehende Auswanderung oder Flucht vieler Psychoanalytiker aus Europa.

Im übertragenen Sinne ist die Psychoanalyse in der Welt globaler Migrationsbewegungen somit selbst ein Migrant mit einem komplexen Migrationsschicksal. Sie wurde gezwungen ihr Ursprungsland zu verlassen, ihre Vorzugssprache zu wechseln, sich konflikthaft und innovativ neuen Sitten und Werten in einer anderen, »fremden« Welt anzupassen und an vielen weit voneinander entfernten Orten mit der Durchdringung von Vertrautem und Fremden, von Neuem und Altem zu experimentieren und die oft konflikthaften Transformationen von der ersten über die nachfolgende zweite, dritte und vierte Generation zuzulassen und mehr oder minder zu meistern. Der ursprünglichen psychoanalytischen, subversiv erforschenden Exploration der Subjektivität und des Unbewussten der Person und der Kultur folgte geografisch die Besiedelung fremder Regionen, wissenschaftlicher Gesellschaften und Populationen durch Psychoanalytikerinnen und Psychoanalytiker.

Seit Freud arbeitet die Psychoanalyse an der Einfluss nehmenden Erforschung des Unbewussten als einer wesentlichen Dimension der *conditio humana*. Dieses Unbewusste wird selbst nicht direkt sinnlich sichtbar, sondern kann nur sinnhaft erschlossen und in symbolisch-metaphorische Sprache gegossen werden. Und diesem Unbewussten ist das bewegende »Urtrauma« der Vertreibung eingeschrieben, wie es in vielen Mythen vom Ursprung der Menschheit zum Ausdruck kommt, etwa im Alten Testament, wo Adam und Eva nach dem Sündenfall vom Herrn aus dem Paradies vertrieben werden, in dem sie ehemals keine Scham und keine Geschlechtlichkeit kannten, um nun als Kulturschaffende zukünftig und begrenzt durch den Tod unter Schmerzen zu gebären und im Schweiße des Angesichts sich zu ernähren (1. Mose 3).

Auch Freud verankerte sein letztes großes Werk von 1939 – *Der Mann Moses und die monotheistische Religion* (Freud, 1939a [1934–38]) – in den psychischen Transformationsprozessen der Auswanderung der Juden aus Ägypten, des Mannes Moses, des Geistigen und latent auch der Zukunft der Psychoanalyse nach der Vertreibung aus Wien und Deutschland. Merklich ist Freud dabei mit Moses, aber auch mit Jochanan ben Sakai identifiziert, der nach der Zerstörung des Tempels von Jerusalem in »Auswanderung« die erste Thora-Schule in der Nähe von Tel Aviv zur Weiterentwicklung des Gesetzes und der Geistlichkeit gründen durfte (Hegener, 2014).

Wie sehr Migration für Freud im Unbewussten des Menschen immer bewegend war, spiegelt sich auch in seinem Konzept vom Ödipuskomplex wider; nicht nur, weil dessen Bewältigung das Kind aus der »paradiesischen« präödipalen Entwicklung in die kulturgeleitete, oft Unbehagen bereitende Gewissenhaftigkeit der Latenz hinüberführt. Bekanntlich griff Freud dabei konzeptionell auf Sophokles' Drama um König Ödipus zurück, der tragisch zwei Migrationen durchstehen musste, nämlich zunächst als ausgesetzter, verwundeter Säugling vom Königreich Theben in das Königreich Korinth und dann als Spätadoleszenter von Korinth nach Theben, um vergeblich dem gefürchteten, prophezeiten und daher unumgänglichen Inzest und Elternmord zu entgehen. Und seine dritte Emigration nach der traumatischen Einsicht in sein tragisch-schuldhaftes Schicksal führte ihn schließlich nach Athen, wo er »in der Fremde« sein Grab fand, weil der Stadt, in der Ödipus begraben sein wird, die Herrschaft über ganz Griechenland zufallen würde!

Freud verstand den Ödipuskomplex als eine seelische Konfiguration, die ihm zweizeitig in der Entwicklung der Person vor dem Erwachsenenalter zunächst als Voraussetzung für das schulfähige Latenzzeitkind und dann wieder in der Adoleszenz – *Drei Abhandlungen zur Sexualtheorie* (Freud, 1905d) – spezifisch im psychoanalytischen Prozess seiner erwachsenen Patienten rekonstruierend erschließbar und formulierbar geworden war.

Für Freud nahmen bezeichnenderweise die Neurosen der Erwachsenen beobachtbar ihren Anfang in der Adoleszenz, weil diese Personen aufgrund ihrer »Überbleibsel«(Freud, 1985, S. 218) aus der seelischen Organisation ihrer präödipalen inneren Welt überfordert waren, den in der Adoleszenz reaktivierten ödipalen Konflikt mit seinen Leitaffekten Scham und Schuld, Trauer, Verlust, Verlassenheit und Einsamkeit erneut zu bewältigen und aus der Adoleszenz herauszutreten, um als Erwachsene das zu tun, was symbolisch Adam und Eva nach dem Paradies verheißen worden war: geschlechtlich liebesfähig zu werden, sich fortzupflanzen und eine wertschöpfende eigene berufliche Tätigkeit und Identität zur Selbsterhaltung zu entwickeln. Der psychoanalytische Prozess zwischen Analytiker und Analysand sollte die Hemmnisse dieser »Überbleibsel« aufheben und dem psychischen Entwicklungsprozess wie bei einem relativ gesunden, unneurotischen Spätadoleszenten, der den reaktivierten ödipalen Konflikt bewältigt hat, Zugang zur reifen Erwachsenheit verschaffen, die mit Liebes- und Arbeitsfähigkeit einhergeht.

Diese tief in die Psychoanalyse eingeschriebene migrantische Entwicklungsdynamik macht möglicherweise verständlich, warum viele Psychoanalytikerinnen und Psychoanalytiker nach dem Zweiten Weltkrieg sich für die Arbeit mit Migranten engagierten. Verständlicherweise waren viele selbst Migranten oder konnten in ihrer eigenen Familiengeschichte auf Vorfahren zurückschauen, die aus ihrem Heimatland hatten flüchten oder auswandern müssen.

Wie sehr der psychoanalytische Therapieprozess in seiner Analogie zum adoleszenten Entwicklungsprozess (Erdheim, 1993; Bründl, 1994) – bei dem das unfruchtbare Kind in die erwachsene Welt der geschlechtsreifen, sterblichen Erwachsenen auswandert – dazu beiträgt, dass die Patienten neue Entscheidungsfähigkeit und Freiheit gewinnen können, zeigt sich wiederholt in den Arbeiten dieses Bandes von Kollegen aus ganz verschiedenen Heimatländern, mit ganz unterschiedlichen psychoanalytischen Orientierungen, die die Perspektiven ihrer ko-konstruktiven Behandlungen von bzw. mit Patienten unterschiedlichster kultureller Verankerungen und Altersstufen bei unterschiedlichen psychoanalytisch-psychotherapeutischen Settings mitbestimmen.

Dabei beschreiben alle ihre Arbeiten direkt oder indirekt, wie sehr Nachträglichkeit und Transgenerationalität, als die über Generationen hinüberreichende traumatisierende Sonderform der Nachträglichkeit (Kestenberg, 1989; Gampel, 1995; Kogan, 1995), den psychoanalytischen Prozess, der sich gleichermaßen bei Kindern, Jugendlichen und Erwachsenen einstellen kann, strukturieren. Der psychoanalytische Prozess zielt immer vorübergehend auf die uns bei Adoleszenten so bekannte »Regression im Dienste der Progression« (Blos, 1979), auf eine entwicklungsfördernde, meist schmerzvoll zu erarbeitende Integration der in der therapeutischen Beziehung wieder aufgefrischten seelischen Konflikte und Defizite, die aus dem Unbewussten, das sich in der Kindheit formiert hatte, aufsteigen. Mit anderen Worten: Der Prozess führt zu Enactments und bestimmten Therapieträumen von im impliziten Gedächtnis festgehaltenen traumatischen Erfahrungen zwischen Therapeut und Patient als einer anderen Form der Mitteilung von Unvergessenem, aber nicht Erinnerbarem (Blos, 1963). Dabei erscheint es besonders bedenkenswert, dass die Tendenz von Traumatisierten in der zweiten Generation, nachträglich in ihrem Lebensvollzug das traumatische Leben ihrer Eltern umzuschreiben und zu wiederholen, obwohl es ihnen nicht gehört, manifest fast immer erst in schwer gestörten Adoleszenzentwicklungen in Erscheinung tritt.

Die in diesem Band vorliegenden Beschreibungen von psychotherapeutischen Behandlungen von Menschen, die durch ihre Migration (re)traumatisiert worden sind, machen implizit oder explizit deutlich,

> »dass keine Phase [des Behandlungsprozesses und der nichtlinearen Lebensentwicklung; Anm. P.B.] bedeutsamer ist als andere, dass frühe Erfahrungen nicht unbedingt wichtiger als spätere sind. Die einzelne Phase übt Einfluss auf andere Entwicklungsphasen aus und wird von ihnen beeinflusst. Das gilt auch für die Weiterentwicklung im Erwachsenenalter« (J. Novick & K.K. Novick, 2004, S. 14f.).

Schon 1964 hatte Edith Jacobson besonders auf die komplexen Entwicklungsvorgänge »in der Adoleszenz, die für die Herausbildung der Identität und der endgültigen Regulation des Selbstwertgefühls so bedeutsam sind«, hingewiesen. Und sie fügte hinzu:

> »Ich selbst habe den Eindruck, dass wir in der Analyse von Erwachsenen außerdem dazu neigen, uns mehr mit den Rekonstruktionen der Kindheitsgeschichte als mit der vollständigen Erforschung der Adoleszenzentwicklung zu beschäftigen [...]. Patienten, die an protrahierten Adoleszenzproblemen leiden, können noch im Alter von dreißig und später die adoleszente Wechselhaftigkeit der Stimmungen und der Symbolbildung zeigen« (Jacobson, 1964, S. 171).

In der Arbeit mit unbegleiteten adoleszenten Flüchtlingen steht natürlich sowieso die Auseinadersetzung mit aktuellen äußeren und inneren Problemen der Jugendlichen ganz im Vordergrund (vgl. Kudritzki). Wie produktiv die Arbeit an der in die Übertragung gebrachten Abwehr des pubertären Entwicklungszusammenbruchs sein kann, verdeutlicht Schmid-Arnolds Beitrag »Fremd in der Fremde«. Und in den Arbeiten zur Säugling-Kleinkind-Eltern-Psychotherapie zeigt sich, wie viele der »Gespenster im Kinderzimmer« (Fraiberg, 1975) aus den durch Adoleszenz und die Migration aufgeladenen Konflikten herstammen.

1971 stellte Loewald innovativ für die Weiterentwicklung der Psychoanalyse fest:

> »Die gegenwärtige Beziehung zum Analytiker wird nicht nur teilweise durch die Vergangenheit des Patienten (die, wie wir sagen in der Gegenwart fortwirkt) bestimmt. Sondern auch durch eine ersehnte und gefürchtete Zukunft (die ihrerseits von der Vergangenheit mit bestimmt wird). Es trifft zu, dass die gegenwärtige Beziehung und die Erwartungen, die sie weckt, die Vergangenheit aktiviert und Einfluss darauf nehmen, wie sie jetzt erlebt und erinnert wird. Diese Reintegration der Vergangenheit modifiziert ihrerseits die gegenwärtige Beziehung zum Analytiker (und natürlich auch zu anderen Menschen)

und beeinflusst die vorgestellte Zukunft. Die Modifizierung der Vergangenheit durch die Gegenwart verändert nicht, ›was objektiv in der Vergangenheit geschah‹, doch sie verändert jene Vergangenheit, die der Patient als seine lebendige Geschichte in sich trägt« (Loewald, 1971, S. 126).

Die Arbeiten von Ast und Utari-Witt verdeutlichen, wie sehr die emotionale und geschichtsträchtige Verbindung diesseits und jenseits der Sprache zwischen den Therapeutinnen und den Patienten tief verankerte Kultur- und Sprachbarrieren aufheben und überwinden kann.

In vielen der in diesem Band versammelten Arbeiten zeigt sich, dass viele Flüchtlingen und Migranten schon ehe sie ihre Heimat verließen schwer traumatisiert worden waren. Insbesondere wenn früher »Seelenmord« (Shengold, 1989) stattgefunden hatte, wurden durch den Täter die Menschwürde des Opfers und sein Urvertrauen in die sichernden frühesten Objekte, bzw. das verinnerlichte Beziehungsempfinden, vernichtet. Dabei kollabierten in ihnen die Dimensionen der Zeit und rissen das schwarze Loch in das sich entwickelnde Selbst. Dies erinnert daran, dass die Pubertät nach Y. Cohen (2013) immer einen radikalen Riss in der Selbstentwicklung bedingt. Rissartig fallen vorübergehend die drei Dimensionen der Zeit, Vergangenheit, Gegenwart und Zukunft emotional in eine auf unmittelbare Befriedigung der Bedürfnisse zielende grenzenlose Gegenwart von Lust oder Schmerz zusammen. Ähnlich hatte ja schon Freud 1905 den Eintritt in die Pubertät als die Kreativität potenziell traumatisierend und neurotische Erkrankung nach sich ziehend verstanden. Insofern vermag das mit der Migration von Erwachsenen einhergehende Trauma im Sinne der Nachträglichkeit die lebensgeschichtlich früheren traumatischen Erfahrungen um den Eintritt in die Pubertät an sich ziehen. Dadurch wird eine krisenhafte Regression mit den Chancen zur vertiefenden Arbeit (M.V. Bergmann) auch an adoleszenten Positionen eingeleitet, eine Regression, bei der die Person noch nicht zu einer neuen Identität gefunden hat, die die Identität ihrer Vergangenheit (das Heimatland/die Kindheit) aktuell mit der der Zukunft (Erwachsenheit/voll berechtigtes, willkommenes Mitglied der Gesellschaft im Einwanderungsland) integrieren und überbrücken kann. Dabei muss der Therapeut seinem Patienten – analog der Winnicott'schen (1974) Forderung an die Gesellschaft gegenüber Jugendlichen – Unreife als einen besonderen Wert zugestehen, der die Voraussetzung für die zukunftsorientierte Kreativität ist. Erst wenn diese überbrückende integrierte Identität internalisiert und in Besitz genommen sein wird, kann die Person wieder Zugang finden zu der Fähigkeit mit sich selbst allein zu sein (Winnicott, 1974; Bründl, 2010) als Voraussetzung und Bedingung für gelebte anhaltende Kreativität (Heimann, 1959).

Fast alle der im Band versammelten Autorinnen und Autoren scheinen die erhöht belastende Krise einer Migration während der Adoleszenz (King, 2005, 2012) durchlaufen zu haben. Aus eigenen Antrieben heraus, aber wohl auch durch ihre ehemaligen Lehr- oder Heilanalysen gestützt, haben sie dabei besondere therapeutische Fähigkeiten entwickelt, die ihren Patienten entgegenkommen. Auch wenn es immer wieder Kraft kostet, können sie sich mit ihrer ganzen Person auf dem Hintergrund ihrer eigenen Geschichte mit ihrem jeweiligen Patienten teilnehmend und empathisch in Beziehung setzen. Es entwickelt sich spürbar eine therapeutische Beziehung sowohl zu den vom Therapeuten wahrgenommenen aktuell verfügbaren Potenzialen im Patienten (etwa durch die gemeinsame Herkunftssprache in der Behandlung; vgl. Conci, Burgerová in diesem Band) als auch zu jenen Potenzialen im Patienten, die von diesem verdrängt weiter wirksam sind, aber vom Therapeuten in seiner Empfindung und seinem inzwischen angstfreieren Zugang zu seiner Lebensgeschichte spürbar aufgenommen und aufgehoben werden. Auch wenn der Patient diese seine Potenziale noch nicht wissentlich kennt bzw. mentalisieren kann, lässt ihn so sein Therapeut damit nicht allein. Durch seine bedachte Regression bzw. durch das ko-konstruktiv herbeigeführte Enactment kann der Therapeut seinem Patienten verstehend und verständlich folgen (vgl. Ast) In dieser Resonanz werden die ehemals verdrängten, abgespaltenen oder nie anerkannten, nie versprachlichten Potenziale einer möglichen Integration zugänglich gemacht (Loewald, 1980) Durch die in einer für die Patienten neuen Weise, sich überraschend und oft krisenhaft entwickelndes emotionalen und kognitiven Kompetenzen erleben sie sich selbst und ihre sich transformierende menschliche und dingliche Umwelt in einer noch nie so dagewesenen Weise neu (King, 2002).

Dies zeigt sich in einer überraschenden und nachdenkenswerten Weise in dem Aufsatz von Ilany Kogan, die als Jugendliche mit ihren Eltern aus dem sozialistischen Rumänien in ihre neue Heimat Israel auswandern konnte. Ihre beiden Fallbeispiele stammen aus ihren in Deutschland regelmäßig auf Besuchsreisen stattfindenden Supervisionen von deutschen Therapeuten an einer deutschen Universitätsklinik; die Therapeuten behandelten eine spätadoleszente Ausländerin und eine unbegleitete jugendliche Einwanderin in Hamburg. Die sensible Resonanz von Ilany Kogan für Verschwiegenes, Schmerz, Verlust und Angst sowohl in den Supervisanden als auch in den Patienten konnten die Supervisanden dann als Therapeuten (fast wie in »der zweiten Generation«) an ihre Patienten wissentlich-unwissend weitergeben. Dadurch wurde ein heilsamer Entwicklungsprozess der jungen Frauen angestoßen, der Zugang zu bislang traumatisch verschlossenen Erfahrungen ab der Frühpubertät gewährte, auch bedingt durch das Engagement der Behandler für die Aufklärung der direkten oder transgenerational vermittelten adoleszenten Migrationserfahrungen in den Patientinnen und in ihnen selbst. Die Behandler spannten so nicht nur mit ihren Patientinnen, sondern auch mit ihrer Supervisorin einen aus tiefer seelischer Berührung erwachsenden triadischen, drei Personen und drei Generationen umspannenden Symbolraum auf. In den Ko-Konstruktionen, die auf empfundenen Momenten des Verstandenwerdens, des heimlichen erlebten Einssein (Cohen, 2009) aufbauten, konnte das Unvergessene, aber nicht Erinnerbare neu gedacht, repräsentiert, mentalisiert (Fonagy & Target) und symbolisiert werden. Die im Buch geschilderten Behandlungen von Migranten der ersten und der nachfolgenden Generationen verdeutlichen auch, dass in jedem kreativen Prozess, bei der Schöpfung von Neuem in Behandlung und Supervision, bei jeder Geburt, in jeder Adoleszenz und bei jeder neuen Liebe nicht nur das Wiederfinden von Altem stattfindet (Freud, 1905d), sondern dass in den erwachsenden Neuanfängen zugleich Liebe und Trauer über den Verlust sich durchdringen (M.S. Bergmann, 1987). Und möglicherweise ist es die von Patienten und Therapeuten zusammen mit Supervisoren und Kollegen gemeinsam durchlebte Trauer über den Verlust und die eigene Destruktivität, die in den psychoanalytisch fundierten Behandlungen die wiederholungszwangsartige transgenerationale Weitergabe von Traumatisierung wirksam unterbrechen (Leuzinger-Bohleber, 2009) und den von weit her mitgebrachten traumatischen Prozess (Freud, 1937c; Fenichel, 1974) im Patienten aufzuheben vermag. Die Arbeiten machen trotz der vielen uns unheimlich nahe gebrachten Schrecknisse und Verletzungen Hoffnung, dass zunehmend Fremde in der Fremde in Therapeuten und Mitmenschen einer Sorge tragenden Innenwelt teilnehmend begegnen dürfen, die entwicklungsfördernd zum Fremden in sich selbst, zu ihrem Unbewussten in seinen widersprüchlichen, konflikthaften und kreativen Möglichkeiten einen freieren Zugang gefunden haben.

Literatur

Bergmann, M.S. (1987). *Eine Geschichte der Liebe. Vom Umgang des Menschen mit einem rätselhaften Gefühl*. Frankfurt am Main.
Bergmann, V.S. (1995). An Infantile Trauma, a Trauma during Analysis and Their Connection. *International Journal of Psychoanalysis, 73*, 447–454.
Blos, P. (1963). Die Funktion des Agierens. In W. Bohleber (Hrsg.). (1996), *Adoleszenz und Identität* (S. 103–127). Stuttgart.
Blos, P. (1979). *The Adolescent Passage. Developmental Issues*. New York.
Bründl, P. (1994). Überlegungen zur Entwicklung des Geschichtsempfindens. In Pedrina et al. (Hrsg.), *Spielräume. Begegnungen zwischen Kinder- und Erwachsenenanalyse* (S. 113–141). Tübingen.
Bründl, P. (2010). Die Beendigungsphase in der analytischen Therapie von Jugendlichen und die Fähigkeit mit sich selbst allein zu sein. In S. Hauser & F. Schambeck (Hrsg.), *Übergangsraum Adoleszenz. Entwicklung, Dynamik und Behandlungstechnik Jugendlicher und junger Erwachsener* (S. 155–170). Frankfurt am Main.
Cohen, Y. (2014). *Das traumatisierte Kind. Psychoanalytische Therapie im Kinderheim*. Frankfurt am Main.
Erdheim, M. (1993). Psychoanalyse, Adoleszenz und Nachträglichkeit. *Psyche Z psychoanal, 47*, 934–950.
Fenichel, O. (1972). Review of Freud's »Analysis terminable and interminable«. *International Journal of Psychoanalysis, 51*, 109–116.

Fraiberg S. et al. (1972). Ghosts in the Nursery. *Journal of the Academy of Child Psychiatry, 14,* 387–422.
Freud, S. (1905d). Drei Abhandlungen zur Sexualtheorie. *GW 5,* 27–146.
Freud, S. (1985). *Briefe an Wilhelm Fließ 1887–1904.* Hrsg. von J.M. Masson. Bearbeitung der dt. Fassung von M. Schröter. Transkription von G. Fichtner. Frankfurt am Main.
Freud, S. (1937c): Die endliche und die unendliche Analyse. *GW 16,* 60–99.
Freud, S. (1939a [1934–38]). Der Mann Moses und die monotheistische Religion. *GW 16,* 103–246.
Gampel, Y. (1994). Identifizierung, Identität und generationsübergreifende Transmission. *Zeitschrift für psychoanalytische Theorie und Praxis, 9,* 301–319.
Hegener, W. (2014). Freud, der »Mann Moses« und Jochanan ben Sakkai. *Psyche Z psychoanal, 68,* 1996–1223.
Heimann, P. (1959). Bemerkungen zur Sublimierung. *Psyche Z psychoanal, 13,* 397–414.
King, V. (2002). *Die Entstehung des Neuen in der Adoleszenz. Individuation, Generativität und Geschlecht.* Opladen.
King, V. (2005). Adoleszenz und Migration. Bildungs- und Entwicklungsprozesse junger Frauen in Migrationsfamilien. In H. Korde, B. Müller & H. Niklas (Hrsg.), *Handbuch interkultureller Wandel.* Frankfurt am Main.
King, V. (2012). Neues Begehren. Psychische Bedeutungen von Sexualität und Körper in der Adoleszenz junger Männer und Frauen. In P. Bründl & V. King (Hrsg.), *Adoleszenz. Gelingende und misslingende Transformationen* (S. 29–50). Frankfurt am Main.
Kestenberg, J.S. (1989). Neue Gedanken zur Transposition. Klinische, therapeutische und entwicklungsbedingte Beobachtungen. *Jahrbuch der Psychoanalyse, 24,* 163–189.
Kogan, I. (1995). *Der stumme Schrei der Kinder. Die zweite Generation der Holocaust-Opfer.* Frankfurt am Main.
Leuzinger-Bohleber, M., Canestri, J. & Target, M. (2009). *Frühe Entwicklung und ihre Störungen.* Frankfurt am Main.
Loewald, H.L. (1980). *Aufsätze aus den Jahren 1951–1979.* Stuttgart.
Novick, J. & Novick, K.K. (2004). *Symmetrie der Angst. Entstehung und Behandlung des Sadomasochismus im Kindes- und Jugendalter.* Gießen: Psychosozial-Verlag.
Shengold, L. (1989). *Soul Murder The Effects of Childhood Abuse and Deprivation.* New Haven.
Winnicott, D.W. (1974). Die Fähigkeit zum Alleinsein. In ders., *Reifungsprozesse und fördernde Umwelt.* München.

Die Herausgeberinnen

Hediaty Utari-Witt, Dr. med., stammt aus Indonesien, Medizinstudium in München, psychoanalytische Ausbildung bei der Münchner Arbeitsgemeinschaft für Psychoanalyse (MAP). Niedergelassene Psychoanalytikerin für Erwachsene, Kinder und Jugendliche. Ausgebildet in SKEPT (Säugling-Kleinkind-Eltern-Psychotherapie). Mitglied der MAP/DGPT, DPG, IPA. Lehranalytikerin und Supervisorin (BLÄK), tätig als Dozentin und Supervisorin an einigen Ausbildungsinstituten für Psychotherapie/Psychoanalyse in München.

Schwerpunkt: Themenbereich Psychotherapie/Psychoanalyse und Migration. Seit 2005 Koordination und Co-Leitung der Arbeitsgruppen für »Trauma und Migration« mit Ilany Kogan in München.

Herausgeberin zweier wichtiger Bücher in diesem Themenbereich: S. Akhtar: *Immigration und Identität* (2003) und J. Amati Mehler, J. Argentieri & S. Canestri: *Das Babel des Unbewussten* (2007, zusammen mit Marco Conci), beide im Psychosozial-Verlag.

2014 zusammen mit Dr. med. Theo von der Marwitz und Dr. phil. Christiane Bakhit Leitung der Migrationsarbeitsgruppe der DPG.

Ilany Kogan ist Supervisorin und Lehranalytikerin bei der Israelischen Psychoanalytischen Gesellschaft. Sie arbeitete in verschiedenen deutschen Städten als Supervisorin, vor allem in München und Aachen, und beim Generatia Centre in Bukarest, wo sie bis heute tätig ist. Außerdem war sie bei der IPA Study Group in Istanbul tätig. Ein besonderer Schwerpunkt ihrer Arbeit ist die Beschäftigung mit den Nachkommen von Shoah-Überlebenden. 2005 wurde sie mit dem Elise M. Hayman Award for the Study of the Holocaust and Genocide der IPA ausgezeichnet.

Autorinnen und Autoren

Gabriele Ast arbeitet seit 1994 als Psychoanalytikerin und Allgemeinärztin in eigener Praxis in München. Seit 1997 hat sie die Mitgliedschaft als »Ständiger Gast« der DPV und ist Mitglied des American College of Psychoanalysts. Im Max-Planck-Institut für Psychiatrie in München, der Ludwig-Maximilian-Universität in München und im New York Hospital des Cornell Medical Center nahm sie an Forschungsprojekten zu Depression, der psychodynamischen Psychotherapie von Borderlinepatienten und der konflikthaften Verarbeitung einer HIV-Infektion teil. Von 1990 bis 2001 arbeitete sie in dem von Vamık Volkan geleiteten interdisziplinären Center for the Study of Mind and Human Interaction in Charlottesville, Virginia, für jeweils einen Monat an mehreren Veröffentlichungen. In der von Prof. Ermann geleiteten Psychosomatischen Abteilung der LMU München war sie über zwei Jahre in der Ambulanz, der Forschung und dem Studentenunterricht tätig. Als Co-Autorin und Übersetzerin arbeitete sie an Büchern über Borderlinetherapie, Studien zu verschiedenen Formen des Narzissmus, Geschwistern im Unbewussten, der Transgenerationellen Transmission des Dritten Reichs im Unbewussten und deren Folgen sowie zur erweiterten psychoanalytischen Technik.

Christiane Bakhit, Dr., arbeitet als niedergelassene Psychoanalytikerin und Gruppenanalytikerin in München. Sie ist promovierte Psychologin und Supervisorin und Lehranalytikerin (DGPT, DPG) der Akademie für Psychoanalyse und Psychotherapie in München. Ihre Interessensschwerpunkte sind der psychoanalytische und gruppenanalytische Prozess und Aspekte von Transkulturalität. Veröffentlichung zu interkulturellen Gruppen. Sie leitet zusammen mit Hediaty Utari-Witt und Theo von Marwitz die DPG-Arbeitsgruppe zu Migration.

Peter Bründl, Dr. phil., Studium der Germanistik und Geschichte in München und Berkeley, Californien. Psychoanalytische Ausbildung in München und New York.

Niedergelassen in eigener Praxis in München als Psychoanalytiker (DGPT) und Kinderanalytiker (ACP, VAKJP). Dozent, Supervisor und Lehranalytiker der MAP. Zahlreiche Veröffentlichungen zu Migration, zu Adoleszenz, zur Auswirkung des Terrors auf nachfolgende Generationen, zu männlicher Entwicklung und zur Elternschaft.

Jana Burgerová, Diplom-Psychologin, ist Psychoanalytikerin (MAP, DGPT). Sie ist 1968 aus der Tschechoslowakei nach Deutschland emigriert. Sie arbeitete 20 Jahre in einem Münchener psychotherapeutischen Kinder- und Jugendheim. Ein besonderer Schwerpunkt ihrer derzeitigen Arbeit ist die Auseinandersetzung mit dem Thema Migration sowohl im Film als auch in ihrer Praxis in Dachau. Hier behandelt sie regelmäßig auch die zweite Generation der sudetendeutschen Flüchtlinge wie auch viele tschechische und slowakische Patienten in deren Muttersprache.

Marco Conci ist italienischer Psychiater (Rom, 1986), Psychotherapeut und Psychoanalytiker. Er ist Full Member der Deutschen und der Italienischen Psychoanalytischen Gesellschaft und der IPV. Weiters ist er Mitglied der Mailänder Associazione di Studi Psicoanalitici (IFPS) und der Münchner Akademie für Psychotherapie und Psychoanalyse. Seit 1999 ist er in München niedergelassen.

Seit 2007 ist er Co-Editor-in-Chief des *International Forum of Psychoanalysis* und Mitglied des Redaktionskomitees folgender Zeitschriften: *Psychoanalysis and History*, *Contemporary Psychoanalysis* und *Rivista di Psicoanalisi*.

1991 gab er die Briefe Freuds an Eduard Silberstein in italienischer Sprache heraus und organisierte in den 1990er Jahren zahlreiche internationale psychoanalytische Tagungen in Südtirol. 2005 wurde sein Buch *Sullivan neu entdecken* vom PSV verlegt, das auf Italienisch im Jahr 2000 erschienen ist (seit 2012 liegt es auch auf Spanisch und Englisch vor). Er schrieb auch die Einleitungen zur deutschen Ausgabe folgender Bücher: *Das Babel des Unbewussten* (2010) von Amati-Mehler, Argentieri und Canestri, *Mit der Trauer kämpfen* (2011) von Ilany Kogan und *Verborgene Wege* (2011) von Stefano Bolognini.

2007 erhielt er anlässlich des 150. Geburtstags Sigmund Freuds (06.05.1856) für sein wissenschaftliches Gesamtlebenswerk, vor allem im Hinblick auf die Verbreitung der Lehren Freuds im Ausland, das Österreichische Ehrenkreuz für Wissenschaft und Kunst Ersten Ranges.

Bettina Hahm ist Psychoanalytikerin, niedergelassen in eigener Praxis bei München. Ihre Ausbildung machte sie am DPG-Institut Ostwestfalen, aktuell ist sie Mitglied der DPG-Arbeitsgruppe München sowie der MAP. Aus dem vorangegangenen Studium der Kunst, Kunsterziehung (Kunstakademie München) und Kunsttherapie (Lesley College, Cambridge, Mass.) blieb das Interesse an Themen im Zwischenbereich von Psychoanalyse und Kunst bestehen. Das Interesse an den eher unsichtbaren Migrationsfolgen ergab sich aus den von den Eltern ererbten Erfahrungen einer innerdeutschen Flüchtlingsbewegung und einer unbändigen Sehnsucht nach dem fernen, idealisierten – weil nicht nazideutschen – Ausland.

Sebastian Kudritzki, Studium der Sozialpädagogik und der Psychologie. Analytischer Kinder- und Jugendlichenpsychotherapeut und Gruppenanalytiker, niedergelassen in eigener Praxis in München. Mitglied und Dozent der Münchner Arbeitsgemeinschaft für Psychoanalyse (MAP) und des C.G. Jung Instituts München. Langjährige Erfahrung in der therapeutischen Arbeit mit minderjährigen unbegleiteten Flüchtlingen.

Birgit Mau-Endres, M.A., studierte Deutsch als Fremdsprache, Ethnologie und Anglistik. Vermittlung der deutschen Sprache als Fremdsprache für Flüchtlinge, Asylanten und junge Erwachsene mit Bezug zu Leben und Arbeiten in Deutschland. Veröffentlichungen: »Zukunft braucht Herkunft. Interkulturelles Training in der Vielfaltsgesellschaft Deutschland« In *SIETAR Journal*, 1/04; *Projektmanagement in Australien*, erschienen bei WEKA Media GmbH 2005; *Leitfaden für die Bildungspraxis: Schlüsselqualifikation Interkulturelle Kompetenz* (inkl. CD mit Übungsmaterial), erschienen im wbv Verlag.

Viktoria Schmid-Arnold, Dr. med., Frauenärztin, Fachärztin für Psychosomatische Medizin, Psychoanalytikerin, Eltern-Säuglings-Kleinkind-Psychotherapie (DGPT, MAP). Niedergelassen in eigener Praxis und Mitarbeit im Team der Babyambulanz der MAP, Dozentin, Supervisorin und Lehranalytikerin der BLÄK. Veröffentlichung: Artikel »Therapeutische Arbeit mit Vätern in der Babyambulanz«, 2012.

Aydan Özdaglar ist als Ärztin für Psychiatrie, Psychotherapie und Psychoanalyse (DPV/IPA) in eigener Praxis in Freiburg niedergelassen. Mitarbeit im Kommunalen Kino Freiburg: »Psychoanalytiker stellen Filme vor«. Leiterin des DPV-Arbeitskreises »Identitätsbildung in Zeiten von Migration und Globalisierung« (mit Tülay Özbek, Berlin). Supervisorin am Psychoanalytischen Seminar Freiburg (DPV), Lehranalytikerin am DGPT-Institut in Freiburg und bei der PSIKE in Istanbul (Study-Group der IPA). Vorträge und Seminare in Deutschland, Schweiz, Österreich und der Türkei. Wissenschaftlicher Schwerpunkt: Migration.

Elisabeth Rohr, Mechtild M. Jansen, Jamila Adamou (Hg.)
Die vergessenen Kinder der Globalisierung
Psychosoziale Folgen von Migration

September 2014 · 202 Seiten · Broschur
ISBN 978-3-8379-2352-0

Gut versorgt und in ständigem Kontakt mit den Eltern? Das tabuisierte Schicksal zurückgelassener und allein geflüchteter Kinder eindrucksvoll dargestellt.

Transnationale Kindheit stellt ein in der internationalen Migrationsforschung weitestgehend vernachlässigtes Thema dar. Während die Lebens- und Arbeitsverhältnisse von migrierten Elternteilen in der neuen Heimat relativ gut erforscht sind, bleiben die Schicksale zurückgelassener, allein geflüchteter und remigrierter Kinder und Jugendlicher nahezu unberücksichtigt.

Die BeiträgerInnen gehen der Frage nach, was es für Kinder bedeutet, wenn Eltern über Jahre abwesend sind. Wie bewältigen sie ihre Trennungs- und Verlusterfahrungen? Greifen sie dabei auf gender-spezifische Coping-Strategien zurück? Welche psychosozialen Folgen zieht die erzwungene Autonomie der Kinder nach sich? Mit lebendigen Geschichten von Kindern vermittelt das Buch einen tiefgründigen Einblick in kindliche Lebensrealitäten und erlaubt Erkenntnisse jenseits der bisherigen transkulturellen Migrationsforschung.

Mit Beiträgen von Joseba Achotegui, Christine Bär, Elisabeth Beck-Gernsheim, Anca Gheaus, Elisabeth Rohr, Sarah Schackert, Nausikaa Schirilla, Simon Moses Schleimer, Angela Schmidt-Bernhardt und Gülcin Wilhelm

Robert E. Feldmann, Jr., Günter H. Seidler (Hg.)
Traum(a) Migration
Aktuelle Konzepte zur Therapie traumatisierter Flüchtlinge und Folteropfer

2013 · 309 Seiten · Broschur
ISBN 978-3-8379-2261-5

Kriege, Konflikte, Naturkatastrophen oder wirtschaftliche Verhältnisse verursachen weltweit anhaltende Migrationsströme nach Europa.

Erlebnisse während der Flucht, Trennung von der Familie, Haft oder Folter bergen für die Betroffenen nicht selten ein hohes Risiko für die Entwicklung psychisch reaktiver Traumafolgestörungen. Im deutschsprachigen Raum ist ein zunehmender Bedarf an medizinischer Versorgung traumatisierter Flüchtlinge, immigrierter Folteropfer und deren Folgegenerationen zu verzeichnen. Trotz vielfältiger Bemühungen ist das psychiatrisch-psychotherapeutische Versorgungssystem in Deutschland bislang nicht ausreichend in der Lage, die Gruppe der PatientInnen mit Migrationshintergrund angemessen zu versorgen.

Für das vorliegende Buch haben namhafte Expertinnen und Experten wissenswerte Hintergrundinformationen, neuste transkulturelle Behandlungskonzepte und prägnante klinische Fallbeispiele zusammengestellt und analysiert. Ergänzt wird der Band durch die Vorstellung der überarbeiteten Standards zur Begutachtung psychisch-reaktiver Traumafolgen in aufenthaltsrechtlichen Verfahren, die von der Deutschen Ärztekammer übernommen wurden.

Psychosozial-Verlag

David Zimmermann
Migration und Trauma
Pädagogisches Verstehen und Handeln
in der Arbeit mit jungen Flüchtlingen

2012 · 266 Seiten · Broschur
ISBN 978-3-8379-2180-9

Das Leben zwangsmigrierter Jugendlicher ist durch extreme Belastungen gekennzeichnet, die von den erlebten Kriegserfahrungen bis zur gestörten familiären Interaktion im Exil reichen.

Diese Erfahrungs- und Erlebenswelten der Jugendlichen unterzieht der Autor anhand zahlreicher Fallbeispiele einer genauen Analyse.

Es zeigt sich, dass der verantwortungsvolle Umgang mit der Traumatisierung dieser jungen Menschen für die pädagogische Arbeit eine besondere Herausforderung darstellt, für die bislang kaum Konzepte vorliegen. Indem der Autor auf die Erkenntnisse der Traumaforschung, insbesondere die Konzeption der sequenziellen Traumatisierung zurückgreift, entwickelt er einen innovativen, pädagogisch sinnvollen Verstehenszugang. Daraus leitet er konkrete Handlungsoptionen sowohl für den schulischen als auch für den außerschulischen Bereich ab.